KB105046

강신주의
노자 혹은
장자

강신주의
노자 혹은
장자

노자의 길과 장자의 길 사이에서

강신주 지음

오월의봄

머리말

죄송합니다. 이 책은 새롭게 집필된 게 아닙니다. 10년 전의 초기 저작 두 권, 그러니까 《장자: 타자와의 소통과 주체의 변형》과 《노자: 국가의 발견과 제국의 형이상학》이라는 책을 한 권으로 묶은 거니까요. 그러니 이미 이 두 권의 책을 가지고 계신 독자는 새로운 표지, 새로운 편집에 속아서는 안 됩니다. 강신주가 신간을 출간했다고 오판하여 소중한 돈을 낭비할 수도 있으니까요. 그럼에도 이런 무리수를 쓰는 건, 그만큼 이 두 권의 책이 제게는 너무나 소중하기 때문입니다. 거대한 강물이 하나의 작은 연못에서 시작되는 것처럼, 지금까지 썼던 서른 권 정도의 책은 바로 이 두 권의 책에서 유래한 것입니다. 그렇지만 무언가 의아스런 생각도 드실 겁니다. 기원이라면 보통 하나인데, 지금 저는 제 사유의 기원으로 장자와 노자 두 사람을 들고 있으니까 말입니다.

《인간의 대지(Terre des Hommes)》에서 생택쥐페리(Saint Exupery)는 말합니다. "사랑은 서로 마주보는 것이 아니라 함께 같은 방향을 바라보는 것이다." 그렇지만 저는 생택쥐베리의 생각에 동의하지 않습니다. 왜냐고요. 사랑은 서로를 마주보는 것이 어려울 때 끝난다고 생각하기 때문입니다. 그렇지만 같은 방향을 보게 될 때, 사랑은 이미 변질된 것 아닐까요. 동일한 신을 믿는 교우 관계, 아이만을 보는 것으로 지속되는 부부 관계, 혹은 대의를 지키려는 동지의 관계로 말이지요. 이 부분이 장자와 노자의 사유를 이해할 때 많은 시사점을 줍니다. 생텍쥐페리의 입장을 부정하는 것이 장자이고, 그 입장을 긍정하는 것이 바로 노자라고 할 수 있기 때문이지요. 그렇습니다. 장자가 사랑이 서로 마주보는 관계라고 역설한다면, 노자는 함께 같은 방향을 바라보는 것이 사랑이라고 이야기합니다.

'서로 마주보는 것'을 제대로 이해하려면 '함께 같은 방향으로 보는 것'이 무엇을 의미하는지 알아야 하고, 그 역도 마찬가지일 겁니다. 같은 이유로 장자를 제대로 이해하려면 노자 이해가, 반대로 노자를 제대로 이해하려면 장자 이해가 선결되어야 합니다. 이제 납득이 되시나요. 제게 장자는 반복하고 싶은 선생님이었다면, 노자는 반드시 극복해야 할 반면교사였던 겁니다. 마주보아야 할 타자를 강조했던 장자, 그리고 공통 원리로서 국가를 강조했던 노자! 이 두 사상가는 제 내면에서 전쟁을 벌였고 그만큼 저의 사유는 역동적으로 변했고 다채로워졌습니다. 당연히 저의 사유도 더 깊어질 수 있었고요. 10년이 지난 지금 무리수를 두면서까지 노자와 장자를 다룬 두 권의 책을 한 권으로 묶게 된 것도 이런 이유에서입니다. 제 사유의 기원을 명료히 하는 작업이면서, 동시에 노자와 장자의 사유를 제대로 설명하는 작업이었던 셈입니다.

2014년 5월 28일 새벽 광화문 집필실에서
10년 전의 내게 따뜻한 미소를 던지며

차례　丶

머리말　4
프롤로그　11

I. 노자의 철학 – 국가의 발견과 제국의 형이상학

1장.
노자에 대한 해묵은 오해

1. 《노자》와 우리　20
2. 《노자》라는 코끼리를 더듬었던 장님들　29
3. 정말 노자가 고민했던 것　39

2장.
노자와 장자, 그 건널 수 없는 차이

1. 장자, 노자를 조롱하다!　51
2. 누가 '도가'를 발명했는가?　62
3. 먼저 만들어진 길과 애써 만들어야 할 길　71

3장.
내성이란 관조적 방법

1. 내면에 파고들어 진리를 찾으며　83
2. 내성을 통해 발견한 것, 아니 발견할 수밖에 없는 것　92
3. 결과에 입각한 인식과 발생에 입각한 인식　101

4장.

국가의 생명유지 메커니즘

1. 아직도 안개에 싸여 있는 국가라는 괴물　113
2. 수탈과 재분배, 혹은 국가의 박동소리　122
3. 뇌물의 논리와 선물의 논리　131

5장.

파시즘에서 제국주의로 가는 길

1. 작은 제국주의, 파시즘　143
2. 확대된 파시즘, 제국주의　152
3. 정치의 위기와 위기의 정치　162

6장.

도(道), 혹은 비밀스런 정치경제학

1. 등가교환 이면에 숨어 있는 비밀　173
2. 국가 논리와 자본 논리의 구조적 유사성　182
3. 매체로서의 인간과 주체로서의 인간　191

7장.

노자가 사물에서 찾아낸 두 가지

1. 무언가와 관계하도록 저주받은 사물들　201
2. 모든 사물에 존재하는 두 가지 요소　209
3. 관계의 내재성과 관계의 외재성　219

8장.

동양의 형이상학이 신비스럽게
보이는 이유

1. 대립하기에 서로 의존할 수 있다는 논리　231
2. 모든 것에 숨어 있는 야누스적 얼굴　240
3. 실재론과 유명론, 그리고 정치　248

9장.

수양과 삶, 어느 것이 먼저일까

1. 수양론이 감추고 있는 비밀　259
2. 자본가의 도플갱어, 노자의 통치자　268
3. 수양과 삶, 영원의 세계와 삶의 세계　276

10장.
노자를 떠나며

1. 국가와 통치자를 위한 노자의 철학　284
2. 수직적 철학에서 수평적 철학으로　292
3. 더 읽을 것들　300

II. 장자의 철학 – 타자와의 소통과 주체의 변형

1장.
장자, 타자와의 소통을
꿈꾸었던 철학자

1. 다시《장자》를 펼쳐야만 하는 이유　308
2. 뒤죽박죽 만들어진《장자》라는 책의 운명　320
3. 두 명의 장자와 조릉에서의 깨달음　328

2장.
한계가 없는 앎과 한계가 있는 삶

1. 전지전능에 대한 유쾌한 조롱　343
2. 상상된 나, 혹은 꿈꾸고 있는 나　352
3. 너무나 힘든 공동체에서의 삶　358

3장.
새를 새로 키우는 방법

1. 성심, 혹은 선입견의 중요성　369
2. 성심이 우리에게 미치는 영향　375
3. 사랑하는 타자를 파괴하지 않으려면　381

4장.

언어의 세계와 삶의 세계

1. 머리로 아는 것과 몸으로 아는 것   391
2. 길, 혹은 도는 어떻게 만들어지는가?   400
3. 언어가 삶을 왜곡하게 될 때   408

5장.

차이의 논리와 그 너머

1. 동양의 논리를 찾아서   426
2. 동일성을 넘어, 그리고 차이마저 넘어   435
3. 일체의 논리를 넘어 삶의 세계로   446

6장.

꿈과 깨어남이란 비유

1. 공자, 혹은 동양철학 가능성의 중심   460
2. 꿈, 혹은 타자 부재의 사유   467
3. 깨어남, 혹은 타자를 품은 마음 상태   474

7장.

삶의 세계에 발을 디딘 단독자

1. 삶을 기뻐하고 죽음을 싫어하는 무의식적 본능   486
2. 단독자의 눈에 비친 세계   493
3. 언젠가 부숴버려야 할 거울 비유   501

8장.

삶이 끝날 때까지 멈출 수
없는 수양

1. 고독한 독백에서 대화의 세계로   512
2. 사유 중심적인 판단과 존재 중심적인 판단   520
3. 수양, 혹은 소통을 가능하게 하는 필요조건   528

9장.

타자, 혹은 내면으로 환원할 수
없는 바깥

1. 풍경으로서의 대상과 조우할 수밖에 없는 타자
   540

2. 《장자》에 등장하는 수많은 장인들　548

3. 끝내 바깥에 머물 수밖에 없는 타자　555

10장.

날개 없이 나는 방법

1. 수양의 가능성과 한계　566

2. 목숨을 건 비약을 위하여　573

3. 무매개적 소통의 철학적 함축　580

11장.

의미로부터의 자유와
의미부여의 자유

1. 역사의 가능성, 혹은 의미의 변화　590

2. 새로운 의미부여의 힘, 자유　597

3. 조건적 자유, 우리에게 허락된 유일한 자유　606

12장.

장자를 떠나며

1. 아주 오래된 미래, 장자의 사유　614

2. 장자가 남긴 숙제　622

3. 더 읽을 것들　630

에필로그　634

찾아보기　639

프롤로그

행복하다는 것은 놀라지 않고 자기 자신을 들여다보는 것이다.
　　　　　　 ―발터 벤야민(Walter Benjamin), 《일방통행로(Einbahnstraße)》

2003년이니 벌써 10년이 지났다. 저자로 데뷔한 지 벌써 10년이
지났다고 생각하니, 지금 만감이 교차한다. 저자로 출판계에 발을
디디게 된 것은 지금은 천안에서 교편을 잡고 있는 조남호 교수,
그러니까 남호형의 애정에서 시작되었다. 학위를 받자마자 남호
형은 내게 한 가지 제안을 했다. 동양철학계의 답답함을 일소시킬
수 있는 시리즈를 기획하자는 것이다. 남호형과 머리를 맞댄 결과
가 바로 태학사라는 출판사에서 출간했던 '중국철학: 해석과 비
판'이란 시리즈였다. 2003년 6월에 시리즈 첫 번째 권이 출간되었
다. 기획자의 소명이랄까, 아니면 시리즈에 참여할 다른 저자들에
게 시리즈의 취지와 구성을 시범 삼아 보여줄 생각이었을까, 시리
즈 첫 책을 내가 담당한 것이다. 그 책이 바로《장자: 타자와의 소
통과 주체의 변형》이란 책이었다. 장자로 박사학위를 취득했던
나로서는 대중에게 내 연구 결과를 알기 쉽게 보여주는 것도 하나

의 의무라고 생각했다. 이렇게 나의 첫 책은 탄생한 것이다.

책 제목 그대로 나는 장자의 속내는 타자와의 소통에 있다고 생각했다. 그렇지만 나와 이질적인 타자와 소통하는 것이 어디 쉬운 일이겠는가. 그건 정말로 똥줄이 빠지게 힘든 일일 수밖에 없다. 키에르케고르의 표현을 빌리자면 '목숨을 내건 결단', 혹은 스님들의 표현을 빌리자면 '백척간두진일보'의 기개를 필요로 하는 일이니까. 거의 죽을 정도로 우리는 자신의 주체 형식을 바꾸어야, 쉽게 말해 자신을 송두리째 바꿔야만 한다. 이럴 때에만 우리는 타자와의 소통을 그나마 기대할 수 있을 테니까 말이다. 장자가 우리에게 권고했던 치열한 자기 수양은 타자와 소통하려는 열망에 종속된다는 것, 내 첫 책이 밝히려고 했던 건 바로 이것이다. 운 좋게도 타자와 소통하는 데 성공했다면, 그 흔적도 남을 수밖에 없을 터. 그것이 바로 장자의 머릿속에 있던 '도(道)'였다. 바로 여기에서 '도행지이성(道行之而成)', 그러니까 '길은 걸어가야 이루어진다'는 장자의 사자후가 포효하게 된다.

2003년 책이 등장했을 때, 학계의 반응은 당혹감 자체였던 것으로 기억난다. 2000여 년 동안 장자는 도를 찾아 헤맸던 철학자로 이해하고 있었으니, 어쩌면 당혹감은 너무 자연스런 반응인지도 모른다. 내 책은 장자에게 있어 도는 미리 존재해서 우리가 찾아야 하는 것이 아니라, 오히려 우리가 꾸역꾸역 걸어가서 만들어지는 흔적과도 같은 것이기 때문이다. 그러니 동료와 선배 학자들의 당혹감은 어쩌면 불가피한 것이었을지 모를 일이다. 사실 그때까지 장자는 노자라는 철학자의 사유를 충실히 계승하고 있는 사상가, 그러니까 장자는 노자의 난해한 사유를 에피소드와 우화라는 기법으로 문학적으로 설명했던 충실한 후학 정도로만 이해되고 있었다. 분명 노자에게 도는 우리와 무관하게 미리 존재하는 것, 심지어는 우리를 낳은 신과 같은 것으로 사유되고 있다. 그렇게 내 책은 학계에 나름 심각한 문제를 제기하고 있었던 셈이다.

장자에게서나 노자에게서 '도'라는 개념이 그렇게도 다른 함의를 가지고 있다면, 지금까지 자명한 것으로 수용되었던 도가道家라는 범주는 해체될 수밖에 없으니까 말이다. 그래서일까, 당시 몇몇 동료 학자들은 내게 불쾌한 표정을 숨기지 않았다. "그럼 강선생! 노자와 장자가 그렇게 다르다면, 노자와 관련된 글을 한 번 써보는 것이 어때요." 근사한 제안처럼 보이지만, 사실 그들의 속내에는 다음과 같은 확신이 똬리를 틀고 있었던 것이다. "네가 노자를 제대로 공부한다면, 노자와 장자가 다르다는 이야기는 할 수 없을걸." 속으로 화를 참을 수밖에 없었다. 마침내 나는 노자와 관련된 책을 집필하기 시작했다. 30대 후반의 패기만만한 학자였던 나는 정말 폭풍우처럼 집필에 들어갔다. 돌아보면 지금까지 내가 쓴 단행본 중에서 이보다 강도 높고 빠르게 집필한 책도 없을 것이다. 2004년 4월 《노자: 국가의 발견과 제국의 형이상학》이란 내 두 번째 책은 이렇게 탄생한 것이다.

통치자는 피통치자에게 노동력이든 재화든 수탈하고, 그걸 (재)분배하는 존재라고 할 수 있다. 이런 수탈과 재분배의 메커니즘이 바로 국가의 비밀이라고 할 수 있다. 노자의 위대함, 아니 무서움은 이 메커니즘을 정확히 포착하여 그걸 싸늘한 눈으로 통치자의 정치에 응용하려는 데 있다. 바로 이 수탈과 재분배의 메커니즘을 노자는 '도'라고 불렀던 것이다. 계속 수탈하고 분배를 게을리 한다면, 통치자는 피통치자의 저항에 직면할 것이고 마침내 국가는 와해될 것이다. 그렇지만 자신이 애써 수탈한 걸 다시 분배해야 한다는 것! 이건 역설처럼 보인다. 이렇게 재분배해야 한다면, 무엇 때문에 수탈했다는 말인가. 그래서 재분배의 길, 즉 도를 따른다는 건 정말 평범한 인간으로서는 하기 힘든 일이다. 통치자의 치열한 자기 수양이 요구될 수밖에 없는 것도 이런 이유에서다. 물론 재분배가 너무나 자연스럽게 이루어지는 순간, 피통치자는 통치자에게 자발적으로 복종하리라는 희망을 가지고 말이다.

두 번째 책으로 내 생각에 대한 학계의 오해는 풀렸을까. 아니다. 불행히 오해가 줄어들기는커녕 오히려 더 깊어졌다. 그렇지만 다행스러운 건 학계가 내 생각에 이제 아예 입을 다물어버리는 쪽으로 마음을 정했다는 점이다. 쟁점을 만들면 손해를 보는 것은 내가 아니라 자신들이라는 무의식적인 판단 때문이었을까. 모를 일이다. 그러나 돌아보면 2003년 첫 책을 집필할 때부터 2004년 두 번째 책을 집필할 때까지, 이 짧다면 짧은 기간만큼 강렬하게 정신이 불타올랐던 적은 없었던 것 같다. 노자를 다룬 두 번째 책은 거의 3주 만에 초고가 완성될 정도였으니, 그야말로 나는 내 몸과 정신을 활활 태운 셈이다. 정말 귀신에 씌지 않았다면 어떻게 가능하기라도 했겠는가. 그러니 학계의 두터운 통념에 굴하지 않고 나는 내 자신이 읽어버렸던 노자와 장자를 당당히 피력할 수 있었던 것이다. 아마 세상물정을 몰랐던 30대 후반의 치기가 아니었다면 불가능한 일이었을 것이다.

10년 전에 출간된 두 권의 책은 그 후 내 사유와 집필 방향에 결정적인 영향을 끼쳤다. 객관적인 연구자로 세상을 관조하는 것이 아니라, 살아가는 철학자로서 삶의 태도를 결정해야 했으니 말이다. 그렇다. 나는 장자가 피력했던 인문정신과 노자가 품고 있었던 반인문정신 사이에서 결단해야만 했다. 인간의 자유를 긍정하는 방향으로 당당히 걸어간다면, 나는 장자의 계승자가 될 것이다. 반대로 인간의 자유보다는 체계나 구조의 힘에 몸을 맡긴다면, 나는 노자를 따르게 될 것이다. 물론 당시도 그렇지만 지금 나는 장자의 길을 꿋꿋하게 걸어가고 있다. 정말 다행스러운 일이다. 사실 인간의 자유와 사랑에 대한 찬가가 아니라면, 인문학은 어떤 의미도 없는 것 아닌가. 지금까지 28권이나 출간된 내 책이 모두 인문학 찬가가 될 수 있었던 것도 어쩌면 10년 전의 어떤 결단 때문이었을 것이다. 당시는 몰랐지만 10년 전 출간된 두 권의 책은 지금 아직도 왕성하게 움직이는 내 사유를 만들었던 자궁, 혹은 내 사유의 맹아였던 셈이다.

2014년 초봄 출판사 오월의봄을 이끌고 있던 박재영 사장이 내게 전화를 걸었다. 첫 번째 책과 두 번째 책을 함께 묶어서 한 권으로 출간하자는 제안을 들은 것도 이때다. 무엇하러 종이를 낭비하려고 하느냐고 흰소리를 했지만, 내심으로는 매우 기뻤다. 누군가 내 초기 저작 두 권의 가치를 알아주었는데 어떻게 기쁘지 않을 수 있다는 말인가. 그사이 틈틈이 원고를 읽고 고치면서 너무나 행복했다. 어느 사이엔가 40대 후반에 접어든 내가 30대 후반의 나를 만나는 시간이었으니까 말이다. 그렇다고 해서 나는 두 권의 책을 근본적으로 바꾸지는 않았다. 10년 전의 나와 그 치열했던 사유의 흔적을 사랑하고 싶었으니까. 그저 저자의 글을 사랑하는 편집자의 태도를 관철하려고 애썼을 뿐이다. 어색한 표현, 혹은 오해를 낳는 표현만을 바로잡으면서 말이다. 마지막으로 예상하지 못했던 행복의 시간을 만들어준 박재영 사장에게 깊은 감사를 표하고 싶다.

I. 노자의 철학

국가의 발견과 제국의 형이상학

1장.   노자에 대한 해묵은 오해

《노자》와 우리

1.

우리의 일상적인 삶은 대부분 무반성적이고 습관적으로 영위되기 마련이다. 어느 날 문득 많은 시간이 무의미하게 흘러갔음을 느끼고 자신의 삶에 대해 반성할 때, 우리는 서점에 들르게 된다. 이곳에서 우리는 많은 책들을 만나게 된다. 라이프니츠(Gottfried Leibniz)의 표현을 빌리자면 책은 하나의 작은 우주다. 책들은 자신들만의 관점에서 이 세계를 비추고 있으니까. 우리가 자신을 반성하려고 할 때 서점에 가는 이유는 무엇보다도 먼저 자신을 벗어나고자 하는 욕망 때문일 것이다. 이렇게 책을 통해 우리는 자신을 반성적으로 음미해볼 수 있는 거리를 확보할 수 있다. 책들은 우리에게 하나의 초월의 자리를 마련해주는 힘을 가지고 있는 셈이다. 그러나 책의 힘은 단지 여기서 그치는 것이 아니다. 책이 제공한 그 초월의 자리는 나 자신뿐만 아니라 세계도 변화시킬 힘을 제공하기 마련이다. 그래서 다른 무엇보다도 책이 제공하는 초월의 자리 혹은 책이 함축하고 있는 관점에 대한 비판적 시선이 중요할 수밖에 없다. 그래서 우리는 자신이 읽고 있는 책에 대해 다음과 같이 자문해보아야만 한다. 그것이 진정으로 올바른 조망을 주는 자리인가 아니면 오히려 올바른 조망을 방해하는 자리인가? 바로 여기서 유익한 책과 그렇지 못한 책이 결정된다. 이어서 우리는 다음과 같이 물어야만 한다. 그것이 진정으로 보편적인 조망을 주는 자리인가 아니면 오히려 단지 특수하고 편협한 조망만을 주는 자리인가? 바로 여기서 철학적인 책과 그렇지 않은 책이 결정된다.

한 가지 주의해야 할 것이 있다. 자신에게 보편적인 조망을 주는 책은 반드시 자신에게 유익한 조망을 주는 책이지만, 그 역은 결코 아니라는 점이다. 우리는 일순간의 유익함을 얻는다고 할지라도 그 유익함이 결국은 엄청난 해로움을 주는 경우를 많이 경험한다. 그렇다면 처음의 그 유익함은 유익한 것일 수 없다. 따라서 진정으로 자신에게 유익한 책은 보편적인 조망을 줄 수 있는 책이어야만 한다. 그래서 자신의 삶을 총체적으로 반성해서 조망하고자 하는 사람은 서점의 다양한 코너들 중 철학 코너로 발길을 옮기기 마련이다. 그러나 문제는 철학책들은 무척 어렵다는 데 있다. 삶의 문제를 치유하기 위해 서점에 들렀다가 오히려 삶이 더욱더 복잡해졌다는 느낌을 받기 십상이다. 철학책들은 왜 이렇게 어려운가? 그것은 철학책들이 주는 조망이 우리가 일상적으로 생각하지도 않았던 것들을 비추어줄 정도로 높기 때문이다. 높기 때문에 보편적일 수 있는 법이다. 높이 나는 새만이 멀리 볼 수 있는 법이다. 그러나 이 세상의 어느 철학책도 진정한 보편성을 우리에게 제공할 수는 없다. 그 철학책도 우리와 같은 어떤 사람이 자신만의 특수한 삶의 조건 속에서 모색했던 보편성만을 담고 있기 때문이다. 다시 말해서 모든 철학책들은 숙명적으로 특수성에서 싹튼 보편성을 담고 있을 뿐, 특수성을 모두 제거한 순수한 보편성을 우리에게 보여줄 수 없다는 것이다. 바로 여기에 종교와 구별되는 철학의 고유성이 있다.

어쨌든 철학책은 일상인들이 이해하기 어려울 정도의 나름대로의 보편성을 갖고 있다. 그렇다면 우리는 어떻게 철학책들을 읽어야만 하는가? 그 방법은 의외로 간단한다. 모든 책들을 읽는 것과 같은 방식으로 철학책을 읽어나가면 된다. 우리는 내용을 알아서 책을 읽는 것이 아니라 내용을 알지 못하기 때문에 책을 읽는 것이다. 우리는 책을 읽어야만 그 내용을 알 수 있는 법이다. 단지 차이가 나는 이유는 한 번 읽어서 아는 책과는 달리, 철학책은 두 번, 세 번 계속 읽어야만 알 수 있는 책이라는 데 있다. 이렇게 매번 읽을 때마다 우리는 그 철학책의 핵심 내용에 가까이 갈 수 있다. 보편적인 조망을 주는 높이에 이르는 것이 어찌 쉬운 일이겠는가? 오르고 또 오르고, 힘이 들면 잠시 쉬었다가 다시 오르는 길밖에 방법이 없다. 인내를 가지고 오르다보면, 우리의 다리는 강해질 것이고 그만큼 정상에 가까이 갈 수 있게 될 것이다. 그리고 그 정상에 서서 그 철학책이 주는 조망을 행복하게 음미할 수 있게 될 것이다. 자본주의적 삶 속에서 이런 식의 독서가 비경제적으로 보일 수도 있다. 그래서 많은 독자들은 읽기 쉬운 철학사를 보거나 간략한 개론서로 만족하곤 한다. 그러나 바로 여기에는 결정적인 착각이 도사리고 있는 것은 아닌지. 철학은 단순히 고급 교양학문이라는 착각 말이다. 그렇지만 철학은 삶을 위해 존재하는 것이지, 없어도 되는 사치품과 같은 건 아니다. 그래서 철학책을 읽는다는 것은 유식을 가장하는 것과는 전혀 상관없는 일이다. 철학은 한번밖에 없는 소중한 삶을 정직하고 치열하게 성찰하려는 학문이기 때문이다.

2.

철학책을 반복해서 읽다보면 어느 순간 모든 구절들이 마치 퍼즐이 모두 맞추어진 것처럼 명료하게 정리되어 보일 때가 온다. 이런 점에서 철학책은 일종의 추리소설과도 같다. 범죄 현장에 남겨진 흔적들과 증거들을 맞추다보면 어느 순간 그 모든 것들이 하나의 사건과 한 명의 범인을 가리키고 있다는 것을 확인하게 되는 탐정처럼, 철학책을 읽는 과정에서도 수수께끼처럼 보였던 구절들이 모두 하나의 의미를 가리키고 있었다는 것을 알 때가 온다. 바로 이 지점에서 우리는 이 철학책을 지은 사람의 마음을 볼 수 있게 된 것이며, 아울러 그 사람이 우리에게 제공하려고 했던 그 보편적 조망의 자리에 올라가게 된 것이다. 인문학의 핵심은 바로 여기에 있다. 엄청난 시간과 공간의 차이에도 불구하고, 위대한 사람의 정신의 한복판으로 건너갈 수 있다는 사실! 유한이 무한으로 열리는 행복한 경험! 그리고 그만큼 우리의 정신은 성장하게 된다는 사실! 이것은 전율스러운 경험이다. 모든 철학자들이 삶의 곤궁에도 불구하고 오늘도 철학책을 읽고 있는 이유이기도 하다. 더군다나 내가 읽고 있는 철학책이 동네의 이름 없는 야산이 아니라 에베레스트산과 같이 너무나도 유명한 고봉이라면 얼마나 벅차겠는가. 그 저자의 내밀한 정신, 그 한복판에 들어선 그 벅찬 경험을 말해서 무엇 하겠는가.

중국철학이라는 산맥에서 우뚝 솟아 있는 고봉들 중 가장 유명한 것이 아마도 《노자》라는 책일 것이다. 많은 학자들의 생각에 따르면 이 책을 이해한다는 것은 여느 다른 중국 철학책들을 이해한다는 것과는 격이 다르다고 한다. 그들은 《노자》라는 고봉에서 다른 산봉우리들은 조망의 대상이 될 수 있지만, 그 역은 아니라고 말한다. 필자는 이들의 말을 믿었다. 여기서 멈추었다면 필자는 그들처럼《노자》의 높이와 그리고 그 높이에서 조망되는 관점의 보편성을 찬양할 수 있었을 것이다. 그러나 필자의 실수는 직접《노자》라는 고봉을 올라가보았다는 데 있었다. 한 발 한 발 기대를 가지고 필자는《노자》라는 산을 올라갔다. 어느 순간 정상에 이르렀을 때 아연실색할 수밖에 없었다.《노자》는 생각했던 것만큼 고봉이 아니었을 뿐만 아니라 우리 삶에 이로운 보편적인 조망도 주지 않는다는 걸 확인했기 때문이다. 산을 올라갔다는 것과 산을 올라갔다고 생각하는 것은 완전히 다르다. 이와 마찬가지로《노자》를 직접 읽어보았다는 것과《노자》의 사상을 이해하고 있다고 생각하는 것은 완전히 다르다. 이제 필자에게 남은 숙제는 이런 경험을 많은 사람들에게 이야기해주는 것이다. 이것이 바로 필자가 이 책을 쓰는 이유다. 이처럼 이 책은 많은 사람들에게《노자》라는 산봉우리에 올라가서 필자가 보았던 모든 것을 들려주기 위해서, 나아가《노자》를 아직도 희망의 철학으로 맹신하고 있는 사람들의 꿈을 깨우기 위해서 의도된 것이다.

놀라운 사실은 그럼에도 불구하고《노자》를 읽으면서 필자는 분명히 희열을 느꼈다는 점이다. 그러나 그것은《노자》의 원점에 이르렀기 때문에 생긴 감동이 아니었다. 오히려 그것은《노자》의 위대함을 그렇게도 역설했던 선배 학자들의 편견을 확인하게 되면서 느끼는 어떤 아이러니한 희열이었다. 모든 사람들이 임금님의 벌거벗음을 지상 최고의 아름다운 옷이라고 믿으려고 애쓰고 있을 때 어느 꼬맹이가 "임금님은 벌거벗었네"라고 외쳤던 유명한 동화를 기억해보라.《노자》를 위대하다고 생각했던 역대의 많은 학자들의 생각과 지금까지의 무비판적인 통념들에 비추어, 《노자》를 직접 읽고 그 원점에 이르러 보았던 그 살풍경스러운 광경들을 음미하면서 들었던 그 희열에는 동화 속의 그 꼬맹이와 마찬가지로 익살스러운 데가 있을 수밖에 없다. 역설적으로《노자》가 위대했던 것이 아니라《노자》를 위대하다고 보았던 많은 사람들이 위대했던 것이다. 그들은《노자》를 위대하게 만들기 위해서 엄청난 정력과 시간을 소비했고, 그 결과로 만들어진 것 그리고 오늘날도 어김없이 만들어지고 있는 것이 바로 그 방대한 주석서들과 연구서들이다.

3.

그렇다면 우리는 이제《노자》읽기를 포기하고,《노자》를 위대하게 만들었던 주석서나 해설서들을 읽어야만 한다는 것인가? 그렇게 해서는 안 된다.《노자》를 떠나서 그 위대한 주석서와 해설서들은 그 자체로는 아무런 존재 이유도 없기 때문이다. 이 말은《노자》가 그 자체로는 위대하지 않지만 위대해질 수 있는 계기들을 가지고 있는 맹아적인 텍스트라는 것을 의미하는가? 그렇지도 않다.《노자》텍스트 그 자체는 자신 나름의 문제의식과 해법으로 구성된 정합적인 책이다. 문제는《노자》주석서나 해설서들이 그것을 너무나 쉽게 망각하고 있다는 데 있다.《노자》에 대한 너무나도 상이한 해석과 이해 방법들이 존재하게 된 것도 이런 이유에서일 것이다. 이것은《노자》주석서와 해설서들은《노자》의 고유한 관점을 의식적으로 아니면 무의식적으로 망각하거나 혹은 무시하고 있다는 것을 보여주는 간접적인 증거가 아닐까. 그렇다면《노자》의 관점은 무엇인가? 그것은 바로 '국가(state)'라는 관점이다. 2,000여 년 전 전쟁과 살육 그리고 주장과 논쟁으로 뜨거웠던 중국의 전국시대(戰國時代)에서《노자》가 지니는 고유성은 이 책이 이 모든 혼란과 갈등을 '국가'라는 관점에서 조망했을 뿐만 아니라, '국가'의 논리를 비교할 수 없이 정교하게 숙고했다는 데 있다. 반면《노자》주석서들과 해설서들은《노자》를 '국가'의 관점이 아니라 '개인'의 관점에서 조망하고 있다. 바로 이런 관점의 불일치로 인해서《노자》는 중국의 보편적인 형이상학 혹은 형이상학적 수양론(修養論)으로 변질되어 다루어지게 된다. 다시 말해《노자》의 모든 전언은 이제 모든 '개인'들에게 보편타당한 것으로 읽히게 되었다는 것이다. 이제《노자》는 모든 '개인'들에게 바람직한 삶의 가치를 전해주는 교훈서나 '삶의 기술'을 통찰해낸 성인(聖人)의 글로 읽히게 된다. 이런 관점 속에서 '국가'라는《노자》의 고유한 관점은 소멸되고 만다.

그러나《노자》라는 텍스트가 살아 있는 한 그 속에 내재하는 '국가'라는 관점이 완전히 소멸될 수는 없는 법이다. 그래서 한비자(韓非子, B.C.약283~B.C.약233) 이래로 최근의 장순후이(張舜徽)까지 많은 철학자들은《노자》에서 '국가'를 읽어낼 수 있었던 것이다. 그러나 이들이 읽어낸 '국가'는 쉽게 '통치술(the art of rule)'로 가치 폄하되곤 한다. '통치술'이라는 개념으로 우리가 연상하는 것은 '공정하지 못한 정치적 책략', '부당하게 정권을 유지하려는 교활한 술수' 등이다. 이것이 바로《노자》독해의 마지막 장애물이다.《노자》에는 '이렇게도 할 수 있고 저렇게도 할 수 있는 테크닉으로서의 통치술'은 아예 존재하지도 않기 때문이다. 단지 존재하는

노자의 철학

것은 다른 무엇으로도 환원되지 않는 '국가 논리'이며, 이 국가 논리에 따라 통치자가 통치해야만 한다는 주장이다. 따라서《노자》에게 '통치술'이 있다면 그것은 변덕스럽고 가변적인 통치술이 아니라 필연적인 통치술만이 있을 뿐이다. 다시 말해《노자》가 말하고자 했던 것은 군주의 자리에 있는 어떤 개인이라도 만약 국가 논리를 위배한다면 결코 군주의 자리를 보존할 수 없다는 점이다. 따라서 군주에게는 국가 논리를 체현하는 자기 수양이 불가결한 것이다. 반면 군주의 수양론이 모든 인간의 수양론으로 독해되는 것이 통상적인《노자》이해의 특징이다. 이런 이해가 가능해진 것은 물론 '국가 논리'가 '형이상학 논리'로 과도하게 해석되었기 때문이다.

현재 우리의 삶을 규정하는 두 계기는 '국가'와 '자본'의 논리다. 그러나 가라타니 고진(柄谷行人)의 지적처럼 지금 이 두 논리는 상호 긴밀하게 결합되어 '자본-국가'의 형태로 유기적으로 작동하고 있다. 따라서 개인의 삶에서 발생하는 많은 문제들과 우울한 정서들은 기본적으로 이 '자본-국가'의 논리를 통해서만 이해될 수 있고, 온당하게 해소될 수 있다. 세계화라는 아름다운 이름으로 진행되는 전 세계적 규모의 자본주의화(global capitalization) 과정에 살고 있는 모든 사람들은 지금 우울한 삶을 보내고 있다. 어떤 지식인들은 우울한 삶을 개인의 사적인 욕심 때문이라고 진단하며《노자》읽기를 권고한다. 그래서 많은 사람들이 서점에 들러 자신의 우울을 해소하기 위해서《노자》를 꺼내들고 있다. 이런 그들의 선택은 과연 옳은가? 지금 그들은《노자》를 통해서 자신의 모든 우울이 자신의 욕심에서 기원한다고 진단하고 있다. 그러나 과연 그들은 비워낼 만큼 과도하게 차 있기라도 한 것인가? 그들이 자신의 모든 우울을 '자본'이나 '국가'의 논리가 아닌 자신의 내면적 욕심에 돌리는 것이 정당한 것일까? 또 어떤 지식인은《노자》의 '무욕(無欲)' 논리가 자본주의의 대안이라고 힘주어 역설하기도 한다. 그러나 대안이라고 생각되는 금욕과 절제의 논리는, 자본주의가 현재처럼 문제시되기 전에도 이미 베버(Max Weber)의《프로테스탄티즘 윤리와 자본주의 정신》에서 자본주의 자체의 특징으로 대두되었던 것이 아닌가? 분명《노자》가 '자본'의 논리를 철저하게 배척하고 있는 것은 사실이다. 그러나 그렇게 한 이유는 '자본'의 논리가 '국가'의 논리와 양립할 수 없다고 판단했기 때문이다. 이것은 무엇을 말하는가? 만약 우리가《노자》를 반자본주의 원리라고 오독하는 순간, 동시에 우리는 자기도 모른 채 국가의 논리에 얽혀 들어갈 수도 있다는 점을 말한다. 여기에 우리가《노자》를 통해 '국가'의 논리를 읽어야만 하는 이유가 있다. '자본-국가'의 논리와 씨름하기 위해서, 그리고《노자》가 우리 삶의 대안이라는 환상을 부수기 위해서, 따라서 같이 살아가고 있는 많은 사람들에게 쾌활한 삶의 전망을 보여주기 위해서, 우리는《노자》를 아주 꼼꼼하게 그리고 비판적으로 읽어야만 한다.

노자의 철학

《노자》라는 코끼리를 더듬었던 장님들

1.

《노자》는 81장의 철학시들(philosophical poems)로 이루어진 아주 간결한 텍스트다. 누가 이 텍스트를 지었는지 혹은 언제 지었는지에 대한 결정적인 해석은 없다. 그러나 분명 누군가가 지었기 때문에 이 책이 남아 있고 또한 읽힌 것이다. 어쨌든 우리는 편의상 그 사람을 책 이름대로 노자(老子)라고 부르도록 하자. 노자가 한 사람일 수도 있고 아니면 복수의 사람일 수도 있다. 그러나 이것은 《노자》를 읽는 데 아무런 장애가 되지 않는다. 저자는 텍스트의 불가결한 요소라기보다는 하나의 형식에 불과한 법이다. 보통 우리가 보고 있는 해석본들은 모두 왕필(王弼, 226~249)이라는 천재가 18세에 주석을 붙인 '왕필의 판본(王弼本)'에 근거하고 있다. 그러나 놀라운 사건이 1973년 12월 추운 겨울 중국 남부에 있는 장사(長沙) 마왕퇴(馬王堆)에 있었던 어느 요양원에서 발생했다. 이곳에 방공호를 만들기 위해 땅을 파 들어가던 일꾼들이 매우 오래된 무덤들을 발견한 것이다. 이 무덤들은 모두 전한(前漢, B.C.206~A.D.8) 시대 초기의 것으로 확인되었다. 그중 특히 흥미로운 무덤은 제3호 묘라고 불리던 것인데, 여기에서 비단에 쓰인 대량의 문건들, 즉 백서(帛書)들이 출토되었다. 함께 출토된 유물 가운데 나무로 된 문서에 기록되어 있는 연대를 통해서 우리는 이 무덤의 매장 연대를 문제(文帝) 12년, 즉 B.C.168년으로 추정할 수 있게 되었다. 바로 여기에서《노자》,《주역(周易)》을 비롯한 20여 종의 백서가 출토된 것이다.

《노자》백서본(帛書本)은 연대가 다른 두 종이 발견되었는데, 필체에 따라 시기를 고증한 다음에 편의상 비교적 앞선 것을 '갑본(甲本)'이라고 하고 뒤늦은 것을 '을본(乙本)'이라고 부른다. 이 백서본 두 종류가 왕필본(王弼本)과 큰 차이를 보이는 점은 도경(道經)이라고 불리는 부분이 덕경(德經)이라고 불리는 부분 뒤에 온다는 것이다. 그래서 기존의 왕필본이《도덕경(道德經)》이라고 불리는 관례에 비추어본다면, 백서본은《덕도경(德道經)》이라고 불리게 된 것이다. 이런 구성적 측면의 차이 이외에도 몇몇 글자들에서도 백서본과 왕필본은 차이를 보이지만 그 사상적 귀결에서는 별로 차이점을 보이지는 않는다. 그런데 중국이라는 땅덩어리는 넓기만 한 것이 아니라 깊기도 한가 보다. 백서본이 발견된 지 정확히 20년 뒤 1993년 겨울. 이번에는 중국의 호북성(湖北省) 형문시(荊門市) 사양구(沙洋區) 사방향(四方鄉) 곽점촌(郭店村)에서 고분들이 발굴되었다. 특히 뒤에 '곽점 1호 묘'라고 부르게 된 초(楚)나라 고분에서 다량의 대나무 문서(竹簡) 800여 매가 발굴되었다. 그런데 바로 이 죽간 속에《노자》가 일부분 들어 있었다. 곽점본(郭店本)의 분량은 백서본의 양과 비교해보면 대략 5분의 2 정도밖에 되지 않았다. 곽점 1호 묘에서 출토된 다른 유물들을 통해 학자들이 고증한 것에 따르면 곽점 1호 묘는 전국시대 중기에 만들어진 것으로 판단되었다. 따라서 이곳에서 출토된 곽점본《노자》의 성

노자의 철학

립 연대는 최소한 전국시대(B.C.475~B.C.221) 중기 이전이라고 볼 수 있다.

　결국 우리는 세 종류의 상이한《노자》판본을 가지게 되었다. 구성과 글자 일부분의 차이를 제외하고는 백서본과 왕필본의 차이는 크지 않지만, 백서본과 곽점본 사이에는 부정할 수 없는 몇 가지 사상사적 차이점이 보인다. 그중 중요한 것으로 다음 두 가지 사항을 들 수 있겠다. 첫째는 백서본과 왕필본에 비해서 곽점본은 유가사상(儒家思想)에 대해 적대적이지 않다는 점이다. 그 증거로 왕필본 19장(＝백서본 63장)에 등장하는 "성스러움을 끊고 앎을 버린다(絶聖棄知)"는 구절과 "어짊을 끊고 의로움을 버린다(絶仁棄義)"라는 구절이, 곽점본에서는 "앎을 끊고 변론을 버린다(絶知棄辯)"와 "인위적인 것을 끊고 사려함을 버린다(絶僞棄慮)"라고 되어 있다는 점을 들 수 있겠다. 둘째는 백서본과 왕필본에 등장하는 "무(無)→유(有)→만물(萬物)"이라는 우주발생론적 도식과 '무'를 존재론적 최종 근거로 보는 사유가 곽점본에는 보이지 않고, 오히려 만물의 두 가지 존재론적 계기로 이해된 무와 유가 동일한 위상으로 출현한다는 것이다. 그 증거로 왕필본 40장(＝백서본 4장)이 "천하의 만물은 유에서 생겨나고, 유는 무에서 생겨난다(天下萬物生於有, 有生於無)"고 되어 있지만, 곽점본에는 "천하의 만물은 유에서 생겨나고 무에서 생겨난다(天下之勿(＝物)生於又(＝有), 生於亡(＝無))"고 쓰여 있다. 결국 우리는 81장의 철학시들로 이루어진 통행본《노자》가 이처럼 다양한 변형과 굴곡을 거쳐 완성되었다는 것을 쉽게 추론해볼 수 있다. 그러나 어떤 판본이 옳은지 너무 깊이 고민할 필요는 없다. 필자가 선택한 방법은 가장 오래된 백서본을 저본으로 삼고, 곽점본과 대조하면서 백서본을 수정하는 것이다.

수정의 요체는 바로 곽점본이 유가에 적대적이지 않았다는 점 그리고 유와 무가 존재론적으로 동일한 위상을 가지고 있다는 점이다. 이 두 점을 염두에 두면서 《노자》의 81장을 포괄적이고 정합적으로 독해한다면 별로 문제가 생기지 않을 것이다.

2.

기존 《노자》 이해의 문제점은 크게 두 가지로 살펴볼 수 있다. 그렇지만 이 두 가지 문제점들은 독립적인 것이 아니라 상호 밀접하게 연결되어 있다. 첫째는 《노자》 해석의 포괄성과 관련된 문제다. 필자가 보았을 때 기존의 《노자》 이해 대부분이 가지고 있는 가장 중요한 문제점은 대다수 연구자들이 81장 전체를 동일한 비중으로 고려하지 않고 있다는 데 있다. 다시 말해 연구자들에 따라 강조하는 부분들이 현격한 차이를 보인다는 것이다. 이로부터 우리는 왜 《노자》에 대한 다양한 해석들이 발생했는지 어렵지 않게 이해할 수 있게 된다. 예를 들어보자. 하상공(河上公)은 양생술(養生術)에 입각해서 《노자》를 이해하기도 하고, 한비자는 통치술(統治術)에 입각해서 이해하기도 한다. 순자(荀子)나 《장자(莊子)》〈천하(天下)〉편의 저자는 처세술(處世術)에 입각해서 이해하기도 하며, 왕필은 '무(無)'의 형이상학으로 이해하기도 한다. 또 덕청(德淸)스님은 유(儒)·불(佛)·도(道)의 회통론에 근거해서 마음의 수양론으로 이해하기도 한다. 나아가 최근에는 《노자》를 유토피아적 무정부주의로 이해하려는 사람도 있고, 생태운동의 철학적 기초로 이해하려는 사람도 있으며, 페미니즘(feminism)의 이론적 기초라고 역설하는 사람도 있다. 또한 서양철학과의 비교를 통해서 《노자》를 데리다(Jacques Derrida)의 해체론이나 하이데거(Martin Heidegger)의 존재론 등과 비교하면서 《노자》 사유의 보편성을 역설하려는 사람들도 있다. 이런 다양한 《노자》 이해를 접하고서 당혹감을 느낀 몇몇 사람들은 아예 《노자》라는 텍스트 자체가 다양한 사상적 경향이 혼재되어 있는 '노자학파(老子學派)'의 백과사전과 같은 것으로 이해하자고 주장하기도 한다.

《노자》의 사상에 대해 오랜 시간 동안 전개되고 있는 상이하고 이질적인 이해 방식들을 자세히 살펴보면, 우리는 다른 한 가지 흥미로운 사실을 덤으로 발견하게 된다. 그것은 각각의 상이한 이해들이 예외 없이 《노자》 81장 중 일부 몇몇 장들만을 핵심적인 장으로 간주하고 있다는 점이다. 예를 들어 "도라고 할 수 있는 도는 영원한 도가 아니다(道可道非恒道)"라는 유명한 구절로 시작되는 백서본 45장(＝왕필본 1장)에 대한 강조는 거의 모든 주석서들과 해설서들이 공유하는 특징이다. 그러나 이상하게도 《노자》의 어떤 장들은 다루지 않을 뿐만 아니라 아예 무관심하게 방치되어 있기도 하다. 예를 들어 백서본 80장(＝왕필본 36장)에 나오는 다음 구절을 보자. "약하게 하려면 반드시 먼저 강하게 해주어야만 한다. 제거하려고 한다면 반드시 먼저 높여야만 한다. 빼앗으려고 한다면 먼저 반드시 주어야만 한다(將欲翕之, 必固張之. 將欲弱之, 必固强之. 將欲去之, 必固擧之. 將欲奪之, 必固予之)." 이것은 너무나 음흉한 이야기여서 위대한 노자가 말했다고 보기 힘든 구절로 이해하기도 한다. 그러나 이렇게 부당하게 억압당해서 은폐된 구절이 단지 이것 하나만 있는 것이 아니다. 《노자》를 읽어보면 병법(兵法)의 지혜로부터 교훈을 얻고 있는 장들도 상당히 많이 등장하는데, 이런 장들도 노자를 위대하게 만들려는 주석서들과 해설서에서는 억압되어 무시되고 있다. 어느 장이 중요하고 어느 장은 그렇지 않은지를 결정할 수 있는 기준은 도대체 무엇이며 혹은 그런 것이 있다고 할지라도 그런 기준이 정당하다고 어떻게 확증할 수 있는가? 《노자》에 대한 올바른 이해를 확증하는 유일한 기준은 '문제되는 해석이 81장 전체를 가급적 온전히 반영하고 있는가?'라는 해석의 포괄성에 달려 있다. 따라서 우리는 반복되는 독해를 통해서 《노자》81장이 공통적으로 가리키고 있는 영점 혹은 원점을 찾아내려고 노력해야만 한다.

둘째는 철학적 담론의 구성 형식과 관련된 문제다. 논의의 편의상 스피노자(Baruch de Spinoza)의《에티카(Ethica)》의 구성을 생각해보자. 그의 《에티카》는 형식적으로 다섯 부로 나뉘어 있지만, 내용으로 보았을 때는 크게 두 가지로 나눌 수 있다. 하나는 제1부에서 다루는 실체(substance)와 양태들(modes)에 대한 논의와 제2부에서 다루는 마음(mind)에 대한 논의를 포괄하는 형이상학적 논의라면, 다른 하나는 코나투스(conatus)와 감정(affectus)의 윤리학과 제3종의 인식으로 이르는 길을 제시하고 있는 나머지 제3부, 제4부, 그리고 제5부를 포괄하는 실천적인 논의다. 중국철학의 논의 구조를 빌려 간단히 표현하자면《에티카》의 제1부와 제2부가 본체론(本體論)을 구성한다면, 나머지 제3부, 제4부, 제5부는 수양론을 구성한다고 할 수 있다. 스피노자의 철학에서 형이상학적 논의가 아무리 중요하다고 해도, 그것은 단지 코나투스의 역동적 윤리학을 정당화하기 위해 제공된 내재적 문법(immanent grammar)으로서만 의의를 지닌다고 할 수 있다. 때때로 필자는 스피노자의《에티카》제1부와 제2부, 즉 형이상학적 논의들만을 주목해서 스피노자의 철학

노자의 철학

을 다루고 있는 논문들을 읽곤 한다. 그러나 이런 논문들은 결국 자신들이 다루고 있는 텍스트가 스피노자의 《에티카》라는 사실을 망각하고 있는 것이 아닐까? 스피노자가 주장하려고 했던 것은 실체의 형이상학이 아니라 코나투스의 윤리학이었다고 말해야 하지 않을까? 이와 마찬가지로 "도라고 할 수 있는 도는 영원한 도가 아니다"라는 유명한 구절로 시작되는 백서본 45장만을 강조해서 사변의 날개를 활짝 펼치는 대부분의 주석서들과 연구서들도 자신들이 무엇을 다루고 있는지 망각하고 있는 것이 아닐까? 그래서 이 시점에서 우리는 노자가 81장으로 이루어진 간결한 철학시들로 무엇을 말하려고 했는지 혹은 무엇을 주장하고 있는지를 다시 새롭게 물을 수밖에 없다.

3.

철학적 담론은 보통 정당화되는 주장과 정당성을 제공하는 근거로 나뉜다. 간단히 말해 철학적 담론은 주장과 근거로 구성되어 있다는 것이다. 예를 들면 "소크라테스는 죽는다"고 주장하려면, 우리는 그 근거로 "소크라테스는 사람이고, 동시에 모든 사람은 죽는다"는 근거를 제공해야 한다. 만약 이 경우 누군가가 소크라테스는 사람이 아니라 개라고 하거나 아니면 다른 누군가가 어떤 사람은 죽지 않는다고 한다면, "소크라테스는 죽는다"라는 주장은 설득력을 상실할 수밖에 없게 된다. 그렇기 때문에 철학자들은 이런 가능한 반박을 사전에 막기 위해서 근거들을 숙고하고 반성해서 제시하려 한다. 따라서 어떤 철학책을 읽을 때 우리는 무엇보다도 먼저 주장에 해당하는 부분과 근거에 해당하는 부분을 식별할 수 있어야 한다. 그러나 주장 부분과 근거 부분 중 어느 것이 더 중요한 것일까? 반드시 우리는 철학자의 주장 부분이라고 말해야만 할 것이다. 근거는 오직 주장을 정당화하고 있다는 점에서만 의미가 있기 때문이다. 다시 말해 만약 근거가 불충분하다면 근거는 그 이상으로 모색되어 제안될 수 있지만, 주장은 그렇지 않다는 것이다. 그래서 철학책을 독해할 때는 철학자의 문제의식을 파악하는 것이 가장 중요하다고 볼 수 있다. 그의 주장은 바로 그만의 고유한 문제의식에서 태어나고 성장하기 때문이다. 결론적으로 어떤 유의미한 철학 담론은 다음과 같은 경로를 통해서 발생한다고 할 수 있다. 첫째, 철학자 특유의 고유한 문제의식이 발생해야만 한다(철학적 문제의식). 둘째, 그 문제의식에 대한 해법이라고 할 수 있는 주장이 발생해야만 한다(철학적 주장). 마지막으로 그 주장에 정당한 근거를 제공하면서 정당화해야만 한다(철학적 근거).

《노자》에 실려 있는 81장의 철학시들은 결코 노자학파의 백과사전과 같은 글이라고 보기 힘들다. 우리는 81장이 산문(prose)이 아니라 운문(verse)이라는 형식을 띠고 있다는 것에 주목해야만 한다. 이런 형식이 함축하는 사실은 《노자》란 텍스트는 결코 단순히 잡다하게 모은 백과사전이라기보다는 음미되고 정제된 사유의 흔적이라고 보아야 한다는 점이다. 운문의 성격 중 '운율'과 '함축미'는 암기에 도움을 줄 뿐만 아니라 대중화에도 기여한다. 다시 말해 인쇄술이 발달하지 않았던 당시의 시대 상황을 고려해볼 때, 《노자》는 분명 자신의 사상을 대중화하려고 했던 진지한 철학서이지, 결코 이리저리 돌아다니는 노자 계열의 사상가들의 사상을 모아놓은 백과사전과 같은 잡동사니 책일 수는 없다는 말이다. 어쨌든 필자의 이런 판단이 옳다면《노자》속에는 앞에서 다룬 철학적 담론의 세 가지 요소들이 모두 갖추어져 있어야 할 것이다. 다시 말해《노자》라는 텍스트는, 첫째 노자의 철학적 문제의식을 반영하는 부분들, 둘째 노자의 철학적 주장을 담고 있는 부분들, 셋째 철학적 주장을 정당화하고 있는 근거에 해당하는 부분들로 구성되어 있을 것이라는 말이다. 철학적 주장과 철학적 근거 중 어느 것이 더 추상적이고 보편적일까? 앞의 삼단논법에서 보았듯이 철학적 근거가 철학적 주장보다 더 포괄적이고 추상적일 수밖에 없다.

철학적 주장과 철학적 근거를 구분하는 기준은 '추상성의 정도(degree in abstraction)'라고 할 수 있다. 물론 여기서 말한 추상성의 정도는 상대적일 수밖에 없다. 예를 들어 "도라고 할 수 있는 도는 영원한 도가 아니다"라는 백서본 45장과 "약하게 하려면 반드시 먼저 강하게 해주어야만 한다. 제거하려고 한다면 반드시 먼저 높여야만 한다. 빼앗으려고 한다면 먼저 반드시 주어야만 한다"는 백서본 80장을 생각해보자. 전자는 후자에 비해 상대적으로 추상성이 높고, 후자는 전자에 비해 상대적으로 구체적이다. 이런 작업을 81장 전체에 반복적으로 적용하면, 우리는 어렵지 않게《노자》를 철학적으로 재구성해볼 수 있을 것이다. 그런데 기존의《노자》이해에는 이런 기초적인 작업이 결여되어 있는 것처럼 보인다. 그렇기 때문에 다양한 추상의 질서로 분배될 수 있는 구절들 중 자신의 구미에 맞는 일부 구절만을 배타적으로 중시하게 되었고, 그에 따라 상이하고 이질적인 해석들이 출현하게 되었던 것이다. 더군다나 기존의 이해들은 철학적 주장과 철학적 근거를 혼동했기 때문에, 철학적 근거로 제공된 것을 철학적 주장으로 오해하는 일이 자주 발생할 수밖에 없었다. 그래서 흔히 철학적 근거로 제시된 "도라고 할 수 있는 도는 영원한 도가 아니다"라는 유명한 구절을 통해 노자는 언어로 표현된 진리는 진리일 수 없다고, 나아가 진정한 진리란 언어를 초월해 있는 것이라고 주장한 철학자라고 이해하는 통념이 발생하게 된 것이다.

3

정말 노자가 고민했던 것

1.

반복하자면 《노자》와 같은 간결하고 난해해 보이는 텍스트를 읽기 위해서 우리는 다음 세 가지 사항들을 반드시 점검해야만 한다. 첫째 노자의 철학적 문제의식, 둘째 그 문제의식에 대한 해법이라고 할 수 있는 철학적 주장, 셋째 그 주장의 정당한 근거로 제공된 철학적 근거. 우선 무엇보다도 먼저 노자가 어떤 것을 자신의 고유한 문제로 끌고 들어오는지 살펴보도록 하자. 아니 필자는 더 노골적으로 "노자가 가장 우려했던 것, 혹은 가장 무서워했던 것은 무엇이었을까?"를 먼저 되물어보고 싶다. 노자가 무서워했던 것은 피통치자들이 목숨을 걸고 행하는 저항이었다. 백서본 39장(=왕필본 74장)에 나오는 다음 구절을 읽어보자.

> 만일 백성들이 죽음을 두려워하지 않는다면 어떻게 죽음으로써 그들을 두렵게 할 수 있겠는가? 만일 백성들이 죽음을 두려워한다면, 백성들 중 누군가가 옳지 못한 행동을 했을 때 내가 그를 잡아 죽일 수 있을 것이다. 그렇다면 누가 감히 옳지 못한 행동을 하겠는가?

若民恒不畏死, 奈何以殺懼之也? 若民恒畏死, 則而爲奇者, 吾
將得而殺之, 夫孰敢?

국가에 수동적으로 저항하는 것이 아니라 적극적으로 공권
력과 맞서 싸울 때, 혹은 그런 결연한 혁명의 상태 속에서만 피통
치자들 혹은 민중은 "죽음도 두려워하지 않게(不畏死)"되는 법이
다. 마침내 죽음을 두려워하지 않는 민중의 저항은 국가권력의 와
해를 낳게 될 것이다. 그러나 역으로 만약 민중이 국가권력을 두
려워한다면, 그들은 혁명적 연대를 구성할 수도 없을 뿐만 아니라
산산이 흩어진 익명적 개인으로 남아 국가권력의 지배를 받게 될
것이다. 그렇다면 문제는 국가권력에 대한 민중의 목숨을 건 저항
이 발생하는 이유다. 노자는 저항의 원인이 민중에게 있기보다는
오히려 국가권력 자체에 있다고 본다. 백서본 40장(=왕필본 75장)에
는 다음과 같은 노자의 진단이 나온다.

사람들이 굶주리는 이유는 통치자가 세금을 많이 거두기 때문
이다. 그래서 백성들은 굶주리는 것이다. 백성들이 다스려지
지 않는 이유는 통치자가 무엇인가를 하려고 하기 때문이다.
그래서 백성들이 다스려지지 않는 것이다. 백성들이 죽음을
가볍게 여기는 것은 통치자가 지나치게 (자신의) 삶을 풍족하게
하려고 하기 때문이다. 그래서 백성들은 죽음을 가볍게 여기
는 것이다.
人之飢也, 以其取食稅之多也, 是以飢. 百姓之不治也, 以其上
有以爲也, 是以不治. 民之輕死, 以其求生之厚也, 是以輕死.

노자의 철학

국가권력이 세금을 많이 거두기 때문에 민중은 굶주리게 되고 이런 굶주림의 상태가 결국 죽음을 가볍게 여기는 혁명을 야기한다는 것이다. 쉬운 논리 같지만 여기서 노자는 결코 간과할 수 없는 중요한 통찰을 한다. 그것은 국가라는 체계의 작동 원리에 대한 것이다. 노자에 따르면 국가란 기본적으로 통치자(=군주)와 피통치자(=민중)로 양분되는 위계적 체계이고, 통치자와 피통치자 사이에는 일종의 교환(exchange) 관계가 성립된다. 중요한 것은 바로 국가라는 체계를 지탱하는 교환 관계의 특성이다. 교환이란 기본적으로 A에서 B로 무엇인가가 전달되면 B에서 A로도 무엇인가가 전달되고 있음을 의미하는 개념이다. 문제는 통치자의 자리에 있는 군주가 피통치자에게서 무엇인가를 받았는데도 군주는 그 대가로 아무것도 피통치자에게 주는 것이 없다는 데 있다. 결국 교환 관계의 와해를 통해 민중은 국가권력에 목숨을 걸고 저항할 수밖에 없게 된 것이다. 혁명이 성공한다면, 군주는 가차 없이 통치자의 자리에서 축출될 것이고 심한 경우 목숨을 버릴 수밖에 없게 될 것이다.

2.

혁명과 축출의 위험에 노출된 군주에게 노자는 자신이 진정으로 들려주고 싶은 이야기를 하기 시작한다. 노자에 따르면 군주가 통치자라는 자리에 오래 있기 위해서는 무엇인가를 세금의 대가로 피통치자들에게 주어야만 한다. 만약 이 교환의 논리를 어기게 되면 군주는 결코 통치자의 자리를 유지할 수 없게 될 것이다. 그래서 노자는 백서본 22장(=왕필본 59장)에서 다음과 같이 말한다.

사람들을 다스리고 하늘을 섬기는 데 아끼는 것보다 좋은 것
은 없다. 오직 아껴야 미리 (통치의 원리를) 따를 수 있다. 미리 따
르는 것을 거듭 덕을 쌓는 것이라고 말한다. 거듭 덕을 쌓으면
이기지 못할 것이 없고, 이기지 못할 것이 없다면 그 끝을 알
수 없다. 그 끝을 알 수 없어야 국가를 가질 수 있다. 국가의 어
머니를 가져야 오래갈 수 있다. 이것을 '뿌리를 깊고 굳게 하며
오래 살아 오래 볼 수 있는' 방법이라고 한다.
治人事天莫若嗇. 夫唯嗇, 是以早服. 早服是謂重積德. 重積德
則无不克, 无不克則莫知其極. 莫知其極, 可以有國. 有國之母,
可以長久. 是謂'深根固柢. 長生久視'之道也.

'아낀다(嗇)'는 말은 통치자가 세금으로부터 유래한 자신의 부
를 혼자만 가지겠다는 결의가 아니다. 오히려 그 반대로 통치자가
자신을 위한 세금의 전용을 아낀다는 것, 즉 삼간다는 것을 의미
하고 있다. 바꾸어 말하면 이 말은 결국 통치자가 백성들에게 세
금의 대가로 무엇인가를 준다는 말이다. 여기서 '거듭 덕을 쌓는
다(重積德)'라는 개념은 이런 교환 관계가 한 번에 일회적으로 끝
나는 것이 아니라 부단히 반복적으로 수행되어야 함을 의미한다.
그 결과 통치자는 피통치자들의 신망을 얻게 될 것이고, 피통치자
들은 통치자의 이익을 자신들의 이익으로 생각하게 될 것이다. 그
들은 통치자의 이익이 결국 자신들의 이익으로 돌아올 것이라고
굳게 믿고 있기 때문이다. 통치자와 피통치자 사이에 내재하는 교
환 관계가 활성화되면, 전체 국가 체계는 강해진다. 마치 혈관 속

　　　　　　　　　　　　　　　　　　　　노자의 철학

에서 피가 원활히 소통되어야 몸이 건강하듯이 말이다. 여기서 중
요한 것은 '국가의 어머니(國之母)'라는 표현이다. 국가의 어머니
를 가졌다는 표현은 어떤 이상적인 통치자(=聖人)가 결국 국가의
근본적 기능으로서 교환 관계를 장악하고 있다는 것을 의미한다.
눈에 보이지 않는 이런 교환 관계를 장악한 군주만이 오래 지속적
으로 통치자의 자리에 있을 수 있다. 오래 산다는 것을 의미하는
'장생구시(長生久視)'라는 표현이, 우리가 통상적으로 이해하고 있
는 것처럼 모든 인간들에게 보편적으로 통용되는 것이 아니라는
점을 알아야 한다. 그것은 오직 통치자의 자리에 있는 군주에게만
통용되는 것이기 때문이다.

　문제는 군주도 하나의 평범한 사람이라는 데 있다. 다시 말해
그도 어느 평범한 사람과 마찬가지로 배고프면 먹어야 하고, 추우
면 옷을 입어야 하고, 졸리면 자야 한다는 것이다. 군주도 칭찬을
좋아하고 험담을 싫어하며, 아름다운 여자를 보면 좋아하고 맛있
는 음식을 먹으면 좋아한다. 그도 재물이 들어오면 다른 사람에게
주기보다는 자신이 갖기를 원하고 다른 사람의 재물을 보면 탐하
여 그것을 갖고 싶어하는 평범한 인간일 수밖에 없다. 그러나 노자
의 전언에 따르면 군주가 통치자의 자리에 진정으로 오래 머물려
면 평범한 사람들과 마찬가지로 사유하거나 행동해서는 안 된다.
그래서 노자는 백서본 16장(=왕필본 53장)에서 다음과 같이 말한다.

　　만일 내가 조금이라도 아는 것이 있어서 큰 도를 걸어가려고
　　하는 경우, 내가 두려워하는 것은 오직 나쁜 길로 드는 것이다.
　　큰 도는 매우 평탄하지만 백성들은 작은 길만을 좋아한다. 조
　　정에는 사람이 없고 밭은 황폐하고 창고는 비었는데도 화려한

옷을 입고 날카로운 검을 차고 배부르도록 먹어도 재산이 남는
다면, 이런 경우를 도둑질을 자랑하는 것이라고 말한다. 도둑
질을 자랑하는 것은 도가 아니다.

使我介有知也, 行於大道, 唯他是畏. 大道甚夷, 民甚好徑. 朝甚
除, 田甚蕪, 倉甚虛, 服文綵, 帶利劍, 厭食而資財有餘. 是謂盜
夸. 盜夸, 非道也哉!

국가 체계를 가능하게 하는 교환의 논리를 어긴 사람은 통치
자의 자리에 있을 수 없는 평범한 사람에 지나지 않는다. 아니 정
확히 말해 그런 사람은 통치자라기보다는 도둑이라고 말할 수 있
다. 이 사람은 수탈만을 일삼지 결코 그것을 재분배하려고는 하
지 않기 때문이다. 노자는 군주들이 자신들이 통치자라면 반드시
필연적으로 걸어야만 하는 길, 다시 말해 재분배의 도를 외면하
고 있음을 개탄하고 있다. 오래 통치자의 자리를 유지할 수 있고
따라서 국가를 보존할 수 있는 길을 내버려두고, 순간적인 편함과
향락을 추구하다가 혁명의 와중에서 사라져가는 군주들을 보면
서 노자는 그들의 편협한 식견에 대해 탄식하고 있는 것이다.

3.

성급한 독자는 이런《노자》이해가 결국 통치술에 입각한 한비자
의《노자》이해와 같은 것이 아닌가라고 의심할 수도 있을 것이다.
그러나 앞에서 말한 것처럼 노자가 발견한 국가의 논리는 한비자
가 권고하는 통치술과는 아무런 관계가 없다. 이해를 돕기 위해서

간단히 한비자의 통치술, 즉 '술론(術論)'의 특성에 대해 알아보도록 하자. 한비자는 법가(法家)사상의 집대성자라고 할 수 있다. 그는 군주의 절대적인 정치적 권력으로서의 '세(勢)'를 강조했던 신도(愼到, B.C.395~B.C.315)가 객관적 형세만을 강조해서 인간의 주체적 역량을 망각했다고 비판했고, 아울러 법(法)에 의한 통치를 강조했던 상앙(商鞅, B.C.390~B.C.338)은 법 집행과 관련된 고위 관료(重臣)들의 농단을 막을 수 없었다고 비판한다. 한비자의 '술론'은 바로 지나치게 형식화된 법치(法治)를 틈타 군주의 절대권을 농락하는 중신들을 통제해야 한다는 필요성에서 출현한 것이다. 《한비자》〈난삼(難三)〉편에 나오는 한비자의 말을 직접 들어보자.

> 군주에게 중요한 것은 '법'이 아니면 '술'이다. '법'이란 문서로 만들어 공개하고 관청에 설치하여 백성들에게 공포하는 것이다. '술'이란 군주의 마음속에 담아두고, 여러 단서들에 대응해서 은밀하게 여러 신하들을 제어하는 것이다. 그러므로 법은 드러내놓는 것이 가장 좋지만, '술'은 드러나지 않도록 해야 한다.
> 人主之大物, 非法則術也. 法者, 編著之圖籍, 設之於官府, 而布之於百姓者也. 術者, 藏之於胸中, 以遇衆端, 而潛御群臣者也. 故法莫如顯, 而術不欲見.

한비자의 정치사상의 요체는 결국 '법(法)', '술(術)', '세(勢)'라는 세 요소를 정치권력이 유기적으로 통합해야 한다는 데 있다. 따라서 한비자의 통치술은 결국 '법치'의 맹점이라고 할 수 있는 법 집행을 담당하는 중신들에 대한 감시와 통제의 수단으로 제기되었던 것이다. 이와 대조적으로 노자의 통치술은, 군주에게 국가의 작동 원리(＝道)를 정확하게 체현할 것을 요구하고 있다는 점에서, 그리고 군주가 국가의 작동 원리를 체현하지 못한다면 필연적으로 통치자의 자리에 있을 수 없게 될 것이라고 진단한다는 점에서, 군주의 자의성에 노출되어 있는 감시와 통제의 기술로서의 통치술과는 아무런 상관이 없는 것이다. 더군다나 백서본 20장(＝왕필본 57장)을 보면 노자는 "법이 번잡해지면 도적이 많아질 것이다 (法物滋彰而盜賊多有)"라고 주장하고 있다. 곧 노자는 법치 자체를 반대하고 있는 것이다. 이런 점을 보더라도 노자에게 법치의 보완책으로 주장된 한비자식의 통치술이 있다고 보는 것은 어불성설이다.

결론적으로 《노자》의 고유성은 노자가 바로 국가의 논리, 즉 통치자와 피통치자 사이의 교환의 논리를 발견했다는 데 있다. 이것이 바로 《노자》 81장을 관통하는 원점이자 영점이다. 나머지 모든 《노자》의 논의들은 노자가 자신이 발견한 교환의 논리를 철학적으로 정당화하기 위해서 제공한 철학적 근거나, 혹은 그 부연에 지나지 않는 것들이다. 그러나 여기서 우리는 철학적 근거가 함축하게 되는 불가피한 속성들을 조금 숙고해둘 필요가 있다. 어떤 주장을 한다면, 우리는 누군가에게 그것을 설득시키려는 것이다. 당연히 우리는 그를 설득시킬 수 있는 충분한 근거를 제공해야만 한다. 그래서 어떤 철학적 주장에 대한 근거는 결국 우리가 설득시키려는 사람이 어떤 생각을 하는 사람인지에 따라 달라질 수밖에 없는 법이다. 예를 들어 누군가에게 우리가 "소크라테스는 죽는다"고 주장한다고 해보자. 이 경우 만약 상대방이 "모든 사람이 죽는다"는 것을 믿지 않는다면, 우리는 그 주장의 근거로 "모든 사람이 죽는다"라는 명제를 들 수는 없을 것이다. 결국 우리가 어떤

노자의 철학

주장에 대해 근거를 제공할 때, 그 근거는 기본적으로 상대방도 공유할 것이라고 믿어지는 명제일 수밖에 없다. 이런 형식은《노자》에도 예외 없이 통용되는 사실이다. 다시 말해 노자가 제안한 근거들도 당시에 일반적이었던 진리 체계와의 관계 속에서 규정될 수 있다는 것이다.

철학적 근거는 물론 철학적 주장과는 구별되어 다룰 필요는 있지만 또한 반드시 연속적인 것으로 이해하는 것이 좋다. 철학적 근거가 철학적 주장과 구별되는 지점은 전자가 후자에 비해 보편적이고 추상적이라는 데 있다. 따라서 어떤 철학자가 제공한 철학적 근거들은 그 자체로 충분히 숙고될 만한 가치가 있는 것이다. 철학적 근거들은 그 성격상 분명 우리의 삶에도 다양하게 적용 가능한 보편성이 있을 수 있기 때문이다. 더군다나 기존의《노자》이해들이 바로 이 점에 착안해서《노자》를 위대하게 만들고 있고 나아가《노자》의 지혜를 보편적인 삶의 지혜로 역설하고 있다는 점에서,《노자》에서 제안된 다양한 철학적 근거들은 그 자체로 엄격하게 분석되고 평가할 필요가 있다고 본다. 그럼에도 불구하고《노자》가 제안하는 근거들, 표면적으로는 보편적인 의의와 가치가 있는 것처럼 보이는 철학적 근거들은, 위계적 교환 관계라는 국가의 내재적 논리와 밀접하게 연결되어 있다는 점을 한시라도 잊어서는 안 된다. 따라서 본 글은《노자》의 주장과 그 주장에 대해 제공된 근거들을 이런 관점에 입각해서 비판적으로 음미하고 평가하는 방식으로 진행될 것이다. 이제 본격적으로《노자》를 분석해보도록 하자.

2장. 노자와 장자, 그 건널 수 없는 차이

도는 하나를 낳고, 하나는 둘을 낳고, 둘은 셋을 낳고, 셋은 만물을 낳는다. 만물들은 음을 등에 지고 양을 껴안고 있는데, 가운데의 기로 조화로움을 도모한다.

천하의 모든 만물들이 싫어하는 것이 "외로움(孤)", "부족함(寡)", 혹은 "결실이 없음(不穀)"인데, 오히려 제후들은 이것들을 자신들의 이름으로 삼았다. 만물들은 어떤 경우에 덜어내면 오히려 증가하고 역으로 증가시키면 오히려 덜어지기도 한다. 그러므로 다른 사람들이 가르치는 것으로 나도 또한 남을 가르쳐야 한다. 따라서 "강하고 굳센 사람은 천수를 누리지 못한다"는 말을 나는 배움의 근본으로 삼을 것이다.

— 백서본 5장, 왕필본 42장

道生一, 一生二, 二生三, 三生萬物. 萬物負陰而抱陽, 中氣以爲和. 天下之所惡, 唯孤·寡·不穀, 而王公以自名也. 物或損之而益, 益之而損. 故人之所敎, 亦我以敎人. 故强梁者, 不得其死. 我將以爲學父.

— 帛書本 5장; 王弼本 42장

장자, 노자를 조롱하다!

1.

《노자》에 대한 본 글을 시작하면서 첫 제사(題詞)로 어떤 것을 소개할까 많이 망설였다. 그 결과 선택된 것이 바로 백서본 5장(＝왕필본 42장)이다. 백서본 5장에는 "도는 하나를 낳고, 하나는 둘을 낳고, 둘은 셋을 낳고, 셋은 만물을 낳는다"는 유명한 구절이 등장한다. 이 구절만큼 노자와 장자의 차이점을 분명하게 보여주는 것, 아니 정확히 말해 노자와 장자는 우리의 통념과는 달리 대립적이기까지 하다는 사실을 보여주는 것도 없을 것이다. 그렇다면 노자와 장자를 병칭해서 이루어지는 노장(老莊)이란 말로 대표되는 도가(道家)라는 범주는 해체되어야 할 범주라고 할 수 있다. 먼저 노자사상을 백서본 5장을 통해서 특성화해보고, 이에 대한 장자의 비판을 재구성해보도록 하자. 그다음으로 '도가'라는 범주가 어떻게 일개 역사가들, 즉 사마천(司馬遷, B.C.145~?)과 반고(班固, 35~92) 등에 의해 구성되었는지를 살펴볼 것이고, 마지막 부분에서 이런 논의를 기초로 노자와 장자 사이의 철학적 차이점을 보편적인 층위에서 정리해보도록 하자.

우선 백서본 5장을 살펴보도록 하자. 많은 학자들, 예를 들면 장시창(蔣錫昌), 가오형(高亨), 천구잉(陳鼓應), 옌링펑(嚴靈峰) 등의 주석가들은 백서본 5장이 이질적인 내용으로 구성되어 있다고 보고 있다. 첫 번째 단락이 개체들의 발생론을 설명하고 있는 존재론적 논의라면, 두 번째 단락은 군주가 어떻게 하면 오래 통치자의 지위를 유지할 수 있느냐에 대해 논의를 전개하고 있기 때문이다. 그럼에도 불구하고 이렇게 문제가 있는 5장을 선택한 이유는 다른 데 있는 것이 아니다. 우리가 처음으로 다룰 5장만큼 《노자》의 철학적 특성을 가장 분명히 보여주는 것도 없기 때문이다. 더군다나 5장은 결코 이질적인 두 단락으로 나뉘어 있는 것 같지는 않다. 오히려 5장이 가장 특징적이고 극적으로 노자의 사유 방법과 문제의식, 나아가 《노자》의 구성 형식을 잘 보여준다고 할 수 있다. 우선 5장의 구조를 먼저 살펴보자. 많은 학자들이 지적하고 있는 것처럼 첫 번째 단락이 개체의 발생론을 피력하고 있다면, 두 번째 단락은 군주의 수양론을 이야기하고 있다. 첫 번째 단락이 두 번째 단락의 근거로 제안된 것이라고 이해하면, 전체 5장의 구조는 어렵지 않게 이해할 수 있다.

첫 번째 단락에 따르면 도는 하나(一)를 낳고, 이 하나(一)는 둘(二)을 낳는다. 그리고 이 둘(二)은 셋(三)을 낳고 최종적으로 이 셋(三)이 만물을 낳는다. 역대의 많은 주석가들은 여기에 등장하는 하나(一), 둘(二), 셋(三)이 무엇을 말하는지에 대해 의견이 분분했다. 나중에 살펴보겠지만, 난해해 보이는 하나, 둘, 셋이 무엇을 의미하는지는 노자 철학의 핵심이라고 할 수 있는 '유명(有名)' 논리를 통해서만 이해할 수 있다. 어쨌든 지금 우리에게 분명한 것은 하나, 둘, 셋을 매개로 해서 '도'가 '만물'을 낳았다는 주장, '도생만물(道生萬物)'의 주장일 것이다. 최소한 5장에서 '도'는 만물

노자의 철학

의 발생 원인 혹은 만물의 존재 근거를 의미한다고 볼 수 있다. 그렇다면 우리에게 남은 문제는 '도'가 초월적 원인(causa transiens)인지 아니면 내재적 원인(causa immanens)인지의 여부를 확인하는 데 있다. 여기서 초월적 원인이란 것이 자신의 결과들을 자신의 바깥에 두는 것이라면, 내재적 원인은 자신의 결과들을 자신의 내부에 두는 것이라고 정의할 수 있다. 그러나 노자의 경우에는 개별자의 자기 수양을 통해서 도가 실현될 수 있다는 점에서(60장[=16장], 65장[=21장] 등을 참고하라), 그의 '도'가 내재적 원인에 가깝다는 것을 알 수 있다. 어쨌든 '개별자'의 원인으로서 '도'에 대한 논의, 즉 발생론적 논의는 '기원'에 대한 논의를 함축하고 있다. 그러나 '기원'에 대한 논의가 중요한 이유는 이것이 세계의 통일성에 대한 주장이기도 하기 때문이다. 다시 말해 개별자들의 세계는 그 현상적인 다양성과 가변성에도 불구하고 기본적으로 '동일한 기원'으로 수렴된다는 것이다. 이 정도에서 우리는 사변적 욕구를 억제해야만 한다. 여기서 더 나아가면 우리는 노자를 있는 그대로 이해하기보다는 오히려 우리가 읽고 싶은 것을 노자에게 부가하는 우를 범하게 될 것이다.

반복하자면 노자는 이 세계를 도에 의해 설명하고자 했던 사변적 형이상학자가 아니다. 그래서 노자는 아주 재빠르게 만물의 층위로 곧바로 미끄러져 나가버리는 것이다. 노자에 따르면 모든 개별자들은 상호모순적이고 대립적인 이중적 규정의 존재이며 또한 이런 이중적 규정을 조화롭게 할 수 있는 주체적 역량을 가진 존재이기도 하다. 노자는 전자의 측면을 모든 개별자가 음(陰)과 양(陽)을 동시에 가지고 있는 것으로 묘사하고, 후자의 측면을 개별자는 '가운데의 기(中氣)'로 조화(和)하려고 한다고 묘사한다.

그래도 만약 사변적 욕구를 억누르지 못하는 독자들이 있다면 우리는 여기서 노자의 발생론을 다음과 같이 정리할 수 있겠다. 노자의 발생론은 역으로 읽어야 된다. 즉 만물은 상호모순적인 두 계기로 규정되지만 아울러 이런 모순적인 규정성을 조화시킬 수 있는 주체적 역량을 가지고 있다. 여기서부터 노자는 셋, 둘, 하나라는 추상적인 계기들을 발견해낸다. 그리고 결국 만물들을 규정하는 모든 대립과 조화의 계기는 오직 내재적 원인으로서의 '도'에 의해 조율될 수밖에 없다고 발견한 것이다. 결론적으로 개별자에 대한 통찰을 기초로 가장 추상적이고 보편적인 층위에서 '도'를 발견한 다음에 이것을 발생론적 도식으로 설명한 것이 바로 첫 번째 단락이라고 할 수 있다.

2.

어쨌든 첫 번째 단락에서 노자가 '도'의 논의에서 아주 재빠르게 '만물'의 논의로 진행하는 것처럼, 그는 두 번째 단락에서 아주 재빠르게 '군주'의 논의를 도입한다. 노자는 자신이 진정으로 하고 싶은 이야기로 바로 들어가고 싶었던 것이다. 결국 모든 개별자들의 내재적 원인으로서의 '도'에 대한 논의와 '개별자(萬物)'의 규정에 대한 논의는 군주에 대한 논의를 정당화하기 위해서 제안된 근거였을 뿐이다. 다시 말해 '도'와 '개별자' 사이의 관계는 '국가'와 '군주' 사이의 관계를 정당화하기 위해서 제안된 것이라는 말이다. 도가 개별자들의 내재적 원인이라면, 개별자들은 이 내재적 원인의 결과들에 해당된다. 따라서 이로부터 만약 도를 정확하게

노자의 철학

인식한다면 우리는 개별자들을 정확하게 인식하게 된다는 주장이 도출된다. 이와 마찬가지로 국가는 군주의 내재적 원인이고 따라서 군주의 역할과 위상에 대한 인식은 국가의 기능과 위상에 대한 인식으로 파생되는 것이지 그 역이 아니다. 이 점에서 노자에게 '도'와 '개별자' 사이의 인과관계는 '국가'와 '군주' 사이의 인과관계의 '내재적 문법'에 해당된다고 할 수 있다.

문제는 왜 이런 존재론적 논의를 노자가 끌고 들어오느냐에 있다. 그 이유로 두 가지를 들 수 있는데, 첫째 노자에게 군주의 위상과 역할은 기본적으로 국가라는 교환 논리에 의해 규정되는데 이 교환 논리는 감각적으로 확인할 수 없다는 점에서 형이상학적인 성격으로 사유될 수밖에 없다. 하긴 당연한 일 아닌가. 사물들은 눈에 보이지만 그 교환 논리는 명료하게 드러나지 않는 법이니까 말이다. 노자는 감각적으로 식별 가능한 통치자와 피통치자라는 위계성과는 달리 사유를 통해서만 확인 가능한 그것들의 내재적 원인으로서 국가와 그것의 작동 원리를 군주들에게 납득시키고 있다. 그래서 그는 감각적으로 확인 가능한 '개체들(=萬物)'과 그것들의 존재 이유이라고 할 수 있지만 감각적으로 식별 불가능한 형이상학적 원리인 '도'로 구성되는 존재론을 도입하고 있는 것이다. 다시 말해 지금 노자는 도의 존재론을 통해서 기본적으로 보이지는 않지만 통치자와 피통치자를 규정하는 형이상학적인 논리를 명료히 하려고 한다는 것이다. 둘째, 국가의 논리에 대한 자신의 주장을 정당화하기 위해서 노자는 당시에 유행했던 발생론적 담론을 채용하지 않을 수 없었다는 점을 들 수 있다. '곽점 1호 묘'에서 곽점본《노자》와 함께 발견된《태일생수(太一生水)》라는 작은 자료를 그 증거로 들 수 있겠다. 많은 학자들은 이《태일생

수》를《노자》와 밀접하게 연결시켜 이해한다. 여기서 나온 '일자 (太一)'와 '물(水)'에 대한 논의는《노자》에도 빈번히 등장한다. 어느 경우든 세계와 그 속에 살고 있는 개체들을 발생론적으로 설명하고 있다. 다시 말해 '태일'이나 '물'이 세계만물을 낳았다는 것이다. 노자가 자신의 주장을 정당화하기 위해서 자신의 독자들도 인정하고 있던 태일과 물과 관련된 발생론적 논의를 도입하는 것도 이런 이유에서다.

두 번째 단락의 핵심은 "만물들은 어떤 경우에 덜어내면 오히려 증가하고 역으로 증가시키면 오히려 덜어지기도 한다(物或損之而益, 益之而損)"는 구절이다. 일상적인(ordinary) 경우 개별자들은 덜어내면 줄어들고 증가시키면 증가된다. 그래서 모든 개별자들은 덜어내는 것을 싫어하고 증가되는 것을 좋아한다. 반대로 건강이든 재산이든 간에 자신이 가진 것이 줄어들게 되는 경우를 우리는 무척 싫어할 뿐만 아니라 가능한 한 이런 사태를 피하려고 한다. 그렇지만 '어떤 경우(或)'에는 그렇지 않다. 바로 이런 예외적인(extraordinary) 경우가 군주다. 모든 인간들 중 군주는 유일하게 덜어내면 증가하고 증가시키면 덜어지는 존재다. 그러나 이것은 군주가 인간이 아니라는 말은 아니다. 오히려 군주도 다른 인간들처럼 자신이 가진 것이 덜어지는 것을 싫어하고 자신이 가진 것이 증가되는 것을 좋아한다. 그러나 군주는 자신이 가진 것을 증가시키기 위해서는 반드시 자신이 가진 것을 감소시켜야만 한다. 이것은 군주가 자유롭게 선택하는 방식이 아니라 국가의 작동 원리가 군주에게 강제하는 방식이다. 만약 군주가 피통치자들에게 수탈한 것(=세금)을 다시 재분배하지 않는다면, 군주는 통치자의 자리에 오래 머물 수가 없다. 이것이 바로 노자가 발견한 국가의 작동 원리, 피통치자와 통치자 사이에 이루어진 위계적 교환 관계의 실상이다. 따라서 군주가 스스로를 덜어내는 것은 어진 마음에서 나오는 것도 혹은 피통치자들을 불쌍하게 여겨서도 아니고, 오직 국가 작동 원리의 내재적 필연성으로부터 도출한 것이다. 그렇기 때문에 노자에 따르면 군주들은 스스로를 부를 때 '외로움(孤)', '부족함(寡)', 혹은 '결실이 없음(不穀)'이라고 부르는 것이다. 우리는 사극이나 역사서를 통해서 군주가 자신을 '과인(寡人)'이라고 부른다는 것을 아는데, 이것은 바로 노자의 이런 교훈에서 유래한 것이다.

3.

5장의 핵심은 다음과 같이 요약할 수 있다. 무엇보다도 먼저 5장의 관심은 군주의 위상에 대한 이야기다. 그리고 군주의 위상을 정당화하기 위해서 '도'와 '개별자'라는 개념을 중심으로 하는 발생론적 도식을 근거로 도입한다. 이런 노자의 입장에 대해 장자는 어떻게 생각할까? 장자 본인의 사상을 담고 있다고 인정되는《장자》〈내편〉을 통해서 앞에서 언급한 두 논점에 대해 장자의 생각을 재구성해보도록 하자. 먼저 군주의 위상에 대한 장자의 입장을 살펴보도록 하자. 유명한 〈제물론(齊物論)〉편에는 다음과 같은 구절이 나온다.

> 꿈에 술을 마시며 즐거워했던 사람이 아침에는 슬퍼서 울고 꿈에 울며 슬퍼했던 사람이 아침에는 즐겁게 사냥을 나간다. 꿈

꿀 때 우리는 그것이 꿈인 줄 모르고 꿈속에서 꿈꾼 것을 해몽하기도 한다. 깨어나서야 우리는 그것이 모두 꿈이었음을 안다. 그러나 어리석은 사람들은 꿈속에 있으면서도 자신들이 항상 깨어 있는 줄 알고 세상을 분명하게 알고 있다고 하면서 '귀한 군주시여!' 아니면 '천한 마소 치는 사람아!'라고 구분한다. 얼마나 고루한 일인가!

夢飮酒者, 且而哭泣. 夢哭泣者, 且而田獵. 方其夢也, 不知其夢也. 夢之中又占其夢焉, 覺而後知其夢也. 且有大覺而後知此其大夢也. 而愚者自以爲覺, 竊竊然知之. 君乎, 牧乎, 固哉!

많은 사람들은 귀한 사람을 상징하는 군주(君)와 천한 사람을 상징하는 마소 치는 사람(牧) 사이에는 엄연한 위계성이 있다고 생각하지만, 장자는 이런 위계성이 단지 무근거한 것, 즉 꿈에 불과한 것이라고 주장한다. 이런 장자의 진단에는 군주를 중시하는 노자의 시선은 찾으려고 해도 전혀 찾을 수가 없다. 더군다나 〈내편〉을 보면 장자가 진정한 삶의 달인으로 꼽고 있는 인물들이 대개 선천적인 불구자, 형벌을 받아 다리를 잘린 사람, 광인(狂人), 목수, 백정 등이었다는 것을 알 수 있다. 결론적으로 자신의 담론의 핵심으로 군주와 국가를 도입하고 있는 노자와는 달리 장자는 군주의 시선에서 보면 천하기 그지없는 사람들을 도입하고 있는데, 이것은 우리가 결코 잊어서는 안 되는 근본적인 시선의 차이다.

다음으로 발생론적 도식에 대한 장자의 입장을 살펴보자. 앞에서 말한 것처럼 발생론적 도식은 '기원'에 대한 주장을 함축하는데, '기원'에 대한 담론이 중요한 이유는 그것이 '기원'을 통해서 세계의 통일성을 정당화하는 데 있다. 따라서 '기원'에 대한 담론은 항상 정치적인 함축을 띠게 된다. 그것은 결국 일자와 다자 사이의 관계, 나아가 현실적으로는 군주와 피통치자 사이의 관계를 정당화하는 작용을 하기 마련이다. 아니 그 역이 오히려 사실일 것이다. 다시 말해 군주와 피통치자라는 위계질서가 있기 때문에 일자와 다자의 논리, 나아가 기원의 통일성이라는 담론이 출현했다고 할 수 있다. 〈제물론〉편에 등장하는 다음 두 구절을 읽어보면, 우리는 장자가 바로 '기원'과 '통일성'에 대한 담론의 불가능성을 폭로하고 있다는 것을 어렵지 않게 알 수 있다.

> 시험 삼아 이야기하도록 하자. '시작'이 있다는 것은 '아직 시작이 시작되지 않은 것'이 있다는 것을 함축하고, 나아가 그것은 '아직 시작이 시작되지 않은 것이 시작되지 않은 것'이 있다는 것을 함축한다. '있음'이 있다는 것은 '없음'이 있다는 것을 함축하고, 나아가 그것은 '아직 없음이 있지 않음'이 있다는 것을, 그리고 '아직 없음이 있지 않음이 아직 있지 않음'이 있다는 것을 함축한다. 갑자기 '없음이 있다.' 그리고 우리는 있음과 없음에 대해 실재로 어느 것이 존재하고 어느 것이 존재하지 않는지에 대해 아직 알지 못한다. 지금 내 쪽에서 나는 어떤 것을 이미 언급했는데, 내 언급이 실재로 어떤 것을 지시했는지 아니면 실재로 지시하지 못했는지를 아직 알지 못한다.
>
> 請嘗言之. 有'始'也者, 有'未始有始'也者, 有'未始有夫未始有始'也者. 有'有'也者, 有'无'也者, 有'未始有无'也者, 有'未始有夫未始有无'也者: 俄而有无矣, 而未知有无之果孰有孰无也. 今我則已有謂矣, 而未知吾所謂之其果有謂乎, 其果无謂乎?

세계의 어떤 것도 가을 털끝보다 더 큰 것은 없고, 태산은 (그 것에 비해 오히려) 작다고 여길 수 있다. 누구도 일찍 죽은 아이보 다 더 오래 사는 사람은 없고, 팽조는 (그 아이에 비해서 오히려) 어 려서 죽었다고 여길 수 있다. 하늘과 땅은 나와 더불어 태어났 고, 만물들과 나는 하나다. 이미 하나라고 여긴다면 우리에게 는 말이 있을 수 있을까? 이미 우리가 하나라고 말했다면, 우리 는 말이 없을 수 있는가? '하나'와 '하나라고 말하기'는 둘이 되 고, 또 그 둘과 하나는 셋이 된다. 여기에서 더 나아가면, 아무 리 숙련되게 계산 잘하는 사람도 그 끝을 잡을 수 없는데, 평범 한 사람은 어떻겠는가! 그러므로 우리가 '없음'에서 '있음'으 로 나아가는 경우, 셋에 이르게 되는데, 만일 우리가 '있음'에 서 '있음'으로 나아간다면, 상황은 얼마나 나쁘겠는가! 나아가 지 마라, 결국 우리는 '구체적 사태에 따라야(因是)' 한다.

天下莫大於秋毫之末, 而大山爲小. 莫壽於殤子, 而彭祖爲夭. 天地與我竝生, 而萬物與我爲一. 旣已爲一矣, 且得有言乎? 旣 已謂之一矣, 且得无言乎? 一與言爲二, 二與一爲三. 自此以往, 巧曆不能得, 而況其凡乎! 故自无適有以至於三, 而況自有適有 乎! 无適焉, 因是已.

우리가 방금 읽어본 장자의 비판은 전적으로 5장을 표적으로 하고 있다고 할 수 있다. 이처럼 장자에 따르면 5장은 부정될 수밖 에 없는 것이다. 군주라는 위상도 그렇고 발생론적 존재론도 장자 의 입장에서는 꿈과 같이 무근거한 허구적인 담론에 지나지 않는 다. 그렇다면 노자를 해석할 때 장자의 사상을 도입하거나 역으로 장자의 사상을 해석할 때 노자의 사상을 도입하는 것이 과연 온당한 일일까? 어떤 철학자를 이해하려고 할 때 그가 지닌 고유한 문제의식이 망각되면, 그 철학자가 제공한 해법과 유의미성은 정당하게 평가될 수 없는 법이다. 노자와 장자의 사상을 '노장사상'이라고 병칭하면서 생기게 된 문제는 사실 한두 가지가 아닐 것이다. 그중 가장 심각한 문제는 노자가 군주와 국가의 철학자였다면, 장자는 단독적인 개체와 삶의 철학자였다는 것이 망각된다는 점에 있다. 다시 말해 노장사상이라는 애매한 범주에 포획된 노자의 사상은 그 고유성이 망각되어 다룰 수밖에 없고, 그것은 장자의 사상의 경우에도 마찬가지라는 것이다. 그럼에도 불구하고 왜 항상 도가사상은 노장사상이라고 불리게 되었는가? 우리가 다음에 알아보아야 할 것은 바로 이 문제에 대한 대답이다.

누가 '도가'를 발명했는가?

1.

사마천의 《사기(史記)》〈노자한비열전(老子韓非列傳)〉을 보면, 우리는 노자와 장자에 대한 흥미로운 기록을 보게 된다. 흔히 무위(無爲)와 자연(自然)을 주장했다고 하는 노자와 장자가 중국 역사상 가장 강력하게 유위(有爲)와 인위(人爲)를 강조했던 법가사상가인 신불해(申不害), 한비자와 나란히 기록되어 있다. 여기서 우리는 당혹감을 느끼지 않을 수 없다. 그러나 이런 당혹감은 사마천이 살았던 한초(漢初)의 사상사적 배경을 확인하게 되면 그리 어렵지 않게 해소할 수 있다. 당시는 지방분권 세력과 중앙집권 세력이 갈등하던 시대였다. 이 양 세력은 자신의 입장을 정당화하기 위해, 전자는 황로(黃老)사상을 후자는 유학(儒學)사상을 표방하고 있었다. 잘 알다시피 한비자는 《노자》에 나오는 '무위이무불위(無爲而無不爲)'라는 이념을 '중앙집권적 통치술(刑名術)'에 적용했던 인물이다. 그런데 이제 아이러니하게도 이 통치술의 논리가 지방분권 세력, 기득권 세력의 이론적 정당화의 도구로 전용된 것이다.

　한비자에 따르면 '무위'라는 개념은 군주가 신하들에게 일체의 의도와 목적을 보이지 않아야 신하들을 제어할 수 있다고 시사했던 반면, 회남왕(淮南王) 유안(劉安, B.C.179~122)을 대표로 한 황로사상에서 '무위'는 글자 그대로 군주에게 일체의 인위가 없어야 국가가 안정적으로 통치된다는 식으로 독해한 것이다. 이처럼 지방분권 세력들은 무제(武帝, 재위기간 B.C.141~B.C.87)로 대표되는 강력한 정치 개혁 노선에 대한 반대 논거로 황로의 무위정치 이념을 내걸었다. 〈노자한비열전〉에 나오는 '유가'와 결코 병존할 수 없다는 '도가'란 다름 아닌 이 '황로사상'을 의미한다. 당시의 치열했던 정치적 갈등 속에서 이렇게 장자는 본의 아니게 '황로사상' 쪽에 편입되어 기술될 수밖에 없었다. 당시는 '유가' 아니면 '도가(=황로사상)'에 속할 수밖에 없는 극단적인 대립의 시기였기 때문이다. 이런 사정은 또 지방분권 세력의 대표 주자인 회남왕 유안의 식객들이 완성한 《회남자(淮南子)》에도 그대로 반영되어 있다. 《회남자》도 《사기》와 마찬가지로 '노자'와 '장자'가 함께 병칭되어 있는 최초의 전거에 해당한다(〈요략(要略)〉편을 보라). 우리는 한 초의 저작인 《사기》와 《회남자》에서 처음으로 노자와 장자가 황로사상이란 미명 아래 '도가'라는 학파적 범주에 속하게 되었고, 이것은 당시의 정치적 상황의 불가피한 영향 때문이었다는 점을 기억해야만 한다.

반복하자면 노자와 장자가 최초로 병칭된 시기가 언제인지가 중요하다. 최초로 그들을 도가에 귀속시킨 《사기》와 《회남자》는 모두 황로사상과 유가사상, 즉 지방분권 세력(혹은 공신 기득권 세력)과 중앙집권 세력이 생사를 걸고 싸우던 시대에 쓰였던 저술들이다. 결국 이런 시대적 압력으로 인해 사마천은 노자를 중심으로 하는 사상적 경향과 공자를 중심으로 하는 사상적 경향으로 이분화해서 선진사상사를 이해할 수밖에 없었던 것이다. 물론 그에게 한비자와 장자를 노자 계열의 사상가로 판단할 만한 근거가 전혀 없었던 것은 아니다.《한비자》의 〈해노(解老)〉편과 〈유노(喩老)〉편에는《노자》가 직접 인용되고 있고, 아울러《장자》의 〈외·잡편〉도《노자》를 직접 인용하고 있기 때문이다. '유가에 속하는가 아니면 도가(＝황로사상)에 속하는가'라는 이런 거친 이분법 도식에 대해서는《한서(漢書)》에 가서야 부분적으로 수정된다. 물론 이것도 후한(後漢)의 정치적 상황을 반영한 것이다. 여기서 부분적이라는 말은 단지 노자, 장자, 한비자, 신불해로 함께 묶이던 것이 이제 노자와 장자는 도가로, 한비자와 신불해는 법가로 재편되었지만, 여전히 노자와 장자는 황로사상과 관련된 사상가로 이해되고 있다는 것을 의미한다.《한서》〈예문지(藝文志)〉를 보면《노자》와《장자》가 '황제'라는 글이 들어간 편들과 함께 '도가'로 분류되어 있는 것도 이런 이유에서다.

2.

그렇다면《사기》이전에 노자와 장자는 어떻게 기억되었을까? 여기서 잠깐 두 종류의 간략한 선진철학사를 살펴보도록 하자. 하나는 순자(荀子, B.C.약313~B.C.약238)가 정리한 것으로 그의 〈해폐(解蔽)〉편과 〈천론(天論)〉편에 등장하는 선진철학사다. 순자는 당시 제자백가(諸子百家)의 집결지였던 제(齊)나라 직하학사(稷下學舍)의 중심 인물이었다. 이것은 그가 직하학사의 '좨주(祭酒)'를 세 번이나 지냈다는 사실에서 추정할 수 있다. '좨주'란 제사 때 모임의 대표로 술을 따르는 자리를 말한다. 그는 이런 유리한 입장에서, 비록 자신이 유가의 종주인 공자를 최고의 인물로 내세운다고 할지라도, 직하학사 내에 존재했던 다양한 사상적 경향들을 객관적으로 정리하려고 애썼다. 〈해폐〉편에서 순자는 장자의 사상을 "자연에 가려져 인위를 알지 못했다(蔽於天而不知人)"고 평가했던 적이 있다. 흥미롭게도 〈해폐〉편에서는 노자에 대한 언급은 없다. 노자에 대한 언급은 〈천론〉편에 나온다. 순자는 노자의 사상을 "굽힘에 대해 본 것이 있으나 폄에 대해 본 것이 없다(老子有見於詘, 無見於信)"고 평가한다. 이어서 만약 노자의 사상을 사회에 적용시키게 되면 "귀천의 구별이 불가능해지게 될 것(貴賤不分)"이라고 비판한다. 비록 순자가 정리한 장자와 노자의 사상에 많은 문제점이 내포되어 있다고 할지라도, 우리는 최소한 그가 장자와 노자의 사상을 동일시하지 않았다는 점을 확인할 수 있다.

다른 선진철학사는 《장자》의 33번째 편인 〈천하〉편에 등장한다. 〈천하〉편은 《장자》라는 텍스트를 구성한 장자 후학들이 편찬한 일종의 선진철학사에 해당하는 자료인데, 그 구성은 다음과 같다. 우선 시작 부분인 총론은 보편적이어서 어디에나 적용되었던 도술(道術)의 통일성이 시대가 타락함에 따라 와해되었음을 설명한다. 그리고 이어서 〈천하〉편의 저자는 ① 묵적 · 금골리(墨翟 · 禽滑釐), ②송견 · 윤문(宋鈃 · 尹文), ③ 팽몽 · 전병 · 신도(彭蒙 · 田駢 · 愼到), ④ 관윤 · 노담(關尹 · 老聃), ⑤ 장주(莊周), ⑥ 혜시(惠施)의 사상에 대해 논하고 있다. 〈천하〉편에 따르면 이들 각각의 학파들은 도술이 와해되어 생긴 흔적들을 보존하고 있기 때문에 나름대로 가치를 지니고 있다. 여기서 주목해야 할 것은 ⑥ 혜시 부분을 제외하고, 나머지 다섯 가지 사상 경향에 대한 진술은 똑같은 양식으로 되어 있다는 점이다. 그래서 많은 학자들은 ⑥ 혜시 부분이 후에 추가된 것으로 보고 있다. 어쨌든 ① 묵적·금골리, ② 송견·윤문, ③ 팽몽·전병·신도, ④ 관윤·노담, ⑤ 장주의 경우에는 모두 "옛날의 도술 중 이 점에 강조점을 두던 것도 있었는데, X는 그 학풍을 듣고 기뻐했다(古之道術有在於是者. X聞其風而悅之)"는 구절이 반복구로 쓰이고 있다. 그리고 이 반복구 바로 앞에는 운문으로 이루어진 짧은 구절이 나온다. 이 운문은 각각의 사상적 경향을 요점식으로 정리하고 있다. 또 이 반복구 바로 다음에는 긴 산문이 등장하는데, 이 산문은 각 학파의 사상의 고유성과 한계를 자세하게 논의하고 있다. 이런 형식에 주목하면서 〈천하〉편 전체를 살펴보면, 우리는 다음과 같은 두 가지 흥미로운 사실을 발견하게 된다. 첫째, 〈천하〉편에서는 노자와 장자가 별개의 학풍에 속하는 사상가로 기술되어 있다는 점이다. 둘째, 〈천하〉편에 기술되어 있는 노자의 사상은 《순자》〈천론〉편에서 순자가 평한 노자사상의 특색, 즉 "굽힘에 대해 본 것이 있으나 폄에 대해 본 것이 없는" 경향과 정확하게 일치한다는 점이다.

《순자》의 〈해폐〉편과 〈천론〉편 그리고 《장자》의 〈천하〉편을 통해서 우리는 선진사상계가 노자와 장자를 결코 같은 계열의 사상가로 이해하지 않았다는 것을 확인하게 된다. 특히 중요한 것은 《장자》의 〈천하〉편이 지니는 의미다. 〈천하〉편에서는 노자와 장자의 관계가 장자와 묵가의 관계나 아니면 장자와 송견의 관계 그 이상도 그 이하도 아닌 것으로 다루어지고 있다. 그러나 아쉽게도 많은 학자들은 〈천하〉편의 구성이 지니는 의미를 제대로 사유하지 못하고 있는 것처럼 보인다. 만약 노자와 장자가 동일한 계열의 사상가였다는 통념이 당시에 있었다면 혹은 노자와 장자가 실제로 동일한 계열의 사상가였다면, 우리는 〈천하〉편의 구성을 전

노자의 철학

혀 이해할 수 없게 될 것이다. 다시 말해 현재의 통념처럼 노자의 사상을 이은 것이 장자이고 장자의 사상을 이은 것이 장자 후학들이라는 주장이 옳다면, 〈천하〉편에서 장자를 노자에게서 분리시키고 있다는 사실은 도대체 이해할 수 없는 일로 남을 수밖에 없다는 것이다. 물론 어떤 연구자들은 자신들의 통념을 정당화하기 위해서 〈천하〉편이 객관적으로 이루어진 철학사라기보다는 주관적으로 구성된 철학사라고 주장할 수도 있다. 그러나 〈천하〉편이 기술하고 있는 선진철학사 중 노자와 장자를 제외한 부분을 읽어보면, 우리는 이런 주장이 근거가 희박하다는 것을 어렵지 않게 알 수 있다. 묵자나 송견 등등의 사상에 대한 〈천하〉편의 기술은 현재의 연구자들도 탄복할 만한 객관성과 깊이를 지니고 있기 때문이다.

3.

얼마 전 시내 대형서점에서 《중론강해》라는 책을 찾으려고 했던 적이 있다. 이 책은 나가르주나(Nagarjuna)의 《중론(中論)》에 대한 해설서이기 때문에, 당연히 종교 부문의 코너로 갔고, 그중에서 불교 책들이 꽂혀 있는 서가를 뒤졌지만 찾을 수가 없었다. 그래서 서점 직원에게 문의하니까, 그 직원은 컴퓨터로 검색을 한 후 그 책이 서점에 있다고 말했다. 찾아보려고 했지만 찾을 수 없다고 하니까, 직원은 귀찮은 듯이 서가를 직접 뒤지기 시작했다. 물론 그 직원도 필자와 마찬가지로 그 책을 찾을 수가 없었다. 며칠 후 그 서점에 다시 가게 되었다. 이번에는 《논어(論語)》와 관련된 서적을 찾기 위해서였다. 그런데 놀랍게도 그 유학 코너에서 《중론강해》를 마침내 발견하게 되었다. 아마도 어떤 직원이 《중론강해》를 《중용(中庸)》에 대한 해설서로 오해한 것 같았다. 이 직원의 실수 때문에 책을 찾지 못했던 것처럼, 많은 연구자들도 사마천이라는 역사가의 실수 때문에 노자와 장자의 사상을 혼동했던 것은 아닐까. 그러나 어쩌면 사마천이 노자, 장자, 신불해, 한비자를 동일한 열전에 넣은 것은 그렇게 나무랄 일이 못 될지도 모른다. 그는 역사가로서 자신의 임무에 충실했다고도 볼 수 있으니까. 문제는 연구자들이, 더군다나 철학적인 식견을 자부하는 연구자들이 자신들이 통상적으로 사용하는 '노장사상'이나 '도가철학'이라는 범주를 한 번도 비판적으로 반성하지 않았다는 데 있다. 더군다나 노장사상 전문가라는 많은 연구자들조차 《장자》〈천하〉편이 노자와 장자를 상이한 계열의 사상가로 이해하고 있다는 일차적 기록조차 숙고하지 않았다는 것은 놀라운 일이라고 할 수 있다. 따라서 이런 오해를 낳은 책임을 사마천이라는 역사가에게만 돌릴 수는 없는 법이다. 오히려 오해의 책임은 무반성적이고 관성적으로 연구를 진행한 전문 연구자들에게 있다고 해야 온당할 것 같다.

앞에서 언급했던 것처럼 사마천이 장자를 노자와 같은 계열의 사상가로 본 근거는 바로 《장자》〈외·잡편〉이 직접 《노자》를 인용하면서 자신들의 사상을 피력했다는 데 있었다. 이런 사마천의 판단은 현재의 연구자들에게까지 그대로 계승되고 있다. 그 예로 우리는 서양의 대표적인 장자 연구자 A. C. 그레이엄(Graham)과 동양의 대표적인 연구자 리우샤오간(劉笑敢)을 생각해볼 수 있겠다. 그레이엄이 '장자학파(School of Chuang Tzu)'의 저작이라고 분류한 〈외·잡편〉의 편들과 리우샤오간이 '술장파(述莊派)'의 저작이라고 분류하는 편들은 거의 일치하는데, 과연 두 사람의 표현이 시사하는 것처럼 '술장파'의 저작들은 장자의 사상을 그대로 계승한 편들이라고 볼 수 있을까? 여기서 여기서 주목하고 싶은 편이 바로 《노자》를 가장 풍부하게 인용하고 있는 〈지북유(知北遊)〉편이다. 확인해보면 〈지북유〉편은 백서본 1장(=왕필본 38장), 백서본 11장(=왕필본 48장), 백서본 19장(=왕필본 56장), 백서본 46장(=왕필본 2장) 등을 직접 인용하고 있다. 결국 그레이엄이나 리우샤오간이 〈지북유〉편을 '장자학파'나 '술장파'의 저작으로 분류할 수 있었던 이유 중 하나는 그들이 장자의 사상은 노자의 그것을 계승 발전시켰다는 사마천 이래의 통념을 수용하고 있기 때문이라고 볼 수 있다. 따라서 '장자학파'나 '술장파'라는 표현이 함의하고 있는 것은 '노자의 사상에서 유래하는 장자의 사상을 발전시킨 학파'라고 할 수 있다. 현재 두 사람을 포함한 많은 연구자들은 〈내편〉 7편이 장자 본인의 사상을 상대적으로 온전히 담고 있다는 주장을 인정하고 있다. 그렇다면 장자가 노자의 사상을 계승했다는 통념을 확인하기 위해서 우리는 '술장파'의 저술들이 아니라 〈내편〉에서 그 증거를 찾아야만 할 것이다. 그렇다면 이런 증거는 과연 찾을 수 있을까? 놀랍게도 〈내편〉에서는 그런 증거를 전혀 찾을 수가 없다!

앞에서 이미 우리는 장자 철학을 이해하는 데 가장 핵심인 〈제물론〉편을 철학적으로 재구성해보았다. 그 결과 우리는 장자가 다음과 같은 주장으로 노자 철학에 대해 비판적이라는 것을 확인했다. 〈제물론〉편에 따르면 장자의 생각은 다음 두 가지로 정리할 수 있다. 첫째 통치자와 피통치자라는 위계는 꿈과 같이 허구적인 것이고, 둘째 발생론적 논의는 결코 정합적으로 이야기할 수 없는 허구적인 담론에 불과한 것이다. 더군다나 〈내편〉을 보면 장자는 흔히 노자라고 알려진 '노담(老聃)'이라는 인물에 대해 우호적이지도 않다. 〈내편〉에도 노담이라는 인물이 우화의 형식을 빌려 세 번 등장하고 있다. 그렇지만 이 노담은 '술장파'의 저술과는 달리 《노자》에 전개되고 있는 개념이나 사유를 주장하고 있지 않을 뿐만 아니라 심지어 비판과 조롱의 대상으로 전락해 있다. 그 예로 〈양생주(養生主)〉편에 등장하는 노담을 비판하는 우화를 들 수 있겠다. 이 우화에 따르면 노담이 죽었을 때 조문객이 끊이지 않자, 그를 조문했던 진일(秦失)이라는 사람은 노담을 다음과 같이 평가한다. 진일의 판단에 따르면 "자신은 노담을 처음에는 완전한 인간(至人)으로 알았지만, 지금 보니 그렇지 않았다(始也吾以爲至人也, 而今非也)." 이 점과 함께 우리가 주목해야 하는 것은 '노담'이 차지하는 위상이 〈내편〉과 〈외·잡편〉에서 서로 다르다는 점이다. 〈외·잡편〉에서는 '노담'이 최고 권위자로 등장하고 있는 반면, 〈내편〉에서는 '공자'가 그 자리를 차지하고 있다. 결국 〈내편〉의 자료만 따를 경우, 우리는 장자에게 철학적으로 영향을 준 사람은 '노자'라기보다는 오히려 '공자'라고 말할 수도 있다는 것이다.

노자의 철학

먼저 만들어진 길과 애써 만들어야 할 길

1.

장자 철학이 노자 철학과 혼동된 이유는 크게 두 가지로 정리할 수 있겠다. 첫 번째 이유는 사마천이라는 역사가의 사상사적 분류가 철학적이라기보다는 당시의 정치적인 분위기 속에서 이루어졌다는 데 있다. 두 번째 이유는 장자 후학들이 노자의 철학을 수용함으로써 마치 장자가 노자의 철학을 계승했다는 그릇된 인상을 심어주었다는 데 있다. 그러나 앞에서 잠시 살펴본 것처럼 노자 철학은 그 관심에서나 해법에서도 〈내편〉을 통해 확인할 수 있는 장자 철학과는 상당한 거리가 있다. 반복하자면 노자가 군주와 국가의 철학자였다면, 장자는 단독적인 개체와 삶의 철학자였다. 다시 말해서 노자의 철학적 관심이 기본적으로 정치적인 것이었다면, 장자의 관심은 오히려 실존적인 것이었다고 할 수 있다. 노자의 정치적인 관심이 국가의 교환 논리에 의해 규정되는 군주의 위상과 역할에 있음에도 불구하고, 만약 우리가 군주 자체에만 관심을 두게 된다면 《노자》는 마치 인간의 실존을 포괄적으로 다루고 있는 것처럼 독해될 수도 있다. 다시 말해 오직 군주에게만 통용될 수 있는 논리가 이제 모든 개인들에게 동일하게 통용되는 삶의 지혜로 전화되어 독해될 수 있다는 것이다. 이런 독해 방식, 즉 국가의 논리를 배제한 《노자》 이해 방식이 바로 현재의 통속적인 노자 철학 이해를 지배하고 있고, 나아가 개체의 단독적인 삶과 소통을 모색했던 장자 철학과 겹치게 된다. 결국 이런 이해 방식은 노자와 장자의 사상은 유사하다는 통념을 강화시키면서 '노장 사상' 혹은 '도가'라는 허구적인 범주를 강화시키게 된다. 따라서 여기서 노자 철학과 장자 철학의 차이점을 간단히 점검함으로써 가능한 오해를 사전에 막을 필요가 있다.

'도생만물'이라는 백서본 5장의 주장이 함축하는 것처럼, 노자에게 도는 일체 만물을 낳고 또한 자라나게 하는 '어머니(母)'로 사유된다. 분명 노자가 다른 학파들이 보편적인 원리라고 생각했던 것, 유가의 경우 예(禮)나 인의(仁義), 법가의 경우 법(法), 그리고 묵가의 경우 겸애(兼愛)를 부정하고 있다. 그렇지만 노자는 원리 자체를 부정하는 것이 아니라 다른 학파가 제안했던 원리는 진정한 원리가 아니라고 부정했을 뿐이다. 다시 말해 다른 학파들이 주장하는 원리는 진정한 '어머니'가 아니라 '보모'와 같은 것에 지나지 않는다는 것이다. 따라서 노자 철학이 표면적으로 일체의 원리나 매개를 부정하는 것처럼 보이지만, 사실 노자 철학은 유일하고 절대적인 원리나 매개를 주장하기 위해서 그렇게 한 것이다. 다시 말해 노자 철학은 보모들을 부정하고 진정한 '어머니'를 찾아나서는 여정의 기록으로 읽힐 수 있다는 것이다. 노자에 따르면 이 진정한 '어머니'로서의 '도'를 회복하게 되면, 주체는 타자들과 저절로 소통하게 된다. 주체와 마찬가지로 타자들도 모두 '도'의 자식들이기 때문이다. 반면 장자 철학의 핵심을 담고 있는 〈내편〉 〈제물론〉편은 노자 철학과는 상이한 '도'와 '만물'의 개념을 전해준다. 그것은 바로 "도는 걸어 다녔기 때문에 이루어진 것이고(道行之而成), 사물들은 우리가 그렇게 불러서 그런 것처럼 보인다(物謂之而然)"는 구절이다. 이 두 구절은 "도는 만물을 낳는다"라는 주장에 대한 직접적이고 강력한 비판으로 제공된 것으로 독해해야 한다. 장자에게 '도'와 '사물'은 결국 주체와의 밀접한 관련 속에서만 의미를 지니는 것이다. 다시 말해 '도'는 주체가 '걸어가기(行之)' 때문에 사후에 만들어지는 것이고, 이와 마찬가지로 '사물'도 주체들이 공통적으로 어떤 것을 '일컫기(謂之)' 때문에 사후에 그렇게 구별되는 것으로 우리에게 현존하는 것이다. 이 말은 주체와 무관하게 설정된 '도'나 '사물' 개념은 독단적인 주장에 불과하다는 것을 함축한다.

노자 철학과 장자 철학의 가장 극명한 차이는 '매개'의 문제로 압축할 수 있다. 다시 말해 전자는 주체가 절대적 매개로서의 '도'를 회복하거나 '도'로 복귀하게 되면 타자와 소통할 수 있다고 주장하는 반면, 후자는 주체가 타자와 소통하기 위해서는 일체의 매개를 반드시 제거해야만 한다고 주장한다. 그래서 노자 철학이 매개적 소통의 철학으로 규정된다면, 장자 철학은 무매개적 소통의 철학이라고 규정할 수 있다. 노자 철학의 전언에 따르면 소통은 결코 주체와 타자 사이에 직접 이루어질 수 없다. 그것은 주체와 타자의 공통된 본질이자 내재적 원인으로서의 도를 절대적 매개로 해서만 가능하게 된다. 그러나 한 가지 중요한 사실은 도로의 복귀 여부는, 주체와 타자 사이의 소통이 달성되지 않는다면 확인할 수 없다는 데 있다. 다시 말해 도의 회복이나 도로의 복귀는 결국 주체가 타자와 구체적인 삶 속에서 소통했는지 여부로만 확인할 수 있을 뿐이라는 것이다. 결국 '도'라는 논의가 아무리 중요해도 그것은 타자와의 소통이라는 더 중요한 시금석을 거쳐야만 된다. 이 점에서 장자 철학의 고유성이 두드러진다. 만약 타자와의 소통이 최종적인 시금석이라면, 장자는 '도'라는 매개가 불필요한 것이 아닐까 의심하고 있었던 것이다. 어차피 '도'라는 절대적 매개가 타자와의 소통을 위한 것이라면, '도'는 결국 타자와의 소통을 사후적으로 기술하는 개념에 불과할 수밖에 없다. "도는 걸어 다녔기 때문에 이루어진 것"이라는 장자의 통찰은 바로 이런 문제의식 속에서 의미를 지니게 된다.

2.

노자 철학과 장자 철학은 반드시 구분되어야만 한다. 두 철학은 표면적으로 무척 유사한 것처럼 보인다. 그래서 장자 후학들과 사마천, 그리고 현재의 연구자들까지도 장자의 철학을 노자의 철학과 동일한 사유 노선에 있다고 오해하게 된 것이다. 노자 철학과 장자 철학의 차이점을 분명히 하기 위해서 《차이와 반복》이라는 책에서 들뢰즈(Gilles Deleuze)가 구분한 두 종류의 이미지를 참고하도록 하자. 그것은 나무(tree) 이미지와 뿌리줄기(근경: rhizome) 이미지다. 나무가 땅에 굳건히 뿌리를 박고 서서 무성한 가지와 잎들을 지탱한다면, 뿌리줄기는 땅 속에서 부단히 증식하면서 다른 뿌리줄기와 연결되기도 하고 분리되어 다른 방향으로 뻗어가기도 한다. 들뢰즈에 따르면 전자의 이미지가 중심(center)과 토대(foundation)에 기초해서 작동하는 위계적인 전통 철학을 상징한다면, 후자의 이미지는 바로 타자와의 조우를 통해서 부단히 자신

노자의 철학

을 변형시키는 새로운 철학을 상징한다. 결론적으로 나무 이미지의 철학이 '중심이 있는 체계(centered system)'라면, 뿌리줄기 이미지의 철학은 '중심이 없는 체계(acentered system)'라고 할 수 있다. 들뢰즈의 두 이미지를 빌리자면 노자와 장자는 각각 전혀 다른 철학의 이미지에 기초해 있다. 즉 노자의 철학이 나무의 이미지에 기초해 있다면, 장자의 철학은 뿌리줄기의 이미지에 기초해 있다고 할 수 있다.

《노자》에 가장 체계적이고 훌륭한 주석을 붙인 왕필도 노자의 철학에서 나무 이미지를 보았다. 그것이 그의 유명한 본말(本末)에 입각한 노자 해석이다. 여기서 본말은 글자 그대로 뿌리와 가지를 의미한다. 뿌리가 감각적으로 확인되지 않는다는 점에서 형이상(形而上)의 영역을 나타낸다면, 가지(本)는 형이하(形而下)의 영역을 상징한다고 하겠다. 또한 뿌리가 통일된 일자(一者)를 상징한다면, 가지(末)는 다양하게 분기된 다자(多者)를 상징한다고 할 수 있다. 《노자》에서 왕필이 읽어낸 본말 관계는 백서본 5장에 등장하는 도와 만물 사이의 발생론적 관계에서 확인할 수 있다. 여기서 도가 뿌리를 의미한다면, 만물은 바로 가지들에 해당하니 말이다. 이런 나무 이미지에 근거한 《노자》의 철학이 함축하는 것이 무엇일까? 다른 무엇보다 중요한 점은 가지와 가지 사이의 소통은 결코 직접적으로 이루어질 수 없다는 데 있다. 그것은 단지 뿌리를 매개로 해서만 이루어질 수 있을 뿐이다. 아니 어쩌면 가지와 가지는 소통할 필요도 없다고 해야 할 것이다. 이미 하나의 뿌리에 그 두 가지들이 동시에 기초해 있기에 이미 소통한 것이나 다름없다는 것이다.

이와는 달리 장자의 철학은 뿌리줄기 이미지에 기초해 있다.

〈제물론〉편에 나오는 "도는 걸어 다녔기 때문에 이루어진 것이다"라는 구절이 중요한 이유도 바로 여기에 있다. 다시 말해 애초에 길 같은 것은 없었던 것이다. 단지 주체가 타자와 조우해서 그와 소통함으로써 사후적으로 발생하는 것이 도라는 것이다. 앞에서 살펴본 것처럼 이런 장자의 사유는 들뢰즈가 말한 뿌리줄기 이미지와 완전히 부합한다. 그러나 따지고 보면 나무 자체도 원래 처음부터 자신이 있던 곳에서 영원히 자라고 있었던 것이 아니다. 많은 씨앗들이 바람을 타고 날아가는데, 어느 씨앗은 허무하게 강에 떨어지기도 하고 또 어느 씨앗은 허무하게 아스팔트 위에 떨어질 수도 있다. 지금 아름드리나무로 자란 그 나무를 가능하게 했던 씨앗은 우발적으로 바로 그 땅, 촉촉하고 부드러워서 뿌리를 내릴 수 있기에 충분한 바로 그 땅에 도착한 씨앗일 뿐이다. 한마디로 말해서 이 씨앗은 날개 없이 날아서 그 땅에 도착했던 것이다. 우리가 간과해서는 안 될 중요한 것은 노자의 철학에서는 만물과는 무관하게 도가 미리 존재하는 데 비해, 장자의 철학에서 도란 노자와 같은 방식으로 존재할 여지가 없다는 점이다.

3.

나무 이미지를 가진 철학과 뿌리줄기 이미지를 가진 철학은 철학적 용어로 바꾸면 필연성(necessity)의 철학과 우발성(contingency)의 철학으로 표현할 수 있다. 필연성의 철학이 물론 우발성을 부정하는 것은 아니다. 필연성의 철학은 우발성이 존재의 사태를 표현한다기보다 단지 우리 인간의 무지 때문에 발생하는 것이라고 이해하기 때문이다. 다시 말해 우발적이라고 불리는 현상은 언젠가 필연적인 현상이라는 것이 밝혀진다고 필연성의 철학은 낙관한다는 것이다. 필연성의 철학이 우발성을 부정하지 않는 것과 마찬가지로, 우발성의 철학도 필연성을 부정하지 않는다. 단지 이 철학은 필연성을 우발적 현상들의 반복이나 인간 경험의 습관에 지나지 않는다고 파악한다. 우발성은 'contingency'의 번역어인데, 이 'contingency'라는 말은 어원적으로 접촉(contact)을 의미하는 'contingere'라는 말에서 나왔다. 따라서 우발성을 긍정하는 철학은 기본적으로 접촉 또는 조우(encounter)를 긍정하는 철학이라고 할 수 있다. 여기서 《마주침의 유물론》이란 마지막 저서에서 격정적으로 자신의 사유를 진행시켰던 알튀세르(Louis Althusser)를 생각할 필요가 있다. 알튀세르는 필연성의 철학자들인 플라톤과 아리스토텔레스와는 대립되는 우발성의 철학자 에피쿠로스를 지목하면서 다음과 같이 말한다.

에피쿠로스는 세계 형성 이전에 무수한 원자가 허공 속에서 평행으로 떨어진다고 설명한다. 원자들은 항상 떨어진다. 이는 세계가 있기 전에는 아무것도 없었다는 것을, 동시에 세계의 모든 요소들은 어떤 세계도 있기 이전인 영원한 과거로부터 실존했다는 것을 함축한다. 이는 또한 세계의 형성 이전에는 어떤 의미(Sens)도, 또 어떤 원인(Cause)도, 어떤 목적(Fin)도, 어떤 근거(Raison)나 부조리(deraison)도 실존하지 않았다는 것을 함축한다. 의미의 비선재성은 에피쿠로스의 기본적인 테제이며, 이 점에서 그는 플라톤에도 아리스토텔레스에도 대립한다. 클리나멘(Clinamen)이 돌발한다. …… 클리나멘은 무한히 작은, '최대한으로 작은' 편의(偏倚, deviation, 기울어짐)로서 어디서, 언제, 어떻게 일어나는지 모르는데, 허공 중에서 한 원자로 하여금 수직으로 낙하하다가 '빗나가도록', 그리고 한 점에서 평행 낙하를 극히 미세하게 교란함으로써 가까운 원자와 마주치도록, 그리고 이 마주침이 또 다른 마주침을 유발하도록 만든다. 그리하여 하나의 세계가, 즉 연쇄적으로 최초의 편의와 최초의 마주침을 유발하는 일군의 원자들의 집합이 탄생한다. …… 마주침은 원자들에게, 편의와 마주침이 없었더라면 밀도도 실존도 없는 추상적인 요소들에 불과했을 바로 그 원자들에게, 그것들의 현실성을 부여한다. 원자들은 편의와 마주침 — 그에 앞서서는 원자들이 유령적 실존만을 지닐 뿐인 저 마주침 — 을 통해서만 비로소 자기 실존에 이르게 된다고 주장할 수 있다.

알튀세르의 이야기는 읽고 또 읽어서 외울 필요가 있을 정도로 중요하다. 결정적인 것은 플라톤과 아리스토텔레스의 필연성의 철학과 에피쿠로스의 우발성의 철학 사이에 그어진 알튀세르의 칼날이 노자 철학과 장자 철학 사이에도 그어질 수 있다는 점이다. 다른 측면에서 살펴보면 필연성의 철학이 근본적으로 일원론적 경향을 띤다면, 우발성의 철학은 다원론적 경향을 띤다고 할 수 있다. '도가 모든 개별자들을 발생시킨다(道生萬物)'는 노자의 주장을 보면 우리는 필연성의 철학이 기본적으로 일원론적 철학이라는 것을 어렵지 않게 이해할 수 있다. 현상적으로 다양하고 복수의 개체들이 존재한다고 할지라도, 결국 그것들은 기본적으로 도라는 일자에서 그 존재론적 근거를 가진다는 점에서 노자의 철학은 일원적이라고 할 수 있다. 더군다나 노자의 도가 모든 개별자들의 내재적 원인이라는 것을 받아들인다면, 도는 개별자들의 발생 원리일 뿐만 아니라 실존 원리이기도 한 것이다. 반면 "도는 걸어 다녔기 때문에 이루어진 것"이라는 장자의 주장을 숙고해보면, 우리는 장자 철학이 타자를 사유하고 있는 다원론적 사유임을 쉽게 알 수 있다. '걸어간다(行)'는 사태는 기본적으로 인간이 실존적으로는 유한하지만 실천적으로는 무한할 수 있다는 것을 함축하고 있다. 결국 노자의 일원적 사유에서는 '도'가 제일 처음에 오지만, 장자의 다원적 사유에서는 '도'가 제일 마지막에 온다는 것이 중요하다. 알튀세르의 표현을 빌리자면 노자와는 달리 장자는 "근거, 의미, 필연성, 목적은 우발성의 순수 효과에 불과한 것"이라고 본 것이다.

　　여기서 다원론이라는 말은 오해의 여지가 있다. 다원론은 마치 독립적이고 자족적인 개체들에 대한 주장으로 오해될 수 있기 때문이다. 그러나 장자 철학에서 주체와 타자는 마주치면서 이전과는 상이한 주체와 타자로 변형된다는 점에서, 장자의 사유를 엄격한 의미에서의 다원론이라고 부르기는 어렵다. 장자가 일원론을 부정하고 있는 이유가 우발성을 통찰했기 때문이라면, 장자가 엄격한 의미의 다원론자라고 할 수 없는 이유는 그가 우발성을 통해서 주체와 타자 사이의 마주침과 소통을 통찰했기 때문이다. 이 점에서 장자를 차이의 철학자, 알튀세의 표현을 빌리자면 편의의 철학자라고 규정하는 것이 좋겠다. 차이라는 개념은 일원론이 표방하는 동일성(identity)이라는 개념을 비판할 수 있고 아울러 다원론이 빠져들 수 있는 무관계(non-relation)라는 개념을 효과적으로 피할 수 있다. 따라서 차이의 철학에 따르면 헤겔(Hegel)의 주장과는 달리 동일성이란 차이의 근거가 아니라 오히려 차이에서 발생한 임시적인 동일성이라고 사유할 수 있고, 나아가 이런 임시적 동일성을 가지고 있는 각각의 개체들은 여전히 우발적인 조우를 통해서 새로운 차이 관계에 빠져들 수 있는 가능성을 가지고 있는 것으로 사유할 수 있다.

3장.　　　　내성이란 관조적 방법

문을 나서지 않아도 천하를 알고, 창문을 통해 내다보지 않아도 천도를 안다. 멀리 나가면 나갈수록 아는 것은 점점 줄어든다. 그러므로 성인은 돌아다니지 않아도 알고, 보지 않고도 규정하며, 하지 않고도 이룬다.

                               – 백서본 10장, 왕필본 47장

不出於戶, 以知天下. 不窺於牖, 以知天道. 其出也彌遠, 其知彌少. 是以聖人不行而知, 不見而名, 弗爲而成.

                               – 帛書本 10장; 王弼本 47장

1

내면에 파고들어 진리를 찾으며

1.

이 번 장의 제사로 백서본 10장(=왕필본 47장)을 선택한 이유는 다른 데 있는 것이 아니다. 10장은 우리에게 노자 철학이 기본적으로 내성(內省, introspection)이라는 방법론에 기초해 있다는 것을 명확히 알려주고 있기 때문이다. 노자에 따르면 우리는 집을 나서지 않고도 그리고 창문을 통해서 바라보지 않아도 이 세상(天下)과 이 세상의 법칙(天道)을 알 수 있다. 어떻게 그럴 수 있을까? 세상을 알려면 세상에 나가야 하지 않을까? 이런 의문이 당연히 떠오른다. 그러나 이런 의문은 잘못된 것일 수도 있다. 사실 집을 나간다고 하더라도 혹은 창문을 통해 세상을 본다고 하더라도 우리가 세상과 그 법칙을 알 수 있다는 보장은 전혀 없기 때문이다. 세상의 법칙을 알기 위해 집을 떠나서 세상으로 나오게 되면, 우리는 세상의 법칙을 알기보다는 새롭고 기이한 것들을 만나게 되고 그것에 유혹당하기 쉽다. 더군다나 이 세상의 모든 것들은 시간을 통해서 나타나고 또 시간을 통해서 사라지는 덧없는 것들이기 때문에, 우리가 이것들로부터 법칙을 배운다는 것은 그리 만만한 일이 아니다. 법칙은 최소한 시간을 통해서 지속되거나 반복되어서 영원하고 보편적이라고 인정되는 것이기 때문에, 가변적인 세계 속에서 우리가 이런 법칙을 찾는다는 것은 어려울 수밖에 없는 일일 것이다. 그래서 노자의 지적처럼 우리는 집 바깥으로 나가면 나갈수록 혼란과 혼동의 상태에 빠질 수밖에 없고, 따라서 명료한 앎의 확보는 그만큼 어려워질 수밖에 없게 될 것이다.

집 바깥으로 나가지 말아야 한다는 노자의 선언은 사실 덧없는 감각적 세계에 대한 부정을 함축하고 있다. 이처럼 노자는 감각적 경험을 통해서는 우리가 살고 있는 세상의 법칙에 도달할 수 없다고 보고 있다. 그렇다면 우리는 노자에게 다음과 같이 묻게 된다. 우리가 살고 있는 세상의 법칙은 어떻게 얻을 수 있다는 말인가? 여기서 세상의 법칙을 포함한 법칙 일반이 지닌 성격에 대해 잠시 생각해보면 우리는 어렵지 않게 노자의 대답을 찾을 수 있다. 법칙이란 기본적으로 감각적인 대상이 아니라 사유의 대상 혹은 사유를 통해 정립되는 것이다. 법칙은 감각을 벗어나면 벗어날수록 더 순수한 법칙으로 정화될 수 있는 것이다. 다시 말해 감각이 상대하는 것이 항상 특수한 사건이나 사물이라는 점에서 법칙은 감각과 가장 멀리 위치해 있는 것이다. 어쨌든 법칙은 사유되는 것이지 감각되는 것은 아니다. 결국 세상의 법칙을 이해하기 위해서 집 바깥으로 나가지 않아야 한다는 노자의 가르침은 법칙이란 감각과 멀리 있는 사유를 통해서만 이해할 수 있다는 전제를 통해서만 의미를 지닌다고 할 수 있다.

순수한 사유를 통해서 우리가 세상의 법칙을 이해할 수 있다면, 우리는 그 법칙을 통해서 세상을 장악할 수 있다고 노자는 생각하고 있다. 그래서 그렇게 법칙 혹은 노자의 말대로 '도'를 파악한 사람, 즉 성인(聖人)은 몸소 돌아다니지 않아도 알고(不行而知),

직접 보지 않고도 규정할 수 있으며(不見而名), 몸소 행하지 않아도 어떤 결과를 이루게 된다(弗爲而成). 얼핏 보면 노자의 이런 표현들은 역설적인 것처럼 보인다. 그러나 앞에서 살펴보았던 것처럼 노자 철학에는 두 종류의 상이한 인식이 전제되어 있다. 그 하나는 경험으로 아는 인식이고, 다른 하나는 내성을 통해서 아는 인식이다. 노자에 따르면 우리가 추구해야 할 인식은 몸소 돌아다녀서 경험을 통해 얻은 인식이 아니라 순수하고 사변적인 내성적 인식이며, 우리가 추구해야 할 올바른 규정은 감각을 통한 규정이 아니라 순수한 사유를 통한 규정이며, 마지막으로 우리가 추구해야 할 실천은 개별적이고 주체적인 실천이 아니라 보편적이고 합법칙적인 실천이다. 인식이 사물에 대한 규정을 결정하고, 또한 사물에 대한 규정이 사물과의 관계 혹은 실천을 결정하는 법이다. 그러므로 경험을 통해 얻은 인식이 경험을 통한 규정과 실천을 결정한다면, 내성을 통해 얻은 인식은 보편적인 규정과 실천을 결정한다고 할 수 있다. 따라서 만일 우리가 몸소 돌아다니지도 않고 아는 인식, 즉 순수한 사유의 활동, 즉 내성을 통해서만 확보되는 인식을 얻게 된다면, 우리의 사물세계에 대한 규정과 실천은 그만큼 보편적이고 타당하게 될 것이다. 이 점에서 노자는 분명 일종의 합리주의자라고 할 수 있다. 그는 경험적 인식을 부정하고 오히려 내성을 통해서 세상의 순수한 법칙을 파악할 수 있다고 믿고 있으니까 말이다.

2.

노자 철학에서는 집 바깥으로 나가지 않고 내성을 통해서 파악된 세상의 법칙이 가장 중요한 위상을 지닌다. 이렇게 인식된 세상의 법칙, 즉 도는 사물들의 본질을 결정하고 아울러 그에 따라 우리의 실천을 결정하기 때문이다. 결국 사물들과 법칙, 혹은 물(物)과 도 사이에는 중요한 존재론적 차이가 있다. 양자 사이의 차이에 대해 노자는 백서본 58장(＝왕필본 14장)에서 다음과 같이 이야기한다.

> 보려고 해도 드러나지 않는 것을 '미(微)'라고 한다. 들으려고 해도 들리지 않는 것을 '희(希)'라고 한다. 잡으려고 하지만 잡혀지지 않는 것을 '이(夷)'라고 한다. 그러므로 이 세 가지는 끝까지 따져볼 수 있는 것이 아니다. 따라서 그것들은 섞여서 일자가 된다. 일자는 그 위라고 해도 밝은 것이 아니고 그 아래라고 해도 어두운 것이 아니고, 끝없이 이어져 있어서 이름을 부를 수가 없고 무물(无物)의 상태로 돌아간다. 이것을 '모양이 없는 모양'이나 '개별자가 없는 상'이라고 부르고, '홀황(忽恍)'이라고 부른다. 쫓아가려고 해도 그 꼬리를 볼 수 없고 맞이하려고 해도 그 머리를 볼 수 없다. 현재의 도를 붙잡아 현재의 있음을 다스리고 옛 기원을 아는 것을 '도의 실마리(道紀)'라고 한다. 視之而弗見, 名之曰微. 聽之而弗聞, 名之曰希. 揗之而弗得, 名之曰夷. 此三者不可致詰, 故混而爲一. 一者, 其上不皦, 其下不昧. 尋尋呵不可名也, 復歸於无物. 是謂'无狀之狀'·'无物之象', 是謂忽恍. 隨而不見其後, 迎而不見其首. 執今之道, 以御今之有, 以知古始, 是謂道紀.

노자의 철학

법칙 혹은 도는 감각적이지 않다는 점에서, 중국철학은 법칙의 영역을 항상 '형이상'이나 혹은 '무형(無形)'이라고 범주화한다. 반면 법칙에 지배를 받는 사건이나 사물은 '형이하'나 '유형(有形)'으로 범주화한다. 노자는 이런 범주 쌍을 무물(无物)과 유물(有物), 혹은 더 추상적으로는 무(无)와 유(有)라고 부른다. 보려고 해도 보이지 않고, 들으려고 해도 들리지 않으며, 만지려고 해도 만져지지 않는 것, 다시 말해 사물적이지 않아서 감각될 수 없는 그것을 노자는 '일자'나 '도'라고 말한다. 노자에 따르면 '도'의 존재론적 위상은 사물과는 다르지만, 그것의 작용은 기본적으로 사물들을 규정하는 역할을 한다. 다시 말해 내성을 통해서만 파악되는 무물의 도는 감각적으로 경험 가능한 유물의 존재론적 근거다. 또한 그것은 순수한 일자로서 복잡하고 다양한 다자들로서의 사물 세계를 지배하는 원리이기도 하다.

노자에게 '도'란 모든 개별자들의 일자적인 원리다. 문제는 '도'에 대한 인식이 경험을 통해서는 불가능하다는 데 있다. 그것은 경험의 반대 방향, 즉 우리의 모든 시선이 순수한 사유로 응결될 때 드러나는 무엇이다. 비록 노자가 '도'를 유일한 실체로 혹은 일자라고 정립한다고 할지라도, 노자 철학의 핵심은 그것이 바로 내성을 통해서 발견될 수밖에 없다고 주장한다는 데 있다. 그러나 내성, 즉 순수 사유의 활동은 어떻게 가능한가? 이런 질문이 생길 수밖에 없는 이유는 우리 인간도 어차피 하나의 개별자, 즉 유한자라는 데서 찾을 수 있다. 서양철학이든 동양철학이든 간에 감각적 인식은 항상 문제가 많다고 규정된다. 그렇게 규정되는 이유는 감각적 인식이란 기본적으로 개별자라는 제한된 관점을 함축하기 때문이다. 다시 말해 감각과 경험은 비록 확실성과 명백성을 주는 것처럼 보이지만, 그런 인식의 방법은 기본적으로 나의 육체적 조건과 한계로 인해 제약될 수밖에 없다는 것이다. 중세 철학의 용어를 빌리자면 감각적 인식이 우리에게 제공하는 것은 결국 '주관에 매개된 실재(realitas objectiva)'에 지나지 않는다. 그래서 노자도 우리에게 개별자(=유한자)라는 제한된 관점을 넘어서는 절대적인 인식, 다른 말로 '절대적 실재(realitas formalis)'에 대한 인식을 요청하는 것이다. 그러나 유한자로서의 우리가 과연 우리에게 숙명적이라고 할 수 있는 유한성을 넘어서서 보편적인 관점을 얻는다는 것이 가능한 것일까? 보편적인 관점을 얻는다는 것은 결국 우리의 개별성의 소멸을 함축하는 것 아닐까? 그러나 아쉽게도 이런 꼬리에 꼬리를 무는 물음들에 대해 노자는 침묵하고 있다. 단지 노자가 우리에게 말하는 것은 우리가 개별성 혹은 유한성의 작용을 거듭 약화시키게 되면 그만큼 우리의 사유와 인식은 순수하게 작용할 것이고, 따라서 언젠가 우리는 '도'를 인식할 수 있다는 것이다.

3.

결국 내성에 의한 인식은 인간의 숙명적인 유한성과의 싸움일 수밖에 없다. 거의 죽음에 이를 정도로 치열한 내적인 싸움 끝에 인간은 보편적인 인식에 도달할 수 있다고 노자는 보고 있으니까. 결국 내성은 자신의 내면을 관조하는 안온한 방법이라기보다는 자신의 유한성을 극단적으로 줄여나가는 방법이라는 점에서, 노자의 철학은 "철학이란 죽음에 대한 연습"이라는 플라톤의 지적

노자의 철학

과 유사한 지점에 도달하게 된다. 노자는 백서본 11장(=왕필본 48장)에서 이런 자신의 입장을 밝히고 있다.

> 학문을 하는 자는 날마다 더하고, 도를 하는 자는 날마다 덜어낸다. 덜고 덜어내어 마침내 무위에 이르게 된다. 무위하면 하지 못한 것이 없다. 장차 천하를 취하려고 한다면 항상 일 없음으로서 해야 한다. 만약 일이 있게 되면 천하를 취하기에 충분하지 않을 것이다.
>
> 爲學者日益, 爲道者日損. 損之又損, 以至於无爲也. 无爲而无不爲. 將欲取天下也, 恒无事. 及其有事也, 又不足以取天下.

여기서 학문을 하는 자가 경험적 인식을 추구하는 자라면, 도를 하는 자는 바로 보편적 관점을 얻으려고 노력하는 자다. 경험적 인식을 추구하는 자는 경험적 인식이 지닌 성격상 어쩔 수 없이 부단히 많은 사건과 사물들을 만날 수밖에 없고, 따라서 이런 인식을 추구하는 사람은 계속 자신의 경험적 인식 내용을 축적할 수밖에 없게 된다. 반면 사건들과 사물들의 다양성들을 포괄하는 일자로서의 '도'를 추구하는 자는 보편적 인식에 가까워지면 가까워질수록 유한성과 개별성을 덜어나가게 되는 것이다. 그리고 마침내 이 사람이 '도'를 인식하게 되면, 다른 말로 자신의 유한성과 개별성을 부단히 덜어나가게 되면, 이 사람에게는 도에 부합하는 실천이 가능해진다. '도'에 부합하는 행위 혹은 실천을 노자는 '무위'라고 부른다. '무위'라는 개념만큼 오해된 개념은 없다. '무위도식(無爲徒食)'이라는 인구에 회자되는 사자성어가 말해주듯이, 이 개념은 '어떤 일도 하지 않음'을 의미한다고 오해되고 있다. 그러나 '무위'는 '유한하고 개별적인 관점에 입각한 행위를 하지 않음', 다시 말해 '무한하고 보편적인 관점에서 입각한 행위'를 가리키는 개념이다. 그렇기 때문에 노자는 이어지는 구절에서 "무위하면 하지 못한 것이 없다(无爲而无不爲)"고 말할 수 있었던 것이다. 이제 우리는 아무것도 하지 않는 글자 그대로의 '무위'와 모든 것을 수행할 수 있는 보편적인 역량으로서의 '무위'를 구분할 수 있게 되었다.

노자의 사유 방법에 따르면 유한성을 덜어내면 무한성이 드러나고, 혹은 개별성을 덜어내면 보편성이 드러난다고 말할 수 있다. 다시 말해 사유와 인식에 부정적으로 개입하는 감각적 개별성과 주체적 유한성의 작용을 줄이게 되면, 우리는 순수한 사유와 인식에 이르게 되고 그 결과 이 세상의 순수하고 보편적인 법칙인 '도'가 우리의 사유 속에 정립된다는 것이다. 마치 노자는 이 세상을 초월해 있는 순수하고 이상적인 어떤 진리를 체인한 것처럼 보인다. 많은 해석자들과 연구자들의 오해는 바로 여기서 발생한다. 그들의 오해에 따르면 노자의 '도'는 일체의 사회와 역사에 대한 초월적인 진리나 실체가 된다. 이런 이해에 따르면 "장차 천하를 취하려고 한다면 항상 일 없음으로서 해야 한다. 만약 일이 있게 되면 천하를 취하기에 충분하지 않을 것(將欲取天下也, 恒无事. 及其有事也, 又不足以取天下)"이라는 노자의 이어지는 구절은 전혀 이해할 수 없는 것이 되고 만다. 반복하자면 우리는 노자의 '도'가 초월적 원인이라기보다는 내재적 원인이라는 것을 잊어서는 안 된다. 비록 노자가 이 내재적 원인을 절대화하기 위해서 마치 초월적인 것처럼 논증을 한다고 할지라도 말이다. 노자의 '도'는 이 세상(天下)의 작동 원리다. 따라서 내성을 통해서 '도'를 인식한다는 것은 결

노자의 철학

국 이 세상을 규정하고 있는 '도'를 인식해서 그로 말미암아 이 세상을 통제할 수 있는 힘을 얻었다는 것을 의미한다.

군주가 되려는 자는 욕심이 가장 많은 자라고 할 수 있다. 그가 욕망하는 것은 하나하나의 개별적인 대상이 아니라 개별자들의 전체, 즉 천하이기 때문이다. 각각의 개별자를 욕망한다는 것과 개별자 전체를 욕망한다는 것은 질적으로 완전히 다른 법이다. 하나하나의 개별자는 경험적이고 감각적인 대상들이지만, 개별자 전체는 경험을 초월해 있는 형이상학적 수준에 있는 것이니까. 만약 우리가 욕망하는 것이 경험을 통해서 확인되는 개별적인 대상들이라면, 예를 들어 어떤 옷을 갖고 싶거나 아니면 어떤 보석을 갖고 싶은 것이라면, 우리는 "열심히 노력해서(=有事)" 구하면 된다. 반면 우리가 욕망하는 것이 개별적인 대상이 아니라 개별자 전체, 천하라면 사정은 전혀 달라진다. 개별자 전체를 규정하는 내재적 원인으로서의 '도'를 인식하지 못한다면 그 누구도 전체 세계를 소유할 수는 없다. 그러나 이 개별자들의 전체 속에 군주 자신도 포함되어 있기 때문에 문제는 더욱더 복잡해진다. 군주 자신은 자신이 파악한 '도'가 정말 개별자 전체를 규정하는 원리인지 아니면 자신만의 편견의 산물인지 확신할 수 없기 때문이다. 어쨌든 여기서 중요한 것은 내성을 통해 파악된 '도'란 결국 전체 세계를 규정하는 '도'에 다름 아니라는 점이다. 결국 노자에게 내성은 주관적 관심에서 벗어나서 이 세상을 관조하는 사변적 방법이라고 할 수 있다. 노자에 따르면 '도'를 파악한 군주는 개별적 대상에 대한 개별적인 실천, 즉 유사(有事)라는 실천이 아니라, 전체 세계에 대한 보편적인 실천, 즉 무사(无事)라는 실천을 수행하게 된다. 따라서 그는 세계 전체를 소유할 수 있는 자격을 부여받게 된다.

내성을 통해 발견한 것,
아니 발견할 수밖에 없는 것

1.

아주 소박한 질문이 어렵고 난해한 철학체계를 이해하는 데 도움
이 되는 법이다. 노자가 집 바깥으로 나가지 말라고 했을 때, 우리
는 집 안에서 무엇을 하고 무엇을 인식할 수 있는가? 경험을 통해
배우지 않고 오히려 경험과는 반대편에 있는 곳에 이르게 되면 남
는 것은 순수한 사유 이외에는 어떤 것도 없다. 그러나 일체의 경
험 없이 수행되는 순수한 사유로부터 우리는 무엇을 얻을 수 있겠
는가? 그것은 신비한 진리와의 합일의 상태인가? 아니면 이 세상
을 창조했다고 하는 도에 대한 직관인가? 그러나 앞에서 살펴본
것처럼 노자의 도는 무엇보다도 전체 세상의 법칙, 다시 말해 전
체 세상으로부터 추상화된 법칙일 뿐이다. 따라서 집 밖으로 나가
지 않아도 알게 된 '도'는 결국 집 바깥의 '도'일 수밖에 없고, 경험
된 사물들과 사건들에서 추상화된 것일 수밖에 없다. 단지 노자
는 그것이 개별적이고 유한한 경험을 넘어서는 보편적이고 무한
한 법칙이라는 점을 강조하기 위해서, '내성'의 과정을 지나치게
과장하고 신비화하고 있을 뿐이다. 다시 말해 노자는 마치 순수한
사유를 통해서 자명하게 현시되는 것처럼 '도'를 과장해서 신비화

하고 있다는 것이다.

《노자》의 저자로 알려진 노담에 대한 매우 흥미로운 전설들은 이 점에서 시사하는 것이 많다. 《장자》〈천도(天道)〉편과 《사기》〈노자한비열전〉에는 노담에 대한 매우 흥미로운 기록이 나오는데, 이 기록에 따르면 그는 주(周)나라의 문서관리 책임자 혹은 역사가였다고 한다. 역사가란 무엇이며 역사가의 사유란 무엇인가? 이미 발생한 사건들을 수집하고 정리해서 그 발생들의 패턴과 원인을 사유하는 것이 역사가의 임무다. 중요한 것은 역사가의 어떤 이론도 현실적으로 검증이 불가능하다는 점이다. 역사가가 정립한 이론이나 법칙은 결국 흘러간 과거의 사건들에서 귀납한 것에 지나지 않는 법이다. 여기서 우리는 노자가 왜 집 바깥으로 나가지 말라고 했는지 이해할 수 있게 된다. 그에게는 과거에 대한 기록들과 책들이 널려 있었던 것이다. 이런 자료들에서 노자는 전체 세상의 불변 법칙으로서 '도'를 추상화했고 그것을 형이상학적으로 정당화했던 것이다. 《한서》〈예문지〉에 따르면 도가학파는 다음과 같이 규정되어 있다.

> 도가라는 학파는 대부분 역사관 출신들에게서 유래했는데, 그들은 성공과 실패, 보존과 멸망, 재난과 행복에 대한 과거와 현재의 도를 널리 기록한 다음에 그 요점을 파악하고 근본을 잡을 줄 알게 되었다. 맑음과 비움으로 자신을 지키고 낮음과 부드러움으로 자신을 유지했는데, 이것은 통치자가 통치하는 방법이었다.
>
> 道家者流, 蓋出於史官, 歷記成敗存亡禍福古今之道, 然後知秉要執本. 清虛以自守, 卑弱以自持, 此君人南面之術也.

성공과 실패, 보존과 멸망, 그리고 거기에서 수반되는 행복과 재난으로 점철된 정치적 사건들에서 노자는 그것들이 우연적인 것이 아니라 필연적인 원인으로부터 말미암아 발생했다는 것을 통찰했던 것이다. 물론 여기서 정치적 사건들의 중심 인물은 당연히 군주들이라고 할 수 있다. 그래서 〈예문지〉의 저자는 노자 철학을 '통치자가 통치하는 방법(君人南面之術)', 즉 통치술이라고 규정했던 것이다. 반복하자면 여기서 말한 군주의 통치술은 단순히 통치의 기술만을 의미하지는 않는다. "맑음과 비움으로 자신을 지키고 낮음과 부드러움으로 자신을 유지하는(淸虛以自守, 卑弱以自持)" 군주의 통치술은 최종적으로 역사적 법칙으로서의 도로 정당화되기 때문이다.

노자가 '집 바깥으로 나가지 않아야 달성된다고 주장한 인식(不行而知)'은 결국 역사가적 이성을 추상화한 것에 지나지 않는다고 볼 수 있다. 또한 화려한 형이상학적 뉘앙스를 가지고 전개되는 내성이란 방법도 결국 이 세상을 규정한다고 간주되는 법칙을 추상화해서 이에 따라 세상을 지배하려는 의지라고 이해할 수 있다. 내성을 통해서 개별성과 유한성을 덜어낸다는 것은 이 세상 전체를 보편성과 무한성의 지평에서 보려고 한다는 것, 혹은 보편성의 층위에 서서 개별성을 지배하겠다는 의지를 전제하는 것이다. 여기서 우리가 간과해서는 안 되는 것은 노자의 추상화를 가능하게 한 일차적 자료들이 정치적 현실과 역사였다는 점이다. 노자의 '도'가 정치적인 의미를 띠게 된 것도 바로 이런 이유에서다. 아무리 그가 정치·역사적 법칙으로서의 '도'를 '일자'와 '다자'의 형이상학으로 구성한다고 할지라도, 그의 형이상학에는 이미 통치자와 피통치자라는 근원적인 위계 관계가 함축되어 있을 수밖

노자의 철학

에 없는 법이다.

2.

노자의 내성과 그로부터 정립되는 도가 순수한 사유의 역량으로 이해 가능한 신비한 것이라고 오해해서는 안 된다. 우리는 중국 특유의 과장법에 속아서는 안 된다. 그것은 경험적이면서 동시에 경험하지 않은 정치·역사적 사건들로부터 유래하는 것이기 때문이다. 그것은 문자나 구전으로 기록되어 있다는 점에서는 경험될 수 있는 대상이기도 하다. 그러나 이미 지나간 사건들이라는 점에서 그것들은 결코 경험될 수 없고 단지 사유되어 의미부여의 대상이 될 수 있을 뿐이다. 노자는 정치·역사적 사건들에서 국가의 흥망성쇠를, 또 그로부터 야기되는 군주의 존폐와 화복의 규칙과 그 원인을 발견해낸 것이다. 이어서 그는 자신이 발견해낸 보편적인 정치·역사적 원인과 법칙을 형이상학적으로 정당화하려고 했다. 결국 노자의 내성은 주어진(=기록된) 정치·역사적 사건들에서 그것들의 의미와 법칙(=道)을 발견해내는 방법이었다고 할 수 있다. 백서본 17장(=왕필본 54장)에서 노자는 내성의 방법이 지닌 특징을 다음과 같이 밝힌다.

> 자신으로 자신을 살피고 집으로 집을 살피고 고을로 고을을 살피고 국가로 국가를 살피고 천하로 천하를 살핀다. 나는 어떻게 천하가 그렇다는 것을 아는가? 이것에 의해서다.
>
> 以身觀身, 以家觀家, 以鄉觀鄉, 以國觀國, 以天下觀天下. 吾何

以知天下之然哉? 以此.

주목해야 할 것은 노자가 결코 자신(身), 집(家), 국가(國), 전체 세상(天下)이라는 범주를 부정하지 않는다는 점이다. 이것은 그의 '도'가 이 세상의 모든 개별자들과 그들을 분류하는 범주들을 부정하지 않는다는 것을 말해준다. 아니 정확히 말해서 노자의 도가 그런 개별자들을 기초로 해서 추상화를 거쳐서 발견된 개별자들 전체의 원리이고, 따라서 모든 개별자들의 작용을 규정하는 원리라는 점에서, 노자는 개별자들과 그것들의 범주들을 부정할 수 없었던 것이다. 다시 말해 노자의 철학체계는, 개별자들에서 도로 상승하고 역으로 도에서 개별자로 하강하는 상승과 하강의 체계이기 때문에, 결코 개별자들을 부정할 수 없다는 것이다. 흔히 모든 구분과 분별을 넘어서는 '도'의 발견자라는 통속적인 노자 이해가 오류에 빠지는 곳이 바로 이 지점이다. 통속적인 노자 이해는, 노자가 발견한 도 혹은 집 바깥으로 나가지 않고 알게 된 최고 원리가 집 바깥에 존재하는 개별자들과 그것들의 범주들을 부정하기보다는 오히려 그것들을 정당화하고 있다는 점을 망각하고 있기 때문이다.

'수신제가치국평천하(修身齊家治國平天下)'라는 유가적 이념을 생각해보면, 노자가 권고하는 내성의 방법이 지니고 있는 고유성이 가장 잘 드러난다. 유가철학은 자신(身)의 확장이 집(家)이고, 집의 확장이 국가(國)이며, 국가의 확장이 전체 세상(天下)이라는 연속성을 주장하고 있다. 반면 노자는 자신의 작동 원리, 집의 작동 원리, 국가의 작동 원리, 전체 세상의 작동 원리는 서로 상이하다고 주장하고 있다. 다시 말해 유가철학에서는 자신, 집, 국가, 전

노자의 철학

체 세상 각각의 작동 원리들이 구조적인 유사성(structural similarity)을 띠고 있다면, 노자는 이 각각의 작동 원리들이 본질적으로 상이한 것들로 이해되어야 한다고 보고 있다. 노자에 따르면 자신을 지배하는 원리는 집을 지배하는 원리와 다르고, 집을 지배하는 원리는 국가를 지배하는 원리와 다르며, 국가를 지배하는 원리는 전체 세상을 지배하는 원리와 다른 것이다. 바로 이 점에서 우리는 그가 다른 제자백가들과는 달리 국가와 천하를 발견했다고 말할 수 있게 된다. 국가와 천하는 다른 상이한 범주들, 즉 자신이나 집을 지배하는 원리들과는 구별되는 고유한 작동 원리를 가진 것으로 사유되고 있기 때문이다.

3.

분명 독자들 중 어떤 이는 영원한 진리를 표방했던 노자 철학을 단순히 정치철학으로 독해하고 있다고 분통을 터뜨릴 수도 있다. 이런 분통은 십분 이해가 가는 것이다. 사실 나마저도 이 글을 구성하기 이전에 그렇게 생각했으니까 말이다. 글을 구성하고 집필하면서 나는 내면에 깊이 숨어 있는 기존의 노자 이해를 극복하려고 엄청난 싸움을 거듭했다. 그것은 철저한 자기비판의 과정이었다. 이런 치열한 자기비판의 과정 속에서 어느 순간 나의 뇌리에 들어온 것이 바로 '국가'와 '천하'라는 개념이었다. 그리고 그를 통해 노자가 말하는 성인을 '국가'와 '천하'라는 개념과 밀접한 관련성 속에서 이해해야 한다는 것과 81장 도처에서 등장하는 존재론과 수양론도 모두 '국가', '천하', '통치자'의 정당화나 현실화의 계기로 등장하고 있다는 것을 확인하게 되었다. 분명 노자 철학은 영원한 진리의 철학이다. 그렇지만 그가 영원하다고 본 것은 '국가'와 '천하'라는 정치적 구조에 관한 것이지, 정치적 구조를 넘어서는 어떤 이상적이고 관념적인 세계가 아니었다. 노자 철학에서 영원한 것이 '국가'와 '천하'로 개념화되는 정치적 구조였다면, 영원하지 못한 것 아니 정확히 말해서 지속하지 못하는 것이 바로 개별적 군주였다. 노자 철학의 분석에서 볼 때 '국가'와 '천하'의 작동 원리에 따르면 개별적 인격으로서의 군주는 나름대로 영속성이 있지만, 만약 그렇지 않다면 반란과 혁명의 와중에서 자신의 생명뿐만 아니라 가족까지도 희생할 수밖에 없다는 것이다.

아직도 분통이 가시지 않는 독자들은 스스로 되물어보기 바란다. 왜 '국가'와 '천하', 정치를 사유하는 것이 천박한 것인가? 정치를 떠나서 사유하는 것만이 가치가 있고 훌륭한 것인가? 아직도 정치를 혐오스럽게 생각하는 독자들이 있다면《독일 이데올로기》에 등장하는 마르크스(Karl Marx)의 이야기에 귀를 기울일 필요가 있다.

> 분업은 물질적 노동과 정신적 노동이 나누어지기 시작한 때부터 비로소 현실화된다. 이 순간부터 의식은 현존하는 실천의식과는 뭔가 다른 것이 되는 것처럼, 또 현실적인 어떤 것도 나타나지 않는데도 현실적으로 뭔가를 표상하고 있는 것처럼 현실적으로 믿어버리는 일이 가능하며, 이 순간부터 의식은 세계로부터 해방되어 '순수한' 이론, 신학, 철학, 도덕 등을 형성해나갈 수 있게 된다.

노자의 철학

우리의 하루하루의 삶은 우리가 의식하든 그렇지 않든 국가와 정치를 떠나서는 이루어질 수 없다. 그럼에도 불구하고 국가와 정치를 떠나 있는 사유가 가능하다고 믿는 것은 결국 마르크스가 이야기한 것처럼 하나의 전도에 불과한 것이다. 흥미롭게도 이런 사유가 가능하다고 믿는 사람은 결국 국가와 정치를 무반성적으로 수용하고 그것에 대한 비판적 자세를 유지할 수 없게 된다. 반복하자면 우리의 일상적 삶은 우리가 원하든 그렇지 않든 정치적일 수밖에 없는 것이다. 마르크스의 말대로 정화된 순수한 세계, 혹은 정치와 상관없는 영원한 세계는 단지 정치적 세계로부터 발생하는 내면적 전도와 착각 속에서만 정립되는 것에 지나지 않는다. 이 점에서 영원한 철학을 《노자》로부터 찾아서 평온함을 유지하려고 하는 사람들보다 춘추전국시대라는 혼란상에 정직하게 맞섰던 노자 자신이 훨씬 건강하다고 할 수 있다. 최소한 그는 국가와 정치가 드러내는 잔혹하고 무정한 현실에 물러나지 않고 직면하려고 했기 때문이다.

중요한 것은 노자가 자신, 집, 국가, 전체 세상을 그대로 긍정하고 있다는 점이다. 이 말은 그가 이 각각을 주어진 현실로서 그대로 수용하고 있다는 것을 의미한다. 아쉬운 것은 그가 주어진 현실을 비판적으로 사유하지 못하고 주어진 현실이 유지되기 위해서는 어떤 조치가 필요한지를 숙고하는 데에만 머물고 있다는 점이다. 그러나 노자는 자신의 철학에서 정치적 현실을 초월한 '순수한' 무엇인가를 찾으려는 해석자들과 연구자들보다 훨씬 더 현명하다고 할 수 있다. 우리의 현실이 '국가'와 '자본'이라는 이중적 원리에 의해 규정된다면, 우리는 현실을 총체적으로 문제 삼고 변혁시키기 위해서는 '국가'와 '자본'의 논리와 맞서 싸워야 한다. 반면 노자의 현실에서는 아직 '자본'의 논리가 지배적인 것으로 대두되지 않았다. 오히려 그가 살고 있던 현실에서는 '자본'은 항상 '국가'에 의해 통제되고 억압될 수 있는 계기에 지나지 않았다. 따라서 그가 '국가', '천하', 그리고 '통치자'에 숙고했다는 것은 그가 자신이 속한 삶 속에서 철저하게 당시 현실의 쟁점과 씨름했다는 것을 말해준다. 그러나 그의 철학의 한계는 그가 '국가'와 '통치자'라는 형식 자체를 문제 삼지 못하고, 단지 '올바른' 국가와 '올바른' 통치자라는 내용만을 문제 삼았다는 데 있다. 다시 말해 그의 철학은 국가의 형식적 작동 원리를 규명하고 정당화함으로써 어떻게 하면 '군주'가 이 원리에 따라서 '올바른' 통치자가 될 것인지에 집중되어 있다는 것이다. 결국 노자는 '국가' 자체에 대해서는 전혀 반성하지 못했던 사상가였다는 점에서 치명적인 한계가 있는 철학자라고 할 수 있다.

노자의 철학

결과에 입각한 인식과 발생에 입각한 인식

1.

내성이라는 노자의 방법, 혹은 역사가로서의 노자 사유의 특징은 기본적으로 이미 발생한 정치적 사건들로부터 그것들을 낳은 원리로서 '도'를 사후적으로 발견하려는 데 있다. 다음 순서로 노자는 이렇게 발견한 '도'를 존재론적으로 혹은 수양론적으로 정당화하고 그로부터 미래의 사건들에 대해 통치자가 어떤 식으로 행동을 결정할지를 연역 혹은 외삽(extrapolation)하고 있다. 이런 그의 사유 패턴은 《노자》라는 텍스트에 그대로 반영되어 있다. 앞에서 두 단락으로 분석해서 살펴본 백서본 5장을 예로 들 수 있겠다. 분석에 따르면 첫 번째 단락이 개체들의 발생론을 설명하고 있는 존재론적 논의라면, 두 번째 단락은 군주가 어떻게 하면 오래 통치자의 지위를 유지할 수 있느냐에 대한 논의가 전개되고 있다. 잊지 말아야 할 것은 첫 번째 단락은, 이미 발생한 사건들로부터 추상화시킨 이후에, 당시의 담론적 조건에 맞게 존재론적으로 재구성했다는 점이다. 이런 과정 혹은 사유의 전도를 통해 첫 번째 단락에서 '도'는 아직 실현되지 않았지만 본질로서 존재하는 것으로 변질된다. 그래서 현실적 통치자는 이제 '도'를 실현할 수 있는 군주냐 아니면 그렇지 못한 군주냐의 갈림길에 서게 된다. 만약 '도'를 실현하지 못한다면 그는 통치자의 자리에서 얼마가지 않아 물러나게 될 뿐만 아니라 생명마저도 위태롭게 될 것이다. 그러나 물론 '도'는 훌륭한 통치자를 만나서 실현되도록 예정된 채로 항상 존재하고 있다.

노자 철학에서 확인할 수 있는 것처럼 결과에 입각한 인식은 항상 이런 구조로서 작동한다. 사건들에서 의미나 진리를 추출하고 그 의미나 진리를 존재론적으로 정당화한 다음에 앞으로 도래할 사건들에 적용하기. 따라서 결과에 입각한 인식은 항상 목적론적 논의로 흘러가기 쉽다. 그래서 현재와 미래에 있어서 진리는 실현되어야 할 무엇으로 드러나기 마련이다. 여기서 우리는 주희(朱熹, 1130-1200)의 유명한 논의인 미발(未發)과 이발(已發)로 규정된 심론(心論)의 구조를 떠올릴 수도 있다. 주희에 따르면 마음이 아직 드러나지 않을(未發) 때의 함양(涵養) 공부란 실현되어야 할 본성(性)의 실현 역량을 기르는 공부이고, 마음이 이미 드러났을(已發) 때의 찰식(察識) 공부란 드러난 마음속에서 표현되어 있는 본성을 파악하는 공부였기 때문이다. 물론 주희가 말한 본성이 정치적 사건들에서 추상된 것이라기보다는《논어》나《맹자》로 대표되는 유가 경전에 나오는 윤리적 사건들에서 추상된 것이라는 점에서, 주희의 '본성'은 노자의 '도'와는 차이를 보인다. 어쨌든 주희는 언젠가 이런 공부를 통해서 본성이 항상 마음으로 실현되는 순간, 즉 성인이 되는 순간이 도래할 것이라고 믿었고, 그런 성인이 되기 위해 최선을 다했던 사람이다. 여기서 우리는 노자 철학과 주희 철학에 대해 다음과 같이 물어야만 한다. 과연 '도'나 '성'이 지금은 실현되고 있지는 않지만 앞으로 실현되어야 할 '본질'이나

'진리'라는 것을 어떻게 보장할 것인가?

　그 대답은 아주 자명하다. 노자 철학의 경우 그것은 앞으로 도래할 정치적 사건들에서 확증되어야 할 것이고, 주희 철학의 경우 그것은 앞으로 도래할 윤리적 사건들에서 확증되어야 할 것이다. 그러나 결과에 입각한 인식, 즉 사후적 인식의 매력은 이런 확증에서 자유롭다는 데 있다. 새롭게 도래하는 사건들에서 사후적으로 인식된 진리들이 실현되지 않는다고 하더라도, 사후적 인식을 추종하는 철학자들은 이런 사태를 '본체'와 '작용'이 분리되어 있는 경우에 불과하다고 주장할 수 있다. 다시 말해 '본체'나 '도'의 실현은 무한히 연기될 수 있고, 실현되지 않았으면서도 존재하는 것으로 사유될 수도 있다는 것이다. 그런데 사후적 인식이 목적론적으로 귀결되는 경향이 있다는 것보다 더 중요한 것은, 이 인식이 현실에 주어진 것을 자명한 것으로 전제하고 출발한다는 데 있다. 따라서 결과에 입각한 인식은 세계를 변화시키기보다는 주어진 세계를 정당화하기 쉽다. 예를 들면 노자도 바람직한 통치자에 대해 이야기하고 있지만 '국가'와 그로부터 유래하는 '통치자'라는 자리 자체를 사유하지 못하고 있고, 주희도 바람직한 유가 윤리적 삶에 대해 이야기하고 있지만 '유가적 삶의 형식' 자체를 사유하지 못하고 있다. 결국 사후적 인식을 통해서는 새로움의 계기가 원칙적으로 사유될 수 없다는 것이 큰 문제라고 할 수 있다.

2.

결과에 입각한 인식(=사후적 인식)의 대표적인 사례로 우리는 헤겔의 사변철학을 떠올릴 수 있다. 헤겔도 노자와 마찬가지로 "결과로서의 본질의 생성"을 주장하고 있기 때문이다. 이런 논리에 따라 헤겔은 칸트의 그 유명한 '물자체'도 "아직 실현되지 않음"에 불과한 것이라고 주장할 수 있었다. 그래서 헤겔의 변증법은 언젠가 최종적으로 절대정신의 완전한 자기실현을 꿈꾸는 목적론이 된다. 헤겔 변증법의 핵심인 결과에 입각한 인식 방법에 대해서 마르크스는 《자본론》 서문에서 다음과 같이 지적한 적이 있다.

나의 변증법적 방법은 근본적으로 헤겔의 그것과 다를 뿐만 아니라 오히려 그것과 정반대다. 헤겔에게는 그가 이념(Idea)이라는 이름 아래 자립적인 주체로까지 전화시키고 있는 사유과정이야말로 현실세계의 창조 과정이고, 현실세계는 사유과정의 외적 현상에 지나지 않는다. 나에게는 반대인데, 이념적인 것은 물질적인 것이 인간의 두뇌에 반영되어 거기에서 사유의 형태로 변형된 것 이외의 아무것도 아니다. 나는 약 30년 전에 헤겔 변증법이 아직 유행하고 있던 그 당시에 헤겔 변증법의 신비화된 측면을 비판했다. 그러나 내가 《자본론》 제1권을 저술하고 있던 때에는, 독일의 지식인들 사이에서 활개 치는 불평 많고 거만하고 또 형편없는 아류들이, 일찍이 레싱(Lessing) 시대에 용감한 모제스 멘델스존(Moses Mendelssohn)이 스피노자를 대하듯이, 헤겔을 바로 '죽은 개'로서 취급한 것을 기쁨으로 삼기 시작했다. 그러므로 나는 자신을 이 위대한 사상가의 제자라고 공언하고 가치론에 관한 장에서 군데군데 헤겔의 특유한 표현 방식을 흉내 내기까지 했다. 변증법이 헤겔의 수중에서 신비화되기는 했지만, 그러나 다름 아닌 헤겔이 처음으로 변증법의 일반적 운동 형태를 포괄적으로 또 의식적으로 서술했던 것이다. 헤겔에게는 변증법이 거꾸로 서 있다. 신비한 껍질 속에 들어 있는 합리적인 알맹이를 찾아내기 위해서는 그것을 바로세워야 한다.

헤겔의 변증법이 거꾸로 서 있다는 마르크스의 지적은 무엇을 의미하는가? 지금 마르크스는 헤겔의 변증법이 결과에 입각한 인식에 불과하다는 것을 지적하고 있다. 그리 적절한 예는 아니지만 간단히 통상적으로 변증법의 구조라고 이야기되는 '정립(=정)→반정립(=반)→종합(=합)'의 논리구조를 통해 마르크스의 헤겔 비판을 설명해보도록 하자. 사실 정반합의 삼박자 구조는 헤겔에게서 유래한 것이기보다는 그의 연구자들에게서 유래한 것이다. 헤겔의 표현을 그대로 쓰자면 정반합의 사유운동은 '즉자→대자→즉자/대자'라고 하는 것이 맞지만 여기서는 간략하게 정반합의 구조로 우리의 논의를 진행하도록 하자. 헤겔 변증법이 결과에 입각한 인식이라는 것은 그가 사실 '합'에서부터 출발한다는 것을 말한다. 그는 이 합을 정당화하기 위해서 정과 반으로 이행하고 그다음에 이 '합'의 계기가 정 안에 이미 존재하고 있고 따라서 '반'의 계기도 이미 정 안에 존재하고 있다고 주장했던 것이다. 마르크스는 이런 헤겔의 변증법을 바로세우려고 한다. 그렇다면 그것은 어떤 모습일까? 《자본론》의 다음 구절은 '바로세운 변증법'의 이런 모습을 가장 잘 보여준다.

내가 이미 언급했던 것처럼, 생산물의 교환은 서로 다른 가족, 부족 또는 공동체들이 접하게 되는 지점에서 발생한다. 문명의 초기에는 사적인 개인들이 아니라 가족이나 부족 등이 독립적인 지위에서 만나기 때문이다. 서로 다른 공동체들은 자신의 자연환경 속에서 서로 다른 생산수단과 생존수단을 찾아낸다. 따라서 그들의 생산양식과 생활양식은 그들의 생산물만큼이나 다르다. 바로 이렇게 자발적으로 발전한 차이가, 서로 다른 공동체들이 접하게 될 때 생산물들의 상호교환을 부추기고 이어서 점차 그 생산물들을 상품으로 전환시킨다.

마르크스가 바로세운 변증법은 '합'을 염두에 두지 않고 '정'과 '반'에서 출발하는 것이다. 마르크스의 표현을 빌리자면 '정'과 '반'은 독립적인 지위를 가지면서 차이로서 조우하는 두 계기일 뿐이다. 결국 마르크스에서 '반'은 헤겔과는 달리 '정'으로 내면화될 수 있는 계기라기보다는 오히려 '정'으로 결코 내면화되지 않지만 '정'과의 관계에 들어가 있는 타자의 계기로 사유된다. 이렇게 바로세운 변증법을 통해 마르크스는 《자본론》을 썼던 것이고, 따라서 마르크스의 사유는 엥겔스나 스탈린식의 역사적 유물론과는 아무런 상관이 없는 것이다. 엥겔스나 스탈린의 역사적 유물론은 단지 헤겔의 절대정신이 경제적 하부구조로 치환되어 구성된, 새로운 종류의 결과에 입각한 인식에 불과한 것이기 때문이다. 그러나 마르크스의 변증법은 결코 '반'을 '정'으로 내면화시키지 않는다. 오히려 그는 새로운 '합'을 낳는 것이 바로 이렇게 '정'과 '반'의 차이와 조우, 혹은 마주침이라는 점을 명확히 한다. 알튀세르의 위대함은 그가 마르크스가 바로세운 변증법을, 헤겔식의 변증법, 즉 본질과 이성의 자기 현시의 변증법과는 반대로, 마주침의 철학으로 사유했다는 데 있다. "에피쿠로스에서 마르크스

노자의 철학

에 이르기까지 항상, 자신의 유물론적 기초를 어떤 마주침의 유물론 속에서 찾은 하나의 심오한 전통의 '발견'이 존속해왔다. 그 전통이 자신의 유물론 기초를 마주침의 철학 속에서 찾았다는 것은 곧 그 기초를 모든 본질(Ousia, Essentia, Wesen)의 철학, 즉 이성(Logos, Ratio, Vernunft)의 철학, 따라서 기원 및 목적의 철학을 근본적으로 기각하는 것 속에서 찾았다는 것을 뜻한다."

3.

우리는 마르크스가 '바로세운 변증법'을 '결과에 입각한 인식'과 대조해서 '발생에 입각한 인식'이라고 부를 수 있다. 몇 가지 예를 통해 두 인식 사이의 차이점을 명확하게 해보도록 하자. 먼저 '2+3=5'라는 산수를 예로 들어보자. 헤겔의 변증법, 즉 '결과에 입각한 인식'은 5라는 결과에서 출발해서 결국 2와 3이 더해져서 5가 된 것이라고 주장하는 것이다. 이런 인식에는 '2' 안에 '+'의 계기와 '3'의 계기가 이미 내면화되어 있다. 반면 마르크스가 '바로세운 변증법', 즉 '발생에 입각한 인식'은 2와 3에서 출발한다. 그러나 이 인식에 따르면 5는 2와 3의 조우로부터 발생할 수 있는 무수한 종합들 중 하나일 뿐이다. 2와 3 사이에는 '-', '×', '÷' 등과 같은 무수한 종합의 형식이 가능하다. '-'라면 2와 3은 -1이나 1로 종합될 것이고, '×'라면 2와 3은 6으로 종합될 것이고, '÷'라면 2와 3은 2/3나 아니면 3/2으로 종합될 수 있기 때문이다. 여기서 중요한 것은 '2' 안에는 '3'이나 종합의 방식이 미리 내면화되어 있지 않다는 사실이다. 또 다른 예로 수영을 배우는 과정을 생각해보자. 결과에 입각한 인식은 수영을 잘하는 사람의 입장에서 출발한다. 그래서 이 인식에 따르면 수영을 잘하게 된 사람은 '수영을 잘함'과 '물'이라는 두 가지 계기가 이미 수영을 잘하기 이전 그 사람에게 내면화되어 있었는데, 이 두 가지 계기가 현실에서 모두 실현된 사람이다. 반면 발생에 입각한 인식은 '사람'과 '물'의 차이와 조우로부터 출발한다. 직관적으로 알기 쉽게 수영을 전혀 못하는 사람이 강을 만났다고 생각해보자. 그는 수영을 해서 강을 건널 수도 있고 아니면 수영을 하다가 강에 빠져 죽을 수도 있다. 또 수영이라는 종합의 방식 이외에 뗏목이라는 방식으로 강을 건널 수도 있다. 어쨌든 중요한 것은 이 사람 내면에 '물'이나 '수영'이라는 종합의 방식은 결코 내면화되어 있지 않다는 사실이다.

노자는 국가의 흥망에서 국가의 작동 원리를 추상화해낸다. 이것은 마치 수영을 잘하는 경우나 못하는 경우에서 수영의 원리를 추상해내는 것과 마찬가지다. 여기서 문제가 되는 것은 특정한 종합의 형식인 국가와 수영을 자명한 것으로 여긴다는 데 있다. 이런 식의 사유는 노자 철학에서뿐만 아니라 아리스토텔레스의 《정치학》에서도 확인된다. 그에 따르면 인간은 '정치적 동물(political animal)'인데, 이 말로 그가 의도했던 것은 "인간은 본성상 폴리스(polis) 즉 국가 안에 살 수밖에 없다"는 것이다. 그러나 과연 국가라는 것이 우리 인간들이 차이와 조우를 통해 만들어낼 수 있는 유일한 종합일 수 있을까? 기본적으로 이런 질문이 노자 철학에서도 혹은 아리스토텔레스 정치학에서도 결여되어 있다. 따라서 노자나 아리스토텔레스 모두 국가를 자명한 종합의 형식이나 영원한 삶의 모습으로 그렸던 것이다. 그들에게 유일하게 문제가 되는 것은 단지 이상적인 국가의 작동 원리를 추상화하고 그에 입각해서 삶을 조율하고 영위할 수 있느냐의 여부다. 그러나 이것은 단지 노자와 아리스토텔레스에게만 해당하는 문제일까? 아직도 우리는 다음과 같은 사유 방식을 도처에서 만나고 있지 않는가? "국가가 없다면……" 누군가가 국가를 문제 삼는다면, 흔히 나오는 반대 논증은 이렇게 시작된다. "국가가 없다면 외적의 침입을 어떻게 막을 것인가?" "국가가 없다면 치안을 어떻게 유지할 것인가?" "국가가 없다면 공정한 시장 경제를 어떻게 확보할 수 있을 것인가?"

"국가가 없다면……" 이것은 전형적인 결과에 입각한 인식의 예라고 할 수 있다. 이런 사유에서는 국가가 이미 정당화되어 있어서 국가 자체를 전혀 문제 삼을 수 없게 된다. "국가가 없다면……" 이런 사유 속에서 역사는 사라지게 된다. 이런 사유 속에서 국가는 영원하고 절대적인 삶의 질서로 미리 긍정되어 있기 때문이다. 만약 우리가 역사를 긍정한다면, 다시 말해 새로운 마주침과 결합, 즉 조우와 연대를 통해서 인간을 위한 새로운 종합의 형식이 가능하다는 것을 믿는다면, 우리는 '국가'를 하나의 결과로 생각해야만 한다. 그리고 그런 결과를 낳았던 발생의 원인을 찾아야만 하고, 그 원인들에서 새로운 종합의 계기를 사유할 수 있어야만 한다. 니체(Friedrich Nietzsche)는 이런 사유 방식, 즉 발생에 입각한 인식을 계보학(genealogy)이라고 정의했다. 물론 이것은 발생된 결과를 정당화하기 위한 방식이 아니다. 오히려 계보학은 발생된 결과가 하나의 우연적인 조우와 결합에 의한 것임을 확인하고 그 조우와 결합을 가능하게 했던 복수의 원인을 찾아서 다른 조우와 다른 결합을 사유하려는 사유 실험에 가깝다고 할 수 있다. 이런 계보학적 사유는 장자에게도 그대로 반복된다. 〈제물론〉에서 장자는 군주와 국가를 자명한 것으로 받아들이기보다는 오히려 군주라는 고귀한 통치자와 그렇지 못한 천한 피통치자라는 구분이 꿈이 아닐까 의심했다. 결국 이 점에서도 우리는 노자 철학과 장자 철학의 차이점을 확인하게 된다. '도생만물(道生萬物)'이라는 노자의 주장과 '도행지이성(道行之而成)'이라는 장자의 주장에서 분명하게 드러나는 것처럼, 그것은 결과에 입각한 인식과 발생에 입각한 인식의 차이다.

노자의 철학

4장. 국가의 생명 유지 메커니즘

천도는 마치 활을 당기는 것과 같다. 높이 있는 것은 누르고 낮게 있는 것은 올려주며, 여유가 있는 것은 덜고 부족한 것은 더해준다. 그러므로 천도는 여유가 있는 것을 덜어서 부족한 것에 더해준다. 사람의 도는 그렇지 않아서 부족한 것을 덜어서 여유가 있는 것에 더해준다. 누가 여유가 있음에도 천에 대해 받듦을 취할 수 있을 것인가? 오직 도를 가진 사람이 그렇게 할 수 있을 것이다. 그러므로 성인은 무엇을 하더라도 그것을 소유하지 않고 공을 이루더라도 거기에 머물지 않는다. 이처럼 성인은 자신의 뛰어남을 보이려고 하지 않는 법이다.

– 백서본 42장, 왕필본 77장

天之道其猶張弓者也. 高者抑之, 下者擧之, 有餘者損之, 不足者補之. 故天之道損有餘而益不足. 人之道則不然, 損不足而奉有餘. 熟能有餘而有以取奉於天者乎? 唯有道者乎! 是以聖人爲而弗有, 成功而弗居也. 若此其不欲見賢也.

– 帛書本 42장; 王弼本 77장

아직도 안개에 싸여 있는 국가라는 괴물

1.

물속에 살고 있는 물고기는 자신이 물속에 살고 있는지 모른다. 이것은 아마 국가와 우리 사이의 관계에서도 통용되는 사실이다. 우리는 국가 속에서 살고 있지만 국가 속에서 살고 있다는 사실을 알지 못한다. 아니 어쩌면 국가는 이미 철저하게 우리의 습성으로 내재화되어 있기 때문에, 이것을 반성한다는 것은 불가능한 일일지도 모른다. 우리는 이러저러한 국가에서 태어나기를 결정해서 어떤 국가 속에 태어난 것이 아니다. 오히려 우리는 어떤 국가에 태어나서 자라나는 존재다. 이 점에서 우리는 얼마간은 국가에 의해 결정되어 있는 수동적인 존재일 수밖에 없다. 그러나 어느 순간 우리는 주체로서 이렇게 자명한 국가에 대해 거리를 두고 반성해본다. 물론 이런 거리감은 단순히 자유로운 사색의 결과라기보다는 오히려 삶에 오는 충격과 당혹스러움을 통해 유래하는 것이다. 아니 정확히 말해서 국가에 대한 반성은 국가가 우리 삶에 결코 이롭지 않다는 경험을 통해 대안적 사회를 꿈꿀 때 도래하는 것이라고 해야 한다. 국가는 우리의 삶에 정말로 이로운 조직인가? 미국이 이러저러한 이유로 이라크를 공격했고, 한국에 군대

파병을 요청한다. 그리고 국가는 파병을 결정한다. 그 경우 많은 군인들이 국가의 명령을 받고 위험한 이라크로 가야 한다. 그런데 금전적 이유로 많은 이들이 경쟁하다시피 파병 대상이 되기를 지원했다고 한다. 화폐를 필요로 하는 것이 마치 자명하게 개인적인 삶의 문제이며 다 자라 성인이 된 본인들이 책임져야 하는 당연한 의무인 것처럼 생각하듯이, 국가의 부름에 응하는 것도 마땅히 군인이 해야 할 소명인 것처럼 생각한다. 그러나 그 전쟁은 어떤 명분도 없었다. 미국 대통령 자신도 텔레비전 프로에 나와 전쟁을 해야 하는 이유를 제대로 설명조차 하지 못했다. 이런 전쟁에 왜 우리가 동참하고 한목소리를 내야만 하는 것인가? 과거 케네디 대통령이 취임식 때 한 연설 문구가 생각난다. "국가가 여러분을 위해 무엇을 하기를 기대하지 말고 여러분이 국가를 위해 무엇을 할 것인지를 먼저 생각하십시오." 케네디는 미국의 모든 세대가 국가에 대한 충성심을 입증하도록 부름받아왔다고 강조했다. 그리고 이미 그 부름에 응한 젊은 미국인들의 무덤이 전 세계를 뒤덮고 있다고 자랑스럽게 역설했다. 그리고 이제 다시 자신의 취임과 더불어 그 나팔소리가 우리를 부르고 있으며 자신은 이 영광스런 책임을 회피하지 않을 것인데 여러분은 어떠하냐고 미국 국민에게 질문한다. 오늘날 미국의 위정자들이 애국심이라는 명분으로 국민의 희생을 영광스럽게 묘사하는 것의 원조라고 볼 만한 연설이었다. 그런데 문제의 심각성은 그런 케네디의 열변을 오늘날 미국 국민들이 애타게 그리워하고 다시 기대한다는 데 있다. 과연 국가는 국민의 죽음으로도 비교할 수 없는 절대적 가치를 지진 영원한 실체인가?

우리의 의구심은 여기서 끊이지 않는다. 국내의 좀 더 구체적

노자의 철학

인 문제 하나로 되돌아와보자. 우리는 온갖 종류의 세금을 정기적으로 국가에 내면서 살고 있다. 그 가운데 문제 삼고 싶은 것은 건강보험과 관련된 국가의 명령이다. 건강보험은 기본적으로 국가가 국가 구성원들의 건강과 안녕을 추구하기 위해 만든 것이다. 그러나 문제는 우리가 진정으로 국가의 도움을 받아야 할 때 도리어 국가의 건강보험 혜택에서 배제된다는 사실이다. 위정자들은 국민의 표를 의식해 감기나 복통 등 가벼운 질병에 대해서만 대다수 국민이 조금씩 혜택을 보도록 법률을 제정하고, 암이나 백혈병 같은 엄청난 비용을 강제하는 위험 질병에 대해서는 오히려 건강보험 혜택을 부여하지 않고 있다. 한마디로 건강보험의 추진 목적에 충실하지 못한 정책을 실행하고 있는 셈이다. 이런 상황에서 꾸준히 건강보험료를 올리고 있고 그것이 마치 불가피한 것인 양 선전하고 있다. 의사라는 특정 직업인들의 목소리에 전전긍긍하면서 의료수가를 여러 차례 반복해 올려온 결과일 뿐인데도 말이다. 그래도 이건 상황이 나은 편이었다. 최근에는 의료의 공공성을 약화시키고 의료를 민간자본에 넘기려고 하고 있으니까 말이다.

대한민국은 우리가 헌법상의 표현으로 익숙하게 알고 있는 민주주의공화국이다. 다시 말해 민주주의 국가라는 것이다. 민주주의(democracy)는 말 그대로 국민(demo)이 지배자(cracy)이고, 국민 각 개인들에게 결코 대신할 수 없는 자주권이 있음을 인정하는 정치 이념이다. 그러나 앞서와 같이 우리의 주변을 살펴보면 과연 민주주의라는 이념에 어울리는 곳이 단 하나라도 존재하는지 의심스럽다. 직장 상사 앞에서 나도 당신과 마찬가지로 동등한 인간이라고 자신 있게 외칠 수 있는가? 군대에서 상급자에게 나도 당신과 마찬가지로 동등한 인간이라고 외칠 수 있는가? 학교에서 선생과 교수에게 나도 당신과 마찬가지로 동등한 인간이라고 외칠 수 있는가? 가정에서 부모에게 나도 당신들과 마찬가지로 동등한 인간이라고 외칠 수 있는가? 병원에서 일인실에 들어가 있는 부유층 소수에게 나도 당신과 마찬가지로 동등한 인간이라고 외칠 수 있는가? 민주주의를 외쳤던 어떤 학생 운동권 출신의 운동가가 국회의원 공천을 받고 감격해서 당 총재에게 큰절을 올리는 곳에서 민주주의는 존재한다고 말할 수 있는가? 그렇다면 대한민국은 민주주의와 거리가 먼 공화국인가? 그렇지만은 않다. 분명히 어느 순간에는 대한민국이 민주주의를 표방하는 국가이기도 하다는 증거도 있기 때문이다. 단지 몇 년에 한 번꼴로 오는 대통령 선거나 국회의원 선거 기간 동안, 그 짧은 기간 동안만큼은 마치 우리가 주인인 것처럼 스스로 마술에 걸려든다. 그러나 이날이 지나고 나면 우리는 자신이 단지 대통령이나 국회의원의 임기를 보장하는 수단에 지나지 않았다는 것을 깨닫게 된다. 왜 우리가 대표로 선출했음에도 불구하고 우리는 선출된 사람들이 우리의 의지를 대표하지 않는 것을 견제조차 할 수 없단 말인가? 선거에 당선된 정치가들은 마치 왕조시대를 연상시키는 거만함과 근거 없는 권위적 태도로 스스로를 무장할 뿐 어떤 도움도 우리에게 주지 못하는데, 왜 우리는 현실적으로 "몇 년 뒤에 보자"라며 분통을 터뜨리고 있을 수밖에 없는가? 민주주의는 이렇게 해서 다시 연기되고 마는 것일까?

노자의 철학

2.

철학은 현실을 고민하고 현실의 논리를 비판적으로 음미할 수 있는 학문이라고 말한다. 따라서 만약 철학이 국가의 논리를 사유하지 못한다면, 아무리 철학이라는 화려한 외양을 지니고 있더라도 그 철학은 철학일 수 없는 법이다. 바로 이 지점에서 백서본 42장(=왕필본 77장)은 빛을 발휘하고 있다. 이 백서본 42장에서 노자는 국가의 기능에 대해 자신의 사유를 노골적으로 표현하고 있기 때문이다. 노자에 따르면 자연의 법칙은 높은 것을 누르고 낮은 것을 올리고 남는 것은 덜고 부족한 것은 채우는 데 있다. 마치 모래성이 바람에 날려서 낮아지고 또 움푹 파여진 구덩이에 그 모래들이 쌓여 채워지는 것처럼 말이다. 그런데 노자는 이런 자연의 법칙에 비추어 인간 사회 법칙의 문제점을 지적한다. 인간 사회에서는 오히려 가난한 사람의 것을 빼앗아서 부유한 사람에게 더해주는 것이 법칙인 것처럼 행해지고 있다는 것이다. 현대적으로 말해서 '부익부빈익빈(富益富貧益貧)'의 추세가 인간 사회를 지배한다는 것이다. 이런 양극화 현상은 결국 전체 사회를 일종의 동맥경화로 몰아넣고, 마침내는 가난한 자들의 저항을 유발시키기 마련이다.

이로부터 노자는 이상적인 통치자, 즉 성인의 필요성을 역설한다. 그 사람은 "남는 것이 있는데도 자연의 법칙을 본받아 그것을 부족한 사람에게 줄 수 있는 사람(能有餘而有以取奉於天者)"이다. 다시 말해 노자의 이상적인 통치자(=聖人)는 기본적으로 '재분배(redistribution)'가 국가의 핵심 기능임을 정확하게 파악하고 있는 사람이라는 것이다. 재분배의 논리를 통해서 국가는 '부익부빈익빈'의 양극화를 피하게 되고, 따라서 이제 민중의 저항과 혁명을 애초에 피하게 된다. 그래서 노자는 재분배의 논리가 지켜지는 국가에서의 군주의 모습을 다음과 같이 묘사하고 있다. "무엇을 하더라도 그것을 소유하지 않고, 공을 이루더라도 그것에 머물지 않는다(爲而弗有, 成功而弗居)." 군주가 되려는 사람들은 기본적으로 다른 사람들보다 더 많이 가지기 위해서 노력하는 사람이다. 하긴 국가와 천하를 모두 가지려는 사람보다 더 많은 것을 가지려는 사람이 또 어디에 있겠는가. 이때 노자는 국가와 천하를 가질 수 있는 방법을 소개하는데 그것은 평범한 군주들에게는 역설적인 것처럼 보인다. 노자는 진정으로 많이 갖기 위해서는 그만큼 먼저 주어야 한다고, 다시 말해 재분배를 해야 한다고 강조하고 있기 때문이다. 현상적으로 재분배는 분명 군주에 의해 '수행되지만(爲)', 그 재분배의 결과로 군주로 대표되는 통치 계급보다는 민중, 즉 피통치 계급이 그 이익을 갖게 된다는 점에서 노자는 재분배의 상태를 '군주는 가지지 않는다(弗有)'고 묘사한 것이다.

　　백서본 42장을 통해서 우리는 노자가 국가의 핵심 기능을 '재분배'로 보고 있음을 알 수 있다. 얼핏 보면 노자는 국가가 기본적으로 약하고 가난한 국민들을 위해서 존재하는 것임을 선언하고 있는 것처럼 보인다. 부유함을 덜어서 부족한 사람들의 부족함을 메워준다는 선언은 분명 우리 입장에서 보아도 현재 작동하고 있는 국가 기능에 대한 비판의 논리를 제공하는 것처럼 보인다. 그래서 많은 학자들은 노자 철학에서 대안적 정치철학의 전망을 읽어내는 것이다. 가난한 사람들이 병원에서 혜택을 받지 못하고 가난한 사람들이 사회에서 힘을 발휘하지 못하는 현실을 생각해본다면, 노자의 진단은 분명 사회민주주의 혹은 복지주의의 이념을 표방하고 있는 것처럼 보인다. 사회민주주의(social democracy)나 복

　　　　　　　　　　　　　　　　　　　　노자의 철학

지주의(welfarism) 이념도 국가가 자본주의 경제를 통제해서 부를 노동자계급에게 재분배해야 한다는 데 있기 때문이다. 그러나 우리는 사회민주주의가 자본주의의 경제를 극복했다기보다는 오히려 재분배를 통해서 자본주의 경제의 순환을 부드럽게 완화시킨 것에 지나지 않는다는 것을 알아야만 한다. 이 점은 노자 철학에 대해서도 마찬가지로 적용할 수 있다. 다시 말해 사회민주주의에서와 마찬가지로 노자 철학도 기본적으로 현존하는 체계를 극복하는 전략일 수 없고, 단지 그것을 안정적으로 작동하도록 만들어 영속화하려는 전략으로 이해해야 한다는 것이다.

3.

노자에게 진정한 통치자는 "남는 것이 있는데도 자연의 법칙을 본받아 그것을 부족한 사람에게 줄 수 있는 사람"이다. 얼마나 훌륭한가? 자신이 가진 것을 남에게 덜어주는 미덕이니 말이다. 그러나 만약 어떤 사람이 남에게 무엇인가를 주려고 하는 경우 중요한 것은 그 사람에게 줄 무엇인가가 반드시 있어야만 한다는 점이다. 그래서 백서본 42장에서 재분배보다 더 중요한 것은 바로 '유여(有餘)' 즉 '남음이 있다'는 구절이다. 이것은 사실 경제학 원칙이다. 아무것도 가진 것이 없다면, 아무리 남에게 주려고 해도 줄 수 없는 법이니까. 우리가 숙고해야만 하는 것은 바로 이 '남음이 있다'는 사태다. 바로 이 부분이 충분히 숙고되었을 때에만, 우리는 노자 철학이 현 사회의 대안일 수 있다는 연구자들의 통념을 전면적으로 공격할 수 있는 무기를 가질 수 있을 것이다. 노자 철학이 기본적으로 남음이 있는 사람으로부터 출발한다는 사실, 그리고 그 남음의 혜택을 제공받을 다수의 부족한 사람들이 기본적으로 전제되어 있다는 사실! 다시 말해 노자 철학의 재분배는 남음과 부족의 위계성을 전제로 해서만 논의될 수 있다는 것이다. 노자 철학은 부족한 사람에 대해 전혀 관심을 기울이지 않고, 오직 남음이 있는 사람이 할 수 있는 두 가지 선택지들에만 관심을 집중하고 있다. 그에 따르면 남음이 있는 사람은 그 남음을 자신만의 소유로 삼을 수도 있고, 또한 그 남음을 재분배할 수도 있다. 그렇다면 어느 선택이 남음이 있는 사람에게 유리할 것인가?

아이러니하게도 전자의 경우 남음이 있는 사람은 그 남음을 일순간 보존할 수 있다고 할지라도 부족한 사람들의 저항에 의해 빼앗기고 나아가 그 자신의 목숨마저도 해치게 될 것이다. 반면 후자의 경우 남음이 있는 사람은 부족한 사람에게 남음을 줌으로써 오히려 더 커다란 남음을 확보할 수 있다는 것이다. 반복하지만 이런 노자의 분석보다 더 중요한 것은 그가 근본적인 위계성을 자명하게 주어진 사태라고 사유했다는 데 있다. 남는 사람(有餘者)이 존재하고 아울러 부족한 사람(不足者)이 존재한다는 근본적인 위계성! 다시 말해 노자는 다음과 같은 질문을 전혀 던지지 않았던 것이고, 정확히 말해서 던질 수 없었던 무능력함을 드러내고 있다는 것이다. '도대체 어떻게 남음이 있는 사람이 존재할 수 있었을까?' 여기서 우리는 수탈(plunder)이라는 문제, 즉 근원적 착취와 폭력의 문제에 이르게 된다. 현대 민주주의 국가는 국민을 위해서 혹은 피통치자들을 위해서 많은 재분배를 수행하고 있다. 그러나 재분배되는 부는 과연 어디서 기원하는 것인가? 그것은 기본적으로 세금(tax)에서 기원한다. 결국 여기서 일종의 교환과 순

노자의 철학

환의 논리가 드러나게 된다. 세금에서 재분배로, 재분배에서 세금으로, 다시 세금에서 재분배로. 문제는 항상 세금은 재분배를 명목으로 수행되고, 재분배는 세금의 명목으로 수행된다는 점이다. 마치 뱀이 꼬리를 물고 빙글빙글 도는 것처럼 세금과 재분배의 순환의 논리는 그렇게 상호 지시하면서 반복되고 있다.

경제 원칙을 하나 생각해보자. 그것은 재분배의 총량이 세금의 총량을 넘어설 수 없다는 사실이다. 만약 재분배의 총량이 세금의 총량을 넘어선다면, 국가 기구는 파산할 수밖에 없을 것이다. 이 말은 역으로 국가가 자신을 유지하기 위해서는 항상 재분배의 총량보다는 많이 세금을 걷어야 한다는 것을 말해준다. 다시 말해 1만 원을 재분배했다면, 세금의 양은 항상 1만 원 이상이어야 한다는 것이다. 1만 2,000원을 세금으로 거두어들였다면, 국가는 재분배를 1만 1,000원 할 수 있다. 또한 이것으로부터 국가는 1만 3,000원을 세금으로 거두어들일 수 있다. 세금과 재분배의 순환 고리에서 발생하는 국가 기구의 이익은 어디에서 유래하는 것인가? 그것은 자본이 획득하는 잉여가치가 기본적으로 노동자가 자신의 노동을 자본가에게 임금의 형식으로 팔고, 그렇게 받은 임금으로 자본가가 생산한 상품을 상품가격으로 구매함으로써 발생하는 것과 마찬가지다. 다시 말해 국가, 혹은 통치자는 피통치자에게서 수탈한 것을 재분배하고, 그 재분배한 것을 다시 수탈함으로써 이윤을 남길 수 있는 것이다. 이것은 노자의 시대에도 그리고 지금도 작동하고 있는 경제학 원리다. 자본의 잉여가치와 국가의 이윤추구의 차이점은, 국가가 국가 기구를 유지할 수 있는 비용이 없을 경우, 항상 폭력적으로 세금을 인상하거나 아니면 수탈할 수 있는 무력(=공권력)을 가지고 있다는 점에 있을 뿐이다.

수탈과 재분배, 혹은 국가의 박동소리

1.

진정한 통치자, 즉 "남는 것이 있는데도 자연의 법칙을 본받아 그 것을 부족한 사람에게 줄 수 있는 사람"에서 찾을 수 있는 신비는 바로 애초에 재분배를 하기 이전에 '남는 사람'이 있다는 원초적 불평등의 상태에 있다. 문제는 이 원초적 불평등이 이어지는 재 분배와 수탈의 교환에 의해 아주 쉽게 은폐된다는 사실이다. 물론 노자도 이 점에서 예외가 아니다. 잘 알다시피 노자가 살았던 시 대는 공동체의 생산력이 급격히 증대될 수 없었던 전자본주의 시 대다. 따라서 이 시대에서 부의 중요한 원천은 자연과의 투쟁을 통해서 토지를 경작했던 농민들, 그리고 농민들을 군인들로 차출 하여 수행된 전쟁을 통해서 약탈한 전리품들이었다. 그래서 진정 한 통치자, 다른 말로 영속적으로 통치자의 자리를 유지할 수 있 는 군주는 농민들로 구성된 피통치자들에게서 유래하는 부를 영 속적으로 가질 수 있느냐 없느냐에 의해 결정될 수밖에 없었다. 그렇다면 어떻게 해야 하는가? 군주는 무엇보다도 먼저 농민들의 생산력을 촉진하고 보호해야 하며, 나아가 다른 국가들의 침탈로 부터 그들을 보호해야만 한다.

노자의 철학

바로 이런 문맥에서 노자는 재분배를 강조했던 것이다. 군주가 달성하려고 하는 부는 기본적으로 수탈에 의존하지만, 부의 유지는 결코 부단한 수탈로만 가능하지 않다는 것이다. 당연한 일 아닌가. 너무나 수탈이 빈번해지고 심해지면, 피통치자들의 제약된 생산력마저 감소하고 나아가 피통치자들의 혁명과 봉기가 발생할 테니까 말이다. 더군다나 피통치자들의 생산력이 제약되면, 그들로 구성된 군대는 당연히 다른 국가의 침탈로부터 자신을 지켜낼 의지나 힘이 떨어질 수밖에 없고 따라서 그런 국가는 다른 국가에게 병합될 수밖에 없을 것이다. 우리는 노자가 권고하는 '재분배'의 논리가 결코 살아가는 대다수 사람들에 대한 애정에서 출발한 것이 아님을 잊어서는 안 된다. 오히려 그의 논리는 기본적으로 이미 '남음이 있는' 사람을 위해서 그 사람이 어떻게 '남음이 있는 사람'으로 영속할 수 있는가를 사유했던 것에 지나지 않는다. 백서본 80장에 나오는 노자의 이야기를 직접 들어보자.

> 오므라들게 하려면 반드시 먼저 펴주어야만 한다. 약하게 하려면 반드시 먼저 강하게 해주어야만 한다. 제거하려고 한다면 반드시 먼저 높여야만 한다. 빼앗으려고 한다면 먼저 반드시 주어야만 한다. 이것을 '미묘한 밝음'이라고 한다. 유연하고 약한 것이 강한 것을 이기는 법이다. 물고기는 연못을 벗어나게 해서는 안 되고, 국가의 이로운 도구는 사람들에게 보여서는 안 된다.
> 將欲翕之, 必固張之. 將欲弱之, 必固强之. 將欲去之, 必固擧之. 將欲奪之, 必固予之. 是謂微明. 柔弱勝剛. 魚不可脫於淵, 邦利器不可以示人.

이제 우리는 '미묘한 밝음(微明)'이 무엇을 의미하는지 어렵지 않게 이해할 수 있다. 그것은 재분배가 기본적으로 더욱 강화된 수탈을 위해서 이루어진다는 것을 보여준다. 그것은 수탈과 재분배의 대상인 피통치자들에게는 파악되지 않아야 한다는 점에서, '미묘하고 은미한(微)' 것이다. 반면 수탈과 재분배의 주체인 통치자에게는 명확하게 파악되어야 한다는 점에서, '밝은(明)' 것이다. 만약 통치자가 수탈을 위해서 제공하는 재분배가 피통치자들에게 은혜로 다가오지 않는다면, 다시 말해 '국가가 나를 위해 은혜를 베푸는구나. 나도 언젠가 국가를 위해 최선을 다해야지!'라는 다짐을 피통치자의 내면에 심어주지 않는다면, 재분배는 실패한 것일 수밖에 없다. 이것은 반대로 다음과 같은 사실을 의미하고 있다. 만약 피통치자가 '또 나에게 수탈하기 위해서 은혜를 베푸는 척하는구나'라고 생각한다면, 통치자는 원활한 재수탈을 수행하는 데 실패할 것이다. 그래서 노자는 "국가의 이로운 도구를 사람들에게 보여서는 안 된다(邦利器不可以示人)"고 말하게 된 것이다.

2.

노자 철학의 탁월한 점은 그가 국가를 통치자와 피통치자 사이에 일어나는 교환의 관계, 즉 수탈과 재분배의 논리에 입각해서 파악했다는 데 있다. 다시 말해 그는 국가를 어떤 신비한 무엇으로 파악하기보다는 경제적인 기구(economical mechanism)로 파악했다는 것이다. 이 점에서 우리는 자신의 책《일본정신의 기원》에서 가라타니 고진이 언급하고 있는 교환 유형들을 음미해볼 필요가 있다.

노자의 철학

흥미롭게도 그도 노자와 마찬가지로 국가를 하나의 교환 기구라고 주장하고 있기 때문이다. 그는 대안적인 교환 논리, 즉 어소시에이션(association)이라는 연대의 원리를 제안하기에 앞서 기존에 존재했던 교환 유형들을 다음과 같이 세 가지로 분류하고 있다. 좀 길지만 전문을 읽어보도록 하자.

첫째로 공동체 안에서 이루어진 교환이다. 이것은 증여-답례라는 호혜적 교환이다. 이 교환은 상호부조적인데, 답례에 응하지 않으면 마을에서 따돌림을 당할 정도로 공동체의 구속이 강하고 또 배타적이다. 둘째 유형은 강탈하는 것이다. 하여튼 교환하기보다는 강탈하는 편이 빠른 길이기 때문이다. 이상하게 보이겠지만 이것을 교환이라고 하는 것은, 지속적으로 강탈하기 위해서는 상대를 다른 적으로부터 보호한다거나 산업을 육성할 필요가 있기 때문이다. 그것이 국가의 원형이다. 국가는 더 많이 그리고 계속해서 수탈하기 위해 재분배함으로써 토지나 노동력의 재생산을 보장하고 관개 등 공공사업을 통해 농업 생산력을 높이려고 한다. 그 결과 국가는 수탈의 기관으로서 보이지 않고, 오히려 농민이 영주의 보호에 대한 답례로 연공(年貢)을 지불하는 것처럼 생각된다. 그렇기 때문에 일면적으로 국가는 초계급적이고 '이성적'인 것처럼 표상된다. 예컨대 유교가 그러한데, 치세자(治世者)의 '덕(德)'이 설파되기도 한다. 그러므로 강탈과 재분배도 넓은 의미에서 보면 '교환'으로 간주할 수 있다. 셋째로 마르크스가 말한 것처럼 공동체와 공동체 사이에서 행해지는 교역이다. 이 교환은 상호합의에 따른 것이다. 서로 등가라고 생각했을 때 교환이 이루어진다. 이 교환에는 잉여가치, 따라서 자본이 발생한다. 상인자본은 고전경제학자의 비난처럼 사기에 기초한 것이 아니다. 가치 체계가 다른 지역 사이의 교환, 예컨대 어떤 지역에서 싸게 산 물건을 다른 지역에서 비싸게 판다고 해도 등가교환인데, 그런데도 차액(잉여가치)이 발생한다. 상인자본의 경우는 공간적인 차이에 근거하지만, 산업자본에서 잉여가치는 시간적으로 기술혁신에 의해 가치체계를 바꾸어버림으로써 생기는 차액에 기초한다. 즉 봉건적인 국가의 강탈과는 다르지만, 상호합의와 등가교환이라는 외견 아래 부등가교환이 이루어지는 것이다.

가라타니 고진의 분석이 지닌 중요성은 그가 국가를 하나의 실체가 아니라 교환 관계로 통찰하고 있다는 점이다. 고진에 따르면 국가는 기본적으로 약탈을 통한 우월성 확보, 이어서 약탈의 연속성과 지속성을 위해서 수행되는 재분배의 과정을 통해 작동한다. 결국 가라타니 고진의 논의가 옳다면, 국가의 교환 논리는 자본의 논리와는 여러 모로 구별할 수 있지만, 자본의 논리와 구조적으로 유사하다고 할 수 있다. 자본 교환의 논리는 표면상으로 등가교환인 것처럼 현상하지만 기본적으로 부등가교환으로 이루어진다. 이와 마찬가지로 국가 교환의 논리도 표면적으로는 은혜와 보호의 제공 및 그 대가로 이루어지는 세금 제공으로 이루어지는 등가교환인 것처럼 보이지만 기본적으로는 우월한 힘을 가진 통치자와 그렇지 못한 피통치자들 사이의 부등가교환으로 작동한다. 문제는 국가 교환이 수반하고 있는 피통치자의 환상(illusion) 혹은 전도된 의식에 있다. 다시 말해 피통치자들은 국가가 자신을 위해 존재하고 기능하기 때문에, 자신이 국가를 위해 세금을 내는

노자의 철학

것을 당연하다고 여긴다. 한마디로 피통치자들은 부등가교환을 등가교환으로 착각하고 있다는 것이다.

　결국 국가에 대한 비판은 마르크스가 《헤겔법철학 비판》에서 종교에 대해 수행했던 비판과 공명할 수밖에 없다. "종교상의 불행은, 첫째로 현실 불행의 표현이고 둘째로는 현실의 불행에 대한 항의다. 종교는 번민하는 자의 한숨이며 인정 없는 세계의 심정인 동시에 정신 없는 상태의 정신이다. 그것은 민중의 아편이다. 민중의 환상적인 행복인 종교를 폐기하는 것은 민중의 현실적인 행복을 요구하는 일이다. 민중에게 자신의 상태에 대해 그리는 환상을 버리라고 요구하는 것은 그 환상을 필요로 하는 상태를 버리라고 요구하는 일이다. 따라서 종교에 대한 비판은 종교를 후광으로 하는 고통스런 세계에 대한 비판을 내포하고 있다." 마르크스의 종교 비판은 그대로 국가에 대한 비판으로 이어질 수 있는 것이다. 특히 이것은 초월적인 종교가 발달하지 않은 동아시아의 사유와 삶 속에서 더욱더 큰 의미를 지닌다. 역사상 동아시아의 모든 피통치자들은 덕이 있는 군주를 마치 자신을 구원해줄 수 있는 신처럼 고대한다. 그들은 삶의 비참과 고통이 자신들의 집요한 노력과 강고한 연대가 아니라 '성인=군주'의 도래로 해소될 것이라고 믿고 있었던 셈이다. 아직도 우리나라의 많은 사람들이 박정희를 그런 사람으로 기억하고 있다. 보릿고개를 없애준 사람, 한강의 기적을 이루어 우리 민족을 고질적인 가난에서 벗어나게 해준 사람. 그러나 박정희는 경제개발을 하기 위해 독재를 한 것이 아니다. 정확히 말해 그는 독재를 영구히 하기 위해 경제개발을 한 것이다.

3.

노자 철학을 숙고하면서 우리는 많은 것을 알게 된다. 대한민국이 민주주의 공화국인데도 왜 이 나라에 별로 민주주의가 없는지 이제 우리는 알게 되었다. 국가가 수탈과 재분배의 기구라면, 우리는 우리 사회에서 누가 세금을 가장 많이 내는지 생각해볼 필요가 있다. 국가는 세금을 많이 내는 사람들, 혹은 세금을 많이 낼 수 있는 가능성을 가진 사람들을 우선적인 보호 대상으로 생각할 수밖에 없다. 거리에서 붕어빵을 팔고 있는 아저씨일까, 아니면 대재벌일까? 이전의 전자본주의 사회에서는 국가가 보호하는 일차 대상은 농민이었다. 국가의 부와 힘은 무엇보다도 먼저 농민들의 농업 생산력과 그들로 구성되는 군인의 힘에 의존하기 때문이다. 그러나 자본주의 사회 속에서는 국가의 일차 보호 대상에서 농민은 제외되고, 오히려 자본가가 일차 보호 대상으로 등장하게 된다. 이전에 공공사업의 대부분은 농민을 위한 사업, 예를 들면 토지 정비와 농사 방법 개선, 혹은 관개사업이었지만, 자본주의 경제하에서 공공사업은 대부분 자본가의 활동 편의를 위한 인프라 구축에 몰려 있다.

이제는 자본과 국가는 이상한 동거, 혹은 잘못된 만남이 시작된 것이다. 그러나 앞에서 살펴본 것처럼 자본의 논리와 국가의 논리가 구조적으로 동일하다는 점에서 이런 동거는 충분히 예견할 수 있는 성질의 것이다. 등가교환인 듯이 보이지만 잉여가치를 발생시키는 부등가교환으로 작동하는 자본의 논리와 마찬가지로 등가교환인 듯이 보이지만 수탈과 재분배를 수행하는 부등가교환으로 작동하는 국가의 논리는 동일한 것이다. 그럼에도 불구하고 임금노동자는 자신을 통해서 자본가의 잉여가치가 달성된다는 것을 망각하고 마치 자본가가 열심히 노력해서 이윤을 창출하고 그를 통해서 자신을 고용했다고 착각한다. 그러나 앞에서 언급한 것처럼 자본가가 잉여가치를 남기는 것은 임금노동자가 임금을 받고 생산에 투여되고 동시에 임금으로 생산된 상품을 노동자가 소비함으로써 가능해지는 것이다. 또한 피통치자들은 자신을 통해서 국가의 힘과 부가 달성된다는 것을 망각하고 마치 국가가 자신을 위해서 사회복지 정책을 펴고 있다고 착각한다. 그러나 국가의 힘과 부는 피통치자들에게 세금을 거두고 아울러 군인으로 징집함으로써만 달성되는 것이다.

이런 이중적인 전도와 착각 속에 많은 사람들이 아직도 민주주의를 자본주의와 동일시하고 있다. 그러나 자본주의와 일치된 것으로 사유되는 민주주의는 결국 재분배를 강조하는 민주주의에 불과한 것이다. 더 자세히 말하면 자본주의와 결합될 수 있는 민주주의는 사회민주주의 그 이상도 이하도 아닌 것이다. 여기에서는 애초에 자본가가 '자본을 가진 사람'이라는 것이 문제되지 않는다. 이것은 노자가 '남음이 있는 사람'이 있다는 것을 전혀 문제 삼지 않는 것과 마찬가지다. 원초적인 불평등 그리고 그것에서 파생되는 부족함의 문제를 해결하지 않고서는 민주주의란 존재할 수 없다. 우리뿐만 아니라 우리의 후손들이 그들이 원하든 원하고 있지 않든 간에 원초적 불평등의 상황에서 태어나는 것은 정당한 것일까? 유한한 삶을 누리는 모든 인간들이 원초적 불평등의 상황 속에서 태어나서 자신의 삶을 꽃 피우지 못하고 시들어가고 있는 것을 방관한다면, 철학이 있어서 무엇 하겠는가? 우리 시대에 철학이 있다면, 우리가 민주주의 이념이 실현된 사회에 살고 있다는 환각을 벗어나게 하고 우리의 사회를 진정한 민주주의로 이끌기 위한 이론적인 전망을 주는 것이어야만 하지 않을까? 그렇기 때문에 우리 시대의 철학이 해야 할 일은 자본주의 혹은 국가주의를 민주주의로 호도하는 허구적인 담론들과 싸우면서 인간을 주인으로 돌려놓을 수 있는 담론을 생산해내는 것일 것이다. 반복하자면 국가와 자본을 생각하지 않는 철학은 철학일 수 없다.

뇌물의 논리와 선물의 논리

1.

노자가 "빼앗으려고 한다면 먼저 반드시 주어야만 하는데, 이것을 '미묘한 밝음'이라고 한다"고 말했을 때, 노자는 자신이 선물의 논리에 있는 것이 아니라 기본적으로 뇌물의 논리에 입각해서 사유하고 있다는 것을 명확하게 보여주었다. 뇌물의 논리는 기본적으로 '교환' 관계다. 그러나 이 이면에는 비대칭성이 숨어 있다. 우리가 뇌물로 무엇인가를 줄 때는 그것 이상의 대가를 의식적으로 바라고 있는 것이다. 그래서 노자가 '미묘하고 밝은' 통치술이라고 밝힌 뇌물의 전략은 기본적으로 투자(investment)의 경제학으로 이해할 수 있다. 노자의 '밝지만 미묘한' 전략은 은행의 투자 전략에 비유할 수 있다. 은행은 우리에게 돈을 빌려준다. 그렇지만 그것은 은행이 기본적으로 더 많은 돈을 벌기 위해서이지 우리에게 은혜를 베풀기 위해서가 아니다. 이것과 마찬가지로 국가가 피통치자들에게 무엇인가를 나누어주는 것은 그 이상으로 수탈하기 위해서이지 피통치자들을 사랑해서 그런 것이 아니다.

　루소가 《인간 불평등 기원론》에서 지적했던 것처럼 중요한 것은 국가 기구의 작용이 재분배가 아니라 수탈을 먼저 수행한다는 점이다. 수탈을 통해 국가 기구는 피통치자들의 삶에 결핍을 만들고 그 결핍의 공간에 재분배를 수행할 수 있다. 따라서 "빼앗기 위해서 반드시 먼저 주어야 한다"는 노자의 테제에는 더 중요한 테제가 숨어있다고 할 수 있다. 그것은 바로 "먼저 주기 위해서 반드시 빼앗아야만 한다", 다시 말해 수탈이 재분배에 앞선다는 테제다. 사실 이것은 간단한 경제학적 공식일 수밖에 없다. 재분배하기 위해서는 반드시 무엇인가 있어야만 하지 않는가? 그러나 재분배하는 그것은 통치자가 자발적으로 만든 것이라기보다는 기본적으로 압도적인 폭력의 힘에 의해 수탈한 것이다. 재분배의 목적은 당연히 수탈의 대상들을 보호하려는 것이지만, 그것은 단지 안정된 수탈을 보장하기 위한 것일 뿐이다. 당시 수탈의 유일한 대상이 농민이었다는 것을 생각한다면, 국가 기구가 왜 농민을 위해 관계사업이라든가 토지정리사업과 같은 대규모 공적 사업을 시행했는지 어렵지 않게 이해할 수 있다. 반면 현대 자본주의 국가 기구에서 가장 많은 세금을 내는 계층이 자본가라면 어쨌든 현대 국가에서 가장 보호해야 할 계급은 자본가계급일 수밖에 없고, 이 점에서 우리는 현대 국가 기구의 대규모 공적 사업이 항상 자본가계급과 연계되어 있다는 것을 알 수 있다.

국가 기구 자체는 기본적으로 폭력에 입각한 수탈과 재분배의 기능을 수행하지만, 원활한 수탈을 위해서는 결코 폭력을 표면에 대두시켜서는 안 된다. 그것은 은혜와 선물이라는 외관으로 다가와야 한다. 다시 말해 돈이 너무나 필요해서 은행에서 대출을 받는 사람에게 돈을 빌려주는 것처럼, 그렇게 자애롭게 재분배를 수행해야 한다는 것이다. 그래야만 반복되는 투자금의 회수가 훨씬 더 용이하고 부드럽게 진행될 수 있다. 투자금 회수는 채

노자의 철학

무자의 자발적인 약속 이행이라는 외양으로 진행될 테니까 말이다. 그럼에도 불구하고 최종적으로 투자금이 회수되지 않을 때, 국가 기구는 자신의 본질로 폭력적 수탈을 감행할 수 있는 공권력을 가지고 있다. 그러나 이 최종적인 공권력은 무한히 연기되어야만 한다. 최종적 공권력이 사용되는 순간, 국가는 등가로 보였던 교환이 부등가였다는 사실을 스스로 보여주는 꼴이 될 것이다. 바로 이 순간이 특정 국가가 붕괴되는 순간이기도 하다. 이것은 '기생의 논리(parasitism)'를 연상시킨다. 기생충은 숙주를 통해서 영양분을 공급받는다. 그러나 기생충은 숙주가 죽으면 죽을 수밖에 없는 존재이다. 따라서 현명한 기생충은 숙주가 건강해지도록 유지한다. 그래서 현명한 기생충은 기생 관계를 마치 공생 관계인 것처럼 보이게 만든다. 이와 마찬가지로 국가 기구도 최종적이고 파국적인 공권력의 사용을 자제하는 것이다. 따라서 국가 기구에 남겨진 문제는 재분배라는 투자가 피통치자들에게 은혜로, 그것은 반드시 갚아야만 하는 것으로 인식되도록 하는 데 있다. 만약 그렇지 못하다면 재수탈 혹은 투자금의 회수는 원활해지지 못하거나 결국 불가능해진다. 바로 이 지점에서 바로 잔혹한 '기억'과 '사유'의 문제가 제기된다.

2.

국가를 총체적인 교환 관계, 통치자와 피통치자 사이의 수탈과 재분배의 교환 관계로 사유했다는 것, 이것이 바로 가장 중요한 노자 철학의 고유성이다. 앞에서 살펴보았지만 수탈의 총량은 항상 재분배의 총량보다 큰 법이다. 이것을 노자는 '미묘하고 밝은' 통치술이라고 말한다. 이 점에서 노자는 경제적으로 국가를 사유했던 사람이라고 할 수 있다. 만약 어떤 군주가 수탈한 것을 재분배하지 않고 소비만 한다면, 그는 얼마 가지 않아 다시 수탈을 감행해야 할 것이고 결국 그것은 엄청난 저항을 불러일으킬 것이다. 그리고 결국 몰락하게 될 것이다. 이것은 자본가가 자신이 벌어들인 이익을 재투자하지 않는다면 결국 스스로 몰락하게 될 수밖에 없다는 것과 마찬가지의 구조다. 문제는 재분배 다음에 오는 재수탈이 어떻게 하면 효율적으로 이루질 수 있느냐에 있다. 그것은 원리적으로, 첫째 피통치자에 대한 직접적인 폭력에 의한 수탈일 수 있고, 둘째 재분배를 일종의 은혜로 각인시키면서 피통치자로 하여금 자발적으로 수탈을 감내하도록 만드는 것일 수도 있다. 노자는 바로 후자의 방식을 선택한 사람이다. 이런 교환 관계는 기본적으로 뇌물의 논리에 입각해 있다. 이 교환 관계에 의하면 통치자나 피통치자가 모두 대가를 염두에 두고 있기 때문이다. 따라서 국가의 작동 원리를 비판적으로 조망하기 위해서 우리는 뇌물의 논리를 비판적으로 숙고해야만 할 것이다.

뇌물과 선물의 차이는 무엇일까? 흔히 그 차이는 대가의 여부에 따라 결정된다. 다시 말해 대가를 바라고 무엇인가를 제공하면 뇌물이고, 대가를 바라지 않고 무엇인가를 제공하면 선물이라고 할 수 있다. 그러나 이것의 경계는 생각했던 것보다 분명하지 않다. 예를 들어 친구의 생일날 10만 원 상당의 옷을 사주었다고 하자. 분명 나는 친구의 생일 '선물'로 그 옷을 사준 것이고, 전혀 대가를 바라지 않았다. 다시 말해 내가 10만 원 상당의 옷을 사주었으니까 이제 친구도 10만 원 상당의 규모로 생일잔치를 차려 나를 대접해야만 한다고 생각하지는 않는다는 것이다. 그러나 문제는 그렇게 단순하지만은 않다. 시간이 흘러 내 생일이 다가왔다고 하자. 그런데 만약 그 친구가 10만 원 상당의 선물을 하지 않는다면, 내 마음은 어떨까? 극단적으로 그 친구가 폐휴지로 만든 종이학 10개를 들고 왔다면 어떨까? 혹은 5,000원 상당의 조잡한 시계를 사가지고 왔다면 어떨까? 내가 이를 마음속으로 불쾌하게 생각한다면, 결국 이전에 내가 그에게 준 선물은 차라리 뇌물에 가까웠다는 것을 말하는 것이 아닐까?

내가 타자에게 무엇인가를 받을 때 그것이 선물인지 뇌물인지 그 순간에 결정될 수 있을까? 정의상 타자가 나에게 준 것이 선물인지 뇌물인지를 알려면, 나는 그에게 대가에 대한 생각이 있었는지 없었는지를 알아야 한다. 그러나 내가 타자의 마음을 읽을 수 있으려면 앞으로 수행될 타자의 행동을 통해서만 알 수 있을 뿐이다. 혹은 내가 타자에게 무엇인가를 줄 때 그것이 선물인지 뇌물인지 그 순간에 결정될 수 있을까? 내가 선물로 주었다고 하더라도 타자의 대응에 따라 뇌물이 될 수도 있고, 내가 뇌물로 주었다고 하더라도 타자의 대응에 따라 선물이 될 수도 있다. 이처럼 주체와 타자 사이에 오고 간 것이 선물이냐 아니면 뇌물이냐를 결정하는 기준은 모호하다. 그러나 뇌물의 논리와 선물의 논리를 가르는 기준은 대가에 대한 기대 혹은 기억 여부에 있다는 것을 잊지 말아야 한다. 내가 타자에게 무엇을 뇌물로 주었다는 것은 기본적으로 내가 준 것에 대한 대가를 생각하고 있다는 것이다. 그러나 뇌물을 받은 그 타자가 뇌물을 받았다는 것을 기억하고 있지 않다면, 다시 말해 그 자신이 나에게 무엇인가를 대가로 주어야만 한다는 것을 잊었다면, 내가 준 것은 선물이 되고 만다. 반대

로 타자가 내게 무엇인가를 뇌물로 주었다고 하자. 내가 그것이
뇌물이었다는 것을 알지 못한다면, 다시 말해 자신이 대가로 무엇
인가를 주어야 한다는 것을 잊어버렸다면, 그 뇌물은 아이러니하
게도 선물이 되고 만다.

3.

니체에 따르면 뇌물과 선물을 가름하는 기준은 주고받음에 대한
'기억'의 문제로 귀결될 수 있다. 여기서 우리는 교환의 문제에 입각
해서 '기억'과 '사유'의 문제를 다루었던 니체를 읽어볼 필요가 있
다. 이로부터 우리는 선물의 논리가 어떻게 가능한지 모색해보도록
하자. 니체는《도덕의 계보학》에서 다음과 같이 진단하고 있다.

> 망각이란 천박한 사람들이 믿고 있듯이 그렇게 단순한 타성력
> 이 아니다. 오히려 이것은 일종의 능동적인, 엄밀한 의미에서
> 적극적인 저지 능력이며, 이 능력으로 인해 단지 우리가 체험
> 하고 경험하며 우리 안에 받아들였을 뿐인 것이 소화되는 상태
> (이것을 '정신적 동화'라고 불러도 좋다)에 있는 동안, 우리 몸의 영양,
> 말하자면 육체적 동화가 이루어지는 수천 가지 과정 전체와 마
> 찬가지로, 이것이 우리의 의식에 떠오르지 않는다. 의식의 문
> 과 창들을 일시적으로 닫는 것, 우리의 의식 아래 세계의 작동
> 가능한 기관이 서로 협동하든가 대항하기 때문에 일어나는 소
> 음과 싸움에서 방해받지 않고 있는 것, 새로운 것, 특히 고차적
> 인 기능과 기관에 대해, 통제하고 예견하며 예정(우리의 유기체는

과두적인 조직으로 만들어졌기 때문이다)하는 데 다시 자리를 마련하기 위한 약간의 정적과 의식의 백지 상태 — 이것이야말로 이미 말했듯이, 능동적인 망각의 효용이며, 마치 문지기처럼 정신적 질서와 안정, 예법을 관리하는 관리자의 효용이다. 여기에서 바로 알 수 있는 것은 망각이 없다면, 행복도, 명랑함도, 희망도, 자부심도, 현재도 있을 수 없다는 것이다. 이런 저지 장치가 파손되거나 기능이 멈춘 인간은 소화불량 환자에 비교될 수 있다. …… 이런 망각이 필요한 동물에게 망각이란 하나의 힘, 강건한 건강의 한 형식을 나타내지만, 이 동물은 이제 그 반대 능력, 즉 기억의 도움을 받아 어떤 경우, 말하자면 약속해야 하는 경우에 망각을 제거하는 기억을 길렀던 것이다. …… '기억 속에 남기기 위해서는, 무엇을 달구어 찍어야 한다. 끊임없이 고통을 주는 것만이 기억에 남는다.' 이것은 지상에서 가장 오래된 심리학의 중요 명제다. 오늘날까지도 지상에서 인간이나 민족의 생활 속에 장엄, 진지함, 비밀스러움, 음울한 색조가 있는 곳에서는 어디서나, 일찍이 지상 모든 곳에서 약속하고 저당 잡히고 서약을 할 때 얼마간의 공포가 영향을 끼친다는 사실을 사람들에게 말하고 싶을지 모른다. 과거가, 가장 오래 지속되고 깊이가 있으며 냉혹한 과거가, 우리가 '진지'해질 때, 우리에게 숨결을 불어넣어 우리 안에 용솟음쳐 오른다. 인간이 스스로 기억을 만들어야 할 필요가 있다고 여길 때, 피나 고문, 희생 없이 끝난 적도 없었다. …… 계약 관계에서 약속이 이루어지게 된다. 바로 이 관계에서 약속하는 자에게 기억하게 하는 것이 문제가 된다. 의심할 수 있는 것은 바로 여기가 냉혹함, 잔인함, 고통을 찾아내는 발굴장이 될 것이라는 사실이다. 채무자는 자신이 되갚을 것이라는 약속에 신용을 불러일으키기 위해서, 자신이 한 약속의 진지함과 성스러움을 보증하기 위해서, 그리고 자기 자신에게는 상환을 의무나 책임으로 자신의 양심에 새기기 위해서, 계약의 효력은 그가 상환하지 못할 경우 채권자에게 그가 그 외에 '소유'하고 있는 어떤 것, 그 밖에 그의 권한 아래 있는 것을, 예를 들면 자신의 육체나 자신의 아내 혹은 자신의 자유, 또는 자신의 생명 역시 저당잡히는 것이다.

기억과 망각! 니체에 따르면 뇌물의 논리와 선물의 논리에는 각각 기억의 논리와 망각의 논리가 내재해 있다. 니체는 기억이란 기본적으로 채권과 채무 관계의 내면화에서 기원하는 것이고, 이런 내면화는 기본적으로 폭력에 의해 가능하다고 본다. 니체가 비록 위의 글에서는 명확하게 지적하고 있지는 않지만, 중요한 것은 항상 채권자가 채무자로 하여금 빚을 지게 만든다는 점이다. 이것은 통치자가 근원적인 폭력으로 수탈을 감행함으로써 피통치자에게서 결핍을 만들고, 그 후에 은혜로운 외관으로 수탈한 것을 재분배함으로써 부채감을 생산한다는 것을 의미한다. 문제는 피통치자가 잊어서는 안 되는 것을 잊고, 잊어도 되는 것을 잊지 못한다는 데 있다. 피통치자는 다음과 같이 말할 뿐이다. "나는 그 대가로 무엇인가를 해야만 된다!" 이것은 현대 자본주의 논리와 유사한 면이 있다. 실업이 심화되면 노동자의 임금은 그만큼 싸진다. 따라서 자본가는 자신의 경쟁력의 중요한 요소인 값싼 노동력을 얻을 기회를 갖게 되고, 그에 따라 잉여가치는 증가하기 마련이다. 실업을 야기하는 것이 항상 자본주의 메커니즘의 내적 논리

노자의 철학

인데도 대량 실업 상태 속에서 우리는 취직이라도 하게 되면 그것을 하나의 은혜인 것처럼 받아들이게 된다. 그리고 아주 진지하게 "나는 나를 취직시켜준 대가로 회사를 위해서 무엇인가를 해야만 한다!"고 말하게 된다. 이로써 자본주의 메커니즘에 대한 종속은 심화되는 것과 마찬가지로, 피통치자는 국가의 수탈과 재분배라는 교환 논리에 더욱더 종속되어간다.

니체가 권한 망각은 그냥 단순히 잊는 것을 의미하는 것은 아니다. 그것은 새로운 것을 창조하기 위한 일종의 휴식 또는 충전과도 같은 것이다. 그래서 니체의 '망각'은 아무것이나 잊어버리는 백치가 되라는 것이 아니라, 새롭고 능동적인 창조의 움직임의 일환으로 이해해야 한다. 달리 표현하자면 니체의 '망각'은 잊어야 할 것을 잊고 잊지 말아야 할 것은 잊지 않는 초월론적 결단의 자리에 주체가 서 있다는 것을 의미한다. 그래서 니체는 '망각'을 "망각이란 단순한 타성이 아니라 일종의 능동적인, 엄밀한 의미에서 적극적인 저지 능력"이라고 정의하는 것이다. 장자 철학에서 '비움(虛)' 개념이 지닌 중요성도 바로 여기에 있다. 폭력을 낳는 허구적인 기억과 자의식을 제거하는 기능이기에, 장자의 '비움'이란 '깨어남(覺)'이란 긍정적인 계기이기도 하다. 결국 '비움'이나 '망각'은 체계에 의해 구성된 주체, 즉 매체(agent)를 해체하고 새로운 주체(subject)를 주체 자신이 구성하기 위한 노력이라고 이해해야 한다. 새롭게 구성된 주체는 물론 뇌물의 논리에 의해 오염되지 않은 주체일 것이다. 새롭게 구성된 주체는 선물의 논리를 실현하는 주체이다. 이 주체는 타자에게 무엇인가를 주지만, 그 순간 그것으로 행복해하고 자부심을 느끼며 유쾌해한다. 반대로 이 주체는 타자에게 무엇인가를 받았을 때 부채감을 느끼기보다는 즐겁고 유쾌한 행복을 느낀다. 우리는 사랑하는 사람에게 무엇인가를 주거나 받을 때, 그 누구도 그것을 뇌물이라고 생각하지 않는다. 만약 뇌물이라고 생각한다면 연인 관계는 바로 채무와 채권 관계로 변질된다. 그러나 그럴 수는 없다. 모든 사랑하는 사람들이 알고 있듯이, 사랑이란 관계는 채무와 채권 관계로부터 가장 멀리 떨어져 있는 것, 채무와 채권 관계를 잊었을 때에만 도래하는 것이니까.

노자의 철학

5장. 파시즘에서 제국주의로 가는 길

강과 바다가 모든 골짜기의 왕이 될 수 있는 이유는 아래에 있기를 잘하기 때문이다. 그래서 모든 골짜기의 왕이 될 수 있는 것이다. 그러므로 성인이 백성들 위에 있으려고 한다면 반드시 그 말을 낮추고, 백성들 앞에 서고자 한다면 반드시 그 자신을 뒤로 하여야만 한다. 그러므로 성인이 앞에 있어도 백성들은 해롭다고 생각하지 않고, 위에 있어도 무겁다고 생각하지 않는다. 천하 사람들이 즐겁게 추대해서 싫증을 내지 않는 것은 성인에게는 다툼이 없기 때문이 아닌가! 그러므로 천하의 누구도 그와 다툴 수 없는 것이다.

– 백서본 29장, 왕필본 66장, 곽점본 · 갑 2장

江海之所以能爲百谷王者, 以其善下之, 是以能爲百谷王. 是以聖人之欲上民也, 必以其言下之, 其欲先民也, 必以其身後之. 故居前而民弗害也, 居上而民人弗重也. 天下樂推而弗厭也, 非以其无爭與! 故天下莫能與爭.

– 帛書本 29장; 王弼本 66장; 郭店本 · 甲 2장

작은 제국주의, 파시즘

1.

노자가 통치자를 꿈꾸는 사람이나 혹은 통치자의 자리를 영구히 유지하려는 군주에게 권고하는 방법이 바로 재분배이다. 그러나 다시 회수되지 않을 가능성에 항상 열려 있는 재분배를 일반적인 사람이 선택하고 결단하기는 어려운 법이다. 그것은 하나의 모험이다. 그러나 그것은 불가피한 모험이라는 데 문제의 심각성이 있다. 노자에 따르면 군주는 이런 모험에 뛰어들지 않아도 군주의 자리를 유지할 수 없고, 또한 이런 모험에 뛰어들어 실패해도 군주의 자리를 유지할 수 없다. 통치자의 자리를 걸고 수행되는 모험이 성공해야지만 통치자는 통치자로서 자리를 영속적으로 유지할 수 있다. 여기에 노자가 제안하는 해법의 아이러니가 있다. 노자가 자신의 책 전체 81장에서 제공하는 모든 정당화의 근거들은 이런 아이러니를 일반화하고 철학적으로 근거 짓기 위해 주어졌다. 그래서 81장 대부분은 항상, 자연에서 주어진 사례, 전쟁에서 발생하는 사례, 아니면 철학적인 체계들을 먼저 서술하고 그다음에 '그러므로 성인은……(是以聖人)'이라는 구절을 반복해서 사용하고 있다. 여기서 물론 성인은 노자가 이상적인 통치자라고 상정하는 사람이다.

백서본 29장(=왕필본 66장)에서 노자는 통치자가 재분배를 반드시 실시해야만 한다는 것을 강조하기 위해서 강과 바다의 비유를 들고 있고, 나아가 만일 재분배를 성공적으로 수행하게 되면 어떤 결과가 국가 안에서 발생하는지를 역설하고 있다. 노자에 따르면 강과 바다에 모든 물방울들이 하나하나 모여들어 오는 이유는 기본적으로 강과 바다가 낮은 곳에 있어서다. 이것은 군주가 자신이 가진 것을 유지하려고 하거나 아니면 더 많이 가지려고 하지 않고, 오히려 피통치자들에게 재분배해야만 한다는 것을 설득하기 위해 도입된 비유다. 다시 말해 군주가 자신이 가진 것을 비운다면 오히려 군주는 자신이 가진 것보다 훨씬 더 많은 것을 획득할 수 있다는 것이다. 앞에서 살펴본 것처럼 노자는 이런 국가의 전략을 "빼앗기 위해서는 반드시 먼저 주어야만 한다"고 명확하게 규정한 적이 있다. 그리고 만약 이런 은미한 국가의 논리를 알지 못하면, 그들은 군주가 자신들에게 선물을 준 것이라고 환호하며 군주에게 환호하게 될 것이다. 심지어 그들은 자발적으로 군주에게 자신의 모든 것을 내어주는 행동도 서슴지 않게 될 것이다. 그래서 백서본 61장(=왕필본 17장)에서 노자는 다음과 같이 말할 수 있었던 것이다.

가장 좋은 것은 백성들이 통치자가 있다는 것만을 아는 것이고, 그다음은 통치자를 가깝게 여기고 칭찬하는 것이고, 그다음은 통치자를 두려워하는 것이고, 가장 나쁜 것은 통치자를 모욕하는 것이다. 믿음이 부족한 경우에 불신이 생길 것이다. 그러므로 주저하는 듯하구나! 성인의 말 아낌이여. 그는 공을

　　　　　　　　　　　　　　　　　　　노자의 철학

이루고 일을 완수했지만 백성들은 모두 자신이 저절로 그러했다고 말한다.

太上下知有之, 其次親譽之, 其次畏之, 其下侮之. 信不足, 安有不信. 猶呵其貴言也. 成功遂事, 而百姓謂我自然.

이처럼 노자가 권고하는 무위정치는 수탈과 재분배라는 교환 관계가 활성화되어 백성들이 자발적으로 수탈을 즐겁게 감내하는 상황을 그리고 있는 것이다. 그것은 마치 누군가가 무엇인가를 뇌물로 주었다는 것을 모르고 마치 그것이 선물인 것처럼 착각해서 그 대가로 반드시 무엇인가를 보답해야 한다고 생각하는 것과 마찬가지다. 결국 노자의 무위정치는 통치자의 입장에서 보면 가장 이상적인 통치일 수밖에 없다. 무위정치는 피통치자의 '자발적인 복종(spontaneous submission)'을 유도할 수 있기 때문이다. 이처럼 국가가 재분배를 성공적으로 수행하게 되면, 피통치자들은 그 대가로 군대에 나가 국가를 위해 목숨을 바친다거나 국가가 세금을 거두기 전에 먼저 자발적으로 세금을 낸다든가 하게 된다. 국가를 위해 목숨을 바치거나 세금을 어기지 않고 낸다면 피통치자들은 그것이 반드시 자신들을 위해서 재분배된다고 믿고 있기 때문이다. 한마디로 필연적이고 안정적인, 따라서 믿을 수 있는(信) 교환 관계가 국가 안에서 확립되는 것이다.

2.

노자는 백서본 61장에서 통치자를 네 가지 유형으로 분류한다. 그리고 통치자의 유형에 대한 분류 기준으로 피통치자들이 어떻게 통치자를 생각하고 있는지의 여부를 염두에 두고 있다. 첫째는 앞에서 살펴본 것처럼 수탈과 재분배의 교환 논리가 철저히 작동해서 마치 작동하지 않는 것처럼 보이는 단계, 즉 수탈과 재분배의 교환 논리에 따라 수행되는 무위정치의 단계다. 이 경우 피통치자들은 마치 자신들이 자신들의 본성의 발현(=自然)인 것처럼 국가에 대해 자발적으로 복종하는 단계다. 따라서 이 경우에는 마치 군주가 있기는 하지만 작용하지 않는 것처럼 보이고, 수탈과 재분배의 논리가 완전히 은폐되어 국가가 마치 유기적인 전체인 것처럼 작동한다. 두 번째 단계는 재분배만이 부각되는 단계, 즉 통치자를 아버지처럼 기리고 따르는(親譽) 단계다. 이 경우는 피통치자들이 군주가 베푼 은혜를 알고 의식적으로 그것을 갚으려고 노력하는 단계로 완전한 자발적 복종의 단계는 아니다. 부모님의 은혜를 알고서 효도하는 것처럼, 군주가 나에게 은혜를 베풀었기에 피통치자는 그에게 그 대가로 무엇인가를 제공하는 것이다. 따라서 이 경우는 수탈과 재분배의 논리 중 재분배의 은혜로움만이 현상하지 수탈의 논리는 드러나지 않는다.

세 번째 단계는 수탈만이 부각되는 단계, 즉 통치자가 강하게 수탈을 강제해서 두려움(畏)을 유발시키는 단계다. 이 경우 피통치자들은 비록 그것으로 재분배가 가능해진다고 자위하더라도 수탈을 두렵고 무섭게 생각한다. 따라서 수탈과 재분배의 국가 논리가 완전히 통치자와 피통치자에게 드러나 있는 경우인데, 국가가 압도적인 공권력으로 이 논리를 관철시키고 있기 때문에 피통치자들은 두려움을 느끼지만 어쩔 수 없이 수탈을 감당하게 된다. 마지막으로 네 번째 단계는 수탈과 재분배의 논리가 완전히 피통치자에게 드러났지만 이것을 시행할 만한 공권력이 없는 단계, 즉 통치자가 확실하고 유효한 공권력도 없으면서 수탈을 자행해서 오히려 피통치자들에게 모욕(侮)을 당할 수도 있는 단계다. 이 경우 피통치자들은 국가와 통치자에 대해 두려워하기는커녕 모욕하게 된다. 중요한 것은 바로 이 네 번째 단계가 국가란 원초적으로 무엇으로 지탱되는지를 가장 잘 보여준다는 점이다. 국가와 통치자가 모욕을 당하는 경우는 물론 압도적인 힘과 폭력의 우위를 전혀 확보하고 있지 못할 때다. 물론 이 경우 통치자는 얼마 되지 않아 곧 다른 통치자로 바뀌게 될 것이며 심지어는 죽임을 당할 수도 있게 될 것이다.

흔히 중국의 정치철학사적 논의는 유가와 법가로 양분되어 논의되어왔다. 이것은 1970년대 초 양룽궈(楊榮國) 등을 중심으로 일어났던 공자(孔子) 비판, 즉 비공(批孔) 운동에서 비롯된 것이다. 《홍기(紅旗)》라는 잡지에 실린 〈춘추전국시기 사상 영역 내의 두 가지 노선의 투쟁〉(1972년)이라는 글에서, 그는 유가사상의 복고적인 역사관을 비판하면서 혁신적이고 진보적인 사상으로서 상앙과 한비자로 대표되는 법가사상을 강조했다. 이런 역사 해석 방식을 흔히 '유법투쟁사관(儒法鬪爭史觀)'이라고 부르는데, 부정적이든 긍정적이든 후대 연구자들에게 상당한 영향을 미쳤다. 그러나 이런 이분법적인 정치철학적 논의는 노자의 정치철학이 지닌 고유성을 간과하도록 만드는 것처럼 보인다. 앞에서 노자가 말한 네 가지 통치 단계론이 그것을 잘 보여준다. 노자에게 두 번째 단계, 즉 통치자를 아버지처럼 기리고 따르는(親譽) 단계가 바로 유가적 정치 방법을 의미한다면 세 번째 단계, 즉 통치자가 강하게 수탈을 강제해서 두려움(畏)을 유발시키는 단계란 다름 아닌 법가적 정치 방법을 의미하고 있다. 결국 노자의 정치철학적 업적은 유가적 정치 방법과 법가적 정치 방법을 비판적으로 종합해서 가능했던 것이라고 볼 수 있다. 노자의 정치철학은 유가적 정치 방법에서 재분배의 중요성을 배웠다면, 법가적 정치 방법에서는 수탈의 중요성과 공권력 확보의 중요성을 배웠다고 말할 수 있다. 정치철학적인 관점에서 우리가 노자 철학이 법가철학과 유가철학을 넘어서 있다고 할 수 있는 이유도 바로 여기에 있다.

3.

강과 바다의 비유로 시작되는 백서본 29장에서 진정으로 중요한 것은 "천하 사람들이 즐겁게 추대해서 싫증을 내지 않는다(天下樂推而弗厭也)"는 노자의 과장된 선언이다. 우리는 여기서 파시즘적 열광과 비슷한 그 무엇을 확인할 수 있다. 파시즘, 혹은 국가사회주의는 기본적으로 히틀러(Hitler)라는 고유명사와 아울러 기억할 수밖에 없다. 서양의 대의민주주의 이념의 핵심적인 가정은, 각 개인들의 의지가 선거를 통해서 보편적으로 실현되기 때문에 투표에 의해 뽑힌 대표자는 그가 대통령이든 아니면 국회의원이든 간에 공정하고 선한 정치를 할 수 있다는 데 있다. 아직도 유효한 대의민주주의 이념의 이런 가정은 이미 히틀러의 총통 당선으로 여지없이 깨져버렸다. 히틀러는 국민의 직접선거에 의해, 그것도 압도적인 지지와 열광 속에서 당선되었던 대표자였기 때문이다. 물론 히틀러의 사례에서 보이는 피통치자들의 열광을 노자가 이야기하는 피통치자들의 열광과 직접 비교한다는 것은 많은 문제

노자의 철학

점을 노출시킬 수밖에 없을 것이다. 그러나 두 가지 경우에서 구조적 유사성이 분명히 존재한다.

히틀러가 제공한 은총에 독일 국민들이 열광했던 적이 있다. 경기가 회복될 기미가 보이지 않았던 절망감 속에서 당시 독일인들은 매우 큰 불안과 불만을 갖고 있었다. 그렇지만 경기불황은 자본주의의 내적 메커니즘의 귀결일 뿐, 어느 통치자 한 명이 해소할 수 있는 성질의 것은 아니다. 그럼에도 불구하고 이때 히틀러는 불안과 불만에 가득 찬 독일인들에게 '위로부터의 해결'을 약속하면서 등장했던 것이다. 이와 유사하게 노자가 제공하는 열광도 기본적으로 수탈과 재분배의 논리가 완전히 작동하면서 은폐되는 지점, 다시 말해서 마치 피통치자들이 자신의 통치자가 '위로부터 은혜로서 제공하는 재분배'를 열광적으로 환영하는 것처럼 비치고 있다. 빌헬름 라이히(Wilhelm Reich)가 지적한 것처럼 당시 히틀러 통치하의 독일 국민들은 자신들이 '작은 히틀러'인 것처럼 생각했다. 다시 말해 독일 국민들은 총통의 결정이 곧바로 자신들의 결정인 것처럼 생각했다는 것이다. 이것은 마치 무위정치의 귀결로 노자가 아름답게 기술했던 것, 즉 "백성들은 모두 자신이 저절로 그러했다고 말한다(百姓謂我自然)"는 정황과 구조적으로 유사한 것이다. 수탈과 재분배의 완전한 교환 관계가 실현되는 때가 있다. 여기에 사로잡혀 스스로 수탈을 수탈이 아닌 자발적인 헌납인 것처럼 착각하는 열광 속에 있지 않다면, 무위정치 속의 백성들은 이런 말을 할 수조차 없었을 것이다. 히틀러 통치하의 독일 국민들이나 무위정치하의 백성들에게 모두 망각되어 있었던 것은 바로 국가라는 것이 기본적으로 수탈의 기관이라는 점이다.

자발적인 복종의 정치가 파시즘의 고유성을 규정하는 하나의 계기일 수 있다. 피통치자가 자신이 수탈의 대상이라는 것을 망각하고 그 수탈을 외적인 결정과 의지로부터가 아닌 내적인 의지와 결정으로 수용하는 것처럼 느낄 때 파시즘이 작동하고 있다고 할 수 있다. 문제는 바로 이런 열광과 환호 속에서 피통치자들 각각이 엄연한 판단의 주체이자 또한 책임의 주체라는 사실이 잊힌다는 점이다. 그러나 총통과의 내면화된 관계 속에서 혹은 군주와의 내면화된 관계 속에서 이제 주체의 자리는 내면화된 총통이나 군주가 차지하게 된다. 여기서 우리는 20세기의 가장 위대한 존재론자인 하이데거(Martin Heidegger)의 선언, 즉 〈아돌프 히틀러와 국가사회주의 정체에 대한 지지선언〉(1933)과 마주하게 된다.

> 독일 교직원 여러분 그리고 독일 민족 여러분! 독일 민족은 지금 영도자(Führer=총통)로부터 투표하라고 소환되었습니다. 그렇지만 영도자께서는 우리 민족에게서 어떤 것도 원하지 않으십니다. 차라리 그분께서는 우리 민족에게 모든 것을 가장 탁월하게 결정할 수 있는 가능성을 제공하고 계십니다. 전체 우리 민족이 우리 민족으로서의 현존(Dasein)을 원하는지 아니면 전체 우리 민족이 그것을 원하지 않는지의 여부를 결정할 수 있는 가능성을 말입니다.

지금 하이데거는 히틀러를 독일 민족이 선택하는 것은 독일 민족 각 개인이 자신의 현존을 선택하는 것과 마찬가지라고 역설하고 있다. 이런 투표는 사실 투표도 아니다. 그것은 대표자를 뽑는 결정과 판단의 자리가 아니라 오히려 자신이 자신을 독일 민족의 하나의 성원이라고 고해성사하는 열광의 자리, 종교의 자리에 지나지 않는다. 결국 하이데거가 참여하라고 독려했던 선거는, 독일 민족이 자신을 히틀러라는 통치자에 자발적으로 복종하는 자로 인정하고 수용하는 자리에 지나지 않았던 것이다. 그러나 표면적으로 독일 민족에게 그것은 자신이 독일 민족임을 선언하는 당연한 자리로 현상하고 있다. 중요한 것은 투표를 마친 독일 국민들은 히틀러가 무엇을 하라고 우리에게 강요한 것은 없다고 말할 것이고, "우리들 모두는 저절로 그러했다(謂我自然)"고 말하게 될 것이라는 점이다. 여기서 중요한 것은 하이데거의 전체 철학이 이런 파시즘적 귀결과 그 맥을 같이하고 있다는 점이다. 그에게 진리란 비표상적이고 직접적인 현전, 영도자가 독일 민족에게 강림하듯이 전개되는 존재(Being)의 자기 현시였기 때문이다. 그래서 그에게 진정한 철학자의 예는, 논쟁하거나 추론하면서 진리를 얻으려는 철학자가 아니라, 이런 존재의 소리를 직접 들을 수 있었다는 소크라테스 이전의 '시인=사상가'였다. 문제는 그에게 총통이 바로 그런 시인=사상가로 사유되었다는 점이다. 총통은 그래서 독일 국민들에게 어떤 것도 원하지 않고, 단지 독일 국민들이 자신들이 독일 국민이라는 것을 선택할 수 있는 존재 개시의 기회를 주셨던, 하이데거의 표현을 빌리자면 '망각된 존재를 드러내는(aletheia)' 분으로 이해했던 것이다.

확대된 파시즘, 제국주의

1.

'파시즘(Fascism)'과 '제국주의(Imperialsm)'는 구분되어야만 한다. 파시즘이 국가 교환의 논리에 속한다면, 제국주의는 기본적으로 자본주의의 논리에 속하니까 말이다. 물론 산업자본주의가 발달한 이후 파시즘과 제국주의는 항상 같이 움직이기 마련이다. 그래서 이 둘은 동일한 논리에 속하는 것처럼 보일 수도 있다. 제국주의는 기본적으로 자본주의의 내적인 모순으로 유래한 것이다. 마르크스는 '이윤율 하락의 경향성 법칙'에 대해 말한 적이 있다. 다시 말해 자본주의하에서 이윤율은 점차로 감소하는 경향을 보인다는 것이다. 마치 자연계의 어떤 체계 안에서 엔트로피가 자연적으로 증가하면서 그 체계를 무질서하게 만드는 것과 같은 이치라고 할 수 있다. 이윤율의 하락은 결국 잉여가치가 감소한다는 것을 말하는 것이고, 나아가 화폐가 상품에 대해 갖던 존재론적 우월성이 잠식되어 간다는 것을 의미한다. 이처럼 자본주의는 스스로 파국으로 치닫는 경향성을 가진다.

그러나 마르크스는 외국 무역이 이런 파국의 경향성을 어느 정도 막을 수 있다고 지적한다. 다시 말해 어떤 폐쇄된 체계 내에서 이루어지는 자본주의 운동은 스스로 파국으로 나아가게 되지만 체계를 확장하게 되면 이런 경향성을 어느 정도 막을 수 있다는 것이다. 해외 무역에 투자된 화폐(=자본)는 높은 이윤율을 낳는다. 우수한 생산기술을 지닌 국가는 새로운 상품을, 자신의 국가 내에서 그 상품이 지닐 수 있는 가치 이상으로 해외에서 팔 수 있다. 생산기술이 별 볼 일이 없는 국가에서 새로운 상품은 희소성 때문에 고가로 팔릴 테니까 말이다. 동시에 선진국의 노동력이 후진국에서는 더 큰 노동 가치로 실현되는 한, 이윤율은 상승하게 될 것이다. 이 점에서 1차 세계대전과 2차 세계대전은 불가피했던 것이다. 여러 식민지들을 점유하고 있던 선진 자본주의 국가들은, 자본주의의 발달과 그로부터 야기된 '이윤율 저하의 경향'을 지속적으로 막아내기 위해, 역시 식민지를 필요로 했던 독일 같은 후발 자본주의 국가들과 서로 충돌할 수밖에 없었다.

　　제국주의와 달리 파시즘은 전자본주의 경제체제에서나 자본주의 경제체제에서 모두 통용될 수 있는 지배 논리다. 다시 말해 파시즘은 농업 생산 경제와 맞물리면서 작동할 수도 있고, 자본주의 경제체제와 맞물려 작동할 수도 있다. 반복하자면 파시즘과 제국주의를 구별한다는 것은 국가 교환 논리와 자본 교환 논리를 구별하는 일이다. 노자 철학에서도 확인할 수 있듯이, 제국주의와 달리 파시즘은 수탈과 재분배의 논리가 완전히 작동되어서 피통치자가 자발적인 복종에 이르게 되는 열광의 상태, 자신의 현존의 조건을 변혁시키기보다는 미학적으로 긍정하는 상태를 기술하는 용어라고 할 수 있다. 히틀러 통치하의 독일에서 확인할 수 있는 것처럼 파시즘이 가진 함축 중 하나는 다른 민족에 대한 강한 배타성이다. 우리는 여기서 파시즘이 지닌 폭력성을 확인하게 되며,

이것은 결국 파시즘이 다른 민족이나 다른 공동체에 대한 폭력적 지배로 확장될 수밖에 없다는 것을 말해준다. 더군다나 피통치자들에게 파시즘의 환상을 지속적으로 유지시키기 위해서는 재분배가 원활하게 수행되어야 하지만, 만약 농업 생산체제와 같은 전자본주의 경제체제라면 재분배는 기본적으로 다른 민족과 공동체에 대한 약탈에 의존할 수밖에 없을 것이다.

2.

문제는 파시즘적 정치나 열광이 공동체 혹은 국가 내부를 벗어나서 약탈을 다른 지역이나 국가로 확장하려는 경향을 가질 수밖에 없다는 점이다. 불이 활활 타오르면 장작이 필요한 것처럼, 파시즘적 열광이 지속되려면 외부로부터 약탈품이 들여와야 하는 법이다. 파시즘적 열광은 기본적으로 재분배에 기초해야 하는데, 폐쇄된 공동체 내에서 일반 이윤율은 저절로 하락하는 경향 때문에 재분배가 여의치 않거나 만족스럽게 이루어지기 어렵기 때문이다. 더군다나 만족과 열광과 관련된 정서적 메커니즘을 고려할 때, 만족과 열광은 더 강한 자극, 다시 말해 이전보다 더 큰 재분배를 요구할 수밖에 없다. 이 점에서 파시즘은 내적 필연에 의해 제국주의와 유사한 팽창의 논리를 가지고 있다고 할 수 있다. 그래서 국가 내부의 원활한 재분배를 확보하기 위해서 파시즘적 국가는 다른 국가를 안정적으로 약탈할 수 있어야 한다. 파시즘적 정치는 다른 국가나 공동체에 대한 약탈을 강제하는 내적인 동력으로 작용할 수 있지만, 문제는 파시즘이 가진 강한 배타성만으로는 다른 국가에 대한 약탈이 안정적으로 유지되지 않는다는 점이다. 다시 말해 약탈된 다른 국가나 공동체에게는 공동체 내부에서 확보할 수 있었던 자발적 복종을 기대하기 어렵다는 것이다. 따라서 전자본주의 경제 속에서의 파시즘은 새로운 논리로 변형되어야 한다. 다른 국가에 대한 일방적 약탈은 한시적일 수밖에 없기 때문에, 노자는 이제 그의 사유를 국가를 넘어서 '천하'로 옮기게 된다. "보다 안정적이고 영속적으로 약소국들을 약탈할 수 있는 방법은 없는가?" 이런 숙고 끝에 노자는 이 문제에서도 다시 재분배의 논리를 국가 사이의 약탈 관계에 도입하게 된다. 노자에 따르면 파시즘적 국가가 주변의 국가들에 대해 안정적인 수탈을 유지하기 위해서 폭력에만 의지해서는 안 되고, 사랑이라는 재분배의 방법을 적절히 사용해야만 한다. 결국 여기서 '제국의 논리'가 출현하게 된다. 이런 점에서 '제국의 논리'를 가장 충실하게 수행했고, 그로부터 안정되고 거대한 제국을 구성할 수 있었던 사례로 우리는 로마를 생각해볼 수 있다. 다음은 마키아벨리(Machiavelli)의 유명한 《로마사 논고》에 등장하는 구절이다.

> 도시를 위대한 국가로 만들 것을 계획하는 자들은 모두 지혜를 발휘하여 도시가 주민들로 가득 찰 수 있도록 온갖 노력을 다해야 할 것이다. 인구가 많지 않으면 도시를 위대하게 만드는 데 결코 성공하지 못할 것이기 때문이다. 인구를 늘리는 데에는 두 가지 방식이 있는데, 하나는 사랑에 의한 것이고 하나는 무력에 의한 것이다. 사랑에 의한 방식은 이주를 희망하는 외국인들에게 문호를 개방하고 안전을 보장하여 모든 사람들이 기꺼이 도시에서 살 수 있도록 하는 것이다. 무력을 통한 방

식은 주변의 도시들을 정복하고 그곳의 주민들을 당신의 도시에 강제로 이주시키는 것이다. 이런 방식은 로마에서 어느 정도 실천되었고, 제6대 왕의 시기에 이르자 무장에 적합한 로마의 인구가 8만 명에 달하게 되었다. 로마가 이렇게 강성하게 된 이유는 로마인들이 좋은 농부의 방식을 익히 따르고 있었기 때문이다. 좋은 농부는 작물이 잘 자라고 성장해서 과실을 맺도록 하기 위해 성장하는 작물의 제일 처음 나오는 첫 가지를 잘라버린다. 그래서 결과적으로 작물의 활력이 뿌리 속에 남아 있게 되어 작물이 때맞춰 더욱 무성하게 자라고 열매를 잘 맺게 된다. 로마를 성장시키고 강력하게 만들기 위해 사용된 이런 방법이 필수적이고 유익하다는 점은 스파르타와 아테네의 사례를 통해 밝혀진다. 즉 이 두 공화국은 모두 훌륭한 군사력을 보유하고 최선의 법률로 정비되어 있었음에도 불구하고, 오히려 이들 두 나라보다 잘 조직되지도 않았고 분란이 많았던 로마제국이 도달한 위대함을 얻지 못했던 것이다.

우리는 로마가 검투사와 콜로세움의 열광 속에서 유지되었던 국가라는 것을 기억해야만 한다. 이것은 로마제국의 바탕에 기본적으로 파시즘적인 열광과 그로부터 기반하는 다른 공동체에 대한 폭력이 내재되어 있었다는 것을 잘 보여준다. 어쨌든 마키아벨리가 지적한 것처럼 로마제국이 제국으로 성장할 수 있었던 이유는 아테네와 스파르타와는 달리 로마가 다른 국가들에 대해서도 폭력과 사랑, 다시 말해서 수탈과 재분배의 논리를 적절히 사용했기 때문이라고 할 수 있다. 이처럼 로마는 자국 내의 통치자와 피통치자 사이에 수탈과 재분배의 국가 교환 논리를 일차적으로 사용했고, 그다음에 다른 국가에 수탈과 재분배의 국가 교환 논리를 이차적으로·사용했다고 할 수 있다. 이런 이중적인 수탈과 재분배 논리를 적용했기 때문에 로마는 하나의 도시 국가에서 역사상 유례가 없었던 대제국으로 성장했던 것이다.

3.

흥미로운 것은 바로 로마제국을 통해서 확인되는 '제국의 논리', 즉 이중적인 수탈과 재분배의 논리가 노자에서도 명확히 사유되고 있다는 점이다. 아마도 '수탈과 재분배'의 논리가 국가 내에서뿐만 아니라 '천하'에서도 보편적으로 적용될 수 있다는 사실을 확인한 후, 노자는 자신이 말한 '도'의 보편성을 자신했을 것이고, 자신감에 차서 그것을 전 우주적인 계기로 확장시킨 형이상학 체계로 정당화하려고 시도했던 것이라고 볼 수 있다. 전국시대라는 갈등과 대립의 시대에서 노자는 일관된 논리로 안정된 국가와 이를 기반으로 해서 '천하'를 통일할 수 있는 제국을 꿈꾸고 있었다. 그리고 자신의 이런 논리를 이해하고 실현시킬 수 있는 통치자, '성인(=군주)'을 고대하고 있었던 것이다. 노자가 권고했던 '제국의 논리'는 백서본 24장(=왕필본 61장)에서 다음과 같은 평화로운 광경으로 등장하고 있다.

> 큰 국가는 아래로 흐르는데, 천하의 암컷이자 천하가 모이는 곳이다. 암컷은 항상 고요함으로써 수컷을 이긴다. 암컷은 고요하기 때문에 마땅히 아래에 있게 된다. 큰 국가가 작은 국가

의 아래에 있게 되면 작은 국가를 취할 수 있다. 작은 국가가 큰 국가의 아래에 있게 되면 큰 국가에 의해 받아들여지게 된다. 이처럼 아래에 있음으로써 취하게 되는 경우가 있고 아래에 있음으로써 취해지는 경우가 있다. 그러므로 큰 국가는 단지 작은 국가를 통합하여 기르려고 하고, 작은 국가는 큰 나라에 병합되어 섬기려고 한다. 양자가 모두 원하는 것을 얻으려고 한다면, 큰 것이 마땅히 아래에 있어야만 한다.

大邦者下流也, 天下之牝, 天下之交也. 牝恒以靜勝牡. 爲其靜也, 故宜爲下. 大邦以下小邦, 則取小邦. 小邦以下大邦, 則取於大邦. 故或下以取, 或下而取. 故大邦者不過欲兼畜人, 小邦者不過欲入事人. 夫皆得其欲, 則大者宜爲下.

우리는 어렵지 않게 '큰 국가(大邦)'와 '작은 국가(小邦)' 사이의 논리에 통치자와 피통치자 사이에 있었던 수탈과 재분배의 논리가 그대로 적용되고 있다는 것을 확인하게 된다. 노자에게 진정한 통치자는 "남는 것이 있는데도 자연의 법칙을 본받아 그것을 부족한 사람에게 줄 수 있는 사람(能有餘而有以取奉於天者)"이었던 것과 마찬가지로, 노자에게 전쟁의 와중에 휘말려 있는 국가들을 통일할 진정한 큰 국가는 "작은 국가의 아래에 있게 되면 작은 국가를 취할 수 있는(以下小邦, 則取小邦)" 국가다. 작은 국가의 아래에 있다는 이야기는 작은 국가에게 수탈하기에 앞서 먼저 재분배를 실시한다는 이야기이며, 마키아벨리가 말한 사랑의 방식을 적용한다는 것을 말한다. 그러나 여기서 간과할 수 없는 점은 진정한 통치자가 이미 재분배를 하기 이전에 '남는(有餘) 사람'이라는 것과 마찬가지로, 제국의 논리에서의 신비도 이미 '큰(大) 국가'가

노자의 철학

있다는, 즉 국가 사이의 원초적 불평등의 상태가 전제되어 있다는 데 있다. 다시 말해 노자의 논리에는 압도적인 무력과 이에 기반을 둔 수탈이 이미 전제되어 있다는 것이다. 어쨌든 수탈의 총량이 재분배의 총량을 넘지 않는다는 자명한 경제학적 원리가 여기서도 어김없이 적용되고 있는 것이다.

어쨌든 큰 나라와 작은 나라가 모두 원하는 것을 얻는다는 아름다운 그림으로 노자는 자신의 '제국의 논리', 혹은 '중국 통일의 원리'를 마무리하고 있다. 이런 논리는 2차 세계대전 당시 일본의 제국주의 논리에 그대로 적용되었다는 사실이다. 그래서 일본의 제국주의 논리는 단순히 자본주의의 내적 모순으로부터만 이해될 수 없는 고유한 성격을 가진다고 하겠다. 나치 독일과 일본 제국 사이에는 간과할 수 없는 차이가 있었던 셈이다. 독일의 경우 파시즘 원리가 노골적으로 다른 민족과 인종에 대한 무차별 학살로 귀결되었다면, 일본의 경우에는 오히려 로마나 노자 철학이 제공하는 '제국의 논리'를 이데올로기적 장치로 다시 도입하고 있다. 태평양 전쟁이 막바지에 이르렀던 1943년에 일본 경도학파의 창시자이자 일본 철학의 자랑인 니시다 기타로(西田幾多郎)는 〈세계 신질서의 원리〉라는 글에서 다음과 같이 말하고 있다.

> 금일의 세계를, 나는 세계적 자각의 시대로 생각한다. 각 국가는 각자 세계사적 사명을 자각함으로써, 하나의 세계사적 즉 세계적 세계를 구성하지 않으면 안 된다. 이것이 금일의 역사적 과제다. 제1차 세계대전 시기부터 세계는 이미 이 단계에 들어갔던 것이다. 그런데도 제1차 세계대전의 종결은 이런 과제의 해결을 남겨두었다. 거기에는 낡은 추상적 세계라는 이

넘 외에, 아무런 새로운 세계 구성의 원리도 없었다. 이것이 금일 또 세계대전이 반복되는 까닭이다. 금일의 세계대전은 철저하게 이 과제의 해결을 요구하는 것이다. 하나의 세계적 공간에서 강대한 국가와 국가가 대립할 때, 세계는 격렬한 투쟁에 빠질 수밖에 없다. 그런데도 과학, 기술, 경제 발달의 결과, 금일 각 국가 민족은 긴밀한 하나의 세계 공간으로 들어갔던 것이다. 이를 해결하는 길은 각자가 세계사적 사명을 자각하고, 각자가 어디까지나 자기에 즉하면서도 자기를 초월하여, 하나의 세계적 세계를 구성하는 것 이외에는 없다. 내가 현대를 각 국가 민족의 세계적 자각의 시대라고 말하는 까닭이 여기에 있다. 각 국가 민족이 자기를 초월하여 하나의 세계를 구성한다는 것은, 윌슨의 국제연맹처럼, 단순히 평등하게 각 민족의 독립을 인정한다는 식의 소위 민족자결주의는 아니다. 그런 세계는 18세기적인 추상적 세계 이념에 불과하다. 이런 이념에 의해서 현실의 역사적 과제 해결이 불가능한 것임은, 금일의 세계대전이 증명하고 있다. 어느 국가 민족도 제각기의 역사적 지반 위에 성립하고, 제각기 세계사적 사명을 가지는 것이고, 거기에 각 국가 민족이 각자의 역사적 생명을 가지는 것이다. 각 국가 민족이 자기에 즉하면서도 자기를 초월하여, 제각기 지역 전통에 따라서, 우선 하나의 특수적 세계를 구성하는 것이어만 한다. 그런데 이렇게 역사적 지반에 의해 구성된 특수적 세계가 결합하여, 전 세계가 하나의 세계적 세계로 구성된다. 이런 세계적 세계에서는 각 국가 민족이 각자의 개성적인 역사적 생명으로 살아가며, 동시에 제각기 세계사적 사명으로서 하나의 세계적 세계에 결합하는 것이다. 이것은 인간의 역사적 발전

노자의 철학

의 종극(終極)의 이념인데, 하지만 이것이 금일의 세계 대전에 의해서 요구되는 세계 신질서의 원리여야만 한다. 아국의 팔 굉일우(八紘一宇)의 이념이란 이와 같은 것이리라.

중요한 것은 니시다 기타로의 이 글이 군부의 요청으로 쓰였다는 점이다. 다시 말해 태평양 전쟁 발발 후 18개월이 된 그 당시에 군부는 동아시아에서 일본의 역할에 대한 이데올로기를 필요로 했는데, 니시다 기타로는 바로 이런 정치적이고 군사적인 이유로 초래된 제안을 수용했던 것이다. 이 글을 토대로 당시 일본의 수상이었던 도조 히데키(東條英機)는 국정연설을 하게 된다. 국정연설의 내용을 신문을 통해 보고 확인한 니시다 본인은 자신이 다만 원리적이고 이념적인 차원에서 이 글을 쓴 것일 뿐이라고 말하면서, 도조 히데키가 전혀 자신의 글을 이해하지 못해 실망했다고 말했다. 그러나 오히려 니시다 기타로 본인이 스스로 무슨 글을 썼는지 의식하지 못했던 것은 아닐까? 니시다 기타로가 의식했든 그렇지 않든 간에 그는 결국 일본이라는 대국을 중심으로 해서 동아시아의 여러 국가들을 소국으로 아우르는 새로운 '제국의 논리'를 창안했던 것이다. 이 논리는 '팔굉일우'의 논리, 혹은 우리에게는 '대동아공영(大東亞共榮)'으로 알려진 논리였다. 우리는 일본만이 번영하려고 하는 것이 아니라 모든 동아시아 국가들이 '함께 번영해야 한다(共榮)'는 논리의 기원을 이제 명확하게 알게 되었다. 대동아공영의 논리는 노자 철학이 제안했던 '제국의 논리', 즉 '큰 나라'와 '작은 나라'가 모두 자신이 원하는 것들을 얻는다는 논리, 2,000여 년 전의 논리가 다시 화려하게 부활한 것이라고 볼 수 있다.

정치의 위기와 위기의 정치

1.

국회, 대통령, 지방자치단체, 시민단체 등 현존하는 모든 정치적인 것들은 기본적으로 '대표(representation)'와 '대표되는 것(the represented)'이란 이원적 구조로 이해할 수 있다. 여기서 '대표되는 것'은 계급이나 집단일 수도 있고, 아니면 환경 문제, 여성 문제 등 구체적인 쟁점일 수도 있다. 그러나 모든 정치적인 것들은 '대표'와 '대표되는 것' 사이의 내적인 필연성을 강조한다는 점에서 마찬가지라고 할 수 있다. 바로 이 점에 현존하는 '정치의 위기'의 핵심이 있다. '대표'와 '대표되는 것' 사이의 내적인 필연성이 회의되거나 부정되었을 때, '정치의 위기'는 도래하는 법이다. 결국 '정치의 위기'의 본질은 '대표'와 '대표되는 것' 사이의 내적인 필연성의 붕괴, 즉 자의성의 대두에 그 핵심이 있다고 할 수 있다. 그러나 중요한 것은 자의성이 필연성의 부재가 아니라는 점이다. 그것은 '대표'와 '대표되는 것' 사이에 내재하는 본질적인 것이다. 오히려 양자 사이의 필연성이야말로 착각이라고 할 수 있다. 흥미로운 점은 항상 '정치의 위기'를 운운하는 당사자가 '대표되는 것'이라기보다는 '대표'라는 데 있다. '대표'는 '대표되는 것'에 대해

'정치적 무관심'이라는 족쇄를 채운다. 그러나 '대표'가 진정으로 원하는 '정치적 관심'은 자신들에 대한 '대표되는 것'의 관심일 뿐이다. 그렇다면 '대표'가 욕망하는 것은 '대표'와 '대표되는 것' 사이의 내적인 필연성일 수밖에 없다. 반면 '대표되는 것'은 무엇을 욕망하는가?

소쉬르(Ferdinand de Saussure)는 기호와 사물 사이의 관계가 자의적이라는 것을 발견했다. 중요한 것은 이런 발견이 사물의 입장에서 바라보았을 때에만 가능하다는 점이다. 반면 기호의 입장에서 보면 모든 지시체는 기호의 규정을 받는 것처럼 보인다. 다시 말해 기호의 입장에서 보면 기호와 사물 사이에는 내적인 필연성이 있는 것처럼 보이지만, 사물의 입장에서 보면 이 둘 사이에는 자의성이 드러나게 된다는 것이다. 소쉬르의 위대함은 기호와 사물 사이에서 시선을 자유롭게 왕래시킬 수 있었다는 데 있다. 사실 소쉬르의 이런 지적에는 전혀 새로운 것이 없다. 이런 사유의 전환은 이미 칸트에 의해서 수행되었던 적이 있기 때문이다. 인식의 입장에서 보면 인식과 인식된 것 사이에는 내적인 필연성이 있는 것처럼 보이지만, 물자체의 입장에서 보면 전혀 그렇지 않다. 그러나 칸트의 주된 방법은 이미 주어진 경험, 즉 해석된 경험에서 그 해석의 원리를 찾는 데 있다. 칸트의 말대로 우리는 "자신이 사물 속에 집어넣은 것만을 다시 인식하기" 때문이다. 결국 이렇게 찾아진 원리와 주어진 경험 사이에는 기괴한 내적인 필연성이 출현하게 된다. 그러나 물자체에 대해서는 어떨까? "사물이 그 자체에 있어서 무엇인가에 대해서 우리는 알 수 없고 다만 그것의 현상, 즉 그 사물이 우리의 감관을 촉발함으로써 우리에게 일으키는 바 표상만을 알 수 있을 뿐이다." 그렇다면 칸트는 인식의 필연성이 물자체가 결과하는 인식의 자의성을 미봉하면서 출현한 것에 불과하다는 것을 이미 알고 있었다고 할 수 있다.

'대표'와 '대표되는 것' 사이에도 '기호'와 '사물' 사이의 관계, '인식'과 '물자체' 사이의 관계에 깔려 있는 이런 자의성이 전제되어 있다. '대표'의 입장에서 보면 '대표'와 '대표되는 것' 사이에는 내적인 필연성이 있는 것처럼 보이지만, '대표되는 것'의 입장에서 보면 이 양자 사이의 관계는 자의적인 것에 불과하다. 그래서 강박증적으로 인식의 내적인 필연성을 찾으려고 했던 칸트와 마찬가지로, '대표'도 '대표되는 것'에게 내적인 필연성을 강제하려고 하는 것이 아닐까? 결국 칸트의 철학이 인식의 자기 불안을 치료하기 위해 시도된 것이라면, 이와 마찬가지로 '대표'가 '정치의 위기', '정치적 무관심' 운운하는 것도 '대표'의 자기 불안의 반영이라고 할 수 있다. 사유와 존재의 일치로 정의되는 고전적인 진리 개념을 빌리자면, 칸트와 '대표'의 자기 불안은 근원적으로 해결될 수 없다. 단지 불안의 정도를 완화시킬 수 있을 뿐이다. '인식'의 필연성이 보장되는 '현상'에만 초점을 맞추든가, 아니면 '대표'의 필연성이 보장되는 '지지자'에만 초점을 맞추는 식으로 말이다.

2.

이 지점에 이르면, 우리는 '대표'와 '대표되는 것'이라는 도식 자체를 폐기하고 싶은 유혹을 느끼게 된다. 이런 유혹에 우리보다 앞서 넘어갔던 사람이 바로 하이데거다. '대표'를 나타내는

노자의 철학

'representation'은 철학적으로 '재현(=표상)'을 의미한다. '매개적으로 나타남', '간접적으로 나타남', 그래서 '다시 나타남'이 바로 're-presentation'이다. 하이데거는 '재현'을 근대적 사유의 핵심으로 간주하면서, 이것이 결국 존재자들을 대상으로 닦달하는 '세계상'의 시대를 낳았다고 개탄한다. 결국 이런 '재현'의 도식에서 직접적으로 자신을 드러내는 존재는 은폐될 수밖에 없다는 것이다. 이처럼 그에게 진리는 '재현되는 것'이 아니고, 그것은 존재로부터 위에서 직접 주어지는 것(presentation), 선물(present) 같은 것이어야 했다. 그러나 하이데거가 사유했던 선물은 우리가 앞에서 사유했던 선물의 논리와는 전혀 다르다. 우리가 앞에서 사유했던 선물의 논리가 주체와 타자 사이에 이루어지는 수평적인 것이었다면, 하이데거가 사유했던 선물의 논리는 주체와 존재 사이에 이루어지는 수직적인, 혹은 신학적인 선물의 논리에 불과하다고 할 수 있다. 하이데거의 이런 특징을 가장 잘 파악했던 사람이 아마도 레비나스(Emmanuel Levinas)일 것이다. 그의 《시간과 타자》를 직접 읽어보자.

> 한 사람과 다른 사람의 관계에서 매우 특이한 점을 그(=플라톤)는 전혀 보지 못하고 지나쳐버렸다. 플라톤은 이데아 세계를 반영할 수 있는 공화국을 구상하였다. 그는 빛의 세계, 시간이 없는 세계의 철학을 행하였다. 플라톤 이후부터 사람들은 사회적인 것의 이상을 융합(=하나 됨)의 이상에서 찾았다. 그래서 주체는 타자와의 관계에서 타자를 자신으로 동일시하는 경향이 있고 그리하여 집단적 표상이나 공동의 이상을 갖게 된다고 사람들은 생각하였다. 이것은 '우리'라고 말하는 집단성이

고, 인식 가능한 태양이며, 진리로 향하면서 타자를 자신의 얼굴과 얼굴을 맞댄 존재로 보지 않고 단지 자신과 나란히 있는 자로서 인식하는 집단성이다. 이것은 매개자로서 역할하는 제 3자를 중심으로 형성된 집단성이다. (하이데거의) 서로-함께-있음(Miteinanadersein)도 '함께(mit)'의 집단성에 머물러 있고 진리를 매개로 그것의 본래적 형식 안에서의 자신을 드러낸다. 이것은 어떤 공통적인 것을 중심으로 하는 집단성이다. 여타의 공동체의 철학이 모두 그렇듯이 하이데거에게서도 마찬가지로 사회성은 홀로 있는 주체에게서 발견되며 고독이라는 개념을 통해서 그 본래적 존재에 있어서의 현존재(Dasein) 분석이 수행된다.

레비나스에 따르면 하이데거에게 결여되어 있는 것은 바로 현존재로서의 주체에게 내면화될 수 없는 타자와의 관계, 즉 외재적 타자라고 할 수 있다. 하이데거에게는 타자와의 관계가 이미 공통된 중심, 공통된 집단성에 의해 매개되기 때문에 내면화된 관계에 불과하다. 수평적 삶의 층위에서 마주치는 타자가 없기 때문에, 하이데거는 진리를 자기 현시로밖에 볼 수 없었던 것이다. 정치적인 입장에서 보면 하이데거는, 자신의 옆에서 현존하는 타자를 보기보다는 이데아를 쳐다보려는 플라톤과 마찬가지로, 위로부터 '대표'의 강림을 기다리는 입장일 수밖에 없게 된다. 그러나 하이데거의 강림하는 '대표'는 구체적인 타자와의 관계를 통해서 아래로부터 구성되는 '대표'와는 완전히 다르다. 다시 말해 하이데거의 대표는 진리의 현전을 가리키는 것이지 타자와의 만남을 통해 구성되는 것이 아니라는 점에서, 대표 아닌 대표, 직접적 현

노자의 철학

전일 수밖에 없다는 것이다. 하이데거가 소크라테스 이전의 '시인
=사상가(poet=thinker)'들을 강조했던 이유도 바로 여기에 있다. 그
들은 '재현'이 아닌 '직접적으로 나타나는 존재의 소리'에 귀를 기
울일 수 있었기 때문이다. 이처럼 그의 시인=사상가에 대한 강조
는 '재현'에 대한 혐오와 그 맥을 같이하고 있다. 그리고 그것은 기
본적으로 '대표'와 '대표되는 것'이라는 도식 자체의 부정을 함축
한다. 하이데거의 말을 받아들여서 '기호'와 '사물' 사이의 관계,
'인식'과 '물자체' 사이의 관계, '대표'와 '대표되는 것' 사이의 관
계를 모두 버렸을 때, 우리에게 남는 것은 무엇인가? 그것은 '기
호'와 '사물'의 직접적 만남, '인식'과 '물자체'의 직접적 만남, '대
표'와 '대표되는 것'의 직접적 만남이다. 여기서 기호는 존재의 소
리(=시)가 되고, 인식은 존재의 소리에 대한 귀 기울임이 되고, '대
표'는 영도자(파시즘)에 대한 절대적 찬미가 된다.

3.

몇 해 전 월드컵의 열광 속에서 우리는 하이데거적인 시, 귀 기울
임, 절대적 찬미의 축제를 보았다. 그리고 이어졌던 많은 지식인
들의 '하나 됨'과 '민족'에 대한 열정적 찬양! 그러나 하나가 될 수
없는 다양한 삶을 누리는 사람들의 상상적인 하나 됨이 파시즘의
징후라는 것을 우리는 결코 잊어서는 안 된다. '대표'를 구성하지
못하는 다양한 '대표되지 못한' 삶들을 보지 않으려고 할 때, 혹은
'대표'의 논리 그 자체를 폐기하려고 할 때, 우리는 하이데거를 따
라서 정치를 망각하게 된다. 단지 무능력한 기다림, 귀 기울임, 그

리고 열광만이 남게 된다. 존재의 재강림을 기다리면서, 우리는 폴리스 이전의 상태를 희구하게 된다. 결국 이런 정치 망각의 사태, 즉 '대표'의 논리 자체를 아예 받아들이려 하지 않을 때, 우리에게 남는 정치는 정치 아닌 정치, 파시즘적 열광으로 상상적으로 통일되는 광란의 정치밖에 없을 것이다. 하이데거를 통해 '대표'와 '대표되는 것'이라는 도식 자체를 폐기하는 것이 얼마나 무모한 짓인지를 경험한 후, 우리가 선택할 수 있는 길은 무엇인가?

외부성으로서의 물자체를 도입했던 칸트처럼, 우리는 '대표되지 않은 것'을 이념적으로 도입해야만 한다. '정치의 위기'는 '대표되지 않은 것'을 대표할 수 없는 기존 '대표'의 무능력에서 기인하기 때문이다. '대표(representation)'와 '대표되는 것(the represented)' 사이에서 우리는 '대표되지 못하는 것(the not-represented)'을 발견할 수 있어야 한다. 그리고 이 '대표되지 못하는 것'을 '대표'하도록 노력해야만 한다. 달리 말해 '재현되지 못한 것'을 '재현해야' 하고, '무의식적인 것'을 '의식화해야' 한다. 라캉(Jacques Lacan)의 용어를 빌리자면 '상징적인 것(the symbolic)'과 '상상적인 것(the imaginary)'에 의해 억압받고 있던 '실재적인 것(the real)', 그 '불가능한 것(the impossible)'을 명확히 드러내야 한다. 정치가 만약 지금도 의미가 있다면, 그것은 정치가 바로 이런 불가능한 작업을 수행한다는 데 있다. 그래서 정치는 실천적이며 윤리적인 구원의 작업이다. 정치는 '대표되지 못한' 사람들, 약자의 삶에 동참해서 그들을 행복에 이르도록 돕는 실천이 아니라면 아무것도 아니다. 그래서 정치는 혁명적이고 투쟁적일 수밖에 없다. '대표되지 않고 있고 억압된 삶'을 대표하려는 윤리적인 결단이자 의지의 실현이기에, 정치는 기존의 '대표'와 '대표되는 것'이라는 도식과 싸울

노자의 철학

수밖에 없기 때문이다. 그래서 알튀세르도 철학을 "이데올로기 내의 계급투쟁"이라고 한 것이 아닐까?

우리는 다음 두 가지를 잊지 말도록 하자. 첫째, '대표되지 않은 것'이 부단히 '대표'의 논리를 위협하면서 도래한다고 할지라도 우리는 결코 '대표'의 논리 그 자체를 폐기할 수는 없다. '대표되지 않은 것'은 새로운 '대표'의 구성을 가능하게 하는, 다시 말해 '대표'의 논리에 새로운 역동성을 부여하는 계기이기 때문이다. 그렇지만 우리는 '대표되지 않은 것'의 도래로 '대표' 혹은 '재현'의 논리가 파괴된다고 비약했던 하이데거의 덫에 빠져서는 안 된다. 그래야 우리는 파시즘과 어정쩡한 생태주의 정치학을 피할 수가 있고, 따라서 정치를 망각하지 않을 수 있다. 둘째, '대표'와 '대표되는 것' 사이의 내적 필연성은 미리 주어지는 것이 아니라는 점이다. 그것은 '대표되지 않은 것'의 반복적 회귀로 인해 부단히 추구되어야 할 정치적 이념으로 남을 수밖에 없다. 이 점에서 '대표'가 현실적으로 '대표되는 것'과 완전한 내적인 필연성이 있다고 상상하는 것은 칸트의 말을 빌리자면 초월적 가상(transcendental illusion)에 불과하다. 현실적으로 '대표되지 않은 것'으로 인해 '대표'와 '대표되는 것'은 항상 위기에 봉착하기 마련이다. 이 두 가지를 잊지 않는다면 이제 우리는 '정치의 위기'란 정치의 타락이나 망각이 아니라 사실 정치의 본질에 해당하는 사태라고, 그리고 만일 역사가 의미 있다면 그것은 바로 '대표'의 논리가 항상 위기를 동반한다는 데 있다고 말할 수 있을 것이다.

6장.

도(道), 혹은 비밀스런 정치경제학

도에는 영원히 이름이 없고 소박해서 비록 작아 보인다고 할지라도 이 세상의 그 누구도 감히 신하로 삼을 수 없는 것이다. 통치자가 만약 이것을 지킬 수만 있다면 만물은 스스로 와서 복종할 것이고, 하늘과 땅은 서로 부합되어 단비를 내릴 것이다. 이렇게 되면 백성들은 명령을 내리지 않아도 스스로 고르게 될 것이다. 처음부터 통치체계에는 이름이 존재한다. 이름들이 이미 있다면 멈출 줄을 알게 된다. 멈출 줄을 아는 것이 위태롭지 않게 되는 이유다. 도가 천하에 있는 것은 마치 작은 계곡들이 강과 바다에 대해 맺는 관계와 같다.

– 백서본 76장, 왕필본 32장, 곽점본 · 갑 10장

道恒无名, 樸雖小而天下弗敢臣. 侯王若能守之, 萬物將自賓. 天地相合, 以雨甘露, 民莫之令而自均焉. 始制有名. 名亦旣有, 夫亦將知止. 知止所以不殆. 譬道之在天下, 猶小谷之與江海.

– 帛書本 76장; 王弼本 32장; 郭店本 · 甲 10장

등가교환 이면에 숨어 있는 비밀

1.

비록 간결하고 함축적인 철학적 체계와 다양하고 풍부한 사례들로 정당화된다고 할지라도, 노자의 도는 무엇보다 수탈과 재분배의 교환 논리를 가리킨다. 정확히 말해서 통치자가 재분배를 은혜와 선물로서 수행하게 되면, 피통치자들은 자발적으로 수탈을 감내하게 된다는 것이다. 따라서 표면적으로 도는 역설적으로 작용하는 것처럼 보인다. 낮추기 때문에 높아지고, 비우기 때문에 차며, 주기 때문에 얻게 된다. 그러나 기본적으로 이런 교환의 논리가 함축하고 있는 핵심적인 것은 누군가가 주기 위해서는 그 사람이 먼저 '남는 것(有餘)'이 있어야만 한다는 사실이다. '제국의 논리'가 가능해지는 것도 어떤 나라가 먼저 '큰 국가(大邦)'로 있어야만 한다는 사실이다. 결국 등가적인 교환인 것처럼 보이지만 수탈과 재분배의 교환 논리는 기본적으로 부등가적인 교환에 기반을 두고 있다는 사실, 다시 말해 선물의 논리 이면에 뇌물의 논리가 작동하고 있다는 사실이 중요하다. 이 점에서 노자가 통치자에게 권고하는 도에는 원초적 수탈과 폭력, 즉 원초적 불평등의 상태가 전제되어 있다고 할 수 있다. 재분배의 논리가 원활하게 수행되면, 피통치자들은 자신들에게 재분배되는 것이 결국 원초적인 폭력의 결과물에 지나지 않는다는 사실을 망각하고, 통치자의 재분배를 하나의 은혜로서 반드시 갚아야만 하는 것으로 받아들이게 된다.

따라서 원초적 수탈과 폭력이 만든 원초적 불평등의 상태가 노자 철학 체계에서는 이미 전제되어 있다는 것이 중요하다. 그래서 노자도 "처음부터 통치체계에는 이름이 존재한다(始制有名)"고 말하면서 자신의 철학체계에서 핵심적인 것 중 하나가 '이름(名)' 이라는 것을 명확하게 밝히고 있다. 여기서 '이름'은 기본적으로 구분과 분별을 가리키는 말이다. 따라서 '명'은 정치적으로 말해서 통치자와 피통치자라는 근원적인 위계성을 가리킨다. 그래서 공자도 자신의 정명(正名) 논의를 "군주는 군주답고, 신하는 신하답고, 아버지는 아버지답고, 아들은 아들답다(君君臣臣父父子子)"고 표현하지 않았던가? 이런 정치적 위계성이 근본적인 부등가교환을 가리키고 있다면, 노자의 도는 등가교환을 상징한다고 말할 수 있다. 그렇기 때문에 노자의 도는 그의 말대로 '무명(无名)', 일체의 위계성과 부등가성이 없는 것처럼 보인다. 그러나 중요한 것은 '무명'으로서의 '도'는 근본적으로 오직 '유명'으로서의 위계성을 은폐하고 있다는 사실이다. 결론적으로 노자에게 '도'는 부등가의 조건으로 시행되는 등가적인 교환, 근원적 폭력과 위계로부터 작동하는 수탈과 재분배의 국가 교환 논리의 작동을 나타내는 개념이라고 할 수 있다. 비유를 들자면 '유명'의 상태가 장수와 병사 사이의 위계성이라면, '무명'의 상태는 장수와 병사가 혼연일체의 유기체가 된 상태라고 할 수 있다. 그렇지만 유기체처럼 하나의 조직이 갖추어져 있다고 할지라도, 그 이면에는 장수와 병사라는

노자의 철학

근본적인 위계성은 사라질 수 없는 것이다. 다시 말해 '도'를 통해서 다른 말로 수탈과 재분배라는 등가교환 논리를 통해서 달성되는 지배의 논리는 결코 원초적 폭력과 수탈이라는 부등가성을 훼손해서는 안 된다는 것이다.

'도'의 논리는 '명'의 세계를 '무명'의 세계로 만드는 논리가 아니라, 아주 원활하게 '명'의 논리를 파시즘적 열광 속에서 확대 재생산하려는 논리다. 노자가 피통치자들이 '도'의 논리를 수행하는 군주에게 환호성을 지르며 몰려들어 자발적으로 복종하는 이상적인 상태를 서술하는 것으로 만족하지 않는 것도 이런 이유에서다. 피통치자들의 열광적 환호성에 취해서는 안 된다. 군주는 자신이 도의 논리를 따른 이유를 명심해야 한다. 그것은 피통치자들의 행복을 위한 것이 아니라 군주로서의 자기 지위를 확고히 유지하기 위한 것이다. 어느 경우든 군주가 잊어서는 안 되는 것이 '명'이라고 노자가 강조했던 것도 다 이유가 있었던 셈이다. 통치자들은 자신이 피통치자들과 동등한 관계라고 오해해서는 안 된다는 것이다. 위계성 속에서 머물러라. 통치자가 자신의 절대적 위상에 머물지 않는다면, 통치자로서 위기에 빠지게 될 것이다. "이름들이 이미 있다면 멈출 줄을 알게 된다. 멈출 줄을 아는 것이 위태롭지 않게 되는 이유다(名亦既有, 夫亦將知止. 知止所以不殆)." 이 말은 통치자에게 근본적인 어떤 것을 가르쳐주고 있다. 다시 말해 통치자는 기본적으로 원초적 폭력과 수탈의 상태에 있는 존재라는 것을 망각해서는 안 된다는 것이다. 수탈과 재분배의 교환 논리가 원활하게 시행되는 조건은 바로 부등가적인 위계성에 있다. 이것은 작은 냇물과 큰 바다 사이의 물이 흐를 수 있는 이유가 기본적으로 작은 냇물과 큰 바다 사이의 고도 차이에서 기인하는 것과 마찬가지다. 만약 작은 냇물과 큰 바다가 존재론적 위상을 같이한다면, 물은 전혀 바다로 흘러들 수 없을 것이다. 그래서 노자는 마지막으로 "도가 천하에 있는 것은 마치 작은 계곡들이 강과 바다에 대해 맺는 관계와 같다(譬道之在天下, 猶小谷之與江海)"고 비유를 들고 있는 것이다.

2.

우리가 잊어서는 안 되는 것이 바로 이 위계성 혹은 원초적 수탈과 폭력의 상태를 표시하는 '명'이라는 개념이 가진 중요성이다. 노자 철학은 부등가교환으로부터 시작했다. 그렇지만 노자는 부등가교환을 확대 재생산하기 위해서 계속적인 수탈과 폭력으로는 불가능하다는 것을 통찰했던 것이다. 부등가교환을 확대 재생산하기 위해서 표면적으로 부등가교환과는 질적으로 다른 것처럼 보이는 재분배와 수탈이라는 등가교환의 논리가 제안된 것이다. 앞에서 살펴본 것처럼 그것은 뇌물을 선물인 것처럼 주는 역설적인 전략이자, 더욱 많은 수탈을 하기 위해서 수행되는 재분배의 논리다. 문제는 대다수의 연구자들 아니 거의 모든 역대의 연구자들에게서 이런 노자의 핵심적인 문제의식이 전혀 포착되지 않고 있다는 사실이다. 물론 많은 연구자들이 '명'이란 개념의 중요성을 간과하고 '도'라는 개념에만 빠져 있을 수밖에 없는 이유가 분명히 《노자》안에 존재한다. 노자가 지나치게 '도'를 강조하고 그것을 정당화하는 데 많은 지면을 할애하고 있기 때문이다. 그러나 그렇다고 하더라도 '명'을 망각하고 '도'에만 관심을 가지

노자의 철학

게 되면, 우리는 노자 본인의 문제의식과 노자 철학의 내적인 구조를 전혀 이해할 수 없는 것으로 만들어버리게 된다. 바로 여기에 노자 철학이 신비화된 원인이 있는 것이다.

예를 들어 백서본 5장에 보이는 노자의 논증 구조에 주목해보자. 노자 철학에서 모든 개체들은 근본적으로 통치자와 피통치자라는 위계 속에 자리를 잡고 있다. 그리고 노자는 이 위계를 확대 재생산하기 위해 수탈과 재분배의 교환 논리로서 '도'를 제안한다. 그러나 노자는 "도는 하나를 낳고, 하나는 둘을 낳고, 둘은 셋을 낳고, 셋은 만물을 낳는다(道生一, 一生二, 二生三, 三生萬物)"고 말함으로써 마치 도라는 실체가 하나, 둘, 셋으로 상징되는 구분과 위계의 논리를 만든다는 식으로 논증하고 있다. 여기서 많은 연구자들은 '도'에 사로잡히게 된 것이다. 그러나 사실 중요한 것은 이 백서본 5장의 논증 구조에 빠진 것이 있다는 점이다. 그것은 바로 '도'란 원초적 위계성과 폭력의 상태를 확대 재생산한 것이지, 원초적 위계성과 폭력을 근본적으로 생산하는 것이 아니라는 점이다. 따라서 중요한 점은 위에서 살펴본 구절이 위계성의 확대 재생산을 가리키는 말이지 결코 위계성 자체의 생산을 가리키지는 않는다는 점이다. 그러나 노자 철학의 '도'는 위계성, 즉 구분과 분별의 원리를 완전히 은폐할 수는 없었다. 노자 철학의 위계성의 흔적은 이미 '하나, 둘, 셋'이라는 개념 속에 그대로 남아 있기 때문이다.

반복하자면 우리는 노자가 위계성 자체, 다시 말해 통치자와 피통치자로 분절되는 국가 논리 자체를 당연한 것으로 받아들였던 철학자라는 것을 잊어서는 안 된다. 다시 말해 부등가교환이라는 조건에서 그 부등가교환을 확대 재생산하기 위해 등가교환의 논리를 제안했던 철학자에 지나지 않는다는 점에서, 노자는 기본적으로 국가와 통치자의 입장에 서 있는 철학자라고 할 수 있다는 것이다. 결론적으로 노자 철학은 다음과 같은 세 가지 핵심 주장들로 구성된 것이라고 볼 수 있다. 첫 번째, 통치자와 피통치자라는 근원적인 부등가교환 관계, 즉 원초적인 폭력과 수탈의 단계가 존재한다. 두 번째, 통치자가 부등가교환 관계를 확대 재생산함으로써 영속적으로 유지하려고 한다면, 재분배라는 등가교환의 논리를 통해서 피통치자의 자발적인 복종을 유도할 수 있어야만 한다. 세 번째, 등가교환의 목적은 부등가교환을 영구히 확대 재생산하는 데 있는 것이지 부등가교환 자체를 폐기하려는 데 있지 않다. 《노자》81장 전체는 두 번째 주장에 주목해서 전개되고 있다. 왜냐하면 첫 번째와 세 번째 주장은 그 당시 그 누구도 부정할 수 없는 당연한 것이었기 때문에, 노자는 이 두 주장을 강조할 필요가 없었다. 바로 이런 이유로 인해 대부분의 연구자들은 첫 번째 주장과 세 번째 주장이 지닌 중요성을 망각하게 된 것이다.

3.

원초적 폭력과 수탈에 입각한 재분배, 혹은 더 많은 수탈과 안정된 수탈을 보장하기 위한 재분배! 이것이 바로 노자가 발견한 국가와 제국의 논리이자 '도'의 원래 모습이다. 그러나 이것은 앞에서 살펴본 것처럼 과거 로마를 통해서 그대로 실현된 것이고 국가와 제국이 존재하는 한 작동할 논리라고 할 수 있다. 수탈을 위한 재분배에서 진정으로 중요한 것은 통치자가 결코 이런 교환의 논

노자의 철학

리를 피통치자들에게 알도록 해서는 안 된다는 점이다. 그래서 노자도 이런 도의 논리를 '피통치자에게는 은미하지만 통치자에게는 명확한(微明)' 것이기 때문에 "결코 피통치자들에게 보여주어서는 안 된다(邦利器不可以示人)"고 강조했던 것이다. 만약 피통치자들이 자신들에게 가해진 재분배의 논리가 결국 더 많은 수탈의 논리라는 것을 안다면, 통치자는 결코 피통치자들의 자발적 복종을 기대할 수 없게 된다. 이 점에서 대해서는 마키아벨리의《로마사논고》에 나오는 다음 두 구절을 연속적으로 읽어볼 필요가 있다.

로마인은 예로부터 국가가 위급한 상황에 처했을 때에도 인민에게 관대하게 대함으로써 난국을 성공적으로 타개해나갔다. 예를 들면 포르세나(Porsenna)가 타르퀴니우스 가를 다시 왕좌에 복귀시키려고 로마를 공격해왔을 때에도 그랬다. 이때 원로원은 평민들이 전쟁을 감내하기보다는 오히려 타르퀴니우스를 왕으로 맞아들이는 편을 선택할지 모른다고 생각하였다. 그래서 원로원은 평민들의 지지를 얻기 위해 '가난한 백성은 그 자식을 양육하고 있다는 사실만으로도 공공의 이익에 충분히 봉사하고 있다'고 말하면서 염세(鹽稅)를 비롯한 그 밖의 세 부담을 덜어주었다. 이런 시혜 때문에 평민은 기꺼이 포위와 굶주림, 그리고 전쟁을 견뎌냈던 것이다. 그런데 누구에게든 이런 선례에 근거해서 위급한 상태에 이를 때까지 인민의 호감을 사는 것을 연기하는 것이 다 용납되지는 않는다. 그런 자는 로마인들이 성공하는 것처럼 결코 성공하지 못할 것이다. 일반 민중은 자신들에게 그런 은혜를 베푸는 것이 위정자의 자발적인 의지에 의한 것이 아니라 위정자가 적의 위협을 느끼고 있는 데서 비롯되는 것이라고 생각하기 때문이다. 그러므로 그들이 위기가 지나가면 위정자가 부득이 일반 민중에게 베풀었던 것을 도로 빼앗아버리지나 않을까 하고 생각하는 것이 당연하고, 위정자에겐 아무런 의무감도 느끼지 않게 된다.

신중한 인물은 어떤 행위를 부득이 할 수밖에 없는 어떤 경우에도 항상 모든 행동에서 상황을 유리하게 이용하는 법이다. 그러한 신중함을 로마의 원로원들은 잘 활용했는데, 이전에 늘 자기 비용으로 복무하던 군대의 병사들에게 국고로부터 급여를 주기로 결정할 때에도 그랬다. 원로원은 이전 체계하에서는 도시를 포위 공격하거나 먼 곳에 군대를 파견할 수 없기 때문에 장기전을 수행할 수 없다는 점을 깨달았다. 하지만 그런 전쟁을 수행할 수 있는 능력이 필요하다고 판단했기에, 그들은 국고에서 급료를 지불하기로 결정할 수밖에 없었다. 그러나 그들은 병사들로 하여금 필연에 의해 강제된 그런 조치에 대해 감사의 마음을 느끼도록 만들었다. 이 선물은 로마가 온통 환희에 휩싸일 정도로 환영을 받았다. 인민은 그것을 커다란 시혜로, 곧 그들이 가질 것을 결코 희망한 적도 없고 그들 스스로 결코 요청할 수도 없었던 그런 것으로 받아들였던 것이다. 그리고 호민관은 이런 조치가 인민의 부담을 덜어주기보다는 오히려 무겁게 만든다 — 어차피 그 비용을 세금으로 거두어야 하니까 — 는 점을 밝히면서 감사하는 마음을 애써 지우려고 노력했지만, 인민이 그것을 환영하는 것을 막을 수 없었다. 원로원은 또한 세금을 부과하는 방식에서도 혜택을 증가시켰는데, 보다 성가시고 과중한 세금을 귀족들에게 부과했

　　　　　　　　　　　　　　　　　　노자의 철학

고, 그들은 최우선적으로 이를 납부해야 했다.

마키아벨리가 통찰했던 것처럼 로마의 성공은 기본적으로 피통치자들이 전혀 기대하지도 않는 상황 속에서 재분배를 시행했다는 데 있다. 다시 말해 분명 로마의 원로원들은 뇌물을 주었지만 그것을 뇌물이 아니라 선물의 외양으로 줄 수 있었던 것이다. 결국 이것은 니체가 《도덕의 계보학》에서 말한 것처럼 통치자와 피통치자 사이에 채권과 채무 관계를 발생시킨다. 그리고 피통치자는 자발적으로 통치자가 베푼 재분배라는 은혜를 반드시 목숨을 걸고서라도 갚아야 하는 빚(debt)으로 수용하게 된다. 그러나 만약 피통치자들이 재분배가 더 수탈하기 위한 것이라는 것을 안다면, 이런 자발적인 복종의 상태는 만들어질 수 없는 법이다. 문제는 로마 원로원이 했던 것이 이렇게도 자명한 목적으로 수행되었음에도 불구하고 그리고 재분배는 결국 더 많은 수탈을 낳을 것이라고 말하면서 결코 이것에 감사하지 말아야 한다고 했던 로마의 호민관들의 경고에도 불구하고, 피통치자들은 통치자에게 자발적으로 복종했다는 데 있다. 이것은 단지 로마 시민들에게만 통용되는 사실일까? 아마도 국가가 아직도 이 지구상에 존재하고 있는 이유는 우리가 그 옛날 로마 시민들과 별로 다르지 않은 인식 수준에 있다는 것을 방증하는 것이 아닐까? 그래서 우리에게는 호민관으로서의 철학자가 필요한 것이다. 비록 우리가 그들의 말을 들을 준비가 되어 있지 않다고 하더라도 말이다.

국가 논리와 자본 논리의 구조적 유사성

1.

국가 교환 논리는 기본적으로 자본 교환 논리와는 구별되는 고유한 것이다. 그러나 두 논리 사이에는 숨길 수 없는 근원적인 구조적 유사점이 존재한다. 그것은 양자가 모두 본질적으로 부등가교환임에도 불구하고 기본적으로 등가교환인 것처럼 현상한다는 점이다. 어쨌든 상호 독립적인 교환 논리였던 상태에서, 현대사회에 와서는 국가 교환 논리가 자본 교환 논리와 은밀한 결혼을 수행할 수 있게 되었다. 그러나 노자 시대나 로마 시대는 모두 사회적 총생산을 기본적으로 농업 생산력에 의존하던 시대였다. 따라서 이 시기에서 국가 교환 논리, 즉 원초적 수탈과 폭력 그리고 이로부터 발생하는 재분배와 반복되는 수탈은 기본적으로 농민에게 가해질 수밖에 없었다. 그러므로 우리는 어렵지 않게 왜 전자본주의 시대의 국가 혹은 통치자가 농민만을 독점적으로 보호하려 했는지 이해할 수 있다. 한마디로 이 시대는 농자천하지대본(農者天下之大本), 즉 농업을 국가의 핵심적인 근본으로 여길 수밖에 없었다. 더군다나 농민들이 유사시에는 군인으로 징집되어 다른 나라를 수탈하거나 혹은 다른 나라로부터 수탈을 방어하는 근본

노자의 철학

적인 무력을 형성한다는 점에서, 통치자가 농민을 중시하는 것은 어쩌면 너무나 당연한 것이라고 할 수 있다.

그래서 전자본주의 시대 중국의 거의 모든 사상가들은 항상 농업과 농민을 보호하기 위한 정책과 사상을 제공하지 않을 수 없었다. 한마디로 '중농경상(重農輕商)'이라는 이념이 지배하던 시대였던 것이다. 노자도 예외가 아니다. 백서본 9장(=왕필본 46장)에 나오는 구절을 먼저 읽어보고, 이어서 백서본 47장(=왕필본 3장)을 계속 읽어보도록 하자.

천하에 도가 있다면 말을 되돌려 농사일에 쓴다. 천하에 도가 없다면 군마가 교외 전장에서 태어난다. 죄 중에서 욕망하는 것보다 더 큰 것은 없고, 재난 중에서 만족할 줄 모르는 것보다 더 큰 것은 없고, 잘못 중에서 얻으려고 하는 것보다 더 참혹한 것은 없다. 만족할 줄 아는 것을 만족이라고 여기면 항상 만족하게 된다.

天下有道, 却走馬以糞. 天下无道, 戎馬生於郊. 罪莫大於可欲, 禍莫大於不知足, 咎莫憯於欲得. 知足之爲足, 恒足矣.

능력 있는 사람을 높이지 않아야 백성들이 다투지 않게 할 수 있다. 얻기 힘든 재화들을 귀하게 여기지 않아야 백성들이 도둑질을 하지 않게 할 수 있다. 욕망할 만한 것을 보이지 않아야 백성들이 혼란하지 않게 할 수 있다. 그러므로 성인의 통치는 백성들의 마음을 비우고 그들의 배를 채우며 그들의 의지를 부드럽게 하고 그들의 뼈를 강하게 만들어 항상 백성들이 무지하고 무욕하도록 만든다. 지혜로운 자로 하여금 과감하지 않도

록 하고 억지로 하지 않도록 한다면 다스려지지 않음이 없을
것이다.

不上賢, 使民不爭. 不貴難得之貨, 使民不爲盜. 不見可欲, 使民
不亂. 是以聖人之治也, 虛其心, 實其腹, 弱其志, 强其骨, 恒使民
无知无欲也. 使夫智不敢·弗爲, 則无不治矣.

《한비자》에서 한비자가 국가 발전을 저해하는 다섯 가지 좀
벌레(五蠹) 중 하나로 '상인과 공인(商工之民)'을 들고 있는 것과 마
찬가지로, 상업과 상인에 대한 노자의 지적은 가혹하기만 하다.
"얻기 힘든 재화들을 귀하게 여기지 않아야 백성들이 도둑질을 하
지 않게 할 수 있다(不貴難得之貨, 使民不爲盜)." 노자에게 얻기 힘든
재화를 만드는 공업이나 그것을 파는 상업이 활성화되면 될수록,
농민(民)은 공인 혹은 상인으로 전환할 것으로 보였다. 결국 이런
추세가 된다면 국가의 농업 생산력은 현저하게 떨어질 뿐만 아니
라 국가의 무력 기반도 와해될 수밖에 없을 것이다. 결국 전자본
주의 시대에서 국가 교환 논리는 자본 교환 논리를 철저하게 억압
할 수밖에 없었다. 따라서 국가의 통치력은 전적으로 농민의 삶을
보호하고 육성하는 데 집중되었다. 앞에서 살펴본 것처럼 이런 문
맥에서 우리는 노자가 권고했던 재분배의 논리, 즉 "여유가 있는
것을 덜어서 부족한 것에 더해준다(損有餘而益不足)"는 시혜와 은혜
의 논리를 이해해야 할 것이다.

노자의 철학

2.

우리는 보통 로마 시대나 노자가 살았던 전국시대를 전자본주의 시대라고 부르지만, 사실 전자본주의 시대란 말은 정확한 표현이 아니다. 전자본주의(pre-capitalism) 시대라는 말은 정확히 말해서 산업자본주의(industrial capitalism) 이전 시대를 가리키는 용어이기 때문이다. 이 말은 이미 이 시대에 자본주의가 있었다는 것을 의미한다. 물론 그것은 산업자본주의가 아니라 상업자본주의(merchant capitalism) 형태로 가능했지만 말이다. 상식적인 이야기이지만 상업자본과 산업자본은 자본을 통해서 잉여가치를 창출한다는 점에서는 같지만, 잉여가치를 창출하는 방식에서 현격한 차이를 보인다. 다시 말해 상업자본이 공간적 차이를 이용해서 잉여가치를 창출한다면, 산업자본은 시간적 차이를 이용해서 잉여가치를 창출한다. 앞에서 지적한 것처럼 상업자본이든 산업자본이든 기본적으로 등가교환을 하는 것처럼 보이지만, 본질적으로 자본이 발생시키는 잉여가치는 부등가교환에서 기원할 수밖에 없다.

그렇다면 여기서 상업자본이 어떻게 잉여가치를 남기는지 살펴보도록 하자. 기본적으로 상업자본의 잉여가치가 가능하려면 가격 차이가 상이한 최소 두 공간들이 전제되어 있어야 한다. 예를 들어 바닷가 지역에서 인삼이 5,000원이고 소금이 1,000원이라고 하고, 이와는 달리 산간 지역에서는 인삼이 1,000원이고 소금이 5,000원이라고 하자. 이 경우 어떤 상인이 자본금 1,000원을 가지고 먼저 바닷가 지역으로 가서 소금을 산다. 그다음에 그 소금을 가지고 산간 지역으로 가서 5,000원에 팔고 그 돈으로 그곳에서 다시 인삼 5,000원어치를 산다. 그러고 나서 그는 그 인삼을 가지고 바닷가 지역으로 가서 2만 5,000원에 판다. 그는 이 돈으로 소금을 사서 다시 산간 지역으로 간다…… 우리는 이 예에서 어떻게 상업자본이 공간적 차이를 이용해서 무한한 잉여가치를 획득하는지 어렵지 않게 확인할 수 있다. 여기서 상업자본의 사례에서 흥미로운 것은 바닷가와 산간 지역에서 모두 상품과 돈의 교환은 등가로 이루어진다는 점이다. 그럼에도 잉여가치가 발생하는 것은 상업자본의 논리가 기본적으로 공간적 차이를 이용한 부등가교환이기 때문이다.

이제 산업자본이 어떻게 잉여가치를 획득하는지 알아보자. 산업자본은 시간의 차이를 이용해서 잉여가치를 만든다고 했지만, 정확히는 시간을 만듦으로써 잉여가치를 만든다고 해야 한다. 자본가는 공장에서 상품을 만들기 위해서 무엇보다도 노동자의 노동력을 임금을 주고 사야만 한다. 이 경우 노동자의 노동력과 임금은 등가교환인 것처럼 보인다. 그리고 자본가는 이렇게 구매한 노동력을 기초로 기술 혁신과 신제품 창조를 통해서 새로운 상품을 만든다. 이렇게 만든 새로운 상품은 시장을 통해서 사람들에게 돈을 받고 팔린다. 이 경우에도 상품과 돈의 교환은 등가교환인 것처럼 보인다. 그러나 전체적인 과정을 통해서 자본가는 잉여가치를 확보하게 된다. 어디에서 잉여가치가 발생한 것일까? 이 물음에 대한 해답은 노동자가 동시에 소비자일 수밖에 없는 현실에서 찾아야만 한다. 다시 말해 노동자는 자신의 노동력을 판 대가로 받은 임금으로 산업자본이 만든 상품을 소비했던 것이다. 결국 등가교환인 것처럼 보였던 두 과정, 즉 노동력과 임금의 교환 과정과 임금과 상품 사이의 교환 과정을 통해서 잉여가치가 발생했던 것이다. 바로 이 등가교환 사이에서 부등가교환이 잠재돼 있

노자의 철학

었던 것이다. 문제는 우리가 자본주의 시대에서 취직을 하지 않고는 살지 못한다는 사실에 있다. 다시 말해 근원적으로 자본주의는 취직할 수밖에 없는 삶의 조건, 다시 말해 자신의 노동력을 팔지 않으면 살 수 없도록 삶의 조건을 만들어놓았다. 이제 우리에게 허락된 자유는 기본적으로 자본주의가 만든 상품들을 고르고 선택하는 자유만이 있을 뿐이다. 이 점에서 산업자본은 국가 교환의 논리와 닮아 있다. 국가 교환의 논리가 기본적으로 원초적 수탈을 통해 피통치자들로 하여금 국가에 의존하게끔 만들었던 것과 마찬가지로, 산업자본도 임금노동자들에게 그런 의존의 조건을 생산하면서 작동하고 있기 때문이다.

3.

자본주의 시대, 정확히 말해서 산업자본주의 시대에 들어와 국가 교환 논리는 자본 교환 논리와 결합된다. 이 말은 결국 국가가 수탈과 재분배의 대상을 농민이 아닌 자본가로 돌렸다는 것을 의미한다. 중세의 봉건사회가 붕괴된 것을 흔히 도시를 중심으로 하는 상업자본의 발달로 이해하지만, 진정으로 중요한 것은 상업자본을 절대국가(the absolutist state)가 유력한 세금 공급원으로 선택했고 보호했다는 사실이다. 만일 무역을 통해서 막대한 이익을 남기는 상업자본을 국가가 선택하지 않았다면, 중세 봉건사회 체계가 과연 붕괴했을까? 이렇게 보호되고 성장한 상업자본이 바로 놀라운 과학적 발전을 통해서 산업자본으로 변신했던 것이다. 이 점에서 농업 생산력이 결코 미치지 못하는 엄청난 이익을 낳는 상업자본과 무한한 생산력을 자랑하는 산업자본의 잉여가치 창출 능력을 수탈 대상으로 선택한다는 것은 어쩌면 국가의 합리적인 선택이라고 말할 수도 있을 것이다. 따라서 산업자본주의 시대에 들어서면서 국가는 재분배의 대상, 즉 보호와 육성의 대상을 달리할 수밖에 없었던 것이다. 전자본주의 시대의 중요한 재분배 대상이었던 농민은 이제 그 일차적 지위를 잃어버렸고, 자신의 자리를 자본가와 임금노동자에게 넘겨줄 수밖에 없게 되었다. 우리는 이런 변화를 어렵지 않게 우리 주변에서 확인할 수 있다. 지금 다양하게 시도되는 자유무역협정(FTA) 비준 과정을 보자. 농민이 대부분을 차지하는 지역구 국회의원이 유권자 표를 의식해 망설이는 몇 경우를 제외하고, 정부와 국회뿐만 아니라 언론까지도 산업자본 편을 들고 있지 않은가! 결국 농민들과 농민단체들의 저항에도 불구하고 산업자본의 이익을 위해 칠레와의 자유무역협정은 끝내 체결될 수밖에 없는 것이다. 이것은 결국 현대 산업자본주의 시대에서 국가가 재분배라는 시혜의 대상으로 누구를 선택했는지 명확하게 보여주는 사건이다.

반복하지만 국가 교환의 논리와 자본 교환의 논리는 유사하다. 양 논리는 표면적으로는 모두 등가교환인 것처럼 보이지만 본질적으로 부등가교환이기 때문이다. 그러나 두 논리 사이에는 구별되는 명확한 지점이 있다. 그것은 국가 교환의 논리가 원초적 폭력의 힘을 가지고 있는 반면 자본 교환의 논리는 그렇지 않다는 점에 있다. 그렇기 때문에 양 논리의 동거가 시작될 수 있었던 것이다. 전자는 후자에게 수탈의 대가로 폭력의 힘을 제공하고, 후자는 폭력의 힘을 받은 대가로 세금을 내는 것이다. 양자의 동거를 증거하는 사례는 사실 너무나 많다. 앞에서 살펴본 것처럼 가장 드라마틱한 예는 바로 두 차례에 걸쳐 발생했던 제국주의 전쟁, 즉 세계대전이었다. 또한 자본주의 경기가 위축되자 미국 행정부가 개입해서 자본주의 경기를 회복시키려고 추진된 뉴딜정책을 예로 들 수 있겠다. 또 우리나라의 경우 박정희의 경제개혁을 들 수 있는데, 그 경제개혁의 결과 이전에는 없었던 대자본가, 즉 재벌이 탄생했다는 것을 알고 있다. 지금 중국이 수행하고 있는 경제개혁과 놀랄 만한 경제발전도 강력한 공산당(=국가)의 힘을 통해서 수행되고 있다는 사실을 잊어서는 안 된다.

이 점에서 우리는 알렉스 캘리니코스(Alex Callinicos)의 《반자본주의 선언》을 꼼꼼하게 읽어볼 필요가 있다. 이 책에서는 흥미로운 예가 하나 분석되어 있다. 2001년 7월 20일 제노바에서 서방선진8개국회담(G8)을 반대하는 시위가 열렸을 때, 반세계화 시위대들이 중무장한 병력에게 매복 공격을 당하는 사건이 발생했다. 그 시위대 중 카를로 줄리아니가 총에 맞아 죽는 사건이 벌어졌던 것이다. 이 사건에 대해 캘리니코스는 "우파 정권 실비로 베를루스코니는 게임의 규칙을 극적으로 바꾸었다. 그것은 고전 마르크스주의가 오래전에 강조한 진리, 즉 국가는 집중되고 조직된 폭력으로 자본주의의 소유관계를 방어하는 마지막 저지선으로 행동한다는 진리에 주의를 기울이게 했다"고 지적한다. 어쨌든 노자 철학을 독해하는 우리에게 중요한 것은, 노자의 시대나 로마의 시대로부터 지금까지 달라지지 않은 부분이 바로 원초적 폭력을 토대로 재분배와 수탈이라는 교환의 논리로 작동하는 국가라는 존재가 엄연히 현존한다는 사실이다. 달리 말해 노자의 시대나 로마의 시대와 비교해서 지금의 시대가 달라진 부분은 단지 수탈과 재분배의 대상이 바뀌었다는 사실뿐 달라진 것은 본질적으로 별로 없다는 것이다. 애써 직시하려고 하지 않지만 우리는 여전히 국가의 교환 논리, 즉 수탈과 재분배의 교환 논리 속에서 오늘도 하루하루 살아가고 있는 셈이다.

노자의 철학

매체로서의 인간과 주체로서의 인간

1.

많은 사람들은 인간의 욕망 때문에 자본주의가 생겼다고 믿고 있다. 그러나 자본의 운동이 인간의 욕망 때문에 생기는 것이 아니라 역으로 그것이 인간의 욕망을 만든다고 해야 한다. 또 많은 사람들은 인간의 권력욕 때문에 국가가 생겼다고 말한다. 그러나 국가가 인간의 권력욕 때문에 생기는 것이 아니라 오히려 국가가 인간의 권력욕을 만드는 것이다. 결과에 입각한 인식은 항상 원인인 것을 결과로, 결과인 것을 원인인 것으로 전도시키기 마련이다. 따라서 우리는 진정한 원인을 사유하기 위해서 발생에 입각한 인식, 즉 계보학적인 인식을 필요로 한다. 앞에서 살펴본 것처럼 노자 철학은 기본적으로 상업자본에 대해 부정적이었으며, 농업을 제외한 다른 교환 관계들과 그로부터 발생하는 이익을 수탈과 재분배라는 국가의 교환 논리를 수호하기 위해서 억압해야 한다고 주장한다. 따라서 노자 철학의 국가 논리를 이해하고 벗어나기 위해서 《인간불평등 기원론》에서 루소가 전개한 권력의 계보학을 읽어보는 것이 많은 도움을 줄 것이다.

어떤 자가 폭력으로 지배하면, 다른 사람들은 다만 그 주먹에 굴복하여 한탄하면서 시달림을 받게 될 것이다. 이것은 우리 사회에서 흔히 볼 수 있는 일이다. 그러나 이런 일은 미개인 사이에서는 찾아볼 수 없다. 그들에게는 복종과 지배가 무엇인지 이해시키기조차 어려울 것이다. 어떤 사람이 남이 따온 과일이나 잡아온 먹이 또는 은신처인 동굴을 빼앗을 수는 있을 것이다. 그렇지만 그가 어떻게 남들을 지속적으로 복종시킬 수 있겠는가? 게다가 아무것도 소유하지 않은 사람들 사이에 어떤 주종관계의 사슬이 있을 수 있겠는가? 한 나무에서 쫓겨났다면 그때는 다른 나무로 옮겨가면 그만이다. …… 주종관계란 사람들의 상호의존과 그들을 결합시키는 서로의 욕구가 있지 않으면 성립되지 않는다. 그러므로 어떤 사람을 복종시킨다는 것은, 미리 그를 다른 사람이 없이는 살아가지 못하는 처지에 두지 않는 한 불가능한 일이다. 이것은 누구나 알 수 있다. 그런데 이와 같은 처지는 자연상태에서는 존재할 수 없으므로, 거기서는 누구나 구속에서 떠나 자유의 몸이며 강자의 법률이 무용지물이 되고 만다.

루소가 '자연상태'를 한때 현존했던 사실이라고 가정하는 것은 아니다. 단지 그는 권력의 메커니즘을 발생의 입장에서 기술하기 위해서 '자연상태'라는 조건을 가상적으로 도입하고 있을 뿐이다. 루소에 따르면 권력 관계, 즉 주종 관계는 기본적으로 폭력과 이에 근거한 결핍의 발생을 통해서만 작동한다. 문제는 결핍된 자들은 이런 결핍을 자신의 탓으로 돌린다는 점에 있다. 마치 자신은 본성상 결핍된 존재인데, 이런 결핍은 오직 다른 사람을 통해

노자의 철학

서만 채울 수 있다고 믿는다. 그러나 그렇게 결핍을 채워주는 사람이 바로 결핍을 만든 장본인이기도 하다. 여기서 루소가 지적하고 싶은 것은 국가란 원초적인 폭력, 즉 원초적인 수탈을 통해서 피통치자들을 결핍의 상태로 만들고 수탈한 것을 제한적으로 수탈당한 자들에게 재분배함으로써 피통치자들의 결핍 상태를 심화시키는 기구라는 점이다. 이로부터 통치자들과 피통치자들이라는 자유롭지 못한 사람들의 공동체와 법률이 탄생하게 되고, 《자본론》에서 마르크스가 이야기한 상황이 도래한다. "어떤 인간이 왕이라는 것은 다만 다른 인간이 신하로서 그를 상대해주기 때문이다. 심지어 그들은 그가 왕이기 때문에 자기들이 신하가 아니면 안 된다고까지 믿고 있다."

2.

루소에 따르면 결국 대다수 사람들은 원초적 폭력, 즉 원초적 수탈이라는 사건을 망각하고 있다. 그들이 기억하는 것은 단지 통치자로부터 유래하는 재분배, 즉 은혜뿐이다. 사실 논리적 순서에서 재분배는 항상 두 번째로 오는 것이지만, 그들은 이것을 첫 번째로 온 것이라고 믿게 된 것이다. 따라서 그들은 이것을 반드시 갚아야만 하는 고마운 선물로, 하나의 부채로 생각하게 된다. 그래서 아직도 국가 안에서 이루어지는 모든 이의제의나 저항들에 대해 그것은 배은망덕의 부도덕한 행위라고 보는 견해가 남아 있게된 것이다. 국가의 은혜와 보호를 받았으면서 왜 그 고마움을 모르냐는 것이다. 니체가 지적한 것처럼 채권과 채무의 관계로부터 기본적으로 이런 고상하고 정치적인 윤리가 탄생하게 된다. 그리고 국가를 위해서 충성을 다하는 것은 윤리적인 인간, 즉 고마움을 기억하는 인간으로서 해야 할 마땅한 일이라고 이해한다. 그래서 이제 인간의 자유는 국가의 지배에 자발적으로 복종하느냐 그렇지 않고 저항하느냐의 여부에 있게 된다. 그러나 전자는 윤리적이고 후자는 부도덕한 것으로 이미 가치평가되었다는 점에서, 이런 인간의 자유는 명목적인 자유일 뿐 결코 실질적인 자유라고는 할 수 없다.

결국 수탈과 재분배라는 국가 교환 논리에 포획된 우리는 주체(subject)라기보다는, 그 논리에 따라 작동하는 기계, 즉 매체(agent)에 지나지 않는다. 물론 통치자도 이 논리에 종속된다는 점에서 예외는 아니다. 이것은 마치 현대 자본주의 경제에서 진정한 주체는 자본가나 임금노동자가 아니라 자기 증식하는 실체로서 자본인 것과 마찬가지다. 그렇다면 어떻게 우리는 구성된(constituted) 매체에서 벗어날 수 있을까? 물론 그것은 루소가 말한 '자연상태'로 복귀한다고 해서 가능한 것은 아니다. 사실 루소의 '자연상태'는 권력의 논리를 발생적으로 인식하기 위해 도입된 가설 조건이지 어떤 실체적 상태로 도입된 것은 아니다. 그렇다면 자연상태로의 복귀도 불가능한 것이라면, 우리는 어떻게 구성하는(constituting) 주체로 변형될 수 있을까? 매체에서 주체로의 변화는 역사, 혹은 변화가 가능하다는 것을 보여주는 것이기도 하다. 그래서 우리의 실존 형태가 변하기 위해서는 무엇보다도 먼저 역사가 우리에게 가능한지의 여부를 확인해야만 한다. 앞에서 우리가 다룬 것처럼 역사는 결코 내면화될 수 없는 타자와의 외재적 관계와 조우를 통해서만 가능한 것이다.

그렇다면 구성된 매체에서 구성하는 주체로 변형되기 위해서, 우리는 외재적인 타자와 조우하고 만나야만 한다. 내성을 깨어나게 하는 것은 역시 타자와의 마주침이기 때문이다. 높이나 깊이로 사유하거나 보지 말고 옆을 사유해야 한다. 일자적 원리에 의해 매개되어 내면화되는 타자가 아니라, 무엇으로도 내면화되지 않는 타자와 마주치고 스스로를 변형시켜야 우리는 구성하는 주체 혹은 자유로운 실존으로 변할 수 있는 법이다. 우리는 여기서 앞에서 살펴본 알튀세르의 우발성의 철학이 가지는 폭발적인 성격을 다시 떠올리게 된다. "코나투스를 타고난, 다시 말해 자신의 존재를 집요하게 유지하려는 힘 및 의지, 그리고 자신들의 자유의 공간을 마련하기 위하여 자기 앞을 비워두려는 힘 및 의지를 타고난 개인들이 (나중에 마주치게 될) '사회의 원자들'이다." 우리가 알튀세르의 표현 속에서 스피노자, 루소, 니체, 마르크스 그리고 '비움'을 강조했던 장자를 발견하게 되는 것은 우연이 아니다. 이 철학자들은 모두 '사회의 원자들(=개체들)', '외재적인 타자들', 그리고 '개체들의 마주침과 응결에 의거한 연대의 구성'을 강조하고 있기 때문이다. 우리는 이런 일련의 사상가들 속에 현대 프랑스 철학자 바디우(Alain Badiou)를 한 명 더 추가할 수 있을 것이다.

3.

돌아보면 20세기 말은 해체의 시대로 기억될 만한 시기였다. 해체주의적 기획은 범주적으로 동일성(identity)이 의미를 지니기 위해서는 차이(difference)가 억압되고 은폐되어야만 한다는 것을 폭로하는 데 있다. 다시 말해 차이가 우선이고, 동일성은 이런 차이를 억압하고 나서야 현상하는 파생적인 범주에 지나지 않는다는 것이다. 또 기원이나 근거도 아니면서 그 자리를 찬탈했다는 점에서, 동일성은 지배의 의지에서 기원한다고 할 수 있다. 결국 동일성의 해체는 그것의 파생성과 지배의 의지에 대한 폭로에 다름 아니다. 그렇다고 해서 우리의 사정이 더 나아진 것은 아니다. 우리는 이제 차이라는 원초적 관계, 알튀세르의 표현을 빌리자면 '사회의 원자들'이 마주치는 역동적인 상태에 내던져지게 되었기 때문이다. 동일성의 해체를 통해 차이를 발견한다는 것은 차이를 가능하게 하는 타자를 발견한다는 것과 같은 것이다. 동일성이 미리 설정된 관계의 논리로 작동했다면, 차이는 미리 설정된 관계없이 타자와 어떤 마주침을 만들도록 강제한다. 이제 차이에 내던져진 우리는 어떤 전망과 약속도 없는 '타자와 목숨을 건 관계', 즉 '우발적 마주침의 상황'에 놓이게 된 것이다. 타자는 결코 내 속으로 내면화할 수 없는 외재적인 것, 마주치기 이전에는 결코 확인할 수 없는 어떤 것이기 때문이다.

해체의 끝에서 우리는 타자, 더 정확히 말해서 외재적인 타자와의 마주침과 거기에서 발생하는 새로운 관계와 연대를 발견하게 되었다. 바로 이 지점에서 《윤리학》을 통해 확인할 수 있는 바디우의 중요한 사유가 등장한다. 그는 외재적 관계에서 만나게 되는 타자를 사건(event)이라는 개념을 통해 더 치밀하게 사유하려고 한다. "주체를 구성하도록 소환하는 것은 잉여의 것이라는 점, 또는 상황에 도래하는 것이지만 그 상황이, 그리고 그 속에서의 일상적 행동방식이 설명할 수 없는 것이라는 점…… 이 잉여적 부가물을 사건이라고 부르자. …… 사건은 우리로 하여금 새로운 존재

노자의 철학

방식을 결정하도록 강요하는 것이다." 그는 이것을 사랑의 예로 설명한다. "사랑의 만남의 영향 아래 내가 그 만남에 실질적으로 충실하고자 한다면, 이 상황에 '거주하는' 나 자신의 방식을 머리 끝에서 발끝까지 바꾸어야 한다는 사실은 명백하다." 결국 바디우의 탁월한 점은 그가 사건이라는 개념을 통해서 타자의 외재성을 사유했다는 점이고, 나아가 이런 외재성과의 마주침을 통해서 주체의 구성을 사유했다는 데 있다. 그래서 그는 사건에 대한 충실성(fidelity)이라는 실재적 과정을 '진리'라고 규정하면서, 주체의 발생에 대해 다음과 같이 말할 수 있었던 것이다. "우리는 충실성의 지지자, 즉 진리 과정의 지지자를 '주체'라고 부른다. 따라서 주체는 사건이 생기기 '이전의' 상황 속에서는 절대적으로 부재한다. 우리는 진리 과정이 주체를 도출시킨다고 말할 수 있을 것이다."

내면으로 결코 환원되지 않는 타자와의 마주침을 떠나서 윤리라는 관계 문제는 사유될 수 없다. 동일성의 논리에 따르면 관계란 미리 정해진 규칙(=내재적 규칙)이지만, 차이의 논리에 따르면 관계란 타자와의 마주침과 충실성으로 구성할 수밖에 없다. 앞에서 우리는 '타자와의 목숨을 건 관계'라고 말했다. 이것은 흔히 말하는 '타자에 대한 배려' 혹은 '타자와의 공존'이라는 논리와 질적으로 다른 관계를 함축하고 있다. 레비나스의 지적처럼 "타자는 나와 더불어 공동의 존재에 참여하고 있는 다른 자아 자체가 결코 아니라는 사실이다. 타자와의 관계는 공동체와의 전원적이고 조화로운 관계도 아니며 우리가 타자의 입장에서 봄으로써 우리 자신이 그와 유사하다고 인식하도록 하는 공감도 아니다. 타자와의 관계는 우리에 대해 외재적이다." 레비나스의 지적처럼 진정한 타자는 무엇보다도 다른 무엇으로 환원 불가능한 단독성(singularity)

을 통해, 바디우의 지적처럼 타자와의 마주침 혹은 만남이란 사건을 통해, 우리의 삶의 차원에서 관계할 수밖에 없는 그 무엇이자, 우리로 하여금 계속 반성하고 사유하도록 만드는 강제력을 가지고 있는 무엇이다. 중요한 것은 우리가 오직 이런 마주침을 통해서만 그리고 마주침을 지속하려는 코나투스를 통해서만 국가 논리에 포획된 매체가 아니라 국가 논리를 대신할 자유로운 연대를 구성할 수 있는 새로운 주체로 변형될 수 있을 것이라는 점이다.

노자의 철학

7장.　　　　노자가 사물에서 찾아낸 두 가지

바퀴살들이 하나의 바퀴통으로 모이는데 바퀴통 속에 아무것도 없기 때문에 수레의 작용이 있는 것이다. 진흙을 이겨서 그릇을 만드는데 그릇 속에 아무것도 없기 때문에 그릇의 작용이 있는 것이다. 방을 만들 때 방문과 창문을 뚫는데 방문과 창문 안에 아무것도 없기 때문에 방의 작용이 있는 것이다. 그러므로 있음이 이로움을 주는 것은 없음이 작용하기 때문이다.

— 백서본 55장, 왕필본 11장

輻同一轂, 當其无, 有車之用也. 埏埴爲器, 當其无, 有埴器之用也. 鑿戶牖, 當其无, 有室之用也. 故有之以爲利, 无之以爲用.

— 帛書本 55장; 王弼本 11장

무언가와 관계하도록 저주받은 사물들

1.

이제 드디어 많은 사람들이 기대하던(?) 노자 철학의 형이상학적 구조를 분석할 차례다. 만약 노자 철학에 대한 지금까지 논의가 충분히 타당하다면, 어쩌면 앞으로 전개할 부분은 사족에 가까운 것일 수 있다. 앞에서 언급했던 것처럼 어떤 책을 읽을 경우, 그것이 《노자》라는 심오한 책이라고 해도, 만일 우리가 그 저자의 문제의식과 그로부터 말미암아 제기된 주장을 정확히 이해했다면, 사실 우리는 더 이상 그 책을 읽을 필요가 없다. 그 책의 나머지 부분들은 자신의 주장들을 추상적으로 정당화하기 위해 마련된 근거들이거나 아니면 자신의 주장들을 확증하는 데 사용되는 사례들로 가득 차 있을 테니까 말이다. 노자 철학이 궁극적으로 제공하고자 했던 교훈이 마음에 들지 않는다면, 그런 교훈을 설득하기 위해서 쓰인 부분을 읽는다는 것은 전혀 무의미한 일이다. 그러므로 앞으로 쓰일 세 꼭지가 복잡하고 난해해서 짜증을 유발한다면, 철학 전공자가 아닌 일반 독자들은 과감히 여기까지 읽은 것으로 만족했으면 한다.

곧 읽어볼 세 꼭지는 노자를 전문적으로 연구하는 학자들의 오해나, 아니면 노자 철학으로부터 현재 우리 삶에 도움이 될 무엇인가를 찾으려는 다른 전공의 인문학자들의 오해를 바로잡는 데 도움이 될 수 있을 것이다. 노자 철학의 내적 정당화의 구조에 해당하는 세 꼭지는 다음과 같은 순서로 진행될 것이다. 먼저 이번 꼭지(Ⅶ)에서는 '관계의 논리와 개체의 충분이유율'이라는 제목으로 노자 철학의 추상적인 내적 구조를 분석할 것이다. 이 부분에서는 노자 철학에서의 개체가 두 가지 도(道)와 명(名)이란 두 가지 존재원리로 규정된다는 것을 밝힐 것이다. 나아가 결국 노자 철학은 '관계의 내재성'을 주장한다는 점을 밝히고, 이것과 대립되는 '관계의 외재성'이라는 원리를 시론적으로 다뤄보려고 한다. 다음 꼭지(Ⅷ)에서는 개체의 충분이유율에 해당하는 도와 명 사이의 내적인 관계를 구명하기 위해서 대대(待對)와 상호모순적 동일성의 논리를 분석할 것이다. 이 분석을 통해 노자의 도와 명이 각각 구조적으로 상호모순적 동일성으로서의 일자와 대립적 보편자들로 이해할 수 있다는 점이 밝혀질 것이다. 마지막으로 노자 철학이 근본적으로 실재론(realism)에 속한다는 점을 통해서 이것과 대립되는 논리로서 유명론(nominalism)의 철학적 함축을 살펴보도록 할 것이다.

마지막 꼭지(Ⅸ)에서는 앞 두 꼭지에서 분석한 노자 철학의 내적 구조가 함축하는 수양론을 다룰 것이다. 노자가 도와 명이라는 상이하지만 내적으로 연결되는 존재원리로 규정하는 개체는 현실적으로 통치자를 가리키는 것이다. 그렇지만 현대의 많은 학자들이나 일반 독자들에게《노자》에 등장하는 많은 수양론적 언급들은 모든 사람들에게 보편적으로 통용할 수 있는 교훈이라고 오해하고 있다. 이것은 분명한 오해이지만, 노자가 분명 이것을 보

노자의 철학

편적인 수양론으로 제안하고 있는 것도 사실이다. 따라서 노자의 수양론이 함축하는 의미와 그 내적 논리를 구명하는 것은 이런 의미에서 유의미한 작업이라고 할 수 있을 것이다. 그래서 이 마지막 꼭지에서는 이상적인 통치자 혹은 일반적으로 인간이 어떤 수양을 거쳐서 완성되는지 분석할 것이고, 이런 분석을 토대로 수양을 통해서는 결코 참다운 삶의 주체와 윤리적 주체가 탄생할 수 없다는 것, 최종적으로 수양의 주체와 삶의 주체가 어떻게 다른지, 그리고 왜 우리가 삶의 주체를 추구해야만 하는지가 분명해질 것이다. 그럼 이제 본격적으로 우리의 형이상학적인 논의를 시작해보도록 하자.

2.

철학적으로 관계를 사유하는 방식에는 두 가지가 있을 수 있다. 하나는 관계(relation)를 관계항들(relata)에 대해 외재적인 것으로 보는 방식이고, 다른 하나는 관계를 관계항들에 내재적인 것으로 보는 방식이다. 관계의 외재성(externality)을 강조하는 입장이 관계를 통해서 관계항들이 생성되는 것이라고 주장한다면, 관계의 내재성(internality)을 강조하는 입장은 관계란 특정 개체에 내재해 있던 관계의 잠재성이 구체적인 사태에서 실현되는 것이라고 주장한다. 관계의 내재성을 주장하는 대표적인 사람으로 우리는 서양 근대철학의 대가인 라이프니츠의 철학을 생각해볼 수 있다. 우선 논의의 편의를 위해서 그가 구분한 두 가지 진리에 대해 알아보도록 하자. 그에 따르면 진리는 우발적인 진리(contingent truth)와 필연적인 진리(necessary truth)로 나뉜다. 필연적 진리에서는 술어 개념이 주어 개념에 포함되는 반면, 우발적인 진리에서는 술어 개념이 주어 개념에 포함될 수 없다. 이 점에서 라이프니츠의 두 진리는 사실 칸트가 말한 종합명제와 분석명제에 상응하는 것이라고 할 수 있다. 따라서 우발적 진리는 결코 참이라는 것이 입증될 수 없다. 그러나 라이프니츠는 이런 입증될 수 없음은 단지 우리 인간의 시선에서만 그렇다고 주장한다. 달리 말해 우발적 진리도 신(God)의 시선에서 보면 단지 필연적인 진리의 일종일 수밖에 없다는 것이다.

이것이 바로 그 유명한 라이프니츠의 '충족이유율(the principle of sufficient reason)', 즉 '존재하는 모든 것에 그렇게 존재하게끔 만드는 어떤 이유가 반드시 있다'는 원리다. 이 말은 결국 우발적인 진리의 경우에서도 주어 개념은 술어 개념을 포함하고 있다는 것을 의미한다. 칸트식으로 표현하자면 결국 종합명제도 분석명제의 일종이라는 것이다. 그래서 다음과 같은 유명한 예가 생긴다. '케사르가 루비콘 강을 건넜다'라는 명제에서 '루비콘 강을 건넜다'는 술어는 사실 신의 시선을 통해서 보면 결국 '케사르'라는 주어 속에 포함되어 있었다는 것이다. 이제 '총각은 결혼하지 않은 남자다'나 '1+2=3이다'라는 분석명제와 '노자가 제자를 때렸다'라는 종합명제는 같은 종류의 명제가 된 것이다. 단지 단서가 하나 붙는데, 그것은 신의 시선에서만 분석명제와 종합명제는 같은 종류의 명제이지만 인간의 시선에서는 서로 다른 명제로 보인다는 단서다. 이것은 인간이라는 유한자가 결코 미래를 예측할 수 없고 오직 모든 유한자들을 창조한 신만이 모든 것을 결정했다는 라이프니츠 특유의 신에 대한 관념을 전제로 하고 있다. 이것이 바로 그의 유명한 '예정조화설(the doctrine of pre-established harmony)'이다.

노자의 철학

라이프니츠의 유명한 모나드(monad) 이론은 이렇게 복잡한 전제와 가정으로 구성되었다. 다시 말해 '케사르'라는 모나드는 '루비콘 강을 건넌다'라는 속성을 잠재적으로(virtually) 가지고 있는데, 이 속성이 현실적으로(actually) 실현되어 실제로 '케사르는 루비콘 강을 건너게' 된 것이다. 역으로 이것은 루비콘 강에 대해서 말할 수도 있다. '루비콘 강'이라는 모나드는 '케사르에 의해 건너졌다'라는 속성을 잠재적으로 이미 가지고 있는데, 이 속성이 현실적으로 실현되어 실제로 '루비콘 강은 케사르에 의해 건너졌다'는 것이다. 결국 라이프니츠는 화려하고 거대한 동어반복의 세계에 불과한 형이상학을 구성하고 있을 뿐이다. 그의 철학이 단지 결과에 입각한 인식의 대표라고 할 수 있는 것도 이런 이유에서일 것이다. 이렇게 라이프니츠의 철학의 핵심을 장황하게 이야기한 것은 그의 철학이 결국 모든 개체들이 맺을 수 있는 관계를 이미 혹은 미리 존재하고 있는 개체의 속성으로 내재화시켜버렸기 때문이다. 이런 발상, 즉 '관계의 내재성'이라는 발상은 사실 라이프니츠에게만 국한되는 것이 아니라 거의 대부분의 전통 형이상학들의 이면에 숨어 있는 핵심적 계기라는 점에서, 노자의 형이상학 체계도 예외일 수 없다.

3.

라이프니츠와 마찬가지로 노자에 따르면 모든 개체들은 고립적이고 자족적인 실체가 아니다. 그것들은 모두 타자와 관계를 맺으면서, 아니 더 정확하게 말해서 관계를 맺을 수 있기 때문에, 존재할 수 있는 것이다. 백서본 55장(＝왕필본 11장)에 따르면 노자는 개체에 내재한 관계의 잠재성을 '무(無)'라고 부르고 있다. 이 점에서 우리는 노자가 관계의 내재성이라는 입장에 서 있다는 것을 어렵지 않게 알 수 있다. 아무것도 채울 수 없는 그릇은 그릇일 수 없고, 어떤 사람도 들어갈 수 없는 방은 방이라고 할 수 없다는 그의 생각, 즉 모든 개체들은 '무'라는 관계의 잠재성을 내재하고 있다는 그의 생각이 이 점을 역설하고 있다. 노자에 따르면 그릇은 '규정적인 측면 혹은 감각 가능한 측면(有)'과 관계라는 '무규정적인 측면 혹은 감각할 수 없는 측면(無)'으로 설명할 수 있다. 여기서 관계가 무규정적이라고 설명한 이유는, 그릇의 비어 있음을 나중에 어떤 것이 채우게 될지를 사전에 미리 결정할 수 없기 때문이다. 다시 말해 그릇의 비어 있음 혹은 '무'는 감각적인 인식이나 합리적인 사유로 확인할 수 있는 것이 아니다.

어쨌든 노자에게 모든 개체는 개체로서 이 세계에 존재하기 위해서 반드시 관계 가능성을 내재하고 있어야만 한다. 역으로 말해 만약 관계 가능성을 내재하고 있지 않다면, 노자는 그 개체가 개체로서 존재 이유를 가지고 있지 않다고 판단하고 있는 것이다. 이런 그의 생각은 백서본 4장(＝왕필본 40장)에 다음과 같이 명확하게 정리되어 있다.

돌아간다는 것은 도가 작동한다는 것이고 유연해진다는 것은 도가 작용한다는 것이다. 이 세상의 모든 개체들은 유에서 그리고 무로부터 발생한다.
反也者道之動也, 弱也者道之用也. 天下之物生於有, 生於无.

노자의 철학

잠깐 여기서 백서본 4장의 원문에 대해 논의해야 할 것이 있다. 백서본이나 왕필본에서는 마지막 구절이 '유생어무(有生於无)'로 되어 있지만, 곽점본의 갑(甲) 18장을 보면 이 구절이 '생어무(生於无)'로 되어 있다. 백서본과 왕필본을 따르게 되면 우리는 노자가 무(无)→유(有)→만물(物)이라는 존재론적 위계성을 구성하고 있다고 추론할 수 있다. 반면 곽점본을 따른다면 무(无)와 유(有)는 만물 혹은 개체들(物)의 상이한 존재원리들이라고 이해할 수 있다. 어느 쪽 해석이 옳은가? 사실 어느 쪽 판본이든 노자 철학을 이해하는 데 전혀 문제가 없을 것이다. 백서본과 왕필본에 입각한다고 해도 그것이 무와 유는 개체에 선행하는 두 가지 존재원리라는 곽점본의 취지와 모순되지 않는다. 오히려 백서본이나 왕필본은, 곽점본과는 달리 무와 유라는 두 가지 존재원리 사이의 관계를 사유하고 있다는 점에서, 곽점본보다는 더 숙고된 판본이라고 할 수 있다. 그러나 웬만하면 고대철학 연구자는 상이한 판본들 중 가장 오래된 판본을 일단은 존중해야만 한다는 생각으로 곽점본에 근거하여 위 원문을 수정해보는 것도 좋을 듯하다.

　　어쨌든 백서본 4장에 따르면 우리는 다음과 같이 노자의 생각을 정리해볼 수 있다. 첫째, 모든 개체들(萬物)은 기본적으로 유(有)라는 존재원리와 무(無)라는 존재원리로부터 존재하게 된 것이다. 둘째, 유는 무와 마찬가지로 현실적 개체들에 대해 선행하고 있는 존재원리라는 점에서, 유의 존재론적 위상과 현실적 개체들의 존재론적 위상을 혼동해서는 안 된다. 특히 중요한 것은 이 두 번째 함의이다. 왕필과 같은 천재적인 주석가를 포함해서 대부분의 연구자들은 이 '유'라는 존재원리가 지닌 위상을 혼동하는 경향을 보이고 있기 때문이다. 다음 장에서 자세히 살펴보겠지만, 여기서

'유'라는 존재원리는 기본적으로 '명'이라는 존재원리와 동의어다. 잘 알다시피 대부분의 연구자들이 노자 철학이 '명'에 대해 부정적인 입장이라는 잘못된 선입견을 가지고 있다. 문제는 바로 이런 선입견이 '무'와 마찬가지로, '개체'에 존재론적으로 선행하는 존재원리들 중 하나인 '유'도 노자가 부정적으로 생각했다는 오해를 낳게 된다는 데 있다.

노자의 철학

모든 사물에 존재하는 두 가지 요소

1.

노자의 형이상학 체계는 개체들에 선행해서(ante) 두 가지 존재원리가 존재한다는 간단한 생각에서 출발한다. 그런데 이 두 가지 존재원리는 각각 개체의 상이한 경향성을 추상해서 사후적으로 구성된 것이라고 할 수 있다. 모든 개체들은 기본적으로 자신을 보존하려는 경향과 아울러 타자에 필연적으로 의존해야 한다는 상반되는 경향을 동시에 가지고 있다. 모든 개체들이 그런 것처럼 인간도 독립적이고 자존적인 실체가 아니다. 이 말은 인간은 자신의 힘으로 존재를 유지할 수 없다는 것을 말한다. 인간은 자신을 유지하기 위해서 반드시 타자와 어떤 관계를 맺어야 한다. 그러나 이것은 얼마나 역설적이고 아이러니한 상황인가? 타자와 관계를 맺어야만 자신을 유지할 수 있다는 것! 음식을 먹지 않으면 인간은 자신의 삶을 영위할 수 없다는 것만큼 자명한 진리가 어디 있겠는가! 자신을 유지하려는 개체들의 경향을 추상화한 존재원리가 '유'라면, 타자와 관계를 맺어야 한다는 필연성을 추상화한 존재원리가 바로 '무'다.

그래서 '유'라는 원리가 관계를 맺는 항(term)들의 원리라면

'무'는 그 항들이 맺는 관계의 원리라고 할 수 있다. 이로부터 우리는 어렵지 않게 다음과 같이 추론할 수 있다. 즉 노자 철학에서 '유'가 다양성과 식별 가능성의 원리라면 '무'는 관계 가능성과 통일성의 원리라고 말이다. 이런 통찰에서 노자는 자신의 형이상학 체계를 거대하게 때로는 과장되게 구성할 수 있었던 것이다. 그의 형이상학체계의 전모를 보여준다고 모든 전문 연구자들이나 일반인들도 믿고 있는 부분이 바로 백서본 45장(=왕필본 1장)이다. 먼저 원문을 직접 읽고 분석해보도록 하자.

도라고 인정되는 도는 영원한 도가 아니다. 명이라고 인정된 명은 영원한 명이 아니다. 무명은 만물들의 시작이고 유명은 만물들의 어머니다. (우리에게) 하고자 함이 항상 없다면 (우리는) 그것들의 신비함을 볼 수 있다. 반면 (우리에게) 하고자 함이 있다면 (우리는) 그것들의 밝게 드러남을 볼 수 있다. 두 가지는 같은 곳에서 나와 명은 다르지만 가리키는 것은 같다. 현묘하고 현묘해서 모든 미묘한 것들이 나오는 문이다.
道可道, 非恒道. 名可名, 非恒名. 无名, 萬物之始也. 有名, 萬物之母也. 恒无欲, 觀其妙. 恒有欲, 觀其所皦. 兩者同出, 異名同謂. 玄之又玄, 衆妙之門.

먼저 지적하고 싶은 것은 백서본 45장에 대한 해석, 어쩌면 노자 철학 전체에 대한 해석에서 망각되고 있는 지점이 있다는 사실이다. 누차 강조한 것처럼 그것은 바로 '유'가 '무'와 마찬가지로 개체들에 선행하는 존재론적 원리라는 사실이다. 이 자명한 사실을 망각할 때 다시 말해 '유'가 존재론적 원리라는 사실을 망각

노자의 철학

할 때, 우리가 도달할 수밖에 없는 결론은 오직 '무'의 원리만이 존재론적 원리로서 존재한다는 착각이다. 흥미로운 것은 역대 주석가들 중 가장 탁월하다던 왕필이라는 천재마저도 이런 착각을 했다는 점이다. 바로 이런 착각에서부터 노자 철학이 신비화되기 시작했다. 다양한 세계를 관통하는 일자의 원리로서 '무'를 체험했던 신비한 철학자, '영원의 상 아래에서(sub specie aeternitatis)' 변화하는 세계를 관조했던 위대한 철학자 노자의 이미지는 이렇게 발생하게 된 것이다. 반복하자면 이런 모든 신비화의 관건은 바로 '유'라는 원리, 다시 말해서 다양성과 식별 가능성의 원리를 망각하는 데 있다. 중요한 것은 이런 신비화가 결국 '유'의 원리를 가리키는 다른 용어인 '명'이나 '유명'의 중요성을 사유하지 못하도록 만들었을 뿐만 아니라 이것이 함축하거나 정당화하고 있는 정치적 위계성의 중요성을 은폐시킨다는 점이다.

2.

기존 연구는 '유'와 '명'을 무시하거나 중요하지 않은 것으로 간단히 처리해버리고 만다. 그 사례로 먼저 국내 도가철학 연구자 중 권위자에 해당하는 이강수의 저작 《노자와 장자》(1997년)에 실린 글을 읽어보고, 이어서 《노자》 연구서 《백서노자》(2003년)에 실려 있는 저자 이석명의 글을 읽어보도록 하자.

　《노자》 첫머리에 '도가도(道可道), 비상도(非常道)'라는 말이 나
　온다. 여섯 개의 단어 가운데 도라는 단어가 세 번이나 쓰였다.

그런데 두 번째 도라는 단어는 명사가 아니라 동사로서 '말하다'는 뜻이다. 이 문장은 '말로 표현할 수 있는 도는 영원히 변치 않는 도가 아니다'라고 번역할 수 있다. 노자가 말하고자 하는 도는 영원히 변하지 않는 도다. 그러나 그 도는 얄궂게도 말로 할 수가 없다. 언어로 정의할 수 없는 것을 언어로 논해야 하기 때문에 노자 철학에 접근하는 어려움이 있다. 언어로 도를 논하는 것은 어차피 최선일 수는 없다. 그러나 이 글에서는 언어로 논할 수 없다는 도를 언어로 말한 바 있는《노자》를 통하여 그에 대한 가능한 이해를 시도해보고자 한다.

'도'는 언어로 표현될 수 없는 무엇이다. 그러므로 이렇다 저렇다 말하는 순간 그것은 더 이상 도가 아니다. 언어는 사물을 고정하고 규정하는 성향이 있다. 즉 언어는 사물을 있는 그대로 드러내지 못하고, 일정한 형태로 평면화시키고 대상화시킨다. 그 결과 언어를 통과한 사물은 본래의 생기발랄함을 잃고 뻣뻣하게 굳은 고목이나 싸늘하게 식은 재와 같이 되어버린다. 흐르는 냇물을 가두어두면 더 이상 냇물이 아니듯이, 도를 언어에 가두어두면 더 이상 늘 그러한 '영원한' 도가 아니다. '이름(名)' 역시 마찬가지다. 사물은 본래 어떤 '이름'도 갖지 않는다. 단지 사람들이 사물을 이렇게 저렇게 부르자고 약속하였을 뿐이다. 그런데 사람들은 이처럼 약속에 불과한 '이름'으로 사물을 규정하고 구속하려 든다.

읽어본 것처럼 권위를 자랑하는 노장 학자와 젊고 야심만만한 소장 학자의 노자 철학 이해 방법은 동일한 사유 노선을 취하

노자의 철학

고 있다. 중요한 것은 이들의 이런 이해 방법이 통상적인 노자 이해를 반영하고 있다는 사실이다. 다시 말해 이들뿐만 아니라 대부분의 노자 연구자들은 백서본 45장에서 '명'이나 '유명'이 지닌 존재론적 중요성을 거의 사유하고 있지 않다. 그러나 원문을 직접 읽어보면, 분명 노자는 '유명'을 '무명'과 마찬가지로 개체들(萬物)의 존재원리라고 사유하고 있지 않은가? "무명은 만물들의 시작이고 유명은 만물들의 어머니다(无名萬物之始也, 有名萬物之母也)." 철학적으로 생각하고 판단을 내려보자. 그러면 문제는 더욱 분명해질 것이다. "유명은 '만물에 존재론적으로 선행(ante res)'하는가 아니면 '만물에 존재론적으로 후행(post res)'하는가?" 분명 노자에 따르면 유명은 만물보다 선행하는 존재원리다. 그러나 분명 무명과 유명 사이에는 미세한 존재론적 차이가 있다. 무명이 만물들의 기원(始)에 해당하는 존재원리로 사유되고 있지만, 반면 유명은 만물들의 기원인 동시에 그것들을 길러주는 존재원리로 사유되고 있다. 나중에 살펴보겠지만, 이런 차이가 수양론적으로 중요한 함의를 띠고 있다는 것만 여기서 지적하도록 하자. 어쨌든 유명이 결코 무시할 수 없는 존재원리라는 점을 이해하게 되면, 우리는 이 구절 앞에 오는 구절, 즉 '도가도비항도(道可道非恒道)'라는 구절로 인해 부당하게 억압되었던 구절, '명가명비항명(名可名非恒名)'이 지닌 중요성에 주목할 수 있게 된다.

'도가도비항도'라는 구절 중 두 번째로 나오는 '도'는 이강수의 지적처럼 동사라는 것은 옳지만, 그 '도'라는 동사가 '말하기'를 의미하는 것으로 이해해서는 안 된다. 물론 두 번째 '도'를 '말하기'라는 의미로 해석하려는 이유는 '진정한 실재로서의 도는 언어화될 수 없다'는 가정을 참이라고 받아들였기 때문이다. 그렇다면 이어지는 '명가명비항명'이라는 구절에 나오는 '영원한 이름 (恒名)'은 어떻게 이해될 수 있는가? 노자가 언어를 부정했다면 그가 어떻게 영원한 이름에 대해 언급할 수 있었겠는가? 결국 '도가 도비항도'의 두 번째 '도'를 언어의 문제와 연결시켜버리기 때문에, 너무 쉽게 '명가명비항명'이라는 구절의 중요성이 망각되거나 억압되어버린다. 더군다나 노자는 지금 '영원한 도(恒道)'를 말하고 있을 뿐만 아니라 '영원한 이름(恒名)'에 대해서도 이야기하고 있다는 점에서, 언어의 한계를 통찰했던 노자가 언어로는 '도'를 묘사하기에 부적절하다고 생각했다는 주장은 너무나 허술한 주장일 수밖에 없다. 그러나 '도'와 '명', 혹은 '무'와 '유'가 개체들의 두 가지 존재원리라는 것을 받아들이면, '도가도비항도'라는 구절은 물론, 부당하게 억압당했던 '명가명비항명'라는 구절도 타당하게 해석할 실마리를 얻을 수 있을 것이다. 이런 원리를 받아들이면 이 두 구절은 다음과 같이 해석할 수 있다. "도라고 인정되는 도는 영원한 도가 아니고, 이름이라고 인정되는 이름은 영원한 이름이 아니다." 여기서 노자는 지금 존재론적 위상에 대해 말하고 있는 것이다. 다시 말해 '도라고 인정되는 도'는 '영원한 도'와는 존재론적 위상이 다른 것이고, 이와 마찬가지로 '이름이라고 인정되는 이름'은 '영원한 이름'과는 존재론적 위상이 다르다는 것이다. 각각의 경우에서 전자는 모두 개체에 매개된 존재원리로서 '무'와 '유'를 가리킨다면, 후자는 개체에 매개되지 않은 순수한 존재원리로서 '무'와 '유'를 가리킨다. 백서본 45장을 자세히 살펴보면 노자는 개체에 매개되어 실현되는 두 가지 존재원리를 각각 '그것들의 묘함(其妙)'과 '그것들의 밝게 드러남(其所徼)'이라고 표현하고 있고, 반면 개체에 매개되지 않은 순수한 두 가지 존재원리를

노자의 철학

각각 '무명'과 '유명'이라고 표현하고 있다.

3.

노자 철학에서 무명 혹은 도라는 존재원리는 매우 중요하다. 그 효과 때문인지 유명 혹은 유라는 존재원리는 쉽게 은폐되는 경향이 있다. 심지어 유명이나 유를 개체와 동일한 것으로 생각하는 오해도 발생하기까지 한다. 그렇지만 유명이나 명은 비록 무명이나 도보다는 하위에 있는 존재원리이지만, 개체를 규정하는 엄연한 존재원리라는 점을 잊어서는 안 된다. 백서본 5장을 보면 우리는 그 증거를 확인할 수 있다. "도는 하나를 낳고, 하나는 둘을 낳고, 둘은 셋을 낳고, 셋은 만물을 낳는다." 여기서도 철학적으로 생각하고 판단을 내려야만 한다. 노자가 말하는 '하나, 둘, 셋'은 만물에 선행하는가 아니면 후행하는가? 만약 선행한다면, 우리는 '하나, 둘, 셋'의 발생론적 순서가 유명 혹은 유라는 존재원리의 작동 원리를 가리키고 있다고 결론 내려야만 할 것이다. 앞에서 말한 것처럼 유라는 존재원리는 기본적으로 다양성과 식별 가능성 그리고 구분의 원리로서 기능하는 것이다. 물론 노자 철학에서 그런 구분과 식별의 원리를 가리키는 '명'이나 '유' 혹은 '유명'의 존재론적 근거는 전체성과 통일성의 원리인 '도'나 '무' 혹은 '무명'에 있다는 것은 숨길 수 없는 사실이다. 우리의 지금까지 논의가 옳다면 노자의 형이상학 체계는 다음과 같은 구조로 되어 있다고 정리할 수 있다. 첫째, 모든 개체들은 자신들의 충분이유율로 '무'와 '유', 혹은 '무명'과 '유명', 혹은 '도'와 '명'이라는 구별되는 존재원리를 가지고 있다. 둘째, 사물의 층위가 아닌 원리의 층위에서 '도'와 '명'이라는 원리는 상이한 존재론적 위상을 가지는데, '명'이라는 원리는 기본적으로 '도'라는 최종 원리에 종속되는 것이다. 이런 이유로 존재론적 층위에서 "이 세상의 모든 개체들은 유에서 그리고 무로부터 발생한다(天下之物生於有, 生於无)"고 기록되어 있는 곽점본도, "이 세상의 모든 개체들은 유로부터 발생하고, 유는 무로부터 발생한다(天下之物生於有, 有生於无)"고 기록되어 있는 백서본이나 왕필본도 모두 타당하다고 할 수 있다.

이제 백서본 45장의 나머지 부분을 읽어보도록 하자. "(우리에게) 하고자 함이 항상 없다면 (우리는) 그것들의 신비함을 볼 수 있다. 반면 (우리에게) 하고자 함이 있다면 (우리는) 그것들의 밝게 드러남을 볼 수 있다. 두 가지는 같은 곳에서 나와 명은 다르지만 가리키는 것은 같다. 현묘하고 현묘해서 모든 미묘한 것들이 나오는 문이다(恒无欲, 觀其妙. 恒有欲, 觀其所噭. 兩者同出, 異名同謂, 玄之又玄, 衆妙之門)." 노자에 따르면 인간을 포함한 모든 개체들은 기본적으로 '무'의 계기와 '유'의 계기를 존재론적 원리로 가지고 있다. 따라서 우리는 다른 개체들뿐만 아니라 자신마저도 '무'의 측면에서도 이해할 수 있고 아니면 '유'의 측면에서도 이해할 수 있다. 그러나 '무'의 측면에서 개체들을 보고자 한다면, 우리는 기본적으로 '유'라는 경향성을 억누르는 방향으로 사유를 작동할 수 있어야 한다. 그래야 우리는 개체들을 '무'의 측면에서 볼 수 있으니까 말이다. 반면 '유'의 측면에서 개체들을 보고자 한다면, 우리가 '유'의 경향성을 그대로 유지하면서 사유를 작동하면 어렵지 않게 개체들을 '유'의 측면에서 볼 수 있게 된다. 그래서 머우쫑싼(牟宗三)도 칸트의 《판단력 비판》을 빌려서 '무욕(无欲)'을 '무관심'으로 '유욕

(有欲)'을 '관심'으로 이해한 것이다. 그러나 '무'의 측면에서 이해한 것이나 '유'의 측면에서 이해한 것은 모두 동일한 개체에서 기원한 것일 수밖에 없다. 따라서 우리가 그것을 다르게 구분한다고 할지라도 '유'와 '무'는 동일한 개체의 존재원리로서 그 개체에게 동시에 내재되어 있는 것이다. 이어서 노자는 개체의 충분이유율이 표면적으로 모순적인 것처럼 보이지만 원리적으로는 내적인 관계를 맺고 있는 두 가지 계기, 즉 '유'라는 존재원리와 '무'라는 존재원리라는 것을 확인하고 있다. 마지막으로 이런 형이상학적 체계로 이해할 수 있는 세상의 신비(玄)를 노래하면서, 노자는 후학들에게 많은 지적인 자극과 형이상학적 사변을 낳았던, 그래서 말도 많고 탈도 많았던 구절을 마무리하고 있다.

이제 독자와 약속을 지킬 순서가 된 것 같다. 그것은 백서본 4장의 해석에서 다루지 않았던 부분, 즉 "돌아간다는 것은 도가 작동한다는 것이고 유연해진다는 것은 도가 작용한다는 것"이라는 구절의 해석이다. 우리는 사물의 층위에서 '도'나 '무명' 혹은 '무'라는 존재원리가 기본적으로 관계와 그로부터 발생하는 통일성의 계기라는 것을 배웠다. 그렇다면 주어진 개체가 어떻게 다른 것과 관계를 맺을 수 있는지 생각해보자. 그것은 기본적으로 구별과 다양성의 계기를 억누르는 수양을 통해서 가능한 것이다. 앞에서 살펴본 노자의 그릇의 비유를 다시 생각해보자. 그릇에 만약물이 채워진다면, 그것은 물잔이라고 규정된다. 그러나 이 그릇이 계속 물잔으로 남아 있으려면 이 그릇은 이제 더 이상 다른 것과 관계를 맺을 수 없게 된다. 다른 것과 관계를 맺기 위해서 물잔은 자신을 덜어내야만 한다. 즉 '무'의 계기를 활성화시켜야만 한다. 그것이 바로 '돌아간다(反)'는 말과 '유연해진다(弱)'는 말의 의미다. 그래야만 그릇은 물잔에서 술잔으로, 아니면 술잔에서 다른 잔으로 변화할 수 있다. 이 말은 '(무의 계기로) 돌아감'으로써 혹은 '(유의 계기를) 유연하게 함'으로써 그릇이 원활하게 타자와 관계할 수 있는 힘을 얻었다는 것을 의미한다. '유'라는 존재원리는 어차피 '무'라는 최종 원리에 종속되는 것이고, 따라서 모든 개체들은 '유'의 계기를 존속시키기 위해서 '무'라는 최종 원리로부터 그 힘을 얻어야 한다. 이 부분은 마지막 꼭지에서 상세히 다룰 수양론 부분과 밀접하게 연결되기 때문에 이 정도로 논의를 접도록 하자.

노자의 철학

3

관계의 내재성과 관계의 외재성

1.

관계를 문제 삼는다는 것은 사실 타자를 문제 삼는 것과 마찬가지다. 나아가 관계와 타자의 문제가 철학적으로 중요한 이유는 이 문제가 주체의 가능성을 숙고하도록 만들기 때문이다. 더군다나 관계와 타자의 문제는 주체를 매개로 해서 역사의 문제에까지 확장될 수밖에 없는 주제이기도 하다. 관계에 대한 사유는 크게 두 가지로 나뉜다. 그 하나는 관계를 내재적인 것으로 사유하려는 경향이고, 다른 하나는 관계를 결코 내면화시킬 수 없는 외재적인 것으로 사유하려는 경향이다. 우리는 여기서 칸트의 이중성에 주목하고자 한다. 칸트는 관계의 내재성과 관계의 외재성을 동시에 숙고하려고 노력했던 철학자이다. 앞에서 다룬 것처럼 관계의 내재성이 라이프니츠로 대표될 수 있는 합리론(rationalism)의 경향을 규정한다면, 관계의 외재성은 흄으로 대표될 수 있는 경험론(empiricism)의 경향을 규정할 수 있다. 칸트 철학이 비판철학일 수 있었던 것은 바로 관계의 내재성과 관계의 외재성이라는 양립 불가능해 보이는 계기를 비판할 수 있는 자리를 모색했기 때문이다. 그러나 칸트에 대한 통속적인 이해에 따르면 그는 관계의 내재성만을 옹호했던 사람이다. 이런 이해에 따르면 칸트의 철학은 다음과 같이 정리할 수 있다. "칸트에 따르면 이 세상은 우리로부터 독립하여 존재하고 있는 것이 아니다. 우리가 세계를 인식할 수 있는 것은 오성과 이성의 기능이 능동적으로 세계를 완성한 결과다. '인식이 대상에 따르는 것이 아니라 대상이 인식에 따르는 것'이다. 칸트는 우리의 상식을 완전히 뒤집어놓았다. 이것을 칸트는 스스로 코페르니쿠스적 혁명이라고 칭하였다." 그러나 이런 통속적인 견해는 칸트 철학이 가지는 진정한 혁명적인 측면, 즉 관계의 외재성이라는 주제를 놓치고 있을 뿐만 아니라 은폐하고 있는 것처럼 보인다.

그 핵심적인 관건은 칸트가 자신의 철학을 비유하는 데 사용했던 '코페르니쿠스적 혁명 혹은 코페르니쿠스적 전회(Copernican turn)'의 의미가 무엇인지에 대한 것이다. 국내에도 번역되어 유명해진 램프레히트(Sterling Lamprecht)의 《서양철학사》는 '칸트의 코페르니쿠스적 혁명'을 다음과 같이 말하고 있다.

칸트는 자신의 비판적 인식론을 철학에 있어서의 코페르니쿠스적 전환이라고 불렀다. 그의 이 비유적 표현은 적절한 것이었다. 코페르니쿠스는 사람들의 천문학적 견해를 근본적으로 변화시켰다고 칸트는 지적하였다. 코페르니쿠스 이전에는 대부분의 사람들이, 태양이 지구 주위를 돌고 있다고 상상했다. 그런데 코페르니쿠스는 이것을 뒤집어 지구가 태양의 주위를 돌고 있는 것으로 보았다. 칸트는 철학에서 이와 비슷한 혁명을 수행하고 있노라고 자부하였다. 자기 이전에는 아리스토텔레스로부터 그 자신의 시대에 이르기까지 사람들은 정신이 대

노자의 철학

상들을 인식하려고 대상들의 주위를 돌고 있는 것으로 보았다. 그러던 것을 그는 대상들로 하여금, 이를테면 정신이라고 하는 중심적인 사실의 주위를 돌게 했으며, 또 대상들이 경험 속에 들어오기 위해서 따르지 않으면 안 될 것으로 정신이 정한 여러 조건에 대상들이 따르게끔 하였다.

천문학자인 코페르니쿠스는 프톨레마이오스의 천동설, 즉 지구중심주의(geocentricism)를 비판하면서 지동설, 즉 태양중심주의(heliocentricism)를 제안했던 사람이다. 그런데 램프레히트의 설명에 따르면 아리스토텔레스의 철학이 인간의 사유가 대상 주위를 돌고 있는 것으로 비유할 수 있다면, 칸트의 철학은 대상들이 인간 사유 주위를 돌고 있는 것으로 비유할 수 있다. 여기서 우리는 이상한 불일치와 불협화음을 느끼게 된다. 아이러니하게도 그의 설명에 따르면 구조적으로 아리스토텔레스의 철학은 지구중심주의라기보다는 태양중심주의에 가깝고, 칸트의 철학은 태양중심주의라기보다는 지구중심주의에 가깝다. 사유(=인간)와 대상(=사물) 사이의 관계는 지구와 태양 사이의 관계와 구조적으로 가깝다는 것을 생각해보아도 우리는 이 점을 어렵지 않게 이해할 수 있다. 인간의 관점에서 보았을 때 분명 태양은 인간을 포함한 지구를 돌고 있지 않는가? 그렇다면 칸트가 자신의 철학을 코페르니쿠스적인 혁명이라고 부른 이유는 무엇이었을까? 단지 코페르니쿠스의 천문학이 기존의 천문학에 대해 혁명적인 관점 전환이었다는 점만을 취해서, 칸트는 자신의 철학이 이전의 철학에 대한 혁명적 관점 전환이었다는 것을 과장하고 있는 것일까?

2.

용의주도하고 현명한 칸트가 광고 카피처럼 코페르니쿠스를 빌려서 자신의 철학을 수식했을 리는 없을 것이다. 다시 말해 칸트의 철학은 그의 표현대로 코페르니쿠스적이었다고 보아야만 한다. 중요한 것은 그렇다면 지동설의 핵심, 즉 지구가 돌고 있다고 하는 태양이 문제가 된다. 지구가 그 주변을 돌기만 할 뿐 결코 가까이 갈 수 없는 태양, 들여다보려고 해도 눈이 부셔서 볼 수 없는 태양! 그것은 무엇을 상징하는가? 그것은 바로 '물자체(the thing-in-itself)' 혹은 '초월론적 대상(transcendental object)'이다. 이것은 너무나 눈이 부셔서 감각적으로 확인할 수 없고 오직 '사유로만 있다는 것을 알 수 있을(intelligible)' 뿐이다. 그의 명저《순수이성 비판》의 후반부에 다음과 같은 글이 나온다.

> 감성적인 직관능력은 원래 어떤 방식으로 표상들(representations)로 촉발되는 수용성일 뿐이고, 이 표상들의 상호관계는 (우리 감성의 순수한 형식인) 공간과 시간이라는 순수직관이며, 또 이 표상들은 그것들이 (공간과 시간이라는) 관계에 있어서 경험을 통일하는 법칙에 따라 결합되고 규정될 수 있는 한, 대상들(objects)이라고 말한다. 이런 표상들의 비감성적인 원인은 전혀 우리에게 알려지지 않고, 그러므로 이런 원인을 우리는 대상으로서 직관할 수 없다. 대저 이런 대상은 공간 중에서도 시간 중에서도 (공간과 시간은 감성적 표상의 조건이지만) 표상되지 않는 것이고, 공간과 시간의 조건 없이는 우리는 도저히 직관을 생각할 수 없다. 그럼에도 불구하고 우리는 현상(appearances) 일반의 단지

노자의 철학

가지적인(intelligible) 원인을 '초월론적 대상(transcendental object)'이라고 부를 수 있는데, 이것은 단지 수용성으로서의 감성에 대응하는 어떤 것을 우리가 가지기 위해서다. 우리는 우리의 가능한 지각들의 모든 범위와 연관을 이 '초월론적 대상'에 귀속시킬 수 있고, 이 '초월론적 대상'은 일체의 경험에 앞서서 자체적으로 주어져 있다고 말할 수 있다. 그렇지만 현상은 이 '초월론적 대상'에 적합해서, 자체적으로 주어져 있지 않고 오직 경험 중에서만 주어져 있다. 현상은 단지 표상일 뿐이고, 표상은 '지각이 다른 모든 지각과 경험을 통일하는 법칙에 따라서 연결될 때에' 단지 지각으로서 '현실적 대상(real object)'을 의미한다.

바로 여기서 칸트의 비판철학은 완성된다. 여기가 바로 관계의 내재성과 관계의 외재성이 동시에 병존하는 지점이다. 위 구절을 자세히 읽어보면 우리는 다음과 같은 중요한 사실을 알게 된다. 칸트에게는 주체와 현상(=표상) 사이에 관계의 내재성이 유지된다면, 주체와 초월론적 대상(=물자체) 사이에는 관계의 외재성이 유지되고 있다. 현상 혹은 표상은 주체의 두 형식들, 즉 감성이 선천적으로 갖고 있는 시간과 공간이라는 형식과 오성이 선천적으로 갖고 있는 범주들에 의해 이미 혹은 미리 규정되어 있다는 점에서, 표상의 법칙성들은 기본적으로 우리 주체가 능동적으로 구성한 것이고 따라서 기본적으로 그 법칙성들의 기원은 우리 주체에게 내재한 것이라고 볼 수 있다. 그래서 흔히 칸트의 철학은 주관성의 철학, 즉 세계를 능동적으로 구성하는 철학이라고 규정할 수 있었던 것이다. 그러나 우리가 망각해서 안 되는 측면은 바로 이 모든 능동적 주체의 활동 이면에는 그것을 가능하게 하는 '물자체'가 존재한다는 사실이다. 다시 말해 능동적 주체의 활동 이전에 그 활동을 가능하게 하는 어떤 타자성이 존재한다는 것이다. 그것은 결코 우리에게 내면화될 수 없는 것이다. 구성하기 이전에 구성을 강제하는 무엇인가가 있다는 것! 이 말은 인간이란 능동적이지만 결코 절대적으로 능동적이지 않다는 것, 오직 비자발적인 조건에서만 자발적일 수 있는 존재라는 것을 말해준다. 칸트 철학이 아직도 우리에게 의미가 있는 지점은 바로 여기에 있다.

3.

앞에서 살펴본 것처럼 노자 철학에서 '무'는 기본적으로 개체에게 내재된 관계 혹은 관계 가능성이다. 이 점에서 노자 철학은 관계의 내재성의 입장에 서 있다고 할 수 있다. 그렇기 때문에 노자 철학에서는 타자가 이미 벌써 내면화되어 있다고 말해야 한다. 다시 말해 그의 철학에는 결코 주체 속으로 내면화되지 않는 타자란 존재할 수 없다. 더군다나 개체들에게 내재한 '무'는 모두 그 개체들의 존재 근거라는 점에서, 기본적으로 '도'가 개체에 매개되어 실현되는 것으로 사유된다. 노자에 따르면 모든 개체들은 도에서 발생했을 뿐만 아니라 현존하게 되는 것이기 때문이다. 그러니까 도는 개체들의 발생 근거이자 동시에 존재 근거인 셈이다. 결국 노자 철학에 따를 때 각 개체들이 자신들 속에 내재한 '무'를 통해서, 즉 '도'를 통해서 다른 개체들과 조화롭고 통일된 관계를 구성할 수 있게 된다. 자신에 내재한 '무'는 타자에 내재한 '무'와 함께 모

노자의 철학

두 '도'에 의해 규정되기 때문이다. 그렇다면 앞에서 살펴본 것처럼 노자의 전체 세계에 대한 그림은 기본적으로 라이프니츠적인 그림과 상당히 유사하다고 할 수 있다.

어쨌든 이제 주체는 자신에게 내재한 '무' 혹은 '도'를 응시함으로써만 타자와 관계할 수 있게 되었다. 이런 구조는 주체로 하여금 타자와 마주치는 것을 금지시키는 작용을 할 수밖에 없다. 비유하자면 이런 사유 방식은 영화관에서 일어나는 구조를 닮아 있다. 각각 고립된 채 동일한 영화를 보고 있는 무관계한 다수 익명의 인간들. 그들은 오직 그 영화를 보고 있다는 것으로만 묶이는 것과 마찬가지로 노자 철학에서 주체는 타자와 이런 식의 관계를 맺는다. 그러나 결국 이런 식의 그림은 역사를 증발시키게 된다. 역사란 기본적으로 현재로 환원 불가능한 미래라는 시간을 전제로 하지 않으면 아무것도 아니며, 나아가 이런 환원 불가능한 미래는 타자와의 우발적인 마주침에 의해서만 가능한 것이기 때문이다. 그래서 우리는《시간과 타자》에서 레비나스가 지적한 타자의 외재성과 미래라는 시간성의 테마를 숙고해볼 필요가 있다.

나의 존재에 대한 타자의 영향력은 신비스럽다. 그것은 미지의 것이 아니라 인식될 수 없는 것이며, 어떤 빛에 대해서도 저항적이다. 그런데 바로 이 점에서 암시되고 있는 바는, 타자는 나와 더불어 공동의 존재에 참여하고 있는 다른 자아 자체가 결코 아니라는 사실이다. 타자와의 관계는 공동체와의 전원적이고 조화로운 관계도 아니며 우리가 타자의 입장에서 봄으로써 우리 자신이 그와 유사하다고 인식하도록 하는 공감도 아니다. 타자와의 관계는 우리에 대해 외재적이다. 타자와의 관계는 하나의 신비와의 관계다. 그것은 그의 외재성이다. 아니면 그의 타자성이다. …… 어떤 방식으로도 손아귀에 쥘 수 없는 것은 미래다. 미래의 외재성(=초월성)은, 미래가 절대적으로 예기치 않게 닥쳐온다는 사실로 인해서 공간적 외재성과는 전혀 다르다. 미래에 대한 기대, 미래의 투사는 베르크손에서부터 사르트르에 이르기까지 모든 이론들이 마치 시간의 본질적인 특성인 것처럼 일반적으로 인식해왔지만 사실 이것은 미래의 현재에 지나지 않을 뿐 진정한 미래라고 할 수 없다. 미래는 손에 거머쥘 수 없는 것이며, 우리를 엄습하여 우리를 사로잡는 것이다. 미래, 그것은 타자다. 미래와의 관계, 그것은 타자와의 진정한 관계다.

결국 레비나스는 타자의 외재성이란 현재로 환원되지 않는, 그의 표현을 빌리자면 '미래의 현재'가 아닌 진정한 미래로 우리를 열어놓는다고 말한다. 다시 말해 타자의 외재성과 그로부터 가능해지는 타자와의 우발적인 마주침은 우리를 역사적인 존재로 만든다는 것이다. 이 점에서 가라타니 고진이《윤리21》에서 칸트의 물자체를 미래의 타자와 관련시키면서 지적한 것도 바로 타자의 외재성이라는 테마의 중요성을 잘 보여준다고 하겠다. "살아있는 어른의 '행복'만을 생각해서는, 또 그들 사이의 '합의'만으로는 불충분하다. 윤리성은 아직 존재하지 않는 미래의 타자와의 관계에서도 존재한다. 우리가 현재의 '행복'을 향유하기 위해 미래의 인간에게 그 계산서를 돌린다면, 그들을 목적으로서가 아니라 단지 수단으로만 대우하는 것이기 때문이다." 그러나 타자는 단지 미래의 타자, 즉 아직 태어나지 않는 인간에만 국한되는 것은 아니다. 중요한 것은 우리가 나의 내면으로 환원되지 않는 타자와 지금 마주치지 않는다면, 우리에게는 역사가 사라질 수밖에 없다는 점, 다시 말해 타자와의 우발적인 조우가 없다면 우리에게서 미래라는 시간이 증발될 수밖에 없다는 점이다. 그래서 자신에게 내재한 '무'를 응시하는 노자 철학에서 우리는 결코 어떤 역사성도 기대할 수 없다. 잘해야 그것은 창백한 '영원성'의 철학에 머물수 있을 뿐이다.

8장.　동양의 형이상학이 신비스럽게 보이는 이유

천하 사람들이 모두 아름다운 것을 아름답다고 판단하지만 아름다움이 있는 이유는 추함이 있기 때문이다. 천하 사람들이 모두 선한 것을 선하다고 판단하지만 선함이 있는 이유는 불선함이 있기 때문이다. 있음과 없음은 서로 낳고 어려움과 쉬움은 서로 완성하고 긺과 짧음은 서로 드러내고 높음과 낮음은 서로를 채워주고 전체적인 소리와 부분적인 소리는 서로 부드럽게 해주고 앞과 뒤는 서로 뒤따르는데, 이것들은 모두 영원한 것들이다. 그러므로 성인은 무위의 일에 머물고 말하지 않는 가르침을 실천한다. 만물이 번성해도 자신이 시작했다고 여기지 않고 만물을 위해 행동해도 그들로 하여금 의존하도록 하지 않고 공을 이루더라도 거기에 거하지 않는다. 오직 자신이 이룬 공에 머물지 않기에 그 공으로부터 떠나지 않을 수 있다.

– 백서본 46장, 왕필본 2장, 곽점본·갑 9장

天下皆知美之爲美, 惡已. 皆知善, 斯不善已. 有无之相生也, 難易之相成也, 長短之相形也, 高下之相盈也, 音聲之相和也, 先後之相隨也, 恒也. 是以聖人居无爲之事, 行不言之教. 萬物作而弗始也, 爲而弗恃也, 成功而弗居也. 夫唯弗居, 是以弗去.

– 帛書本 46장; 王弼本 2장; 郭店本·甲 9장

대립하기에 서로 의존할 수 있다는 논리

1.

백서본 46장(=왕필본 2장)에서 정말로 중요한 구절, 결코 잊어서는 안 되는 곳이 하나 있다. "이것들은 모두 영원한 것들이다(恒也)"라는 구절이다. 영민한 독자들이라면 방금 앞에서 다룬 적이 있었던 백서본 45장의 중요한 구절, 즉 '명가명비항명'이라는 구절을 떠올릴 것이며, 이어서 이 구절에 등장했던 핵심 개념인 '영원한 이름'에 시선을 고정할 것이다. 고맙게도 노자는 지금 우리가 그렇게 궁금했던 '명'의 논리를 전개하고 있는 것이다. 앞에서 논의했던 것처럼 '무'가 기본적으로 관계와 통일의 계기로 개체에 내재되어 있는 존재원리라면, '유'는 다원성과 식별 가능성, 따라서 개체성의 계기로 개체에 내재되어 있는 존재원리였다. 그렇다면 노자는 어떻게 개체들이 식별 가능한 것으로 현상하는지 혹은 어떻게 개체들이 다원적인 개체들로 이 세계에 현상하는지를 논증할 부담을 질 수밖에 없다. 백서본 46장에서 노자는 논증의 부담을 벗어버리려고 한다.

　　노자에 따르면 모든 개체들은 '아름다움과 추함(美惡)', '있음과 없음(有無)', '어려움과 쉬움(難易)', '깊과 짧음(長短)', '높음과 짧음(高下)' 등과 같은 상호모순적인 개념 짝들의 형식에 의해 이 세계에 현상한다. 다시 말해 만약 어떤 개체가 이 세상에서 우리에게 식별될 수 있으려면, 반드시 상호모순적인 개념 짝의 한 항을 빌려서 드러나야만 한다는 것이다. 이런 상호모순적 개념 짝의 형식을 간단히 줄여서 '대대(待對) 형식'이라고 부르도록 하자. 대대라는 개념을 구성하고 있는 두 한자들을 살펴보면 앞의 '대(待)'라는 글자는 '의존함'을 의미하고 뒤의 '대(對)'라는 글자는 '대립함'을 의미한다. 따라서 대대 형식은 기본적으로 두 보편 개념이 상호 대립적이면서도 그 의미를 서로에 의존하고 있는 관계로 이해할 수 있다. 대대 형식을 중국인의 사유의 중요한 특징으로 이해하고 있는 그레이엄은 대대 형식에 입각한 사유를 '상관론적 사유 (correlative thingking)'라고 《음양과 상관론적 사유의 본성(Yin-Yang and the Nature of Correlative Thinking)》이라는 제목의 책에서 묘사한 적이 있다. 어쨌든 '유명'도 '무명'과 마찬가지로 개체들을 규정하는 엄연한 존재원리라는 노자의 이야기에 입각한다면, 중요한 것은 이 '대대 형식'이 노자 철학에서 모든 개체들에 존재론적으로 선행하고 아울러 개체들에게 내재하는 실존 형식으로 사유될 수밖에 없다는 점이다.

대대 형식에 대해 좀 더 자세히 논의해보도록 하자. 가령 어떤 개체 A가 '크다(大)'라는 규정을 가지고 이 세계에 현상했다고 하자. 플라톤이라면 이 경우 분명 개체 A는 '큼의 이데아', 다시 말해 '큼 자체(the large itself)'에 '부분으로 참여하고 있다(participate)'고 말할 것이다. 그러나 대대 형식에 따르면 이것은 사실 개체 A가 홀로 '큼'으로 현상하는 것이 아니라 이 개체와 비교되는 개체 B라고 부를 수 있는 다른 개체와 관계하고 있기 때문에 가능한 것이

노자의 철학

다. 정확히 말해 개체 A와 개체 B는 상호관계 속에서 전자는 '큼'으로 현상하고, 후자는 '작음'으로 현상한다는 것이다. 이런 동시적인 상호관계 속에서 대대 형식은 두 개체를 매개하는 역할을 수행하고 있다. 그러나 문제는 대대 형식의 논의가 이렇게 단순한 형식에만 그치지 않는다는 점이다. 개체 A는 개체 C와 관계할 경우 '작음'으로 현상하고 이와는 대조적으로 개체 C는 '큼'으로 현상할 수도 있기 때문이다. 결국 세 개체들 중 개체 C가 가장 크고, 그다음으로 큰 것은 개체 A이고, 가장 작은 것은 개체 B일 수 있다는 것이다. 그렇다면 문제는 도대체 개체 B를 만났을 때 개체 A가 현상하던 방식인 '큼'은 개체 A가 개체 C를 만났을 때 어디에 존재하는가이다.

2.

우리가 앞에서 라이프니츠의 철학을 소개한 이유 중 하나가 바로 노자가 이런 문제를 해결하는 데 라이프니츠의 방식을 선택하고 있기 때문이다. 그것은 바로 개체가 개체로서 존재하는 두 가지 충분이유율, 즉 '무명'이라는 일차적 존재원리와 '유명'이라는 이차적 존재원리를 가지고 있다는 노자의 생각에서 기인하는 것이다. 이런 원리에 따르면 개체 A에게는 '큼'과 '작음'이라는 상호모순적인 보편자들의 쌍, 즉 대대 형식이 이미 내재해 있는 것으로 이해할 수 있다. 결국 이런 해법은 많은 차이점에도 불구하고 노자 철학을 상당히 라이프니츠적인 것으로 만들 수밖에 없다. 라이프니츠에게서도 모든 개체들 혹은 모나드들은 잠재적으로 모든 관계들 혹은 모든 술어들을 이미 속성으로 가지고 있으니까 말이다. 라이프니츠라면 개체 A는 최소한 다음과 같은 두 가지 속성을 지니고 있다고 말할 것이다. 첫째 속성은 "개체 B와 만나서 크다고 식별된다"고 표현될 수 있고, 둘째 속성은 "개체 C와 만나서 작다고 식별된다"고 표현될 수 있다. 문제는 어떻게 동일한 개체 A가 상호모순적인 두 보편자들, 즉 '큼'과 '작음'을 동시에 갖고 있을 수 있느냐라는 더 심각한 문제로 이행한다. 이것은 모순율에 위배되는 것이 아닐까?

이것을 해명하기 위해 조금 더 우리의 생각을 진전시키도록 해보자. 노자 철학에서 다른 개체들, 예를 들면 개체 B나 개체 C와 현실적으로 관계하기 전에 개체 A는 이미 잠재적으로 식별 가능한 원리로서 '큼'과 '작음'을 동시에 가지고 있을 수밖에 없다. 결국 잠재적인 층위에서이기는 하지만, 개체 A를 포함한 모든 개체에는 '큼'과 '작음', 혹은 '아름다움'과 '추함' 등 서로 모순되는 속성들이 공존하게 된다. 이것은 이런 상호모순적인 보편자들을 동시에 내재하고 있기 때문에, 개체 A는 다른 개체들과 관계하기 전에는 '큰지 혹은 작은지' 결정될 수 없다는 것을 의미한다. 우리는 상호모순적인 보편자들이 공존하는 개체 A의 잠재적인 상태를 '상호모순적 동일성(inter-contradictory identity)'이라고 부르도록 하자. 그러나 개체 A가 다른 개체들과 현실적으로 관계를 맺기 이전에 이렇게 상호모순적인 보편자들을 동시에 가지고 있다고 하더라도, 이로부터 우리는 노자 철학이 모순율을 어기고 있다고 추론해서는 안 된다. 아리스토텔레스의 《형이상학》에 따르면 모순율은 다음과 같이 표현된다. "하나의 동일한 것(=술어)이 하나의 동일한 것(=주어)에 동일한 관점에 따라 동시에 주어지고 또한 주어지지 않는 것은 불가능하다." 이런 모순율의 정의에 따라 노자가 모순율을 어기고 있다면, 노자 철학은 개체 A가 개체 B와 관계해서 '크다'고 식별되는 동시에 '작다'고 식별된다고 주장했을 것이다. 그러나 노자는 결코 이런 식으로 이야기하지 않는다. 그는 개체 A가 개체 B와 관계할 때 '상호모순적 동일성'을 구성하는 하나의 계기인 '큼'이 현실화되고, 반면 이것과 모순되는 보편자의 계기인 '작음'은 잠재성의 층위에 머문다고 말한다. 이와는 반대로 개체 A가 개체 C와 관계할 때 '상호모순적 동일성'을 구성하는 하나의 계기인 '작음'이 현실화되고, 반면 이것과 모순되는 계기인 '큼'은 잠재성의 층위에 머문다고 말할 수 있다. 우리는 이로부터 현실의 층위에서 노자가 절대로 모순율을 어기고 있지 않다는 것을 이해할 수 있다. 따라서 우리는 노자도 기본적으로 일종의 동일성의 철학자에 속한다고 말할 수 있다.

이 정도에 머문다면 노자는 사변적 형이상학자에 머물게 될 것이다. 그러나 앞에서 말했듯이 이런 '상호모순적 동일성'과 '잠재성' 및 '현실성'이라는 상이한 두 층위의 구분은 단순히 사변적인 관심에만 머무는 것이 아니라 실천적 관심, 즉 국가의 작동 원리와 그로부터 규정되는 통치자의 역할 수행을 정당화하기 위해 구성된 것이다. 따라서 우리는 노자의 통찰을 실천적인 측면에서 관심을 가지고 살펴보아야 한다. 이렇게 물어보자. 어떤 개체 A가 현실적으로 '큼'으로 현실화되기 위해서는 어떻게 하면 되는가? 앞에서 살펴본 것처럼 개체 A는 자신보다 작은 개체 B와 관계하면 된다. 그렇다면 이 경우 '상호모순적 동일성'은 잠재적 층위에서 '작음'으로 머물러 있다고 말할 수 있다. 이미 '큼'은 현실화되어 있기 때문이다. 이런 통찰로부터 노자는 다음과 같이 자신의 사유 방향을 내면으로 옮기게 된다. 만약 개체 A가 자신의 잠재성의 층위를 '작음'으로 유지하려고 한다면 그리고 그것이 성공한다면 개체 A는 결국 현실적으로 '큼'으로 현실화될 수 있다는 것이다. 이렇게 되면 현실에서 개체 A는 '큼'으로 현상하고, 다른 개체는 '작음'으로 현상하게 될 것이다. 이것은 라이프니츠의 예정조화설에 버금가는 노자식 예정조화설이라고 할 수 있다. 우리가 주목하고 싶은 것은 노자 철학의 이중적인 구조다. 다시 말해 바로 현실적 층위에서 두 개체들 중 하나는 '큼'으로 다른 하나는 '작음'으로 현상할 때, 잠재적 층위에서는 역으로 전자는 '작음'을 후자는 '큼'을 '상호모순적 동일성'의 흔적으로 내재하고 있다는 말이다. 바로 노자의 이런 발상이 '구부리면 온전해질 수 있고 휘어지면 바르게 될 수 있다(曲則全, 枉則正)'는 역설을 가능하게 만드는 논리로 작동하게 되며, 노자의 수양론의 근본 논리로 역할을 수행하게 된다.

3.

서양 고전철학자들의 많은 특징 중 하나는 그들이 언어의 사태와 존재의 사태를 별로 구분하지 않았다는 점이다. 그중 대표적인 인물로 우리는 아리스토텔레스를 생각해볼 수 있다. 그가 지은《범주론》을 보면, 아리스토텔레스가 존재를 분석하는 데 사용하는 열 가지 범주가 나온다. 그것은 바로 실체, 분량, 성질, 관계, 장소, 시간, 상태, 소유, 능동, 피동이다. 그에게 이 범주들은 다른 것으로 환원될 수도 없고 다른 더 높은 부류로 환원될 수도 없는 진술들의 최고 부류이다. 문제는 그가 이런 범주들을 일상적으로 사용하는 언어 형식들에서 추상화했다는 점이다. 다시 말해 그의 범주들은 어떤 최종 원리들에서 연역된 것이 아니라 단지 일상생활의 언어 사용에서 추상화되었다는 것이다. 우리는 아리스토텔레스의 열 가지 범주들 중, 실체는 주어에 해당한다는 것 그리고 나머지 범주들은 모두 술어와 술어에 관계된 것들에 해당한다는 것을 어렵지 않게 알 수 있다. 만약 칸트가 아리스토텔레스의 《범주론》을 읽었다면, 그는 아리스토텔레스의 열 가지 범주들이 존재의 사태와는 무관한 것으로 단지 인식주관의 선험적 능력들 중 오성의 범주에 속하는 형식에 불과한 것으로 판단했을 것이다.

어쨌든 지금 아리스토텔레스를 논의에 도입하고 있는 이유는 노자 철학도 이와 마찬가지로 언어의 사태와 존재의 사태를 구분하지 않고 있다는 점을 명확히 보여주기 위해서다. 다시 말해 노자 철학의 핵심은 그의 범주들, 즉 명의 논리가 단순히 언어 형식에만 국한되는 것이 아니라 그것은 또한 존재 형식이기도 하다는 것이다. 아리스토텔레스의 존재 범주들은 칸트에 이르러 단지 사유, 즉 오성의 범주들로 변환되었던 것과 마찬가지로 노자의 명의 논리도 불교가 중국에 들어오면서 마치 분별하는 사유의 착각, 불교식으로 표현하자면 허망분별(虛妄分別)의 원리로 오해되기 시작한다. 그러므로 수차례 반복한 것처럼 우리가 결코 잊어서는 안되는 것은 노자가 다양성과 식별 가능성의 원리를 부정적으로 보지 않았다는 점이다. 이미 살펴본 것처럼 노자는 '유명' 혹은 '명'이, 비록 '무명'과 '도'에 종속되는 이차적 존재원리이지만, 개체들에 대해 존재론적으로 선행하는 존재원리 중 하나라고 명확히 사유하고 있었다. 노자의 '명' 이론이 부정적으로 이해되게 된 이유는 기본적으로 불교, 특히 중관불교의 해체론적 사유에 기인한다고 볼 수 있다. 그러므로 여기서 우리는 나가르주나(Nāgārjuna, 龍樹)의 《중론(中論)》 제23장 〈관전도품(觀顚倒品)〉에 나오는 다음 두 게송을 읽어볼 필요가 있다.

> 깨끗함의 특징에 근거하지 않는다면, 깨끗하지 않음은 존재할 수 없네. 깨끗함에 근거해서 깨끗하지 않음이 있기 때문에, 깨끗하지 않음이란 존재할 수 없게 된다네.
> 不因於淨相, 則無有不淨. 因淨有不淨, 是故無不淨.

> 깨끗하지 않음에 근거하지 않는다면 또한 깨끗함도 있을 수가 없네. 깨끗하지 않음이 있기 때문에 깨끗함도 있기 때문에, 깨끗함이란 존재할 수 없게 된다네.
> 不因於不淨, 則亦無有淨. 因不淨有淨, 是故無有淨

얼핏 보면 노자와 마찬가지로 나가르주나도 지금 '깨끗함'과 '깨끗하지 않음', 즉 정(淨)과 부정(不淨)으로 대표되는 대대 형식을 다루고 있는 것처럼 보인다. 그에게 대대 형식은 노자 철학에서와 달리 해체의 논리, 즉 연기(緣起)의 논리로 쓰이고 있다. 다시 말해 대대 형식에 있는 두 개념은 기본적으로 '상호의존해서(緣) 발생하는(起)' 것일 뿐 자기동일성을 가진 실체를 가리키지 않는다는 것이다. 나가르주나 표현을 빌리자면 정이라는 개념은 의미론적으로 부정이라는 개념을 전제로 해서만 의미를 지니고 있고 반대로 부정이라는 개념도 의미론적으로 정이라는 개념을 전제로 해서만 의미를 지닌다는 점에서 정이나 부정 개념 모두 공(空)

노자의 철학

하다는 것이다. 이 말은 정 개념이나 부정 개념은 모두 관습적으로(=가명[假名]으로) 쓰는 개념들일 뿐 그것들은 실체적으로 무엇인가를 의미하는 개념이 아니라는 것을 의미한다. 중관철학의 핵심 주장에 따르면 인간의 집착과 그로부터 야기되는 고통은 언어가 관습적으로 사용되는 것임에도 불구하고 그것이 무엇인가를 실체적으로 지시한다고 믿기 때문에 발생한다는 것이다. 따라서 언어로부터 유래하는 집착과 고통을 해소하기 위해, 나가르주나는 실재론적 언어 이해를 연기와 공의 논리를 통해 해체하려고 했던 것이다. 이 점에서 나가르주나의 철학은 기본적으로 유명론적이라고 할 수 있다. 이것은 노자 철학의 실재론적 경향, 즉 '유명'을 개체들에 선행하는 존재원리로 이해하고 있는 사유 경향과는 확연히 구별되는 점이다.

모든 것에 숨어 있는 야누스적 얼굴

1.

라이프니츠의 모나드론의 철학적 귀결 중 하나는 각각의 모나드
가 전체 세계를 자신의 관점에서 반영하고 있다는 것이다. 앞에서
살펴본 것처럼 '케사르'라는 주어(=모나드)는 '루비콘 강을 건너다'
라는 술어(=속성) 이외에도 거의 무한에 가까운 다른 속성들을 가
질 수 있다. 그중 생각나는 술어들을 한번 나열해보자. '클레오파
트라를 사랑한다,' '클레오파트라에게 사랑을 받는다,' '장미를 만
지다', '브루투스에게 살해당하다', '강신주에 의해 노자와 비교되
다', '독자의 주목을 받다' 등등. 그러나 이것은 '케사르'라는 주어
에게만 해당될까? '클레오파트라', '장미', '노자', '독자'에 대해서
도 거의 무한에 가까운 술어가 배속될 수 있다. 결국 이런 논리적
귀결로 인해 라이프니츠는 자신의 가장 유명한 저작《단자론》에
서 다음과 같이 전체론적인(holistic) 세계관을 피력하게 된 것이다.

> 이제 모든 창조된 사물들 각각에서, 나아가 모든 사물들 사이
> 에서 성립하는 이 연결 또는 대응이 각각의 단순실체들이 다른
> 모든 것을 표현하는 관계들을 가지도록, 그리고 결과적으로

우주의 항구적인 살아 있는 거울이 되도록 만든다. 그리고 여러 방향에서 주시되는 하나의 도시가 전혀 달라 보이고 관점에 따라 복수화되듯이, 무한한 단순실체들이 존재함에 따라 그만큼의 상이한 우주들이 존재하게 된다. 그렇지만 이 우주들은 결국 각 모나드의 상이한 관점에 따른, 하나의 단일한 우주에 투사된 시점들일 뿐이다.

'주어가 모든 술어들을 속성으로 가지고 있다'는 라이프니츠의 주장이 결국 '모든 개체가 자신의 관점에 따라 전체 우주를 표현한다'는 주장을 함축하게 되는 것처럼, 노자 철학에서도 이런 라이프니츠적인 그림이 유사하게 반복될 수밖에 없다. 노자의 경우에도 모든 개체들은 기본적으로 상호모순적 동일성으로서의 '일자'를 존재론적 충분이유율로 미리 가지고 있기 때문이다. 그럼 이제 직접 백서본 2장(＝왕필본 39장)에 나오는 라이프니츠의 그림을 살펴보고, 노자의 그림이 라이프니츠의 그림과 차이나는 지점을 확인해보도록 하자.

과거에 일자를 얻은 것들이 있었다. 하늘은 일자를 얻어 맑았고, 땅은 일자를 얻어 안정되었고, 귀신들은 일자를 얻어 성스럽게 되었고, 계곡은 일자를 얻어 차게 되었고, 제후들은 일자를 얻어 천하의 지배자가 되었다. 그 귀결을 생각해보면 우리는 다음과 같이 말할 수 있다. 하늘이 끊임없이 맑고자 하면 찢어질 우려가 있고, 땅이 끊임없이 안정되고자 하면 흔들릴 우려가 있고, 귀신이 끊임없이 성스럽고자 하면 소진될 우려가 있고, 계곡이 끊임없이 채우려고 하면 마를 우려가 있고, 제후

들이 끊임없이 고귀하려고 하면 거꾸러질 우려가 있다. 그러
므로 귀해지려고 한다면 천한 것을 근본으로 삼아야 하고, 높
아지려고 한다면 낮은 것을 기초로 삼아야 한다. 이런 이유로
제후들은 자신을 '외로운 자(孤)', '부족한 자(寡)', 혹은 '결실이
없는 자(不穀)'라고 말한다. 이것은 천한 것을 근본으로 삼는 것
이 아니겠는가? 그러므로 많은 수레들을 헤아리면 수레가 하
나도 없게 될 것이다. 이 때문에 그들은 옥과 같이 현란하게 빛
나기를 원하지 않고 돌과 같이 안정되기를 원한다.

昔之得一者. 天得一以淸, 地得一以寧, 神得一以靈, 谷得一以
盈, 侯王得一以爲天下正. 其致之也, 謂天无已淸將恐裂, 謂地
无已寧將恐發, 謂神无已靈將恐歇, 謂谷无已盈將恐渴, 謂侯王
无已貴以高將恐蹶. 故必貴而以賤爲本, 必高矣而以下爲基. 夫
是以侯王自謂孤·寡·不穀, 此其賤之本與非也? 故致數擧无
擧. 是故不欲祿祿若玉, 硌硌若石.

하늘은 일자를 얻어서 하늘의 자리에서 푸르고, 땅은 일자를
얻어서 땅의 자리에서 안정된다. 또한 귀신도 일자를 얻어 귀신의
자리에서 영험함을 발휘하고, 계곡도 일자를 얻어 계곡의 자리에
서 무수한 물들을 모을 수가 있고, 군주도 일자를 얻어 군주의 자
리에서 천하를 다스린다. 노자 철학의 그림에 따르면 이처럼 개
체들 내면에 들어 있는 일자의 조화로운 전개는 결국 전체 세계의
조화로운 질서를 낳을 수밖에 없다. 정확히 말해서 노자 철학에서
개체에 내재된 일자는 미리 설정된 조화로운 세계 질서 자체라고
할 수 있다는 것이다. 노자 철학의 그림은 라이프니츠의 그림에
버금갈 정도로 아름다운 조화의 세계인데, 이 세계 속에서 개체

는 전체이며 역으로 전체는 개체이게 된다. 우리는 여기서 라이프니츠와 노자 사이의 유사성을 보게 된다. 양자에게 모두 "모든 개체는 각각의 관점에서 전체를 비추고 있다". 노자의 표현을 빌리자면 여기서 말한 '각각의 관점'이 '유'라는 존재원리라면, 그렇게 비추어진 전체란 바로 '무'라는 존재원리라고 할 수 있다.

2.

바로 이 점, 즉 '개체=전체'라는 주장이 노자 철학을 '제국의 논리'로서 기능하게 하는 존재론적 근거라고 할 수 있다. 앞에서 살펴본 것처럼 이런 라이프니츠적인 도식 때문에, 노자 철학이 니시다 기타로가 말한 '주체=세계'라는 대동아공영권의 도식과 히틀러 치하의 독일 국민들이 자신을 작은 히틀러로 착각하게 만들었던 파시즘의 도식과 구조적으로 일치할 수밖에 없게 된 것이다. 명민한 독자라면 노자 철학의 그림에서 치명적인 허점을 발견하게 될 것이다. 그것은 바로 노자 철학이 현실을 그대로 정당화하고 있다는 사실이다. 전체를 모든 개체의 내부에 잠재적인 일자로 내재화시키고, 그다음에 모든 개체들이 잠재적인 일자를 표현하면서 전체를 구성한다고 해도 노자의 세계에서 달라지는 것이라고는 하나도 없다. 결국 개체의 내부는 자신의 외부와 일치할 수밖에 없게 된 셈이다. 그래서 라이프니츠와 마찬가지로 노자 철학도 거대한 동어반복의 유희, 현실적 질서를 그대로 조화의 질서로 정당화하는 보수적인 논의에 불과하다고 할 수 있다. 이런 이유로 노자 철학은 결국 발생에 입각한 인식이라기보다는 결과에 입각한 인식에 가깝다고 규정할 수 있는 것이다.

그렇다면 우리는 노자 철학이 결국 중국판 라이프니츠 철학이라고 결론 내려도 되는가? 사실 노자 철학은 라이프니츠 철학과 구별되는 지점이 있다. 그렇다면 어느 지점에서 그들은 구별되는가? 그것은 주어에 내재되어 있다는 술어들, 즉 개체에 내재된 속성들이 잠재성의 층위에서 구성되는 방식에서의 차이다. 라이프니츠 철학에서는 개체들에 내재된 속성들이 기본적으로 '주름(fold)'의 방식으로 신에 의해 접혀져 있기 때문에 나중에 주름이 펴지는 것처럼 전개된다. 그래서 '로마에서 태어나다'라는 주름이 먼저 풀리고, 이어서 '루비콘 강을 건넌다'는 주름이 풀리고, 제일 마지막으로 '원로원 의원들에 의해 단도에 찔리다'라는 주름이 풀린다는 것이다. 이것은 서양 근대철학 초기의 낙관론적 분위기를 반영하고 있으며, 또한 라이프니츠의 예정조화설로 정당화되는 논리이기도 하다. 따라서 라이프니츠의 주어들에 내재하는 술어들은 마치 잘 접혀 있는 주름들처럼 차곡차곡 접혀져 있다고 할 수 있다.

반면 노자 철학에서 개체들에 내재하는 명들은 기본적으로 상호모순적 동일성의 형식으로 구성되어 있다. 그리고 상호모순적 동일성은 상호모순적인 보편자들 중 하나가 현실화되면 하나는 잠재성의 층위에서 머물게 되고, 또 잠재성의 층위에 머물던 보편자가 현실화되면 현실화된 보편자는 다시 잠재성의 층위로 '돌아가(反)' 숨게 된다. 이것이 바로 라이프니츠 철학과는 달리 노자 철학에서 낙관론적 경향이 사라질 수밖에 없는 이유다. 노자 철학 속에서 개체들은 지금 비록 자신이 '크다'고 할지라도 항상 '작아질' 수 있는 잠재성을 가지고 있는 것으로 사유되기 때문이다. 또한 라이프니츠 철학과 구별되는 노자 철학의 중요한 특징 중 하나는, 상호모순적 동일성이 실현되는 방식인 대대 형식이 기본적으로 개체의 노력에 의해 다른 방식으로 현실화될 수 있다는 점에서, 그의 철학에는 예정조화의 주체인 '신'이 들어설 여지가 없다는 것이다. 결론적으로 우리는 비관론적 경향과 주체의 노력이 노자 철학을 라이프니츠 철학에서 구별해주는 결정적인 측면이라고 말할 수 있다.

3.

이 점에서 백서본 2장의 후반부는 라이프니츠 철학과 구별되는 노자 철학의 두 가지 고유성을 잘 보여주고 있다고 할 수 있다. 우선 노자는 자신의 비관론을 다음과 같이 피력한다. "하늘이 끊임없이 맑고자 하면 찢어질 우려가 있고, 땅이 끊임없이 안정되고자 하면 흔들릴 우려가 있고, 귀신이 끊임없이 성스럽고자 하면 소진될 우려가 있고, 계곡이 끊임없이 채우려고 하면 마를 우려가 있고, 제후들이 끊임없이 고귀하려고 하면 거꾸러질 우려가 있다." 어떤 것이 끊임없이 맑고자 하고, 끊임없이 안정되고자 하고, 끊임없이 채우려고 하고, 끊임없이 성스럽고자 하고, 끊임없이 고귀하려고 하면, 역으로 그것은 아이러니하게도 찢어지고, 흔들리고, 소진되고, 마르고, 거꾸러지게 된다. 따라서 모든 개체들은 자신들이 상호모순적 동일성, 즉 내재화된 전체에 참여하고 있다는 사실을 잊어서는 안 된다. 우리가 소망하는 현상적인 모습, 예를 들어 고귀함을 유지하려고 한다면, 우리는 고귀함 그 자체를 추구하는 형식으로는 결코 그런 목적을 달성할 수 없다는 것이다. 그것은 고귀함을 가능하게 하는 다른 비천한 것들과의 관계를 통해서, 혹은 그런 고귀함을 가능하게 하는 잠재적인 비천함을 유지함으로써만 가능해지는 것이다.

이로부터 주체의 노력, 자기수양을 강조하는 노자 철학의 특징이 유래한다. 그러므로 우리는 이어지는 구절에서 노자가 왜 자기수양이라는 주체의 노력을 강조하는지 어렵지 않게 이해할 수 있다. "귀해지려고 한다면 천한 것을 근본으로 삼아야 하고, 높아지려고 한다면 낮은 것을 기초로 삼아야 한다. 이런 이유로 제후들은 자신을 '외로운 자(孤)', '부족한 자(寡)', 혹은 '결실이 없는 자(不穀)'라고 말한다. 이것은 천한 것을 근본으로 삼는 것이 아니겠는가?" '높음'과 '낮음' 그리고 '고귀함'과 '천함'이라는 상호모순적 보편자들은 개체들에게 상호모순적 동일성의 형식으로 내재되어 있는 것이다. 다시 말해 만약 어떤 개체에게 '높음'이 현실화된다면, '낮음'은 상호모순적 동일성의 흔적으로 개체에게 내재되어 있다는 말이다. 이것은 '고귀함'과 '천함'의 경우에도 마찬가지다. 따라서 군주가 '높고 고귀한' 사람으로 현상한다면, 그것은 그 군주의 잠재성의 층위에서 '낮고 비천함'을 유지하고 있기 때문에 가능한 것이다. 한 가지 주목할 것은 비관론과 수양론에 대한 노자의 강조에도 불구하고, 이런 논자의 논의 속에는 이상한 종류의 낙관론이 자리 잡고 있다는 점이다. 그것은 바로 어떤 개체가 높아지려고 한다면 반드시 낮아지려고 노력하기만 하면 된다는 노자의 낙관론이다. 바로 이 지점이 노자 철학의 출발점이 과연 어디에 있는지에 대한 실마리를 제공하고 있다. 그의 수양론은 기본적으로 현실적으로 군주, 다시 말해 현실적으로 '높고 고귀하다

노자의 철학

고' 식별되는 개체에서 시작되고 있다. 그 증거로 우리는 노자가 대대 형식과 수양론을 강조한 다음에 바로 제후들에 대해 권고하고 있는 다음과 같은 구절을 들 수 있다. "바로 이런 이유로 제후들은 자신을 '외로운 자', '부족한 자', 혹은 '결실이 없는 자'라고 말한다(夫是以侯王自謂孤·寡·不穀)."

정치적 관심과 관련된 노자 철학의 출발점, 혹은 문제의식을 잊지 않는 것은 매우 중요하다. 그것은 대부분의 연구자들 혹은 일반 독자들이 노자의 수양론이 모든 개체들에게 적용 가능한 것이라고 착각하고 있기 때문이다. 반복하지만 노자는 '낮고 천한' 우리 일반 사람들이 어떻게 '높고 고귀한' 사람이 될 수 있을까를 모색했던 사람이 아니라, '높고 고귀한' 사람이 어떻게 그 '높고 고귀함'을 영속적으로 유지할 수 있을까를 모색했던 사람이다. 그러므로 노자 철학의 핵심을 알고자 하는 사람은 다음과 같이 물어보아야만 한다. "'낮고 천한' 사람이 어떻게 하면 '높고 고귀한' 사람이 될 수 있을까?" 흥미롭게도 노자는 81장의 어느 부분에서도 이런 질문에 답하고 있지 않다. 사실 그것은 수양의 문제가 아니라, 기본적으로 정치적 혁명의 문제다. 나중에 살펴보겠지만 모든 수양론이 항상 현실적 조건을 무비판적으로 수용하는 데서 오는 것도 바로 이런 이유에서다. 아이러니하게도 '낮고 천한' 사람의 수양이란 그저 잠재성의 층위에 있는 '높음과 고귀함'을 유지해서 현실적인 층위의 '낮고 천함'을 영속적으로 유지하는 전략, 혹은 '낮고 천함'을 달게 여기는 자기만족에 지나지 않는 것이다.

3

실재론과 유명론, 그리고 정치

1.

많은 연구자들이 착각하고 있는 것 중 가장 결정적인 것은 노자 철학에서 '명'과 관련된 언어의 문제다. 그들에 따르면 노자가 언어를 진정한 실재인 '도'에 대해 이해하거나 전달하는 데 부적합한 것이라고 생각했다는 것이다. 한마디로 노자는 언어를 부정적인 것으로 생각했다는 말이다. 앞에서 이미 언급했던 것처럼 이런 해석 경향에 따르면 백서본 45장의 첫 구절, 즉 "도라고 인정되는 도는 영원한 도가 아니고, 명이라고 인정된 명은 영원한 명이 아니다"라는 구절에서 후반부의 의미는 전혀 이해할 수 없거나 아니면 소홀하게 다룰 수밖에 없다. 그러나 앞에서 이미 분석했던 것처럼 노자 철학 체계는 '무'의 계기로서의 '도'와 '유'의 계기로서의 '명'을 개체들을 규정하는 두 가지 존재원리로 정립하고 있다. 이 점에서 만약 후자의 계기를 부정하거나 소홀히 취급한다면 이런 해석은 노자 철학의 핵심을 놓치는 것뿐만 아니라 노자 철학 자체를 신비주의로 몰고 가는 우를 범한다고 말할 수 있다.

백서본 45장에서 노자는 무명과 유명을 개체들(=萬物)의 존재 근거로 명확하게 규정하고 있다. 앞에서 분석한 것처럼 여기서의 유명이 상호모순적인 보편 개념들의 쌍, 대대 형식을 가리킨다면, 무명은 그런 상호모순적인 보편자들의 쌍이 각각 상호모순적 동일성 속에 있음을 가리킨다는 점에서 '일자(一者)', 즉 '도'를 의미한다. 유명이 사실 자신의 존재 근거를 무명에 가지고 있을 수밖에 없는 것도 이런 이유에서다. 그러나 개체들의 수준에서 본다면, 유명은 무명과 마찬가지로 엄연한 존재론적 원리라는 위상이 있다는 것도 우리는 잊어서는 안 된다. 그래서 노자도 "무명은 만물들의 시작이고 유명은 만물들의 어머니(无名, 萬物之始也. 有名, 萬物之母也)"라고 규정했던 것이다. 다시 말해 자기모순적 동일자로서의 무명(＝도＝일자)과 대립적 보편자들로서의 유명도 원리적으로 개체들 이전에 존재하고 있다는 것이다. 우리가 주목하고 싶은 것은 바로 구분과 분별의 원리로서 유명이 이미 개체들의 발생 이전에 존재하고 있다는 이야기다. 바로 이 부분이 노자가 기본적으로 실재론자였다는 것을 말해주고 있는 것 아닌가.

실재론이라는 말만큼 서양철학사에서 굴곡과 오해를 많이 만들었던 개념은 없을 것이다. 원래 실재론(realism)이란 말은, 서양 중세철학에서는 유명론(nominalism)과 반대되는 사유 경향을 가리킬 때 사용되었다. 이렇게 유명론과 대립되는 의미에서 실재론은 보편자(universals)를 실재하는 객관적인 존재로 보는 입장을 가리킨다. 그러나 근대철학에서 실재론은 물질적 대상들이 인식 주체 바깥에 객관적으로 그리고 독립적으로 존재한다고 보는 사유 경향을 가리킨다. 따라서 근대철학에서 실재론은 유명론과 대립되는 것이 아니라, 관념론(idealism)과 대립된다. 관념론은 어떤 물질적 대상이나 외부의 물체도 우리의 인식이나 의식을 떠나서는 존재하지 못한다고 주장하고 있기 때문이다. 결과적으로 이상한 아이러니지만, 중세철학의 실재론은 근대철학의 관념론과 연결되고 반대로 중세철학의 유명론은 근대철학의 실재론과 연결된다. 이런 혼동 때문에 일군의 학자들은 다음과 같이 용어를 정리한다. 즉 중세철학의 실재론은 존재론적 실재론으로 근대철학의 실재론은 인식론적 실재론이라고 부르고, 또 중세철학의 유명론은 존재론적 유명론으로 근대철학의 관념론을 인식론적 관념론이라고 부르자는 것이다. 어쨌든 노자 철학이 실재론적 경향을 가진다는 판단은 서양의 중세철학적 문맥에 따른 것이다. 이런 우리의 판단이 옳다면 노자 철학은 유명론적 경향과 반대되는 경향을 띠고 있다고 말할 수도 있을 것이다.

2.

실재론과 유명론을 가름하는 핵심적 관건은 개별사물(res)과 보편자(universals) 사이의 관계 설정 문제다. 실재론에 따르면 보편자는 개별적 '사물에 앞서서(ante res)' 실제로 존재하는 것이다. 반면 유명론에 따르면 보편자는 개별적 '사물 뒤에서(post res)' 인간이 만든 이름에 불과한 것, 다시 말해 보편자는 단지 인간 정신 속에만(in mente) 실존하는 것이다. 따라서 실재론적 경향이 개별사물보다 보편자를 더 중시한다면, 유명론적 경향은 보편자보다는 개별사물을 더 중시하지 않을 수 없다. 실재론적 경향에 따르면 개별사물들은 자신들이 부분으로서 참여하고(participation) 있는 보편자들을 자신들의 존재 근거로 가지고 있다. 이것은 마치 플라톤이 모든 개별자들이 존재하는 이유로 그것들이 외관상의 모습을 넘어

노자의 철학

서서 존재하는 '형상(eidos, idea)'에 참여하고 있기 때문이라고 진단 했던 것과 마찬가지다. 바로 이 점에서 실재론은 기본적으로 결과 에 입각한 인식의 전형이라고 할 수 있다. 실재론은 주어진 현실 혹은 개별자들의 세계를 분석해서 보편자들의 세계로 환원하고 나아가 그것들을 존재론적 실재로 정당화하고 있기 때문이다. 플 라톤의《파이돈》에서 등장하는 논증을 보면 우리는 실재론이 지 닌 이런 보수성과 사후적 정당화의 논리를 어렵지 않게 이해할 수 있다.

의자 하나, 과일 하나를 통해서 순수하게 보편적인 '1'을 추상 화한 다음에, 플라톤은 이 의자와 과일이 모두 보편자 혹은 이데 아로서의 '1'에 참여하고 있음으로써, 하나의 의자 혹은 하나의 과 일로 있을 수 있다고 말한다. 결국 플라톤의 이런 논증은 '1'이라 는 것이 '3-2'라는 운동에서 발생한 것일 수도 있고, 아니면 '3÷ 3'이라는 운동에서 발생할 수 있다는 것 자체를 파고들어갈 수 없 다. 이처럼 실재론은 기본적으로 발생에 입각한 사유에 무능력할 수밖에 없고, 따라서 실재론은 기본적으로 정치적으로 보수적이 고 위계적인 입장을 취할 수밖에 없다. 반면 유명론은 개별자들 과의 조우를 통해서 보편자가 우리의 정신 속에서 발생한다고 주 장한다는 점에서, 기본적으로 발생에 입각한 인식과 사유에 근접 한 양상을 보인다. 유명론은 개별자들이 결코 보편자로 환원되는 것이 아니라 그 자체로 절대적인 현존이라고 보고 있을 뿐만 아니 라 다른 개별자들에 의해 파괴될 수 없다고 주장한다는 점에서, 정치적으로 혁명적인 경향을 띠기 쉽다. 우리는 실재론적 경향과 유명론적 경향의 정치적 보수성과 혁신성의 측면을, 스콜라철학 의 대부인 아퀴나스(Thomas Aquinas)와 유명론의 창시자 오컴(William

Ockham) 각각이 '사유재산'에 대해 어떤 입장을 취했는지를 통해 확인할 수 있다.

아퀴나스는 사유재산을 직접적인 자연권으로 보면서 긍정하지만, 오컴에 따르면 인간에게는 원래 사유재산도 공동재산도 없었다고, 다시 말해 그것은 자연권으로 정당화될 수 없는 것이라고 본다. 오컴의 이런 제안은 실존하는 개체들이 어떤 재산도 가져서는 안 된다는 것을 말하는 것은 아니다. 오히려 누군가 자신이 가진 재산을 정당한 권리인 것처럼 보는 보수적인 입장에 반대하고 있는 것이다. 사유재산과 개체 사이의 관계는 사실 보편자와 개체 사이의 관계를 그대로 반영하고 있다. 보편자가 개체에 앞서 존재한다는 실재론적 주장은, 기본적으로 사유재산이 자연권이고 그래서 그것을 자신의 자식에게 물려주는 것이 당연하다는 주장에 전제되어 있다. 다시 말해 보편자가 개체 앞에 존재하는 것과 마찬가지로 사유재산이 아직 태어나지 않았지만 태어날 자신의 자식 앞에 존재한다는 것은 당연하다는 것이다. 이와 달리 오컴의 입장에 따르면 보편자가 개체 앞에 존재하지 않는 것과 마찬가지로, 사유재산도 자신의 자식 앞에 그 미래의 개체를 이러저러한 사회 경제적 신분으로 식별·규정해주는 것으로서 미리 존재할 수 없는 것이다. 이런 입장에 기초해 있기 때문에 오컴은 굶주린 자들이 기존의 사유재산 질서를 파괴할 수 있다는 혁명적인 입장을 피력할 수 있었다. 다시 말해 굶주린 자들은 자신들의 생존을 위해서 법적으로 확립된 소유 질서를 절도를 통해서조차 파괴할 수 있는 권리가 있다는 것이다.

노자의 철학

3.

노자가 "유명은 만물의 어머니(有名, 萬物之母也)이다"라고 규정했을 때, 노자가 주장하고자 했던 것도 이것이다. 보편자들은 개별자들을 발생시키고 기르는 어머니(母)와 같은 존재이며, 모든 개별자들은 항상 이 어머니의 보살핌을 받아야만 한다는 것이다. 보편자들의 세계가 기본적으로 보편자들의 통일의 원리라고 할 수 있는 무명, 즉 도라는 일자에 속한다는 점에서, 결국 보편자들의 긍정은 최종적인 유일한 보편자, 즉 도의 긍정으로 귀결될 수밖에 없다. 지금까지 살펴본 것처럼 노자 철학에서 무명과 유명은 동시에 개별자들의 존재원리이지만, 무명으로서의 '도'는 유명이라는 보편자들의 통일성이자 존재 근거라는 점에서 최종적 지위를 점유하게 된다. 여기서 우리는 다시 한 번 노자 철학과 장자 철학의 차이점을 확인해볼 필요가 있다. 그것은 다름 아닌 실재론적 경향과 유명론적 경향 사이의 차이를 함축하고 있는 것이다. 장자 본인이 지었다고 인정되는《장자》〈내편〉일곱 편 중 가장 철학적이고 논증적인 〈제물론〉편에는 다음과 같은 결정적인 구절이 나온다. "도는 걸어가는 데서 완성되고, 개별자들을 그렇게 불러서 그런 것이다(道行之而成, 物謂之而然)."

장자에게 도는 개별자들의 존재 근거나 현존 원리로 사유되지 않을 뿐만 아니라, 오히려 개별자들 사이의 마주침을 통해서 발생하는 것이다. 다시 말해 우선 무엇보다 먼저 주체나 타자라는 개별자들이 존재하고, 그들 사이의 마주침과 관계를 통해 '도'가 발생한다는 것이다. 여기서 노자 철학의 일차 원리인 보편자, 일자로서의 도, 무명은 여지없이 공격당하고 있다. 장자 철학에서

도는 걸어 다니는 개별자들을 통해서 생긴 것이라는 점에서, 도는 개별자들 다음에 오는 것이다. 결국 개별자들이 원인이라면 도는 결과에 해당한다. 그럼에도 불구하고 도를 최종적 보편자이자 개별자들의 존재 이유로 보는 것은 결과를 원인으로, 원인을 결과로 전도시키는 오류를 범하고 있는 것에 지나지 않는다. 이로부터 우리는 장자 철학이 기본적으로 유명론적 입장을 취하고 있다는 것을 알 수 있다. 장자의 유명론적 입장은 이어지는 다음 구절, 즉 "개별자들을 그렇게 불러서 그런 것(物謂之而然)"이라는 구절에서 더욱 명확하게 드러난다. 여기서 '그렇다(然)'는 개념은 판단의 사태를 가리키고 있다. 판단은 기본적으로 개별자에 대해 보편자를 연관시키는 우리의 사유 작용을 말한다. "장자는 선하다"라는 판단을 그 예로 들 수 있다. 어쨌든 '그렇다'는 개념은 보편자를 사용하는 우리의 일상적인 판단을 가리키고 있다. 따라서 "개별자들을 그렇게 불러서 그런 것"이라는 장자의 지적은 결국 보편자는 개별자 이전에 오는 것이 아니라 먼저 우리가 개별자와 조우한 다음에 그 개별자에 대한 판단 혹은 언어적 발화 속에서 온다는 입장을 드러내고 있다. 다시 말해 개별자가 본래 그렇기 때문에 우리가 개별자들을 그렇게 부르는 것이 아니라, 우리가 개별자를 그렇게 부르기 때문에 그렇다는 것이다.

오컴의 경우에서 확인할 수 있는 것처럼 유명론적 경향은 기본적으로 개체 중심적인 사유다. 따라서 이런 경향은 정치적으로 개체의 삶을 다른 이념이나 명분, 혹은 기존의 질서보다 더 중요한 것으로 사유할 수밖에 없다. 그래서 장자 후학들의 다양한 사상 경향들 중 일부 무정부주의자들은 〈변무(騈拇)〉편에서 다음과 같이 이야기할 수 있었던 것이다. "오리의 다리가 짧다고 해서 만일 당신이 그것을 길게 만들려고 한다면, 그 오리는 걱정할 것이다. 학의 다리가 길다고 해서 만일 당신이 그것을 자른다면 그 학은 슬퍼할 것이다. 그러므로 태어날 때부터 긴 것은 잘라서는 안되고, 태어날 때부터 짧은 것은 길게 해서는 안 된다." 앞에서 살펴보았던 것처럼 이런 유명론적 정치 경향은 노자의 정치 경향과 완전히 대립되는 것이다. 백서본 42장에 따르면 노자는 장자와 장자 후학들과는 달리 너무 긴 것은 잘라주고 너무 짧은 것은 이어주어야 한다는 식으로 말하다. "천도는 마치 활을 당기는 것과 같다. 높이 있는 것은 누르고 낮게 있는 것은 올려주며, 여유가 있는 것은 덜고 부족한 것은 더해준다. 그러므로 천도는 여유가 있는 것을 덜어서 부족한 것에 더해준다."

9장.　　　수양과 삶, 어느 것이 먼저일까

구부리면 온전해질 수 있고 휘어지면 바르게 될 수 있다. 패이면 채워질 수 있고 낡으면 새로워질 수 있다. 줄이면 얻을 수 있고 많아지면 미혹될 수 있다. 그러므로 성인은 일자를 잡아서 천하의 양치기가 된 것이다. 자신을 과시하지 않아서 두드러질 수 있고 자신을 드러내지 않아서 빛나게 되고 자신을 자랑하지 않아서 공이 있게 되고 자신을 대단하다고 생각하지 않아서 오래갈 수 있다. 오직 다투지 않기 때문에 누구도 그와 다툴 수가 없는 법이다. 그러므로 옛날의 '구부리면 온전해질 수 있다'는 말이 어찌 말뿐이겠는가! 진실로 온전함이 그에게 귀속되는 법이다.

– 백서본 67장, 왕필본 22장

曲則全, 枉則正. 洼則盈, 敝則新. 少則得, 多則惑. 是以聖人執一爲天下牧. 不自視故明, 不自見故彰, 不自伐故有功, 弗矜故能長. 夫惟不爭, 故莫能與之爭. 古之所謂 "曲則全" 者, 豈語哉! 誠全歸之.

– 帛書本 67장; 王弼本 22장

수양론이 감추고 있는 비밀

1.

노자는 개체들의 충분이유율로 '무명'과 '유명'을 들고 있다. 앞에서 말했지만 '무명'과 '유명'은 개체들의 입장에서 보면 자신들에 앞서 존재론적으로 선행하는 존재원리다. 두 가지 존재원리는 동등한 위상을 가지고 있지 않고, 그 둘 사이에는 존재론적 위계가 존재한다. 다시 말해 '유명'이 개체들의 관점에서는 '무명'과 마찬가지로 개체들의 존재원리이지만, 유명은 기본적으로 '무명'이라는 일차적인 존재원리에 의존하는 이차적인 존재원리에 불과하다는 것이다. 앞 꼭지에서 '유명'의 논리를 분석할 때 우리는 대대 형식과 상호모순적 동일성을 논의했던 적이 있다. 바로 이 상호모순적 동일성이 구조적으로 '무명'에 해당하는 일자의 위상을 가지고 있다. 상호모순적인 보편자들이 공존하는 잠재성의 층위는 구별하거나 식별할 수 없는 상태이기 때문에 결코 '이름(名)'의 세계에 속하지 않는다. 그것은 노자의 표현대로 '이름 없음(无名)'이다. 따라서 상호모순적 동일성은 모순되지 않은 세계의 대대 형식에 근거를 부여하지만, 동시에 그것은 규정될 수 없는 사태라고 할수 있다.

그러므로 노자의 형이상학적 체계를 합리적으로 이해하려면 '도'나 '무명'에서 출발해서는 안 된다. 왜냐하면 그것은 상호모순적인 동일성이기에 그리고 규정될 수 없는 것이기에 그렇다. 오히려 '도'나 '무명'은 '유명'의 논리, 즉 대대 형식으로 드러나는 구별의 세계와 이 세계 안의 개체들이 어떻게 관계를 맺는지를 이해함으로써만 이해될 수 있는 것이다. 여기에 바로 백서본 45장에서 노자가 표현했던 구절, "무명이 개체들의 기원이고 유명은 개체들의 어머니(无名萬物之始也, 有名萬物之母也)"라는 구절이 지닌 중요성이 있다. 우리는 노자의 '어머니'라는 표현에 주목할 필요가 있다. '어머니'라는 표현은 '자식들을 낳고(生)' 동시에 '그 자식들을 계속 기르는(養)' 존재를 상징하니까 말이다. 따라서 '어머니'는 '개체들의 존재론적 기원'이라는 의미와 구체적으로 작용하는 '개체들의 실존적 원리'라는 의미를 동시에 피력하고 있는 개념이라고 이해할 수 있다. 그렇다면 노자의 '어머니' 속에는 이미 '기원(始)'이 내재돼 있다고 보아야 한다. 역으로 말해 '어머니'를 추상화하면 그때서야 '기원'의 의미가 드러난다고도 할 수 있다.

이처럼 '유명'의 논리에는 '무명'의 논리가 이미 내재되어 있는데, 그것이 바로 '상호모순적 동일성'으로 사유되었던 것이다. 그러나 '어머니'의 논리로서 유명이라는 존재원리는 단순히 존재론적 기원만을 의미하는 것이 아니라 구체적으로 살아가는 개체들의 기름(養)에 대한 논의이기도 하다는 점이 중요하다. 이 점에서 우리는 왜 노자 철학에서 수양론적 논의가 항상 '어머니'라는 비유를 통해서 전개되는지 알게 된다. 그 대표적인 예로 우리는 백서본 15장(=왕필본 52장)에 등장하는 노자의 말을 생각해볼 수 있겠다.

노자의 철학

천하에는 시작이 있는데, 그것은 천하의 어머니라고 생각될
수 있다. 이미 어머니를 얻고 그를 통해서 그 자식을 알며 다시
그 어머니를 지킨다면, 죽을 때까지 위태롭지 않게 된다.
天下有始, 以爲天下母. 旣得其母, 以知其子, 復守其母, 沒身不
殆.

여기서 '어머니'가 앞에서 말한 것처럼 상호모순적 동일성, 즉
'일자'의 측면에서 사용된 말이라면, '아들'은 통치자와 피통치자
라는 대대 형식 중 '통치자'의 자리를 상징하기 위해 쓰인 것이다.
노자의 논리에 따르면 현상적으로 어떤 개체가 다른 개체들과 관
계할 때 '높음과 고귀함'으로서 현상한다면, 그 개체는 잠재적 층
위에서 상호모순적 동일성의 흔적으로서 '낮음과 비천함'을 가지
고 있다. 따라서 그 개체가 '높음과 고귀함'을 영속적으로 유지하
고자 한다면, 그는 부단히 '낮음과 비천함'을 잠재적인 층위에서
지키고 있어야만 한다. 그는 상호모순적 동일성의 흔적으로서 '낮
음과 비천함'을 얻어서 '높음과 고귀함'의 통치자가 된 것이기 때
문이다. 따라서 그가 '낮음과 비천함'을 '거듭 지킬 수만 있다(復
守)'면 그는 통치자로서 영속할 수 있을 것이다. 바로 이것이 백서
본 2장에서 노자가 "이런 이유로 인해 제후들은 자신을 '외로운 자
(孤)', '부족한 자(寡)', 혹은 '결실이 없는 자(不穀)'라고 말한다. 이
것은 천한 것을 근본으로 삼는 것이 아니겠는가?"라고 반문했던
이유이기도 하다.

2.

많은 연구자들이 오해하는 것처럼 노자가 '명'으로 상징되는 일체의 구분과 분별을 부정했다고 보면 이것은 노자 철학을 일종의 신비주의로 몰고 갈 수밖에 없다. 중요한 것은 노자 철학이 대대 형식으로 사유되는 '유명'의 논리, 즉 '어머니'의 논리를 매개로 나름대로 내적인 체계를 정합적으로 구성했을 뿐만 아니라, 이런 측면 때문에 노자 철학은 강한 정치적 함축을 띠게 된다는 점이다. '유명' 혹은 '명'은 기본적으로 구분과 차별의 위계성을 존재론적으로 전제하거나 정당화하는 개념이기 때문이다. 그중 가장 중요한 위계성은 바로 통치자와 피통치자, 즉 군주와 민중이라는 일차적인 위계성에 있다. 그렇다면 많은 연구자들이 전제하고 있는 것처럼 노자의 수양론, 즉 '유명'의 논리로 정당화되는 수양론이 군주와 민중에게 똑같이 적용될 수 있는지의 여부를 점거해볼 필요가 있다. 다른 연구자들이 기대하고 있는 것과는 달리 노자가 권고하는 수양론은 통치자와 피통치자 모두에게 적용 가능한 수양론이 아니라, 통치자를 위해서만 제안된 특수한 수양론에 지나지 않는 것이다.

여기서 무명과 함께 개체의 충분이유율을 구성하는 유명이라는 존재원리를 다시 살펴보자. 통치자가 '고귀함(貴)', '높음(高)', '많음(多)', '큼(大)'이라는 보편자로서 현상한다면, 피통치자는 '비천함(賤)', '낮음(下)', '적음(少)', '작음(小)'이라는 보편자로 현상한다. 노자의 '유명' 논리에 따르면 통치자의 상호모순적 동일성과 피통치자의 상호모순적 동일성은 같은 것이다. 그러나 현상하는 모습에 따라 양측이 잠재적 층위에서 갖게 되는 상호모순적 동일

　　　　　　　　　　　　　　　　　　　　노자의 철학

성의 흔적은 전혀 다른 것일 수밖에 없다. 통치자의 경우 잠재되어 숨어 있는 보편자가 현실과는 반대로 '비천함', '낮음', '적음', '작음'이라면, 반대로 피통치자의 경우 잠재되어 숨어 있는 보편자는 '고귀함', '높음', '많음', '큼'일 수밖에 없다. 우리는 노자의 논의를 편의상 다음과 같은 도식으로 정리해볼 수 있다.

	통치자	피통치자
일자의 형식	상호모순적 동일성(一者)	상호모순적 동일성(一者)
현실화된 보편자의 계기들	'고귀함(貴)' '높음(高)' '많음(多)' '큼(大)'	'비천함(賤)' '낮음(下)' '적음(少)' '작음(小)'
잠재화된 보편자의 계기들	'비천함(賤)' '낮음(下)' '적음(少)' '작음(小)'	'고귀함(貴)' '높음(高)' '많음(多)' '큼(大)'

상호모순적 동일성의 층위에서 모든 개체들은 통치자로 현실화될 수 있는 잠재성과 아울러, 피통치자로 현실화될 수 있는 잠재성도 모두 가지고 있다. 그러나 구체적인 개체들의 층위 혹은 현실에서 개체들은 통치자와 피통치자라는 대대 형식으로 식별되어 현상할 수밖에 없다. 여기서 주목하고 싶은 것은 개체들이 관계 맺는 현실의 논리에서 현실화(actualization)와 잠재화(potentialization)라는 기묘한 이분화가 발생한다는 노자의 생각이다.

다시 말해 개체들은 마치 수면에 떠 있는 빙산과 같이 물위에 보이는 측면(현실화의 계기들)과 아울러 물속에 잠겨서 보이지 않는 측면(잠재화의 계기들)으로 양분된다는 것이다. 개체들이 가진 이 두 측면은 백서본 45장에서 각각 '그것들의 묘함(其妙)'과 '그것들의 밝게 드러남(其所皦)'이라고 규정되었던 것이다. 예를 들어 통치자라는 빙산의 경우, 물위의 보이는 부분은 '고귀함', '높음', '많음', '큼'이라면 물속에 잠긴 부분은 '비천함', '낮음', '적음', '작음'이라고 할 수 있다. 만일 빙산이 물위의 보이는 부분을 증가시키려고 한다면 어느 순간 이 빙산은 뒤집어질 것이다. 이와 마찬가지로 통치자가 만약 '고귀함', '높음', '많음', '큼'을 계속 추구하게 되면 뒤집어져 오히려 피통치자로 전락할 수 있다는 말이다.

앞에서 말한 것처럼 노자의 수양론적 도식은 그럴듯하지만, 단지 이것은 군주에게만 통용될 수 있는 것이다. 왜냐하면 그의 도식이 보편타당한 것이라면 피통치자가 통치자가 되려면 역으로 자신의 현실적인 계기들을 더욱더 증가시키면 빙산이 뒤집어지는 것처럼 잠재적인 계기들이 현실화될 수 있어야만 한다. 그러나 과연 그럴까? 배고픈 사람이 계속 배고픔을 감내하면 배불러지는가? 아니면 천한 사람이 한도 끝도 없이 천하게 살면 언젠가 고귀해질 수 있는가? 작은 것을 더욱더 작게 하면 그것이 언젠가는 커지는가? 노자의 수양론이 고귀한 사람, 높은 사람, 많은 사람, 큰 사람들, 즉 통치자들에게만 적용될 수 있는 수양론일 수밖에 없는 이유도 바로 여기에 있다. 다시 말해 심오한 노자의 수양론은 고귀한 사람이 계속 고귀해지기 위해서, 높은 사람이 계속 높기 위해서, 많은 사람이 계속 많기 위해서, 큰 사람이 계속 크기 위해서만 적용될 수 있다는 것이다. 그렇기 때문에 아직도 서점을 방문해《노자》를 읽으면서 이 책이 자신의 삶의 대안이 될 수 있다고 착각하는 착한 우리 이웃들에 대해서는 무한한 연민을, 동시에 《노자》의 보편성과 영원성을 선전하면서 무의식적이든 의식적이든 그들을 기만하는 연구자들에 대해서는 한없는 분노를 우리는 느껴야 하는 것이다.

3.

노자의 말에서 쉽게 알 수 있는 것처럼 그의 수양론은 기본적으로 통치자를 위한 수양론, 구체적으로 말해 통치자가 통치자로서 자리를 영구히 유지하기 위한 수양론이다. 앞에서 논의했던 것처럼 통치자의 수양론은 기본적으로 국가라는 형식과 그것의 작동 원리에 의해 규정될 수밖에 없다. 노자에 따르면 국가의 작동 원리는 기본적으로 수탈과 재분배의 부단한 교환으로 정의할 수 있다. 따라서 형이상학적으로는 노자에게 천한 것과 낮은 것이 기본적으로 통치자에게 내재된 상호모순적 동일자, 혹은 '무명'의 일자(=도)의 흔적으로 사유되지만, 현실적으로 이것은 통치자가 관리해야만 하는 피통치자들로 현상한다. 노자의 통치자는 예수가 아니다. 다시 말해 노자의 성인은 아무런 대가없이 스스로 가난해지고 외로워지고 부족해지려는 성자가 아니라는 말이다. 오히려 그는 부자가 되기 위해서, 즐겁기 위해서, 충만하기 위해서 피통치자들에게 자신이 가진 것을 재분배한다. 그래서 우리는 이미 노자의 가난해짐을, 선물의 외양을 띠고는 있지만 사실은 뇌물의 논리에 지나지 않다고 지적했던 것이다.

백서본 67장(=왕필본 22장)을 주의 깊게 읽어보면 우리는 노자 철학이 머우쭝싼의 말과는 반대로 무관심의 철학이 아니라 엄청난 관심의 철학이라는 것을 알 수 있다. 노자는 지금 어떻게 군주가 온전해질 수 있으며, 바르게 될 수 있으며, 채워질 수 있으며, 새로워질 수 있는지에 관심을 강하게 피력하고 있다. 이런 바람직한 목적을 달성하기 위해서 노자는 군주로 하여금 "구부러지고 휘어지고 패이고 낡아져야 한다"고 말하는 것이다. 이런 군주의 전략은 역설적인 것처럼 보인다. 군주의 힘이라면 바로, 노자의 표현을 빌릴 때 '유위(有爲)'에 입각해서 온전해지고 바르게 되고 채워지고 새로워지도록 할 수 있는데, 왜 이렇게도 우회로를 선택해야만 하는가? 그것은 노자가 국가 교환 논리를 발견했기 때문이다. 다시 말해 노자에 따르면 군주가 군주로서 자리를 유지하는 것은 불가피하게 피통치자들에게 의존할 수밖에 없다는 자명한 사실 때문에, 결국 군주가 소망하는 목적은 피통치자들과의 관계에서만 확보될 수밖에 없다는 것이다.

이 점에서 이어지는 "줄이면 얻을 수 있고 많아지면 미혹될 수 있다(少則得, 多則惑)"는 노자의 말은 중요하다. 국가 교환 논리 속에서 군주가 자신이 가진 것을 줄인다는 말은 결국 군주가 자신이 가진 것을 피통치자들에게 재분배한다는 것을 말한다. 그렇게 되면 피통치자들은 그 대가로 자발적으로(自然)으로 복종을 자임하게 된다. 이로부터 통치자는 아주 원활하고 안정적으로 피통치자들을 수탈할 수 있게 된다. 그러나 여기서 그치면 안 된다. 이제 많이 얻었다고 생각해서 재분배를 멈추게 되면, 다시 위기는 조금씩 다가올 테니까 말이다. 그러나 피통치자들에게 수탈한 것이 많을수록 통치자는 자신이 가진 것에 애착을 갖기 쉽다. 그래서 통치

　　　　　　　　　　　　　　　　　　노자의 철학

자는 국가 교환 논리를 따르지 않으려고 할 수 있다. 다시 말해 항상 재분배가 멈출 위험이 있다는 것이다. 이것은 통치자가 자신이 가진 것이 기본적으로 국가 교환 논리에 따라 만들어진 것임을 망각하는 미혹된(惑) 사태이고, 이렇게 되면 국가와 통치자는 전복의 위험으로 한 걸음 다가가고 있다고 할 수 있다. 중요한 것은 바로 이런 재분배와 수탈의 관계는 한 번에 끝나는 것이 아니라 무한한 원환 운동처럼 영원히 지속되어야만 한다는 것이다. 그래서 백서본 1장(=왕필본 38장)에서 노자는 다음과 같이 경고하고 있는 것이다. "가장 탁월하게 얻는 사람은 얻으려고 하지 않기에 얻음을 가지게 된다. 가장 열등하게 얻는 사람은 얻은 것을 잃지 않으려고 하기에 얻음을 가질 수 없게 된다(上德不德, 是以有德. 下德不失德, 是以无德)."

자본가의 도플갱어, 노자의 통치자

1.

노자 철학은 국가 교환 논리의 발견에서 시작해 이 논리에 입각해서 바람직한 통치자(=聖人)를 규정하려는 정치철학이라고 할 수 있다. 문제는 현실적인 군주들이 자신들이 통치자라는 자리에 있을 수 있게 해준 국가 교환 논리를 제대로 알지 못한다는 데 있다. 그러나 국가 교환 논리를 안다고 하더라도 군주는 한순간의 방심으로 그것을 망각해서 자신의 국가를 다른 사람에게 빼앗기게 될 뿐만 아니라 심하면 자신의 목숨마저도 보존하지 못하는 경우가 비일비재하다. 여기서 중요한 것은 노자가 국가라는 것 자체를 문제 삼기보다는 당연한 것으로 어쩌면 필연적인 것으로 생각하고 있다는 점이다. 노자에게 국가 형식과 아울러 통치자의 자리는 영원불변한 것이다. 단지 변하는 것은 이 자리에 일순간 들어왔다가 덧없이 사라져가는 개별적인 군주들일 뿐이다. 한마디로 국가로 상징되는 구분의 체계는 '영원한 것(恒名)'이다. 그러나 지금 군주라고 있는 군주는 영원히 군주일 수 없다는 것이다. "명가명비항명(名可名非恒名)!"

　국가 교환 논리는 기본적으로 수탈과 재분배의 논리로 작동

된다. 다시 말해 원활하고 지속적인 수탈을 가능하게 하기 위해서 군주는 반드시 재분배라는 시혜를 베풀어야만 한다. 재분배가 성공적으로 이루어지면 피통치자들은 군주들에게 주는 세금을 마치 자신이 은혜의 대가로 자발적으로 주는 것처럼, 나아가 자신이 자발적으로 세금을 내는 것이지 군주 때문에 내는 것이 아니라는 착각과 전도 속에 살게 된다. 따라서 군주는 재분배 이상의 수탈을 계속 유지하게 되며, 따라서 군주의 이익은 점차 증가할 수밖에 없다. 그러나 이것은 장기적인 국가 교환 논리를 통해서 실현되는 것이다. 평범한 군주가 보았을 때, 자신이 가진 것을 피통치자들에게 재분배하는 것은 결국 자신의 소유물이 점점 더 줄어드는 것으로 보일 것이다. 그래서 그는 재분배에 인색하기 쉽다. 더군다나 그가 지금 가지고 있는 것은 기본적으로 수탈과 찬탈에 의해 가능했던 것이 아닌가! 그런데 이것을 재분배해야 한다는 노자의 권고는 평범한 군주들의 입장에서 전혀 이해할 수 없는 것일 수밖에 없다.

그러나 역사적 이성을 갖춘 노자가 보았을 때 재분배에 인색한 군주는 결국 혁명이나 다른 국가의 침탈로 인해 소멸할 수밖에 없었다. 노자가 '무명'과 '유명'이라는 존재원리, 다시 말해 관계와 위계성의 논리를 통해서 국가 교환 논리와 이상적인 통치자의 역할에 대해 역설했던 것도 바로 이런 이유에서다. 자신이 가진 것을 피통치자들에게 분배함으로써 더 많은 것을 얻는다. "빼앗기 위해서는 먼저 주어야만 한다(將欲奪之, 必固予之)." 노자 철학은 바로 이런 뇌물의 논리, 부등가교환의 논리를 피통치자들에게는 모르게(微) 통치자들은 명확히(明) 알아야만 하는 '도'라고 규정한 것이다. 국가 교환의 논리, 즉 수탈과 재분배는 기본적으로 부등가교환이지만 등가교환으로 현상하면서 잉여가치를 남기는 전략이다. 앞에서 말했던 것처럼 이것은 자본 교환의 논리와 구조적으로 유사하다. 자본의 잉여가치도 겉으로는 등가교환으로 보이지만 본질적으로 부등가일 수밖에 없는 교환에서 발생하기 때문이다. 그러므로 노자가 통치자에게 권고하는 조언은 사실 자본가에 대해서도 그대로 반복될 수 있다. 통치자의 재분배는 기본적으로 자본가의 투자와 마찬가지니까 말이다. 따라서 평범한 군주와 현명한 군주의 차이는 구두쇠와 자본가의 차이에 상응한다고 할 수 있다.

2.

평범한 군주와 현명한 군주의 차이를 이해하기 위해서 우리는 여기서 마르크스가 발견한 구두쇠와 자본가 사이의 차이, 마르크스의 표현을 빌리자면 화폐퇴장자와 자본가 사이의 차이를 이해할 필요가 있다.《자본론》을 읽어보도록 하자.

> 화폐는 운동이 끝나는 곳에서 다시 운동의 시작으로 나타난다. 그러므로 판매를 위한 구매가 이루어지는 각 순환의 종결은 그 자체가 하나의 새로운 순환의 시작이 된다. 단순한 상품유통 ― 구매를 위한 판매 ― 은, 유통의 외부에 있는 최종 목적, 곧 사용가치의 획득, 욕망의 충족을 위한 수단이 된다. 이와는 반대로 자본으로서의 화폐의 유통은 그 자체가 목적인 것이다. 왜냐하면 가치의 증식은 끊임없이 갱신되는 이 운동의 내부에서만 실현되기 때문이다. 그러므로 자본의 운동에는 한

노자의 철학

계가 없다. 이 운동의 의식적인 담장자로서 화폐 소유자는 자본가가 된다. 그의 일신, 또는 보다 정확히 말해서 그의 주머니는 화폐의 출발점이자 귀착점이다. 이런 유통의 객관적인 내용—가치의 증식—이 그의 주관적인 목적이 되고 추상적인 부를 점점 더 많이 취득하는 것이 그의 행동의 유일한 추진적인 동기로 되는 한에 있어서만, 그는 자본가로서, 곧 의지와 의식이 부여된 인격화된 자본으로서 기능하는 것이다. 그러므로 사용가치는 결코 자본가의 진정한 목적으로서 간주될 수 있는 것이 아니며, 어떤 하나의 거래에서의 이윤도 또한 그렇게 될 수 없고, 다만 이윤을 추구하는 끊임없는 운동만이 그의 진정한 목적이 될 수 있다. 이 절대적인 치부의 충동, 이 정열적인 가치 추구는 자본가와 화폐퇴장자(=구두쇠)에게 공통된 것이지만, 화폐퇴장자는 얼빠진 자본가에 지나지 않는 반면에 자본가는 합리적인 화폐퇴장자다. 화폐퇴장자는 화폐를 유통에서 끌어냄으로써 가치의 쉴 새 없는 증식을 추구하지만, 보다 영리한 자본가는 화폐를 끊임없이 유통에 투입함으로써 그것을 달성하는 것이다.

자본주의에 잘 적응해서 살고 있는 우리는 투자의 위험성을 누구보다도 뼈저리게 알고 있다. 그것이 주식 투자이든 아니면 공동 창업의 형태이든 투자는 잘되면 몇 배의 이익을 남기지만 실패하면 거지가 될 수도 있다. 그래서 수전노와 같은 화폐퇴장자가 발생한다. 다시 말해 화폐를 쓰지 않겠다는 것이다. 미래의 불확실성에 투자하기는 싫고 눈에 확실히 보이는 나의 화폐를 가지고 있겠다는 것이다. 이로부터 바로 화폐 물신주의가 출현한다. 일견 이것은 합리적인 선택인 것처럼 보인다. 그러나 이것은 얼마 지나지 않아 결국 실패로 돌아가기 마련이다. 금고에 넣고 모아둔 화폐를 50년 뒤에 꺼냈다고 해보자. 50년 전에는 자동차를 살 수도 있었던 돈이지만, 이제는 오토바이를 사기도 버거울 정도로 화폐의 가치가 추락했을 테니까 말이다. 그래서 모두 날릴 위험이 있지만 자본가는 화폐를 다시 투자를 하는 데 사용할 수밖에 없다. 가만히 금고에 두면 화폐 가치는 떨어질 수밖에 없으니, 울며 겨자 먹는 식으로 투자할 수밖에 없는 것이다.

　구두쇠와 자본가 사이의 차이는, 노자식으로 표현하자면, 우매한 군주와 현명한 군주(=성인) 사이의 차이에 해당한다. 우매한 군주가 자신이 원초적 폭력을 통해 확보한 것을 구두쇠처럼 보존하려고만 한다면, 현명한 군주는 자신이 가진 것을 재분배를 통해서 수탈과 재분배의 유통 과정에 투자한다. 우매한 군주는 자신이 가진 것을 조금조금 까먹다가 부족하면 다시 피통치자들을 착취할 수밖에 없다. 그러나 이런 조치는 결국 피통치자들의 삶을 극도로 궁핍하게 할 것이고, 따라서 국가의 힘 자체를 좀먹게 될 것이다. 우리는 그다음 결과를 어렵지 않게 추론해볼 수 있다. 피통치자들의 반란, 그리고 그 틈을 탄 다른 국가들의 침략! 그러나 현명한 군주는 자신이 가진 것을 피통치자들에게 나누어줌으로써, 다시 말해 농업 생산력을 증진시키는 공공사업들에 자신이 가진 것을 투자함으로써, 우매한 군주와는 다른 방향으로 나아간다. 피통치자들은 현명한 군주를 열렬히 환영할 것이고, 이런 파시즘적 열광 속에서 국가는 점점 힘을 키우게 될 것이고, 마침내는 제국의 패권을 차지하게 될 것이다.

노자의 철학

3.

구두쇠의 길을 갈 것인가? 아니면 합리적인 자본가가 될 것인가? 노자의 표현을 빌리자면 평범한 군주로 남을 것인가? 제국을 완성해서 전국시대를 종결할 수 있는 성인 군주가 될 것인가? 누구나 합리적 자본가나 아니면 성인 군주 쪽을 선택할 것이다. 그러나 선택한다고 해서 모든 것이 원만하게 이루어지는 것은 아니다. 투자의 위험성 혹은 재분배의 위험성이 합리적 자본가나 아니면 성인 군주 앞에 혀를 날름거리며 도사리고 있으니까 말이다. 결국 노자가 백서본 67장에서 강조했던 "구부리면 온전해질 수 있다"는 구절은 재분배를 고민하는 군주에게 주는 격려라고 할 수 있다. 그러나 그것은 선택의 문제가 아니다. 자신이 영속적으로 통치자의 자리에 있으려고 하는 사람이라면, 다시 말해 '온전해지려고' 하는 사람은 반드시 '구부려야만' 하는 것이다. 그것은 국가 교환 논리가 강제하는 반드시 따라야만 하는 필연의 문제, 즉 노자가 말한 도의 문제이기 때문이다.

백서본 55장의 '무'의 형이상학을 기억해보자. "진흙을 이겨서 그릇을 만드는데 그릇 속에 아무것도 없기 때문에 그릇의 작용이 있는 것이다." 이 형이상학은 분명 개체에 대한 형이상학적 체계로서 제시된 것이다. 그렇지만 자세히 읽어보면 무의 형이상학은 단순히 형이상학적 체계에만 국한되지 않고 이런 형이상학을 기초로 전개될 수양론을 예감하고 있는 것처럼 보인다. 우리 앞에 물이 가득 들어 있는 컵이 있다고 한다면, 우리는 이 컵을 컵이라고 부를 수 있을까? 일상적으로 우리는 "부를 수 있다"고 말할 것이다. 그러나 '무'의 형이상학에 정통한 사람이라면 "부를 수 없다"고 말할 것이다. '왜 물이 가득 들어 있는 컵은 컵이라고 부를 수 없는 것일까?' 이유는 간단하다. 물이 가득 들어 있는 컵은 그 순간에 다른 것을 담을 수 없기 때문이다. 다시 말해 물을 가득 채운 컵은 자신이 가지고 있는 무한성(=무한한 관계 가능성)을 이미 상실했다는 것이다. 물론 우리는 이 컵이 자신이 가지고 있던 무한성을 실현했다고 말할 수도 있다. 그러나 어쨌든 이 순간 이 컵은 컵일 수 있는 자신의 존재 이유, 즉 무한성을 상실한 컵이고, 따라서 컵이라고 불릴 수 없다는 것만은 명확하다.

그렇다면 어떻게 해야 하는가? 물이 가득 들어 있는 컵은 이 물을 쏟아버림으로써 자신의 무한성을 다시 회복해야만 한다. 그러나 다른 질문이 다시 고개를 쳐든다. '아무것도 채워져 있지 않은 컵은 또 컵일 수 있는가?' 다시 말해서 아무것도 담지하고 있지 않는 빈 그릇은 그릇일 수 있을까? 혹은 아무도 들어가지 않은 빈 방은 방일 수 있을까? 가득 찬 컵이 컵일 수 없는 것과 마찬가지로 텅 비어 있는 컵도 컵일 수 없는 것이 아닐까? 결국 컵은 완전히 채워져서도 혹은 완전히 비워져서도 안 된다. 칸트의 용어를 빌리자면 가득 차 있는 컵이 맹목이라면 텅 비어 있는 컵은 공허하다고 할 수 있기 때문이다. 결국 컵은 채움과 비움 사이에서 무한한 반복을 수행할 수밖에 없다. 다시 말해 컵은 무한한 원환 운동으로서만 컵으로서 자신의 존재 이유를 유지할 수 있다는 것이다. 이런 무한한 원환 운동은 자본의 운동을 닮았다. 《자본론》에서 마르크스가 말했던 것처럼 "화폐는 운동이 끝나는 곳에서 다시 운동의 시작으로 나타나기" 때문이다. 그러므로 자본의 교환 논리에서 "판매를 위한 구매가 이루어지는 각 순환의 종결은 그 자체가 하나의 새로운 순환의 시작이 되는" 것과 마찬가지로, 국가 교환 논리에서 군주도 컵이 무한한 원환 운동을 반복하는 것처럼 그런 무한한 수탈과 재분배의 운동 속에 갇히게 된다. 그렇기 때문에 우리는 "돌아간다는 것은 도가 작동하는 것(反也者道之動也)"이라는 백서본 4장에서의 노자의 말로부터 이런 무한한 원환 운동을 발견할 수 있다.

수양과 삶, 혹은 영원의 세계와 삶의 세계

1.

많은 동양철학 연구자들에 따르면 수양론(theory of self-cultivation)의 발달이 서양철학과는 구별되는 동양철학의 고유성을 규정한다. 그러나 수양론이 동양철학의 고유성에 해당하는지에 대해서는 의심할 필요가 있다. 수양론은 기본적으로 어떻게 이념을 현실화 할지를 고민하는 실천론에 속하기 때문이다. 그래서 생각만큼 서양철학과 동양철학의 논의가 그렇게 많이 떨어져 있다고 보기 어렵다. 물론 이념의 현실화의 대상이 동양철학에서는 주체 자기 자신인 반면 서양철학에서의 그것은 외부 대상이나 사물이라는 점에서, 두 사유 전통은 분명 차이가 나긴 난다. 어쨌든 수양론은, 주체가 자신을 변형시키려는 노력이라는 점에서, 주체의 자기 분열과 자기 통일의 과정을 규정하는 이론이라고 할 수 있다. 그런데 여기서 한 가지 의문이 든다. 왜 동양철학의 대가들은 자기를 수양했으며 또 우리에게 치열한 자기수양을 권고하는 것일까? 수양이란 기본적으로 타자와 조우해서 원활히 소통하기 위한 자기 준비의 과정이기 때문이다. 결국 수양론은 그 자체로 추구된 것이라기보다는 기본적으로 타자와 잘 소통해야 한다는 최종 목적에 종사하는 논의라고 할 수 있다.

반복하자면 수양론은 기본적으로 내향적이며 따라서 자기지시적일 수밖에 없는 실천론이다. 수양의 주체와 그 대상은 모두 동일한 하나의 마음이기 때문이다. 따라서 수양론은 이런 자기지시(self-reference)의 역설을 완화하기 위해서 제3의 요소를 도입할 수밖에 없다. 그것이 바로 수양의 이념이자 목적으로 도입되는 이념적 마음(=내재적 초월성)이다. 그러나 그렇다고 해서 수양론이 이제 모든 난점과 역설로부터 자유로워진 것은 아니다. 수양의 이념으로서 내재적 초월성을 도입한 수양론은 세 종류의 마음으로 분열되고 만다. 첫째는 수양을 하겠다고 결단하는 주체의 마음이고, 둘째는 수양이 되어야 하는 대상으로서의 현상적 마음이고, 마지막 세 번째는 수양으로 도달해야만 하는 혹은 회복해야만 하는 이념적 마음이다. 이처럼 수양론은 세 가지로 분화된 마음을 전제할 수밖에 없다. 그러나 한 가지 주의해야 할 것이 있다. 내재적 본질로 이해된 이념적 마음도 마음이라는 존재론적 장소에서만 의미를 지닌다는 점에서, 주체가 수양을 통해서 자신을 변형시켰다고 할지라도, 주체의 변화된 모습이 여전히 내면적이고 유아론적일 수 있다는 사실이다.

동양철학의 고유성은, 즉 그것이 유가철학이든 불교철학이든 도가철학이든 무엇이든지 간에, 타자에 대한 감수성에 있다고 할 수 있다. 그래서 동양철학의 고유성을 수양론의 발달에 있다고 보는 것은 옳은 지적이지만, 조금은 얕은 평가에 불과하다고 할 수 있다. 문제는 '왜 수양을 강조하게 되었을까' 하는 점이다. 이렇게 물었을 때에만 동양철학 전통이 인간을 유한자로, 다시 말해 외부에 타자가 존재하는 현존으로 보았다는 사실이 우리의 눈에 들어

올 수 있다. 그래서 화두를 뚫고 깨달음의 소식을 들은 선사도 저 자거리에 나가 술집 아주머니와 이야기를 하고, 마음 가는 대로 해도 법도를 어기지 않았다는 공자도 제자들과 진지한 대화를 나누었으며, 태극(太極)을 이야기하던 신유학(新儒學) 사상가들도 걸핏하면 "사물이 도래하면 그에 따라 대응해야 한다(物來而順應)"고 말했던 것이다. 문제는 대가급에 속하는 뛰어난 철학자들만이 수양의 최종 목적이 타자와의 소통에 있다는 것을 망각하지 않고 있다는 데 있다. 그들 밑에서 기생했던 사람들은 오히려 자기수양의 최종 목적을 신적인 완전자, 혹은 모든 세속적인 일들에서 초월하는 것이라고 오해하곤 했다. 다시 말해 그들의 눈에는 수양의 완성이 모든 타자들과의 관계에서 초월하는 것으로 보였던 것이다.

2.

동양철학의 수양론의 관건은 앞에서 말했던 것처럼 이념적 마음이 진정으로 타자와의 원활한 소통을 보장할 수 있느냐의 여부에 있다. 엄청난 노력 끝에 자신의 마음 혹은 자신의 실존을 이념에 맞게 변화시켰다고 할지라도, 다시 말해 자기수양을 완성했다고 할지라도, 만약 이 사람이 구체적인 삶의 세계 속에서 여전히 타자와 충돌하고 그로부터 분열되고 갈등하게 된다면 도대체 우리는 이런 사태를 어떻게 설명할 수 있을까? 어차피 타자와의 소통은 불가능하다고 해야 할까? 아니면 애초에 미리 설정되었던 이념적 마음이 잘못 설정되었다고 해야 할까? 그것도 아니면 사실 이념적 마음에 도달했다고 생각했던 것이 단지 착각에 지나지 않아서 아직도 더 많은 자기수양이 필요하다고 해야 하는 것일까? 어쨌든 동양철학은 수양의 세계와 삶의 세계의 긴장을 사유하고 있고, 그래서 아직도 서양철학이 범접하기 힘든 철학적 보편성을 유지하고 있는 것이다. 다르게 말한다면 동양철학이 아직도 우리에게 유의미한 이유는, 이 사유 전통이 결코 내면으로 환원될 수 없는 타자에 대한 깊은 감수성을 가지고 있기 때문이라는 것이다.

신유학의 집대성자로 알려진 주희(朱熹)의 경우도 예외는 아니다. 여기서 잠시 주희를 사례로 해서 수양의 세계와 삶의 세계에 대한 우리의 논의를 심화시켜 보도록 하자. 유학에서는 기본적으로 예절(禮)에 따라 행위하는 인간을 이상적인 인격으로 설정하고, 그리고 그런 인간으로 자신을 변형시키기 위해서 노력한다. 많은 예절 중 남녀 관계를 규정하는 예절로 유명한 것이 "남자와 여자는 손으로 직접 주고받지 않는다(男女授受不親)"는 것, 다시 말해 직접 손이 닿아서는 안 된다는 것이다. 그렇지만《맹자》에 나오는 것처럼 "형수가 물에 빠지면" 어떻게 할까? 여기서 우리는 들뢰즈의《차이와 반복》에 나오는 개념 구분을 도입할 필요가 있다. 들뢰즈에 따르면 일반성(generality)과 특수성(particularity)이라는 개념 쌍과 보편성(universality)과 단독성(singularity)이라는 개념 쌍은 반드시 구분해야만 한다. 위 예에서 "남자와 여자는 손으로 직접 주고받지 않는다"는 원리가 '일반성'이라면, 어떤 남자가 이 원리에 따라 형수의 손도 잡지 않고, 친구 부인의 손도 잡지 않는 것이 바로 '특수성'에 해당한다. 반면 형수가 물에 빠져 죽으려고 하는 경우는 일반성과 특수성이라는 회로가 파괴되는 지점, 일반성과 특수성이 전혀 아무것도 아닌 지점, 심하게 말해서는 전혀 해결책을 주지 않고 오히려 혼돈과 갈등만을 주는 지점이다. 바로 이런 예외적인 사태, 즉 사건(event)과의 조우가 바로 '단독성'이라고 설명되는 경우다.

만약 이 남자가 '일반성'의 원리로서 "남자와 여자는 손을 닿지 않는다"를 규범으로 내면화시키지만 않았다면, 오히려 이런 혼동과 갈등은 생기지 않는다. 그냥 물에 빠진 형수의 손을 잡든 허리를 잡든 꺼내 구하면 된다. 이에 대해 맹자는 반드시 구해야 한다고 하면서, 이런 예외적인 사태에서의 행위 원칙을 '권도(權道)', 즉 임시방편적인 행위규칙이라고 부른다. 그러나 중요한 것은 이미 일반성의 원칙은 모든 상황에 보편타당하지 않다는 것이 드러났다는 점이다. 그것은 단지 제한된 조건에서만 적용 가능했던 것이다. 여기가 바로 '보편성'이 드러나는 지점이다. 일반성의 원리가 좌절되었지만, 타자와의 소통을 가능하게 하는 보편적인 원리가 단독적인 사건에 적용되는 사태가 바로 '보편성'을 드러내는 지점이다. 여기서 바로 주희는 내재적 초월성(=性)이 바로 '인(仁)'이며, 이것은 기본적으로 '살리고 살리는 원리(生生之理)'라고 말하게 된다. 그러나 이미 이 순간 인의예지(仁義禮智)라는 개념으로 정당화되었던 일반성의 윤리, 혹은 공자와 맹자로 대표되는 선진유학(先秦儒學)은 마무리되고 신유학, 즉 성리학(性理學)이 탄생하고 있는 것이다. 그러나 주희는 또다시 일반성과 특수성의 회로에 포획되고 만다. 그는 다시 고요한 수양의 공간으로 돌아가게 된다. 그 고요한 유아론적 공간 속에서 이렇게 힘들게 발견한 보편성으로서 성(性)을 함양(涵養)해야 한다고 주희가 말했을 때, 그는 다시 단독적인 삶의 영역이 아닌 일반화된 수양의 공간으로 되돌아간 셈이다.

3.

수양의 세계와 삶의 세계의 분열은 이 점에서 불가피한 것이 아닌 가 생각한다. 수양의 세계가 기본적으로 '일반성'과 '특수성'의 회로로 작동한다면, 삶의 세계는 '보편성'과 '단독성'의 회로로 작동하고 있으니까 말이다. 이 점에서 수양의 세계와 삶의 세계는 우리가 생각할 수 있는 것보다 훨씬 더 간격이 벌어진 두 세계라고 할 수 있다. 두 세계에는 전혀 다른 주체가 살고 있다. 하나가 타자를 일반성을 매개로 한 특수성으로 만나는 주체(=수양의 주체)라면, 다른 하나는 타자를 일반성의 매개 없이 단독성으로 만나는 주체(=삶의 주체)라고 할 수 있다. 그러나 엄격하게 말해서 수양의 주체에게는 타자가 없다고 해야 한다. 수양의 주체에게 중요한 것은 절대적이고 타당한 것이라고 인정되는 내재적 초월성과의 관계일 뿐이기 때문이다. 그에게는 절대타자인 이념적 마음 혹은 이념과의 관계만이 있을 뿐이다. 이 점에서 수양의 주체는 주체이기는 하지만 진정한 주체가 아니다. 스스로 이념에 따라 살겠다고 노력한다는 점에서 주체이지만, 또한 결국에는 이념에의 복종을 초래하므로 스스로는 매체에 불과한 것이 된다.

수양론은 표면적으로는 심오해 보인다. 그것은 이념과 현실이라는 깊이를 전제로 한 담론이기 때문이다. 그러나 그 깊이에는 나르시스적인 측면이 있다. 수양의 주체는 호숫가에 고요히 앉아 호수 표면에 반사되는 나무의 영상, 구름의 영상, 달의 영상을 보면서 달이 제일 깊은 곳에 있고 그다음에는 구름이, 그다음에는 나무가 있다고 홀로 깊이와 입체감을 부여하는 나르시스와 유사하기 때문이다. 불행히도 이런 고요한 호숫가에는 타자가 없다.

그럼에도 불구하고 스스로 단독적인 타자들과 조우할 수 있는 삶의 세계에서 후퇴해서 마련된 고유한 수양의 공간에 안주하면서, 수양의 주체는 타자와 조우하는 삶의 수고를 내면적 성찰과 숙고로 대신하려고 한다. 따라서 수양의 주체에게는 영원한 세계만이 있지, 역사의 세계는 존재하지 않는다. 앞에서 이미 말했던 것처럼 역사는 기본적으로 단독적인 타자와의 마주침을 통해서만 가능한 지평이니까 말이다. 그렇다고 자기수양을 불필요하다고 생각할 필요는 전혀 없다. 단지 수양은 구체적인 삶 속에서 실천적으로 이루어져야 한다고 생각할 뿐이다. 이 점이 바로 장자 철학이 우리에게 아직도 유의미한 지점이기도 하다. 그에게는 수양은 타자와의 소통과 그로부터 말미암는 주체의 자기 변형으로 사유되고 있으니까 말이다. 마치 칸트의 능동성이 수동성의 조건에서만 가능했던 것처럼, 들뢰즈의 자발성이 비자발적 조건에서만 가능했던 것처럼 말이다.

노자의 철학

10장.   노자를 떠나며

국가와 통치자를 위한 노자의 철학

1.

노자 철학에 등장하는 많은 중요한 개념 중 하나가 바로 '천하(天下)'이다. '천하'는 글자 그대로 '하늘 아래'를 의미한다. '하늘 아래!' 결국 이것은 전국(戰國)의 혼란과 무질서를 '하늘 아래'라는 생각으로 통일하겠다는 의지를 반영하고 있는 개념이라고 할 수 있다. 전국시대의 많은 사상가들이 앞 다투어 '천하'를 통일하려는 방법을 제시했다. 그중 중요한 사상가 집단으로는 아마도 유가와 법가를 들 수 있겠다. 유가는 사랑과 온정의 방법을 제기했고, 법가는 당근과 채찍의 방법을 제기했다. 그러나 아쉽게도 유가는 국가를 가족의 외연으로 생각함으로써 국가가 지닌 고유한 논리를 사유하지 못했기 때문에 실패할 수밖에 없었다. 그런데 유가와는 달리 국가의 고유한 작동 원리를 정확하게 파악했기 때문에 법가는 천하를 통일할 수 있는 유력한 사상가 집단으로 성장하게 되었다. 이런 때 노자는 법가의 실패를 예견하고 나타난 사상가였다. 그는 강력한 파시즘으로 무장한 국가의 무력으로는 전국(戰國)을 통일할 수 있지만, 결코 그것만으로 통일된 제국을 유지할 수 없을 것이라고 진단했던 것이다.

노자의 철학

노자의 해법은 유가와 법가를 비판적으로 종합하는 데 있었다. 노자의 해법은 마키아벨리가《로마사 논고》에서 로마의 성공의 핵심이라고 파악했던 '사랑의 원리'와 '폭력의 원리'를 적절히 구사한 것과 유사하다. 노자의 해법은 피통치자가 '제국' 안에 들어오면 사랑의 원리로, '제국' 바깥에 남으려고 한다면 폭력의 원리에 입각해서 통치해야 한다는 것을 역설한다. 노자의 '제국 논리'는 아이러니하게도 한(漢) 제국을 거쳐 현재 중국에 이르기까지 중국적 제국의 논리로 면면히 이어져 내려오고 있다. 흥미로운 것은 노자의 '제국 논리'가 역사상 존재했던 크고 작은 거의 모든 '제국들'에서 그대로 이어지고 있다는 점이다. '로마제국', '대영제국', '제3제국', '일본제국', 그리고 지금의 '미국제국'에 이르기까지 말이다. 그러나 여기서 우리가 잊지 말아야 할 것이 있다. 그것은 '제국'이 결코 '국가'와 독립적인 층위에서 작동하는 것이 아니라는 점이다. 다시 말해 '국가'의 작동 원리가 방해되지 않고 전개된다면, 그것은 '제국'으로 확장될 수밖에 없다는 것이다. 그러므로 우리는 노자 철학의 진정한 고유성을 그가 '제국'으로까지 이어질 '국가'의 작동 원리를 발견했다는 것에서 찾아야만 한다.

노자에 따르면 국가란 하나의 교환 체계다. 구체적으로 말해서 국가는 수탈과 재분배라는 교환 논리에 따라 작동하는 기구다. 그러나 문제는 노자가 국가를 자명하게 주어진 전제라고 생각했다는 점이다. 이 말은 그가 국가를 발생의 입장에서 사유하지 못했고, 단지 결과의 입장에서만 사유할 수 있었다는 것을 의미한다. 그러나 발생의 측면에서 보면 그림이 전혀 달라진다. 수탈과 재분배라는 교환 논리가 작동하기 위해서 무엇보다도 먼저 국가는 원초적 폭력을 통해서 재분배할 수 있는 재화를 확보할 수 있어야만 한다. 이 점에서 루소가 말한 원초적 폭력은 상당히 중요한 통찰을 우리에게 보여준다. 이 원초적 폭력을 통해서 가진 자와 가지지 못한 자가 근본적으로 분리되기 때문이다. 또한 원초적 폭력은 가지지 못한 자가 가진 자에게 의존할 수밖에 없게끔 만들수 있는 정도에까지 이르러야 한다는 점도 중요하다. 이때 재분배가 커다란 힘을 지니면서 가지지 못한 자들을 피통치자로 만들어 버리게 되면, 국가의 교환 체계는 이제 천천히 그 바퀴를 움직일 수 있게 된다. 마르크스의 말대로 피통치자들은 "그가 왕이기 때문에 자기들이 신하가 아니면 안 된다고 믿게" 되는 상태에 이르게 된 것이다.

2.

농업 생산에 의존했던 노자 시대의 경제 상황을 고려해본다면, 우리는 왜 노자가 상업과 공업을 부정했는지 어렵지 않게 이해할 수 있다. 더군다나 농업에 종사하던 농민들이 바로 유사시에는 군인으로 징집되었다는 점에서, 국가는 농업을 보호하지 않을 수 없었다. 따라서 노자는 재분배의 중요 대상으로 농민을 집중적으로 언급하고 있다. 물론 국가가 농민들에게 재분배를 시행한 이유는 그 이상으로 수탈하기 위해서라는 점을 잊어서는 안 된다. 그러나 당시의 농업 생산력의 수준을 보면 재분배는 당연히 원활하게 이루어질 수 없었다. 따라서 국가는 원활한 재분배를 위해서 다른 국가를 병합할 수밖에 없었다. 이 점에서 전국시대는 국가 교환 논리라는 내적인 압력으로부터 불가피하게 도래할 수밖에 없었던

노자의 철학

것이라고 할 수 있다. 중요한 것은 이런 식으로 국가가 피통치자들을 늘려나갔다는 점이다. 분명 기존의 피통치자들은 새로 생긴 피통치자들보다는 우월한 지위를 보장받고 더욱 많은 양의 재분배를 받게 된다. 그러나 그것은 단지 새로 병합시킬 수 있는 다른 국가들이 있는 한에서만 그럴 수 있었다.

그러나 더 이상 병합시킬 국가가 없다면, '제국'은 재분배와 수탈을 계속해서 수행할 수 있을까? 이런 상황이 도래하면 이제 외적으로 활기차 보이는 제국의 시대는 끝난 것이다. 이제는 내적인 수탈과 재분배, 그리고 더 계속되는 수탈을 견뎌낼 수 있는 주체와 내면의 구성만이 문제의 해법으로 남았을 뿐이다. 이제 금욕주의가 미덕으로 여겨지고, 일체의 욕망은 도덕적으로 비난받는 것이 돼버린다. '제국'의 시대에 내면이 발견되고 이로부터 주체의 수양론이 발전한다는 것이 이것을 증거하지 않는가? '로마제국'에서의 스토아철학의 발달, '중국제국'에서의 도교와 불교, 신유학의 발달, '미국제국'에서의 티베트불교를 필두로 하는 뉴에이지 운동! 이제 활기찼고 실천적이었던 정치적이고 사회적인 철학은 사라지고 만다. 아니 존재할 수 있는 공간 자체가 없어져버린다. 그렇기 때문에 국가가 혐오스러우면 조용히 국가를 떠나서 국가를 조롱했던 은자(隱者)들도 사라져버리는 것이다. 이제 내면으로 들어가 침잠하고, 그리고 내면에서 진리의 빛과 영원의 안식처를 찾는 일만 남은 것이다. 이런 경향은 너무나 강력해서 《노자》마저도 도교의 수양론으로 왜곡되고, 불교의 수양론으로 왜곡되어 읽히게 되었다. 지금도 역시 눈앞의 물질적 욕망에 자신을 무너뜨리지 말고 정신적 쾌락에 눈을 뜨라는 선사들의 말씀이 주기적으로 언론 문화면에 소개되고 있다.

역사가들은 흔히 '역사는 반복된다'고 말한다. 그것은 단순한 수식어가 아니라 그들이 역사를 통해 무엇인가 반복되는 것을 확인했기 때문이다. 그러나 누구도 그것이 무엇인지를 명확하게 규정하지 못했던 것처럼 보인다. 그렇다면 유사 이래 변하지 않고 있었던 것, 혹은 역사라는 것과 동시에 생겼던 것, 그리고 역사를 통해서 계속 강박적으로 출현하고 있는 것, 그것은 과연 무엇일까? 아마도 그것은 역사가들이 언뜻 보았던 역사 반복의 핵심에 놓여 있는 그 무엇일 것이다. 그렇다면 그것은 과연 무엇일까? 그것은 바로 다름 아닌 국가 자체다. 역사의 역사는 바로 국가의 역사와 맥을 같이하고 있다. 이런 이유로 역사는 국가를 그 기원에서 문제 삼을 수가 없다. 역사는 국가가 있었기 때문에 발생했던 학문이지 그 역은 아니라고 할 수 있다. 전자본주의 시대든 자본주의 시대든 변하지 않고 존속하는 것! 그것은 바로 중심적 권력체인 국가다. 이 점에서 경제학적 관점에 입각한 시대 구분론자들은 기본적으로 나무에 눈을 빼앗긴 채 숲을 보지 못하고 있다고 할 수 있다. 생산양식이나 생산력을 통해서 국가의 통치 방식이 규정되는 것이 아니다. 오히려 그 반대가 사실이다. 수탈과 재분배라는 고유한 작동 원리가 유지되는 한, 그것이 전자본주의 경제체제든 혹은 자본주의 경제체제든 아니면 우리가 전혀 생각지도 못한 경제체계든 간에, 국가가 그 어떤 생산양식 혹은 생산력이라도 자신의 교환 논리로 선택하고 편입시킨다고 보아야 한다.

노자의 철학

3.

《노자》의 중요성이 바로 여기에 있다. 오늘날 국가와 그 작동 원리를 의심하는 사람이 있다면, 그 사람은 노자 철학에서 너무나 많은 것을 배울 수 있을 것이다. 그러나《노자》는 오랫동안 너무나도 많은 신비화의 흔적들로 가려져왔다. 나마저도 상당히 오랫동안 그런 신비화된 외관에 속아서《노자》의 핵심부에 도달하지 못했다. 마치 카프카의《성》에 등장하는 주인공 같았다.《노자》의 중심부에 들어갔다고 믿는 순간, 나는 어느새 더욱더 그 중심부에 멀어져 있었던 것이다. 실망과 좌절 끝에 '《노자》의 뜻을 누가 알겠어? 본인만 알겠지'라고 자위하는 순간《노자》가 접근 가능한 무엇으로 보이기 시작했다. 난해한 철학책을 반복해서 읽다보면 어느 순간 그 책을 이해할 수 있는 어떤 원점을 발견하게 되고 한동안 시간이 멈추는 것과 같은 경험을 하곤 한다. 이 경우 반복해서 읽던 모든 글귀들이 마치 저절로 그 원점을 중심으로 정비되고 있는 것과 같은 경험이 일어난다. 이것은 우리가 그 철학책을 지은 사람의 관점과 시선에 정확하게 일치하게 되면서 느끼는 현기증과 같은 경험이다.《노자》를 읽을 때, 그런 경험을 하게 만든 결정적인 구절이 바로 백서본 80장에 나오는 다음 구절이다. "빼앗으려고 한다면 먼저 반드시 주어야만 한다. 이것을 '미묘한 밝음'이라고 한다. …… 물고기는 연못을 벗어나게 해서는 안 되고, 국가의 이로운 도구를 사람들에게 보여서는 안 된다."

이로부터 우리는 '도가도비항도(道可道非恒道)'보다는 '명가명비항명(名可名非恒名)'에 노자 철학의 핵심이 있음을 확인할 수 있다. 그렇다. 노자 철학은 기본적으로 통치자와 피통치자로 구성되는 국가적 위계질서를 긍정하고, 그로부터 양자 사이의 바람직한 관계 원리를 모색했던 철학이었던 것이다. 따라서 노자에게 '도'는 미리 존재하는 것이 아니라, 국가가 자신만의 고유한 교환 논리로 작동할 수 있을 때 존재할 수 있는 그 무엇이거나 앞으로 도래해야 할 무엇이다. 비록 그가 '도'를 미리 존재하는 것이라고 논증했더라도 그의 논거와 저변의 주장은 결코 혼동될 수 없는 것이다. 따라서 우리는 진정으로 중요한 것은 '도'가 아니라 '명'이라고 분명히 말해야만 한다. 노자의 '도'는 위계적 정치질서의 안정화와 영속화의 논리를 가리키고 있을 뿐이다. 마치 그것이 존재론적인 진리의 모습인 것처럼 포장하는 근거라는 말이다. 이처럼 노자에게는 '도'가 실현된다는 것이 '명'이 실현된다는 것 그 이상도 이하도 아닌 것이다. 그리고 우리는 '명'이 전제되지 않는 '도'는 아무것도 아니라고 분명히 말할 수 있어야 한다. 결론적으로 '도가도비항도'라는 유명한 노자의 테제는 '명가명비항명'이라는 테제에 기초를 두고 있었던 것이지, 그 역은 결코 아니라고 할 수 있다.

'도'를 정당화하기 위해서 노자는 라이프니츠를 연상시키는 형이상학 체계를 구성해냈다. 아직도 많은 연구자들이나 독자들이 그 체계에 빠져 허우적거리고 있다. 마치 파리가 거미줄에 걸려 몸부림치는 것처럼 말이다. 어쩌면 노자는 우리와 같은 피통치자들이 감히 범접하지 못하도록, 단지 통치자들만 알아볼 수 있는 신비한 외관에 둘러싸인 체계를 구성하려고 했는지도 모른다. 그의 말대로 노자의 체계는 그야말로 피통치자들에게는 숨겨져(微) 있지만 통치자들에게는 명확히 드러나는(明) 것일지도 모른다. 그러나 노자는 자신이 발견한 국가의 논리를 우리에게 완전히 숨기지는 못했다. 백서본 76장(=왕필본 32장)에서도 노자는 자신의 도가

노자의 철학

기본적으로 국가 교환 논리라는 것을 넌지시 드러내고 있다. "도에는 영원히 이름이 없고 소박해서 비록 작아 보인다고 할지라도 이 세상의 그 누구도 감히 신하로 삼을 수 없는 것이다. 통치자가 만약 이것을 지킬 수만 있다면 만물은 스스로 와서 복종할 것이다 (道恒无名, 樸雖小而天下弗敢臣. 侯王若能守之, 萬物將自賓)." 결국 '도'의 정치는 국가와 통치자를 위해 제안된 셈이다. 노자가 권고했던 정치의 핵심은 안정적이고 영구적으로 수탈하기 위해서 국가와 통치자는 피통치자에게 재분배를 시행해야만 한다는 데 있다. 그러나 재분배는 뇌물이 아니라 선물의 모습으로 자신을 감추어야만 (微) 한다. 선물이기 때문에 피통치자들은 자발적으로 그 대가를 갚으려고 하며, 이것은 결국 피통치자들을 자발적인 복종과 파시즘적 열광의 상태로 이끌게 된다. 이제 국가는 이런 파시즘적 열광을 등에 업고 제국의 모습으로 자신을 확장해나갈 수 있게 되었다.

수직적 철학에서 수평적 철학으로

1.

《노자》를 치밀하게 분석한 이유는 다음 두 가지로 요약할 수 있다. 첫째, 노자 철학이 기본적으로 국가와 통치자의 입장에서 쓰인 책이라는 것을 일반 독자들에게 명확히 알려주고 싶었다. 만약 지금까지 논의가 타당하다면, 이제 독자들은 노자 철학으로부터 헛된 바람이나 구원의 희망을 갖지 않게 될 뿐만 아니라 노자 철학을 비판적으로 볼 수 있는 시선을 얻게 될 것이다. 그렇다고 하더라도 독자들에게 《노자》 읽기를 그만두라고 하는 것은 아니다. 오히려 《노자》는 더 많이 읽히고 토론되어야 한다. 그래야 《노자》는 자신에게 드리워져 있던 신비화된 외관을 벗어던지고, 비판적인 논쟁의 장 속으로 들어올 수 있을 것이다. 둘째, 아직도 노자 철학을 신비화하는 데 의식적이든 무의식적이든 간에 일조하고 있는 많은 연구자들을 위해서 이 글을 썼다. 노자 철학이 신비화된 이유는 많지만, 그중 가장 중요한 것은 연구자들이 '명'이라는 개념이 노자 철학에서 어떤 위상과 기능을 가지는지 숙고하지 않았다는 점이다. '명' 혹은 '유명'이란 개념은 통치자와 피통치자라는 근원적 위계성을 전제하거나 정당화한다. 따라서 명과 관련된 언어의 문제를 부정적으로 다루게 되면, 노자가 발견한 국가 교환 논리는 은폐되고 신비화될 수밖에 없을 것이다.

이 책이 완성된 두 가지 이유는 그 자체로도 중요하다. 그러나 이 글의 진정한 속내는 이런 표면적 이유를 넘어서 있다. 노자 철학 연구를 통해 우리는 국가 교환의 논리와 자본 교환의 논리를 동시에 뛰어넘을 수 있는 준비를 해야만 한다. 억압적이고 기만적인 모든 교환 논리의 핵심은 그것들이 등가교환이라는 외관을 보이고 있지만 기본적으로 부등가교환을 통해서 이윤 혹은 잉여가치를 남긴다는 데 있다. 교환 논리의 극복이 단순히 교환 논리의 구조 분석을 통해서 이루어질 수는 없다. 또 나는 정치학자도 경제학자도 아니다. 철학자로서 내게 중요한 것은 교환 논리를 떠받치고 있는 철학적 전제들을 드러내고 그것들을 대치할 수 있는 논리들을 확인하거나 발전시키는 데 있을 것이다. 아쉽게도 본 책은 단지 그 단서들만을 남길 수밖에 없었다. 그러나 이 단서들은 유효한 해결책으로 제공되었다기보다는, 오히려 앞으로 우리가 숙고하고 극복해야 할 숙제라고 할 수 있을 것이다.

어렵지 않게 독자들도 본 책에서 그 단서들을 확인할 수 있다. 바로 각 꼭지들의 마지막 장, 즉 제3절들에 간단히 기록되어 있는 내용이다. 예를 들어 '결과에 입각한 인식과 발생에 입각한 인식'이라는 제목의 세 번째 꼭지에서 두 가지 인식의 차이점과 그 철학적 함의를 다루고 있다. '결과에 입각한 인식'이 노자 철학의 근본 전제들 중 하나를 규정한다면, '발생에 입각한 인식'은 노자 철학을 벗어날 수 있게 하는 근본 전제들 중 하나로 제안된 것이다. 이것은 단지 세 번째 꼭지에만 한정된 것이 아니라, 모든 꼭지들에 공통된 형식이다. 각 꼭지의 마지막에 실려 있는 3절은 모두 'A

와 B'라는 공통된 형식을 취하고 있다. A에 속하는 주제들이 좁게는 우리가 살펴보았던 노자 철학, 넓게는 전체의 입장에서 사유를 진행하는 형이상학적 사유 경향의 성격을 규정하는 것이었다면, B에 속하는 주제들은 이런 형이상학적 사유 경향들에 맞설 수 있는 개체의 입장에서 사유를 진행하는 반형이상학적 철학의 성격을 규정한 것이다.

2.

A에 속하는 주제들을 통해《노자》를 철학적으로 정리해보도록 하자. 노자는 국가의 흥망성쇠를 사유했던 철학자였다. 그는 이로부터 국가 흥망성쇠의 내적인 원인을 발견하려고 노력했다. 그러나 바로 그랬기 때문에 그는 국가 그 자체의 발생에 대해서는 사유할 수 없었던 것이다. 그에게 국가는 주어진 것, 폐기될 수 없는 자명한 것이었다. 그래서 우리는 그가 단지 국가를 결과에 입각해서 사유했다고 규정했던 것이다(결과에 입각한 인식). 그가 발견했던 국가의 논리, 정확히 말해서 국가와 통치자가 안정적으로 지속되고 발전하게 되는 내적인 논리는 바로 수탈과 재분배의 논리였다. 다시 말해 자본가가 무한히 반복되는 자본의 운동 속에서 투자를 행하는 것처럼, 통치자도 안정적이고 원활하게 수탈을 반복하기 위해서 피통치자들에게 재분배를 수행해야만 한다는 것이다. 그러나 마키아벨리의 지적처럼 노자도 재분배는 사랑의 원리인 것처럼, 다시 말해 선물의 외양으로 시행되어야만 한다고 지적한다. 이 말은 결국 노자의 재분배가 결과적으론 뇌물이라는 것을 의미

한다(뇌물의 논리). 왜 대가(=수탈)를 바라는 뇌물을 선물처럼 포장해야 한다고 노자는 권고했던 것일까?

그것은 피통치자들의 자발적인 복종과 거기에서 야기되는 파시즘적 열광을 창출하기 위해서다. 이로부터 국가는 내적으로 유기적인 전체를 이루게 되어, 통치자의 의지는 피통치자들의 의지와 동일한 것이 된다. 마치 히틀러 치하에서 독일 국민들이 자신을 '작은 히틀러'라고 생각했던 것처럼 말이다(파시즘의 논리). 파시즘적 열광으로 무장한 국가의 통치자는 이 열광을 유지하기 위해 부단한 재분배를 피통치자들에게 수행해야만 한다. 이런 압박으로 인해서 파시즘적 국가들이 제국주의를 표방하듯이, 노자도 '제국의 논리'를 피력하게 된다. 결국 국가 교환 논리에 따르면 피통치자들뿐만 아니라 통치자마저도 주체가 아니라 국가 논리에 따라 작동할 수밖에 없는 '매체'로 변질된다. 이제 통치자와 피통치자를 매체로 해서 국가는 그 스스로 무한히 확장하려는 욕망을 가진 주체인 것처럼 현상하게 된다(매체의 논리). 노자는 통치자와 피통치자의 파시즘적 열광으로 제국의 논리에까지 확장되는 국가 논리를 철학적으로 정당화하기 위해서 '도'와 '명'이라는 핵심적 범주를 도입하고, 이에 입각해서 라이프니츠적인 형이상학을 구성하게 된다.

노자 철학이 라이프니츠적이라고 규정할 수 있는 이유는 그가 라이프니츠와 마찬가지로 개체들을 충분이유율로 근거지우려고 했기 때문이다. 다시 말해 모든 개체들은 전체(=도)를 자신의 관점(=명)에 따라 반영하고 있다는 것이다. 결국 이것은 모든 개체들이 관계를 내재하고 있다는 것을 의미한다(관계의 내재성). 이런 노자의 발상은 중국 당나라의 국가 이데올로기로 작동했던 "일

즉다(一卽多), 다즉일(多卽一)"이라는 화엄철학의 논리, 일본제국의 논리였던 "주체=세계"라는 니시다 기타로의 논리와 구조적으로 유사해서 라이프니츠적 세계관의 반복으로 이해할 수 있다. 그러나 라이프니츠 철학과 이처럼 유사하다고 할지라도, 노자 철학이 결정적으로 달라지는 지점이 있으니 그것은 바로 노자 철학이 지니고 있는 독특한 '명' 이론과 이런 '명' 이론이 함축하는 비관론적 전망이다. 라이프니츠가 세계를 완전한 것으로 보고 있는 것과는 달리 노자는 통치자의 노력에 의해서 달성되어야 하는 불완전한 것으로 사유하고 있다. 이런 비관론적 전망 속에서 노자는 통치자가 부단히 자신에게 내재된 전체, 즉 일자적 계기를 유지하려고 노력해야 한다는 것을 역설했다. 노자는 통치자가 자신에게 내재된 전체(=일자)를 유지하는 현실적인 방법으로 재분배의 논리를 제안했던 것이다(수양의 주체).

3.

노자 철학을 포함한 전통 형이상학적 사유의 주요 특징 중 하나는 그것이 심오하다는 데 있다. 한마디로 '깊이(depth)'가 있다는 것이다. 그러나 그 깊이는 기본적으로 개체들을 넘어서는 전체(the Whole)의 계기를 보려고 하기 때문에 발생했다는 점을 잊어서는 안 된다. 이 점에서 전통 형이상학은 기본적으로 수직적인(vertical) 구조를 가지고 작동한다고 볼 수 있다. 여기서 중요한 점은 전통 형이상학이 깊이에 있는 것으로 사유하고 있는 것이 바로 '전체의 계기'라는 점이다. 다시 말해 그것이 플라톤의 선의 이데아이든, 노자의 도이든, 주희의 이치(理)나 본성(性)이든, 니시다 기타로의 자기모순적 동일자이든 하이데거의 존재이든, 그것은 기본적으로 개체를 넘어서는 전체의 계기, 혹은 내재화된 전체를 가리킨다. 전통 형이상학의 도식에 따르면 우리 개체들은 이미 정립된 전체의 계기들을 마치 태양을 따라가는 해바라기처럼 따라가야만 현존할 수 있는 수동적인 존재들, 매체들일 수밖에 없게 된다.

　레비나스가 하이데거를 비판했던 것처럼 전통 형이상학의 구조 속에서 타자란 존재할 수 없다. 이 구조 속에서 이미 타자와의 관계는 모두 그 깊이 속에서 선취되고 있는 것으로 사유되고 있다. 그런데 깊이로 환원되지 않는 타자가 없다면, 시간 역시 존재할 수 없으며 따라서 역사도 존립할 수 없게 된다. 시간이란 기본적으로 관계의 외재성, 다시 말해 내면화되지 않는 타자와의 마주침을 통해서만 의미가 있는 범주니까 말이다. 이런 이유로 반형이상학적인 철학은 '깊이'를 하나의 전도라고 비판하고, 매체로서의 개체들을 다시금 주체로서 각성시키고자 노력한다. 그러나 매체가 주체가 된다는 것을 마치 개체들이 '깊이'를 회복하는 것으로 오해해서는 안 된다. 오히려 개체들이 주체로 사유된다는 것은 '영원성의 깊이'를 망각하고 '삶의 수평성'을 회복했다는 것을 말하는 것 아닌가. 다른 말로 이제 개체들은 서로 마주치게 된다는 것이다. 니체의 말대로 망각은 그래서 창조적인 것이다. 오직 망각 속에서만 우리는 '깊이'를 잊고 '타자'를 발견할 수 있을 테니까. 역으로 타자를 발견할 때에만 우리는 '깊이'를 잊고 타자와 마주쳐서 연대를 도모하는 '주체'로 생성될 수 있다고 말할 수 있다. 이것이 바로 반형이상학적 철학이 수평적인(horizontal) 구조를 띨 수밖에 없는 이유다. 여기서 우리는 선택에 직면하게 된다. 수평적인 철학을 선택할 것인가 아니면 수직적인 철학을 선택할 것인가? 마주침과 조우의 철학을 선택한 것인가, 아니면 기원과 목적의 철학을 선택할 것인가?

이런 철학적 선택이 중요한 이유는 그것이 가진 정치적 함축 때문이다. 개체들이 국가와 자본에 선행하는가, 아니면 국가와 자본이 개체들에 선행하는가? 이 물음은 매우 중요하다. 어떤 선택을 하느냐에 따라 우리의 사유와 삶은 근본적으로 상이한 길을 가게 될 테니까 말이다. 아마도 독자들은 이제 이 책이 어떤 입장을 선택하고 있는지 분명히 알 것이다. 개체들이 국가와 자본에 선행한다는 단호한 입장을 피력한 이유는 내가 인문학자이자 철학자이기 때문이다. 인문학이 개체들의 편을 서지 않는다면 누가 개체들의 편이 되어주겠는가? 그렇다. 나는 개체들에게서 국가와 자본을 대신할 수 있는 연대를 구성할 수 있는 힘, 다시 말해 타자와 마주칠 수 있는 힘과 계기를 긍정하고 싶었던 것이다. 만일 개체들에게 이런 역량이 허락되지 않는다면 다시 말해 개체들이 주체일 수 있다는 것이 부정된다면, 우리는 국가와 자본을 문제 삼고 극복할 수 있는 힘이 개체들에게 있다는 것을 부정할 수밖에 없게 된다. 그렇게 된다면 우리에게는 역사와 변화라는 것이 증발되고 말 것이다. 그러나 타자와 마주쳐서 연대를 구성할 수 있는 힘이 부여된 개체, 따라서 역사를 가능하게 하는 개체인 '주체'의 구성은 분명코 가능한 일이다. '주체'는 기본적으로 정치적일 수밖에 없는 존재다. 주체는 연대를 구성하는 능동적인 힘을 놓고 국가 및 자본의 논리와 싸우는 존재일 수밖에 없으니까 말이다. 반대로 이런 구성하는 힘을 국가와 자본에 이양할 때, 그리고 그것들의 힘에 의존해서 자신의 삶을 영위할 때, 우리는 이제 주체가 아니

노자의 철학

라 단지 어느 때이든 교환 가능한 '매체'로 살아갈 수밖에 없을 것이다. 이렇게《노자》를 읽고 마지막 책장을 넘기면서 우리는 최종적인 결단의 자리에 남게 된다. '주체'로 살 것인가, 아니면 '매체'로 살 것인가?

더 읽을 것들

시중에 정신이 없을 정도로 많은《노자》번역서가 출간되어 있다. 그중 다음 두 가지 번역서는 일반 독자들이 구입해 읽어볼 만한 가치가 충분히 있을 것 같다.

왕필(王弼),《왕필의 노자》, 임채우 옮김, 예문서원, 1997.
이석명,《백서 노자》, 청계, 2003.

앞의 책은 왕필이라는 요절한 천재가 쓴《노자》주석서를 번역한 것인데, 이 책에서 왕필본이라고 이야기했던 주석서가 바로 이것이다. 이 번역본은《노자》원문뿐만 아니라 왕필의 주석문의 원문도 그대로 실어놓아서 번역과 대조를 위해 읽으면 좋을 것이다.《사서(四書)》를 주희의 주석을 통해서 이해했던 것처럼,《노자》도 왕필의 주석을 통해서 이해해왔다. 왕필은 '유'와 '무'라는 두 가지 핵심 범주로《노자》81장을 체계적으로 그리고 철학적으로 이해하려고 시도했던 철학자였다. 사실 여러 가지 문제점은 있지만, 왕필 주석만큼 철학적 영감을 주는 주석서도 없을 것이다.

더군다나 우리가 주목해야 하는 것은 노자가 자신의 철학을 피력할 수밖에 없었던 시대 분위기가 왕필이 《노자》에 주석을 붙일 수밖에 없었던 시대 분위기와 구조적으로 유사했다는 점이다. 다시 말해 전국시대라는 혼란 상황 속에서 노자가 국가와 제국의 논리를 고민했다면, 왕필은 삼국시대(三國時代)와 위진시대(魏晉時代)의 혼란 상황 속에서 《노자》를 읽고 주석을 달면서 국가와 제국의 논리를 고민했다는 것이다. 이 점에서도 왕필의 주석은 가치가 있다. 그러나 왕필의 해석은 '개체들(=만물)'을 '유'와 동일하게 봄으로써, 노자 철학의 핵심 경향 중 하나인 실재론적 경향(=유명의 논리)을 파악하는 데 실패하고 있다는 측면에서 많은 아쉬움을 준다. 뒤의 책, 즉 이석명의 《백서 노자》는 백서본이라고 말한 것을 저본으로 해서 번역한 것이다. 이 책의 최대의 미덕은 백서본, 곽점본, 왕필본을 원문 그대로 실어서 꼼꼼하게 비교·대조하고 있다는 점이다. 그래서 일반 독자들뿐만 아니라 전문 연구자들도 이 책을 참고하면 많은 도움을 얻을 수 있을 것이다. 또한 이석명의 책은 수많은 주석가들의 다양한 해석 방법 중 중요한 것을 필요에 따라 적절히 인용하고 있기 때문에, 일반 독자들도 간접적이나마 지금까지 《노자》가 중국에서 어떻게 이해되어왔는지 엿볼 수 있을 것이다.

한문에 어느 정도 자신이 있고 전문적으로 노자 철학에 관심이 있는 독자들은 다음 두 책을 참고하기를 바란다.

가오밍(高明), 《백서노자교주(帛書老子校注)》, 중화서국(中華書局), 1996.

랴오밍춘(廖名春),《곽점초간노자교석(郭店楚簡老子校釋)》, 청화대
학출판사(淸華大學出版社), 2003.

장순후이(張舜徽),《주진도론발미(周秦道論發微)》, 중화서국(中華
書局), 1982.

가오밍의 주석서는 백서본《노자》에 대한 훌륭한 책으로 나
름대로 자리를 잡은 책이다. 이 책에서 독자들은《노자》에 대한
서지학과 문헌학 정보를 많이 얻을 수 있을 것이다. 전문 연구자
가 되려고 하는 독자들은 반드시 이 책을 읽어보아야 할 것이다.
랴오밍춘의 주석서는 1993년 곽점에서 초간(楚簡)《노자》가 발굴
된 이래 우후죽순처럼 출간되었던 곽점본에 대한 연구서와 주석
서들을 비판적으로 종합하여 만든 책이다. 저자 랴오밍춘은 자신
의 주석서에 곽점본의 원문을 백서본과 왕필본은 물론 다른 판본
들의 원문과 함께 싣고 있어서 연구자들에게 많은 도움을 주고 있
다. 그리고 아마도 이 책은 얼마 지나지 않아 곽점본에 관심이 있
는 독자들의 필독서가 될 것이다. 마지막으로 장순후이의 책은 국
내에서는 잘 알려져 있지 않지만, 상당히 중요한 시선을 담고 있
는 연구서이자 동시에《노자》와《관자사편(管子四篇)》에 대한 주석
서다. 그는 선진철학 전통을 도론(道論)이라는 개념으로 이해할 수
있다고 보고 있다. 그는 도론을 기본적으로 바람직한 통치를 실현
시킬 수 있는 군주의 통치술로 이해한다. 그러나 통치술의 문맥에
서 도론을 다루고자 한다면 국가의 작동 원리에 대한 통찰에서부
터 논의를 진행시켜야 하는데, 아쉽게도 그런 사전 작업을 수행하
고 있지는 않다.

끝으로 다음과 같은 책들은 노자의 사유를 이해하는 데 도움

노자의 철학

을 주기에, 독자들이 반드시 일독하기를 바란다.

가라타니 고진, 《일본정신의 기원》, 송태욱 옮김, 이매진, 2003.

마키아벨리, 《로마사 논고》, 강정인 외 옮김, 한길사, 2003.

이정우, 《주름, 갈래, 울림: 라이프니츠와 철학》, 거름, 2001.

가라타니 고진의 책은 국가 교환의 논리와 자본 교환의 논리가 어떻게 다르고 유사한지에 대해 많은 시사점을 주고 있다. 아울러 이 책의 매력 중 하나는 고진이 이런 논의를 기초로 국가와 자본에서 벗어날 수 있는 대안적 교환의 논리, 즉 어소시에이션(association)을 숙고하고 있다는 점이다. 다음으로 마키아벨리의 책은 그의 유명한 저서 《군주론》에 의해 가려져 있지만, 오히려 《군주론》보다 마키아벨리의 사유에 대한 더 중요한 시사점을 제공하고 있다. 특히 로마제국의 성공과 실패에 대한 그의 철학적 통찰은 아무리 강조해도 지나치지 않을 정도로 중요하다. 국가와 제국에 대해 좀 더 깊숙이 숙고하려는 독자들은 이 책을 통해 많은 것을 얻으리라 확신한다. 앞에서 살펴본 것처럼 노자의 형이상학 체계는 상당히 라이프니츠와 유사하다. 따라서 라이프니츠가 지닌 철학적 함축과 의의를 이해하려면 독자들은 이정우의 저서를 읽는 것이 좋을 것이다. 이 책은 라이프니츠 본인이 자신의 복잡한 철학을 간결하게 요약했던 저서 《모나드론》에 대한 주석서이자 동시에 흥미진진한 내용과 문체로 쓰인 해설서라고 할 수 있다. 이 책은 저자가 몸소 행한 강의의 기록물이라는 점에서, 지루하지 않고 흥미롭게 읽을 수 있을 것이다.

II. 　　　　장자의 철학

타자와의 소통과 주체의 변형

1장.   장자, 타자와의 소통을
         꿈꾸었던 철학자

다시《장자》를 펼쳐야만 하는 이유

1.

모든 것이 그렇겠지만, 책만큼 시간과 생성이라는 주제를 우리에게 시사하는 것은 없다. 지금 내 앞에 방금 서점에서 구입한 책이 있다고 해보자. 이 책은 우리에게는 미래의 시간이자, 나를 이러저러하게 다르게 생성시킬 수 있는 잠재성이다. 이 책의 20페이지를 읽고 있다고 하자. 그러면 우리에게는 이 책을 통해서 이미 읽은 19페이지라는 과거와 지금 펼쳐져 있는 20페이지의 현재, 그리고 앞으로 펼쳐질 그 많은 미래가 생성된다. 그러나 사실 이미 읽었다는 이 19페이지도 흘러간 과거라기보다는 어느 때든 미래로 생성될 수 있는 것이다. 우리는 지금 당장이라도 다시 읽었던 앞 페이지로 돌아갈 수 있으니까. 이처럼 우리는 하나의 책이 열어주는 다층적인 시간 속에서 자라왔고, 또 자라고 있으며, 앞으로도 자라날 것이다. 그렇다고 모든 책이 이런 힘을 지니고 있는 것은 아니다. 오히려 대부분의 책들은 그저 한 장 한 장 넘겨지다 끝내 잊히게 되는 운명에 빠져 있다. 이렇게 다시 보게 되는 책이 있는가 하면 한 번 보고 잊혀버리고 마는 책이 있다. 우리는 자신이 매번 넘기고 다시 넘기는 책, 나아가 세대를 거쳐 다시 또 보게 되는

장자의 철학

책을 고전이라고 부른다. 이처럼 고전은 덧없는 세상에서 영원성을 확보한 행복한 책이다.

고전의 이런 힘은 어머니의 품과도 같이 여러 세대에 걸쳐서 우리를 다르게 생성시킬 수 있다는 데 있다. 우리는 고전을 통해 다르게 변한다. 그러나 놀랍게도 우리가 다르게 변함에 따라 고전의 의미도 다르게 변하게 된다. 어릴 적에 읽었던, 그래서 자신을 이전과는 다르게 변화시켰던 동일한 고전을 어느 날 문득 낡은 책장에서 꺼내 읽는 순간, 우리는 그 고전에서 전혀 다른 새로움을 느끼게 된다. 그 새로움의 의미를 되물으면서 우리는 다시 한 번 변하게 될 것이다. 그렇다면 과거 어린 시절에 읽었던 의미와 지금 나이 들어 읽고 있는 의미 중 어느 것이 옳은가? 나아가 앞 세대가 읽었던 의미와 지금 세대가 읽고 있는 의미 중 어느 것이 옳은가? 그러나 이런 질문은 잘못된 것이다. 중요한 것은 우리는 고전을 통해 매번 다르게 생성될 것이고, 또 그렇게 생성될 때마다 고전은 우리에게 다른 의미로 다가온다는 사실이다. 어쩌면 의미라는 것 자체가 아주 때늦게 다가올 수밖에 없는 것이다. 너무나 사랑해서 모든 것을 주어도 아깝지 않았던 사람이 죽었을 때, 우리는 그 사람과 함께 만들었던 모든 사건들에 대해 아름다운 의미를 사후에 부여하는 것처럼 말이다.

우리가 어떤 고전에 대해 그것의 의미를 알았다고 말할 때, 이것은 그 고전과 헤어진다는 것을 의미하기도 한다. 의미는 항상 결별의 절차와 동시에 일어나는 것이니까. 우리에게 고전은 영원히 늙지 않는 여인이 기다리는 주막집처럼 항상 결별의 장소다. 우리는 고전으로 매번 돌아갈 수 있지만 헤어질 수밖에 없다. 그러나 매번 다르게 생성되어 떠날 것이다. 여기서 우리는 《장자》라는 고전으로 돌아가고자 한다. 그러나 그것은 이별하기 위한 만남이 될 것이다. 우리가 알고 있는 《장자》라는 책의 의미는 우리의 앞 세대들 혹은 그 이전의 사람들이 부여한 것이다. 그러나 그것은 그들만의 《장자》가 행한 결별 의식이었다. 이제 우리는 우리만의 결별 의식을 수행해야만 한다. 오직 이런 결별 의식을 통해서만 우리는 자신이 어떻게 생성되었고, 또 그만큼 《장자》의 의미가 어떻게 변형되었는지를 논할 수 있을 것이다. 어쨌든 《장자》라는 고전과 조우해서 우리는 전혀 다르게 생성되어야만 한다. 만약 그렇지 않다면 우리는 쓸데없이 시간 낭비를 하는 셈이 된다.

2.

왜 21세기 한국에 살고 있는 우리가 중국이라는 다른 공동체의 전통에 속하는 사상가, 그것도 2000여 년 전에 살았던 장자를 다루려고 하는 것일까? 장자가 성인(聖人)이기 때문인가? 아니면 중국 철학사에서 공인된 그의 중요성 때문인가? 한마디로 왜 지금 우리는 장자와 대화해야만 하는가? 그것은 장자의 삶과 그의 사상이 주는 고유성 때문이다. 우리가 쉽게 간과하고 있는 사실이 하나 있다. 그것은 장자가 중국이란 하나의 통일된 공동체에 속하지 않았던 사람이라는 것이다. 단지 회고적으로(retrospectively) 재구성될 경우에만 그는 중국이라는 단일 공동체에 속하는 것처럼 보이게 된다. 사실 그는 많은 나라들과 많은 사람들 사이에서 복수적인 차이의 삶을 살았던 사람이다. 제자백가(諸子百家)들이 활동했던 전국시대(戰國時代)는 다양성과 차이를 상징하는 시대였다. 이

시대는 단지 통일된 공동체라는 이념과 시선 속에서만 혼란의 시대로 보일 수 있을 뿐이다. 그러나 우리는 이 시기 동안 인간의 삶과 사상이 가장 자유로웠을 뿐만 아니라 생동하고 있었다는 것을 잊어서는 안 된다.

제자백가라고 불렸던 당시 지식인들은 공동체와 공동체 사이에서 살았던 사람들이다. 가라타니 고진의 말(《탐구》)을 빌리자면, 이 시기 동안 모든 사람들에게는 공동체(community)가 아닌 사회(society)에 살 수 있는 가능성이 있었던 것이다. 여기서 사회란 단일한 규칙을 공유하는 공동체를 의미하기보다는, 타자와 더불어 살아가는 삶의 세계를 의미한다. 그런데 문제는 우리 인간이 어떤 이유에서든 공동체를 계속 지향하고 있다는 데 있다. 다시 말해 우리는 어떤 통일된 질서와 중심 속에서 자신의 자리를 잡고 싶어한다. 이 말은 우리가 이런 통일된 질서와 중심에 저항하는 타자를 동화시키려 하거나 아니면 배척하게 된다는 것을 의미한다. 이처럼 타자에 대한 억압은 기본적으로 자신에게 존재의미와 이유를 부여하는 통일된 질서에 대한 맹목적인 복종일 수밖에 없다. 결국 공동체를 추구하는 사람들은, 자신과 아울러 타자도 통일된 질서와 중심에 복종하지 않으면 견디지 못한다는 점에서, 자발적으로 노예가 되기를 결단한 사람들이라고 할 수 있다. 반면 사회를 지향하는 사람들은 타자를 긍정하며, 따라서 자신을 긍정하게 된다. 그래서 그들은 통일된 질서란 자신과 타자의 삶을 위해서 마련된 것이지, 결코 그 자체로 숭고한 목적을 지닌 것은 아니라고 생각한다.

지금 우리는 공동체냐 아니면 사회냐는 갈림길에 서 있다. 마이클 하트(Michael Hardt)와 안토니오 네그리(Antonio Negri)의 지적(《제

國》)이 옳다면 우리는 지금 전 세계적 규모의 자본주의 공동체의 탄생, 즉 제국 탄생의 시대에 살고 있다. 지금 우리가 장자의 사상을 다뤄야 하는 이유도 바로 여기에 있다. 장자가 2000여 년 전 송(宋)이라는 작은 나라 속에서 사회를 살았던 것처럼, 우리도 지금 한국이라는 작은 나라 속에서 사회를 살아가야만 한다. 여기서 우리는 역사가 사태들과 사건들의 반복이 아니라, 구조의 반복이라는 교훈을 생각하지 않을 수 없다. 물론 장자는 정치철학자라고는 할 수 없는 사람이다. 이것은 그가 직접적이고 전면적으로 타자를 긍정하는 사회를 이론적으로 모색한 사람은 아니었다는 것을 말한다. 다만 그의 철학이 지닌 궁극적 귀결이 사회에 이론적 기초를 제공하는 데 있다는 점을 잊어서는 안 된다. 장자는 타자와의 소통(通)을 직접적으로 문제 삼고 있고, 소통을 가능하게 하는 조건들을 사유했으며, 나아가 이런 소통을 몸소 실천하려고 했던 철학자였으니까 말이다.

3.

장자 철학의 고유성은 바로 자신의 철학 체계에 타자를 도입했다는 데 있다. 타자는 사유라는 사변적 층위에서가 아니라 항상 삶이라는 실천적 층위에서 문제가 된다. 그렇다고 해서 타자가 사유와는 아무런 관련이 없다는 것은 아니다. 타자는 내가 '그것은 이러저러할 거야'라고 생각했던 것이 좌절될 때, 즉 사유가 스스로 부적절함을 인정할 수밖에 없을 때, 경험되는 것이다. 이 점에서 사실 타자는 우리의 사유를 발생시키는 것이라고 해야 한다. 다시 말해 우리는 타자와 직면하는 오직 그 경우에만 '그것은 이러저러할 거야'라고 사유할 수 있다는 것이다. 역으로 이 말은 타자란 항상 사유의 한계에서만 경험할 수 있는 어떤 것임을 말해준다. 사유라는 더듬이로 이리저리 더듬어도 도대체 어떻게 생각해야 할지, 또 이것과 어떻게 관계해야 할지 모르는 그 지점이 바로 '타자'를 경험하는 지점이다. 결론적으로 삶의 층위에서는 분명히 조우하고 있지만 사유의 층위에서는 좌절을 경험하게 하는 것, 바로 그것이 타자다.

다음과 같이 질문을 던져보자. 우리는 항상 사유하고 있는가? 아침에 일어나서 세수를 할 때, 그리고 밥을 먹을 때, 직장에 가기 위해서 버스 정류장까지 걸어갈 때, 친구를 만나서 인사를 할 때, 작별 인사를 할 때, 우리는 사유하고 있는가? 이런 친숙한 세계에서 사유는 작동하지 않는다. 이 경우 사유는, 자신이 영위하는 삶의 규칙과 너무나 밀접하게 결합되어 자신의 고유성을 상실하고 있다는 점에서 오히려 무사유에 가깝다. 그러나 이런 친숙한 세계에 타자가 도래하면, 우리의 사유는 그때서야 비로소 사유로서 깨어나게 된다. 이처럼 타자는 나를 중심으로 돌고 있는 친숙하고 편안한 세계에 낯섦과 불편함을 가지고 오는 무엇이다. 따라서 그것은 규칙적이고 편안한 삶을 불규칙적이고 불편한 삶으로 변화시킨다. 아마 그 대표적인 사례가 갑자기 다가오는 사랑일 것이다. 집에서 회사로 가는 도중 우리는 어떤 사람을 만난다. 그런데 갑자기 세상이 정지한 것처럼 모든 관심이 그 사람에게 몰입된다. 우리는 자신이 지금 어디에 서 있는지, 혹은 왜 여기에 서 있는지조차 생각할 수 없이 그 사람에게 몰입하게 된다. 한마디로 나는 나를 잊게 된다.

이런 강렬한 첫 만남에서 우리는 분명 그 사람을 만나고 있지만, 그 사람이 무엇을 좋아하는지 혹은 나를 어떻게 생각하는지를 알 수가 없다. 사유가 사유로 깨어난다는 것은 이처럼 '도대체 알 수가 없다'는 한탄에서 시작된다. 역설적이게도 사유는 모르겠다는 경험에서 가장 사유다울 수 있다. 다시 말해 사유는 답을 알 수 없는 것에 답을 모색하는 경험에서만 본래적인 사유일 수 있다는 것이다. 위의 사례로 다시 돌아가보자. 나는 한눈에 그(혹은 그녀)가 좋아하는 것이 무엇인지 알 수가 없다. 그러나 도대체 무엇을 알 수가 없다는 것일까? 우리는 쉽게 자신이 지금 조우하고 있는 타자가 무엇을 생각하고 무엇을 원하는지 모른다고 대답할 것이다. 그러나 사태는 그렇게 단순하지만은 않다. 사실 모르겠다는 한탄의 진정한 의미는 타자라기보다는 자신에 대한 것이다. 그래서 타자를 모르겠다는 내 판단은, 내가 지금 자신의 삶이 얼마나 제약된 것이며 따라서 유한한 것이었는지를 무의식적으로 반성하고 있다는 것과 동시적인 사태다.

4.

어떤 사람을 새롭게 만날 때, 우리는 그 사람이 무엇을 생각하고 무엇을 원하고 있는지 사전에 알 수가 없다. 그러나 놀라운 점은 언젠가 어느 정도 시간이 지난 후 우리는 그 사람이 무엇을 생각하고 무엇을 원하는지를 알게 된다는 점이다. 도대체 어떻게 이런 일이 가능한 것일까? 그 사람과 자주 만났기 때문에 그 사람의 외적인 행동과 그 사람의 내면 사이의 연관관계를 파악하게 된 것일

장자의 철학

까? 그러나 타자를 알게 되는 진정한 이유는 내가 이미 그와 삶의 수준에서 조절되어 있기 때문이다. 우리는 조우한 타자에 맞추어 무의식적인 삶의 수준에서 자신을 조절하게 된다. 그래서 첫 만남의 설렘 속에서 가능했던 "그(혹은 그녀)가 무엇을 생각하는지 모르겠다"는 경험은 아주 오래된 부부처럼 얼굴만 보아도 상대방이 무엇을 생각하는지 아는 경험으로 변하게 되는 것이다.

"당신이 지금 무엇을 생각하는지 전혀 모르겠다"는 경험에서 얼굴만 보아도 알게 되는 경험으로 이행하는 것, 불편함과 낯섦의 경험에서 편안함과 친숙함의 경험으로 이행하는 것이 함축하는 의미는 무엇일까? 그것은 이 두 경우의 나는 전혀 다른 나라는 것을 의미한다. 타자와 조우하기 이전의 나는 타자와 조우한 후 그 타자에 맞게 조절된 나와는 질적으로 다르다. 결국 나는 항상 타자와의 조우와 그로부터 유래한 소통의 결과이자 흔적일 뿐이다. 그렇다면 진정으로 중요한 것은 타자와의 소통이 아니겠는가? 타자와 조우할 때에만 나는 내가 어떤 사람인지를 생각할 수 있고, 또 앞으로 전혀 다른 새로운 나로 생성될 수도 있는 법이다. 타자와 조우하지도, 따라서 소통하지도 못하는 나는 사실 전혀 나로서 의식될 수도 없다. 그저 어제와 마찬가지로 아침에 일어나서 밥을 먹고, 버스 정류장까지 걸어갈 것이며, 어제 했던 일을 다시 하고는 지쳐서 집으로 다시 돌아올 것이다. 마치 프로그램된 로봇처럼 말이다.

이처럼 타자를 도입하게 되면 우리의 사유와 삶은 완전히 다르게 이해될 수밖에 없게 된다. 이제 '내'가 중심이 아니라 오히려 타자가 중심의 자리를 차지하게 된다. 아니 더 정확히 말해서 내가 타자와 조우해서 생기게 된 차이가 중심이 된다고 해야 한다.

무엇보다도 먼저 차이는 불편함과 낯섦이 체험되는 삶의 공간에서 경험되는 것이다. 차이는, 나로 하여금 불편함에서 편함으로 혹은 낯섦에서 친숙함으로 이행하게끔 강제한다는 점에서 발생론적 원리라고 할 수 있다. 사실 나는 이 차이를 통해서 기존의 동일성을 버리고 새로운 동일성을 확보함으로써 전혀 새로운 나로 생성될 수 있다. 이 점에서 생성이라는 개념이 의미가 있다면, 그것은 이 개념이 필연적으로 차이를 함축하고 있기 때문이라고 할 수 있다. 생성·동일성·사유·삶 등의 철학적인 핵심 범주들은 타자와 그 타자와의 차이가 전제되어야 온전히 이해할 수 있다. 바로 여기에 '타자와의 소통'을 사유했으며 실천하고자 했던 장자의 철학이 현재에도 의미를 가질 수밖에 없는 이유가 있다. 그는 중국철학 전통에서 거의 유일하게 동일성보다는 차이라는 이념에 서 있으려고 했던 철학자였기 때문이다.

5.

삶의 과정에서 우리는 항상 타자와 조우하기 마련이다. 우리 인간은 홀로 존재할 수 있는 신이 아니라 타자와 관계를 맺을 수밖에 없는 유한한 생명체이다. 타자와 조우할 때, 우리에게는 두 가지 가능성이 남아 있다. 그 하나는 차이보다 동일성을 긍정하는 경우다. 우리는 조우한 타자에게서 발생하는 차이를 억압하고 지배하려고 할 수 있다. 이것은 우리가 자신의 동일성을 유지하기 위해서 타자를 삶의 짝으로 인정하기를 거부하는 경우다. 다른 하나는 장자처럼 동일성보다 차이를 긍정하는 경우다. 이것은 우리가 타자를 삶의 짝으로 긍정하고 타자에 맞게 자신의 동일성을 새롭게 구성하는 경우다. 이와 마찬가지로 《장자》라는 고전도 상이한 두 가지 방식으로 독해할 수 있는 가능성이 있다. 첫째는 우리가 기존의 선입견, 예를 들면 "장자는 문명을 비판하면서 대자연과의 화해를 주장했다"든가, 아니면 "장자는 예술적인 정신적 자유를 주장했다"든가 하는 선이해를 가지고 《장자》를 독해하는 방법이다. 사실 이와 같은 독해 방법은 《장자》로부터 무엇인가를 배우려는 자세이기보다는 자신이 알고 있던 《장자》에 대한 이해를 확인하는 태도에 불과하다. 따라서 이런 식의 독해는 비록 《장자》를 읽었다고 할지라도 읽지 않은 것과 차이가 없다고 할 수 있다. 반면 우리가 권하고 싶은 둘째 방법은 《장자》를 읽으면서 기존의 《장자》 이해를 비우고 새로운 의미를 생성시키면서 독해하는 방법이다. 이런 독해 방법에 따르는 경우에만 우리는 《장자》와 더불어 전혀 새로운 의미를 생성할 수 있을 것이다.

《장자》는 그 내용에서뿐만 아니라 형식에서도 타자에 대한 민감한 감각을 유지하고 있다. 이 책의 거의 대부분은 짧은 우화나 에피소드로 구성되어 있다. 대표적인 예로는 '자유롭게 창공을 날아가는 대붕에 대한 이야기', '소를 능숙하게 잡는 포정이라는 백정에 대한 이야기', '원숭이와 원숭이 키우는 사람 사이에 진행되는 조삼모사에 대한 이야기' 등을 들 수 있다. 이처럼 《장자》는 자신이 하고 싶었던 이야기를 논문 형식이 아니라 재미있는 이야기 형식으로 보여주고 있다. 가장 깊이 있고 심오한 통찰력을 가진 장자가 자신의 사상을 이런 형식으로 전하려는 이유는 무엇일까? 그것은 그가 자신의 글을 읽고 있던 독자와 그 독자를 통해 생성되기를 바랐던 효과를 염두에 두고 있었기 때문이다. 그는 자신의 글을 마치 아름다운 여인처럼 만들었다. 아름다운 여인과 만날 때, 우리는 그녀에게 매혹되고 그녀가 지금 원하고 생각하는 것이 무엇인지를 고민하게 된다. 이와 마찬가지로 매혹적인 장자의 이야기들과 만나면, 우리는 이 이야기들에 빨려 들어가고 이것들의 의미가 무엇인지를 고민하게 된다. 만약《장자》가 논문 형식으로 어떤 것을 주장했다면, 우리는 직접적으로 그 주장이 참인지 거짓인지를 평가하려고 할 것이다. 그러나《장자》는 재미있는 우화나 에피소드로 구성되어 있기 때문에, 이런 평가에서 전적으로 자유롭게 된다. 우리는 일단 그의 이야기들을 읽고 그 내용을 기억하게 된다. 우리 중 어떤 사람들은 직접 장자가 우리에게 말하려는 것이 무엇이었는지를 파악할 수도 있고, 또 다른 어떤 사람들은 그렇지 못할 수도 있다. 그러나 후자의 경우라도 삶을 살아가면서 "아! 그래서《장자》에 그런 이야기가 있었구나!"라고 깨달을 수 있을 것이다. 재미있고 흥미진진한 이야기만큼 우리의 기억에 오래 남는 것은 없는 법이니까.

모든 사람이 인정할 수 있는《장자》이해란 하나의 이념에 불과하다. 중요한 것은 우리가《장자》를 읽기 전과 읽은 후 스스로 완전히 달라지게끔 독해해야 한다는 데 있다. 이것은 또한《장자》가 우리에게 원하는 것이기도 하다. 고전은 영원히 살기 위해서 새로운 의미를 부여할 독자를 필요로 하는 법이다. 고전이 하나의 고정된 의미 속에 박제가 되어갈 때, 고전은 죽어가는 것이다. 그렇게 박제가 된 고전을 통해서 우리가 어떻게 현재와 다르게 생성될 수 있다는 말인가. 이 책은 박제가 된《장자》를 다시 고전으로 살려내려는 의도에서 쓰인 것이다. 그리고 동시에 고전으로서 《장자》를 읽고 적절한 의미를 부여하면서《장자》로부터 떠나려고 쓰인 것이기도 하다.《장자》가 중국의 철학과 문화에 대해 지니는 위상을 고려한다면, 우리의 이런 작업은 중국적 정신이나 의식의 핵심에 육박하려는 노력이라고 할 수 있다. 그러나 이런 종류의 작업은 처음에는 외부로 향하는 것 같지만 그다음에는 자신으로 향할 수밖에 없는 것이다. 결국 우리는《장자》를 통해서 우리 자신을 비판할 수 있는 새로운 자리를 얻게 될 것이다.

뒤죽박죽 만들어진《장자》라는 책의 운명

1.

통행되는《장자》의 판본은 곽상(郭象, 252~312)이 편집한 것으로, 총 33편으로 이루어져 있다. 이 33편은 〈내편〉, 〈외편〉, 〈잡편〉으로 묶여 있는데, 〈내편〉은 7편, 〈외편〉은 15편, 〈잡편〉은 11편으로 되어 있다. 그러나 서기 1세기경에 반고(班固)가 지은《한서(漢書)》 〈예문지(藝文志)〉를 보면,《장자》는 전체 52편으로 되어 있다고 기록되어 있다. 또 사마천(司馬遷)은《사기(史記)》〈노장신한열전(老莊申韓列傳)〉에서 장자는 10여 만 언을 썼다고 기록하고 있다. 그러나 오늘날 통용되는 곽상의 판본에 따르면《장자》는 6만 4,606자로 되어 있다. 그렇다면 곽상이 편집한 것은 사마천과 반고가 본《장자》중 약 3분의 1 정도가 유실된 판본이라는 결론이 나온다. 사실 이 52편의 고본은 위진(魏晉)시대에도 남아 있었던 것 같다. 당(唐) 나라 사람 육덕명(陸德明)의《경전석문(經典釋文)》〈서록(序錄)〉을 보면 "《한서》〈예문지〉의 '《장자》 52편'이란 사마표(司馬彪)와 맹씨(孟氏)가 주석을 붙인 것이 이것이다"라는 구절이 나온다. 육덕명이 말한 맹씨가 누구인지는 분명하지 않지만,《진서(晉書)》를 보면 사마표는 진(晉)의 비서랑(秘書郎)을 지낸 사람이다. 그렇다면 이미 위진시대에도 이 고본이 통용되었다는 것을 알 수 있다. 육덕명은 이 고본에 대해《장자》는 〈내편〉 7편, 〈외편〉 28편, 〈잡편〉 14편, 〈해설〉 3편으로, 모두 52편이라고 말한다.

위진시대에는 이 고본 외에도 이 고본을 추린 선집본이 있었다. 그것이 바로 최선(崔譔)과 향수(向秀)가 주석을 붙인 27편으로 된 판본과 이이(李頤)가 주석을 붙인 30편으로 된 판본이다. 그렇다면 이런 위진시대의 다양한《장자》판본을 기초로 해서 곽상은 지금 통용되는 33편의《장자》를 자신의 주를 달아 완성했다고 볼 수 있다. 여기서 우리가 주목해야 할 것이 하나 있다. 그것은《한서》〈예문지〉에 기록되어 있는《장자》의 구성과 곽상이 편집한《장자》에는 모두 〈내편〉이 7편으로 되어 있다는 사실이다. 이것은 단순히 우연의 일치라고는 보기 힘들다.《경전석문》에 따르면 최선의 판본도 〈내편〉이 7편으로 되어 있기 때문이다. 이것은 이미 위진시대에도 〈내편〉 7편은 거의 확정되었다는 것을 말해준다. 결국 우리는 곽상이 비록《장자》를 약 3분의 2로 줄였다고 할지라도, 그는 〈내편〉의 체제 자체는 거의 건드리지 않았다고 추론해볼 수 있다. 이런 우리의 추론은 〈내편〉과 〈외·잡편〉의 '편명'으로도 강화될 수 있다. 〈내편〉 7편의 제목(《소요유》, 《제물론》, 《양생주》 등등)은 모두 전체 편의 요지를 설명하는 세 글자로 이루어져 있는 반면, 〈외·잡편〉의 20편 대부분(《천하》, 《지북유》, 《추수》 등등)은 각 편에서 시작되는 처음 몇 글자를 추려 편의 이름으로 삼고 있기 때문이다.

고본《장자》가 편찬했던 〈내편〉이 곽상의 판본에도 그대로 보존되어 있다는 추정은《장자》〈내편〉에서도 확인할 수 있다. 〈내편〉에 속한 일곱 편 가운데 제일 마지막 편이 〈응제왕(應帝王)〉이고, 이 편의 가장 마지막에 기록되어 있는 우화가 바로 유명한 '혼돈(混沌) 이야기'다. 그 이야기는 다음과 같다.

남쪽 바다의 임금을 숙(儵)이라 하고, 북쪽 바다의 임금을 홀(忽)이라 하였으며, 그 중앙의 임금을 혼돈이라고 하였다. 숙과 홀이 때때로 혼돈의 땅에서 만났는데, 혼돈은 그때마다 그들을 극진히 대접했다. 숙과 홀은 혼돈의 은덕을 갚을 길이 없을까 의논하면서 말했다. "사람에게는 모두 일곱 구멍(七竅)이 있어, 보고, 듣고, 먹고, 숨 쉬는데, 오직 혼돈에게만 이런 구멍이 없으니 구멍을 뚫어줍시다." 하루에 한 구멍씩 뚫어주었는데, 칠일이 지나자 혼돈은 죽고 말았다.

우리는 여기서 '일곱 구멍(七竅)'이라는 표현에 주목해야 한다. 전통적으로 외부와 연결되는 감각기관은 '아홉 구멍(九竅)'으로 일컬어지는 법이다. 이것은 〈제물론(齊物論)〉에서도 확인할 수 있는 사실이다. 전통적으로 아홉 구멍이란 눈구멍 둘, 귓구멍 둘, 콧구멍 둘, 입 하나, 소변구멍 하나, 대변구멍 하나를 합쳐서 부르는 것으로, 인간이 세계와 관계하는 아홉 가지 감각적인 통로를 의미한다. 그런데 혼돈 이야기에서는 아홉 구멍이 아니라 일곱 구멍을 이야기하고 있다. 따라서 우리는 혼돈 이야기의 논점이 구멍(竅)에 있는 것이 아니라 일곱(七)이라는 숫자에 있다고 보아야만 한다. 만약 혼돈 이야기의 핵심이 감각기관을 상징하는 구멍에 있다는 전통적 해석이 옳다면, 이 이야기에서는 일곱 구멍이 아니라 아홉 구멍이라고 표기되어 있어야 할 것이다. 그렇다면 일곱 구멍이라는 표현은 무엇을 상징하고 있는가? 그것은 지금까지 독자가

장자의 철학

읽은 〈내편〉 7편을 가리키는 것이라고 보아야만 한다. 결론적으로 위의 우화는 장자 본인이 지은 것이라기보다는《장자》를 최초로 편찬한 그의 후학들이 지은 것이라고 추정할 수가 있다.《장자》의 최초 편찬자들은 지금까지 독자가 읽은 〈내편〉 7편의 내용을 독자들이 글자 그대로 맹신하지 않을까 두려워하고 있었던 것이다. 이런 그들의 경고에 따르면 우리는 〈내편〉 7편을 읽은 후 장자 본인이 우리에게 남기고 싶었던 진정한 가르침, 혼돈이라고 상징되는 핵심 취지를 파악해야만 할 것이다.

2.

〈내편〉 7편의 편명이 세 글자로 되어 있다는 것에서 우리는 앞에서 언급한 52편의《장자》고본의 편찬자가 누구인지를 추론할 수 있다. 이것은 한대(漢代)의 위서(緯書) 편명이 지닌 특징, 즉 세 글자로 편명이 구성된다는 특징과 일치한다. 결국《장자》고본은 늦어도 기원전 2세기경에 이루어졌다는 것을 알 수 있다. 여러 학자들은 이 고본의 편찬자들을 곽상 판본의 〈외·잡편〉 중 천(天)으로 시작되는 편들인 〈천지(天地)〉, 〈천도(天道)〉, 〈천운(天運)〉, 〈천하(天下)〉와 〈각의(刻意)〉를 지은 사람들로 추정하고 있고, 이들을 황로파(黃老派)라고 부른다. 황로라는 표현은 황제(黃帝)와 노자(老子)를 가리킨다. 당시 제자백가들에게는 각각 자신의 사상이 전통적으로 심오하다는 것을 보여주기 위해서, 반대파의 사상가들이 존경하는 인물보다 더 오래되고 권위적인 인물을 자신의 사상적 기원으로 선전하려는 경향이 있었다. 그 예로 공자(孔子)가 주공(周

公)을 강조하자 묵가(墨家)는 주공보다 앞서 살았던 우(禹) 임금을 강조했던 경우를 들 수 있다. 따라서 자신들의 사상적 기원으로 가장 오래된 전설적인 임금인 황제를 다룬다는 점에서, 황로파는 시기적으로 가장 늦은 학파라고 할 수 있다.

황로파의 사상적 특징을 간단히 살펴보면 다음과 같다. 첫째, 그들은 인간의 자율적인 도덕함양을 강조하는 유가(儒家)와 인간의 행위를 법에 의해 강제하려는 법가(法家)를 절충하려고 했다. 둘째, 그들은 천(天)이라는 범주를 도(道)나 덕(德)이라는 범주보다 더 강조한다. 그들은 하늘(天)이 어떤 목적이나 이념을 실현하기 위해 움직이는 것도 아니고 특정 인간들을 위해 운행하는 것도 아니라는 점을 들어, 군주도 하늘처럼 사사로움을 버려야 한다고 말한다. 이것이 바로 무위(無爲)정치의 이념이다. 여기서 무위란 어떤 행위도 하지 않는다는 것이 아니라 사적으로 결정하고 행하지 않는다는 것을 의미한다. 이들 황로파가《장자》고본의 편찬자라는 결정적인 증거는《장자》의 마지막 편인 〈천하〉에 기술되어 있는 철학사의 특징에 있다. 〈천하〉편에 등장하는 철학사는 기본적으로 황로사상이 지닌 절충주의적 시각에 입각하고 있다. 그들은 자신들의 절충주의적 시각에 따라 유가 혹은 법가나 묵가를 사상적으로 거부하지 않았다. 나아가 노자나 장자마저도 이들 법가나 유가와 마찬가지로 하나의 고유한 학파임을 명확히 하고 있다.

이 밖에도 이들 황로파가 고본《장자》의 편찬자라는 것은 〈내편〉의 편명에서도 확인할 수 있다. 우선 〈제물론〉이라는 편명에서 '제물(齊物)'이라는 표현은 〈내편〉 내의 편명일 뿐만 아니라, 〈천하〉에서 신도(愼到)를 평가할 때도 등장하는 개념이다. 여담이지만, 우리나라의 장자 연구자들은 관례적으로 첫 대면에서 심각한

장자의 철학

얼굴로 다음과 같이 묻곤 한다. "제물론은 '제물의 논(論)'을 의미하는 것일까요, 아니면 '개별적인 논의(物論)를 가지런히 한다(齊)'는 것을 의미하는 것일까요?" 한마디로 이런 식의 질문은 쓸데없는 것이다. 이런 사변적인 논의는 무엇보다도 먼저 '제물'이라는 개념 자체가 장자가 아닌 신도라는 사상가를 평가할 때 〈천하〉편에 나오는 것임을 망각하고 있는 것이다. 이 밖에도 〈내편〉의 다른 편명들은 황로파가 고본《장자》의 편찬자였음을 잘 보여주고 있다. 예를 들어 〈대종사(大宗師)〉라는 편명에 나오는 '대종' 혹은 '종'은 앞에서 열거한 황로파의 편들에서 중심 용어로 등장하는 개념이다. 또 〈응제왕(應帝王)〉이라는 편명에 나오는 '제왕'이라는 용어도 〈내편〉에서는 편명을 제외하고는 한 번도 나오지 않고, 오히려 〈외·잡편〉 특히 이 황로파의 편에서 집중적으로 출현한다. 더군다나 〈응제왕〉편을 직접 읽어보면, 우리는 그 편에 기재된 내용이 '제왕에 대응한다(應帝王)'는 편 이름과는 아무런 상관이 없다는 것을 어렵지 않게 알 수 있다.

3.

통용되는 33편의 곽상 판본은 선집임에도 불구하고, 〈내편〉 7편을 거의 건드리지 않고 유지하고 있다. 따라서 우리는 곽상의 판본에 실린 〈내편〉 7편이 《장자》를 최초로 편찬한 한대의 고본《장자》의 〈내편〉과 크게 차이가 없다고 볼 수 있다. 더군다나 곽상 당시에 아직도 이 고본《장자》와 최소한 세 종류의 선집본《장자》가 있었기 때문에, 그가 함부로 자신이 선집한《장자》에 자신의 글을 삽입했을 수도 없었을 것이다. 우리의 이런 추론은 《장자》라는 책의 진위 문제를 제기한 소식(蘇軾, 1037~1101) 이래로 지금까지의 많은 학자들이 주장했던 일반적인 의견과 일치한다. 이런 의견에 따르면 〈내편〉에는 기원전 4세기 말에 살았던 장자 본인의 사상이 그래도 온전히 들어 있고, 〈외·잡편〉은 장자에게 직간접적으로 사상적 영향을 받은 장자 후학들에 의해 이루어진 일종의 논문집 형식이라고 볼 수 있다.

그러나 비록 곽상 판본에 고본 형태의 〈내편〉이 보존되어 있다고 할지라도, 〈내편〉이 기원전 4세기 말에 살았던 장자의 사상을 온전히 담았다고 확신할 수는 없다. 《장자》 고본의 편찬자가 황로파라면, 이들이 편찬한 〈내편〉도 그들의 절충주의적 시선에서 자유로울 수는 없을 것이다. 그러나 이들 절충주의자들이 〈천하〉편에서 장자의 사상을 기술한 것을 보면, 이들이 결코 장자 본인의 사상을 의도적으로 왜곡하지는 않았을 것이라고 추정할 수 있다. 〈천하〉편에서 그들은 장자를 제외한 다른 사상가들, 예를 들면 묵가와 송견 등을 기술할 때, 현재의 관점에서 보아도 인정할 만한 균형 잡힌 감각을 보여주고 있다. 다만 문제가 되는 것은 최선·향수·이이·곽상을 거쳐 완성되는 선집 과정에서 이질적인 사상 경향들이 유입되었을 수도 있다는 데 있다. 그러나 이 문제도 〈내편〉의 전체 사상에 대한 가장 포괄적이고 정합적인 이해를 통해 해결할 수 있을 것이다.

이 점에서 《장자》라는 책 자체는 현재의 우리에게 해석학적 모험을 요구하고 있다고 할 수 있다. 무엇보다도 먼저 우리는 통용되는 장자에 대한 선입견이나 편견을 뚫어야만 한다. 예를 들어 장자의 철학은 모든 존재하는 것들을 인위적으로 제어하거나 조작하지 말고 있는 그대로 긍정하자는 주장이다. 그러나 이런 반문명적이고 반인위적인 사상 경향은 장자 본인의 것이라기보다는 오히려 〈외·잡편〉에 실려 있는 장자 후학들의 사상에 불과하다. 이 점에서 우리는 곽상을 포함한 역대 주석가들의 주석과 해석뿐만 아니라 《장자》에 실려 있는 장자 후학들의 사상도 뚫고 지나가야만 한다. 그래야 우리는 장자 본인의 사상과 접촉할 수 있을 것이다. 다시 말해 2000여 년 전에 살았던 장자 본인의 사상에 대해 쌓이고 쌓인 다양한 의미와 해석의 먼지를 털어내야 우리는 중국 철학사에서 유례가 없을 정도로 진지하고 영민했던 고독한 철학자, 전쟁과 논쟁의 혼란 속에서 인간의 삶과 소통의 진실을 탐구했던 철학자, 그러나 결코 비관적이지만은 않았고 인간에 대해 희망 섞인 미소를 보였던 철학자를 만나서 대화하고, 그에게서 많은 것을 배울 수 있을 것이다. 어쩌면 모든 대화가 항상 의미와 해석의 충돌로 이루어진다는 점에서 장자와 대화하려는 우리의 노력도 많은 저항에 봉착하게 될 것이다. 그러나 이렇게 우리 노력이 저항에 부딪혀 혹이 날 때에만, 우리는 장자에게서 많은 것을 배울 수 있을 것이다.

두 명의 장자와 조릉에서의 깨달음

1.

장자는 관직이 없었던 사람이다. 그래서 우리는 그가 어느 때 태어나서 어느 때 죽었는지, 혹은 그가 구체적으로 어떻게 살았는지 정확하게 알 수가 없다. 다행스럽게도 《장자》에는 장자에 대한 많은 우화들이 나오기 때문에, 우리는 이 우화들을 통해서 그가 어떤 인물이었는지 간접적으로 추론해볼 수는 있다. 그러나 이 우화들을 자세히 읽어보면 두 명의 장자가 존재하고 있는 것처럼 보인다. 한 명은 장자(莊子)라고 불리는 사람이고, 다른 한 명은 장주(莊周)라고 불리는 사람이다. 장주는 바로 우리가 다루려는 기원전 4세기에 살았던 철학자의 실명이다. 반면 장자라는 표현은 말 그대로 장 선생님이라는 경칭이다. 이로부터 우리는 《장자》에 장자에 대한 두 가지 상이한 관점으로 이루어진 우화가 있다는 것을 알 수 있다. 다시 말해 장자로 쓰인 우화들은 장자의 후학들이 스승에 대한 존경심으로 기록한 것이라면, 장주로 쓰인 우화들은 객관적인 시선을 유지하고 있는 사람들, 장자학파에 속하지 않은 사람들이 기록한 것이라고 볼 수 있다.

먼저 장 선생님이라고 쓰인 우화를 한 편 읽어보도록 하자.

〈소요유(逍遙遊)〉편에는 다음과 같은 유명한 얘기가 나온다.

혜시(惠施) 선생님이 장자 선생님에게 말했습니다.

"나에게 큰 나무 한 그루가 있는데, 사람들이 가죽나무라 하네. 그 큰 줄기는 뒤틀리고 옹이가 가득해서 먹줄을 칠 수가 없고, 작은 가지들은 꼬불꼬불해서 자를 댈 수 없을 정도라네. 그래서 길가에 서 있지만 목수들이 쳐다보지도 않는다네. 지금 자네의 말도 이처럼 크기만 하고 쓸모없어서 사람들이 거들떠보지도 않는 걸세."

그러자 장자 선생님이 말했습니다.

"자네는 너구리나 살쾡이를 본 적이 없는가? 몸을 낮추고 엎드려 먹이를 노리다가, 이리 뛰고 저리 뛰고 높이 뛰고 낮게 뛰다 결국 그물이나 덫에 걸려 죽고 마네. 이제 저 들소를 보게. 그 크기가 하늘에 뜬구름처럼 크지만 쥐 한 마리도 못 잡네. 이제 자네는 그 큰 나무가 쓸모없다고 걱정하지 말고, 그것을 '어디에도 없는 마을(無何有之鄕)' 넓은 들판에 심어놓고 그 주위를 '하는 일 없이(無爲)' 배회하기도 하고, 그 밑에서 한가로이 낮잠이나 자게. 도끼에 찍힐 일도, 달리 해치는 자도 없을 걸세. 쓸모없다고 괴로워하거나 슬퍼할 것이 없지 않은가?"

장자 후학들에게 장 선생님은 어떻게 기억되고 있는가? 중요한 것은 이들에게 장 선생님은 이미 신성시되고 있다는 사실이다. 다시 말해 그들이 기억하고 있는, 아니 정확히 말해 기억했으면 하고 바라는 장자는 이미 평범한 인간의 냄새가 사라지고 마치 달통한 성인인 것처럼 등장하고 있다. 사상적으로 혜시는 장자에게 언어와 논리의 엄밀함과 정치 현실의 냉혹함을 가르쳐주었던 사람이었다. 그런데 이 이야기에서 혜시는 오히려 식견이 보잘것 없는 일상인을 상징하고 있다. 쓸모없는 나무에서 쓸모를 찾는 장자와는 대조적으로, 혜시는 일상적 통념으로 쓸모없는 나무는 쓸모없다는 주장을 반복하고 있다. 반면 장자는 '쓸모 있음'과 '쓸모 없음'이라는 이분법을 비판하면서 쓸모없음도 쓸모 있도록 하는 자유로움을 찾아야 한다고 점잖게 혜시를 가르치고 있다. 결국 이 우화를 쓴 장자 후학들에게는 자신의 스승 장 선생님의 위대함만 보이고, 대정치가이자 논리학자였던 혜시의 위대함은 전혀 보이지 않았던 것이다.

그러나 장주로 쓰인 우화들은 이와는 전혀 다른 장자의 모습을 보여준다. 그 대표적인 우화로는 〈외물(外物)〉편에 나오는 다음 이야기를 들 수 있다.

> 장주의 집은 가난해서, 그는 감하후에게 곡식을 빌리려고 갔다. 그 제후가 말했다.
> "좋다. 나는 곧 내 땅에서 나오는 세금을 얻게 되는데, 너에게 삼백 금을 빌려주겠다. 그래도 되겠는가?"
> 그러자 장주는 화를 내면서 다음과 같이 말했다.
> "제가 어제 이곳으로 올 때, 길 중간에서 소리치는 무엇인가가 있었습니다. 제가 마차바퀴 자국을 돌아다보니, 거기에는 잉어가 있었습니다. 저는 그 잉어에게 '잉어 아닌가! 너는 무엇하고 있는가?'라고 물었습니다. 그러자 잉어는 '저는 동해의 왕국에서 파도를 담당하는 신하인데, 당신은 한 국자의 물로 나를 살릴 수 없겠습니까?'라고 말했습니다. 그래서 저는 말했습

장자의 철학

니다. '좋다. 나는 지금 남쪽으로 오나라와 월나라의 왕에게 유
세하러 가는 중이니, 서강의 물길을 네가 있는 곳으로 향하도
록 하겠다. 그래도 되겠는가?' 그러자 그 잉어는 화를 내면서
말했습니다. '저는 없으면 살 수 없는 그런 것을 잃었습니다.
제게는 살 수 있는 곳이 지금 없습니다. 제가 필요로 하는 것은
나를 살릴 수 있는 한 국자의 물입니다. 만일 그것이 당신이 말
할 수 있는 전부라면, 당신은 건어물 진열대에서 저를 찾는 것
이 나을 것입니다.'"

이 이야기 속의 장주는 재화와 관직에 초연했던, 나아가 스스
로의 즐거움에 만족했던 장 선생님과는 전혀 다른 분위기를 띠고
있다. 한 국자의 물이 없어 사경을 헤매는 잉어처럼, 그는 약간의
곡식을 빌리러 제후에게 갔다. 그러나 그 제후는 나중에 자신의
고을에서 세금을 걷게 되면 그때서야 삼백 금을 주겠다고 말하고
있다. 그는 장자의 그런 딱한 사정을 모르고 있었거나, 알면서도
그렇게 말한 것이다. 그러자 장자는 자신의 딱한 처지를 잉어에
비유하면서 그 제후에게 분통을 터뜨리고 있다. 아마도 이 사건은
장자가 칠원(漆園)이라는 정원의 관리직을 내던진 후에 생긴 사건
일 것이다. 이 칠원의 관리자 벼슬이 장자에게는 유일한 관직이었
다. 그는 이후에 어떤 관직에도 머물지 않았다. 우리는 지식인으
로서 장자가 그 알량한 벼슬을 버리자마자 얼마나 궁핍하게 생활
했을지 미루어 짐작할 수 있다. 다른 우화를 보면 장자는 자신의
아내가 옷이나 이불을 수선하면서 번 돈으로 근근이 생활했던 것
처럼 보인다. 따라서 그는 권력과 부의 중심부에 있었던 다른 동
시대 지식인들과는 달리 삶이 얼마나 수고로운지를 여실히 체험

할 수 있었을 것이다.

　이런 고난의 삶은 그가 우화의 소재로 삼고 있는 인물들의 면면에 잘 반영되어 있다. 그들은 선천적인 불구자, 후천적으로 형벌을 받아 다리를 잘린 사람, 광인(狂人), 목수, 백정 따위다. 재미있는 것은 이들이 결코 불행한 삶을 영위하지는 않는다는 사실이다. 오히려 이들은 정치가들이나 지식인들과는 달리 삶이 무엇인지, 그리고 우리의 소중한 삶을 어떻게 영위해야 하는지를 정확히 알고 있는 삶의 달인들로 그려져 있다. 아마도 이런 우화들을 통해 장자는 한편으로는 정치인과 지식인들을 조롱하려고 했고, 다른 한편으로는 자신과 마찬가지로 힘들게 살아가고 있는 사람들에 대한 강한 애정을 표현하려고 했던 것 같다. 우리가 장 선생님보다는 장주로 기록되어 있는 우화들에 관심을 가져야만 하는 이유도 바로 여기에 있다. 장주로 기록된 우화들은 그가 인간이면 누구나 겪을 수밖에 없는 문제를 고민했던 철학자였음을 보여주고 있기 때문이다.

2.

장주로 기록된 우화들 가운데 장자 철학이 지닌 문제의식을 가장 극명하게 보여주는 또 다른 이야기가 있다. 그것은 조릉(雕陵)이라는 사냥터에서 장자가 경험했던 사건을 기록한 〈산목(山木)〉편의 다음 이야기다.

　장주가 조릉의 울타리 안에서 노닐고 있을 때, 그는 남쪽에서

온, 날개의 폭이 일곱 자이고 눈의 크기가 한 치나 되는 이상한 까치를 보았다. 그 까치는 장주의 이마를 스치고 지나가 밤나무 숲에 앉았다. 장주는 말했다.

"이 새는 무슨 새인가? 그렇게 큰 날개를 가지고 있으면서도 날아가지 못하고, 그렇게 큰 눈을 가지고 있으면서도 (나를) 보지도 못하는구나."

장주는 자신의 치마를 걷어 올리고 걸음을 재촉하면서, 석궁을 들고 그 새를 겨냥했다. 그때 그는 한 마리의 매미를 보았다. 그 매미는 방금 아름다운 그늘을 발견해서 그 자신(其身)을 잊고 있었다. 나뭇잎 뒤에 숨어 있던 사마귀 한 마리가 (자신이 얻을) 이익 때문에 자신이 노출되었다는 것(其形)을 잊고서 그 매미를 낚아챘다. (장주가 잡기 위해 석궁으로 겨냥하고 있던) 그 이상한 까치도 (자신이 얻을) 이익 때문에 자신의 생명(其眞)을 잊고서 사마귀를 잡으려는 중이었다. 장주는 소스라치게 놀라면서 말했다.

"아! 사물들은 본질적으로 서로에게 연루되어 있고, 하나의 종류가 다른 종류를 부르는구나!"

아니나 다를까 그가 자신의 석궁을 던지고 숲에서 달려 나왔을 때, 사냥터지기가 그에게 욕을 하면서 달려왔다. 장주는 집으로 돌아와서 3개월 동안 나오지 않았다. 그러자 인저(藺且)가 물었다.

"선생님께서는 무엇 때문에 요사이 밖으로 나오시지 않으십니까?"

그러자 장주가 대답했다.

"지금까지 나는 외부로 드러나는 것(形)만을 지켰지 나 자신

(身)을 잊고 있었다. 나는 혼탁한 물로 비추어 보았을 뿐 맑은 연못에 대해서는 알지 못했다. 게다가 나는 선생님으로부터 이미 '다른 풍속에 들어가서는, 그곳에서 통용되는 규칙을 따르라'고 하신 말씀을 들은 적이 있다. 얼마 전 내가 조릉에서 놀고 있을 때, 나는 내 자신을 잊었다. 이상한 까치가 내 이마를 스치고 날아갈 때 나는 밤나무 숲을 헤매면서 내 생명을 잊었고, 밤나무 숲의 사냥터지기는 나를 범죄자로 여겼다. 이것이 내가 밖으로 나오지 못하고 있는 이유다."

매미를 노리는 사마귀, 그 사마귀를 노리는 이상한 까치, 그리고 그 까치를 노리는 장자. 장자는 이런 연쇄적 과정에 깜짝 놀라 석궁을 버리고 그 자리를 피해 되돌아 나왔다. 아니나 다를까, 그도 그곳을 지키던 사냥터지기의 노림을 받고 있었던 것이다. 장자는 조릉에서 각 개체들이 타자와 연루되어(累) 있음을 깨닫게 되었다. 그러나 이런 깨달음의 귀결로 장자는 타자와의 연루됨을 끊어버리려고 하지는 않는다. 사실 이것은 끊어내려고 해도 끊어버릴 수 있는 성질의 것이 아니다. 단지 이런 연루됨은, 서로를 죽이는 것과 같은 좋지 않은 관계가 아니라, 서로를 살리는 것과 같은 좋은 관계로 전화되어야만 한다. 장자는 유일하게 이름이 알려져 있는 제자인 인저에게 "자신은 혼탁한 물로 세계를 비추어 보았지, 맑고 깨끗한 연못에 대해서는 잘 알지 못했음(觀於濁水而迷於淸淵)"을 토로한다. 여기서 혼탁한 물(濁水)이 선입견의 은유라면, 맑은 연못(淸淵)은 그런 고착된 자의식과 선입견이 제거된 맑은 마음을 상징한다. 결국 장자는 타자와 연루되어 살아가는 삶이 만약 맑은 연못과 같은 마음으로 이루어진다면, 결코 자신의 삶을 파괴하지 않을 것임을 시사하고 있다.

이어지는 구절에서 그는 자신의 스승에게 들은 말, 즉 "다른 풍속 속에 들어가면, (자신이 살던 곳의 풍속을 버리고) 그 풍속의 규칙을 따르라(入其俗, 從其令)"라는 말을 언급한다. 고요하고 맑은 물이어야 섬세하게 자신에게 비치는 모든 것을 그대로 비출 수 있듯이, 다른 풍속에 들어가서도 맑은 마음을 가지고 있어야 그 풍속의 규칙을 따를 수 있다는 말이다. 이런 장자의 깨우침이 함의하고 있는 것은 우리가 통상적으로 그의 가르침이라고 생각했던 것과는 거리가 있다. 통속적인 장자 이해에 따르면 그는 일체의 세속적인 것에서 초탈한 자유를 우리에게 권고하고 있다. 그러나 인간의 유한성을 생각해볼 때, 일체의 것에서 거리를 두는 초탈한 자유는 애초에 불가능하다. 또 그것이 가능하다고 할지라도 그것은 단지 관념적으로만 그럴 수 있을 뿐이다. 우리가 기억해야만 하는 것은 장자의 시선에는 다른 풍속과 그 풍속을 지배하는 다른 규칙이 들어와 있다는 점이다. 이것은 그가 결코 관념적인 자유에만 머문 것이 아니라, 자신의 삶에서 조우할 수밖에 없는 타자를 사유하고 있다는 것을 말하는 것 아닐까.

3.

우리는 조릉에서 장자가 터득한 깨달음을 다음과 같이 두 가지로 정리해볼 수 있다. 첫째, 개별자들의 삶은 타자와 밀접하게 관계될 수밖에 없다는 것, 둘째, 타자와의 적절한 관계 맺음은 맑은 연못과 같은 맑은 마음으로서만 가능하다는 것. 앞의 깨달음은 인간

삶이 태생적으로 가지고 있는 유한성에 대한 통찰이다. 유한에 대한 자각은 기본적으로 자신의 바깥에 외부가 있다는, 즉 자신의 외부에 타자가 존재한다는 자각과 동시에 일어나는 사태라고 할 수 있다. 반면 뒤의 깨달음이 함의하고 있는 것은 자신으로 환원 불가능한 타자와의 소통이 우리 마음에서 가능할 수 있다는 데 있다. 그래서 장자에게 혼탁한 물로 비유되는 마음과 맑은 연못으로 비유되는 마음의 차이는 중요하다. 전자의 마음이 타자와의 소통을 불가능하게 하는 마음의 상태라면, 후자의 마음은 그것을 가능하게 하는 마음이라고 할 수 있다. 편의상 앞으로 혼탁한 물과 같은 마음을 인칭적 마음이라고 부를 것이고, 맑은 연못과 같은 마음을 비인칭적 마음이라고 부를 것이다. 그러나 '인칭'과 '비인칭'이란 표현은 단순한 편의로 붙인 건 아니다. 혼탁한 물로 비유되는 마음은 기본적으로 선입견이 있는 마음인데, 그 마음은 '나는 나다'라는 인칭성(personality)을 철학적으로 전제한다. 반면 맑은 연못으로 비유되는 마음은 '나는 나다'라는 인칭성이 제거된 마음이기에 비인칭성(impersonality)으로 규정될 수 있다.

앞으로 우리는 인칭성과 비인칭성이라는 개념을 빈번이 사용할 생각이다. 이 개념 쌍은 원래 사르트르(Jean Paul Sartre)가 썼던 것인데, 최근에 들뢰즈가 다시 복원하여 사용함으로써 유명해졌다. 사르트르는 《자아의 초월성(La Transcendence de l'Ego)》에서 다음과 같이 말한 적이 있다.

> 내가 책을 읽고 있는 동안, 책에 '대한' 의식, 소설의 주인공에 '대한' 의식이 존재한다. 그렇지만 '나'는 이런 의식 속에 거주하지 않는다. 이런 의식은 단지 대상에 대한 의식이자 스스로

에 대한 비정립적인 의식일 뿐이다. …… 무반성적인 의식에는 어떤 '나'도 존재하지 않는다. …… 내가 시내 전차를 잡으려고 따라갈 때, 내가 시간을 볼 때, 내가 그림을 응시하는 데 몰두할 때, 어떤 '나'도 존재하지 않는다. 반드시-따라-잡아야만-할-시내 전차 따위에 대한 의식, 그리고 의식에 대한 비정립적인 의식만이 존재한다.

사르트르에게 반성되지 않은 영역에는 자아란 존재하지 않고, 단지 절대적으로 자발적이며 순수하게 지향적인 (즉 비인칭적인) 의식만이 있을 뿐이다. 자아에 대한 인칭적 의식은 단지 이런 비인칭적인 순수 자발적인 의식을 반성할 때에만 출현하는 것이다. 그러므로 인칭적 의식은 비인칭적인 의식에 비해 항상 이차적인 것에 지나지 않는다.

여기서 우리가 간과해서는 안 될 점은 사르트르의 인칭성과 비인칭성이란 개념이 의식철학이라는 한계 안에서 작동한다는 점이다. 그러나 우리는 이 개념을 의식철학적 전제들 너머로 확장해서 사용하려고 한다. 사르트르에 따르면 비인칭적 의식은 책을 읽고 있는 의식, 영화를 보고 있는 의식 등을 가리킨다. 다시 말해 이런 사례의 의식들에는 기본적으로 나에 대한 의식이 없다는 것이다. 그러나 이미 책이나 영화를 지향하고 있는 의식이 함축적으로 나라는 자의식을 기반으로 해서만 작동할 수 있다는 점에서, 우리는 사르트르의 비인칭적 의식도 기본적으로 나에 대한 의식을 무의식적으로 함축하고 있다고 말해야 한다. 예를 들어 책을 읽고 있거나 영화를 보고 있을 때 만약 나라는 의식이 부재하다면 우리는 책의 내용이나 영화의 내용을 전혀 기억하지 못할 것이다.

아무리 우리가 영화에 몰입한다고 해도 영화를 다 보고 나서 그 내용의 흐름이 기억난다면 그것은 기본적으로 인칭적 자의식이 기억의 구심력으로 작동했기 때문일 것이다.

비인칭성이라는 개념을 더 근본적으로 사유하기 위해서 우리는 '반성적이지 않은 지향적인 대상의식'이라는 사르트르의 생각을 비판해야만 한다. 대상에 대한 의식마저도 지워졌을 때에만 비인칭성이란 개념은 진정한 의미와 가치가 있다. 대상이 대상이라는 형식 속에 머물러 있는 채로 지향된다는 것은 동시에 내가 나라는 형식 속에 머물러 있다는 것을 함축하기 때문이다. 예를 들어 저기에 있는 것이 사과라고 의식하는 경우, 암암리에 그 사과에 대한 의식은 여기에 있는 것이 나라는 의식을 수반하고 있을 수밖에 없다. 칸트의 말처럼 "대상에 대한 의식은 주체 자신에 대한 의식을 수반하고 있다"고 우리는 보아야 한다. 장자 철학에서 비움(虛)이라는 개념이 지닌 중요성도 바로 여기에 있다. 비움은 대상의식의 제거가 인칭적 자의식의 제거의 첩경임을 간파한 개념이라고 할 수 있다. 이처럼 장자가 달성하고자 하는 비인칭적 실존 상태인 허심(虛心)은 인칭적 자의식뿐만 아니라 대상의식마저도 제거된 유동적 상태라고 보아야 한다.

어쨌든 장자에게 이 조릉에서 터득한 깨달음이라는 경험은 아주 중요하다. 모든 학문이 자신만의 고유한 문제의식과 질문에서 출발하는 것과 마찬가지로, 철학도 사적이고 고유해 보이는 질문에서 시작된다. 단지 철학은 사적이고 고유한 질문을 보편적인 질문으로 승화시킬 수 있다는 데서 다른 학문과의 차이를 보일 뿐이다. 장자의 철학을 이해하려 할 때 이런 조릉에서 터득한 깨달음이 중요한 이유도 바로 여기에 있다. 그의 복잡한 논리들과 애매한 우화들을 파고들어 가다보면 우리는 타자와 타자와의 소통이라는 그의 문제의식을 매번 발견하게 될 것이다. 따라서 조릉에서 터득한 깨달음은 우리가 《장자》를 읽어나갈 때 만약 길을 잃게 되면 반드시 기억해야만 하는 장자 이해의 원점과도 같은 것이며, 동시에 《장자》안에서 장자 본인의 저술과 그렇지 않은 저술을 구분하는 기준이 되는 것이기도 하다. 한마디로 조릉에서 터득한 깨달음은 장자 철학의 가능성과 한계가 공존하는 지점이라고 할 수 있다.

2장.　　　　한계가 없는 앎과
　　　　　　한계가 있는 삶

우리의 삶에는 한계가 있지만, 아는 것에는 한계가 없다. 한계가 있는 것으로 한계가 없는 것을 추구하는 것은 위험할 뿐이다. 그런데도 계속 알려고만 한다면 더더욱 위험할 뿐이다. 선을 행해도 이름이 날 정도로 하지 말고, 악을 행하더라도 벌 받을 정도로 행해서는 안 된다. 그렇게 한다면 몸을 온전하게 보존할 수 있고, 삶을 온전하게 할 수 있고, 어버이를 공양할 수 있고, 주어진 수명을 다 채울 수 있을 것이다.

- 양생주

吾生也有涯, 而知也无涯. 以有涯隨无涯, 殆已. 已而爲知者, 殆而已矣. 爲善无近名, 爲惡无近刑. 緣督以爲經, 可以保身, 可以全生, 可以養親, 可以盡年.

- 養生主

전지전능에 대한 유쾌한 조롱

1.

철학은 크게 두 종류로 나뉜다. 그 하나가 세계와 인간을 포괄적으로 설명(explanation)할 수 있다고 인정되는 보편적이고 합리적인 체계를 설정하려고 노력하는 철학이라면, 다른 하나는 이런 보편성과 합리성을 회의하면서 실존적 사태에 주어진 것만을 기술(description)하려는 철학이다. 앞으로 편의상 전자를 합리적 철학이라고 부르고, 후자는 기술적 철학이라고 부르도록 하자. 물론 우리는 여기서 단순히 주어진 세계와 인간에 대해 합리적으로 설명하려는 합리적 철학을 넘어서는 새로운 종류의 합리적 철학이 있을 수 있다는 것을 지적해야만 한다. 지금은 존재하지 않지만 앞으로 도래해야만 할 합리적 체계를 모색하고 이것을 도달해야 할 이념으로 설정하는 실천적인 합리적 철학도 충분히 가능하니까 말이다. 이 점에서 우리는 합리적 철학도 설명적인 합리적 철학과 실천적인 합리적 철학으로 나누어야 할 것이다.

장자의 철학은 분명 합리적 철학이라기보다는 기술적 철학에 가깝다. 장자 철학의 이런 성격은 그가 항상 반복적으로 "우리의 앎은 우리가 알지 못하는 데 그쳐야 지극한 것이다(知止其所不

知, 至矣)"라고 말하고 있는 데서도 확인할 수 있다. 이런 장자의 정신은 "말할 수 없는 것에 대해서 우리는 침묵해야만 한다(Whereof one cannot speak, thereof one must be silent)"는 청년 비트겐슈타인(Ludwig Wittgenstein)의 정신과 유사한 것처럼 보인다. 그러나 장자의 철학은 기술적 철학을 넘어서 있다. 엄밀하게 말해서 기술적 철학은 나에게 주어지는 경험들을 기술하는 데에서 그칠 뿐이다. 그러나 앞서의 조릉에서 터득한 깨달음에서 이미 살펴본 것처럼, 장자의 나는 혼탁한 물과 같은 마음을 가진 나와 맑은 연못과 같은 마음을 가진 나, 즉 인칭적인 나와 비인칭적인 나로 나눌 수 있다. 따라서 전자의 나가 경험하는 것과 후자의 나가 경험하는 것은 같을 수가 없다. 그러므로 당연히 주어진 경험을 기술하는 내용도 차이가 날 수밖에 없다.

이뿐만 아니라 엄격하게 말해서 장자도 비인칭적인 나가 경험하는 사태를 기술할 수 없었다. 맑은 연못과 같은 마음, 즉 비인칭적 마음은 기본적으로 기술의 전제인 인칭성을 결여하고 있다. 이 경우 기술하는 주체가 따로 존재할 수 없다. 다른 관점에서 보자면 비인칭적 나는 타자와의 소통이라는 실천적인 문맥 속에 놓여 있기 때문에, 이 경우 기술이라는 거리 둠은 존재할 수가 없다. 결국 비인칭적인 나를 기술하지만 이것은 항상 인칭적인 나로 변할 수밖에 없다는 것이다. 예를 들어 행글라이더를 탄 내가 바람과 분리 불가능한 소통의 흐름을 형성하고 있는 경우를 생각해보자. 나는 지금 행글라이더가 바람인 듯 바람이 행글라이더인 듯 움직이고 있다. 만약 이런 비인칭성의 상태를 기술하려고 한다면 어떻게 될까? 예를 들어 '나는 지금 무엇을 하고 있는가?'라고 내가 나 자신을 대상화하자마자 나는 바람과의 분리 불가능한 공존의 흐름에서 이탈하게 될 것이고 급기야는 곧 추락하고 말 것이다.

2.

합리적 철학에 대한 장자의 비판이 가장 분명하게 전개되어 있는 편이 바로 〈제물론〉편이다. 그가 얼마나 합리적 철학에 대해 비판적이었는지 보여주는 다음 이야기를 읽어보도록 하자.

> 설결(齧缺)이 스승 왕예(王倪)에게 물었다.
> "선생님께서는 누구나 옳다고 동의할 수 있는(同是) 무엇을 알고 계십니까?"
> "내가 그것을 어떻게 알겠나?"
> "선생님께서는 그것을 알 수 없다는 것에 대해 아십니까?"
> "내가 그것을 어떻게 알겠나?"
> "그러면 사물이란 알 수 없는 것입니까?"
> "내가 그것을 어떻게 알겠나? 그러나 그 문제에 대해 말이나 좀 해보세. 도대체 우리가 안다고 생각하는 것이 사실은 모르는 것이 아니라고 (장담)할 수 있겠는가? 우리가 모른다고 생각하는 것이 사실 아는 것이 아니라고 (장담)할 수 있겠는가?"

위의 대화를 읽어보면 설결이 왕예에게 물어본 세 질문에 대해, 왕예는 단호하게 알지 못한다고 대답한다. 표면적으로는 마치 장자가 지금 왕예의 입을 빌려서 인식의 불가능성을 주장하고 있는, 근본적인 회의주의자인 것처럼 보인다. 그러나 왕예의 이어지는 언설을 통해 우리의 이런 표면적 인상은 잘못되었다는 것이 금방 드러난다. 우선 설결의 세 질문이 무엇을 의미하는지를 분석해 보자. 그의 첫 번째 질문은 일반성(generality)의 인식 가능성에 대한 질문이다. 다시 말해 모든 이들에게 동시에 옳다고 판단할 수 있는 것(同是)이 가능하냐는 것이다. 이것은 이러저러한 인식주관을 떠나서 모든 인식주관이 동의할 수 있는 진리가 있느냐는 객관성에 대한 질문이라고 할 수 있다. 이것에 대해 모르겠다고 왕예가 대답하자 설결의 두 번째 질문이 이어진다. 이 두 번째 질문은 자신이 모른다는 것을 아는 반성적 인식의 가능성에 대한 질문이다. 이 질문에 대해서도 모르겠다고 왕예는 대답한다. 그러자 설결은 세 번째 질문을 통해 근본적 회의주의가 가능하냐고 묻는다. 그러나 이것마저도 왕예는 부정한다. 결국 장자는 왕예의 입을 빌려서 객관적 인식, 반성적 인식, 근본적 회의주의를 모두 부정하고 있다.

장자는 왕예의 입을 빌려서 언어가 자신의 의미 대상과 필연적 관계를 지닐 수 없다는 원론적 이야기를 반복한다. 장자에 따르면 우리는 자신이 안다고 한 것이 사실은 알지 못하는 것인지 혹은 자신이 모른다고 한 것이 아는 것인지를 확정할 수 없다고 말한다. 이런 그의 말은 안다(知)는 것과 모른다(不知)는 것은 언어의 대대(待對) 관계에 의해서만 의미가 있을 뿐이라는 함축을 지니고 있다. 여기서 언어의 대대 관계란 개념들이 상호 차이와 배제에 의해서만 의미가 있다는 것을 말한다. 예를 들어 선의 의미는 악의 의미에 의존하고, 따라서 '악이 아니다'로 정의될 수밖에 없다. 장자는 지금 안다는 것도 모른다는 개념과의 상호의존 관계에 있을 뿐임을 지적하고 있다. 그러나 단지 이 정도의 지적만으로 우리는 장자가 무슨 근거로 세 가지 인식론적 입장을 비판하고 있

장자의 철학

는지 구체적으로 알기는 어렵다.

3.

다행스럽게도 〈제물론〉편에 나오는 이야기들을 재구성한다면, 우리는 그의 입장을 좀 더 구체적으로 추론해볼 수 있다. 첫 번째 이야기를 읽어보자.

> 사람이 습지에서 자면, 허리가 아프고 반신불수가 되겠지. 미꾸라지도 그럴까? 사람이 나무 위에서 산다면 겁이 나서 떨 수밖에 없을 것일세. 원숭이도 그럴까? 이 셋 중에서 어느 쪽이 '올바른 거주지'를 안다고 할 수 있는가? 사람은 고기를 먹고, 사슴은 풀을 먹고, 지네는 뱀을 달게 먹고, 올빼미는 쥐를 좋다고 먹지. 이 넷 중에서 어느 쪽이 '올바른 맛'을 안다고 할 수 있는가? 원숭이는 비슷한 원숭이와 짝을 맺고, 순록은 사슴과 사귀고, 미꾸라지는 물고기와 놀지 않는가! 모장(毛嬙)이나 서시(西施)는 남자들이 모두 아름답다고 하지만, 물고기는 보자마자 물속 깊이 들어가 숨고, 새는 보자마자 높이 날아가버리고, 사슴은 보자마자 급히 도망가버린다. 이 넷 중에서 어느 쪽이 '올바른 아름다움'을 안다고 하겠는가?

이 이야기는 왜 장자가 객관적 인식에 대해 비판적이었는지를 알려주고 있다. 객관적 인식 혹은 사유는 객관적으로 옳은 것(同是)이 존재한다는 것을 주장한다. 이에 대해 장자는 '올바른 거주지', '올바른 맛', 그리고 '올바른 아름다움'을 예로 들면서 객관적 인식은 우리가 자임하는 것처럼 객관적일 수는 없다고 지적한다. 장자에 따르면 사람, 원숭이, 미꾸라지, 새 따위는 각각 자신의 종에 따라 선호하는 것이 다를 수밖에 없다. 따라서 모두가 옳다고 동의하는 객관적인 것이 있다는 것은 착각에 불과한 것이다. 장자에 따르면 인식주관과 관련되지 않은 보편적이고 객관적인 대상의 의미나 진리는 존재하지 않는다. 예를 들어 누군가가 '수영은 좋은 운동이다'라고 이야기하는 경우가 있다. 이 사람은 수영을 통해서 몸과 마음이 좋아졌던 사람이다. 그래서 그는 다른 사람들에게도 애정을 가지고 수영을 배우라고 권고한다. 그러나 만약 이 사람이 귀에 염증이 있는 사람에게도 이런 주장을 권고한다면 어떻게 될까? 그리고 귀에 염증이 있는 사람이 그 사람을 믿고 수영을 배우게 되었다면 어떻게 될까? 결국 장자가 우리에게 주는 권고는 모든 인식과 진리가 삶이라는 구체적 문맥에서 의미 있는 것이지 결코 모든 문맥에서 보편적으로 적용될 수는 없다는 것이다.

다음으로 반성적 인식과 근본적 회의주의의 가능성에 대한 장자의 입장을 알아보기 위해서 〈제물론〉편에 나오는 다른 두 번째 이야기를 살펴보도록 하자.

> 꿈속에서 잔치를 연 사람이 새벽에 울부짖으며 눈물을 흘리고, 꿈속에서 울부짖으며 눈물을 흘리던 사람이 새벽에 (즐겁게) 사냥을 하러 나간다. 꿈을 꿀 때, 우리는 자신이 꿈꾸고 있다는 것을 알지 못하고, 꿈꾸고 있으면서 꿈속에서 꾼 어떤 꿈을 해석하기도 한다. 우리는 깨어나서야 자신이 꿈꾸고 있었

다는 것을 안다. 단지 완전히 깨어날 때에만, 우리는 이것이 완전한 꿈이었음을 알게 될 것이다. 그렇지만 어리석은 자들은 자신들이 깨어 있다고 생각하고, 매우 자세하게 인식하고 있는 척하며 '왕이시여!' '하인들아!'라고 말하는데, 진실로 교정할 수 없을 정도로 고루한 사람들이구나! 나와 당신도 모두 꿈이고, 당신을 꿈이라고 이야기하는 나 또한 하나의 꿈이다.

사유와 인식의 기저에는 의식의 자기동일성, 즉 '나는 나다'라는 인칭성이 전제되어 있어야 한다. 만약 그렇지 않다면 사유와 인식은 파편화되고 불가능해질 것이다. 예를 들어 우리가 앞에 있는 의자가 의자라는 것을 인식하거나 사유한다는 것, 즉 의자가 의자라는 것을 인식한다는 것은 전자(주어로서의 의자)를 의식하는 나와 후자(의자라는 술어)를 의식하는 나가 동일성을 유지하고 있어야 가능하다는 것이다. 결국 우리가 인식한다는 것은 이처럼 나의 자기로의 복귀, 즉 인칭성을 전제하고 있다는 것이다. 그러나 과거의 나와 현재의 나가 동일한 것일 수 있을까? 단지 과거의 나나 현재의 나는 모두 나라는 용어로 자신을 지칭했다는 점에서만 같은 것이 아닌가? 우리는 항상 나라는 용어를 사용해서 자신을 가리키기 때문에 내가 자기동일적으로 존재한다는 착각을 하고 있을 뿐이다. 그러나 초등학교 때의 나, 고등학교 때의 나, 대학교 때의 나, 지금의 나, 그리고 나아가 노인이 되었을 때의 나는 과연 같은 것인가? 이 모든 경우에 나로 지시되는 것은 같은 인격인가? 그렇지 않다. 이것은 단지 문법적인 착각(grammatical illusion)일 뿐이다.

많은 위대한 사람들은 자서전이라는 것을 쓴다. 자서전은 이제 새로운 삶의 가능성이 희박해졌을 때 회고적으로(retrospectively)

쓰는 글이다. 자서전에서 아마도 가장 많이 나오는 단어가 나일 것이다. 나는 어디에서, 누구 밑에서, 몇 번째로 태어났다든가, 아니면 나는 어느 학교에 가서 어느 선생을 만났다든가, 혹은 나는 누구를 만나서 결혼했다든가 등등. 그러나 자서전이 가치가 있으려면 그것은 자신이 만난 타자들에 대한 기록이어야만 한다. 다시 말해 타자와 만날 때마다 나는 어떻게 다르게 생성되었는지를 기록하지 않는다면 자서전은 아무런 의미가 없는 것이다. 이 점에서 자서전은 '자신이 만난 타자들과 그로부터 기원하는 나 자신의 생성에 대한 기록'이라고 할 수 있다. 따라서 자서전의 진정한 주인은 나가 아니라 타자들이라고 할 수 있다. 여기서 나란 단지 비어 있는 형식, 타자들이 묵고 돌아가는 여인숙과 같은 곳에 지나지 않는다. 결국 '나는 나다'라는 인칭적 동일성은 형식적이고 추상적인 동일성에 지나지 않는 것이다. 장자에 따르면 왕이라고 불리는 사람도 왕의 자리에서 쫓겨날 수 있고, 목동이라고 불리던 나도 왕의 자리를 차지할 수 있다. 그러나 우리는 어떤 자리에 있으면 그것이 바로 나의 본질적인 자리인 양 착각하면서, '나는 왕이다'라든가 아니면 '나는 목동이다'라고 스스로 생각한다. 그리고 이런 착각은 기본적으로 '나는 나다'라는 인칭성을 전제로 하고 있다.

이런 인칭성을 근거로 우리는 반성을 한다. 장자는 그것을 "꿈꾸고 있으면서 그 꿈속에서 꾼 꿈의 의미를 점친다"는 비유로 분명하게 밝혀준다. 꿈꾸고 있는 나는 인칭적인 나이고, 꿈속에 꾼 꿈의 의미를 헤아린다는 것은 자신을 반성한다는 것이다. 장자가 보았을 때 이것은 단지 자신의 꿈을 무한히 증식시킬 뿐이다. 구체적인 예를 들어보자. 나는 지금 글을 쓰고 있다. 그다음에 이것

장자의 철학

을 반성해보고 또 그 반성을 반성해보자. "나는 내가 지금 글을 쓰고 있다는 것을 안다" "나는 내가 글을 쓰고 있다는 것을 안다는 것을 안다" "나는 내가 글을 쓰고 있다는 것을 안다는 것을 아는 것을 안다" 등등. 이처럼 반성이 아무리 심오해 보여도 그것은 단지 형식적인 인칭적인 나가 자리를 바꾸면서 반복되고 있는 것에 지나지 않는 것이다. 표면적으로 장자는 근본적 회의주의라는 입장을 피력하고 있는 것처럼 보인다. 그러나 이런 우리의 표면적 평가는, '깨어난 후에야 자신의 인식이 꿈이었다는 것을 안다'는 장자의 말에서 여지없이 부서진다. 장자는 '깨어남(覺)'을 이야기하고 있지 않는가? 여기서 자기충족적인 언어와 인식의 닫힌 체계에서, 그 감옥에서 탈출할 수 있는 단서와 가능성이 보인다. 물론 장자가 권고하는 깨어난 상태는 맑은 연못과도 같은 마음, '나는 나다'는 생각을 제거한 비인칭적인 마음의 상태다. 그렇다면 많은 학자들이 지적한 것처럼 장자의 회의주의는 하나의 학설로서 주장된 것이 아니라 치료적(therapeutic)인 기능을 수행하는 수단에 불과하다고 볼 수 있다. 이처럼 장자의 회의주의는 단지 합리적 철학이 주는 허구적인 보편성만을 문제 삼고 있을 뿐이다. 합리적 철학은 삶의 유한성과 문맥성을 보지 못하게 한다는 점에서 꿈과 다름이 없다고 할 수 있다. 〈열어구(列禦寇)〉편에 나오는 짧은 이야기는 이런 장자의 정신을 재미있게 비유하고 있다.

주팽만(朱泙漫)이라는 사람은 지리익(支離益)이라는 사람한테 용을 잡는 방법을 배웠는데, 그 수업료로 천금이 나가는 집을 세 채나 팔았다. 그러나 기술을 습득한 다음에는 그 기술을 쓸 곳이 없었다.

상상된 나, 혹은 꿈꾸고 있는 나

1.

어느 여성이 화장을 하려고 거울을 본다. 그리고 그 거울을 통해 그녀는 자신의 얼굴에 립스틱을 바른다. 이것은 너무 자연스럽게 벌어지는 모습이라 그다지 신기할 것도 없다. 그러나 우리는 한 번도 자신의 얼굴을 직접 본 적이 없는데, 거울 안에 비친 얼굴이 내 얼굴이라는 것을 어떻게 알 수 있을까? 우리는 한 번도 자신의 얼굴을 직접 본 적이 없지 않는가? 그럼에도 불구하고 어떻게 우리는 거울에 비친 얼굴이 자신의 얼굴인지를 알게 되었을까? '거울 속의 모습 = 자신의 모습'인 것을 알기 위해서 우리는 거울 속의 모습과 자신의 모습을 볼 수 있는 제3의 자리에 서 있어야 한다. 그러나 이것이 과연 가능한가? 불가능하다. 그런데 이것이 진정으로 불가능한가? 그렇지는 않다. 우리는 현실적으로 거울 안의 내 모습이 바로 나의 모습이라는 것을 알고 있으니까. 그렇다면 우리는 자신이 결코 자리 잡을 수 없는 그 제3의 자리에 있다는 역설에 빠지게 된다. 실제로는 그렇지 못하지만 상상적으로는 그렇게 되는 이 제3의 자리는 상상된 자리(=믿음의 자리)라고 부를 수 있다. 정신분석학에서는 이 제3의 자리를 바로 초자아(superego)의 자리라고 부른다.

이 초자아의 자리는 우리가 공동체에서 생존하기 위해서 자신에게 내면화한 규칙의 자리다. 이 내면화된 규칙을 통해서만 나는 나일 수 있는 것이다. 따라서 일상적인 우리는 다음과 같은 세 가지 차원들로 분열되어 있는 존재라고 할 수 있다. 내면화된 규칙으로서의 초자아, 이 규칙을 적용하는 나, 그리고 이 규칙의 적용 대상인 나, 나는 최소한 이렇게 세 가지 차원의 나로 분열되어 있다는 것이다. 예를 들어 화장을 하는 여성은 아름다움의 내면화된 기준인 초자아, 화장을 바르는 나, 화장을 당하는 나로 분열되어 있다고 볼 수 있다. 만약 화장하는 여성의 초자아가 없다면 어떤 일이 벌어질까? 우리는 이 여성이 결코 화장할 수 없다는 것을 쉽게 추측할 수 있다. 화장을 한다는 것은 아름답지 않은 얼굴을 아름다운 얼굴로 변화시키는 행동인데, 위의 여성의 경우에는 아름다움의 기준이나 목표가 없기 때문이다.

이제 우리는 알 수 있다. 거울을 바라보는 그 여성의 시선은 결코 그녀 자신의 시선이 아니라 제3자의 시선, 즉 내 안에 내면화된 공동체의 미적 규칙이라는 시선일 뿐이라는 것을 말이다. 이렇게 내면화된 공동체의 시선을 통해서 우리는 자신뿐만 아니라 다른 사람의 화장한 얼굴을 보고 그 사람의 화장이 아름다운지 아닌지를 판단하게 된다. 그러나 이것이 과연 아름다움과 추함(美醜)에만 적용되는 것일까? 그것은 선함과 악함(善惡)이나 참과 거짓(眞僞)에도 모두 통용되는 것이 아닐까? 그렇다면 아름다움을 탐하고, 선한 것을 좋아하며, 진리를 구하려는 주체는 누구인가? 나 자신인가? 아니면 공동체의 규칙인가? 그러나 여기서 문제는 오히려 잘못 제기되어 있다. 나라는 주체는 결국 최소한 세 가지 차원의 분열을 통해서만 존재하는 것이다. 이 세 가지 차원 가운데 어느 하나라도 제거된다면 나는 나로서 동일성을 확보할 수 없게 된다. 그러므로 정확히 말한다면 우리는 주체란 공동체의 규칙을 초자아로 받아들이면서부터 존재하게 되는 것이라고 해야 한다. 결국 주체란 본질적으로 분열되어 있어 주체일 수밖에 없다는 것이다.

2.

그렇다면 우리는 어떻게 공동체의 규칙을 초자아로 내면화하게 되었을까? 왜 그런 일이 벌어지는 것일까? 우리는 쉽게 그것이 우리에게 가해진 공동체의 폭력 때문이라고 말할 수도 있다. 그러나 과연 그럴까? 오히려 우리는 주체로서 탄생하기 위해서 공동체적 규칙을 기꺼이 수용하고 있는 것이 아닐까? 혹은 우리는 삶을 안정적으로 영위하기 위해서 공동체의 규칙을 내면화하고 있는 것이 아닐까? 예를 들어 선악의 규칙을 내면화하지 못한 사람이 있다고 하자. 그 사람은 과연 공동체 속에서 안정적으로 삶을 영위할 수 있을까? 우리는 초자아를 기존의 공동체 속에서 안정적으로 살기 위한 인간이란 동물의 자기 배려라고 이해해야 한다. 유한한 존재로서 인간은 공동체 속에서가 아니면 삶을 영위할 수가 없다. 따라서 우리는 초자아를 공동체의 폭력이라고 보기보다는 오히려 인간이란 동물의 생존전략의 일환으로 볼 필요가 있다. 사실 인간이란 동물만큼 훨씬 더 타인들의 애정과 관심을 필요로 하는 존재가 또 있을까.

라캉에 따르면 갓난아이 때부터 우리는 타자가 원하는 대상,

장자의 철학

즉 타자가 욕망하는 대상이 되고자 한다. 우리에게 최초의 타자는 물론 어머니다. 우리는 어머니의 관심과 애정이 없다면 자신의 삶을 영위할 수 없다는 사실을 직감적으로 알고 있다. 물론 이 경우 어머니가 구체적으로 나를 낳아준 어머니일 이유는 전혀 없다. 단지 아직 걷지도 못하고 먹이를 스스로 구하지도 못하는 나를 보살펴주고 돌봐줄 수 있는 그 누구라도 이 어머니의 자리에 들어올 수 있다. 어쨌든 타자의 관심과 애정을 얻기 위해서 우리는 그 타자를 지속적으로 유혹해야만 한다. 그러기 위해서 우리는 자신을 타자가 사랑하는 대상으로 만들려고 한다. 그래야 최초의 타자인 그 어머니는 나를 계속 사랑할 것이고 따라서 내게 안정과 평화를 계속 제공할 것이다.

문제는 최초의 타자, 즉 어머니가 원하는 것이 무엇인지를 갓난아기는 전혀 알 수 없다는 데 있다. 만약 아이가 울 때마다 안아주면 아이는 어머니가 원하는 것이 슬프게 우는 자신이라고 생각할 것이다. 또 만약 아이가 웃을 때마다 안아주면 아이는 어머니가 원하는 것이 밝게 웃는 자신이라고 생각할 것이다. 이런 식으로 아이는 어머니가 원하는 것을 상상한다. 그리고 이렇게 어머니가 원하는 것이라고 상상된 것이 그 아이에게는 최초의 초자아로 등장하게 된다. 이 경우 아이의 초자아는 '어머니가 원하는 것과 원하지 않는 것'이라는 판단의 기준이 된다. 어쨌든 이렇게 되면서 아이는 주체로 만들어지게 된다. 앞에서 말했듯이 주체란 기본적으로 분열된 존재다. 달리 말하면 주체는 초자아에 입각해서 자신을 초자아에 맞게 가꾸는 존재라고도 할 수 있다.

3.

아이가 더 자라게 되면, 이제 이유식을 떼고 어른들이 먹는 음식을 먹어야 한다. 아이들의 입장에서 김치 등의 음식은 얼마나 자극적이고 불쾌하겠는가? 그럼에도 그 아이는 먹게 된다. 김치를 먹을 때 아기는 어머니가 '우리 아기 이쁘구나, 김치도 잘 먹고!' 하면서 자신을 사랑해주리라는 걸 직감하니까 말이다. 바로 이렇게 해서 우리는 어머니라는 타자를 통해 그 타자가 속해 있는 공동체의 규칙을 내면화하기 시작했던 것이다. 어머니가 공부 잘하는 자신을 욕망한다면, 우리는 기꺼이 자신을 공부 잘하는 자신으로 만들 것이다. 하물며 우리는 부모가 원하는 것을 억지로 하지 않는 것도 부모의 관심과 애정을 얻기 위한 극단적인 방식에 지나지 않는다. 그렇다면 결국 우리는 우리 자신을 타자가 욕망한다고 상상한 것에 맞게 만들어온 결과물에 지나지 않는다고 할 수 있다.

표면적으로 우리가 무엇인가를 직접 욕망한다고 느끼고 있을 수도 있다. 그러나 결국 그 욕망의 기원을 따라 분석해보면 우리는 지금까지 만났던 타자들이 원하던 것들을 반복하고 있을 뿐이다. 이처럼 우리는 직접적으로 무엇인가를 욕망할 수 없다. 라캉의 말대로 우리는 항상 '타인이 욕망하는 것만을 욕망한다'. 그러나 여기서 우리가 잊어서는 안 되는 두 가지가 있다. 첫째, 우리는 결코 타인이 욕망하는 것이 무엇인지를 실재로 알 수 없다는 점이다. 우리가 타인이 욕망하고 있다고 생각하는 것은 항상 우리가 상상한 것에 지나지 않는다. 그래서 우리는 항상 다음과 같은 회한에 가득 차서 중얼거리곤 한다. "나는 당신이 원하는 것을 모두 했는데, 당신은 왜 나를 사랑하지 않는 거지?" 둘째, 타인의 욕망

장자의 철학

마저도 다른 타인이 욕망하는 것을 욕망하는 것에 지나지 않는다는 점이다. 그렇기 때문에 우리는 진정으로 타인이 욕망하는 것을 알 수가 없었던 것이다. 그 타인이 욕망하는 것은, 우리의 경우와 마찬가지로, 진정으로 그 자신이 직접 욕망하는 것이 아니니까.

정신분석학에 따르면 결국 주체란 상상된 존재에 불과한 것이다. 타자가 원한다고 상상한 모습에 따라 자신의 모습을 아무리 변형시켜 보았자, 우리는 결코 타자가 원하는 모습을 실제로 가질 수는 없다. 타자가 원하는 것이라고 우리가 생각하고 있는 것도, 따라서 그렇게 만든 우리의 모습도 상상된 것일 수밖에 없으니까. 앞에서 말한 것처럼 결국 우리의 일상적인 모습은 이처럼 상상된 것에 지나지 않는다. 그것은 결국 꿈과 마찬가지의 구조인 것이다. 문제는 나뿐만 아니라 내가 만나는 모든 사람들도 이런 꿈속에 빠져 있는 사람이라는 데 있다. 그들과 관계한다는 것은 결국 그들의 꿈, 그들의 초자아와 관계한다는 것을 함축한다. 우리가 만나는 타자들도 자신들의 초자아를 매개로 나와 관계하려고 한다는 점에서, 이것은 엄연한 현실 문제다. 만약 어떤 타자와 충돌을 한다면 그것은 그 타자의 초자아와 나의 초자아의 충돌이 문제가 되는 것이다. 이 경우 우리는 어떻게 충돌을 피할 수 있겠는가? 그러나 정확히 말해 충돌은 불가피한 것이라고 말할 수 있다. 장자의 철학이 오늘날에도 의미를 지닐 수 있는 이유가 이것과 관련된다. 장자는 이런 불가피한 타자와의 충돌을 외면하지 않을 뿐만 아니라, 이것을 삶의 조건으로 긍정하고 있는 철학자였던 것이다. 그렇다면 장자는 과연 해결이 불가능한 것처럼 보이는 이런 문제를 어떻게 풀어나갈 것인가?

너무나 힘든 공동체에서의 삶

1.

공동체는 시간적으로 혹은 공간적으로 상이한 가치체계들로 유지되어왔다. 봉건시대에서 여자가 재혼하는 것은 악으로, 여자가 정절을 지키는 것은 선으로 규정되었다. 그러나 지금은 여자의 재혼을 권장하는 것이 선이고, 여자의 재혼을 금지하는 것은 악으로 규정되어 있다. 그러나 이런 상이한 규정들과는 달리 모든 공동체들이 기본적으로 선/악이라는 이분법적 구조를 공유하고, 이 구조에서 자신들이 선이라고 부르던 내용을 절대화하고 있다는 점에서는 마찬가지다. 한마디로 모든 공동체들의 규칙은 내용은 상이하다고 할지라도 그 구조는 동일하다고 할 수 있다. 따라서 관념적으로 보면 모든 공동체의 선/악은 아무런 근거가 없는 자의적인 것처럼 보일 수도 있다. 그러나 현실적으로는 어떤가? 우리는 특정 공동체에 살 수밖에 없다는 점에서 특정한 규칙을 따를 수밖에 없다. 공동체의 규칙은 엄연한 현실적 물리력을 지니고 있다. 예를 들어 우리가 일부일처제라는 것은 하나의 특수한 역사적 현실일 뿐이고, 앞으로도 얼마든지 변할 수 있는 것이라고 생각한다고 해보자. 그러나 이 생각을 현실화해서 일부일처제를 어기고 몇 명의 아내를 두고 있다고 하자. 그러면 우리는 바로 법의 제재를 받을 뿐만 아니라 사회적 지탄의 대상이 되고 말 것이다.

〈내편〉〈인간세(人間世)〉편에 나오는 이야기지만, 많은 연구자들이 분석을 피하고 있는 이야기가 하나 있다. 그것은 장자가 공자의 입을 빌려서 공동체에서 어떻게 살아가야 하는지를 말하는 이야기다.

> 세상에는 지킬 것이 크게 두 가지가 있다. 하나는 명(命)이고, 다른 하나는 의(義)다. 자식이 부모를 섬기는 것은 명이므로 마음에서 지울 수가 없다. 신하가 임금을 섬기는 것은 의인데 어디를 가나 임금이 없는 데는 없다. 하늘과 땅 사이 어디를 가도 이 두 가지를 피할 수는 없기에 이를 '크게 경계할 것(大戒)'이라 한다. 그러므로 자녀가 언제 어디서나 부모를 편안하게 해드리는 것이 효의 지극함이고, 신하가 언제 어디서나 임금을 편안하게 섬기는 것이 충의 성대함이다. 자기 마음을 부릴 때 슬픔과 기쁨이 눈앞에 나타나게 하지 말고, 불가능한 일을 어쩔 수 없는 일로 여기고 운명으로 편안하게 받아들이는 것이 덕의 지극함이다. 신하나 자식 된 사람이 부득이한 일을 당하면 사물의 실정에 맞게 행하면서, 자신을 잊어버려야 한다. 삶을 기뻐하고 죽음을 싫어할 겨를이 어디 있겠는가?

분명 장자는 지금 충효(忠孝)라는 유가적 이념을 따를 것을 권고하고 있다. 그래서 모든 세속적인 것들에서 초탈과 자유를 강조하는 철학자로 장자를 이해하고 있던 기존의 연구자들은 이 구절을 애써 외면했던 것이다. 그러나 이 구절을 읽으면서 우리는 앞에서 지적했던 것처럼 조릉에서 터득한 장자의 깨달음을 상기할 필요가 있다. 조릉에서 장자는 "다른 곳의 풍속으로 들어가게 되면, 그곳의 규칙을 따라야 한다"고 깨달았다. 이런 깨달음은 사실 진부한 것 같지만 그 함축하는 뜻은 매우 중요하다. 예를 들어보자. 우리가 다른 공동체에 들어가게 되면 그 공동체의 규칙들이 처음에는 비합리적이고 기이한 것으로 보이기 마련이다. 우리는 무의식적으로 자신을 훈육한 공동체의 규칙에 길들여져서 그것만이 자명하고 합리적이라고 생각하고 있기 때문이다. 이처럼 불행히도 우리는 자기 삶의 형식만이 보편적이라고 맹신하면서 살고 있다. 이게 꿈이 아니라면 무엇인가.

2.

한 가지 재미있는 것은 물고기가 물속에서는 자신이 물고기라는 사실을 의식하지 않지만, 물 바깥에 나와서는 물을 의식할 뿐만 아니라 자신이 물이 없으면 살 수 없다는 것을 의식한다는 점이다. 이와 마찬가지로 우리가 자신의 공동체적 규칙을 의식하기 위해서는 다른 공동체와 조우해야만 한다. 문제는 다른 공동체에 들어가게 되었을 때, 우리가 무의식적으로 자신의 공동체 규칙에 병적으로 집착하려는 경향을 보인다는 데 있다. 우스갯소리로 외국에 가봐야 애국자가 된다는 말의 의미도 바로 여기에 있다. 그러나 이런 애국자가 다른 나라에 대해 배타적인 경향을 보인다는 점을 우리는 쉽게 간과하고 있다. 사실 애국자와 다른 나라를 미워하는 것은 동시적인 사태다.

장자의 철학

조선 말기에 우리나라에 선교사들이 복음을 전하려고 들어온 적이 있다. 그들은 조선 사람들의 삶의 규칙인 제사를 금기시했고, 기독교적인 삶의 규칙을 지켜야 한다고 주장했다. 결과적으로 이들 선교사들과 기독교도들은 조선 정부에 의해 무차별적으로 죽임을 당했다. 지금 우리는 선교사들의 이런 죽음을 순교라고, 혹은 아름다운 희생이라고 기억하고 있다. 그러나 우리가 서구화된 결과로 인해 이런 사후적인 평가가 가능하게 된 것이지, 만약 우리가 유교 사회를 계속 유지하고 있다면 이들은 여전히 죽어 마땅한 금수들로 간주되었을 것이다. 우리나라에서 죽은 선교사들과 구별되는 사람이 바로 중국에 선교사로 들어왔던 마테오 리치(Matteo Ricci)다. 이 사람은 중국 사람들이 신봉하는 유교적 삶의 질서를 부정한 적이 없었다. 그가 중국에 들어오기 전 마카오에서 오랫동안 중국어를 배웠고, 중국 문화를 익혔다는 것은 유명한 사실이다. 우리가 살아가면서 만나는 사람은 그가 누구든지 간에 갓 태어난 어린아이가 아니라면 어떤 특정 공동체에 속해 있을 것이다. 만약 그 사람이 어려서 늑대 곁에서 자랐다고 한다면 그 사람은 늑대라는 공동체의 규칙에 속한 사람일 것이다. 이 경우 우리는 자신이 인간 공동체에 속하고 있다는 것을 확인하게 된다. 따라서 공동체의 경계는 항상 유동적일 수밖에 없다. 우리는 어디서나 타자와 만날 수 있고 그럴 때마다 공동체를 상이하게 의식하게 된다. 공동체는 단지 타자와의 차이를 통해서 사후에 확인되는 어떤 것일 뿐이다. 다시 말해 공동체는 크게는 인간과 동물 사이, 문화와 문화 사이, 철학과 물리학 사이, 가족과 가족 사이의 차이에서 사후적으로만 규정될 수 있다는 것이다. 예를 들어 동물과 만나게 될 때 우리는 인간 공동체에 속하고 있다는 것을 확인하게 되고, 미국 문화와 만났을 때 우리는 한국 문화에 속해 있다는 것을 확인하게 되고, 전라도 사람을 만났을 때 우리는 자신이 경상도 사람이라는 것을 확인하게 되고, 물리학자와 만났을 때 우리는 철학자 공동체에 속한다는 것을 확인하게 된다는 말이다. 결국 우리가 속한다고 자임하는 공동체는 항상 우리가 어떤 타자와 만나느냐에 의해 사후에 결정될 수밖에 없는 것이다.

3.

장자의 탁월한 점은 충효라는 유가적 이념이 비록 꿈과 같이 근거가 없다고 할지라도 그것이 특정 공동체에서는 현실적인 물리력을 갖는다는 것을 그가 정확하게 파악했다는 데 있다. 충효가 삶의 규칙인 공동체에서 충효를 따르지 않으려고 하는 순간, 우리는 공동체의 공공의 적으로 낙인찍히게 될 것이고 심하면 죽임을 당할 수도 있다. 만약 그 공동체의 규칙이 마음에 들지 않으면 다른 공동체로 떠나야 한다. 그러나 새로 도착한 공동체도 그 나름대로의 삶의 규칙을 가지고 있을 수밖에 없다는 점에서 우리는 공동체를 완전히 떠날 수는 없다. 그러나 공동체가 존재하지 않는 곳이 있지 않을까? 산속에서 혼자 사는 방법을 우리는 택할 수 있지 않을까? 그러나 불행히도 산속에서도 우리는 자유를 만끽할 수는 없다. 산속에서도 우리 자신이 반드시 따라야만 하는 삶의 규칙, 즉 약육강식의 생존 경쟁 법칙이 펼쳐져 있으니까. 여기서 잠시 〈달생(達生)〉편에 실려 있는 다음 이야기를 읽어보도록 하자.

장자의 철학

전개지(田開之)가 주나라 위공(威公)을 보자 위공이 말했다.

"내가 듣건대 축신(祝腎)은 양생(養生)을 배웠다 합니다. 선생께선 축신과 함께 배웠다는데 어떤 얘기를 들으셨는지요?"

전개지가 말했다.

"저는 비를 들고서 뜰 앞에서 시중을 들었을 뿐이니 선생님에게서 무엇을 들었겠습니까?"

위공이 말하였다.

"선생은 너무 겸손하십니다. 나는 듣고 싶소이다."

전개지가 말하였다.

"선생님께서 말씀하시기를 양생을 잘하는 사람은 양을 치는 것과 같아서, 그중 뒤지는 놈을 발견하여 채찍질을 하는 것이라 하셨습니다."

위공이 말했다.

"무슨 뜻이지요?"

전개지가 말했다.

"노(魯)나라에 선표(單豹)라는 사람이 있었는데 바위 굴 속에 살면서 골짜기 물을 마시고 지냈습니다. 백성들과 이익을 다투지 않고, 나이가 70이 되어도 어린아이 같은 얼굴빛이었습니다. 불행하게도 굶주린 호랑이를 만나 그 굶주린 호랑이에게 잡아먹혀버렸습니다. 또 장의(張毅)라는 사람이 있었는데 부잣집이건 가난한 집이건 어디에나 뛰어다니며 사귀지 않은 사람이 없었습니다. 그러나 나이 40세에 열병에 걸려 죽어버렸습니다. 선표는 그의 속마음을 길렀으나 그의 외형을 호랑이가 잡아먹어버렸습니다. 장의는 그의 외부와의 사귐을 잘하였으나 그의 내부에서 병이 그를 공격했습니다. 이 두 사람은 모두 그중 뒤지는 놈에게 채찍질을 하지 않은 것입니다.”

　사실 이런 모든 한계 상황들은 인간이 유한하기 때문에 벌어지는 것이다. 우리는 기본적으로 생존을 위해서 외적인 것과 관계해야만 하는 유한자이다. 우리는 신도 아니며, 자신의 실존을 위해 어떤 것도 필요로 하지 않는 실체(substance)도 아니다. 중국 위진(魏晉)시대에 현학(玄學)이라는 풍조가 있었다. 한마디로 이 풍조는 정치 및 사회와 관계하지 않고 자연과 더불어 살며 시나 지으면서 유유자적하게 살아가자는 것이다. 그러나 현학이 추구했던 자유는 허구적이고 관념적인 것에 불과하다. 당시의 정취를 그린 중국화를 보면, 현학을 추구하던 사람들은 꽃이 가득 핀 들판에 나가 뜻이 맞는 친구들과 화사한 얼굴로 술을 마시고 있다. 그러나 자세히 그림을 살펴보면 그들에게 술과 안주를 날라주는 하인들, 그리고 음악을 연주하는 악공들이 아주 작게나마 묘사되어 있다. 결국 이들은 호족들이었고, 이런 경제적인 풍족함을 바탕으로 자신들의 자유를 만끽했던 것이다.

　이제 제사의 후반부를 읽을 준비가 된 것 같다. 불가피하게 어떤 공동체에서 살아가는 방법으로 장자는 다음과 같은 것을 권고하고 있다. 우리는 “선을 행해도 이름이 날 정도로 하지 말고, 악을 행하더라도 벌 받을 정도로 행해서는 안 된다”. 선한 사람으로 유명해지거나 악한 사람으로 벌을 받아 유명해지게 되면, 우리는 자신이 지금 속한 공동체의 규칙에 완전히 사로잡히게 된다. 유명해지게 되면, 우리의 운신 폭은 그만큼 좁아질 수밖에 없다. 그러나 우리는 유명해지게 되면 우리가 그만큼 부자유스럽게 된다는 사실을 망각하기 마련이다. 선한 사람 혹은 능력 있는 사람으로 유명해지면 우리는 자신이 마치 주체적으로 선을 실천하는 인격자나 혹은 본질적으로 천재인 줄로 착각을 하게 된다. 그러나 결국 이런 나는 공동체의 규칙을 자신의 규칙인 양 잘 따르는 사람, 혹은 공동체가 그 능력을 필요로 하는 사람이 된 것에 지나지 않는다. 또 우리가 악한 행위로 공동체의 처벌을 받게 되면, 우리는 전과자라는 죄의식에 사로잡혀서 살거나 아니면 자포자기의 심정으로 살게 된다. 결국 좋은 방향으로나 나쁜 방향으로나 유명해지게 되면 '나는 이러저러한 사람이야'라는 자의식을 확고하게 가지게 될 것이고, 그만큼 우리는 부자유스럽게 삶을 영위할 수밖에 없다는 것이 장자의 진단이다.

3장. 새를 새로 키우는 방법

너는 들어보지 못했느냐? 옛날 바닷새가 노나라 서울 밖에 날아와 앉았다. 노나라 임금은 이 새를 친히 종묘 안으로 데리고 와 술을 권하고, 구소의 음악을 연주해주고, 소와 돼지, 양을 잡아 대접했다. 그러나 새는 어리둥절해하고 슬퍼할 뿐, 고기한 점 먹지 않고 술도 한 잔 마시지 않은 채 사흘 만에 죽어버리고 말았다. 이것은 자기와 같은 사람을 기르는 방법으로 새를 기른 것이지, 새를 기르는 방법으로 새를 기르지 않은 것이다.

－지락

且女獨不聞邪? 昔者海鳥止於魯郊, 魯侯御而觴之于廟, 奏九詔以爲樂, 具太牢以爲膳. 鳥乃眩視憂悲, 不敢食一臠, 不敢飮一杯, 三日而死. 此以己養養鳥也, 非以鳥養養鳥也.

－至樂

성심, 혹은 선입견의 중요성

1.

제사의 내용을 분석하기에 앞서 우리는 먼저 '구성된 마음'으로 번역될 수 있는 성심(成心)이 어떤 의미인지 알아볼 필요가 있다. 보통 연구자들은 성심을 선입견이나 편견으로 이해하고 있다. 그러나 성심과 관련된 장자의 진단은 이렇게 간단히 이해될 성질의 것이 아니다. 만약 장자가 일체의 모든 성심을 부정했다면, 그는 우리에게 어떤 관점이나 입장도 있어서는 안 된다고 권고하는 것이 된다. 그러나 어떻게 이것이 가능할 수 있겠는가? 장자가 성심을 문제 삼고 있는 이유는 성심 자체에 있는 것이 아니라, 특정한 성심이 모든 사태를 판단하고 평가하는 데 절대적인 기준, 즉 초자아가 될 수 있는 위험이 있다는 데 있다.

예를 들어보자. 우리는 한국에서 태어나서 한국이라는 공동체의 규칙을 배우면서 자라났다. 한마디로 우리는 한국이라는 공동체의 규칙에 따라 구성된 마음으로서 성심을 가지고 있다. 그래서 우리는 아주 자연스럽게 김치를 먹고, 마늘을 먹고, 한국어를 쓰며, 어른을 공경하고 부모에게 효도하며 살 수 있다. 이것이 바로 성심의 작용이다. 그러나 만약 우리가 미국이라는 다른 공동체로 간다면 어떻게 될까? 이 경우 우리가 어느 평화로운 날 중산층 가정의 정원에서 아버지의 머리를 툭툭 치는 미국 어린이를 보았다고 하자. 이것은 미국이라는 공동체에서는 아무런 문제가 되지 않지만, 우리는 그 아이를 무례하고 잘못 자란 놈이라고 평가하며 분개할 수 있다. 사실 우리의 이런 평가가 가능한 것은 우리가 자신의 성심을 절대적 기준으로 삼고서 사태를 평가하고 있기 때문이다.

어떤 특정한 공동체에 태어나 그 속에서 생존하기 위해서 내면화된 성심은 그 공동체에서 살 때에는 거의 의식되지 않는다는 점이 중요하다. 우리는 아주 자연스럽게 부모에게 공경하고, 또 아주 자연스럽게 김치를 먹고 있을 뿐이다. 문제는 우리가 다른 공동체에 가거나 혹은 다른 공동체에 속한 사람과 만나게 되었을 경우에 발생한다. 이때에 우리에게는 두 가지 선택지가 있을 수 있다. 하나는 성심을 특정한 공동체의 흔적이라고 자각하는 경우이고, 다른 하나는 성심을 초자아로 삼아 타자를 평가하고 재단하는 경우다. 전자는 아무런 문제도 일으키지 않지만, 후자는 심각한 문제를 일으킬 수 있다. 만약 타자가 나보다 약하다면 나는 타자에게 지울 수 없는 상처를 안길 것이고, 타자가 나보다 강하다면 나는 결국 타자에게 상처를 받을 수밖에 없을 테니까 말이다.

・

2.

논의의 편의상 먼저 〈소요유〉편에 나오는 재미있는 이야기 하나를 읽어보자. 그 이야기는 다음과 같다. "송나라 사람이 '장보(章

　　　　　　　　　　　　　　　　장자의 철학

甫)'라는 모자를 밑천 삼아 월나라로 장사를 갔다. 그런데 월나라
사람들은 머리를 짧게 깎고 문신을 하고 있어서 그런 모자가 필요
하지 않았다."이 송나라 사람이 살았던 삶의 문맥을 송이라고 하
고, 그가 모자를 팔려고 갔지만 모자를 쓸 필요가 없었던 월나라
의 삶의 문맥을 월이라고 해보자. 삶의 문맥이 지닌 구체성과 고
유성은 우리의 삶이 몸을 통해 타자의 삶과 얽히게 되는 데서 기
인한다. 송에서 살았던 이 인물이 월로 장사하러 가게 된 메커니
즘을 재구성해보자.

우선 이 인물은 자신의 삶의 문맥에서 '구성된 마음(成心)'을
가지고 월이라는 삶의 문맥의 구체성을 보지 않고, 월의 구체적
삶의 문맥을 마치 송의 구체적 삶의 문맥의 연장인 것처럼 사유했
기에, 월이라는 삶의 문맥으로 장사하러 갈 생각을 할 수 있었다.
이런 성심을 통해 구성된 월은 이 인물에게는 송과 다른 것이 아
니었다. 결국 이 사람은 송을 통해 월을 외삽(外揷, extrapolation)하고
있었을 뿐이다. 그렇다면 이 송나라 사람이 월이라는 구체적 삶의
문맥으로 몸을 이끌고 들어갔을 때 어떤 일이 벌어지게 될까? 그
는 성심에 의해 구성된 월과 직접 삶으로 얽히게 된 월과의 현격
한 차이를 느끼게 될 것이다. 그리고 이런 사태는 바로 '특정 삶의
문맥에서 구성된 마음'의 제한성을 자각하는 지점으로 이 인물을
이끌게 될 것이다.

우리가 여기서 주목해야만 하는 것은 기존의 송이라는 삶의
문맥에서 구성된 이 인물의 구성된 마음은 결코 부정될 수 없는
자연스러운 것이라는 점이다. 장자는 이런 자연스런 사태를 문제
삼지는 않는다. 오히려 그가 문제 삼는 논점은 다음과 같다. 이 인
물이 계속 특정 삶의 문맥에서 구성된 마음을 보편적인 척도 또는

기준으로 다른 삶의 문맥에서도 주장한다면 어떻게 될까? 이 인물의 삶은 아마도 다른 특정한 삶의 문맥과 긴장 관계에 놓일 것이고, 이런 긴장 관계는 그에게 삶과 인식의 긴장 관계로 드러날 것이다. 현재 자신의 삶이 다른 특정한 삶의 문맥에 처해 있음에도 불구하고, 이 사람의 인식은 사실상 자신의 삶이 한때 깃들었고 그 속에서 살아가면서 구성된 마음에 근거를 두고 있는 것에 지나지 않는다. 중요한 점은 이 경우에도 우리의 마음은 여전히 작동하고 있다는 데 있다. 그래서 이 송나라 사람도 월나라에 들어가자마자 자신의 구성된 마음을 자각하는 것이다. 자신이 유용하다고 생각한 모자가 이 월나라에서는 쓸모가 없다는 사실을 알았다는 것은, 그가 자신의 구성된 마음이 보편적이지 않다는 것을 자각한다는 것을 함축하는 것이다.

3.

보통 우리는 선입견을 부정적인 것으로 생각한다. 분명 선입견이 타자와의 소통을 방해한다는 점에서 부정적으로 작용하는 것은 사실이다. 그러나 우리가 주목하지 못하는 것은 선입견의 불가피성이다. 우리는 선입견이 없다면 어떤 것을 생각하거나 이해할 수도 없다. 예를 들어 우리는 '사랑'에 대한 선입견이 없다면《러브 스토리》라는 영화를 보아도 전혀 이해할 수 없을 것이다. 선입견은 기본적으로 일종의 선-이해이자 선-판단이라고 할 수 있다. 앞에서 살펴본 송나라 사람도 만약 이런 선입견이 없었다면 월나라로 장사하러 갈 생각조차 못했을 것이다. 철학적 해석학의 대표

주자인 가다머(Hans-Georg Gadamer)와 같은 사람은 선입견을 철학적으로 긍정한 대표적인 사람이었다. 그에 따르면 선입견은 구체적인 현재의 판단에 앞서서 선행하는 의식, 무의식적인 전제들 일반을 의미한다. 나아가 그는 선입견에 의해 이루어진 이해 내용은 인간의 인식·판단·행동의 근본적인 지평(horizon)을 형성한다고까지 주장한다.

유명한 가다머의 지평 융합이라는 개념도 바로 이런 선입견에 대한 이해에서 출발한 것이다. 첫사랑에 실패한 어떤 남자의 예를 들어보자. 그가 사랑하던 여성은 그에게 너무나 냉정했고 도도했으며 한 번도 진지하게 마음을 열지 않았다. 그 여성의 마음을 열기 위해서 그는 무척 노력했지만 뜻대로 되지 않았다. 그래서 그는 지쳐갔고 정신적으로 피폐해져갔다. 그리고 마침내 그 여성의 절교 선언을 무기력하게 들을 수밖에 없었다. 이제 이 실연한 남자에게는 여성과 사랑에 대한 선입견과 지평이 남게 되었다. 시간이 한참 흘러서 이 남자에게 또다시 사랑하는 여성이 생겼다. 이 남자는 과거에 발생한 선입견으로 이 새로운 여성을 만날 수밖에 없다. 새로 만나게 된 이 여성은 이전의 여성과는 완전히 딴판이었다. 그녀는 활기차고 정이 많으며 속내를 솔직하게 밝히는 밝은 사람이었다. 그런데 새로운 사랑에 빠지면서 그에게는 어떤 일이 벌어질까? 첫째, 우선 새로운 지평은 이전의 지평에 따라 다양하게 이해될 것이다. 그냥 아무 뜻 없이 그녀가 말수가 적어진 것을 보고 그는 무엇인가 숨기는 것이 있지는 않은지 의심할 수도 있다. 물론 이런 의심이 가능한 것은 과거에 형성된 그의 선입견 때문이다. 둘째, 이전의 지평은 새로운 지평과 융합되고 수정될 것이다. 새로 만난 그녀를 통해서 자신의 선입견이 지닌 일면성과 특수성은 수정될 것이고 새로운 지평으로 통합되고 포섭될 테니까 말이다.

　가다머의 철학적 해석학에서 긍정적으로 이해된 선입견은 장자의 성심을 이해하는 데 열쇠가 된다. 그러나 장자는 성심을 긍정적인 이해 지평으로 독해하지는 않는다. 가다머에 따르면 선입견은 새로운 선입견과 지평 융합되면서 수정되고 보완되는 것이다. 그러나 장자에게 이전의 성심은 새로운 삶의 사태 속에서 새로운 성심을 구성하기 위해서 제거되어야 하는 것으로 사유된다. 가다머에 따르면 새롭게 융합된 지평은 아무리 새롭다고 해도 과거의 지평이 핵심적인 지위를 지니고 있는 것이다. 극단적으로 말하면 과거의 지평이나 선입견은 부단히 새로운 지평과의 융합을 통해서 성장해간다고 할 수 있다. 여기에 가다머의 낙관주의가 있다. 그러나 장자에게는 이미 구성된 성심과 앞으로 만날 타자에 맞게 구성되어야 할 성심 사이에는 인식론적인 단절이 있다. 과거의 성심을 구성되게 만든 타자와 앞으로 구성될 성심을 구성하게 만들 타자는 전적으로 상이할 수밖에 없기 때문이다. 결론적으로 우리는 과거의 지평(=선입견)을 수정해서 보완해야 한다는 가다머의 주장을 주체 중심적인 발상이라고 규정할 수 있다. 가다머의 주체는 새롭게 만날 타자들에 대해서도 근본적인 연속성을 유지하는 것처럼 보이기 때문이다. 반면 과거의 성심을 철저하게 폐기해야 한다는 장자의 주장은 타자 중심적인 발상이라고 할 수 있다. 주체의 연속성은 새롭게 만날 타자에 따라 항상 단절되고, 주체는 근본적으로 새롭게 다시 구성되어야 하니까 말이다.

성심이 우리에게 미치는 영향

1.

이제 구성된 마음, 즉 성심에 대한 장자의 이야기를 직접 읽어보도록 하자. 〈제물론〉편에서 장자는 다음과 같이 말하고 있다.

> 대저 구성된 마음을 따라 그것을 스승으로 삼는다면, 그 누군들 스승이 없겠는가? 어찌 반드시 변화를 알아 마음으로 스스로 판단하는 자만이 구성된 마음이 있겠는가? 우매한 보통 사람들도 이런 사람과 마찬가지로 구성된 마음을 가지고 있다. 아직 마음에서 구성된 것이 없는데도 옳고 그름을 따지는 마음이 있다는 것은 마치 '오늘 월나라에 갔는데, 어제 도착했다'는 궤변과 같이 터무니없는 이야기다.

구성된 마음을 스승으로 삼는다는 말은 이것을 초자아로 내면화한다는 것과 마찬가지다. 이렇게 되면 우리가 만난 타자는 하나의 외면으로 관조되고 판단의 대상으로 전락하게 된다. 우리의 몸은 이미 새로운 삶의 문맥에 진입했는데도 우리의 고착된 자의식은 이런 새로운 삶의 문맥의 도래가 주는 자명한 긴장을 미봉하려고 한다. 결국 고착된 자의식은 기존 삶의 문맥에서 구성된 마음을 절대적 기준으로 삼아 새로운 타자와의 만남을 미리 결정하고 예기하는 것에 다름 아니다.

우리의 고착된 자의식은 새로운 삶을 직시하기보다는 기존의 삶의 문맥에서 이루어진 성심을 내면으로 정립하여 이 새로운 삶을, 이 새로운 삶의 문맥을 외면으로 관조하게 된다. 이것이 바로 장자가 '성심을 스승 삼는다(師成心)'고 지적할 때의 '스승 삼다, 또는 절대적 기준으로 삼다(師)'로 말하려는 것이다. 장자에게 '성심을 스승 삼다'라는 것은 과거의 특정한 삶의 문맥에 기인한 성심을 인식 내면 혹은 인식 주체로 전화시키는 고착된 자의식의 일반적 운동에 대한 지적이다. 결국 성심이 없다면 고착된 자의식은 불가능해지고, 고착된 자의식이 작동한다면 이것은 이미 성심이 작동한다는 것을 함축한다.

2.

장자에 따르면 몸을 가지고 사는 우리 인간은 항상 어떤 특정한 삶의 문맥에 처해 살아가는 존재다. 이 말은 인간이라면 누구나 특정한 삶의 문맥에 처해 살아가며, 또 그 문맥과의 소통에 근거하는 구성된 마음을 지닐 수밖에 없음을 의미하고 있다. 이처럼 완성된 사람(至人)이나 평범한 사람(愚人)이나 모두 성심을 가지고 있다고 보아야 한다. 마치 때가 낀 거울이나 맑은 거울이나 항상 무언가를 비추고 있듯이 말이다. 단지 완성된 사람은 타자와 얽히는 특정한 삶의 문맥에서 구성된 마음을 다른 삶의 문맥에 폭력적으로 적용하지 않고, 다른 삶의 문맥에서도 타자와 소통이 가능하기 위한 허심(虛心)을 지니고 있다는 데서 독특할 뿐이다.

우리는 완성된 사람의 마음 상태를 거울에 비유해볼 수 있다. 전통적으로 중국에서 거울은 물과 함께 이상적인 마음 상태를 상징하는 비유로 쓰여왔다. 명경지수(明鏡止水)! 여기서 거울은 지금 자신이 비추고 있는 상을 절대 상으로 여기고 있는 마음을 비유한 것이다. 다시 말해 거울은 A와 조우하면 A의 상을 갖게 되고, B와 조우하면 B의 상을 갖게 된다. 이와 마찬가지로 완성된 사람도 A와 조우하면 A와 어울리는 의식 A를 임시적으로 구성하고, B와 조우하면 의식 A를 비우고(虛) 의식 B를 임시적으로 구성할 수 있다. 반면 일상인들이나 사변적 지식인들은 A와 조우해서 생긴 의식 A를 새롭게 B와 조우할 때도 보편적인 기준으로 유지하고 있다. 이것이 바로 그들의 고착된 자의식이 작동하는 방식이다. 그들의 자의식이 고착된 이유는 자신들의 자의식이 특정한 타자와 조우함으로써 구성된 과거의식에 의존해서 추리하고 판단하고 있음에도 불구하고, 이런 사실을 알지 못하는 데 있다. 결국 그들은 현재에 살고 있는 것처럼 보인다고 할지라도, 사실은 과거에 살고 있는 것에 지나지 않는다. 이와 달리 완성된 사람은 조우한 타자의 타자성에 근거해서 역동적이고 임시적으로 자신의 자의식을 구성할 수 있는 역량을 가진 사람이다. 이 점에서 그의 자의식은 고착된 것이 아니라 임시적이라는 성격을 부여받을 수 있다. 만약 미래에 상이한 타자와 조우하게 된다면, 그는 그 타자에 따라 자신의 자의식을 다시 새롭게 구성할 수 있을 것이다. 결국 완성된 사람(至人)은 삶에서나 사유에서 모두 현재에 살고 있다고 할 수 있다.

우리는 위 인용문 마지막 구절, 즉 "아직 마음에서 구성된 것이 없는데도 옳고 그름을 따지는 마음이 있다는 것은…… 터무니없는 이야기다"라는 구절을 새롭게 읽을 필요가 있다. 이 구절은 "옳고 그름을 따지는 마음이 대두하면 특정 삶의 문맥에서 구성된 마음이 다른 삶의 문맥에 폭력적으로 적용되고 있다"는 주장을 함축하지만, "구성된 마음이 곧 옳고 그름을 따지는 마음이다"라는 주장을 함축하지는 않는다. 물론 성심이 문제되는 맥락이 항상 옳고 그름을 따지는 마음이 출현하는 데 있기 때문에 많은 연구자들이 '구성된 마음 = 옳고 그름을 따지는 마음(是非之心)'이라고 보는 것도 일견 이해가 된다. 그러나 장자 철학의 핵심 문제 설정이 유한한 삶이 무한한 사변적 인식을 따르는 위기상황에 있었다면, 그리고 장자가 삶을 옹호하는(養生·達生) 철학자라는 것을 기억해둔다면, 장자가 어떤 특정 삶의 문맥에서 구성된 마음 자체를 부정했다고 보는 것은 지나친 해석일 수밖에 없다.

3.

장자가 문제 삼고 제거하려는 것은 성심 자체가 아니라 '옳고 그름을 따지는 마음을 작동시키는 성심을 절대적 표준으로 삼는 사태'라고 이해해야 한다. 다시 말해 장자는 고착된 자의식과 무관한 성심 자체는 부정하지 않는다. 오히려 그가 부정하려고 하는 것은 '특정한 성심을 표준으로 삼는 고착된 자의식'이라고 해야 한다. 고착된 자의식과 무관한 성심, 즉 임시적 자의식을 가능하게 하는 성심은 인간의 유한성에 존립하는 자연사적인 사실이라고 할 수 있다. 결국 성심은 고착된 자의식과 필연적 관계를 지니지만, 고착된 자의식과 무관한 성심 자체도 가능하다는 점이 중요하다. 자의식에는 고착된 자의식과 아울러 임시적 자의식도 충분히 존재할 수 있으니까 말이다. 장자는 결코 임시적 자의식과 관련된 성심을 부정하지는 않았다. 나중에 보겠지만, 허심(비인칭적인 마음)이 이것을 가능하게 한다.

장자에 따르면 과거의 삶의 문맥에서 구성된 마음은 현재 내 삶이 깃들어 있는 새로운 삶의 문맥과의 충돌과 긴장을 통해서 나에게 드러난다. 즉 성심에 대한 경험은 새로운 삶의 문맥의 도래에서 오는 부득이(不得已)의 느낌과 동시적이라는 것이다. 여기서 부득이라는 말은 글자 그대로 '멈추려고 해도 멈출 수 없음'을 의미하는데, 결국 자신으로 환원 불가능한 타자와 조우하는 사태를 의미한다. 이런 부득이의 경험은 기존 삶의 문맥에서 구성된(成) 편안함(安)의 좌절을 경험한 것에 다름 아니다. 그렇다면 이 새롭게 체험된 부득이의 경험은, 사실상 과거의 삶의 문맥에서의 일치감(成心)에 의해 가능해진다고 할 수 있다.

장자의 탁월한 점은 바로 여기에 있다. 장자는 바로 이런 부득이의 경험에서 사변적 인식의 탄생을 엿보고 있다. 기존의 삶의 문맥에서 구성된 마음이 새로운 삶의 문맥의 도래로 인해 의식되는 지점, 즉 기존의 삶의 문맥과 도래한 삶의 문맥이 마주치는 그 경계선상에서, 그 부득이의 분위기 속에서 인식은 탄생하게 된다는 것이다. 인식은 이런 부득이의 긴장을 내외 분리를 통해 미봉하려고 한다. 새롭게 도래한 삶의 문맥을 저것(彼, 他) 혹은 외면으로, 이전의 삶의 문맥에서 이루어진 성심을 이것(是) 혹은 내면으로 삼는 것과 동시적으로 인식은 탄생한다. 동시에 이렇게 인식의 탄생을 통해 성심은 내면으로, 혹은 고착된 자의식의 근거로 전환되어버린다. 그러나 아무리 인식이 성심을 고착된 자의식의 근거로 전환시키고, 새로운 삶의 문맥을 외면으로 전환시킨다고 해도, 우리의 삶은 이미 새로운 삶의 문맥에 처해 살아갈 수밖에 없고, 우리의 마음은 이미 새로운 삶과 소통하고 있다. 그렇기 때문에 우리는 부득이를 경험할 수 있었던 것이다.

사랑하는 타자를 파괴하지 않으려면

1.

여기서 우리는 고착된 자의식이라는 표현과 임시적 자의식이라
는 표현을 명확하게 해둘 필요가 있다. 물(水)의 비유를 통해서 임
시적 자의식과 고착된 자의식 사이의 차이를 이해해보도록 하자.
유동적인 물이 있다고 하자. 이 물은 네모난 그릇에 담기면 네모
나게 드러나고, 세모난 그릇에 담기면 세모나게 드러난다. 여기서
유동적인 물 자체가 비인칭적인 마음(虛心)을 상징한다면, 상이한
그릇을 만나서 규정된 모양을 띠는 세모난 물과 네모난 물 등은
임시적 자의식을 상징한다. 반면 세모난 그릇에 담긴 물이 얼었을
때를 생각해보자. 그릇에서 이 세모난 얼음을 빼어내도 이 얼음은
세모난 모양을 유지하고 있다. 이 세모난 얼음은 고착된 자의식을
상징한다. 이 세모난 얼음은 세모남을 자기의 동일성으로 착각하
지만, 사실 이 세모남은 자신의 동일성이 아니라 과거 소통의 흔
적이 고착된 결과일 뿐이다. 이 비유가 지닌 실천적 함축은 이 세
모난 얼음이 네모난 그릇을 만났을 때, 이 얼음은 그릇과 결코 소
통할 수 없다는 데 있다. 그 결과는 세모난 얼음이 깨지든가 아니
면 네모난 그릇이 부서지든가 둘 중 하나일 것이다. 이처럼 장자

에게는 두 종류의 자의식이 전제되어 있다. 첫째가 그가 부정적인 것으로 보아 제거하려고 했던 과거의식을 자의식의 기준으로 집착하는 고착된 자의식이라면, 둘째는 인간이 사회에서 산다는 불가피성에서 유래하는 임시적 자의식이다. 임시적 자의식은 구체적인 사태마다 구성되는 자의식이다.

고착된 자의식이 모든 사태들에 대해 과거의식의 동일성을 유지하려고 한다면, 장자가 권고하는 임시적 자의식은 새로운 타자가 도래할 때마다 그 타자와 소통하면서 새롭게 구성되는 것이다. 물론 임시적 자의식의 이런 임시성이 가능한 이유는 우리가 유동적인 마음, 즉 허심을 가지고 있기 때문이다. 어쨌든 고착된 자의식이 타자의 타자성을 배척하는 경향으로 작동한다면, 임시적 자의식은 타자의 타자성을 포용하려는 경향으로 작동한다고 할 수 있다. 따라서 임시적 자의식의 임시성은 기본적으로 타자의 복수성(plurality)과 다양성(diversity)으로부터 이해할 수 있는 것이다. 예민한 독자는 어떤 종류의 자의식이든지 그것이 자의식이라면, 그것은 기본적으로 자기의식, 즉 자신에 대한 의식이라는 점을 기억하게 될 것이다. 이어서 그는 임시적 자의식도 기본적으로는 고착된 자의식과 같은 종류의 것이 아니냐고 문제 삼을 수 있다. 이것은 옳은 질문이며, 반드시 해명되어야 할 중요한 물음이기도 하다. 이런 물음을 해명하기 위해서, 즉 임시적 자의식의 고유성을 정당화하기 위해서, 여기서도 역시 우리는 타자를 도입해야만 한다. 임시적 자의식이 지니고 있는 임시성은 기본적으로 타자의 타자성에 기인하는 것이다. 따라서 오직 이런 타자성에 입각해서만 자기의식이 발생하고 지속된다는 점이 바로 임시적 자의식이 고착된 자의식과 구분되는 지점이다. 반면 고착된 자의식은 기본적

장자의 철학

으로 타자가 지닌 고유성과 단독성을 부정하는 데서 성립되는 것이다.

아울러 고착된 자의식이 임시적 자의식에서 설명될 수 있다는 점도 중요하다. 특정한 타자와 만나고 소통함으로써 형성된 임시적 자의식이 새로운 타자와 만날 경우, 이 임시적 자의식이 새로운 임시적 자의식을 구성하기 위해서 비워지지 않고 그 타자를 평가하고 관조하는 기준으로 쓰일 때, 이 임시적 자의식은 고착된 자의식으로 전환된다. 한 가지 중요한 점은 고착된 자의식이 형식적이고 추상적인 수준에서만 가능할 수 있다는 사실이다. 가만히 돌아보면 우리는 매번 임시적 자의식을 구성하고 해체하고 다시 구성하는 과정 속에서만 존립할 수 있는 존재다. 어떤 여자를 만나서 혹은 어떤 남자를 만나서 사랑하고 살아가게 되면 우리는 조금씩 변해가기 마련이다. 이것은 무엇을 말하는가? 그것은 우리가 기본적으로 타자에게로 열려 있는 존재이고, 타자와의 소통을 통해서 만들어져가는 존재임을 말해주는 것이다. 앞으로 우리는 전혀 예기치 못한 타자나 사건들과 조우할 것이다. 그리고 우리가 그런 타자와의 소통에서 충분한 유동성을 확보하고 있다면 우리는 변해갈 것이다.

2.

한 가지 분명하게 해두어야 할 것이 있는데, 그것은 장자가 권고하는 타자와의 소통은 합리적 이성에 근거한 대화와 토론, 그리고 그 결과로 달성되는 동의와 일치를 넘어서고 있다는 점이다. 장자의 소통은 처절한 주체의 자기 변형을 전제하고 있다. 이와는 달리 합리적 이성에 근거한 의사소통은 주어진 주체를 불변하는 것으로 전제하고 논의되는 것에 지나지 않는다. 물론 여기서 말하는 합리적 이성이란 사실 진정으로 보편적인 이성이 아니라 단지 서구적 이성일 뿐이다. 결국 의사소통의 논의에는 사전에 이미 다른 문명권의 사람들, 교육받지 못한 사람들, 독창적인 예술가들, 어린아이들, 환자들, 새들, 꽃들, 나아가 새로 태어날 인간들이 배제되어 있다고 할 수 있다. 장자에게는 합리적 이성에 근거한 의사소통이라는 합의와 동의 절차가 허구적인 것에 불과하다. 여기에는 이미 합리성이 무엇인지에 대한 일종의 선이해가 전제되어 있기 때문이다. 만약 나와 타자 사이에 서로 합리성에 대한 내포와 외연이 다르다면, 합리적 이성에 근거한 소통 자체는 애초에 불가능하게 될 것이다.

구체적인 사례를 한두 가지 생각해보자. 우선 한국어를 쓰는 내가 영어를 쓰는 미국으로 갔다고 해보자. 이럴 때 나는 어떻게 소통을 해야 할까? 물론 우리는 인간의 가장 공통적인 행동양식으로 의사를 전달할 수도 있다. 그러나 애초에 이것은 한계가 있을 수밖에 없다. 우리는 미국에서 그들과 소통하기 위해서 무엇보다도 먼저 그들의 언어 규칙을 맹목적으로 배워야만 한다. 외국에 나간 나이든 사람과 어린아이 중 왜 어린아이가 외국어를 빨리 배우는가? 자신의 모국에서 형성된 선이해, 혹은 이해 지평을 제거하는 데 어린아이가 더 유리하기 때문이다. 이처럼 외국에 나갈 때 이미 형성된 선이해라는 지평이나 매개는 소통에 도움을 주기보다는 오히려 장애가 되기 마련이다. 또 다른 예를 생각해보자. 수영을 배울 때, 수영 교본을 여러 권 숙지한 사람이 있다고 하자.

이 사람이 수영을 어린아이보다 잘 배울 수 있을까? 결코 그렇지 않다. 수영을 배울 때, 즉 물과 소통을 할 때, 수영 교본은 이 사람의 수영을 자의적으로 만들어 오히려 물과의 소통을 방해하기 마련이다. 반면 어린아이는 직접 물에 뛰어들어 자신을 물의 운동과 흐름에 맞추어 조절한다. 물과 소통한다는 것은 내가 물속에서 수영한다는 것이지, 수영 교본이 수영을 하는 것은 아니다. 역으로 최초의 수영 교본도 누군가가 물과 소통한 이후에 쓴 것일 수밖에 없다. 이처럼 가장 근본적인 의미에서의 소통은 항상 무매개적으로 이루어진다. 만약 이런 무매개적이라는 성질을 함축하지 않는다면, 소통은 이름뿐인 소통에 지나지 않는다.

여기서 한 가지 주의해야 할 것이 있다. 그것은 수영을 잘한다고 해서 우리가 물과 합일되었거나 일치되었다고 말할 수는 없다는 점이다. 나와 타자 사이의 무매개적 소통은 나와 타자의 합일이나 일치가 아니라 오히려 차이와 생성의 긍정이다. 나와 타자 사이의 차이가 전제되어야 소통의 논의가 가능할 수 있다. 또 나와 타자 사이의 소통이 가능하기 위해서 우리는 의식의 자기동일성 혹은 선이해라는 매개의 지평을 벗어나야만(虛) 한다. 이처럼 진정한 소통(= 무매개적 소통)은, 주체가 일종의 자기 해체를 통해 타자로 향하는 자기조절의 과정이라는 점에서, 주체의 자기 생성이라고 할 수 있다. 이제 우리는 외국어를 쓸 수 있는 사람으로, 수영을 할 수 있는 사람으로 생성된 것이다. 이렇게 우리의 삶은 항상 타자와의 무매개적 소통을 전제로 영위되는 법이고, 오직 이런 무매개적 소통을 통해서만 다르게 생성될 수 있는 것이다. 그래서 소통은 인식론적으로 이해되기보다는 무엇보다도 먼저 삶이 이루어지는 실존적 사태로 이해해야 한다. 우리는 타자와 소통함으로써 지금 우리 자신으로 만들어진 것이고, 앞으로도 우리는 전혀 예기치 못한 타자와 조우하고 소통함으로써 전혀 예기치 못한 우리로 생성될 것이다. 결국 소통의 긍정은 공존과 공생의 긍정과 연결되고, 비움(虛)으로 상징되는 깨어남(覺)은 이런 본래적 존재 양식으로의 복귀라는 의미를 지닌다.

3.

이제 제사에 등장하는 바다새와 관련된 비극적인 이야기를 다시 읽어보도록 하자. 노나라에 새 한 마리가 날아들었다. 노나라 임금은 그 새를 너무 사랑해서, 마치 큰 나라에서 온 사신인 것처럼 응접했다. 술도 권하고, 맛있는 고기도 주었고, 음악도 들려주면서 그는 극진하게 자신의 애정을 아낌없이 그 새에게 쏟았다. 그러나 새는 슬퍼하면서 아무것도 먹지 않고 사흘 만에 죽어버리고 말았다. 여기에서 재미있는 사실은 노나라 임금이 새를 사랑하지 않았던 것이 아니라는 점이다. 그러나 그는 새라는 타자를 자기의 고착된 자의식 또는 내면에 근거한 외면으로 파악하고 있었다. 다시 말해 그에게 새는 새가 아니라 사람과 다름없었던 것이다. 사람을 대접하는 방식으로 새를 대접했으니 어떻게 그 새가 죽지 않을 수 있겠는가? 아니나 다를까 그 새는 죽고, 그도 다시는 그 새를 보지 못하게 되었다. 이처럼 그가 자신의 고착된 자의식에 근거해서 새라는 타자와 관계 맺은 결과는 비참한 것이다. 엄밀하게 말해서 이 경우 새는 타자라고까지 할 것도 없다. 그에게 새는 새 자체로서 새가 아니라 자신을 투사하고 있는 외면에 지나지 않는

장자의 철학

다. 장자는 노나라 임금이 새를 기른 방법에 대해서, '새를 기르는 방법으로 새를 기른 것(以鳥養養鳥)'이 아니라, '자기와 같은 사람을 기르는 방법으로 새를 기르는 것(以己養養鳥)'이라고 논평하고 있다. 여기서 새를 기르는 것으로 새를 기른다는 것은 내 마음이 새와 소통했다는 것을 전제로 하는 것이다. 다시 말해 이것은 소통을 통해서 새로 상징되는 타자와 어울리는 새로운 임시적 자의식을 구성했다는 것을 의미한다.

그렇다면 장자는 '자기와 같은 사람을 기르는 방법(己養)' 자체를 부정하고 있는 것일까? 문제는 그렇게 간단하지 않다. 역으로 만약 이 노나라 임금이 자신의 백성들을 기를 때, 새를 기르는 방법으로 기른다면 이것도 또한 하나의 고착된 자의식에 근거한 것일 수밖에 없다. 노나라 임금이 새를 만나기 이전에 자기와 같은 사람을 기르는 방법 자체는 아무런 문제를 일으키지 않는다. 그는 삶의 문맥 속에서 사람들과 소통하면서 구성된 마음을 이미 가지고 있으니까 말이다. 오히려 만약 그가 사람들을 '새를 기르는 방법(鳥養)'으로 길렀다면 문제가 발생했을 것이다. 자기와 같은 사람을 기르는 방법이 문제가 되는 지점은 사람과는 전혀 다른 새가 도래했을 때만이다. 이 순간에 그는, 새를 타자성에 근거한 타자로 조우하지 않고 자신의 고착된 자의식에 근거해서 인식하고 있기 때문에, 사람을 기르는 방법으로 새를 기른 것이다. 그래서 노나라 임금이 새를 기른 것에 대해 '자기와 같은 사람을 기르는 방법으로 새를 기르는 것'이라고 한 장자의 논평은 고착된 자의식에 근거한 인식의 사태에 대한 비유적 비판에 해당한다. 여기서 '자기와 같은 사람을 기르는 방법'은 성심이 전화한 내면을, 이렇게 길러지는 새는 외면을 비유하고 있다.

이처럼 타자성에 근거한 타자와 외면으로 관조되는 타자 사이에는 엄청난 틈이 도사리고 있다. 어쩌면 우리는 이미 이런 사실을 체험하면서 살고 있는지도 모른다. 자식과 갈등에 빠져 있는 어느 어머니를 생각해보자. 이전에 열심히 공부하던 그녀의 아들은 요새 방과 후 집에서 공부를 하기보다는 음악을 듣거나 기타를 치면서 시간을 보내고 있다. 그러자 그녀는 아들에게 말한다. "애야! 우리 진지하게 대화를 하자꾸나. 요새 무슨 고민이 있니?" 아들은 다음과 같이 진정으로 대답한다. "예, 저 공부해서 대학 가기보다는 음악을 하고 싶어요." 이 이야기를 듣고서 대부분의 어머니와 마찬가지로 그녀도 "이놈이 공부를 하기 싫어서 이러는 걸 거야"라고 판단했다고 하자. 결국 그녀와 자식 사이의 갈등은 깊어만 갈 것이다. 이 갈등의 원인은 아들에게 있는 것이 아니라 그녀의 고착된 자의식에 근거한 판단에 있다고 할 수 있다. 갈등을 해소하기 위해서 그녀는 무엇보다도 먼저 아들의 마음을 있는 그대로 읽을 수 있어야만 한다. 그녀의 아들은 공부하기 싫어서 음악을 하려는 것이 아니라 음악을 하려고 공부를 하지 않는 것일 수도 있다. 이처럼 만일 타자를 고착된 자의식에 근거한 인식의 대상으로 삼게 되면, 우리는 결국 그 타자와의 공생의 삶을 파괴하게 될 것이다. 이에 반해 타자성에 근거해서 타자와 소통한다는 것은 주체가 그 타자를 삶의 짝으로 받아들이면서 그의 이야기에 귀를 기울일 수 있다는 것을 의미한다.

4장.　　　　언어의 세계와 삶의 세계

말하기는 숨을 쉬는 것만이 아니다. 말하기에는 말하려는 것 (＝의미)이 있다. 말하기의 의미가 아직 확정되지 않았다면, 우리는 실재로 말을 한 것인가? 아니면 애초에 어떤 말도 하지 못한 것인가? 아니면 만일 우리가 말한다는 것이 새들의 지저귐과는 다른 것이라고 생각한다면, 그런 구별의 증거는 있는가? 아니면 없는가? 도는 무엇에 가리어져 진실한 도와 거짓된 도의 구분이 생긴 것일까? 말하기는 무엇에 가리어져 시비 판단이 생긴 것일까? 우리가 어디로 가든 도가 부재할 수 있겠는가? 우리가 어디에 있든 말하기가 부정될 수 있겠는가? 도는 작은 것의 완성으로 가리어지고, 말하기는 화려한 수사들로 가리어진다. 그래서 우리에게는 유가와 묵가의 시비 판단의 다툼이 있게 된 것이다. …… 도는 걸어가는 데서 이루어지고, 사물들은 우리가 그렇게 불러서 그런 것처럼 보인다.

– 제물론

夫言非吹也, 言者有言. 其所言者特未定也. 果有言邪? 其未嘗有言邪? 其以爲異於鷇音, 亦有辯乎, 其無辯乎? 道惡乎隱而有眞僞? 言惡乎隱而有是非? 道惡乎往而不存? 言惡乎存而不可? 道隱於小成, 言隱於榮華. 故有儒墨之是非. …… 道行之而成, 物謂之而然.

– 齊物論

머리로 아는 것과 몸으로 아는 것

1.

성급한 연구자들은 장자가 언어를 부정적으로 다루고 있다고 설명한다. 이런 판단은 장자가 노자와 동일한 사유를 전개한 사람이라는 선입견 때문에 생긴 것이다. 《도덕경(道德經)》 제1장을 보면, "도를 도라고 하면 (그것은) 항상된 도가 아니다(道可道非常道)"라는 구절이 나온다. 왕필과 같은 역대의 주석가들과 대부분의 연구자들은 이 구절이 언어적으로 표현된 도는 진정한 도일 수 없다는 것을 의미한다고 이해한다. 나아가 우리의 사유가 언어와 불가분의 관계를 맺고 있기 때문에, 이것은 우리가 사유를 통해서는 결코 도를 파악할 수 없다는 것을 의미하기도 한다. 이들이 이렇게 생각하는 이유는 사실 매우 단순하다. 이들에 따르면 도는 초월적이며 일원적인 통일된 실체이자 현상적 세계의 모든 개별자들의 발생 이유이자 존재 근거다. 따라서 분리 작용과 구별 작용을 하는 인위적인 언어나 사유로는 결코 도에 대해 접근할 수 없다는 것이다. 그래서 왕필은 도와 개별자들 사이의 관계를 일원적인 나무의 뿌리와 다원적인 나무의 가지들이라는 비유로 이해했다. 그에 따르면 가지들에는 하나하나 이름을 붙일 수 있지만, 그 가지들을 존재론적으로 가능하게 하는 뿌리에 대해 이름을 붙이면 그 뿌리가 마치 하나의 가지인 것처럼 오해될 수 있다는 것이다.

그렇다면 선진(先秦)철학사에서 도는 이런 형이상학적이고 존재론적인 것으로만 이해되었던 것일까? 결코 그렇지 않다. 여기서 간단히 도라는 글자의 발생과 의미 변천에 대해 알아보도록 하자. 우선 우리가 주목해야 할 것은 도라는 글자의 기원이 될 만한 어떤 문자도 상(商)의 갑골문에서는 확인되지 않는다는 점이다. 초기에 도라는 문자는 길(way), 기술(art), 이끌다, 말하다 등을 의미했다. '길'이라는 의미로 쓰인 도는 몇몇 청동 명문(銘文)들에서 확인할 수 있다. '기술'이라는 의미로 쓰이는 도의 초기 용례는《시경(詩經)》〈대아(大雅) · 생민(生民)〉편에 다음과 같이 나온다. "후직의 농업은 경계 짓는 기술을 가지고 있었다(誕后稷之穡, 有相之道)." '이끌다'라는 의미로 쓰인 도는 기원전 1000년이 지날 무렵 청동으로 되어 있는 '우정(寓鼎)'에서 처음 발견되었다. 나중에 이 글자는 촌(寸)자가 덧붙여져서 도(導)로 쓰인다. '말하다'라는 의미로 쓰인 도의 용례는《시경》〈용풍(鄘風) · 장유자(牆有茨)〉(46.1)에서 찾아볼 수 있다. '이전 왕들의 방법이나 이념'을 의미하는 선왕지도(先王之道)와 같은 (추상적인) 방법이나 이념이란 의미로 쓰인 도는 서주 청동기에서는 아직 발견되지 않는다.《시경》(예를 들어 261.1, 299.3)에 나오는 가능한 사례들도 (구체적인) 길을 문학적으로 설명하고 있을 뿐이고,《상서(尙書)》〈주서(周書)〉에서도 도는 전적으로 '말하다'를 의미하는 것으로 나오고 있을 뿐이다. 결론적으로 우리는 도라는 개념이 추상적으로 세계의 근거나 이념을 의미하는 것으로 쓰이게 된 것은 선진사상계에서도 매우 늦은 시기에 속한다는 것을 알 수 있다.

따라서 우리는 존재론적이고 실체론적으로 이해된 도에 대한 선입견을 버리고 직접 도라는 말이 선진철학사에서 어떤 의미와 맥락으로 쓰이고 있는지를 확인할 필요가 있다. 물론 그 시작은 중국 최초의 철학자라고 할 수 있는 공자에게서 비롯되었다. 《논어》〈이인(里仁)〉편을 읽어보면 다음과 같은 수수께끼 같은 구절이 나오는데, 이 구절을 생각해보는 것으로 우리의 논의를 시작하도록 하자. 공자는 다음과 같이 술회한다. "아침에 도에 대해 들으면, 저녁에 죽어도 좋다(朝聞道, 夕死可矣)." 우리는 이 구절에 대해 다음과 같이 질문을 던질 수 있어야 문제의 핵심에 이를 수 있다. "왜 공자는 아침에 도에 대해 들었는데, 바로 죽을 정도로 좋다고 하지 않고 저녁까지 기다리고 있는가?" 가장 중요한 것은 공자가 들으려고 했던 도가 사변적이거나 이론적인 진리가 아니라는 점이다. 예를 들어 그가 추구했던 진리가 1 + 1 = 2와 같은 산술적 진리라면, 공자는 이 진리를 듣는 순간 바로 죽어도 좋다고 술회했을 것이다. 그런데 지금 그는 저녁에 죽어도 좋다고 말하고 있다. 아침과 저녁 사이는 무엇을 함축하는가? 이 거리는 단순히 시간적인 거리만을 함축하지는 않는다. 이 거리는 바로 실천과 삶의 공간이기도 하다. 이 점에서 아침에 그가 들은 도는 실천적 진리일 수밖에 없다. 비록 "아! 그렇게 하면 되는구나!"라고 깨우쳤다고 할지라도, 그런 깨우침을 실천했을 때에만 실천적 진리는 의미가 있는 것이다.

2.

공자에게 도란 길, 방법, 기술 등과 같이 실천적인 진리를 의미한다고 할 수 있다. 예를 들어 우리는 '수영을 잘하는 방법'을 듣고 "아! 이제 죽어도 좋을 정도로 행복하다"고 말하지는 않는다. 오직 그 방법을 가지고 직접 물에 뛰어들어 수영을 해보고, 그 방법을 몸에 익혔을 때에만 우리는 그렇게 말할 수 있다. 결국 공자가 들은 도는 실천적 진리였던 것이다. 실천적 진리는 이론적 진리와는 차이가 있다. 가령 "물은 액체다"라는 이론적 진리는 우리가 물과 어떤 관련을 맺어야 하는지, 혹은 우리가 물에 대해 어떤 실천을 해야 하는지 전혀 말해주지 않는다. 반면 "물에서는 손을 이렇게 휘젓고 발은 이렇게 놀려야 한다"는 실천적 진리는 직접 우리가 물속에서 어떻게 실천해야 하는지를 보여준다. 그러나 조금 더 생각해보면, 우리는 사변적 진리가 항상 실천적 진리에서 추상화(abstraction) 혹은 형식화(formulation)된 것임을 알 수 있다. 물과 이러저러하게 관계를 맺었던 경험들이 없다면, 우리는 "물은 액체다"라는 이론적 진리를 전혀 이해할 수도 없을 테니까 말이다. 이 점에서 실천적 진리는 이론적 진리를 함축하지만, 이론적 진리는 실천적 진리를 함축하지 못한다고 할 수 있다.

　길버트 라일(Gilbert Ryle)의 《마음의 개념(Concept of Mind)》을 보면 명제적 앎(know-that)과 실천적 앎(know-how)이라는 구별이 나온다. 전자의 예로는 "1 + 1 = 2라는 것을 안다"는 것을 들 수 있고, 후자의 예로는 "더하기를 할 줄 안다"는 것을 들 수 있다. 완전히 일치하지는 않지만, 여기서 라일의 실천적 앎이 공자의 도에 가까운 것이라고 말할 수 있다. 실천적 앎과 도의 차이점은, 전자가 삶의 과정을 통해서 맹목적으로 배운 실천적 앎을 기술하고 있다면, 후자는 주체적이고 의지적인 실천적 앎의 이상(ideal)을 표현하고 있다는 데 있다. 다시 말해 도는 단순히 자전거 타는 방법, 수를 세는 방법에만 국한되는 것이 아니라 바람직한 인간의 삶의 방식이라는 이념적인 수준도 포함한다는 것이다. 어쨌든 "'자전거는 바퀴가 두 개다'를 안다"와 "자전거를 탈 줄 안다"는 전혀 다른 종류의 앎이다. 더 중요한 것은 "자전거 바퀴가 두 개다"라는 앎은 "자전거를 탈 줄 안다"로부터 이해될 수 있는 것이지 그 역은 아니라는 점이다. 자전거를 탈 줄 알게 되면, 자전거를 타는 사람과 자전거는 이제 분리 불가능한 관계에 묶이게 된다.

누군가가 "나는 자전거를 탈 줄 안다"고 주장했을 때, 우리는 이 주장이 참인지 거짓인지 어떻게 알 수 있을까? 우리는 그렇게 주장하는 사람에게 "타 봐!"라고 요구하고, 타는지 못 타는지(行)를 시간을 두고 관찰할 수밖에 없다. 이처럼 실천적 진리나 도의 진리성은 삶의 과정을 통해서, 실천을 통해서만 확인할 수밖에 없는 것이다. 이런 문맥에서 중국철학은 항상 지행합일(知行合一)과 언행일치(言行一致) 등을 강조했던 것이다. 효도를 해야 가정이 평화로워진다는 것을 알기만 한다면, 이것은 단지 사변적인 이해에 머물러 있는 것이다. 실제로 더 중요한 것은 효도는 실천해야만 하는 것이라는 점이다. 오직 이럴 경우에만 우리는 이런 사람에게 '효를 할 줄 안다(知孝)'고 말할 수 있다. 이처럼 중국철학에서 강조했던 지(知)나 언(言)은 실천적 함축을 띨 수밖에 없는 앎이자 이야기다. 이제 우리는 공자가 왜 "아침에 도에 대해 들으면 저녁에 죽어도 좋다"고 말했는지를 이해하게 되었다. 공자도 누군가에게 살아가는 방법에 대해 들었을 때, 그것이 실제로 옳은 방법인지를 확인하기 위해서 실천할 수밖에 없었던 것이다. 그래서 마침내 우리는 중국철학의 도가 왜 말로 될 수 없는 것인지, 도는 오직 실천을 통해서만 드러낼 수밖에 없는 것인지를 이해할 수 있게 되었다.

3.

비록 장자 후학들이 지은 것으로 보이지만, 우리가 앞에서 살펴본 실천적 진리로서의 도의 의미, 즉 기술, 방법, 길이라는 본래적인 도의 의미를 가장 잘 보여주는 유명한 '윤편(輪扁) 이야기'를 직접 읽어보는 것도 의미가 있을 것이다. 이 이야기는 〈천도(天道)〉편에 실려 있다.

> 환공(桓公)이 회당의 높은 곳에서 책을 읽고 있었고, 윤편은 회당 낮은 곳에서 수레바퀴를 깎고 있었다. 그는 자신의 나무망치와 끌을 밀쳐두고 올라와서 환공에게 물었다.
>
> "공께서는 지금 무슨 말들을 읽고 계십니까?"
>
> 환공이
>
> "성인의 말이다"
>
> 라고 말했다. 그러자 윤편이
>
> "그 성인은 살아 있습니까?"
>
> 라고 묻자 환공은
>
> "그는 죽었다"
>
> 라고 대답했다. 그러자 윤편은 말했다.
>
> "그렇다면 공께서 지금 읽고 있는 것은 옛 사람들의 찌꺼기가

아닙니까?"

그러자 환공이 말했다.

"수레바퀴 깎는 장인인 주제에 네가 지금 내가 읽고 있는 것을 논의하려고 하는가! 만일 네가 자신의 행위를 변명할 수 있다면 괜찮겠지만, 만일 그렇지 못하다면 너는 죽을 것이다."

그러자 윤편은 말했다.

"저는 그것을 제 자신의 일에 근거해서 본 것입니다. 만일 제가 너무 느리게 바퀴를 깎으면, 끌은 미끄러져서 움켜잡히지 않습니다. 만일 너무 빠르면 그것은 꼼짝 못하게 되어 나무에 말려들게 됩니다. 너무 느려서도 안 되고, 너무 빨라서도 안 됩니다. 저는 그것을 손으로 느끼고 그것에 마음으로 대응합니다. 입은 그것을 말로 옮길 수 없고, 거기에는 제가 저의 아들에게 전달할 수 없고 저의 아들 또한 제게서 배울 수 없는 기술(數)이 있습니다. 이것이 나이 70이 되도록 제가 바퀴를 깎고 있는 이유입니다. 옛 사람은 자신이 전할 수 없는 것과 함께 이미 죽었습니다. 그렇다면 공께서는 지금 옛 사람들의 찌꺼기를 읽고 있는 것이 아닙니까?"

환공이라는 제후가 성인이라고 숭상되는 사람의 글을 읽고 있을 때, 제후에 비해 너무나도 천한 윤편이라는 장인이 글로는 결코 성인이 말하려고 했던 것을 알 수 없기에 결국 성인의 경전 자체는 하나의 찌꺼기에 불과한 것이라고 단언한다. 우리가 조심해야 할 부분은 그가 결코 성인을 부정하지는 않는다는 점이다. 자신이 수레바퀴와 소통해서 그것에 정통했다고 할지라도 자신의 아들에게 소통 자체를 전할 수가 없듯이, 성인도 그 당시 세계와 소통한 사람임에는 분명하지만, 그것을 다른 사람에게 전할 수는 없었을 뿐이다. 그래서 윤편이 환공에게 한 질문, 즉 "당신이 읽고 있는 경전을 쓴 성인이 지금 살아 있습니까?"라는 질문은 결정적으로 중요하다. 윤편의 이 질문은 만약 환공과 동시대 사람이라면 성인의 경전은 도움이 될 수도 있음을 함축하고 있다. 어차피 환공이라는 군주가 읽고 있는 것은 단순한 수레바퀴 깎는 방법에 대한 책이 아니고, 정치와 통치에 대한 것일 테니까 말이다. 그러나 만일 성인이 환공이 직면하고 있는 정치적 상황과는 전혀 다른 조건에서 살았던 사람이라면, 결국 성인의 글은 환공이 자신이 처한 정치적 상황을 해결하는 데 도움이 되지 않을뿐더러 오히려 하나의 선입견으로 작용할 뿐이라는 것이다.

환공이 읽고 있는 경전에는 천하를 다스리는 도가 실려 있다. 불행히도 그것은 성인이 천하와 소통하면서 얻은 사후적 흔적에 지나지 않는다. 분명 성인은 실천을 통해 천하를 다스리는 도를 얻은 사람이다. 그래서 성인은 천하를 다스리는 도를 안다고 할 수 있다. 불행히도 성인이 조우하던 천하와 환공이 조우하던 천하는 전혀 다른 세상이다. 마치 수영장에서 수영하는 법과 급류에서 수영하는 법이 다르듯이 말이다. 여기에 바로 사변적으로 이해된 도, 지적으로 이해된 도의 부적절함이 있다. 도란 지금 바로 여기에서 생생하게 살아서 우리를 괴롭히는 문제들을 실천적으로 해결할 수 있게 해주는 것이어야 하기 때문이다. 윤편은 자신이 얻은 수레바퀴 깎는 도를 결코 언어로는 자신의 자식에게조차도 전해줄 수 없다고 이야기한다. 도란 실천과 실행을 통해서만 전달될 수 있을 뿐, 말로는 아무리 전달하려고 해도 전달할 수 없는 것이다. 윤편의 아들은 그의 아버지로부터 수레바퀴 깎는 도에 대해

상세히 들었을 수도 있다. 만약 실제로 수레바퀴를 제대로 깎지
못한다면, 그는 도를 알지 못하는 것이다.

길, 혹은 도는 어떻게 만들어지는가?

1.

이제 직접 제사에 등장하는 장자의 이야기를 직접 이해해볼 순서가 된 것 같다. 사실 장자의 난해한 이야기의 핵심은 제사의 후반부에 놓여 있다. 그러나 불행히도 이 부분은 너무 복잡하게 구성되어 있다. 그 구조는 마치 새끼를 꼬듯이 도를 중심으로 삼은 이야기와 언어를 중심으로 삼은 이야기가 교차되어 있다. 그래서 우리는 이 부분을 명확하게 파악하기 위해서 편의상 이 구조를 풀어헤칠 필요가 있다. 원래 문장들은 다음과 같이 되어 있다.

> 도는 무엇에 가리어져 진실한 도와 거짓된 도의 구분이 생긴 것일까? 말하기는 무엇에 가리어져 시비 판단이 생긴 것일까? 우리가 어디로 가든 도가 부재할 수 있겠는가? 우리가 어디에 있든 말하기가 부정될 수 있겠는가? 도는 작은 것의 이룸으로 가리어지고, 말하기는 화려한 수사들로 가리어진다. 그래서 우리에게는 유가와 묵가의 시비 판단의 다툼이 있게 된 것이다. …… 도는 걸어가는 데서 이루어지고, 사물들은 우리가 그렇게 말하기에 그렇게 된 것이다.

이것을 다음과 같이 정리해서 살펴보도록 하자. 첫째는 도의 의미계열인데, 이것은 "도는 작은 이룸으로 가리어져서 진실한 도와 거짓된 도의 구분이 생긴 것이다. 원래 도는 걸어가는 데서 이루어진 것이다"로 재구성할 수 있다. 두 번째는 언어의 의미계열인데, 이것은 "언어는 화려한 수사들로 가리어져서 옳고 그름을 따지는 시비 판단이 생긴다. 원래 사물들은 우리가 그렇게 불러서 그렇게 된 것이다"로 재구성할 수 있다. 먼저 도의 의미계열부터 살펴보도록 하자.

장자는 "길은 걸어가는 데서 이루어진다(道行之而成)"고 말한다. 다시 말해 도는 내가 타자와 소통함으로써 이루어진다는 것이다. 사전에 이러저러하게 규정된 도가 있어 그것을 내가 학습하고 내면화함으로써 타자와 소통하게 되는 것이 아니다. 이 점에서 장자의 도는 공자의 도에 대한 생각과 차이를 보인다. 공자에게 도란 이미 이전의 성인들이 걸었던 길이기 때문에 절대로 틀릴 수가 없는 것이다. 단지 그에게 문제가 되었던 것은 인간들이 이런 절대적으로 완전한 길로 걸어가지 않으려는 데 있었다. 공자가 생각했던 도는 이전 주나라의 예의제도(周禮)였다. 그렇기 때문에 그는 우리에게 "자신을 이겨서 예를 회복해야 한다(克己復禮)"고 권고했던 것이다. 이런 지점에서 장자는 다음과 같이 되물으면서 도를 더 근본적으로 사유한다.

"그렇다면 성인이라는 사람들은 어떻게 그들이 갔다고 하는 길을 걸었던 것일까?" 자신들 이전에는 전혀 있지도 않았던 길을 성인들은 어떻게 만들 수 있었는가? 예를 들어 농사짓는 방법(道)과 약초를 이용하는 방법을 만들었던 신농(神農)이라는 성인은 어떻게 이를 만들었는가? 전설에 의하면 신농은 몸소 풀 하나하나를 먹으면서 약초와 그렇지 않은 것을 구별해냈다고 한다. 그는 어느 때는 독초를 먹어 몇 날을 쓰러져 사경을 헤맨 적도 있었다고 한다. 결국 성인이 걸어갔던 그 길은, 즉 그 도라는 것은 이렇게 만들어질 수밖에 없는 것이었다. 우리는 깎아지른 절벽 양쪽을 가로지르고 있는 동아줄로 이루어진 다리를 생각해볼 수 있다. 지금은 당연히 그 다리가 설치돼 있어 사람들이 편안하게 걸어 다니고 있다. 그러나 우리는 그 다리를 만들기 위해서 누군가가 반대쪽 절벽 위로 올라가야만 했다는 것을 잊고 있다. "길은 걸어가는 데서 이루어진다"고 말했을 때, 장자는 공자보다 더 철저하게 도를 사유하고 있었다. 다시 말해 장자는 도를 넘어서 이것을 발생시키는 운동을 사유하고 있었던 것이다. 결국 '도'보다는 '행(行)'이라는 글자에 장자 사유의 핵심이 있었던 셈이다.

2.

'행'이라는 글자를 더 근본적으로 생각해보도록 하자. 이 글자는 인격적으로는 '걸어간다', '다닌다', '움직인다'의 의미로 쓰이고, 비인격적으로는 '작용된다', '운행된다', '흐른다'의 의미로 쓰인다. 우선 비인격적인 예를 먼저 들어보자. '물이 흘러간다'고 해보자. 물은 어떻게 흐르는가? 물은 기본적으로 높은 곳에서 낮은 곳으로 흘러간다. 결국 물이 흘러간다는 것은 차이(difference)를 전제로 해서만 가능한 사건이다. 이와 마찬가지로 우리가 어느 곳으로 가려고 할 때, 아니 정확하게 가고자 할 때, 우리는 자신이 속한 곳과 차이나는 곳으로 가려고 한다. 예를 들어 보부상이 사과를 메고 장사를 하러 갈 때 그는 어느 곳으로 가겠는가? 사과가 많이 나는 곳으로 그는 결코 가지 않을 것이다. 가급적 사과가 희귀한 곳으로 갈 것이다. 자신이 속한 곳에서 흔히 산출되는 상품을 들고 마찬가지의 상품이 많은 곳으로 장사하러 가는 보부상은 없을 것이다. 이처럼 행이 가능하기 위해서는 차이가 전제되어야 한다. 기본적으로 행은 동일성이 있는 곳에서는 발생하지 않는다.

예를 들어 방금 만나서 사랑에 빠진 두 연인은 서로에게서 가장 큰 차이를 느끼는 사람들이라고 할 수 있다. 결국 사랑에 빠진다는 것은 차이에 빠진다는 것을 의미한다. 그러나 두 연인이 결혼을 해서 오랜 시간 함께 살다보면 이 두 사람 사이의 차이는 극도로 좁혀질 수밖에 없다. 여기서 중요한 것은 차이가 극도로 좁혀지면서, 이 두 사람은 이전과는 전혀 다른 사람들로 생성된다는 점이다. 결국 소통은 차이에서 동일성의 발생을 가능하게 하는 운동이라고 할 수 있다. 차이나는 두 연인이 사랑이라는 소통의 운동을 통해서 각각 이전에는 꿈도 꾸지 못했던 사람들로 만들어진다. '나는 이러저러하다'는 자기동일성은 차이를 통해서, 그리고 차이를 가로지르는 소통의 운동에 의해서 전혀 다른 것으로 변하게 된다. 이처럼 행이라는 말은 차이를 가로지르는 비약의 운동, 즉 소통(通)을 상징하는 말이다.

신이 아닌 이상 우리 인간은 타자와 관계를 맺어야 살 수 있는 유한자일 수밖에 없다. 그렇기 때문에 인간이 살아가는 한, 또는 인간이 살아갈 수 있으려면 타자와의 소통은 불가피하다. 따라서 이런 소통의 흔적으로서의 도도 불가피하게 생기게 될 것이다. 그래서 장자는 "도라는 것은 어디에 간들 없을 수 있겠는가(道惡乎往而不存)?"라고 반문하고 있는 것이다. 이처럼 도는, 수영을 잘하는 사람에게도, 소를 잡는 사람에게도, 낚시를 하는 사람에게도, 매미를 잡는 사람에게도, 원숭이를 키우는 사람에게도 없을 수 없는 것이다. 그러나 수영을 잘하는 사람은 소도 잘 잡을 수 있을까? 우리는 그럴 수 없다는 것을 쉽게 알 수 있다. 도는 세계를 포괄하는 동일한 원리, 혹은 일자적인 원리일 수는 없다. 장자에게 도는 정확히 '도들'이라고 불릴 수 있는 것이다. 한마디로 말해 도는 하나가 아니라 많을 수밖에 없다는 것이다. 수영하는 사람의 도, 원숭이를 잘 키우는 사람의 도, 정치를 잘하는 도 등 기본적으로 장자의 도는 복수이다. 물론 그렇다고 해서 이것은 모든 도가 철저하게 상호 무관하다는 말이 아니다. 도들은 서로 동일하지 않지만 유사한 것이다. 어쨌든 모든 도들은 타자와의 소통했던 흔적이니까 말이다.

3.

문제는 자신의 도가 가진 태생적 제약성을 망각하고, 우리가 자신의 도를 보편적이라고 자임하는 데 있다. 이런 착각 속에서 소통의 흔적으로서의 도는 절대적 기준이자 원리로 추상화된다. 예를 들어 어떤 사람이 눈길을 걷고 있다(行)고 해보자. 그 사람이 걸었던 길에는 발자국이 남게 되고, 바로 그것이 길(道)이 된다. 애초에 정해진 어떤 길이 있었던 것은 아니다. 가만히 생각해보면 구체적이든 추상적이든 모든 길은 이런 식으로 생긴 것이다. 그러나 이렇게 생긴 길은 뒷사람들에게는 안전한 길로 보이게 된다. 그래서 이 길을 가는 사람들이 대다수를 차지하게 되고, 어느 사이엔

장자의 철학

가 이 길은 절대적인 길로 변해버린다. 절대적인 길은 이제 모든 인간들에게는 결코 회의될 수 없는 절대적인 방법이자 매개로 보인다. 결국 이렇게 되면 우리는 "왜 도가 있어야 하는지?"를 망각하게 된다. 이런 망각은 기본적으로 우리가 자신이 소통을 해야 삶을 영위할 수 있는 유한자라는 것을 망각한다는 것을 함축하고, 따라서 우리가 타자를 망각하는 데로 귀결된다.

바로 여기에서 "도는 작은 이룸에서 은폐된다(道隱於小成)"는 장자의 지적이 의미를 가진다. 이 '작은 이룸(小成)'이란 고착된 자의식의 출현을 지시하고 있는 것이다. 이렇게 되었을 때 우리는 이런 소통의 사후적 흔적만이 유일무이한 절대적인 도라고, 그래서 참된(眞) 도라고 주장하게 된다. 또 이렇게 주장하는 사람의 눈에는 다른 사람의 소통과 그 흔적은 거짓된(僞) 도로 드러나게 된다. 결국 작은 이룸 혹은 고착된 자의식이 장자가 "도는 어디에 숨어서 참과 거짓이 생기게 되는 것일까(道惡乎隱而有眞僞)?"라고 물었던 질문에 대한 대답이라고 할 수 있다. 만약 특정한 소통의 흔적(＝도)을 마음이 성심의 형태로 담아두고 절대적 기준으로 삼는다면, 이런 마음은 거울이 아니라 사진으로 비유할 수 있는 마음일 것이다. 이런 사진과 같은 마음은 다른 타자와 조우할 때 결코 그 타자와 소통할 수 없는 것이다. 그래서 장자는 〈응제왕(應帝王)〉 편에서 다음과 같이 이야기하고 있다.

언어의 주인이 되지 말고, 사유의 창고가 되지 말고, 일의 담당자가 되지 말고, 인식의 주인이 되지 말라. 몸으로는 무한한 타자와의 소통을 다하고, 자연스럽게 주어진 것을 다하지만, 얻은 것을 드러내지 말라. 역시 비울 뿐이다. 지인(至人)의 마음

씀은 거울과 같아 일부러 보내지도 않고 일부러 맞아들이지도 않는다. 그대로 응할 뿐 저장해두려 하지도 않는다. 그러므로 개별적인 것들을 이기고 상함을 받지 않는다.

4.

우리는 장자가 마음을 거울에 비유한 논점이 어디에 있는지를 이해해야 한다. 거울은 나무 앞에 있으면 나무를 비춘다. 이 거울이 사람 앞에 있으면 사람을 비춘다. 이것은 너무 자연스러워 아무 문제될 것이 없다. 거울은 항상 무언가를 비추고 있다. 그러나 이 거울이 사람을 비출 때, 이전에 비추던 나무의 상을 지니고 있으려 한다면 어떻게 될까? 혹은 이 거울이 항상 사람만을 비추려는 거울이면 어떻게 될까? 장자가 거울의 비유로 마음을 설명하려는 논점은 바로 여기에 있다. 이 점에서 장자에게 거울은 때가 끼었든 맑든 항상 무엇인가를 비추고 있음을 의미한다. 다시 말해 장자의 거울은 우리 인간의 삶과 마음이 세계-내적임 또는 타자와 소통하는 것임을 나타내는 비유다. 그러므로 거울의 비유는 태양과 같은 초월적 비춤을 상징하지는 않는다. 오히려 거울은 타자를 항상 비추고 있다는 점에서 우리 인간의 삶과 마음이 세계-내적이며 동시에 타자-관계적임을 상징하고 있다고 할 수 있다.

거울의 상은 거울 자체의 소통 역량과 타자에 의해 규정된다. 이와 마찬가지로 무엇인가를 지향하고 있는 우리의 마음도 마음 자체의 소통 역량과 타자에 의해 규정된다. 거울의 상이 유한하고 특정한 상일 수밖에 없는 이유는 기본적으로 타자의 단독성

장자의 철학

(singularity) 때문이다. 다시 말해 거울 앞에 있는 사과가, 혹은 꽃이 바로 특정한 거울의 상을 규정하는 것이다. 그러나 거울의 맑은 소통 역량 자체는 무한하다. 이와 마찬가지로 장자가 허심을 강조했던 이유도 바로 본래적 마음이 가지고 있는 무한한 소통 역량을 회복해야 타자와의 소통이 가능하기 때문이다. 무언가를 비추고 있는 우리의 마음, 즉 타자와 소통하는 우리의 구체적 마음은 분명 유한하고 특정한 것이다. 그러나 중요한 것은 이런 유한성과 제약성이 우리 마음이 지닌 무한성에서 유래된 것이 아니라, 타자의 단독성에서 유래된 것이라는 점이다.

어떤 것도 비추지 않는 거울은 거울일 수 없듯이, 어떤 구체적 삶의 문맥도 반영하지 않는 마음은 마음일 수 없다. 또한 모든 것을 비추는 거울도 어떤 것도 비출 수 없는 거울과 마찬가지로 거울일 수 없다. 논리적으로 절대적인 있음은 절대적인 없음과 마찬가지일 수밖에 없다. 거울을 닦는 이유와 마찬가지로 장자가 허심을 강조하는 이유는 마음으로 하여금 타자와 잘 소통해서 새로운 삶의 문맥을 잘 비추어내려는 데 있다. 빈 마음(虛心)은 결코 앞으로 어떤 것도 비추지 않으려는 허무주의적인 마음이나, 아니면 모든 것을 비추겠다는 절대적이고 초월적인 마음을 의미할 수는 없다. 아무것도 비추지 않겠다는 허무주의적인 거울, 모든 것을 비추겠다는 초월적인 거울, 그리고 어떤 것만을 비추겠다는 성심의 거울 등 이 모든 거울은 비본래적인 거울일 뿐이다.

언어가 삶을 왜곡하게 될 때

1.

다음으로 언어의 의미계열이 무엇을 함의하고 있는지 살펴보도록 하자. 장자는 "사물들은 우리가 그렇게 불러서 그런 것처럼 보인다(物謂之而然)"라고 말하고 있다. 장자에 따르면 우리 앞에 분절되고 구분되어 현상하는 어떤 대상(物)도 그런 분절과 구분을 본질적으로 자신의 본성으로 가지고 있지는 않다. 단지 대대의 논리로 작동하는 언어가 특정 공동체나 이로부터 구성된 자의식에 의해 사용됨으로써 그 대상은 그런 논리에 의해 분절되어 현상하는 것일 뿐이다. 이 말은 우리가 어떤 타자에 대해 이러저러하다고 부여한 이름이나 속성은 본질적으로 그 타자와는 필연적인 관계가 없다는 것을 함축한다. 예를 들어 우리가 어떤 과일을 석류라고 부른다(謂)고 하자. 이제 석류라는 이름은 이 과일을 지시하는 개념이 된다. 이렇게 어떤 사물에 명칭을 부가해서 부르는 것은 생각 이상으로 깊게 우리의 몸에 각인된다. 그 증거로 우리는 자신이 석류라는 이름만 들어도 입에 침이 고이게 된다는 사실을 들 수 있다. 그래서 우리는 너무 쉽게 석류라는 개념의 자의성을 망각하게 된다. 다른 문명권의 사람들도 과연 석류라는 음성을 들었을 때, 우리와 같은 반응을 보일까? 그렇지 않다. 그들은 예를 들면 석류가 아닌 파머그래닛(pomegranate)이라고 들었을 때에만 그런 반응을 보일 것이다.

　우리는 단지 자신이 명명한 것에서 다시 그 이름을 재발견하고 있을 뿐이다. 다시 말해 언어를 매개로 하기 때문에, 우리는 단지 타자와 자의적인 관계를 맺을 수밖에 없다는 것이다. 물론 일체의 매개도 거부하고 동시에 우리와 전적으로 무관한 타자 자체는 칸트의 말을 빌리면 초월적 가상에 불과한 것이다. 여기서 타자와 맺는 자의적 관계란 우리가 타자와 아무렇게나 관계를 맺어도 된다는 것을 함축하지는 않는다. 오히려 사정은 그 반대라고 할 수 있다. 타자와 관계하는 자의성은 공동체의 규칙에 의해 강하게 지배를 받고 있으니까 말이다. 결국 언어의 자의성은 공동체의 수준에서만 말할 수 있는 것이다. 특정 공동체에 태어나서 맹목적으로 언어의 규칙을 배운 우리에게 언어는 결코 회피할 수 없는 실존의 조건이자 한계로서, 즉 필연적인 것으로서 현상한다. 결국 장자가 "사물은 우리가 그렇게 불러서 그런 것처럼 보인다"고 할 때, 그는 지금 개체의 수준에서가 아니라 공동체의 수준에서 말하고 있었던 것이다. 그래서 언어에 대한 장자의 사유는 이 '위(謂)'라는 글자에 그 관건을 두고 있다. 그러나 우리는 특정 공동체를 벗어날 수는 있지만, 그렇다고 해서 공동체 자체를 벗어날 수는 없다. 따라서 우리는 특정한 언어 사용에서 자유로울 수는 있지만 언어 자체를 폐기할 수는 없다. 여기에 장자가 "언어는 우리가 어디에 있든 부정될 수 있겠는가(言오惡乎存而不可)?"라고 말한 의미가 있다. 장자는 지금 무조건적으로 언어를 부정하는 것이 아니다. 오히려 그는 언어의 불가피성, 공동체의 규칙이라는 우리의 실존적 조건을 기술하고 있다. 이 점에서 장자는 언어의 한계와 그 가능성을 사유하고 있다고 할 수 있다.

언어 사용의 규칙들이나 개념들이 변할 때, 그것들이 조직하는 세계도 우리에게는 다르게 체험된다. 존 설(John Searle)은 다음과 같이 말한 적이 있다.

> 세계를 경험할 때, 우리는 경험들 그 자체를 형성하도록 돕는 언어적 범주들을 통해 세계를 경험한다. 세계는 우리에게 대상들과 경험들로 분리된 채 도래하지는 않는다. 대상으로 간주되는 것은 이미 우리의 재현(representation) 체계의 기능이고, 우리가 자신의 경험 속에서 세계를 경험하는 방식은 그런 재현 체계에 의해 영향받고 있다. …… 실재(reality)라는 우리의 개념은 우리의 언어적 범주들의 문제다.

이런 생각에 따르면 우리가 자신의 개념적 체계들을 변화시킬 때 우리는 다른 세계를 가지게 될 수도 있다. 이런 예로는 '보이지 않은 손'에만 의지했던 고전경제학을 비판하면서 마르크스가 《자본론》을 썼을 때, 노동자들은 전혀 다른 세계를 경험하게 되었다는 사실을 들 수 있다. 다시 말해 《자본론》 이전의 노동자들과 이후의 노동자들은 질적으로 다른 세계를 경험하게 되었다는 말이다.

장자의 철학

2.

특정한 개념체계를 통해서 다양한 세계들이 다르게 분절되는 것처럼 보이지만, 이런 해석된 세계들 너머로 하나의 유일한 세계가 실재하는 것은 아니냐는 반문이 가능할 수도 있다. 그러나 이런 반문은 기본적으로 인간이 역사적 존재라는 것을 망각하고 있을 때에만 가능하다. 인간은 실체적으로 존재하는 것이 아니라 무엇인가로 되어가는 이념적 존재다. 물론 인간이 특정한 공동체 속에 던져져서 이 특정한 공동체의 규칙을 맹목적으로 배운다는 것도 사실이다. 그러나 어떤 규칙이든 인간을 철저하게 규정할 수는 없다는 점을 우리는 잊어서는 안 된다. 오히려 중요한 것은 인간은 이 규칙을 문제 삼고, 이 규칙을 넘어서서 새로운 규칙을 만들 수 있는 역량이 있다는 점이다. 바로 이 점이 인간이 지닌 역사성을 설명해준다.

우리는 현실 세계가 특정한 관념들과 이념들로 구성된 세계라는 것을 잊어서는 안 된다. 우리나라의 많은 현실주의자들은 세계화 시대에 어울리게 영어 교육을 강화해야 한다고 역설하고 있다. 많은 대학들과 회사들도 우리나라의 젊은이들에게 미국인 수준의 영어 능력을 요구하고 있고, 그래서 많은 젊은 주부들도 경쟁적으로 자신의 아이들에게 영어를 조기에 숙지시키기 위해 애쓰고 있다. 그러나 특정 언어를 배운다는 것은 그 언어의 분류체계가 함축하는 특정한 세계관 또는 삶의 규칙을 배운다는 것을 함축한다. 일제시대에 내선일체라는 미명으로 이루어진 창씨개명과 일본어 교육을 강조했던 그 당시 식민지 지식인들에 대해서, 현재의 많은 지식인들은 그들을 친일파라고 규정하고 그들의 반

민족적 행위를 개탄하고 있다. 그러나 지금 거의 모든 우리나라 사람들이 자행하고 있는 모습은, 언젠가 우리가 미국의 영향력에서 자유로워졌을 때 친미파라고 규정될 수 있는 성격의 것이다. 우리의 사정은 어떠한가? 어느 명문 사립대학의 총장은 영어로 강의할 수 있는 교수를 채용한다고 의기양양하게 떠들고 있고, 또 어느 명문 공대 대학원은 아예 수업을 영어로 진행한다고 자랑하고 있다. 또 민족사관학교라는 거창한 이름의 어느 사립 고등학교는 많은 학생들을 미국의 명문대에 직접 진학시키고 있다고 선전하고 있다. 일제시대에는 친일이 자명한 현실이었다면, 지금에는 친미가 자명한 현실이라고 할 수 있다. 모든 현실주의자들은 특정한 관념체계만을 유일한 현실로 인정한다는 점에서 오히려 관념론자라고 할 수 있다.

고착화된 관념론에 불과한 이른바 '현실주의'라는 것에 저항하기 위해서, 우리는 새로운 관념(=이념)을 고안하고 이것에 어울리는 새로운 현실을 창조해야만 한다. 바로 여기에 철학의 존재 이유가 있다. 철학이 이런 새로운 이념의 창조 행위가 아니라면 무엇일 수 있겠는가? 따라서 철학은 주어진 현실을 정당화하는 것과는 아무런 상관이 없는 철저하게 비판적인 사유 작업이라고 할 수 있다. 많은 사람들이 인문학의 위기, 좁게는 철학의 위기를 이야기하고 있다. 그러나 과연 기존 제도권 내의 인문학과 철학이 창조의 작업을 한 번이라도 수행했던 적이 있었는가? 우리가 겸허히 받아들여야 할 것은 바로 이 점이다. 따라서 우리는 우리나라에 인문학이나 철학이 존재했던 적이 없었다고 말해야 한다. 이런 솔직한 술회로부터 우리의 철학은 다시 시작할 수 있을 것이다. 보조국사 지눌(知訥)의 말처럼 우리는 자신이 넘어진 자리에서만 일어나야 한다.

3.

이제 다시 장자의 언어에 대한 이해로 돌아가보도록 하자. 앞에서 살펴본 것처럼, 장자에게 인간의 사회적 삶에서 언어는 필수불가결한 것이다. 그러나 언어는 삶의 연관을 떠나 메타적인 이론체계로 변할 때 그 본래의 기능을 상실하게 된다. 장자는 이런 본래 기능을 망각하고 언어를 사용하고 있는 대표적 사례로 세계의 기원과 통일에 대한 거대담론이나 혹은 언어를 가지고 유희하는 혜시(惠施)를 언급하고 있다. 〈제물론〉편을 보면 혜시는 다음과 같이 주장한다. "세계(天地)는 나와 더불어 태어났고, 만물들과 나는 하나다." 혜시에 따르면 내가 태어났기 때문에 이 세계도 의미가 있는 것이다. 하늘은 내가 바로 지금 여기에 있기 때문에 우리 위에서 높고 파랗게 펼쳐져 있고, 땅도 내가 바로 지금 여기에 있기 때문에 우리 밑에서 우리를 든든하게 받쳐주고 있다. 나를 떠난 세계나 세계를 떠난 나는 단지 추상에 불과하다. 구체적인 삶의 지평에서 나는 세계와 불가분적으로 통일되어 있다. 이것은 이 세상의 모든 개별자들에 대해서도 마찬가지다. 내 앞에 있는 컵도 나와 관련해서만 의미를 지니는 것이지, 결코 나와 무관한 컵이나 컵과 무관한 나는 사변을 통해서만 존재할 수 있을 뿐 결코 실제로는 존재하지 않는 것이다. 이런 의미에서 혜시는 이 세계와 이 세계 속의 개별자들과 나는 하나로 통일되어 있다고 보았다.

　　그러나 이어지는 구절에서 장자는 이런 혜시의 사유를 다음과 같이 비판한다.

이미 하나라고 여긴다면 우리에게 말이 있을 수 있겠는가? 이
미 우리가 하나라고 말했다면, 우리에게 말이 없을 수 있겠는
가? '하나'와 '하나라고 말하기'는 둘이 되고, 또 그 둘과 하나
는 셋이 된다. 여기에서 더 나아가면, 아무리 숙련되게 계산 잘
하는 사람도 그 끝을 잡을 수 없는데, 평범한 사람은 어떻겠는
가!

장자에 따르면 세계의 통일성을 신봉하는 혜시가 만약 세계
의 통일성을 진정으로 확신한다면 세계의 통일성에 대한 어떤 언
어적 주장도 해서는 안 된다. 세계의 통일성에 대한 언어적 표현
이 의미를 지니기 위해서는 이 세계의 통일성 바깥에 위치해야 한
다. 이처럼 세계의 통일성을 언표하게 되면 세계는 통일되지 않았
음을 함축할 수밖에 없다는 역설에 빠지게 된다. 결국 이런 역설
에 빠지지 않기 위해 세계의 통일성이라는 사태와 그 사태를 지칭
하는 언어적 표현을 다시 통일시키려는 다른 언설을 내놓을 수밖
에 없다. "사실 세계가 통일되었다는 말 자체도 이 세계 속에 속해
있는 거야." 이런 식으로 계속 진행하게 되면 우리는 결국 세계의
통일성은 고사하고 무한히 많은 언설들을 메타적으로 증식시킬
수밖에 없게 된다. 이것은 분명 세계의 통일성과 모순되는 상황
일 수밖에 없다. 이처럼 장자에 따르면 세계의 통일성을 주장하는
혜시와 같은 사람들은 결코 세계의 통일성을 말할 수 없다는 결론
이 나온다. 오히려 통일성을 말하면 말할수록 통일성은 훼손되기
마련이다. 혜시로 대표되는 합리적 철학의 옹호자들은 언어 자체

의 작동 논리인 대대 관계를 무한히 증폭시켜서 거대담론을 형성했다. 그들은 합리적 철학의 거대담론을 구성하고 있는 언어가 일상적인 언어의 쓰임과는 질적으로 다른 것으로 생각한다. 그들에게 합리적 철학의 담론이 진리로 들어가는 유일한 방법이자 체계를 표현한다면, 일상 언어는 진리에 도달하는 데 도움이 되지 않을 뿐만 아니라 오히려 방해되는 것이다. 그러나 합리적 철학의 담론마저도 일상 언어에 대한 이해가 없으면 결코 이해할 수 없는 것에 불과하다. 더군다나 이런 담론은 기본적으로 일상 언어에서 추상화와 체계화를 거쳐서 탄생한 것에 지나지 않는다. 자신들의 담론이 이런 추상화의 결과라는 사실을 망각하게 될 때, 합리적 철학은 유한한 삶이 조우할 수밖에 없는 문제들을 결국 망각하게 된다.

결국 장자가 "언어는 화려한 수사들로 은폐된다(言隱於榮華)"고 말할 때, 앞의 '언어(言)'가 일상적 삶 속에서 쓰이는 본래적 언어를 의미한다면, 뒤의 '화려한 수사들(榮華)'은 삶과 무관하게 구성된 거대담론이나 변론들을 의미한다. 여기서 '영화(榮華)'라는 말은 원래 나무를 화려하게 덮고 있는 무성한 꽃과 잎들을 가리킨다. 이런 문학적 표현으로 장자가 의도했던 것은 무엇일까? 그것은, 이 번성한 꽃과 잎들이 나무가 땅에 뿌리를 내리고 있다는 자명한 사실을 은폐시키고 있는 것과 마찬가지로, 사변적이고 메타적인 언어도 우리가 구체적인 삶의 세계에 자리를 잡고 있다는 자명한 사실을 은폐시킨다는 것이다. 아무리 울창한 잎들과 꽃들로 덮인 나무라고 하더라도, 그것은 단지 특정한 땅에 뿌리를 내리고 있는 나무에서 기원한 것일 뿐이다. 이와 마찬가지로 화려한 수사들도 특정한 삶의 문맥에서 출현한 것에 불과하다. 그럼에도 불구하고 이런 자명한 사실을 망각한 사변적이고 메타적인 담론들은 모든 인간들의 다양한 삶의 세계를 자신들의 이론체계로 재단하려고 한다. 그래서 옳고 그름의 다툼이 생기게 된 것이다. 바로 이것이 "말하기는 무엇에 가리어져 시비 판단이 생긴 것일까(言惡乎隱而有是非)?"라는 질문의 대답에 해당한다고 할 수 있다.

4.

그렇다면 장자 본인의 언어 사용은 어떠한가? 당연히 그의 언어는 화려한 수사들로 은폐된, 다시 말해 사변적이고 메타적인 성격과는 무관한 것이다. 흔히 도가사상은 언어를 부정적으로 생각하고 있다고 알려져 있다. 그러나 이것은 장자가 비판했던 언어가 사변적이고 메타적인 합리적 철학의 언어였을 뿐이라는 점을 망각했기 때문에 생긴 오해다. 그는 결코 모든 언어를 부정했던 적이 없다. 오히려 그는 언어의 한계와 가능성을 잘 알고 있었기 때문에 언어로부터 자유로울 수 있었던 사람이라고 할 수 있다. 장자의 후학들은 그의 자유로운 언어 사용을 다음과 같이 세 가지로 분류하고 있는데, 그것이 바로 우언(寓言), 중언(重言), 치언(卮言)이다. 그런데 이 세 종류의 문체 자체보다 더 중요한 것이 있다. 그것은 왜 장자가 이처럼 다양한 문체를 사용했는지에 대한 이유다. 이것은 그가 세상 사람들에게 자신의 생각을 이야기하려고 했기 때문에 나타난 결과다. 즉 그는 혼자만의 자유를 만끽하려고 했던 사람이 아니라, 어떻게 해서든지 삶과 그것의 진실에 대해 말하려고 했던 사람이다. 다시 말해 그는 고독한 유아론자, 또는 홀로 삶을 즐기려는 은둔자는 아니었다는 것이다.

장자의 철학

따라서 장자의 언어 사용이 다양해진 이유는 바로 그가 대화를 추구한 사람이었기 때문이다. 대화 상대방이 누구냐에 따라 장자는 가장 효과적으로 자신의 전언을 전할 수 있는 문체를 선택한다. 아니 정확하게 말해 문체를 새로 창조했던 것이다. 그렇기 때문에 장자는 어떤 때는 세상 사람들이 권위를 부여하는 성인의 말을 빌려서 이야기하기(重言)도 하고, 어떤 때는 재미있는 우화 형식으로 이야기하기(寓言)도 하고, 어떤 때는 대화 상대방의 의식 상태와 삶의 상황에 맞추어 자연스럽게 이야기하기(巵言)도 한 것이다. 장자의 다양한 문체들은 그가 경전의 권위에 입각해서 일방적인 학설을 설파하는 지식인이 아니라, 대화 상대방을 고려하는 진정한 대화의 정신을 가진 사람이었음을 보여주고 있다. 따라서 우리는 장자의 세 가지 문체를 단지 문학적 수사로만 보아서는 안 된다. 오히려 강조해야 할 것은 그가 동시대 사람들이나 아니면 후세 사람들과 대화하려는 진지한 자세를 가지고 있었던 사람이라는 점이다.

여기서 가장 중요한 문체는 아마도 치언일 것이다. 치언에 대한 자세한 설명은 곽상의 주석을 통해 살펴보는 것이 좋겠다. 곽상은 이 치언을 다음과 같이 설명하고 있다.

'치(巵)'라는 잔은 꽉 채우면 기울어지고, 비우면 (잔의 주둥이가) 위를 향하게 된다. 이것은 옛 것에 집착하지 않음을 상징한다. 그것을 언어에 비유하면, 타자에 따르고 사태의 변화를 따라서 오직 그것들을 따르기에 '나날이 나온다'라고 말한 것이다. '나날이 나온다'는 것은 '나날이 새로워짐'을 말한다. 나날이 새로워지면 자연스러운 나누어짐을 다할 수 있고, 자연스런 나누어짐을 다하면 조화롭게 된다.

곽상에 따르면 치는 술을 가득 부으면 넘어져서 술을 쏟아내고, 다시 오뚝이처럼 일어나는 잔이다. 여기서 치라는 잔이 장자본인이라면, 여기에 담기는 술은 대화 상대방을 비유한다고 할 수있다. 대화란 바로 이런 것이 아닌가? 대화란 기본적으로 나와 타자 사이의 부단한 상호 조율의 과정일 수밖에 없는 것이다. 예를들어 대화 상대방이 분노에 가득 차서 이야기한다면 우리는 그것에 맞추어 이야기할 수밖에 없다. 이런 경우 만약 우리가 실실 웃으면서 이야기한다면 대화가 과연 이루어지겠는가? 또 상대방이농담을 했을 때 우리가 정색을 하는 경우도 대화는 실패할 수밖에없다.

5.

우리는 장자가 언어를 부정하고 있다는 성급한 판단에 대해 이제비판할 수 있게 되었다. 제사의 시작 부분부터 장자는 다음과 같이 분명히 말하고 있다. "언어는 숨을 쉬는 것이 아니다." 언어라는 것은 말하려는 것, 또는 의미하는 것이 있으니까 가능한 것이다. 장자는 여기서 멈추지 않고 논의를 더욱더 심화시킨다. "이런말하려는 것 또는 의미하는 것이 있다고 해도, 만약 우리가 말하려고 한 것의 의미가 확정되지 않았다면, 우리가 사용하는 말은말이라고 할 수 있을까?" 여기서 한 가지 결정적으로 중요한 의문이 생긴다. 주체의 입장에서 무엇인가를 의미하고 있지만 그것이

의미하는 것이 확정되지 않았다는 것은 무엇을 의미하는가? 분명 주체 입장에서 의미는 이미 확정되어 있기 때문에 이런 질문은 불가피한 것이다. 그래서 "의미가 확정되지 않았다면(其所言者特未定也)"이라는 장자의 진술은 무척 중요하다. 지금 장자는 언어를 숙고하기 위해서 다시 타자를 도입하고 있다. 다시 말해 장자는 지금 다음과 같은 중요한 질문을 던지고 있는 셈이다. 만일 주체가 언어를 통해서 자신이 의미하려는 것을 확정했지만, 타자가 그런 주체의 의미를 알지 못한다면, 주체가 사용한 언어는 언어일 수 있겠는가?

말하려는 사람에게는 분명 전달하려는 의도나 의미가 있기 때문에, 그에게 말과 의미 사이에는 확정된 관계가 있는 것처럼 보이게 된다. 문제는 말을 듣는 상대방(=타자)의 지위다. 의미는 항상 타자와의 역동적인 관계에서, 즉 타자에 의해 결정되기 마련이다. 만약 어떤 강사가 진지한 말을 할 때 청중이 웃는다면 그의 강의는 농담이 될 것이고, 반대로 농담을 했는데 청중이 진지한 표정을 보인다면 그의 강의는 진부한 강의가 될 것이다. 이처럼 듣는 사람은 말하는 사람의 말을 결정할 힘이 있다. 어떤 특정한 전언을 전달하려고 의식적으로 노력했음에도 불구하고 말의 의미는 항상 타자에 의해 결정되기 마련이다. 물론 이 강사는 자신이 모든 것을 다 말했다고 할 수도 있다. 그러나 이 강사는 나중에 그들의 보고서나 시험 답안지를 보고서 자신의 이야기가 전혀 다르게 이해되었고 나아가 다른 식으로 전개되는 경험을 곧 하게 될 것이다. 여기서 중요한 것은 그 상대방이 말하는 사람과 같은 공동체에 속하는가 아니면 그렇지 않은가의 여부다. 일인칭적으로는 말과 그것의 의미 사이에는 확정된 관계가 있는 것처럼 보이지만, 타자를 도입하게 되면 이 확정된 관계는 동요될 수밖에 없다. 예를 들어 우리가 언어 규칙이 상이한 이방인에게 말을 건넸지만 그 이방인은 우리가 한 말의 의미를 전혀 모를 때, 우리가 한 말은 과연 말이라고 할 수 있느냐는 것이다. 이 경우 우리 입장에서는 분명히 말을 한 것이지만, 이방인의 입장에서는 분명 말을 하지 않은 것과 다름이 없다. 역으로 우리가 말하려고 하는 것이 확정되는 경우를 생각해보자. 예를 들어 우리와 같은 공동체에 속한 사람이 우리의 이야기를 듣고 의미 있는 행동을 했을 때를 생각해보자. 이 경우 우리 입장에서도 상대방의 입장에서도 분명 말은 의미 있게 작동한 것이다. 이처럼 말과 말하려는 것, 언어와 의미 대상 사이에는 직접적인 필연성이 없다. 언어와 그 의미는 항상 말을 듣는 타자와 관계될 수밖에 없으니까 말이다.

언어에 대한 고찰을 심화하기 위해 장자는 새들의 지저귀는 소리를 도입하고 있다. "인간의 말과 새들의 소리는 구별되는가? 구별되지 않는가?" 일단 이 의문에 대해 장자는 직접적인 대답을 피하고 있다. 아마도 장자는 우리로 하여금 이 질문에 대한 대답을 숙고하도록 함으로써 언어에 대한 자신의 이해를 파악하도록 유도하고 있는 것처럼 보인다. 일단 장자의 질문에는 가능한 답이 두 가지 있을 수 있다. 첫째, 인간의 말과 새 소리는 구별된다. 둘째, 구별되지 않는다. 사실 인간의 말과 새 소리가 구별된다는 것은 상식적인 주장이다. 그러나 우리가 다음과 같이 질문을 던질 수 있다면 이런 상식적인 주장이 생각만큼이나 그렇게 자명하지 않음을 알게 된다. 낯선 언어를 쓰는 사람의 말과 새 소리는 우리에게 무의미한 소리로 현상한다는 점에서 마찬가지가 아닐까? 그러나 그 낯선 언어를 쓰는 사람이 자신의 공동체에서 사용하는 말

장자의 철학

이나, 또는 어린 새가 자기의 어미에게 지저귈 때의 새 소리는 의미 있는 것이 아니겠는가? 이 점에서 인간의 말과 새 소리가 구별된다는 상식적인 주장에는, 쓰임(用)과 일상성(庸)을 강조하는 장자의 통찰이 결여되어 있다고 할 수 있다. 결국 이런 상식적인 주장은 인간과 새가 다르다는 전제된 통념을 반복하고 있을 뿐이다. 새 소리가 우리 인간에게 무의미한 것처럼 보이는 이유는, 새가 지저귀는 소리의 쓰임이 새들의 공동체라는 삶의 문맥에 근거하고 있기 때문이다. 이것은 낯선 언어를 구사하는 이방인의 말에도 똑같이 적용된다. 결론적으로 인간의 말은 새 소리와 구별된다. 그렇지만 그것은 새 소리가 그 자체로 쓰임이 없기 때문이 아니라 우리와는 무관한 쓰임을 가지고 있기 때문이다. 또 인간의 말은 새 소리와 구별되지 않는데, 그 이유는 인간의 말과 새 소리는 모두 자신만의 문맥에서 쓰임을 가지고 있기 때문이다. 그렇다면 장자는 인간의 말과 새소리를 비유하면서 우리의 삶이 숙명적으로 유아론적일 수밖에 없다는 비관적인 생각을 우리에게 전하려는 것일까? 성급한 대답을 자제하고 그의 이야기를 조금 더 경청하도록 하자.

5장. 차이의 논리와 그 너머

어떤 것도 저것 아님이 없고, 어떤 것도 이것 아님이 없다. 만일 당신이 당신 자신을 저것으로 간주한다면, 자신을 보지 못하고, 그렇지 않고 만일 당신이 자신을 이것으로 여긴다면 자신을 알게 될 것이다. 따라서 다음과 같은 말이 있다. "저것은 이것으로부터 나오고, 이것은 또한 저것에 따른다." 이것이 이것과 저것이 동시에 생긴다는 의견이다. 비록 그렇다고 할지라도 (이런 설명에 따르면) 동시에 생긴다는 것은 동시에 사라진다는 것이다. 또 동시에 사라진다는 것은 동시에 생긴다는 것이다. 이것을 긍정하는 것은 동시에 이것을 부정하는 것이다. 만일 이것인 상황에 따르면(因是) 이것이 아닌 상황에 따르는 것(因非)이고, 이것이 아닌 상황에 따르면 이것인 상황에 따르는 것이다. 이것은 또한 저것이고, 저것은 또한 이것이다. 저것도 또한 시비 판단으로 정립되고, 이것도 또한 시비 판단으로 정립된다. 그렇다면 저것과 이것은 진실로 존재하는 것일까? 아니면 존재하지 않은 것일까? 저것과 이것이 대대하지 않은 경우를 도의 지도리라고 부른다. 한번 그 축이 원의 중앙(環中)에 서게 되면, 그것은 무한하게 소통하게 된다. 그렇게 되면 옳다도 하나의 무한한 소통으로 정립되고, 아니다도 하나의 무한한 소통으로 정립된다. 그러므로 "가장 좋은 방법은 밝음을 사용하는 것(以明)이다"라는 말이 있다.

－제물론

物无非彼, 物无非是. 自彼則不見, 自是則知之. 故曰, 彼出於是, 是亦因彼. 彼是方生之說也. 雖然, 方生方死, 方死方生. 方可方不可. 因是因非, 因非因是. 是亦彼也, 彼亦是也. 彼亦一是非, 此亦一是非. 果且有彼是乎哉? 果且无彼是乎哉? 彼是莫得其偶, 謂之道樞. 樞始得其環中, 以應无窮. 是亦一无窮, 非亦一无窮也. 故曰莫若以明.

— 齊物論

동양의 논리를 찾아서

1.

서양철학과 중국철학은 어디에서 구분되는가? 많은 다양한 지점에서 서양철학과 중국철학은 차이가 난다. 그러나 가장 중요한 것으로는 서양철학이 기본적으로 동일성(identity)을 사유했다면 중국철학은 관계(relation)를 사유했다는 점을 들 수 있다. 예를 들어 아버지라는 개념을 생각해보자. 이 경우 서양철학이 아버지가 아버지일 수 있는 동일성을 묻는다면, 중국철학은 아버지와 자식 사이의 관계와 같은 관계성을 묻는다. 우리 주변에 있는 사물들에 대해서도 마찬가지다. 예를 들어 우리 앞에 의자가 있는 경우를 생각해보자. 서양철학은 의자가 의자로 자신을 유지할 수 있는 동일성을 찾는다. 의자는 네 다리가 있고 그 위에 앉을 수 있는 받침대가 있는 모양을 하고 있다. 그리고 이런 형상을 해야만 의자일 수 있다. 이런 형상이 바로 의자 자체를 규정하는 것이다. 그래서 서양철학에서는 형상인과 질료인이라는 구분이 중요하다. 여기서 형상인이 의자의 설계도면이라면, 질료인은 아직 의자가 되지 않은 나무토막을 가리킨다. 결국 서양철학은 기본적으로 제작이라는 관심에 의해 규정된다고 할 수 있다.

그러나 중국철학에서는 의자는 기본적으로 나와 어떤 관계에 있느냐를 사유하려고 한다. 의자는 기본적으로 내가 앉을 수 있는 것이다. 그래서 다리가 세 개가 있다고 해도 만약 그것이 앉을 수 있는 것이라면 의자라고 부를 수가 있다. 반면 다리가 네 개라고 해도 만약 그것이 내가 누울 수 있는 것이라면 침대라는 다른 사물이 될 수밖에 없다. 결국 의자는 나와의 관계를 통해서 의자로 규정될 수밖에 없다는 것이다. 그래서 중국철학에서는 개별자와 관계라는 구분이 중요하다. 어떤 것에 내가 앉으면 그것은 의자가 되지만, 만약 내가 그것을 불태우면 그것은 장작이 된다. 이처럼 중국철학의 도식은 기본적으로 사용이라는 관심에 의해 규정되어 있다고 할 수 있다.

그래서 하이데거가 말한 것처럼 서양철학의 진리가 빛이나 태양으로 상징된다면, 중국철학에서의 진리는 태극무늬로 상징된다. 태극무늬를 보면 붉게 표시되는 북쪽과 파랗게 표시되는 남쪽으로 구성되어 있다. 그러나 자세히 보면 붉은색과 파란색의 경계는 일직선이 아닌 파문 형태로 그려져 있다. 태극무늬에서 우리가 이 태극원의 중점을 지나게 선을 긋는다고 해보자. 그렇게 선을 그어보면 우리는 항상 그 선으로 구분되는 두 개의 반원에는 반드시 붉은색과 파란색이 함께 들어갈 수밖에 없다는 것을 알게 된다. 중국 송나라의 신유학자인 정호(程顥)는 이것을 다음과 같이 말한 적이 있다. "모든 개별자들은 홀로 있을 수가 없고, 반드시 짝이 있게 마련이다(萬物無獨, 必有對)." 이처럼 서양철학이 어떤 개별자 하나하나의 동일성을 추구할 때, 중국철학은 그 개별자의 짝과 그 사이의 관계를 추구해나간다. 예를 들어 남자의 동일성을 용감함이라고 서양철학에서 주장한다면, 중국철학에서는 남자란 여자와 짝하는(=관계하는) 것이라고 주장한다.

2.

서양철학의 이런 고유성은 옳고 그름을 따지는 다툼과 논쟁을 근본으로 삼는 그리스 철학에서 기원하는 것이다. 옳고 그름에 대한 그들의 논쟁, 혹은 동일성이 무엇이냐는 논쟁은 보편적인 것에 의한 근거 제시, 곧 정당화의 절차로 이루어진다. 다시 말해 이들의 동일성을 모색하는 논쟁은 보편자에 대한 탐색, 그리고 탐색된 보편자에 의해 자신의 주장을 정당화하는 방식으로 발전해갔다고 볼 수 있다. 예를 들어 삼단논법의 경우를 살펴보자. "모든 인간은 죽는다. 소크라테스도 인간이다. 따라서 소크라테스도 죽는다." 이 경우 우리는 "이 삼단논법을 이야기하고 있는 사람이 주장하고 싶은 것이 무엇일까?"라고 질문을 던져보아야 삼단논법이 지닌 핵심적 문제 틀에 이를 수 있다. 그것은 바로 "소크라테스는 죽는다"라는 주장일 것이다. 이것을 주장하기 위해서 이 사람은 앞의 두 명제를 찾게 된 것이다. 그리고 이 사람은 이렇게 발견된 두 명제를 전제로 삼아서 자신이 주장하고 싶은 것을 정당화하고 있다. 우리는 삼단논법 구성의 동기가 주어진 문제의 결론에 대하여 그것을 증명해줄 전제를 찾는 데 있다는 점을 망각해서는 안 된다.

결국 삼단논법은 법정의 논리에 가깝다. 예를 들어 우리가 검사라고 해보자. 그리고 살인사건이 발생했다고 하자. 우리는 '사람을 죽여서는 안 된다', '사람을 고의로 죽이는 경우는 사형에 처한다' 등의 법조문을 통해서 살인범을 찾지는 않는다. 오히려 어떤 사람을 용의자로 지목하고, 그 사람을 살인범으로 증명해서 사형을 구형하기 위해 증거들을 찾아 헤매기 마련이다. 그리고 이런 증거들을 법조문에 기록된 일반원리들과 결합시켜서, 그 용의자가 살인범이고 따라서 사형을 구형해야 한다고 주장하게 된다. 검사로서 우리가 발견하는 증거 중 가장 중요한 것은 알리바이다. 다시 말해 용의자가 범죄 현장에 있었느냐의 여부가 가장 중요하다는 것이다. 검사로서 우리가 받아들일 수 없는 진술이 하나 있는데, 그것은 '용의자가 범죄 현장에 있었기도 하고 없었기도 하다'라는 식의 진술이다. 범죄 현장에 있었다면 범죄 현장에 없을 수 없고, 만약 범죄 현장에 없었다면 범죄 현장에 있을 수 없다. 여기에 바로 모순율이라는 것이 작동한다. 결국 용의자의 정체(=동일성)를 밝히기 위해서 검사로서 우리는 모순율이라는 원리를 지켜야만 한다.

따라서 동일성을 추구하는 서양철학의 탐구 형식은 모순율로 규정될 수 있다. 여기서 모순율이라는 것은 기본적으로 어떤 것이 참이면서 동시에 거짓이라는 진술을 피해야 한다는 원리를 말한다. 예를 들면 '이 꽃은 붉고 동시에 붉지 않다'는 주장은 모순율을 어긴 주장이 된다. 그러나 왜 이런 주장을 해서는 안 될까? 사실 우리는 일상적으로 "그 사람은 나를 사랑하지만 미워하기도 해"라는 모순된 문장을 흔히 쓰곤 한다. 우리는 이 문장을 통해서 그 사람이 지금 나와 애매한 관계에 있다는 것을 밝히고 있다. 그러나 이런 애매한 경우에 빠질 때 서양 철학자는 다음과 같이 생각하면서 그 사람의 정체(=동일성)를 밝히려고 한다. "그 사람은 사랑하면서 동시에 사랑하지 않을 수 없다. 왜냐하면 이것은 모순율에 어긋나는 주장이기 때문이야. 분명 그 사람은 나를 사랑하거나 사랑하지 않거나 둘 중 하나일 거야. 어느 것이 옳을까?" 우리는 여기서 서양철학이 지닌 거친 이분법적 속성과 이로부터 기인하는 폭력성을 짐작하게 된다. 사랑이 싹틀까 말까 하는 애매한 상태에 있는 사람에게 "당신은 나를 사랑하는 거야 아니면 사랑하지 않는 거야?"라고 질문하게 되면, 아마도 이 사람은 사랑하려던 마음을 접을 수밖에 없을 것이다.

어쨌든 서양철학에서 모순된 주장은 무용할 뿐만 아니라 해결되어야 할 문제일 뿐이다. 서양철학에서 '이 꽃은 붉고 동시에 붉지 않다'는 명제는, 이 꽃의 정체(=동일성)가 무엇인지에 대해 아무것도 알려주지 않는 명제일 뿐이다. 결국 서양철학은 변화를 포착하는 데 무력할 수밖에 없다. 붉은 꽃은 언젠가 붉기도 하고 붉지 않기도 한 상태를 거쳐서 시들어가는 법이다. 따라서 미워하던 사람이 언젠가 사랑스럽게 된다거나 혹은 혁명이라는 급격한 변화가 일어나는 것에 대해서 서양철학은 무능력할 수밖에 없다. 이점에서 우리는 서양철학이 어느 시점을 마치 사진처럼 고착화시켜서 사유한다고, 따라서 공간화된 사유라고 말할 수 있다. 예를 들어 내가 누군가에게 어제 본 붉은 꽃을 가지고 오라고 시켰을 경우, 그런데 그 꽃은 이미 시들고 있는 경우, 그 사람은 결코 그 꽃을 가지고 올 수 없을 것이다. 그 붉은 꽃이 존재한다면 그것은 어제 마음속에 사진처럼 가지고 있는 기억에서나 가능할 뿐이다. 이처럼 서양철학이 동일성(=또는 정체성)을 추구할 때 최종적으로 피해야 할 것은 바로 모순율이었다. 다시 말해 모순을 피하겠다는 이런 의지는 동일률을 추구하겠다는 의지의 발현에 다름 아닌 것이다. 서양철학에서 '이 꽃은 붉다'는 문장은 붉지 않음을 배제한 다음에야 출현할 수 있는 명제다. 정확히 말해 '이 꽃은 붉다'는 문장은 '이 꽃은 붉지 않은 것이 아니다'를 나타내고 있다는 말이다. 이처럼 서양의 동일성에로의 추구는 차이와 타자적인 것을 배제한 다음에야 가능하다는 점이 중요하다.

3.

앞에서 우리는 서양철학과 달리 중국철학은 관계를 강조한다고 말한 바 있다. 중국철학에서의 관계 논리를 대대의 논리라고 부르도록 하자. 여기서 대대라는 말은, '의존한다'는 뜻의 대(待)라는 말과 '짝한다'라는 뜻의 대(對)로 구성되어 있는 것처럼, '서로 의존하면서 짝한다'는 의미다. 《도덕경》2장을 보면 다음과 같은 구절이 나온다. "있음과 없음은 서로를 낳고, 어려움과 쉬움은 서로를 이루고, 긺과 짧음은 서로를 드러나게 한다(有無相生, 難易相成, 長短相形)." 한 유한자는 크기도 하고 작기도 하다. 이 말은 역설적으로 들린다. 그러나 현상에 대한 규정이 항상 이런 식으로 이루어진다는 것은 그리 어렵지 않게 관찰된다. 예를 들면 계란은 수박과 있으면 작다는 규정을 받지만, 콩과 있으면 크다는 규정을 받는다. 관계를 떠나서는 크다, 작다라는 식의 규정은 거의 의미가 없다.

어떤 유한자 X는 Y와의 관계하에서 개념 쌍(대대 개념)의 규정을 수용한다. 만약 X가 '크다/길다/있다(大/長/有)'는 규정을 받으면, 이 X와 조우한 Y는 '작다/짧다/없다(小/短/無)'라는 규정을 받게 된다. 흔한 이해에 따르면 노자의 사상은 '언어로는 실재를 기술할 수 없다'는 언어에 대한 부정적인 견해를 지니고 있다. 그러나 이것은 서양의 개념적 논리에 입각해서 바라본 견해일 뿐이다. 만약 누군가가 노자에게 '계란은 크다'라고 말한다면, 그는 이런 식의 진술에 대해서는 부정적일 것이다. 그러나 만약 '계란은 콩보다 크다'라고 한다면, 노자는 이 진술을 결코 부정하지 않는다. 다시 말해 노자를 포함해서 중국철학 전통에서 진술에 등장하는 크다라는 술어는 플라톤식으로 큼 자체(the large itself)와 같은 개념의 동일성에 의해 규정되지 않는다. 오히려 중국철학 전통에서 개념적 규정은 항상 대대의 논리에 따라 진행된다. 다시 말해 어떤 것에 크다는 규정이 부여되면, 그것과 관계하는 다른 것에는 이미 작다는 규정이 부여된다는 것이다.

만일 어떤 개별자가 두 개의 다른 개별자와 동시에 관계하고 있다면, 그 개별자는 동시에 작다와 크다로 규정될 수 있다. 이런 예로는 사과가 딸기와 수박과 동시에 관계하고 있다면, 이 사과는 작다와 크다가 동시에 규정될 수 있다는 점을 들 수 있다. 예를 들어 나는 선생님과 관계하면 제자로 규정되고, 학생들을 만나면 선생님으로 규정된다. 또 나는 아버지와 만나면 자식으로 규정되고, 자식과 만나면 아버지라고 규정된다. 이처럼 자식이라는 규정은 아버지라는 규정과 분리 불가능하게 상호의존되어 있는 규정이고, 선생님이라는 규정도 이와 마찬가지로 제자라는 규정과 대대되어 있다고 할 수 있다. 그래서 태극무늬도 음과 양이라는 상이한 규정을 동시에 품고 있게 그려져 있는 것이다.

중국 전통의 윤리 중 유명한 삼강오륜(三綱五倫)도 바로 이런 대대의 논리를 전제로 하고 있다. 삼강은 군위신강(君爲臣綱), 부위자강(父爲子綱), 부위부강(夫爲婦綱)을 말하는데, 이것은 글자 그대로 임금과 신하, 어버이와 자식, 남편과 아내 사이에 마땅히 지켜

장자의 철학

야 할 도리다. 또 오륜은 오상(五常) 또는 오전(五典)이라고도 하는데, 부자유친(父子有親), 군신유의(君臣有義), 부부유별(夫婦有別), 장유유서(長幼有序), 붕우유신(朋友有信)의 다섯 가지로, 아버지와 아들 사이의 도는 친애함(親愛)에 있으며, 임금과 신하의 도리는 의리에 있고, 부부 사이에는 서로 침범치 못할 구별이 있으며, 어른과 어린이 사이에는 차례와 질서가 있어야 하며, 벗 사이의 도리는 믿음에 있음을 뜻한다. 이처럼 삼강오륜도 기본적으로 대대의 논리로 점철되어 있다. 군신, 부자, 부부, 장유, 친구 사이는 기본적으로 사회에서 가능한 관계를 모두 망라하고 있는 것이다.

이처럼 중국철학의 모든 개념 규정은 대대 관계에 있는 다른 개념과 하나의 관계를 형성함으로써 의미를 갖고 작동하는 것이라는 점이 중요하다. 이런 대대 관계는 공자, 노자, 《주역》 모두에 공통된 전제다. 표면적으로 서양철학에서는 모순을 근원적으로 해소해서 동일성을 추구했다면, 중국철학은 이것을 근본적으로 수용하고 있는 것처럼 보인다. 그러나 중국철학도 명확하게 동일성을 추구하고 있음을 간과해서는 안 된다. 중국철학도 가능성(隱·陰)과 현실성(顯·陽)의 논리를 도입해서 모순을 대대의 논리로 배치해 해소하려고 하니까 말이다. 모순을 배제하려는 의식이 있지 않았다면 이런 가능성과 현실성의 논리는 출현할 수 없었을 것이다. 예를 들어보자. 어떤 사람이 지금 아버지를 만났을 때 자식이라는 규정과 아버지라는 규정을 동시에 실현해서는 안 된다. 이 경우에는 아버지라는 규정은 가능성의 층위에만 머물러 있어야한다.

결국 중국철학 일반의 고유성을 규정한 제자백가들도, 서양철학 일반의 고유성을 규정한 그리스 철학자들과 마찬가지로 모순을 피하려고 했다고 말할 수 있다. 단지 서양 철학자들과 중국 철학자들 사이에는 모순을 피하려는 해법의 차이만이 있을 뿐이다. 예를 들면 어느 한 시점에서 장미가 붉다고 할 때, 그리스 철학자들은 붉은 장미꽃은 붉을 뿐이지 노랄 수 없다는 것에 만족한다. 반면 선진 철학자들은 붉은 장미꽃도 언젠가 시들어 노랗게 될 수 있다는 것을 인정한다. 따라서 이들은 붉은 장미에게서 노랑은 다만 숨어 있다(潛)고 생각한다. 그러나 어떤 장미꽃이 동시에 노랗거나 붉다는 모순을 중국 철학자들도 수용하지는 않는다. 이 점에서 이 중국 철학자들은, 서양 철학자들과 마찬가지로 동일성을 추구했던 사람들이라고 할 수 있다.

동일성을 넘어, 그리고 차이마저 넘어

1.

현대 프랑스 철학자들의 공헌은 전통 서양철학의 동일성의 논리를 해체했다는 데 있다. 그러나 현대 프랑스 철학이 지닌 중요성은 그들이 단순히 동일성을 해체하는 데 그치지 않고, 동일성 그 자체가 차이에 의해 작동하고 기능한다는 점을 보여주었다는 데 있다. 색깔을 예로 들어보자. 논의를 간단히 하기 위해서 우리는 이 세상이 흑백이라는 두 색깔로 이루어져 있다고 해보자. 이 경우 검정색이 검정색으로 식별될 수 있는 이유는 무엇인가? 그것은 검정색이 흰색이 아니기 때문이다. 또 반대로 흰색이 흰색으로 식별될 수 있는 이유는 무엇인가? 그것은 흰색이 검정색이 아니기 때문이다. 결국 흰색이라는 동일성은 검정색과의 차이에서 가능하고, 역으로 검정색이라는 동일성은 흰색과의 차이에서 가능해질 수밖에 없다. 이런 논의는 무한히 확장될 수 있다. 예를 들어 남자는 자체로서 동일성을 가지고 있는 것이 아니라 여자와의 차이를 통해서 의미를 가지게 되고, 선진국은 자체로서 동일성을 가지고 있는 것이 아니라 후진국과의 차이를 통해서만 의미를 가지게 된다.

많은 사람들이 극찬해 마지않는 현대 프랑스 철학의 차이에 대한 논리는 중국철학의 대대라는 관계의 논리와 매우 유사해 보인다. 물론 여기서 우리는 현대 프랑스 철학의 차이에 대한 논리가 단순히 중국철학의 논리와 같다는 것을 말하려는 것은 아니다. 현대 프랑스 철학에서 차이에 대한 논리가 기본적으로 현상학적인 지평에서 논의되지만, 중국철학에서 대대에 대한 논리는 주로 존재론적이거나 사회철학적인 지평에서 논의된다. 물론 불교철학에서, 특히《중론(中論)》의 공(空)의 논리에서 논의했던 대대나 차이에 대한 논리는 현상학적 지평, 즉 고통과 집착의 현상학에서 주로 논의되었다는 점도 숨길 수 없는 사실이다. 여기서 우리가 주목하고자 하는 것은 단지 상이한 두 철학 전통이 공유하고 있는 내적인 논리 형식의 유사성이다. 다시 말해 현대적인 차이의 논리든 아니면 전통 중국철학에서의 대대의 논리든, 이 두 논리는 모두 'A는 −A의 의미를 통해서만 의미가 있다'는 점을 강조하고 있다는 것이다. 예를 들면 여자는 남자가 아님으로, 역으로 남자는 여자가 아님으로 정의할 수 있다는 것이다.

차이에 대한 논리의 대표자라고 할 수 있는 데리다는 자신의 동일성 해체 전략을《철학의 여백들(Margins of Philosophy)》에서 피력한 적이 있다.

> 철학자의 담론이 언어의 울타리 안에서 갇혀 있다고 주장하는 사람은 그 주장을 펼치기 위해서 여전히 그 언어 안에서 그리고 그 언어가 제공하는 대립 쌍들을 가지고 나아가지 않으면 안 된다.

데리다에 따르면 우리는 동일성을 해체하기 위해 차이를 도입하지만, 그렇다고 해도 우리는 차이를 넘어설 수는 없는 존재다. 그의 이런 주장은 "텍스트의 바깥은 없다"는 그의 유명한 선언으로 압축되어 표현된다. 바로 이 점에서 장자 철학이 지니는 근본적 비판정신이 의미를 지니게 된다. 장자는 전통 중국철학에서 자명하다고 생각하는 대대의 논리를 철저하게 해체하려고 한다. 그렇다면 그의 철학은 차이의 논리를 주장하는 현대 철학마저도 문제 삼을 수 있는 혁명성을 가질 수밖에 없다. 김형효는《노장사상의 해체적 독법》이란 자신의 야심만만한 책에서 데리다와 장자 사이의 해체적 전략의 유사점을 설득력 있게 지적한 바 있다. 그러나 우리는 데리다와 장자 사이의 결정적인 차이점들을 간과해서는 안 된다. 데리다에게 텍스트의 바깥은 없고, 따라서 우리는 차이 체계에서 벗어날 수 없다. 그러나 장자에 따르면 텍스트는 꿈과 같이 구성된 것이고, 따라서 우리는 차이의 체계에서 벗어날 수 있다.

2.

이제 제사로 다시 돌아가보자. "어떤 것도 저것 아님이 없고, 어떤 것도 이것 아님이 없다(物无非彼, 物无非是)." 원칙적으로 세계는 소인 것과 소 아닌 것이라는 대대 논리로 설명 가능하다. 젖소·황소·물소 등이 소인 것에 속한다면, 대통령·염소·원자폭탄·오사마 빈 라덴·미적분학 등은 모두 소 아닌 것에 속할 수 있다. 이것이 어떻게 소인 것과 소 아닌 것이라는 논리에만 해당될 수 있는가? 추상적으로 만일 우리가 개념 A를 사용하고 싶다면, 또 세계는 A인 것과 A 아닌 것으로 설명될 것이다. 이처럼 장자는 세계를 분할하는 핵심적인 논리가 대대 관계에 있음을 지적하면서, 아울러 이런 대대 관계에 의해 분할되어 우리에게 현상하는 세계는 기본적으로 자의적이라는 것도 암시하고 있다.

장자는 대대 논리를 저것을 의미하는 '피(彼)'라는 개념과 이것을 의미하는 '시(是)'라는 개념으로 정리하려고 한다. 그런데 장자는 왜 언어를 분석하면서 많은 가능한 예들 중 하필이면 대명사에 해당하는 이것과 저것을 예로 삼고 있을까? 아마도 이것과 저것이라는 대명사처럼 마치 지시 대상이 확실히 있어 보이는 것은 없기 때문일 것이다. 또 지식인들의 옳고 그름(是非)의 논쟁에는 기본적으로 이쪽과 저쪽이라는 의식, 즉 이것과 저것이라는 기본적인 구분이 전제되어 있다는 점도 생각해볼 수 있다. 그렇다고 할지라도 우리에게는 또 다른 의문이 생겨난다. 저것과 이것으로 장자는 '피'와 '시'를 사용하고 있는데, 관용적으로 저것(혹은 저쪽)과 이것(혹은 이쪽)을 나타내는 말은 '피(彼)'와 '차(此)'이다. 장자가 관용적인 '피차'라는 용어를 쓰지 않고, '피시'라는 용어를 쓴 이유는 무엇일까. 장자는 이쪽이라는 의식이 이미 옳음(혹은 이것이다)이라는 판단을 낳을 수 있는 계기를 함축한다는 것을 보여주고자 했던 것이라고 생각해볼 수 있다. 결국 장자가 '피시'라는 용어를 사용한 이유는, 이런 언어의 대대 관계 속에는 고착된 자의식의 계기와 아울러 그런 자의식에 근거한 인식 혹은 시비 판단을 비판할 수 있는 계기도 전제되어 있다고 보기 때문일 것이다.

세계의 모든 것들은 '저것'이라고 불릴 수도 있고, '이것'이라고 불릴 수도 있다. 그러나 우리가 어떤 것에 대해 혹은 자신에 대

장자의 철학

해 '이것'이라는 말을 사용하기 위해서는 '저것'이라는 말을 동시에 알고 있어야 한다. '이것'은 '저것' 아님으로 정립될 수밖에 없기 때문이다. 그 역이라고 해도 사정은 마찬가지다. 장자에 따르면 어떤 개념 A를 이용한 단언은 −A가 아님을 단언하는 것과 마찬가지다. 기호적으로 $A \neq (-A)$라고 말할 수 있다. 그러므로 장자에 따르면 결국 "이것과 저것은 동시에 생기는(彼是方生)" 것이다. 장자의 이런 생각에 대해 우리는 다음과 같은 물음을 던질 수 있다. 즉 장자의 이런 언어에 대한 이해도 또 하나의 옳음(是)을 주장하는 담론이 아닌가? 장자는 이런 식의 반론을 충분히 의식하고 있었던 것 같다. 그는 자신이 말한 언어의 대대 관계에 대한 언명, 즉 '이것과 저것이라는 개념은 동시에 생긴다'라는 표현을 다시 한 번 뒤틀어버린다. '이것과 저것이라는 개념이 동시에 생긴다'고 말할 때의 '동시에 생긴다(方生)'도 의미가 있기 위해서는 '동시에 소멸한다(方死)'는 의미를 대대적으로 전제해야 한다. 그렇다면 결국 장자는 언어의 의미가 그 자체의 대대 논리를 전제로 한다는 자신의 주장을 유지할 수 있을 뿐 아니라, 이런 언어에 대한 이해를 근거로 자유롭게 언어를 사용하고 있다고 볼 수 있다.

3.

단순히 '동시에 생긴다'는 관념이 '동시에 소멸한다'는 관념을 함축한다는 지적으로 우리는 이것과 저것이란 대대 관계를 해체할 수 있을까? 이런 의문에 대해 장자는 제사 원문에서 다음과 같은 결정적인 진술을 하고 있다. "스스로를 저것(彼)으로 여기면 자신을 보지 못하고, 스스로를 이것(是)이라고 여기면 자신을 알게 된다(自彼則不見, 自是則知之)." 한문에서 자신을 의미하는 '자(自)'라는 글자는 동사와 결합되어 쓰이는 경우 재귀문을 형성하게 된다. 예를 들어 '자동(自動)'이라는 표현은 문법적으로 "자신이 자신을 움직인다"로 번역된다. 따라서 위 원문에 나오는 '자피(自彼)'는 "자신이 자신을 저것이라고 여긴다"로 번역되고, '자시(自是)'는 "자신이 자신을 이것이라고 여긴다"로 번역된다.

"자신을 저것으로 여긴다"는 사태와 "자신을 이것으로 여긴다"는 사태의 의미가 무엇인지를 정확히 파악하기 위해서 간단한 예를 들어보도록 하자. 내 앞에 어떤 사람이 슬픔에 젖어 하염없이 울고 있다고 해보자. 이런 경우 나는 그 사람에 대해 두 가지 경우로 반응할 수 있을 것이다. 첫째는 직접적이고 즉각적으로 내가 마치 스스로 그 슬픔에 빠진 사람인 것처럼 같이 슬퍼하는 경우다. 물론 이 경우는 "내가 저 사람과 같은 상황에 처한다면 얼마나 슬프겠는가?"라는 판단 끝에 이루어지는 것과는 구별되어야 한다. 갓난아이들에게 자의식이 생기기 전에는 나와 너라는 구별이 생기지 않는다. 아니 더 정확하게 표현하자면 나와 너라는 구별은 바로 자의식의 출현과 동시적인 사태라고 할 수 있다. 갓난아이들 여럿이 모여 있는 경우, 그중 한 아이가 울게 되면 모여 있는 모든 갓난아이들이 동시에 울곤 한다. 바로 이 경우가 '자피'의 한 사례다.

다음으로 우리는 슬픔에 빠진 사람에 다음과 같이 반응할 수도 있다. 우리는 슬픔에 빠진 사람은 슬픔에 빠진 사람이고 나는 나라고 무의식적으로 생각하면서, "왜 우느냐?"고 위로하곤 한다. 갓난아이들에게 자의식이 생기면, 그들은 이전처럼 집단적으로 울지 않는다. 오히려 이 경우 어떤 아이가 울면 멀뚱멀뚱 바라보면서 자신이 하던 놀이를 계속 하기 마련이다. 이것은 이제 아이들이 너는 너고, 나는 나라는 자의식이 생겼다는 것을 의미한다. 바로 이 경우가 '자시'의 사례다. 우리는 '자시'의 사례가 '이것과 저것이 동시에 생긴다'의 경우를 설명하고 있다면, '자피'의 사례는 '이것과 저것이 동시에 소멸한다'의 경우를 설명하고 있다는 것을 알 수 있다.

4.

장자는 지금 우리로 하여금 갓난아이로 되돌아가라고 권하는 것일까? 이것은 가능하지도 않을뿐더러 장자가 권고하고 있는 것도 아니다. 그러나 분명 장자 철학에서 갓난아이는 하나의 이념으로 도입되어 있다. 다시 말해 어른으로서 우리는 갓난아이로 상징되는 유동성을 확보해야 삶을 잘 영위할 수 있다는 것이다. 물론 삶을 잘 영위하기 위해서 타자와 잘 소통해야 함은 말할 나위도 없다. 〈경상초(庚桑楚)〉편을 보면 다음과 같은 이야기가 나온다.

> 아이처럼 순진할 수 있어야 한다. 아이는 하루 종일 울어도 목이 쉬지 않고, 또 하루 종일 주먹을 쥐고 있어도 손이 저리지 않는다. 또 하루 종일 보면서도 눈을 깜빡거리지 않는다. 길을 가도 가는 곳을 알지 못하고, 앉아 있어도 할 일을 알지 못한다. 외부의 타자에 순응하고, 그 타자의 흐름에 자기를 맡긴다. 이것이 삶을 기르는 방법이다.

흔히 더럽고 추한 사람을 보면 어른들은 인상을 쓰지만, 갓난 아이는 오히려 그런 사람과 어울려 즐겁게 놀 수 있다. 이것은 갓난아이가 자신이 조우하는 타자를 어떤 기준에 의해 평가하지 않기 때문에 가능한 일이다.

이처럼 어른들이 항상 나는 나, 너는 너라는 의식, 즉 '자시'라는 의식을 가지고 있다면, 갓난아이는 나와 너가 분리되지 않는 의식, '자피'라는 의식을 가지고 있다. 그렇다면 어른이 되어간다는 것은 자피라는 의식의 상태에서 자시라는 의식의 상태로 이행한다는 것을 의미한다. 결국 이런 식으로 우리는 "나는 남자다"라든가, "저기에 있는 여자는 아름답다"라든가, 아니면 "노인에게 자리를 양보해야 한다"고 생각하는 현실적인 어른이 될 것이다. 그러나 어른으로서 우리는 진정으로 자신의 삶의 주인일 수 있으며, 나아가 타자와 잘 소통할 수 있는가? 갓난아이는 거울을 보고 거울에 비친 자신의 상이 자기의 모습인지를 알지 못한다고 한다. 그러나 우리 어른들은 거울을 보고 그 거울에 비친 상이 자신의 모습인지를 안다. 그래서 우리는 얼굴에 묻은 것을 지우기도 하고 화장을 하기도 한다. 그러나 우리는 어떻게 거울에 비친 상이 자신의 모습인지를 알 수 있을까? 우리는 거울에 비친 상과 자신의 모습을 동시에 볼 수 없으니까 말이다. 더군다나 우리는 한 번도 우리의 눈으로 자신의 얼굴을 직접 본 적이 없지 않은가? 따라서 거울에 비친 상과 자신의 모습을 비교해서 "거울에 비친 상은 네 모습이 맞다"고 말해줄 누군가가 필요하다.

거울의 상과 자신의 모습 이외의 제3자가 바로 공동체적 규칙이다. 이 공동체의 규칙은 내가 무엇을 한다면 그것은 진정으로 내가 원해서가 아니라, 공동체의 타자가 원해서이기 때문이라

장자의 철학

는 사실을 해명해준다. 이런 이해에 따르면 우리는 스스로를 공동체의 규칙이 욕망하는 대상으로 만드는 과정을 통해서 구성된 것에 지나지 않는다는 것을 알 수 있다. 그렇다면 우리가 스스로를 나라고 여기는 자시라는 의식의 진정한 주인은 누구인가? 나와 너, 추녀와 미녀, 즐거운 것과 불쾌한 것 등의 구분은 결국 나를 통해서 작동하고 있는 공동체적 규칙에 의해 만들어지는 것이 아닌가? 결국 어른으로서 우리는 공동체적 규칙이 꾸고 있는 꿈에 지나지 않는다. 그럼에도 불구하고 우리는 자유롭다고 생각하면서, "저기에 있는 여자는 아름답다"고 자신이 스스로 결정하는 것처럼 평가를 내린다. 이런 메커니즘 속에서 과연 타자와의 소통은 가능하기라도 한 것일까? 바로 이런 질문에서 장자가 "저것과 이것이 동시에 사라진다(彼是方死)"고 말한 '자피'라는 해체의 논리가 의미를 지니게 된다.

5.

대대의 논리에 의해 A와 −A가 동시에 소멸할 수 있기 위해서는, 자신을 '시'라고 여기던 고착된 자의식이 스스로 자신을 '피'라고 여겨야만 한다. 그렇게 되면 '자피'라는 의식 속에서 시와 피는 겹치게 되면서, 대대의 논리는 해체(方死)될 수 있는 실마리를 얻게 된다. 우리는 대대 논리의 해체를 '무대(無待)'라고 부를 수 있는데, 이것을 기호로 표시하면 A = −A'라고 쓸 수 있다. '무대'가 무엇인지 이해하기 위해서 〈제물론〉편에 가장 먼저 나오는 남곽자기(南郭子綦)와 그 제자 안성자유(顔成子游)의 대화를 읽어보도록 하자.

남곽자기가 탁자에 의지하고 앉아 하늘을 올려다보면서 숨을
쉬고 있었다. 그는 마치 자신의 짝을 잃어버린 것 같아 보였다.
안성자유는 그 앞에 시중들면서 서 있었는데 다음과 같이 말했
다.
"어디에 계십니까? 몸은 진실로 시든 나무처럼, 마음은 꺼진
재처럼 만들 수 있습니까? 오늘 탁자에 기대고 앉은 사람은 어
제 탁자에 기대고 앉았던 사람이 아닙니다."
그러자 남곽자기가 말했다.
"현명하게 그것을 너는 질문하는구나, 자유야! 지금 나(吾)는
내 자신(我)을 잃었는데, 너는 그것을 아느냐?"

안성자유에게 자신의 스승 남곽자기는 시든 나무, 꺼진 재와
같이 죽음의 이미지로 현상하고 있다. 다시 말해 그에게 남곽자기
는 살아 있으면서도 동시에 죽어 있는 것처럼 보였던 것이다. 남
곽자기는 지금 살아 있으면서 동시에 죽은 상태, 즉 삶 = 죽음이라
는 무대의 상태를 체현하고 있는 것이다. 이 경우 남곽자기는 살
아 있다고 규정하기도 어렵고 죽었다고도 규정하기도 어려운 애
매한 상태에 있다. 이 애매한 무대의 상태 속에서 남곽자기는 "나
는 내 자신을 잃었다(吾喪我)"고 술회한다. 여기서 '아(我)'는 인칭
적 자아나 고착된 자의식을 가리킨다. 따라서 '오상아(吾喪我)'란
주체의 소멸이나 죽음을 의미하는 것이 아니라 인칭성을 제거한
주체, 비인칭적인 주체를 달성했다는 것을 의미한다. 여기서 우리
가 간과해서는 안 되는 것은 인칭적 자아를 상실했다고 하더라도

장자의 철학

'나(吾)'는 남아 있다는 사실이다. 나아가 만약 남곽자기에게서 일체의 주체 형식이 소멸했다면, 그는 자신의 제자에게 '오상아'라고도 술회할 수 없었을 것이다.

분명 '삶 = 죽음'을 나타내는 'A = − A'라는 '무대'의 공식은 모순을 의미한다. 형식논리에 따르면 어떤 것도 'A'라는 규정을 받는 동시에 '− A'라는 규정을 받을 수 없다. 이처럼 장자가 제안하는 대대 관계의 해체, 즉 무대는 기존의 형식논리에 입각해서는 이해할 수 없는 것이다. 그러나 무대의 공식으로서 'A = − A'는 'A'라는 규정과 '− A'라는 규정이 겹쳐지는 공간, 그래서 언어와 그것에 의해 작동하는 사유의 분별 작용이 불가능해지는 공간이라는 점이 중요하다. 형식논리에 길들여져 있는 사람에게 이 공간은 칼날과 같이 날카로운 선으로 보여서 결코 안주할 수 없다고 여겨지겠지만, 무대의 마음을 가진 사람에게는 넓고 편안해서 여유 있게 안주할 수 있는 삶의 공간으로 여겨질 것이다. 우리는 이 공간이 허(虛)나 무위(無爲)의 공간이지만 동시에 소통(通)과 무불위(無不爲)의 공간이라는 것을 기억해야만 한다. 따라서 이 공간은 허무주의적이거나 신비주의적인 초월의 경지를 나타내지 않는다. 이 공간은 형이상학적인 사변이나 논리적인 사변의 세계가 소멸되고, 실천적인 삶의 세계가 열리는 공간이라고 할 수 있으니까 말이다.

일체의 논리를 넘어 삶의 세계로

1.

이어지는 제사 내용을 살펴보면 장자는 마음의 무대(無待) 상태를 '도의 지도리(道樞)'라고 부르고 있다. 우선 원문을 자세히 읽어보 도록 하자. "저것과 이것이 대대하지 않는 경우를 도의 지도리라 고 부른다. 한번 그 축이 원의 중앙(環中)에 서게 되면, 그것은 무한 한 소통을 하게 된다(彼是莫得其偶, 謂之道樞. 樞始得其環中, 以應无窮)." 여기서 '도추(道樞)'는 앞에서 살펴본 것처럼 '무대의 상태'를 가 리킨다. 도추의 의미를 정확하게 이해하기 위해서 몇 가지 비유를 통해 이 개념의 의미를 알아보도록 하자. 우선 우리는 돌아가는 물레의 중심을 생각해볼 수 있다. 돌아가는 물레에 물건을 올려놓 는 경우를 생각해보자. 만약 중심에 정확하게 올려놓지 못하면, 그 물건은 바깥으로 튕겨지기 마련이다. 그러나 만약 우리가 정확 하게 그 물건을 돌아가는 물레의 중심에 올려놓으면 그것은 움직 이면서도 움직이지 않는다. 우리는 어렵지 않게 움직이면서 동시 에 움직이지 않은 상태도 바로 'A = − A'라고 표현되었던 무대의 상태라는 것을 알 수 있다. 장자는 이런 마음의 상태를 '원환의 중 심을 얻은 것(得環中)'이라고 표현한다. 우리는 또 도추를 소용돌이나 태풍으로 비유할 수도 있다. 소용돌이나 태풍의 주변부는 너무나 거칠고 위험하지만 그 중심부는 고요해서 맑은 하늘이 보일 정도로 안정되고 평온하다. 겉으로 보기에 이 중심부는 비워져 있는 것처럼 보인다. 그러나 그것은 단순하게 비워져 있는 것이 아니다. 이 비어 있는 상태는 강렬한 소용돌이를 가능하게 하는 부동의 중심에 비유할 수도 있다. 결국 소용돌이 내부의 비어 있음은 외부의 강렬한 운동과 동시적인 사태였던 셈이다.

　장자에게 남겨진 문제는 도추의 상태가 모든 세속적인 것들을 초월한 절대자의 경지로 오해될 여지가 있다는 데 있다. 장자는 이어지는 구절에서 도추의 상태는 마음이 자신의 본래의 자리를 얻어서 무한하고 복수적인 타자들에 대응할 수 있는 상태임을 명확하게 밝히고 있다. 여기서 잠깐 도추의 마음이 어떻게 타자와 소통할 수 있는지 비유적으로 설명해보도록 하자. 다시 수영을 예로 들어보자. 갓난아이를 물에 넣으면 그 아이는 자유자재로 수영을 하고 노닌다. 반면 어른은 물에 들어가면 허우적거리며 대개는 물에 가라앉아 죽을 고비를 넘기기 마련이다. 도대체 갓난아이와 어른 사이에 이런 차이가 발생하는 이유가 무엇인가? 그것은 어른들이 '물은 물이고 나는 나다'는 고착된 자의식을 가지고 있지만, 갓난아이들은 이런 종류의 자의식이 없기 때문이다. 어른들처럼 물이 나와는 무관한 물로 현상하게 되면, 그 물은 공포의 대상이 된다. 그러나 갓난아이들은 물과 자신을 구별하지 않고 자신의 몸을 물처럼 느낀다. 이처럼 갓난아이들은 스스로를 물이라고 여기는 '자피'의 상태에 있을 수 있다.

　갓난아이들은 결코 물을 물로 대상화하지 않는다. 이 말은 갓난아이들이 '나는 나다'라는 자의식을 가지고 있지 않다는 것을 의미한다. 그렇기 때문에 갓난아이들은 조우하는 타자에 맞게 자신을 조절할 수 있는 것이다. 조우하는 타자에 맞게 자신을 조절할 수 있기 위해서, 주체는 기본적으로 유동성을 가지고 있어야 한다. 장자가 생각하는 우리의 본래적 마음은 바로 타자와 소통할 수 있는 유동성을 가지고 있는 자기 조절의 역량이라고 할 수 있다. 물은 네모난 그릇에 담기면 네모난 모양으로 드러나게 되고, 둥근 그릇에 담기면 둥근 모양으로 드러난다. 또 물은 도저히 묘사하기 힘든 복잡한 모양의 그릇이라고 해도 그 그릇에 담기면 그 복잡한 모양으로 그대로 드러난다. 아이의 마음이 이처럼 유동적인 물과 같다면 어른들의 마음은 어떤가? 그들의 마음은 마치 물이 둥근 그릇에 담긴 뒤 얼어서 둥근 모양을 계속 띠고 있는 것에 비유할 수 있다. 이 둥근 얼음은 네모난 그릇을 만나게 되면 갈등과 좌절을 겪을 수밖에 없다. 자신의 둥긂을 자기동일성으로 생각하고 있는 얼음에게 네모난 그릇은 자신의 동일성을 파괴하려고 하는 공포의 대상으로 드러날 수밖에 없다. 이런 타자에 대한 공포는 둥근 얼음이 자신의 동일성이 둥긂에 있다고 착각하는 데서 기원하는 것이다. 그러나 둥근 얼음의 둥긂은 이전의 타자와 조우해서 생겼던 흔적이 굳어져서 생긴 것에 지나지 않는다.

어른들이 물을 두려워하는 것은 그들이 육지와 소통했던 흔적에 고착되어 있기 때문은 아닐까. 그래서 어른들이 갖는 '나는 나고 물은 물이다'라는 자의식의 내용 중 '나는 나다'라는 규정은 사실 '나는 육지에서 걷는 사람이다'라는 내용으로 풀이할 수 있다. 이처럼 '자시'하는 마음은 기본적으로 유동적 자기조절 역량이 굳어져버린 흔적에 다름 아니다. 장자가 '자피'하는 의식, 즉 무대의 마음을 우리에게 요구하는 이유도 바로 여기에 있다. 그는 어른으로서 우리가 갓난아이와 같은 유동성을 회복하기를 바라고 있는 것이다. 그리고 그 관건은 고착된 자의식, 즉 자시하는 마음을 버리는 데 있다. 장자는 이런 마음을 '자피'하는 마음이라고 혹은 '도추'라고 이야기한다. 따라서 장자가 권고하는 '원환의 중심을 얻은 것' 또는 '비움(虛)'이 일종의 정적주의로 이해해서는 안 된다. 오히려 이런 고요함이 역동성의 이면이라는 것, 비움이 타자와의 민감한 소통과 동시적인 사태일 수 있다는 사실이 중요하다.

장자는 무대의 마음이 무한한 것에 대응할(應無窮) 수 있다고 한다. 여기서 '무한(無窮)'은 마음 밖의 타자의 복수성과 다양성을 함축한다. 이런 타자의 복수성과 다양성에 기인하는 무한성을 '현실적 무한성(actual infinity)'이라고 부르도록 하자. 마음이 이런 타자의 무한성에 대응할 수 있는 것이라면 마음도 당연히 무한성을 담보하게 되는데, 우리는 이런 무한성을 '잠재적 무한성(virtual infinity)'이라고 부를 수 있다. 거울의 비유를 들어보자. 거울 자체의 밝게 비출 수 있는 역량이 잠재적 무한성을 비유한 것이라면, 거울 바깥의 다양하고 복수적인 타자들이 현실적 무한성을 비유한 것이라고 말할 수 있다. 특정한 거울의 상, 즉 사과를 비추고 있는 거울의 상은 거울 자체의 밝게 비출 수 있는 역량과 거울 바깥의 사과로 규정된다. 이와 마찬가지로 수영을 잘하는 갓난아이의 마음은 자기 조절의 역량과 이 갓난아이 바깥의 물로 동시에 규정될 수 있다.

2.

제사 원문을 보면 장자는 대대 관계가 해소되어 드러나는 진정한 마음(虛心)으로 세상의 타자와 조우하는 도추의 이야기를 마치면서 갑자기 '밝음을 쓰는 것(以明)'이 좋다는 수수께끼 같은 말을 남기고 있다. 도대체 밝음을 쓴다고 한 장자의 말은 무엇을 의미하는가? '밝음을 쓴다'는 개념은 〈제물론〉편에 세 번 등장한다. 앞에서 다룬 원문이 그 하나다. 그리고 다른 하나는 "만일 당신이 그들(유가와 묵가)이 부정하는 것을 긍정하고 그들이 긍정하는 것을 부정하려고 한다면, 가장 좋은 방법은 밝음을 쓰는 것이다(欲是其所非而非其所是, 則莫若以明)"라는 구절에서 나온다. 아쉽게도 이 두 번째 구절로도 우리는 도대체 '밝음을 쓴다'는 것이 무엇인지 알 수가 없다. 그러나 다행스럽게도 직접적으로 '밝음을 쓴다'는 말의 의미를 장자가 개념 규정한 구절이 〈제물론〉편에 나온다. 그것이 바로 우리가 살펴볼 다음 구절이다.

> 완전함과 불완전함이 있기 때문에 소씨(昭氏)가 악기를 탄다. 만일 완전함과 불완전함이 없다면 그는 악기를 타지 않았을 것이다. 악기를 연주하는 소문(昭文), 자신의 막대기에 의지해 있는 사광(師曠), 오동나무에 기대어 있는 혜시, 이 세 사람의 인식은 아마도 가장 완성된 인식일 것이다. 그러므로 그들의 이름이 후대에까지 전해진 것이다. 그렇지만 단지 그들이 선호하는 것이 다른 사람들과 달랐을 뿐이다. 그런데도 그들은 자신이 선호하는 것으로 다른 사람들을 이해시키려고 했다. 다른 사람들을 이해시킬 수 없는데도 이해시키려고 했으니, 그

장자의 철학

들은 궤변의 어두움으로 자신들의 삶을 마치게 된 것이다. 그리고 그들의 후예들도 또한 소씨의 현악기 줄로 삶을 마쳤지만, 자신의 삶이 끝날 때까지 완전함이 없었다. 이와 같은데도 완전하다고 말할 수 있을까? 그렇다면 나도 완전하다. 아니면 그들은 완전하다고 말할 수 없는 것일까? 그렇다면 타자도 나도 완전하지 않다. 그러므로 (사람들을) 어지럽히고 혼란시키는 (논리나 사변의) 현란함은 성인이 경멸하는 것이다. 옳다는 판단 (爲是)은 사용하지 않고 일상적인 것에서 깃들도록 해야 한다. 이것을 밝음을 쓴다(以明)라고 말한다.

이 이야기에 따르면, 완전함(成)과 불완전함(虧)이라는 대대의 논리가 있기 때문에 소씨라는 아주 탁월한 음악 연주자가 악기를 연주하고, 이 대대의 논리가 없어진다면 그는 악기를 연주하지 않는다고 한다. 왜 그럴까? 원문에 따르면 그는 다른 사람보다 더 완전해지려고 하는 사람이기 때문이다. 만약 그에게 완전함은 좋은 것이고 불완전함은 나쁜 것이라는 사전에 미리 정해진 가치 판단이 없었다면, 그는 완전한 연주를 향해 그렇게 노력하지 않았을 것이고, 따라서 탁월한 연주가로 후세에 알려지지도 않았을 것이다. 장자는 이런 종류의 사람으로 소씨 이외에 음률에 정통했던 사광과 변론의 대가인 혜시를 들고 있다. 이 세 사람은 모두 자신의 완전함에는 이미 완전/불완전이라는 가치평가가 내재되어 있었다는 것을 알지 못한다. 이 점에서 이들은 진정한 주체라기보다 차라리 완전/불완전이라는 대대 관념에 사로잡혀 있는 노예와 같은 사람들이었다.

더군다나 장자가 보았을 때, 이들의 완전함은 모두 제한된 영역 내의 완전함에 지나지 않는다. 그런데도 이들은 자신의 완전함이 보편적이라기보다는 제한적인 것, 따라서 유한한 것임을 망각하고 있다. 그래서 만약 이들이 자신만의 완전함을 보편적인 것이라고 주장하게 된다면, 이들의 완전함은 고착된 자의식의 기준이나 근거로 기능할 수밖에 없게 된다. 이처럼 장자가 보았을 때 그들은 자신들만이 선호하는 것에 불과한 것을 가지고 다른 사람들에게도 그것을 적용하려고 했던 사람들이다. 그렇지만 이들과는 선호하는 것이 다른 사람들에게는 이들의 완전함은 전혀 소용없는 것이다. 그들에게는 그들만이 좋아하는 것(所好)이 있을 테니까 말이다. 이를테면 술을 잘 마신다든가, 소를 잘 잡는다든가, 농사를 잘 짓는다든가 하는 자신들이 잘하고 좋아하는 바를 갖고 있다. 그런데도 세 인물은 자신들만이 선호하는 것을 자랑하려는 우매함으로 평생을 보냈다. 이런 우매함은 단지 이들에게서만 끝난 것이 아니었다. 그들의 후예들도 스승들의 흔적을 따랐지만 이들에게는 스승들이 지녔다고 인정되는 완전함마저도 없었다. 스승의 완전함이 이들에게는 이제 도달할 수 없는 이상(ideal)으로 추상화될 수밖에 없으니까. 그들은 자신들의 삶을 망각하고 스스로 도달할 수 없는 이상에 매진함으로써 불완전을 자초하고 있는 것이다. 결국 장자에 따르면 만일 우리가 소씨를 포함한 이 세 사람에게 완전함이라는 말을 붙일 수 있다면, 완전하지 못한 우리도 완전하다고 할 수 있고, 만약 그들에게 완전함이란 규정을 내릴 수 없다면 타자나 우리에게도 완전하다는 규정을 내릴 수 없게 된다. 그래서 각각의 삶의 주체는, 자신의 삶의 문맥에서는 완전하다고 할 수 있지만, 그 삶 자체가 제한되어 있으므로 다른 삶의 문맥에서 보면 또 불완전하다고 말할 수 있는 법이다.

장자의 철학

3.

방금 읽었던 이야기를 통해 장자가 말하려고 했던 것은 단지 이런 부정적인 의미만은 아니다. 제사의 마지막 부분에서 장자는 자신이 진정으로 하고 싶었던 이야기를 하기 시작한다. 장자는 우리에게 다음과 같이 권고한다. 즉 "옳다는 판단을 사용하지 않고 그것을 일상에 깃들게 해야 한다(爲是不用而寓諸庸)!" 이어서 장자는 바로 이것이 자신이 '밝음을 쓴다'라고 했을 때 의미했던 것임을 명확히 한다. 여기서 '옳다고 여기다' 또는 '이것이라고 여기다'로 번역되는 '위시(爲是)'는 대대의 논리에 따라 그리고 고착된 자의식에 근거해서 수행되는 인식이나 판단을 의미한다. 따라서 이 위시라는 의식은 앞에서 살펴본 자시에 근거하고 있는 사유와 판단 활동이라고 할 수 있다. 그렇다면 우리는 이제 장자가 위시라는 판단을 부정할 것이라고 짐작할 수 있다. 그러나 우리의 이런 예측과는 달리 장자는 이 '위시'를 그 자체로 부정하고 있지 않다. 장자에 따르면 '위시'는 그 자체로 부정되어야 할 것이 아니라 다만 제약되어야 할 뿐이다. 다시 말해 "위시는 일상에 깃들어야 한다." 우리는 이런 장자의 권고를 어떻게 이해할 수 있을까?

비트겐슈타인이 《철학탐구(Philosophical Investigation)》에서 표어처럼 사용하는 말이 있다. "생각하지 말고, 보아라!" 여기서 본다는 의미가 무엇인지를 생각해보도록 하자. 가령 어떤 사람이 방 안에 있다고 해보자. 그런데 그 방문은 안으로 잡아당기면 열리지만 밖으로 밀면 열리지 않는다. 그런데 이 사람은 방문은 밀어야 열린다고 생각하고 있다. 그렇다면 이 사람은 결코 이 방에서 벗어날 수 없을 것이다. 그러나 사실 이 사람은 방에 갇혀 있는 것이 아니라 자신의 생각에 갇혀 있다고 해야 한다. 어쨌든 그 문은 밀지 않고 당겨야 열린다는 사실이 떠오르지 않는다면 이 사람은 계속 갇혀 있게 될 것이다. 결국 비트겐슈타인에게 본다는 것은 미리 예단하지 않고 주어진 사태에 맞게 생각한다는 것을 의미한다. 이 경우 두 가지 생각이 가능하다. 하나는 '방문은 밀어야 열릴 것이다'이고, 다른 하나는 '방문은 잡아당겨야 열릴 것이다'이다. 중요한 것은 전자의 생각이나 후자의 생각도 모두 미리 사태에 맞는다는 보장이 없다는 점이다. 비트겐슈타인은 결코 생각 자체를 부정하지는 않는다. 오히려 그가 강조하고 있는 것은 생각은 사태에 대한 어떤 시선의 변경 속에 있어야 한다는 점이다.

장자가 '이명(以明)'을 "옳다는 판단을 사용하지 않고 그것을 일상에 깃들게 해야 한다(爲是不用而寓諸庸)"라고 정의할 때, 그는 비트겐슈타인의 이런 통찰을 공유하고 있는 것처럼 보인다. 우저용(寓諸庸)에서 저(諸)는 문법적으로 지어(之於)의 줄임말이다. 그래서 이 말은 "그것을 일상(庸)에 깃들게 하라"라고 번역된다. 장자는 결코 위시를 그 자체로 부정하지는 않는다. 단지 이런 생각의 활동을 온전한 자리에 두고자 하는 것이다. 나중에 자세히 살펴보겠지만, 이렇게 일상에 깃들게 된 위시를 장자는 '인시(因是)'라고 정의한다. 여기서 중요한 점은 위시의 주체가 고착된 자의식의 기준으로서 과거의식이라면 '인시'의 주체는 오히려 사태나 타자라는 것이다. 이 점에서 '이명'에 대한 장자 본인의 정의인 "옳다는 판단을 사용하지 않고 그것을 일상에 깃들게 해야 한다"는 구절은 아무리 강조해도 지나치지 않다. 이 구절은 위시를 전적으로 부정하는 것이 아니라 위시의 고유한 자리가 구체적인 삶의 세계(庸)에 있어야만 한다는 것을 밝히고 있다. 위시가 삶의 세계에 깃들게 되었을 때, 위시는 자의식의 동일성에 근거한 인칭적 판단을 벗어나게 된다. 오히려 이 경우의 위시, 즉 '인시'는 사태의 고유성 및 단독성과의 소통과 이런 소통의 결과로 임시적으로 구성된 자의식, 다시 말해 임시적 자의식 속에서 작동하게 된다. 이렇게 위시가 임시적이고 비인칭적으로 작동하는 유동적인 판단이 되었을 때, 그것은 인시로 변화하게 된다.

6장. 꿈과 깨어남이란 비유

안회가 공자에게 물었다.

"맹손재는 자신의 어머니가 죽었을 때 소리 내어 울었지만 눈물을 흘리지 않았고, 마음속으로도 슬퍼하지 않았고, 장례를 집행할 때도 애통해하지 않았습니다. 이런 세 가지를 결여했음에도 불구하고, 그는 노나라 전역에 걸쳐 가장 애도를 잘한 자로 명성을 떨쳤습니다. 그 내용이 없는데도 그런 이름을 얻는 경우가 실재로 있는 것이 아닙니까? 저는 정말로 그것이 이상합니다."

공자가 말했다.

"그 맹손재는 삶과 죽음이 무엇인지를 아는 사람이다. 그는 상례에 대한 앎(知)을 넘어서 있는 사람이다. 그는 비록 상례를 간소히 치르려 하다가 뜻대로 하지는 못했지만, 이미 간소히 한 바가 있었다. 맹손은 삶과 죽음의 이유를 알려고 하지 않았고, (생동하는 현재가 아닌) 관념적으로 기억된 과거의식(先)과 관념적으로 예기된 미래의식(後)을 알지 못했다. 변화를 따라서 그 변화에 맞추어 개별자가 되어서 그가 알 수 없는 변화에 의존할 뿐이다. 게다가 변화할 때 어떻게 그가 그것과 대립하는 변화되지 않음을 사유하겠는가? 변하지 않을 때 어떻게 그가 변화를 사유하겠는가? 단지 너와 나만이 꿈으로부터 아직 깨어나지 못한 사람들이 아니겠는가? 게다가 그는 몸을 놀라게 했지만 마음을 해치지는 않았고, 마음(宅)을 새롭게 해서 자신의 삶을 해치지 않는 사람이다. 다른 사람이 소리 내어 울 때 그도 또한 소리 내어 울었다. 이것은 그들이 그렇게 한 것을 따른 것이다. 그런데 지금 우리는 서로 각자 나라고 여기고(吾之) 있을 뿐인데, 어떻게 우리 자신이 나라고 여기는 것이 실제로 나가 아님을 알겠는가? 너는 너 자신이 새이고 그래서 하늘을 날고 있다고 꿈꾸고 있고, 너 자신이 물고기이고 그래서 깊은 물속으로 뛰어들고 있다고 꿈꾸고 있다. 지금 말하고 있는 사람이 깨어 있는 사람인지 아니면 꿈꾸고 있는 사람인지에 대해 뭐라 말할 수 없다.

– 대종사

顔回問仲尼曰, "孟孫才, 其母死, 哭泣無涕, 中心不戚, 居喪不哀. 無是三者, 以善處喪蓋魯國. 固有無其實而得其名者乎? 回壹怪之." 仲尼曰, "夫孟孫氏盡之矣, 進於知矣. 唯簡之而不得, 夫已有所簡矣. 孟孫氏不知所以生, 不知所以死, 不知孰先, 不知孰後. 若化爲物, 以待其所不知之化已乎! 且方將化, 惡知不化哉? 方將不化, 惡知已化哉? 吾特與汝, 其夢未始覺者邪! 且彼有駭形而無損心, 有旦宅而無耗精. 孟孫氏特覺, 人哭亦哭. 是自其所以乃且也, 相與吾之耳矣, 庸詎知吾所謂吾之非吾乎? 且汝夢爲鳥而厲乎天, 夢爲魚而沒於淵. 不識今之言者, 其覺者乎, 其夢者乎?"

– 大宗師

공자, 혹은 동양철학 가능성의 중심

1.

보통 장자는 노자와 함께 도가(道家)의 중심 인물이라고 알려져 있다. 그래서 흔히 도가사상이나 그 사유 방법을 노장사상이라고 부르기도 한다. 이런 관례는 한대(漢代)에 들어오면서 생긴 것이다. 그러나 한대 이전의 선진사상계에서는 노자와 장자는 결코 노장으로 병칭된 적이 없었다. 이것은 우리가 《장자》 제일 마지막 33번째 편인 〈천하〉편을 살펴보아도 간단히 확인할 수 있다. 〈천하〉편에서 노자와 장자는 상이한 전통을 계승한 학자로 기술되어 있다. 《장자》에서 노자는 보통 노담(老聃)이라고 불리고 있다. 그런데 흥미로운 것은 〈내편〉과 〈외·잡편〉이 각각 이 노담이라는 인물에 대해 서로 다르게 이해하고 있다는 점이다. 〈외·잡편〉에서 인용되는 노담은 분명 《노자》에 나오는 사상을 이야기하고 있고 동시에 공자도 권위자로 등장하고 있다. 반면 〈내편〉에 등장하는 노담은 《노자》의 사상과는 무관할 뿐만 아니라 오히려 비판의 대상으로 등장하고 있다. 노담에 대해 비판적인 입장을 피력하고 있는 우화는 〈내편〉에 나오는 〈양생주(養生主)〉편에 등장한다. 이 우화의 줄거리는 다음과 같다. 노담(=노자)이 죽었을 때 조문객이 끊이지 않자, 그를 조문했던 진일(秦失)이라는 사람은 다음과 같이 노자를 평가한다. "노담을 처음에는 지인(至人)으로 알았는데, 지금 보니 그렇지 않구나(始也吾以爲至人也, 而今非也)."

그렇다면 〈내편〉에서 등장하는 최고의 권위자는 노자가 아니라면 누구일까? 그것은 놀랍게도 공자다. 〈우언(寓言)〉편과 〈천하〉편을 보면 장자의 후학들은 장자의 문체를 다음과 같이 세 가지로 분류하고 있다. 첫째는 우언인데, 이것은 허구 인물들이나 사물들을 주인공으로 삼아 구성한 재미있는 우화적 이야기이다. 둘째는 중언인데, 이것은 당시 사람들이 권위자로 인정하는 사람을 주인공으로 삼아 만든 이야기이다. 마지막은 치언인데, 이것은 대화 상대방이 누구인지 혹은 주제는 무엇인지에 따라 자유롭게 진행되는 이야기이다. 이런 분류에 따르면 중언의 대상이 〈외·잡편〉에서는 노자였다면, 〈내편〉에서는 공자라고 할 수 있다. 여기서 우리는 노장이라고 병칭되는 장자와는 다른 장자, 공자라는 인물을 권위자로 진지하게 고려하는 장자를 확인하게 된다. 공자와 장자! 우리는 여기서 어떤 이질감을 느낄 수도 있다. 유가와 도가는 사마천의 말대로 차가운 얼음과 활활 타오르는 석탄의 관계처럼 양립할 수 없는 상이한 사유체계로 이해되었던 것이다.

도대체 왜 장자는 공자를 이렇게 심각하게 고려했던 것일까? 단순히 자신이 살던 시대에 공자의 권위가 신성불가침의 지위를 확보했기 때문일까? 그러나 장자와 동시대 사람인 맹자(孟子)의 이야기를 들으면 당시는 공자는커녕 유학사상도 죽은 개 취급을 받던 시대였다는 것을 알 수 있다. 그렇다면 장자가 공자를 심각하게 고려한 이유는 당시의 지적 유행에 편승한 것일 수는 없다. 오히려 그가 공자를 심각하게 고려했던 것은 그가 공자 사상에서 철학적 가능성과 한계를 정확하게 파악하고 있었기 때문이라고 봐야 한다. 많은 사람들이 서양철학을 시작한 사람으로 소크라테스를 들고 있다. 이렇게 보는 이유는 그가 "너 자신을 알라!"라는 격언을 통해서 반성적인 성찰의 작업을 열었기 때문이다. 자기 자신을 반성하지 않고 이루어지는 모든 논의는 독단적인 맹신에 불과한 것이다. 공자가 중국철학의 시조라고 볼 수 있는 이유도 바로 그가 소크라테스와 비견되는 반성적 성찰의 작업을 중국철학에 최초로 도입했기 때문이다. 그렇다면 장자는 공자의 철학에서 어떤 가능성과 한계를 파악했던 것일까?

2.

공자가 의미가 있는 지점은 그가 바로 내면을 발견했다는 데 있다. 다시 말해 공자는 나 자신이라는 것을 의식했다는 말이다. 이 점에서 공자 철학의 정수는 '서(恕)'라는 한 글자에 있다고 해도 과언이 아니다. 공자는 '서'를 "자신이 원하지 않은 것을 타자에게 하지 마라(己所不欲, 勿施於人)"라거나 "자신이 서고자 하면 타자를 세워주어라(己欲立而立人)"라고 정의한다. 결국 '서'의 원리에는 타인과 관계를 맺을 때 우리가 자신을 대상화해서 반성한다는 것이 함축되어 있다. 여기서 우리는 내면을 발견하게 된다. 그러나 '서'라는 윤리적 원칙의 이면에는 더 큰 공자의 문제의식이 도사리고 있다. "우리는 타자와 어떻게 관계를 맺어야 하는가?" 이런 문제의식이 없었다면 공자는 이런 '서'라는 원칙을 제공하지도 않았을 것이다. 그렇다면 '서'는 관계에 대한 의지를 함축하고 나아가 이

의지는 타자와의 충돌을 전제로 해서만 의미를 지니게 된다는 것을 알 수 있다. 다시 말해 공자는 타자와의 갈등이나 다툼(爭)의 상황 속에서 이것을 해소하고 조화(和)를 도모하기 위해서 '서'의 원칙을 제안했다는 것이다.

그러나 '서'의 원칙이 타자와 올바른 관계 맺음의 원리로 기능하기 위해서는 다음과 같은 요구조건을 충족시켜야만 한다. 그것은 나와 타자가 동일한 욕망의 구조를 갖고 있어야만 한다는 것이다. 그러나 만약 나와 타자가 동일한 욕망 구조를 갖고 있지 않다면 나의 욕망을 통해 매개된 실천 원리로서 '서'는 오히려 타자와의 갈등을 심화시킬 수밖에 없다. 예를 들어, 나는 음악을 듣고 싶지 않다. 그래서 나는 타인에게 음악을 들려주지 않는다. 그러나 만약 타자가 음악을 듣고 싶어한다면? 혹은 나는 아침에 산을 오르는 것을 좋아한다. 그래서 나는 내 아들을 아침에 깨워서 산에 오르도록 한다. 그러나 만약 내 아들이 산에 오르는 것을 싫어한다면? 여기에 바로 '서'의 이율배반(antinomy)이 존재한다. 타자가 나와 동일한 욕망 구조를 갖고 있는 경우에만 '서'는 갈등을 해소하는 관계 맺음의 원리로 기능할 수 있다. 그러나 타자가 나와 동일한 욕망의 구조를 갖고 있다면 애초에 심각한 갈등이 생기지도 않을 것이다. 다시 말해 갈등이 생겨야만 '서'라는 실천 원칙을 사용할 수 있는데, 갈등이 생겼다는 것은 이미 나와 타자가 상이한 욕망의 구조를 가지고 있다는 것을 함축한다.

그렇다면 나와 동일한 욕망 구조를 가지고 있는 것이 진정한 타자일 수 있을까? 타자는 오히려 나와 상이한 욕망 구조를 가지고 있을 때에만 타자라고 불릴 수 있는 것이 아닌가? 이처럼 공자의 '서'의 원리는 타자에 대한 관계 맺음의 원리인 듯이 보이지만,

이 원리에서 사실 진정한 타자는 빠져 있다고 보아야 한다. 결국 '서'의 원리는 단지 동일한 욕망 구조를 공유한 특수한 공동체 내에서만 적용 가능한 원리에 지나지 않는다. 예를 들어 날씨가 춥다고 애완견에게 옷을 입히는 사람을 생각해보자. 이 사람은 분명 공자의 '서'의 원리를 충실하게 실천하고 있다고 말할 것이다. 그러나 이 사람에게 그 개는 정말 타자일 수 있는가? 오히려 이 경우 애완견에게 적용된 '서'의 원리는 이 말 못하는 개에게 가해진 폭력에 불과한 것이 아닌가? 그 개는 자신의 복슬복슬한 털만으로도 충분히 체온을 유지할 수 있는데, 사람들은 자신의 경우를 기준으로 개에게 갑갑한 옷을 사 입히고 예쁘다고 믿고 있다. 우리는 공자의 '서'가 애초의 그의 의도와는 달리 타자와의 갈등을 해소하기보다는 오히려 타자와의 갈등을 증폭시키고 나아가 자신과 관계 맺어야만 하는 타자에게 폭력적일 수 있다는 점을 잊어서는 안 된다. 바로 이것이 장자가 자신의 사유를 시작하는 출발점이었던 것이다.

3.

가장 평화적이고 우호적으로 보이는 '서'의 원리에 잠재하고 있는 폭력성은 단지 타자에게만 가해지는 것이겠는가? 어쩌면 공자 사상의 핵심에는 폭력이라는 테마가 구조화되어 있는 것은 아닌가? 공자는 우리가 바람직하게 살려면 "예가 아니면 보지도, 듣지도, 말하지도, 움직이지도 말라(非禮勿視, 非禮勿聽, 非禮勿言, 非禮勿動)"라고 한다. 그러나 만약 우리가 공자의 말대로 산다면, 우리의 내면

장자의 철학

에 예는 행동과 판단의 기준으로, 프로이트가 말한 초자아로 자리를 잡게 된다. 그리고 우리는 이제 홀로 있어도 이 초자아의 검열을 받게 된다. 예에 맞는 행동을 한 나 자신을 대상화하면서 우리는 기뻐하고, 예에 어긋나게 행동한 나 자신을 대상화하면서 우리는 스스로 부끄러워한다. 공자는 이런 메커니즘을 '자신을 이기고 예를 회복(또는 실천)하는(克己復禮)' 과정이라고 이야기한다.

그래서 우리는 다음과 같은 공자의 말이 무엇을 의미하는지 알게 된다. "나는 그 잘못을 보고 내면에서 스스로 재판을 할 수 있는 사람(能見其過而內自訟)을 보지 못했다." 여기서 잘못 또는 허물(過)과 재판하다(訟)라는 개념은 무척 중요하다. 이것은 공자의 반성이 기본적으로 법적인 구조로서 작동하고 있다는 것을 잘 보여준다. 재판이 일어나기 위해서는 피고·검사·변호인·재판관·법조문 등이 필요하다. 이것은 공자가 권고하는 자기반성에도 통용되는 구조다. 결국 스스로 벌이는 재판 놀이로서 자기반성은 자아를 이중삼중으로 분열시키게 된다. 이제 반성하는 나는 피고로서의 나, 검사로서의 나, 변호인으로서의 나, 최종적으로 판단을 내리는 재판관으로서의 나로 산산이 부서진다. 그러나 이런 재판으로서의 반성에서 가장 중요한 것은 이런 재판과 판단의 최종 근거로서의 예라고 할 수 있다. 그렇기 때문에 "예에 맞지 않으면 보지도, 듣지도, 말하지도, 그리고 행동하지도 않는다"는 공자의 이야기는 중요한 의미를 지니는 것이다.

그러나 진정으로 이 예는 보편타당한 올바른 법조문일 수 있을까? 공자의 보수성은 바로 진정으로 되물었어야 하는 이런 질문을 결코 제기하지 않았다는 데 있다. 표면적으로 공자는 인간의 자기반성적 역량을 긍정하는 것 같지만, 인간의 반성적 역량은 단지 내면화된 예라는 법조문에 따라 자신을 심판하는 역량에 지나지 않는다. 그러나 내면화된 예는 결국 주체에게 가해진 폭력에 불과한 것이다. "예가 아니면 보지도 듣지도 말하지도 행동하지도 않으면서" 내면화된 예는 결국 삶의 다른 지평들을 부정하고 억압하는 폭력으로 작동할 수밖에 없다. 문제는 예의 내면화의 과정이 결코 자기 자신에 대한 폭력에 그치지 않는다는 점에 있다. 이렇게 예를 내면화한 사람에게는, 이제 다른 사람들도 이 예의 기준에 따라 심판할 수 있는 심판권을 행사할 테니까 말이다. 그래서 공자는 능숙하게 자신을 재판하는 사람만이 "타인을 좋아할 수도 미워할 수도 있다(能好人, 能惡人)"고 말한다. 이제 나 자신을 재판하던 사람이 타인도 재판하는 것이다. 이것이 바로 그 유명한 "나를 수양하고 남을 다스린다(修己治人)"는 유학사상의 메커니즘이다. 그러나 결국 이것은 내면화된 예를 타자에게 무차별적으로 적용하는 것에 지나지 않는다. 다시 말해 이것은 자신에게 가했던 폭력을 어느 사이엔가 자연스럽게 받아들이고, 그것을 타자에게 강요하는 것에 불과하다는 것이다. 이처럼 내면화된 규범(=초자아)은 타자에 대한 폭력의 원인으로 작동하기 쉽다. 그러나 사실 더 심각한 문제는 이런 내면화의 메커니즘이 주체 자신의 삶을 부정한다는 데 있다. 결국 타자의 삶을 부정하기 위해서 주체는 우선 자신의 삶을 부정해야만 한다. 역으로 주체는 자신의 삶을 긍정하기 위해서 타자의 삶을 긍정해야만 한다. 중요한 것은 내면화된 규범으로서 초자아는 이런 삶의 긍정 속에서는 존속할 수 없다는 점이다.

꿈, 혹은 타자 부재의 사유

1.

타자와 조화롭게(和) 관계하겠다는 공자의 '서'의 정신은 자신이
의도한 것과는 달리 나 자신과 타자에게 동시에 폭력적일 가능성
에 노출되어 있다. 왜 이런 의도하지 않은 결과가 발생하게 되었
는가? 그 이유는 공자가 예에 대해 더 이상 질문을 던지지 않고 자
명한 것으로 받아들였다는 데 있다. "자기가 원하지 않는 것을 남
에게도 하지 않는다"는 '서'의 정신은 오직 조우한 타자가 나와 동
일한 욕망 구조를 가지고 있을 때에만 적절한 관계 맺음의 원리로
서 기능할 수 있다. 나아가 자기가 원하지 않는 것이란 사실 예가
원하지 않는 것에 지나지 않을 때, 결국 공자의 '서'는 나뿐만 아니
라 타자도 예라는 동일한 심판자 밑에 두려는 의지에 다름 아니라
고 할 수 있다.

《논어》〈양화(陽貨)〉편에서 공자는 다음과 같은 이야기를 한다.

여자와 소인은 기르기가 어렵다. 그러므로 친하게 대하면 불
손하게 되고, 멀리하면 원망을 한다.
唯女子與小人爲難養也, 近之則不孫, 遠之則怨.

여자와 소인과 관련된 공자의 술회는 결정적으로 중요하다. 여기에서 우리는 공자의 '서'의 원리가 단지 여자가 아닌 사람들과 물질적 이익을 추구하지 않는 사람들, 그러니까 남자들과 지식인들에게만 적용되었던 것임을 명확하게 알게 된다. 만약 '서'의 원리가 보편적 의의가 있는 것이라면 여자와 소인에게도 마찬가지로 적용되어야 하지 않겠는가? 동일한 삶의 규칙을 공유하고 있는 남자 지식인들에만 적용되는 원칙, 즉 예라는 법조문을 공유하고 있는 사람에게만 통용되는 원칙은 결코 타자와 소통하기 위한 보편적 원칙일 수는 없는 법이다.

우리는 이제 장자가 공자에게서 무엇을 물려받았으며 또 무엇을 문제 삼고 있는지를 알 수 있다. 그는 공자에게서 주체와 타자 사이의 진정한 관계 맺음, 소통이라는 문제를 떠맡고 있다. 그렇지만 그는 소통을 하기 위해 예라는 매개가 절대적으로 필요하다는 공자의 확신을 문제 삼고 있다. 장자에 따르면 예라는 매개가 소통을 오히려 가로막고 있는 주범이라고 할 수 있다. 그럼에도 불구하고 공자는 계속 예가 소통을 가능하게 하는 필수적인 매개라고 주장하고 나아가 이런 주장을 타자에게 강요하고 있다. 그렇다면 공자는 자기만의 꿈속에 사로잡혀 사는 사람이 아니겠는가? 나아가 자신의 꿈을 모든 타인들에게 강요하고 있는 것이 아니겠는가? "자신이 원하지 않은 것을 타자에게 하지 마라(己所不欲, 勿施於人)"라고 정의되는 '서'는 타자와 적절히 관계 맺게 해주는 원칙으로서는 부적절하다고 할 수 있다. 오히려 진정한 관계 원칙은 "타자가 원하지 않는 것을 타자에게 하지 마라(人所不欲, 勿施於人)"라고 표현해야 옳을 것이다. 그러나 여기서도 다음과 같은 의문이 발생한다. 우리는 어떻게 타자가 원하는 것을 알 수 있을

장자의 철학

까? 우리는 어떻게 그 고유한 타자의 내면을 읽을 수 있을까?

2.

꿈 은유는 장자 철학을 이해하는 데 아주 중요하다. 더군다나 꿈 은유는 〈내편〉에만 나온다는 점에서 장자 본인의 사상을 이해하는 데 핵심 열쇠라고 할 수 있다. 꿈 은유가 가진 철학적 함축을 알아보기 위해서 우리는 다음과 같은 예를 생각해보도록 하자. 자신이 사랑하는 여자가 진실로 자신을 사랑하는 줄 알았는데, 사실그 여자는 이제 나를 사랑하지 않는다. 이 사실을 알았을 때 우리는 "그건 나만의 꿈이었어"라고 말하곤 한다. 이 경우 우리는 두 가지 다른 상태에 있었다는 점을 알게 된다. 하나는 그녀가 자신을 사랑한다고 믿었던 과거의 상태라면, 다른 하나는 그녀가 자신을 사랑하지 않는다고 아는 현재의 상태다. 결국 우리가 "그건 꿈이야"라고 했을 때, 우리는 과거의 생각이 단지 상상에 지나지 않는다는 것을 시인하는 셈이다. 우선 무엇보다 먼저 주목해야 할 것은 "그건 나만의 꿈이었어"라고 말할 때 우리는 이 꿈에서 초월해 있는 것처럼 보인다는 점이다. 다시 말해 이 말을 할 때 우리는 마치 꿈에서 깨어난 것처럼 보인다는 말이다. 그러나 과연 그럴까? 그녀가 지금은 나를 사랑하지 않는다는 것도 꿈일 수 있지 않을까? 다시 말해 "그녀는 나를 사랑한다"는 옛날 판단과 마찬가지로 "그녀는 나를 사랑하지 않는다"는 현재의 판단도 모두 꿈일 수 있다는 말이다. 이렇게 생각해보면 우리는 결코 "그녀가 나를 사랑하는지 또는 사랑하지 않는지"를 알 수가 없다. 그렇다면 깨어남은 불가능한 것이 된다. 깨어났다는 것은 단지 새로운 꿈을 꾸고 있는 것에 지나지 않을 수도 있으니까 말이다. 그렇다면 장자가 꿈 은유로 말하려는 것이 결국 이런 회의주의에 불과한 것이란 말인가?

많은 학자들은, 특히 서양 학자들은 꿈 은유를 회의주의와 상대주의로 독해하려는 경향이 있다. 물론 그들 대부분은 장자의 꿈 은유가 전해주는 회의주의가 인식론적 주장이라기보다는 차라리 편견을 치료하기 위한 방법론적 주장이라는 것을 인정하고 있다. 다시 말해 우리가 어떤 사태나 타인에 대해 판단하고 있는 것이 사실이라고 집착하는 마음을 치료하기 위해서 장자가 꿈 은유를 제공하고 있다는 것이다. 치료적 회의주의라고 장자의 꿈 은유를 독해하는 견해는 어느 점에서는 옳지만 전적으로 장자를 오해하는 것일 수도 있다. 분명 장자가 자신의 생각을 독단적으로 묵수하는 것에 부정적이었다는 점에서 치료적 회의주의라는 주장은 옳다. 그러나 장자는 깨어남을 일종의 새로운 꿈이라고 주장하지 않는다. 장자는 완전히 꿈에서 깨어난 상태도 이야기하고 있다. 그래서 치료적 회의주의는 장자가 옹호하고 있던 입장이라고 할 수 없다. 반면 치료적 회의주의에 따르면 깨어났다고 하는 상태도 일종의 새로운 꿈이기 때문에, 깨어난 상태도 일종의 꿈에 지나지 않게 된다. 따라서 우리는 일체의 모든 판단들에 대해 판단 중지(epoche)함으로써 마음의 평정(ataraxia)을 도모해야 한다. 앞의 예를 다시 생각해보면 "그녀는 나를 사랑한다"는 판단이나 "그녀는 나를 사랑하지 않는다"는 판단도 모두 중지함으로써 마음의 평정을 취하자는 것이다.

그러나 판단 중지가 진정으로 마음의 평정을 가져오는가? 오

장자의 철학

히려 자신이 사랑하는 사람에 대해서 그 사람도 자신을 사랑하는지 혹은 그렇지 않은지를 모를 때 우리는 마음의 불안을 경험하지 않는가? 나아가 우리는, 그녀가 나를 사랑하는지 혹은 사랑하지 않은지에 대해 철저하게 판단 중지할 때, 진실로 그녀를 사랑하고 있는 것일까? 또는 사랑할 수 있기라도 한 것일까? 이 둘 모두 결코 아닐 것이다. 나에 대한 그녀의 사랑을 판단 중지할 때, 우리는 그녀와의 사랑을 포기하고 고독한 독신으로 남을 수밖에 없으니까 말이다. 결국 치료적 회의주의라는 주장은 표면적으로는 설득력이 있는 것처럼 보이지만 장자의 사상을 근본적으로 오독하고 있다고 할 수 있다. 장자는 타자와의 소통을 포기하고 고독을 선택하는 도도한 유아론자는 아니기 때문이다. 결국 치료적 회의주의가 권고하는 마음의 평정은 타자와 소통하지 않으려는 데서 기인하는 것이며, 따라서 언제든지 타자가 도래하기만 하면 부서질 성질의 것일 수밖에 없다.

3.

따라서 장자의 꿈 은유는 단순히 치료적 효과만 있는 것이 아니다. 오히려 꿈 은유는 장자가 생각하고 있던 진리가 무엇인지를 가장 잘 보여주는 사례라고 할 수 있다. 진리는 고전적으로 존재와 사유의 일치라고 정의된다. 그러나 존재와 사유의 일치로서의 진리는 내용적으로 두 가지 상이한 견해를 낳게 된다. 하나는 사유를 중심으로 이해된 존재와 사유의 일치이고, 다른 하나는 존재를 중심으로 이해된 존재와 사유의 일치다. 이 두 가지 상이한 진리관은 주체와 타자의 관계에 대해 상이한 이해를 함축하고 있다. 사유 중심적 진리관이 주체의 역량을 강조한다면, 존재 중심적 진리관은 타자의 단독성을 강조하니까 말이다. 여기서 우리가 강조하고 싶은 것은 장자가 존재 중심적 진리관을 가지고 있었고 따라서 타자에 대한 예민한 감성을 가지고 있었다는 사실이다.

사유 중심적인 진리관이 주체 중심적일 수밖에 없는 이유는 무엇일까? 사유란 기본적으로 자기동일성을 전제로 한다. 예를 들어 어제 본 나무를 오늘 보고 "이것은 바로 어제 본 그 나무다"라고 판단하기 위해서, 어제 나무에 직면했던 자신과 오늘 나무를 보고 있는 자신은 같은 나일 수 있어야만 한다. 다시 말해 A=A이기 위한 조건은 나=나라는 것이다. 결국 사유와 판단은 "나는 나다"라는 자기동일성, 즉 인칭성을 전제로 한다. 반면 존재 중심적인 진리관은 타자 중심적일 수밖에 없다. 물론 타자 중심적이라는 말로 우리는 주체의 고유한 위상을 부정하려는 것이 아니다. 오히려 이 말로 우리가 의미하는 것은 주체나 주체의 사유가 기본적으로 조우한 타자에 맞추어 자기 조절하는 역량이라는 것을 밝히려는 데 있다. 내가 사랑하는 그녀는 나로 하여금 사유를 강제한다. "그녀는 나를 사랑하는가? 아니면 사랑하지 않는가?"라는 고민과 사유는 모두 내가 사랑하는 그녀로부터 강제된 것이다. 중요한 것은 타자가 내게 주는 정보에 따라 주체는 사유뿐만 아니라 주체의 실존 형태마저도 변화시킨다는 점이다. 예를 들어 만약 그녀가 나를 사랑한다면, 나는 매사에 행복하고 긍정적이며 자신감에 차 있는 나로 변화될 것이다. 그렇지 않고 그녀가 나를 사랑하지 않는다면, 나는 이와는 달리 불행하고 소극적이며 무기력한 나로 변화될 수밖에 없을 것이다. 따라서 존재와 타자 중심의 진리관에서

장자의 철학

주체는 기본적으로 비인칭성, 즉 유동성을 담보하고 있다는 사실을 확인할 수 있다.

앞에서 우리는 "자신이 원하지 않은 것을 타자에게 하지 마라"는 공자의 '서'의 원리는 "타자가 원하지 않는 것을 타자에게 하지 마라"로 바뀌어야 한다고 지적한 바 있다. 물론 타자가 원하지 않는 것도 타자와 무관하게 오직 내 상상의 결과물일 수도 있다. 따라서 "타자가 원하지 않는 것을 타자에게 하지 말라"라고 했을 때, 타자가 원하지 않는 것은 전적으로 나의 사유에 의해서만 자발적으로 정립된 것이어서는 안 된다. 오히려 그것은 내가 조우하고 있는 타자로부터 강제되는 것이어야만 한다. 이런 강제에서 나의 사유는 비자발적으로 출현되는 것이어야만 한다. 마치 달팽이가 촉수를 휘두르며 길을 가다가 장애물을 만나면 촉수를 조심스럽게 휘두르면서 장애물의 정보를 읽어내는 것과 같다. 타자와의 마주침을 전제로 타자가 내 생각과는 다른 것을 원한다는 것을 아는 과정이 필요하다. 이를 통해 우리는 자신의 생각만이 아니라 바로 "타자가 원하지 않는 것"을 이해하게 된다. 그래서 공자의 '서'의 원리에 사유 중심적, 주체 중심적 진리관이 전제되어 있다면, 우리가 제안한 원칙에는 존재 중심적, 타자 중심적인 진리관이 전제되어 있다고 할 수 있다. 그리고 바로 장자에게 전자의 진리관이 꿈에 비유될 수 있다면, 후자의 것은 깨어남에 비유될 수 있는 것이다.

깨어남, 혹은 타자를 품은 마음 상태

1.

장자는 공자 사상의 가능성과 한계에서 자신의 사유를 출발시켰다. 그리고 그 핵심은 "자신이 원하지 않은 것을 타자에게 하지 마라"라는 공자의 '서'의 원리를 더 급진화하는 데 있다. 즉 "타자가 원하지 않는 것을 타자에게 하지 마라!" 예를 들어보자. 마늘을 무척 싫어하기에 나는 남에게 마늘이 들어간 음식을 주지 않으려고 할 수 있다. 이런 원칙은 기본적으로 남도 나와 마찬가지로 마늘을 싫어했을 때에만 적용 가능한 원칙에 불과하다고 이미 말했다. 여기에는 타자가 진정으로 원하는 것이 무엇인지가 빠져 있다. 다시 말해 이런 원칙에는 타자에 대한 배려나 타자의 소리에 대한 귀 기울임은 고려되지 않고 있다는 것이다. 분명 내가 마늘이 들어간 음식을 주지 않았던 것은 타자에 대한 애정이 있었을 것이다. 그럼에도 불구하고 그런 애정의 결과가 타자에 대한 폭력일 수도 있다. 도대체 어디서 이런 문제가 생기는 것일까? 우리는 여기서 '자신이 원하지 않는 것'의 존재론적 위상을 생각해보아야만 한다. 그것은 결국 사유를 통해서 정립된 것, 성심에 근거한 것에 지나지 않는다. 다시 말해 그것은 자신이 특정한 공동체에 살면서 내면화된 선입견에 불과한 것이다. 따라서 그것은 타자와 조우한 현재라는 시점에 비추어보면 사유를 통해서 정립된 과거 의식에 지나지 않는다고 할 수 있다.

칸트가 시간을 우리의 감성 형식으로 규정한 후, 현상학을 거쳐서 시간은 기본적으로 인간의 사유 조건으로 변했다. 다시 말해 과거 · 현재 · 미래는 모두 인간의 사유를 통해서만 가능해지게 되었다는 것이다. 과거는 이 세계 속에 현존하지 않고 단지 우리 사유의 기억이라는 작용을 통해서만 존재할 수 있다. 또한 미래는 이 세계 속에 현존하지 않고 단지 우리 사유의 예기라는 작용을 통해서만 존재할 수 있다. 또한 현재도 우리 사유의 지각이라는 작용을 통해서만 존재할 수 있을 뿐이다. 여기서 중요한 것은 우리가 사유를 통해서 존립되는 현재와 타자와의 만남을 통해서 열리는 현재를 구분해야만 한다는 것이다. 우리는 편의상 전자의 현재를 사유 현재라고 부르고, 후자의 현재를 존재 현재라고 부르도록 하자. 사유 현재와 존재 현재는 구분하기가 무척 어렵다. 내가 어떤 관심을 가지고 타자를 지각하고 있을 때가 있다. 이 경우를 우리는 사유 현재라고 할 수 있다. 반면 내가 타자와의 강렬한 조우를 통해서 나의 관심을 그 타자에게 기울일 수밖에 없는 경우가 있다. 이 경우를 우리는 존재 현재라고 할 수 있다.

구체적인 사유 현재의 예를 생각해보도록 하자. 내가 아침에 일어나서 출근을 하기 위해서 정류장에서 버스를 기다리고 있다고 해보자. 두리번두리번 시계를 보면서 나는 내가 타려는 버스를 기다린다(=버스에 관심을 갖는다). 얼마 지나지 않아 그 버스를 나는 보게 된다(=지각한다). 이 경우 내가 지각한 버스는 나의 관심 또는 나의 사유를 떠나서는 존립하지 않는다. 내가 타려던 버스는 내가 어제 탔던 같은 종류의 버스라는 것을 나는 안다(=기억한다). 또 나는 그 버스가 정류장에 곧 도착할 것임을 안다(=예기한다). 이런 기억과 기대 속에서 현재의 버스는 내가 어제 탔고 또 내일도 탈 바로 그 버스로 지각된다. 결국 현재 지각하고 있는 버스의 현재성은 나의 사유 작용을 통해서만 가능하다는 점에서 사유 현재의 최종 근거는 사유 자체라고 할 수 있다. 반면 존재 현재는 어떻게 설명할 수 있는가? 무엇보다도 먼저 강조하고 싶은 것은 존재 현재는 사유의 기억·기대·지각의 연속성을 파괴하면서 도래한다는 점이다. 예를 들어 갑자기 사랑하는 사람이 죽는다든가 혹은 갑자기 전쟁이 일어난다든가 혹은 갑자기 애인의 결별 선언이 있다든가 하는 것 등을 생각해볼 수 있다. 이렇게 존재 현재는 이전에 경험하지 못했거나 전혀 기대하지 못했던 사건(event)을 통해서 도래한다. 따라서 존재 현재의 최종 근거는 사건과 타자의 도래에 있다고 말할 수 있다.

2.

얼마 전 아내가 교통사고로 죽었다고 하자. 이런 경우 많은 사람들은 자신의 아내가 죽었다는 것을 최소 6개월 이상은 가끔 잊는다고 한다. 아내를 사고로 잃은 어떤 남자를 생각해보자. 그는 회사에서 퇴근하여 집에 들어오면 안방 문을 열고 무의식적으로 자신의 아내를 찾곤 한다. 그러다가 방에 걸린 아내의 영정을 보고서야 그는 아내가 죽었음을 확인하게 된다. 도대체 이런 일이 어떻게 일어나게 되었을까? 아내에 대한 지고한 사랑 때문인가? 아니다. 이것은 이 남자가 자신의 자기의식을 유지하려는 무의식적인 노력 때문에 가능했던 것이다. 아내의 죽음은 사유의 연속성, 인칭적 자아의 동일성을 부수는 사건임에도 불구하고, 이 사람의 사유는 계속 관성(기억·지각·예기)을 유지하고 있기 때문에 이런 착각이 일어나게 된 것이다. 퇴근해서 집에 들어와 안방 문을 열 때 이 사람은 두 가지 현재에 살게 된다. 하나는 사유 현재이고 다른 하나는 존재 현재다. 다시 말해 이 사람은 당분간 아내가 자신을 안방에서 기다리고 있을 것이라는 생각과 또 아내가 죽었기 때문에 결코 그럴 수 없다는 존재 현실 속에서 방황하게 될 것이다.

예기치 못한 타자와 사건의 도래는 기억·지각·예기라는 사유의 연속성을 파괴해버린다. 그래서 기억은 기억대로, 지각은 지각대로, 예기는 예기대로 산산이 흩어져 이 남자 주변에 머물게 된다. 어떤 때는 문득 아내와 차를 마시던 기억이 떠오르고, 어떤 때는 문득 길을 걷다가 옆에 아내가 있는 듯이 지각하기도 하고, 어떤 때는 아내와 여행을 가려던 약속을 떠올리고 즐거워지기도 한다. 그러다가 다시 이 남자는 존재 현재로 내던져진다. 희미한 미소와 한 줄기의 눈물이 교차한다. 이런 분열과 그로부터 생기는 감정의 동요는 결국 자아의 인칭적 동일성이 파괴되었음을 의미한다. 자아의 인칭적 동일성, 즉 '나는 나다'라는 자기의식적 동일성은 사유의 연속성을 유지하는 근거라고 할 수 있다. 그래서 자신을 압도하는 사건과 타자의 도래는 사람을 일순간 멍하게 만드는 것이다. 전쟁으로 자신의 일가족을 잃게 된 이라크의 어느 가장의 멍한 얼굴을 기억해보라. 우리는 이 이라크 남자의 얼굴에서 인칭적 동일성이 와해되어 있다는 것을 어렵지 않게 찾아볼 수 있을 것이다.

사유 현재와 존재 현재가 함축하는 더 중요한 점은 두 경우에 자아가 상이한 형태를 띠게 된다는 데 있다. 사유 현재에서는 '나는 나다'라는 인칭성이 유지된다면, 존재 현재에서는 '나는 나다'라는 인칭성이 파괴되고 비인칭성이 도래한다는 점이다. 물론 언젠가 아내를 잃은 그 남자도, 일가족을 잃은 이라크의 그 가장도 '나는 나다'라는 인칭적 동일성을 또다시 구성하게 될 것이다. 만약 다시 인칭적 동일성을 구성하지 못한다면, 이 두 사람은 앞으로 정상적인 삶을 영위할 수 없게 될 것이며 심하게는 자살에 이를 수도 있을 것이다. 그러나 우리는 새롭게 구성된 이들의 인칭적 동일성은 아내나 자신의 가족의 죽음 이전과 더 이상 같을 수는 없다는 점에 주목해야 한다. 어쩌면 다음과 같이 말해도 좋을 것이다. 즉 아내의 죽음으로 그 남자도 죽은 것이고, 자신의 일가족의 몰살로 그 이라크 가장도 죽은 것이라고 말이다. 그들이 계속 살아간다면 그것은 전혀 다른 자신으로, 전혀 다른 인칭적 동일성을 가지고 살아가는 것에 불과하다는 점에서, 그들은 결국 죽은 사람이라고 할 수 있다.

3.

장자에 따르면 사유 현재가 꿈과 같은 것이라면, 존재 현재는 깨어남과 같은 것이라고 할 수 있다. 그래서 장자가 우리에게 전해주는 전언은 결코 낙관적이지만은 않다. 오히려 그것은 비관적이고 나아가 잔인하게까지 느껴질 수도 있다. 불교에는 여실(如實)이라는 말이 있다. 한마디로 현실(實)과 같이(如) 사태와 자신을 바로 보라는 말이다.

어느 날 어느 여인이 울면서 부처를 찾아왔다고 한다. 그녀는
울면서 말했다.

"제 사랑하는 아이가 죽었는데, 죽었다는 것을 알지만 너무 보
고 싶고 또 그 아이가 죽었다는 것이 너무 슬픕니다. 그래서 저
는 너무 고통스럽습니다. 이 고통에서 벗어나게 해주십시오."

그러자 부처는 말했다.

"네가 어느 집이나 가서 그 집 중 만약 죽은 사람이 없는 집이
있다면 그 집에서 곡식 한 알을 구해와라. 그러면 내가 너를 고
통에서 벗어나게 해주겠다."

그녀는 고통에서 벗어나기 위해서 여러 집을 돌아다녀 보았지
만 어떤 집도 죽은 사람이 없는 집은 없었다.

놀랍게도 이런 과정을 통해서 그녀의 고통은 서서히 치유되
었다고 한다. 그녀가 이 집 저 집 곡식알을 구하기 위해서 돌아다
니면서 깨달은 것은 무엇일까? "모든 사람은 태어나면 죽는다."
장자가 우리에게 사유 현재에서 깨어나 존재 현재에 살라고 한 이
유도 바로 이런 불교의 여실의 정신과 마찬가지의 논리라고 할 수
있다.

이제 제사 원문을 검토할 준비가 다 갖추어진 것 같다. 제사
내용은 맹손재라는 사람이 자신의 어머니가 죽었을 때 슬퍼하지
않았는데도 불구하고 그는 노나라에서 가장 상례를 잘 치른 사람
으로 유명해졌다는 역설에 관한 것으로, 공자와 그의 수제자 안연
은 이 역설에 대해 대화를 나누는 것으로 이루어져 있다. 인간이

라면 자신의 어머니가 죽었을 때 자연스럽게 눈물이 나고 마음이 슬프다는 정감을 강조하는 것이 바로 유학의 논리다. 아니 유학을 떠나서 이런 정감은 현대의 사람들에게도 마찬가지로 나타난다. 그런데 공자의 입을 빌려서 장자는 맹손재는 진실로 죽음과 죽은 자를 보내는 상례의 본질을 통찰하고 있었던 사람이라고 이야기한다. 한 가지 주의해야 할 것은 맹손재는 지금 자신의 어머니가 죽었다는 것을 부정하는 것이 아니라는 점이다. 다시 말해 맹손재는 사유 현재를 부정하고 있지, 결코 존재 현재를 부정하지는 않는다고 말할 수 있다. 결국 맹손재는 "관념적으로 기억된 과거의 식(先)과 관념적으로 예기된 미래의식(後)을 알지 못하며, 변화를 따라서 그 변화에 맞추어 개별자가 된(不知就先, 不知就後. 若化爲物)" 사람이었다.

공자의 입을 빌려 장자는 자신이나 안연은 모두 꿈을 꾸고 있는 자이고, 단지 맹손재만이 홀로 깨어 있는 자임을 이야기하고 있다. 이어지는 구절에서 장자는 자신이 꿈으로 의미하려고 했던 것을 분명하게 이야기한다. 공자는 자신과 안연은 모두 서로를 나라고 여기는(吾之) 인칭적 자의식의 소유자라고 하면서, 자신이 꿈으로 의미하고 있던 것이 이런 인칭적 동일성에 사로잡혀 있는 사태임을 명확히 하고 있다. 결론적으로 장자는 공자의 입을 빌려, 맹손재가 비인칭적이고 유동적인 마음을 가진 사람을 상징한다면, 지적인 판단과 평가를 수행하고 있던 공자나 안회는 인칭적이고 고착된 마음을 가진 사람을 상징한다는 것을 명확히 밝히고 있다. 장자의 논의에 따르면 꿈으로 비유되는 실존양태와 깨어남으로 비유되는 실존양태 사이에는 다음과 같은 차이점들이 있다. 첫째, 전자가 주체 중심적이고 사유 중심적인 실존형태라면, 후자는

장자의 철학

타자 중심적이고 존재 중심적인 실존형태라는 점이다. 둘째, 사유 현재 속에 작동하고 있는 전자가 '나는 나'라는 인칭적 자의식에 근거해서 타자를 삶의 짝이 아니라 사변적인 관조나 평가의 대상으로 여기는 마음이라면, 존재 현재 속에 작동하고 있는 후자는 도래하는 타자에 맞게 임시적 자의식을 구성할 수 있는 비인적이고 유동적인 마음이라는 점이다.

7장.

삶의 세계에 발을 디딘 단독자

성인의 도로 성인의 재주가 있는 이에게 알려주는 것 또한 쉬운 일이다. 그렇지만 나는 그에게 알려주고서 그를 지켜보았는데, (그는) 삼 일이 지나서 천하를 잊어버릴 수 있었다. (그가) 이미 천하를 잊어버린 후 나는 그를 지켜보았는데, (그는) 칠 일이 지나서 외부대상을 잊어버릴 수 있었다. (그가) 이미 외부대상을 잊어버린 후 나는 그를 지켜보았는데, (그는) 구 일이 지나서 삶을 잊어버릴 수 있었다. 이미 삶을 잊어버린 후 (그는) 조철(朝徹)할 수 있었다. 조철한 후에 (그는) 단독자(獨)를 볼 수 있었다. 단독자를 본 이후에 (그에게는) 고금의 구별이 없을 수 있었고, 고금의 구별이 없어진 후에야 (그는) 생사의 대대 관계에서 벗어날 수 있었다. 삶을 죽이는 자는 죽지 않고, (자신의) 삶을 (오로지 자신만의) 삶이라고 여기는 자는 살지 못하게 된다. 단독자라는 것은 (마치 거울처럼) 마중가지도, 맞이하지도, 훼손하지도, 이루어주지도 않는 것이다. 그것을 일러 영령(攖寧)이라고 한다. 영령이란 무한한 타자의 도래에도 불구하고 마음이 안정됨을 말한다.

— 대종사

以聖人之道告聖人之才, 亦易矣. 吾猶告而守之, 三日而後能外天下. 已外天下矣, 吾又守之, 七日而後能外物. 已外物矣, 吾又守之, 九日而後能外生. 已外生矣, 而後能朝徹. 朝徹, 而後能見獨. 見獨, 而後能无古今. 无古今, 而後能入於不死不生. 殺生者不死, 生生者不生. 其爲物, 無不將也, 無不迎也. 無不毀也, 無不成也. 其名爲攖寧. 攖寧也者, 攖而後成者也.

－大宗師

삶을 기뻐하고 죽음을 싫어하는
무의식적 본능

1.

장자는 '나는 나다'라는 인칭적 자의식을 마음에서 해체하라고 권고했다. 이런 해체를 통해서 우리는 접촉한 타자에 따라 임시적인 자의식을 구성할 수 있는 마음의 유동성, 즉 비인칭성을 확보할 수 있게 된다. 앞에서 살펴본 것처럼 장자에게 고착된 자의식이 "자신을 이것이라고 여긴다(自是)"라는 의식형태로 규정될 수 있다면, 임시적이고 유동적인 자의식은 "자신을 저것으로 여긴다(自彼)"라는 의식형태로 규정될 수 있는 것이다. 자신은 이것(是)이라고 개념 규정되기에, 자신을 저것으로 여기는(自彼) 주체의 의식 상태는 이것(是)이면서 동시에 저것(彼)인 상태, 즉 이것＝저것인 상태라고 정의할 수 있다. 장자는 이것을 '도의 지도리'라고 정의하는데, 이것이 바로 이것과 저것(是彼)이라는 대대 관계가 해소된 무대(無待)의 상태다. 그러나 오해해서는 안 되는 것이 있다. 즉 "스스로를 저것으로 여긴다"는 것, 다시 말해 무대의 상태는 결코 주체와 타자가 변증법적으로 지양되어 하나가 된 것을 의미하지는 않는다. 오히려 이것은 주체가 타자와 더불어 공생의 흐름을 형성한다는 것을 의미한다. 〈달생〉편에 나오는 다음 이야기는 이런 우리의 분석에 대한 증거로 읽힐 수 있을 것 같다.

공자가 여량(呂梁)이라는 곳에 유람을 하였다. 그곳의 폭포수
가 삼십 길이나 되었는데, 그 폭포수에서 떨어져 나온 물거품
이 사십 리나 뛸 정도로 험해서, 자라나 물고기 등도 수영할 수
없을 정도였다. 그런데 한 사나이가 그런 험한 곳을 수영하는
것을 목도하게 되었고, 공자는 그 사람이 어떤 피치 못할 사정
으로 자살하려고 물에 들어간 것이라고 여겼다. 공자는 제자
들로 하여금 물길을 따라가서 그 사나이를 건지게 하였다. 그
사나이는 한참이나 물속에서 물을 따라 흘러가다가 마침내 물
에서 나와 젖어 흐트러진 머리로 노래를 부르며 둑 아래를 유
유자적하면서 걸어갔다. 공자는 그를 따라가서 물어보았다.
"나는 그대가 귀신인 줄 알았네. 그러나 지금 보니 자네는 귀신
이 아니라 사람이군. 그대에게 수영을 하는 어떤 특이한 방법
이라도 있는지 묻고 싶네."
그 사나이가 대답했다.
"무슨 특별한 방법이 있겠습니까? 나는 과거의 삶의 문맥에서
시작했습니다. 지금은 현재의 삶의 문맥에서 자라고 있습니
다. 이렇게 될 수 있었던 것은 부득이한 소통의 흐름에서 제 자
신을 완성했기 때문입니다(始乎故, 長乎性, 成乎命). 물이 소용돌
이쳐서 빨아들이면 저도 같이 들어가고, 물이 나를 물속에서
밀어내면 저도 같이 그 물길을 따라 나옵니다. 물의 길을 따라
서 그것을 사사롭게 나의 것으로 여기지 않았습니다."
그러자 공자가 물어보았다.
"과거의 삶의 문맥에서 시작했지만, 지금의 삶의 문맥에서 자

라날 수 있었던 것은 부득이한 소통의 흐름에서 자신을 완성했
기 때문이라고 그대는 말했는데, 그것은 무슨 의미인가?"

그 사나이가 대답했다.

"제가 육지에서 태어나서 육지에 편해진 것이 옛날의 삶의 문
맥(故)이고, 제가 현재 물에서 자라서 물에 편해진 것이 지금의
삶의 문맥(性)이고, 내가 지금의 삶의 문맥에서 어떻게 그렇게
수영을 잘하는지 모르지만 수영을 잘하는 것이 소통의 부득이
한 흐름(命)입니다."

계곡에는 소(沼)라는 일종의 연못이 있다. 소는 폭포와 같은
물줄기가 떨어지는 큰 웅덩이처럼 생긴 연못이다. 그런데 이 소
안에서 한 번 넘어지면 일어설 수가 없다. 폭포로 떨어졌던 물은
소의 바닥을 타고 강하게 흐르고 있기 때문이다. 이때 소에 빠져
중심을 잡고 물살에 말려서 허우적거릴 때 우리가 느끼는 감정은
어떤 것일까? 그것은 엄습하는 죽음에 대한 공포다. 위의 이야기
를 읽을 때 우리는 이런 죽음이 엄습하는 듯한 공포 분위기를 잊
어서는 안 된다. 그래야 우리는 죽음의 공포를 이기고서 이제 소
용돌이치는 소의 물살에 따라 자유자재로 수영하는 사람에 대한
공자의 감탄을 이해할 수 있게 된다. 이 사람은 어떻게 이리도 자
유롭게 수영을 잘할 수 있었을까? 이 사람의 이야기에 따르면 그
는 사사롭게 고착된 자의식을 가지고 물의 흐름을 판단하기보다
는, 오히려 매순간 미묘하고 특이하게 변하는 물의 흐름에 맞추어
서 자신의 몸동작을 조절했던 인물이다. 다시 말해 이 사람은 마
음의 유동성을 회복했기에 타자와 어울리는 임시적 자의식을 구
성할 수 있었던 사람이라는 것이다.

장자의 철학

2.

우리가 처음 수영을 배울 때 먼저 배우는 것이 물에 뜨는 법이다. 수영 강사는 내게 물에 몸을 맡기라고 이야기한다. 그래서 그는 "물에 빠져 죽으려는 느낌으로 물에 몸을 맡겨라"라고 내게 말한다. 그러나 이게 어디 말처럼 쉬운가? 끝내 나는 다시 물에 가라앉고 잔뜩 물을 먹고 말 뿐이다. 우리는 화가 나서 수영 강사에게 다음과 같이 따질 수도 있다. "당신이 이야기한 대로 물에 빠져 죽어도 좋다는 마음으로 들어갔는데도 제가 이렇게 물을 먹은 이유는 무엇인가요?" 이런 질문에 대해 수영 강사는 다음과 같이 대답할 것이다. "당신은 물에 빠져 죽어도 아무런 상관이 없다고 들어간 것이 아닙니다. 당신은 '물에 빠져 죽어도 좋다는 생각을 하기만 하면, 설마 물에 빠져서 죽지는 않겠지'라고 생각한 것입니다. 결국 자신의 표면적인 생각과는 달리 당신은 물에 빠져서 죽지 않고 살겠다고 무의식적으로 생각했던 것입니다." 그렇다면 수영을 배우기 위해서 우리는 살겠다는 생각과 아울러 죽겠다는 생각도 해서는 안 된다. 더 정확히 말해 삶과 죽음, 나아가 수영이란 생각마저도 없어야, 우리는 갓난아이처럼 물에 뜰 수 있다는 것이다.

중요한 것은 '살겠다든가 아니면 죽겠다'라는 의식에서 자명한 것처럼 전제되어 있는 '나는 나다'라는 인칭성이다. 이 점에서 갓 태어난 어린아이가 수영을 자유자재로 한다는 사실은 우리에게 많은 시사점을 제공한다. 갓난아이는 '나는 나다'라는 인칭성이 부재한 존재라고 할 수 있다. 다시 말해 갓난아이는 비인칭적인 마음을 가지고 있어서 사태에 대해 유동적일 수 있다는 것이다. 위에서 살펴본 이야기에서 수영을 귀신처럼 잘하게 된 사람은 바로 갓난아이와 같은 마음을 가지고 있었다고 할 수 있다. 그렇다면 우리는 비인칭적인 마음, 즉 허심을 갖기 위한 최종적 관건이 무엇인지를 알게 된다. 그것은 바로 '삶과 죽음(生死)'이라는 관문이다.

논리적으로 생각해보면 생사라는 짝 관념, 혹은 대대 관념은 〈제물론〉편에서 해체되고 있는 '피시'라는 대대 관념으로 포섭될 수 있다. 그러나 '생사'라는 관념은 실천적이고 실존적인 지평에서 근본적인 중요성을 갖는다. '생사'라는 대대 관념은 우리의 고착된 자의식을 결정하는 가장 심층적인 계기이기 때문이다. 다시 말해 '나는 나다'라는 인칭적 자의식의 최종 보루가 바로 '나는 살아 있다'라든가 '살아 있는 나'라는 규정인 것이다. 결국 우리가 양파껍질과 같이 구조화되어 있는 고착된 자의식을 벗겨 나가면 제일 마지막 남는 껍질이 바로 '생사'라는 대대 관념이라는 것을 알게 된다. 따라서 장자에게는 이 '생사' 관념에서 벗어나는 것이야말로 진정한 삶의 주체로 거듭나는 마지막 관문이 된다.

3.

고착된 자의식은 '나는 이제 자신을 비웠어'라는 의식만으로 단순히 해소되지 않는다. 이런 의식에도 이미 나라는 인칭적 자의식이 암암리에 작동하고 있으니까 말이다. 그러나 무엇보다도 자의식의 동일성을 해체하기 어려운 이유는 그것이 삶에 대한 애정과 죽음에 대한 두려움의 감정에 연결되어 있기 때문이다. 물론 이제 우리는 생사 관념도 대대 관념의 하나에 지나지 않는다는 것을 알고 있다. 그러나 이것은 이처럼 언어적 논리에 대한 직시로만 해소될 수 있는 성질의 관념이 아니다. 생사는 형식적으로는 '저것(彼)'과 '이것(是)'으로 대표되는 대대 관계 일반의 한 사례이지만, 내용적으로는 우리 인간의 고착된 자의식 가장 깊은 곳에서 작동하는 가장 치료하기 어려운 대대 관계라고 할 수 있다. 장자는 '생사'라는 대대 관념을, 직접 저것과 이것의 논리로 밝힘으로써 해체하려고 하지는 않는다. 왜냐하면 '생사'라는 관념은, 단순히 언어적 구조를 보여줌으로써 완전히 해체될 성질의 것이 아님을 장자가 알고 있었기 때문일 것이다. 오히려 장자는 '생사'라는 관념에 대해서만은 삶을 기뻐함과 죽음을 싫어함이라는 우리의 전형적인 삶과 죽음에 대한 태도로 다시 문제 삼고 있다. 기본적으로 죽음은 아직 도래하지 않은 것이기에 사실 미래에 대한 태도의 문제가 될 수밖에 없으니까 말이다.

자의식의 동일성을 규정하는 내용 중 가장 확실하다고 여겨지는 판단은 '나는 살아 있다'라는 것이다. 여타의 자기동일성의 내용과는 전적으로 다른 확고부동한 규정성이 바로 '살아 있는 나'라는 것이다. 누구도 자신이 살아 있음을 부정하기는 힘든 법이다. 그래서 우리가 삶을 좋아하고 기뻐하는 것은 자명한 것처럼 보인다. 군주니 신하니 하는 규정성은 단지 사회적 규정에 지나지 않는다고 부정할 수도 있지만, 끝내 뿌리치기 힘든 규정성은 바로 '내가 살아 있다'는 규정이다. 모든 언어의 의미와 그것에 근거한 인식의 규정은 모두 '살아 있는 나'라는 확고부동하고 자명한 규정 위에서만 타당하다고 할 수 있으니까 말이다. 그렇다면 장자는 지금 삶과 죽음을 부정하고 있는 것인가? 결코 그렇지는 않다. 앞에서 살펴본 것처럼 장자는 사유와 주체 중심적인 진리관을 꿈이라고, 그리고 존재와 타자 중심적인 진리관을 깨어남이라고 생각했던 사람이다. 그가 부정하고 있는 것은 꿈의 지평에서 사유된 생사이지, 깨어남의 지평에서 경험하게 되는 생사는 아니다.

'생사' 관념의 중요성은 〈내편〉 일곱 편 중 〈대종사〉편이 바로 이 고질적인 생사 관념의 해체를 위해서 편집된 것이라는 데서도 확인될 수 있다. 〈대종사〉편에 나오는 이야기 가운데 가장 중요한 것이 바로 우리가 제사로 선택한 '견독(見獨) 이야기' 혹은 '여우(女偶) 이야기'라고 불리는 이야기다. 이 이야기는 고착된 자의식이라는 양파의 껍질을 벗겨가는 실천적 내용을 담고 있다. 첫 번째 껍질은 전체를 상징하는 천하다. 두 번째 껍질은 내가 사유하고 인식하는 개별자를 상징하는 대상(物)이다. 세 번째 껍질이 바로 자신의 고착된 자의식의 최종 껍질인 살아 있는 나를 상징하는 삶(生)이다. 최종 껍질을 벗긴 상태를 장자는 조철(朝徹)이라고 부른다. 조철이라는 장자의 신조어는 아침이라는 뜻을 나타내는 조(朝)라는 글자와 밝다, 환하다를 의미하는 철(徹)이라는 글자로 구성되어 있다. 따라서 이 조철이라는 개념은 밤새 빗소리에 뒤척이면서 꾸었던 악몽으로부터 밝게 갠 아침을 맞아서 깨어났음을 의미한다. 다시 말해서 이것은 사유와 주체 중심적인 진리 혹은 고착된 인칭적 자의식에서 깨어나서 우리가 존재와 타자 중심적인 진리 혹은 유동적이고 비인칭적인 마음을 회복하게 되었다는 것을 말하고 있다. 장자는 바로 이런 꿈에서 깨어난 사람을 삶과 소통의 주체를 상징하는 단독자라고 규정하고 있다. 이제 구체적으로 장자가 이상적인 인격으로 보는 단독자에 어떤 철학적 함축들이 있는지 살펴보도록 하자.

단독자의 눈에 비친 세계

1.

'좌망(坐忘) 이야기'와 마찬가지로 '단독자 이야기'도 신비스러워 보이는 수행과 실천에 대한 이야기다. 따라서 이 이야기는 얼른 보면 철학에서는 다룰 수 없는 영역에 있는 것처럼 보인다. 이것은 옳은 인상이다. 장자는 지금 여기서 우리의 주체 형식의 변형을, 다시 말해 사변적인 이론이 아니라 구체적인 실천에 대해 이야기하고 있다. 그러나 그렇다고 해서 이 말이 우리가 이 이야기를 분석할 수 없음을 함축하지는 않는다. 다시 말해 구체적으로 이런 실천이 어떻게 수행되는지에 대한 사실적 이해보다는 이 실천이 지닌 철학적 의미가 무엇인지에 주목하면서, 우리는 이 이야기를 충분히 독해할 수 있다는 것이다. 우선 단독자 이야기를 읽었을 때 우리의 눈에 띄는 것은 반복적으로 등장하는 '외(外)'라는 글자다. 이 글자는 직역을 하면 '바깥으로 여기다'를 의미하고, '잊는다(忘)'는 의미로 해석되기도 한다. 그래서 대부분의 학자들은 '외'라는 글자를 '도외시하다'로 해석한다. 그러나 직역을 해서 '바깥으로 여기다'로 곧이곧대로 해석해도 된다. 문제는 어떻게 이해하든지 이 '외'라는 글자는 세계(天下)·대상(物)·삶(生)이라는 언어나 관념을 '나 자신에서 밖으로 보낸다'는 의미다.

독자들은 장자 당시 맹자와 고자(告子) 사이에 이루어졌던 '인의(仁義)가 내(內)인가 외(外)인가?'라는 논쟁을 기억하고 있을 것이다. 이 논쟁은 보통 '인내의외(仁內義外) 논쟁'이라고도 하는데, "인의라는 윤리적 규칙의 근거가 주체의 내면에 있는가 아니면 주체의 외면에 있는가?"에 대한 논쟁이었다. 여기서 사용되는 내와 외라는 개념은 철학적으로 많은 함축을 지닌다. 인간의 주체를 설명할 때 어떤 행동 A를 내로 본다는 것은 A를 행위 주체의 내면에 있는 것으로, 즉 필연적인 본질로서 생각한다는 것을 말한다. 반면 어떤 것을 외로 본다는 것은 그것이 문제되는 행위 주체와는 전적으로 무관한 어떤 것임을 선언하는 것이다. 이 경우 A는 인간 행위 주체와는 무관하고 단지 우연적인 관계만을 가진다는 것을 의미한다. 결국 장자가 여기서 '잊는다'라는 것의 의미를 명확하게 '외'라고 설명하고 있을 때, 그는 이 '외'라는 글자에 깃든 당시의 철학사적 쟁점을 공유하고 있었던 것이다.

이런 철학적 문맥에 따라 '외'라는 글자를 사용했다면, 그것은 세계도, 대상도, 삶도 나에게는 필연적인 것이 아니라는 선언을 장자가 하고 있다는 것을 말한다. 물론 여기서 장자가 부정하고자 하는 것은 사유와 주체 중심적으로 고려되는 세계 · 대상 · 삶이라는 것은 말할 것도 없다. 다시 말해 여기서 장자가 외의 대상이라고 이야기하고 있는 세계나, 대상이나, 삶은 사유나 주체에 의해 매개된 것들이라는 것이다. 그러나 이런 우리의 판단은 결과론적 이야기일 뿐이다. 이것들을 외로 여기는 순간에는 상당한 문제가 드러날 수 있다. 이 구절을 처음 읽는 독자는 장자가 지금 세계 · 대상 · 삶을 모두 초월해야 한다고 주장하고 있다고 독해할 우려가

장자의 철학

있다. 이런 오해는 아직도 많은 연구자들의 연구에서도 반복되고 있다. 이런 오해를 바로잡기 위해서 우리는 세계·대상·삶을 잊은 후 도달하게 되는 주체 형태인 단독자를 명확하게 규정해야만 한다. 다시 말해 생사라는 관념마저도 우연적이라고 포기되었을 때, 도래하게 되는 새로운 주체 형태 혹은 장자가 권고하는 이상적 실존 형태인 단독자가 무엇인지를 명확하게 규정한다면 장자에 대한 오해를 바로잡을 수 있다는 것이다.

2.

'견독(見獨)'이라는 말에서 '견(見)'은 두 가지 의미로 읽힐 수 있다. 하나는 '본다'는 의미로 주체가 잊음의 과정을 통해서 획득하게 되는 새로운 주체 형태를 본다는 의미다(이 경우 '견'이라고 읽는다). 다른 하나는 '드러난다'는 의미로 주체가 새로운 주체 형식으로 드러난다는 의미다(이 경우는 '현'이라고 읽는다). 여기서 우리는 장자의 견독의 방법을 데카르트의 방법적 회의와 대조해볼 필요가 있다. 데카르트는 의심과 회의의 방법을 통해서 인간의 본래적인 주체 형식을 찾으려고 했다. 그래서 데카르트는 모든 이들이 진리라고 했던 걸 하나하나 회의했던 것이다. 그 회의는 수학적 진리에까지 이를 정도로 투철한 것이었다. 방법적 회의의 끝에 남았던 것이 바로 '생각하는 나(Cogito)'다. 결국 '코기토'란 바로 인간의 자의식의 동일성이자 사유함 자체다.

《자기의식과 존재사유》에서 김상봉은 다음과 같이 말한다.

데카르트는 생각과 존재가 근원적으로 일치하는 장소를 하늘 위 이데아로부터 나의 마음으로 옮겨놓는다. 생각이란 무엇인가? 데카르트는 그것을 존재의 보편적 진리로서 이해하기보다는 나의 본질로 이해한다. 그것은 나에게서 제거할 수 없는 유일한 것이다. 물론 이때 데카르트가 말하는 나는 육체로서의 내가 아니라 정신으로서의 나, 생각의 주체로서의 나다. 즉 그것은 코기토의 주체로서의 나인 것이다. 그런데 이런 의미에서의 나는 내가 나 자신을 반성적으로 의식할 수 있는 한에서 존재한다. 데카르트 자신의 말을 빌리면, '나는 존재한다는 명제는 내가 이것을 말할 때마다 또는 정신에 의하여 파악할 때마다 필연적으로 참이다.'

장자의 단독자와 데카르트의 코기토의 차이는 이 지점에서 드러난다. 장자의 단독자는 코기토를 해체해야만 드러나는(見) 것이다. 장자에 따르면 진정한 인간의 마음은, 사유 자체에 있는 것이 아니라, 비인칭적이고 유동적인 자기 구성의 역량에 관련된다. 사유 자체에 대한 장자의 입장을 확인하기 위해 우리는 견독 뒤에 바로 "고금이라는 시간의 대대 관계를 해소했다(无古今)"라는 구절을 통해 장자가 무엇을 말하려고 했는지를 재구성해볼 필요가 있다. 여기서 과거(古)는 바로 내면 혹은 자아의식으로 기능하는 성심의 시간성을, 그리고 현재(今)는 새로운 삶의 문맥을 짜면서 조우한 타자가 이 내면을 통해 왜곡되어 정립된 외면의 시간성을 가리킨다. 여기서 우리는 인식의 세계 속에서 현재는 과거에 의해, 즉 외면은 내면에 의해 허구적으로 정립된다는 장자의 통찰을 다시 한 번 확인하게 된다. 그리고 이런 내외 혹은 고금의 대대 관계와 허구적 정립 관계는 우리의 삶이 타자와 새로운 삶의 문맥을 짜 나아가는 긴장 속에서 출현하는 전도된 관계임을 알 수 있다.

내면과 외면이 이렇게 성심의 과거성에서 존립하고 있음에도 불구하고, 외면이 현재성을 띠는 것처럼 보이기에, 이것을 바라보고 있는 내면도 현재성을 띤다는 착각과 전도가 일어나게 된다. 대대 관계의 한 사례로서 내외 관계는 우리 인식을 통해서 이렇게 정립된다. 그러나 인식을 통해 정립된 내면과 외면은 표면적으로는 인식하는 내면과 인식되는 외면으로 현실적 계기(今)인 듯이 드러난다. 그러나 이 내면이 다름 아닌 고착된 자의식이라면, 그리고 이 고착된 자의식이 과거(古)의 삶의 문맥에서 구성된 마음에 지나지 않는다면, 인식을 통해 정립된 내면과 외면 모두는 삶이 처한 현실에 거리를 둘 수밖에 없는 과거(古) 계기에 지나지 않는다. 이 점에서 성심과 관련된 인식과 사유의 문제는 우리의 의식이 지니는 시간성의 계기를 이해하는 데 결정적으로 중요하다. 반면 데카르트의 코기토는 기본적으로 시간성의 계기가 전제되어 있는 논의다. 사유와 반성은 기본적으로 대자적일 수밖에 없다. 만약 사유와 반성이 즉자적이라면 코기토는 확인될 수 없는 것이다. 사유의 이런 대자성은 기본적으로 의식의 시간성을 전제해야 의미를 지니게 된다. 결국 나를 반성하거나 무엇인가를 회의하는 코기토는 장자의 단독자와는 달리 과거와 현재(古今)라는 시간성의 계기로 존립되는 것에 불과한 것이다.

3.

무엇보다도 단독자를 의미하는 '독(獨)'이라는 글자는 글자 그
대로 '홀로 있음'을 의미한다. 홀로 있음은 나 자신이 일반성
(generality)으로는 환원되지 않는 단독적인(singular) 나로 남는다는
것을 말한다. 여기서 우리는 단독적인 것(the singular) 또는 단독성
(singularity)에 대해 알아볼 필요가 있다. 우리는 단독성이라는 개념
을 특수성(particularity)이라는 개념으로 혼동할 가능성이 있으니까
말이다. 예를 들어《성경》에 나오는 아브라함과 그의 아들 이삭 이
야기를 생각해보자. 이 이야기에 따르면 하나님이 아브라함에게
그의 아들 이삭을 제물로 바칠 것을 명령하자, 아브라함의 고민은
시작된다. 하나님의 명령대로 이삭을 죽여서 제물로 바쳐야 되는
때가 바로 내일로 다가오자, 아브라함의 고민은 극도로 증폭되었
다. 밤에 이삭이 곤히 자고 있는 방에 들어가 아브라함은 눈물을
흘리면서 이삭의 발을 쓰다듬었을 것이다. 이때 누군가가 아브라
함의 고민을 들어주기 위해서 이렇게 말했다고 하자. "뭐 그렇게
걱정하지 마세요. 당신은 지금도 젊으니까 다시 아들을 낳으면 되
지요." 그러나 이런 위로가 아브라함의 고뇌에 도움이 될 수 있을
까? 절대 그럴 수는 없다. 아브라함에게 이삭은 그 무엇과도 바꿀
수 없는 바로 그 하나뿐인 이삭이었으니까 말이다. 만약 아브라함
이 다시 아들을 낳는다고 해도 그 아들이 바로 지금 제물로 바쳤
던 이삭일 수는 없는 법이다.

　　이처럼 동일한 이삭에 대해서 아브라함은 두 가지 상이한 방
식으로 관계할 수 있다. 하나가 다른 아들로 교환 가능한 특수한
이삭으로 보는 경우라면, 다른 하나는 다른 아들로 교환 불가능

　　　　　　　　　　　　　　　　장자의 철학

한 단독적인 이삭으로 보는 경우다. 전자의 경우 특수성은 기본적으로 일반성의 하나의 사례로 경험되는 것이다. 다시 말해 이삭도 아들이라는 일반성의 하나의 특수에 불과하다면 다른 아들을 낳아서 이삭의 자리는 충분히 메울 수 있다는 말이 된다. 이런 경우라면 사실 아브라함의 슬픔은 이삭의 죽음에 대한 것일 수는 없다. 오히려 그는 지금 아들이라는 일반성의 한 가지 사례가 소멸하고 있음을 슬퍼하고 있다고 해야 한다. 반면 후자의 경우는 이런 일반성의 층위를 부정했을 때, 다시 말해 일반성의 한 사례로서 어떤 것을 특수성으로 보기를 거부했을 때 드러나는 개별자의 규정이라고 할 수 있다. 이처럼 특수성과 단독성 사이에는 결정적인 차이가 존재하는데, 그 관건은 바로 일반성의 유무에 달려 있다. 따라서 우리가 단독성의 층위에서 개별자와 관계하기 위해서는 일반성/특수성의 도식을 제거해야만 한다. 그렇다면 이 일반성/특수성이란 도식은 어디에서 작동하고 있는가? 그것은 바로 우리의 인칭적인 마음에서 작동하면서, 인칭적 마음을 유지하게 해주는 관건이 된다. 인칭적인 나는 세계·대상·삶이라는 일반성을 통해서 규정되는 나라고 할 수 있다. 구체적으로 말해서 인칭적인 나는 이 세계 속에서 하나의 대상(=개별자)으로 살고 있는 나로 정의되는 특수한 나라는 것이다.

장자에게 세계·대상·삶을 지우는 견독의 과정은 바로 이 인칭적 마음으로부터 일반성을 지우는 과정이었다. 대상형식의 일반성을 제거하게 되면 그와 동시에 주체 형식의 일반성도 제거될 수밖에 없으니까 말이다. 이렇게 일반성을 지우게 되면 하나의 특수성으로서의 인칭적 마음은 소멸되지만, 비인칭적이고 단독적인 마음이 드러나게 된다. 결국 그는 이런 견독의 과정을 통해서 단독성을 회복하고자 했던 것이다. 단독자는 거울과 같은 마음, 아이와 같은 마음을 회복한 비인칭적인 삶의 주체 또는 단독적인 삶의 주체를 의미한다. 장자에게 나(自, 己)라는 의식은, 태어난 구체적 사회에 처하면서 언어를 배우는 과정에서 형성되며, 그렇기 때문에 원인이라기보다는 결과적인 것에 지나지 않는다. 언어와 인식의 불가분적 관계를 고려해볼 때, 인식에 의해 정립되는 나는 나라는 개념에 속하는 것에 지나지 않는다. 여기서 우리는 우리 모두가 자신을 나라고 부르고 있음에 주의할 필요가 있다. 이 경우 내가 나를 나라고 의식한다고 해도 그것은 나라는 개념 또는 나라는 유(類)나 일반성의 특수일 뿐이다. 우리가 잊어서는 안 되는 것은 내가 단독자가 되었을 때, 우리가 조우하는 타자도 단독자일 수밖에 없다는 사실이다. 다시 말해 비인칭적이고 단독적인 나에게는 이제 일반성/특수성의 도식이 소멸되었기에, 타자도 단독성을 가진 것으로 드러난다는 것이다.

장자의 철학

언젠가 부숴버려야 할 거울 비유

1.

장자에게 단독자는 미리 설정된 매개를 가지고 있는 것이 아니다. 단독자는 일반성/특수성이라는 매개 또는 교환의 논리를 제거하면서 출현한 것이기 때문이다. 이제 주체도 타자도 모두 단독성을 통해서 조우하고 소통할 수밖에 없는 상황에 놓이게 된 것이다. 예를 들어보자. 아버지라는 일반성에 포섭된 특수한 아버지로서의 아브라함은 아들이라는 일반성에 포섭되는 특수한 아들로서의 이삭과 만날 수 있다. 그러나 이 경우 아브라함과 이삭의 관계는 아버지와 아들이라는 일반성이 함축하는 행동 양식에 의해 규정된 것에 지나지 않는다. 가령 아브라함은 이삭에 대해 인자하고 자애롭게 처신하고, 이삭은 아브라함에 대해 공경하고 순종적인 태도로 처신할 수 있다. 반면 아버지라는 일반성이 제거된 단독적인 아브라함과, 아들이라는 일반성이 제거된 단독적인 이삭의 만남도 생각해볼 수 있다. 두 단독자들 사이에는 환원 불가능하고 고유한 단독적인 관계가 맺어질 수밖에 없을 것이다. 그러나 우리는 단독자로서의 아브라함과 단독자로서의 이삭의 만남이 어떤 모습을 가질 수 있는지 기술할 수가 없다. 다른 무엇과도 바꿀 수 없는 단독적인 만남이란 사건을 어떻게 기술할 수 있다는 말인가.

어쨌든 우리는 견독의 과정을 통해서 장자가 모든 것을 부정해서 그것들을 초월하려고 했던 사람이 아니라는 것을 잊어서는 안 된다. 오히려 사정은 그 반대라고 할 수 있다. 지금 장자는 구체적인 삶의 영역으로 돌아와서 구체적인 소통을 우리에게 권고하고 있으니까. 그렇기 때문에 장자는 견독의 다음 과정에서 바로 소통을 이야기하고 있는 것이다. 〈응제왕(應帝王)〉편의 거울 비유에서도 장자는 비인칭적인 마음을 설명하면서, 이 소통이야말로 우리의 본성이라고 이야기하고 있다. 우리의 마음도 자신이 조우한 것만 비추는 거울처럼 새롭게 도래하는 것과 소통하고, 이전에 소통한 흔적을 성심의 형태로 담아두지는 않는다. 이처럼 단독자는 구체적인 주체와 타자에 앞서 미리 이 주체와 타자를 매개하는 본질로서의 제3자(= 일반성)가 없음을 말한다. 우리가 주의해야 할 것은 이것이 주체(自)의 소멸이 아니라는 점이다. 오히려 단독자는 타자와 매개 없이 직면해서 소통할 수 있는 주체, 유동적인 삶의 주체에 대한 긍정으로 독해되어야만 한다.

우리는 앞에서 이미 '나는 나를 잃었다(吾喪我)'라는 구절에서 이것을 확인한 바가 있다. 단독자는 바로 고착된 자의식을 버린(喪我) 나(吾)다. 이 나(吾 = 獨)는 결국 타자와 직면한다는 점에서 나 일반에 포섭되는 나(我)가 아니라 단독적인 나(吾)다. 여기서 단독성은 타자의 나로의 환원 불가능성과 아울러 나의 타자로의 환원 불가능성으로 경험되고 정의될 수 있는 범주라고 할 수 있다. 그래서 단독성의 회복은 꿈과 같은 사유와 주체 중심적인 진리관에서는 불가능한 것이다. 그것은 오직 이런 고착된 자의식이라는 악몽에서 깨어나서 나와 타자가 동등하게 단독성을 가지고 삶을 영위한다는 것을 경험하게 되었을 때에만 가능한 것이다. 이 점에서 거울의 비유가 가지는 중요성이 있다. 거울은 사유 현재가 아니라 존재 현재를 비유하는 상징이라고 할 수 있다. 우리가 경험하는 일상적 사유의 현재성은 '어 그 사람이네!'라는 식으로 작동한다. 다시 말해 과거에 만났던 어떤 것을 기억함으로써 그 기억을 현재에 적용시킨다는 것이다. 반면 거울의 현재성은 그렇지 않다. 그저 도래하는 타자를 그 단독성에서 비출 뿐이다. 이처럼 장자가 거울의 비유를 통해서 말하려는 것은 존재 현재, 나아가 존재와 타자 중심적인 진리관이었던 것이다.

2.

장자는 이상적이고 본래적인 마음, 우리가 회복해야만 하는 마음을 거울에 비유하고 있다. 그러나 우리는 거울의 비유가 단지 비유에 불과하다는 사실을 잊어서는 안 된다. 만약 거울의 비유로 이해된 마음이 실체처럼 사유될 때, 다시 말해 장자가 우리에게 권고하는 마음이 마치 불교의 불성(佛性)처럼 원래 어떤 오염물도 갖고 있지 않은 본래 맑고 청정한 마음으로 이해될 때, 우리는 또다시 장자를 근본적으로 오해하게 될 것이다. 이렇게 이해된 마음은 타자에 민감하게 반응할 수 있는 유동성을 갖는 마음이 아닐 수도 있기 때문이다. 그것은 차갑게 응고된 마음, 이 세계를 일체의 편견 없이 관조하기만 하는 마음에 지나지 않을 수도 있다는 것이다. 이 세계의 모든 타자들은 그저 이 거울 앞에 나타나고 또 사라지고 또 나타날 뿐이다. 여기서는 기본적으로 구체적인 삶에서 이루어지는 타자와의 소통과, 그것을 통해서 가능해지는 새로운 주체의 구성은 불가능해지게 될 것이다. 이처럼 형이상학적으로 이해된 거울과 같은 마음은 궁극적으로 모든 소통의 현실을 초월해버린 실체화된 마음, 절대화된 마음을 상징한다고 볼 수 있다.

나아가 우리는 장자의 단독자가 비인칭적이고 유동적인 마음만을 가리키는 것이 아님을 잊어서는 안 된다. 이 경우에 비인칭적인 마음은 타자와의 소통을 존재론적으로 기초하고 있지만, 그것은 우리의 실존적 삶이 지닌 개방성이란 측면만을 가리킨다고 할 수 있다. 이런 개방성이 우리의 삶에서 요청되는 것은 우리가 기본적으로 육체라는 폐쇄성이나 국부성, 즉 유한성을 가지고 있기 때문이다. 논리적으로 소통이라는 말 자체가 소통의 두 항(주체와 타자: 自他)과 그 사이의 관계라는 점을 함축하고 있는 개념이다. 소통의 구체적인 두 항이 없다면, 소통의 논의는 공허하게 되고, 반면 그 둘 사이의 관계가 없다면 두 항은 창이 없는 모나드처럼 독립적이게 되어 소통은 무의미하게 될 것이다. 이처럼 장자의 단독자, 즉 단독적인 나(吾)는 비인칭적인 마음이라는 무한성과 육체라는 유한성의 통일로서 이해해야 한다. 따라서 장자가 거울로 비유하는 마음의 논점은, 그 자체로 맑고 깨끗한 실체적 마음에 있었던 것이 아니라, 오히려 유한성을 뛰어넘어서 소통할 수 있는 역량에 있었다고 보아야 할 것이다.

다른 관점에서 장자의 거울의 비유를 생각해보자. 거울은 분명 무한한 타자들을 그것들이 도래할 때마다 자연스럽게 비추는 것이다. 그렇지만 거울은 어떤 특정한 공간에 있을 수밖에 없다. 거울의 맑게 비추는 역량은 단독자가 지닌 마음의 무한성을 상징하는 것이다. 반면 그럼에도 불구하고 거울이 어떤 장소에 있을

장자의 철학

수밖에 없다는 불가피성은 바로 단독자가 지닌 육체의 유한성을 설명해주고 있는 것이다. 문제는 머우쫑싼을 필두로 하는 심미적 장자 독법에서 이런 육체의 유한성이 빠지고 없다는 데 있다. 그들은 거울의 밝게 비추는 능력만을 추상화해서 보고, 그 거울이 불가피하게 어떤 장소에 국한될 수밖에 없다는 것을 보지 못한 것이다. 우리는 유한하다(有涯). 그럼에도 불구하고 사유와 주체 중심적인 인칭적 자의식은 우리를 허구적이고 관념적인 무한(無涯)으로 이끈다. 이것은 포기할 수 없는 장자의 문제의식의 기점이다. 장자의 단독자는 우리가 육체의 유한성과 마음의 무한성을 동시에 가진 존재임을 긍정한다. 우리의 마음은, 육체가 하지 못하는, 타자와의 소통 역량을 가지고 있다. 장자의 의도는 이렇게 유한성과 무한성을 포섭하고 통일하려는 시도다. 물론 여기서 마음의 무한성이란 마음의 비인칭성과 유동성을 의미하며, 따라서 타자와 무한하게 소통할 수 있는 소통 역량을 가지고 있음을 말한다.

3.

거울로 비유되는 마음은 우리 실존이 갖는 유한과 무한의 통일성 중 무한의 측면만을 나타내는 것이라고 했다. 그런데 이것이 마치 우리에게 내재하는 실체처럼 이해될 때 우리는 장자의 삶의 철학을 근본적으로 오독하게 되고 만다. 우리는 여기서 선불교 역사 가운데 전설처럼 남아 있는 혜능(慧能)과 신수(神秀)의 이야기를 떠올릴 필요가 있다. 다음 이야기는 우리에게 마음에 대한 올바른 통찰을 제공하는 데 많은 도움을 줄 것이다. 혜능과 신수는 모두 선불교의 다섯 번째 스승(五祖)인 홍인(弘忍)의 제자들이었다. 홍인은 관례대로 여섯 번째 스승(六祖)이 될 만한 사람을 선택해서 자신의 가사와 그릇을 남겨주려고 했다. 그래서 제자들에게 각자의 깨달음을 벽에 써보라고 말했다. 그러자 제자들 중 가장 신망이 높고 또 지혜로웠던 신수는 다음과 같은 시를 벽에 써놓았다.

> 이 몸이 바로 보리수(＝지혜의 나무),
> 마음은 맑은 거울.
> 날마다 힘써 깨끗이 닦아야 하리라!
> 먼지가 앉지 않도록.
> 身是菩提樹,
> 心如明鏡臺,
> 時時勤拂拭,
> 勿使惹塵埃.

그러자 나무를 하고 오던 일자무식 혜능은 이 시를 보고 웃으면서, 주위에 있던 다른 스님에게 다음과 같은 뜻의 글을 쓰도록 한다.

> 보리는 본래 나무가 아니며,
> 맑은 거울에는 (거울의) 틀이 없다.
> 본래 아무것도 없는데,
> 어디에 먼지가 모이겠는가!
> 菩提本無樹,
> 明鏡亦非臺,

장자의 철학

本來無一物,

何處惹塵埃.

결국 홍인은 혜능에게 자신의 가사와 그릇을 넘겨주게 된다. 그런데 도대체 왜 홍인은 혜능을 깨달음을 얻은 자라고 판단하게 되었을까? 두 시를 비교해보면 우리는 다음과 같은 사실을 알 수 있다. 즉 신수가 마음을 자족적인 실체로 이해하고 있는 것과는 달리, 혜능은 마음을 실체적인 것으로 인정하고 있지 않았다. 이것은 무엇을 말하는가? 예를 들어보자. 어떤 사람은 집에 먼지가 앉을까 하는 근심걱정으로 매일 집에 들어오면 청소하고 또 청소한다고 하자. 반면 다른 사람은 먼지가 앉는 것은 당연한 일이라고 여겨서 가끔 손님이 올 때나 혹은 시간이 남을 때 청소를 한다고 하자. 전자가 신수에 해당하는 사람이라면 후자가 혜능에 해당하는 사람이라고 할 수 있다. 그러나 우리는 여기서 되물어보아야 한다. 왜 청소를 하는가? 왜 집을 그리도 깨끗하게 청소를 하는가? 전자는 그 이유를 알지 못한다. 그저 깨끗해야 한다는 강박관념으로 집을 청소하고 있을 뿐이다. 반면 후자는 그 이유를 알고 있다. 집은 자신이 쉬는 곳이자 손님들이 와서 더불어 이야기하는 곳이기 때문에 가끔은 정리정돈해줄 필요가 있다고 생각하고 있다.

신수의 이야기가 아무리 멋있어 보여도 사실 신수의 생각은 강박관념의 지배를 받고 있는 것에 지나지 않는다. 혜능은 시를 통해서 신수가 가진 생각의 집착과 강박관념을 비판하고 있었던 것이다. 혜능에 따르면 신수는 왜 마음을 닦는지 알지 못하는 사람이다. 그저 이전의 부처들과 선배 스님들이 수행을 했기 때문에 자신도 한다는 식일 뿐이다. 신수의 생각에는 도대체 마음이 무엇인지에 대한 숙고가 빠져 있다. 마음이 타자와의 소통을 가능하게 하는 것이 아니라면 도대체 무슨 필요가 있겠는가? 그런데도 신수는 그저 맑은 거울 자체만을 지고한 목적으로 생각하고 있을 뿐이다. 왜 우리가 마음을 닦아야만 하는지 신수는 알지 못한다. 신수의 이런 착각은 어디서부터 기원하는 것일까? 그가 마음을 실체적으로 이해해서 생기게 된 착각이다. 그래서 혜능은 "거울에는 틀이 없다"는 말로 마음을 실체적으로 이해해서는 안 된다고 역설했던 것이다. "강을 건넜으면 배를 버려야 한다." 우리는 장자의 거울 비유로부터 마음의 소통성, 타자 중심적 진리관만을 얻고 그것을 버려야만 한다. 만일 우리가 거울의 비유를 그대로 가지고 가려 한다면, 우리는 신수가 빠진 폐단에 다시 빠질 가능성에 노출될 것이다. 그러므로 어느 시점에서 장자의 거울은 반드시 부서져야만 한다는 것을 우리는 잊어서는 안 된다.

장자의 철학

8장.

삶이 끝날 때까지 멈출 수 없는 수양

이것이라고 여기는(爲是) 사변적 인식은 가로로 누워 있는 작은 기둥과 세로로 서 있는 큰 기둥, 추한 사람과 서시와 같은 아름다운 사람 등을 구별하는 것이다. 사물이 아무리 엉뚱하고 이상야릇한 것일지라도, 도는 소통되어 하나가 됨을 의미한다. 나누어짐이 있으면 완전함도 있고, 완전함이 있으면 불완전함도 있다. 타자에 대해 내가 규정한 이루어짐과 허물어짐이라는 것이 없어져야, 그 타자는 나와 다시 소통해서 하나일 수 있게 된다. 오로지 높은 경지에 도달한 사람만이 소통해서 하나가 될 줄 안다. 이것이라고 여기는 인식을 쓰지 않고, 그것을 일상적인 것에 깃들도록 한다. 일상적인 것(庸)이란 씀을 말하고, 씀(用)이란 소통을 말한다. 그런데 소통(通)이란 바로 (나와 타자가 마땅한 자리를) 얻음(得)이다. 이런 얻음에 이르면 지극해진 것이다. 사태에 따라 판단했을(因是) 따름이다. 그러면서도 그런 줄 모르는 것, 그것을 도라고 한다. …… 마음을 수고롭게 해서 하나(一)로 생각하려고 하지만 그 같음(同)을 알지 못하는 것을 일러 아침에 셋이라고 한다. 아침에 셋이란 무슨 뜻인가? 원숭이 키우는 사람이 원숭이들에게 도토리를 주면서, '아침에 셋, 저녁에 넷 주겠다'라고 했다. 원숭이들이 모두 성을 냈다. 그러자 그 사람은 '그러면 아침에 넷, 저녁에 셋을 주겠다'라고 했다. 원숭이들이 모두 기뻐했다. 명목이나 실질에 아무런 차이가 없는데도 원숭이들은 성을 내다가 기뻐했다. (그 원숭이 키우는 사람도) 있는 그대로에 따라 판단했을 따름(因是)이다.

그러므로 성인은 옳고 그름(을 자유롭게 사용함)으로써 타자와의
갈등을 완화시키고, 자연스런 가지런함(天鈞)에 머문다. 이를
일러 두 길을 걸음(兩行)이라고 한다.

- 제물론

爲是擧'莛'與'楹'·'厲'與'西施'. 恢↑危憰怪, 道通爲一. 其分也,
成也. 其成也, 毁也. 凡物無成與毁, 復通爲一. 唯達者知通爲一. 爲
是不用而寓諸庸. 庸也者, 用也. 用也者, 通也. 通也者, 得也. 適得
而幾矣. 因是已. 已而不知其然, 謂之道. …… 勞神明爲一, 而不知
其同也, 謂之朝三. 何謂朝三? 狙公賦芧曰, "朝三而暮四." 衆狙皆
怒. 曰, "然則朝四而暮三." 衆狙皆悅. 名實未虧而喜怒爲用, 亦因
是也. 是以聖人和之以是非而休乎天鈞, 是之謂兩行.

- 齊物論

고독한 독백에서 대화의 세계로

1.

중국철학에서 중요한 철학적 주장 중에 지행합일(知行合一)이 있다. 말 그대로 '앎과 실천이 하나로 통일된다'는 의미다. 아는 것과 행하는 것이 하나로 통일된다는 것은 진리가 실현된다는 것을 의미한다. 어느 경우이든 진리란 사유와 존재의 일치라고 정의되는 범주니까 말이다. 그러나 문제는 지행합일의 주장이, 사유를 중심으로 하는 사유와 존재의 일치라는 진리관, 혹은 사유와 주체 중심적인 진리관을 전제로 하고 있다는 데 있다. 지행합일의 실천(行)과 앎(知) 중에서 먼저 정립되는 것은 다름 아닌 앎이니까 말이다. 지행합일에서 앎은 무엇보다도 먼저 당위적 앎이라는 성격을 지닌다. 당위란 지금은 실현되지 않았지만 반드시 실현되어야만 하는 것을 의미한다. 결국 이런 당위적 앎이 없었다면 지행합일이라는 논의도 존재할 수 없었을 것이다. 예를 들어보자. 게으른 어느 남자가 "아침에 일찍 일어나서 운동을 해야만 해"라고 생각했다고 하자. 이 남자가 지금 그렇게 하지 못하고 있다는 점에서, 이런 생각은 당위적 생각이라고 할 수 있다. 이런 당위적 생각을 실천에 옮겨서 현실에서 매일 아침에 일찍 일어나 운동을 하게 되었을 때, 우리는 이 남자가 지행합일했다고 말할 수 있다. 그렇다면 지행합일의 논의는 다음과 같은 단계로 구성되어 있다고 할 수 있겠다. 첫째, 어떤 주체가 이러저러하게 살아가고 있다. 둘째, 그 주체가 자신의 삶을 비판하고 그렇게 되어야 하지만 아직은 되지 못한 자신의 삶의 이상적 모습을 정립하고, 즉 자신이 실천해야만 할 이념을 정립한다. 셋째, 이 주체는 그 이념을 실현하기 위해서 노력한다.

문제는 이 둘째 단계에서 그렇게 되어야 하지만 아직은 되지 못한 자신의 삶의 이상적 모습에 대한 당위적 앎의 근거가 어디에 있느냐는 것이다. 그렇게 되어야 하지만 아직은 되지 못한 삶의 이상적 모습이 만약 공동체가 바라는 자신의 모습, 즉 초자아가 원하는 모습일 가능성도 있는 법이다. 만약 이렇다면 지행합일의 논의에서 진정한 주인은 공동체나 공동체의 규칙이라고 할 수밖에 없다. 이 경우 주체는 단지 공동체의 규칙을 매개하는 매체에 불과하고, 지행합일이란 결국 공동체적 규칙이 모든 개체들을 통해 실현된다는 것을 의미할 뿐이다. 그러나 만약 나와 규칙을 공유하지 않는 타인, 즉 타자와 조우하는 경우, 지행합일은 어떤 의미가 있을까? 이 경우의 진정한 앎은 타자 의존적으로 발생한 것이어야 한다. 그러나 만약 이 경우에도 자신이 속한 공동체의 규칙을 무의식적이든 혹은 의식적이든 타자와 관계하는 앎의 근거로 계속 고집한다면, 우리는 타자와 갈등하는 상황에 빠지게 될 것이다. 더 심한 경우에는 우리는 타자에 대해 원치 않았던 폭력을 행사할 수밖에 없게 될 것이다. 그렇다면 우리는 기존의 지행합일의 논의에는 타자가 빠져 있다는 것을 알 수 있다. 이처럼 단순한 지행합일의 논의는 유아론적이고 독백적인 성격을 지닐 수밖에 없는 것이다.

진정한 지행합일의 논의는 반드시 타자를 고려해야만 한다. 이렇게 지행합일을 새롭게 숙고할 수 있어야 앎의 발생과 실천의 논리를 사유할 수 있다. 이 경우의 앎은 조우한 타자를 통해서 부단히 자기조정하면서 발생하는 것이게 된다. "저 사람이 좋아하는 것은 무엇일까?", "내가 이렇게 했더니 저 사람이 인상을 썼다. 그렇다면 저 사람이 좋아하는 것은 아마도 이런 것이겠지!"라는 식으로 앎이 발생한다는 것이다. 주체는 이렇게 발생한 앎을 실천하지만, 이런 앎이 자신이 조우한 타자와의 관계에 부합되는지의 여부를 사전에 미리 결정할 수는 없다. 그것은 항상 새롭게 재조정될 여지가 있다. 따라서 진정한 의미의 지행합일은 다음과 같은 구조를 가져야만 한다. 첫째, 무엇보다도 먼저 주체는 타자와 조우할 수밖에 없다. 둘째, 조우한 타자와의 관계에서 올바르다고 생각되는 자신의 처신 방법을 정립한다. 셋째, 정립된 자신의 처신 방법으로 타자와 조우한다. 넷째, 소통이 실패했다면 다시 올바르다고 생각되는 처신의 방법을 정립한다. 다섯째, 이렇게 새로 정립된 자신으로 타자와 다시 조우한다. 이렇게 타자를 고려한 지행합일의 논의는 무한히 그리고 완성의 예감 없이 계속 진행될 수밖에 없는 것이다.

2.

앞에서 이미 읽어보았던 〈달생〉편에 나오는 수영을 잘하는 사람의 이야기를 떠올려보자. "어떻게 해서 수영을 그리도 귀신처럼

장자의 철학

잘하게 되었는가?"라는 공자의 질문에 대해 이 사람은 이렇게 이야기한다. "물이 소용돌이쳐서 빨아들이면 저도 같이 들어가고, 물이 나를 물속에서 밀어내면 저도 같이 그 물길을 따라 나옵니다. 물의 길을 따라서 그것을 사사롭게 나의 것으로 여기지 않았습니다." 우리는 이 이야기에서 타자를 고려하는 지행합일에 대한 명확한 사례를 얻게 된다. 급류를 수영하다보면, 나는 자신을 빨아들이는 물의 흐름(齊)을 만날 수도 있고 또 자신을 밀어내는 물의 흐름(汨)을 만날 수도 있다. 그러나 만약 수영을 잘한다면 나는 그런 단독적인 물의 흐름에 부합되게 수영을 하게 될 것이다. 그래서 그런 다양하고 단독적인 물의 흐름들과 더불어(與) 나는 물속으로 빨려 들어가기도 하고 물 바깥으로 밀려 나올 수도 있는 것이다.

내가 이러저러하게 수영하겠다는 의지나 앎이 중요한 것이 아니라, 무엇보다도 중요한 것은 물의 다양하고 변덕스러운 흐름들을 긍정하는 데 있다. 자신의 생각이 아니라 변덕스런 물흐름을 긍정할 때에만 우리는 자신의 움직임을 부단히 재조정할 수 있을 것이다. 여기서 '물의 길(水之道)'이라는 표현은 오해의 여지가 있다. 이 표현은 마치 물에는 수영을 할 수 있는 객관적인 길이 사전에 미리 내재해 있다는 식으로 오해할 여지가 있기 때문이다. 그러나 물의 길은 물이 흘러가는 길만을 의미하는 것이 아니다. 그것은 내가 물과 더불어 소통해서 생기는 길을 의미한다는 점에서 '물과 나의 소통의 길'을 의미하는 것이다. 다시 말해 물의 길은 물의 흐름만을 의미하는 것도 또는 수영을 잘하는 방법만을 의미하는 것도 아니라는 것이다. 달리 말하면 물의 길은 수영을 잘하는 사람이 물과 훌륭하게 소통한 뒤에만 드러날 수 있는 것, 또 이렇게 수영을 성공적으로 마친 사람만이 사후적으로 말할 수 있는 그 무엇이다. 그렇기 때문에 이 수영을 잘하는 사람도 공자에게 자신은 그런 "물의 길을 사사롭게 나의 것으로 여기지 않는다(不爲私)" 고 말했던 것이다.

어떻게 물의 길을 사사롭게 여길 수 있겠는가? 그것은 나와 물의 만남과 조우 그리고 소통으로서 생성된, 아니 정확히 말해 생성되어야 할 것이다. 물이 없었다면 물의 길은 존재할 수도 없었고, 또 마찬가지로 내가 없었어도 물의 길은 존재할 수 없었을 것이다. 또 물이 있고 내가 있다고 하더라도, 내가 물에 들어가지 않았다면, 다시 말해 내가 물과 조우하지 않았다면 물의 길은 존재하지 못했을 것이다. 우리는 물의 길이란 결국 물의 흐름에 몸을 맡기고 소통해서 수영을 완수했을 때에만 드러나는 무엇이라는 점을 잊어서는 안 된다. 그리고 결국 물의 길이 드러났다는 것은 수영을 하는 사람이 이제 능숙하게 수영을 하게 된 주체로 변형되었다는 것을 시사하는 것이다. 다시 말해 어떤 주체가 타자의 소리에 귀를 기울이면서 타자에 맞게 자신의 주체 형식을 부단히 재조정해서 변형시킨 것 자체가 바로 '도'라고 말할 수 있다는 것이다.

3.

사유와 존재의 일치를 서양에서는 진리(truth)라고 한다면, 동양에서는 도(道)라고 한다. 사유와 존재의 일치는 사실 주체와 타자의 일치라는 근본적인 경험을 전제로 해서만 의미가 있는 것이다. 따라서 "진리란 무엇인가?"라는 질문이 그 자체로 공허한 것과 마찬가지로, "도란 무엇인가?"라는 질문도 그 자체로는 공허한 질문에 불과하다. 이런 질문들은 마치 진리나 도가 자명하게 미리 존재하고 있는 것처럼, 다시 말해 어딘가에 숨어 있어 우리가 반드시 찾아야 하는 것처럼 전제하고 있다. 오히려 우리는 진리나 도라는 용어 자체가 무슨 의미를 지니는지 물어볼 필요가 있다. 그렇지 않을 때 우리는 길을 걷다가 만나게 되는 도인들, 즉 "혹시 도에 관심이 있으십니까?"라고 자득한 미소로 다가오는 그들과 구별되지 않게 될 것이다. 진리나 도는 모두 사유와 존재 혹은 주체와 타자의 일치라는 훨씬 더 근본적인 사태에 대한 해명으로부터 이해되어야만 한다. 우리가 이 양자 사이의 일치를 어떻게 이해하느냐에 따라서, 상이하게 이해되는 진리나 도가 드러나게 된다는 것이다. 앞에서 이미 살펴본 것처럼 사유(=주체)와 존재(=타자)의 일치로서의 도나 진리는 그중 어느 것을 기준으로 삼느냐에 따라 전혀 다른 진리관으로 나타날 수밖에 없다.

대화는 말 그대로 둘(dia)이 상징하는 주체와 타자 사이의 관계를 전제로 해서 이루어지는 이야기(logos)다. 반면 독백은 말 그대로 홀로(mono) 수행하는 이야기(logos)다. 우리가 가끔 홀로 독백을 한다는 것은 의심의 여지가 없다. 그러나 우리가 진정으로 의심하고 반성해보아야만 하는 것이 있다. 그것은 우리의 대화가 대화의 형식을 취하고는 있지만, 실제로는 독백에 불과할 때가 많다는 점이다. 아무리 앞에 타자가 있어도 그 타자의 이야기를 이해하지 못하면서 혹은 이해하려는 의지 자체가 결여된 상태에서 이루어지는 주체의 이야기는 겉으로는 대화인 것처럼 보이지만 독백에 지나지 않는다. 대화나 독백을 의미하는 dialogue와 monologue에 들어 있는, 이야기를 의미하는 '로고스(logos)'라는 말은 많은 철학적 함축을 가지고 있다. 그중 가장 중요한 함축은 아마도 이성·법칙·진리라는 의미일 것이다. 그래서 우리는 어렵지 않게 모놀로그와 다이얼로그는 상이한 진리관을 표방하고 있다는 점을 확인하게 된다. 모놀로그가 홀로 진리를 길어 올리는 것이라면, 다이얼로그는 타자와 함께 진리를 길어 올리는 것이라고 할 수 있다. 이처럼 우리는 사유나 주체 중심적으로 진리나 도를 이해할 수도 있지만, 또 동시에 존재나 타자 중심적으로 진리나 도를 이해할 수 있다. 전자가 참이라고 생각하는 것을 믿고 자신과 타자와 관계한다는 점에서 독단적이고 유아론적인 논의, 즉 독백(monologue)에 입각한 진리관이라면, 후자는 참이라는 생각을 부단히 구체적인 타자와의 관계에서 재조정할 수 있는 여지를 남겨둔다는 점에서 대화(dialogue)에 입각한 진리관이라고 할 수 있다.

대화의 논리와 독백의 논리, 혹은 존재(= 타자) 중심적인 진리와 사유(= 주체) 중심적인 진리에 대한 구분은 그 자체로도 우리에게 많은 시사점을 주지만, 더 중요한 것은 이런 구분이 상이한 주체 형식과 관련이 되어 있다는 점이다. 현상학(phenomenology)에는 상호주관성(intersubjectivity)이라는 개념이 있다. 이 개념은 기본적으로 상호관계나 상호차이를 의미하는 inter라는 말과 주관성 혹은 주체성을 의미하는 subjectivity라는 말이 합성되어 이루어진 말이다. 그러나 우리는 상호주관성을 두 가지 상이한 방식으로 이해할 수 있다. 첫째 이해 방식은 상호를 강조해서 이해하는 것으로, 주체는 타자와의 상호 관계나 차이를 통해 발생한다고 이해하는 것이다. 둘째 이해 방식은 주체성을 강조해서 이해하는 것으로, 선험적 주체가 타자와의 관계나 차이를 정립한다고 이해하는 것이다. 전자로 이해된 주체 형식이 대화의 논리와 존재(=타자) 중심적인 진리관과 부합되는 형식이라면, 후자로 이해된 주체 형식은 독백의 논리와 사유(=주체) 중심적인 진리관에 부합되는 형식이라고 할 수 있다. 바로 여기에 〈제물론〉편에서 장자가 "길은 걸어간 뒤에 이루어지는 것이다(道行之而成)"라고 말한 언설의 중요성이 있다. 다시 말해 도는 미리 존재하는 어떤 진리가 아니라 타자와 조우하고 소통함으로써 드러나는 무엇이라는 것이다. 이처럼 장자 철학의 목적은, 도가 주체 및 타자와 무관하게 미리 존재하고 있었다는 생각의 부조리함을 폭로하고, 동시에 도는 주체와 타자가 소통하는 데서 생성되는 것이라는 생각을 옹호하려는 데, 다시 말해 우리로 하여금 꿈에서 깨어나서 타자와 더불어 소통하는 삶을 영위하라는 전언을 주려는 데 있었던 것이다.

사유 중심적인 판단과 존재 중심적인 판단

1.

이제 제사를 다시 읽어보도록 하자. 제사의 초반부를 장식하는 것은 '위시(爲是)'라는 개념과 '인시(因是)'라는 개념이다. 우선 먼저 '위시'라는 개념에 대해 알아보도록 하자. 위시는 '~라고 여기다'를 의미하는 위(爲)라는 글자와 '이것, 이쪽, 옳다, 이렇다'를 의미하는 시(是)라는 글자로 이루어져 있다. 그래서 위시라는 말은 '이 것이라고 여기다', 혹은 '어떤 것을 옳다고 여기다'라고 번역할 수 있다. 본문에 위시라는 판단양식의 예로 장자가 들고 있는 것은 아름다움과 추함에 대한 것이다. 일상적으로 우리는 서시와 같은 아름다운 여자를 아름답다고 판단하고 문둥병에 걸려서 얼굴이 얽은 여자를 추하다고 판단한다. 그렇다면 우리의 미추(美醜)에 대한 판단을 정당화해줄 수 있는 기준은 무엇인가? 다시 말해서 서시와 같은 미인을 아름답다고 판단하는 기준이 무엇이냐는 것이다. 이미 우리는 그 기준이 역사에 따라 변한다는 것을 잘 알고 있다.

예를 들어보자. 자본주의가 들어오기 이전 봉건시대에서 미인의 특징 중 가장 흥미로운 것은 이 시대의 미인들이 모두 통통한 이미지였다는 점이다. 봉건시대에서 통통함은 희소성의 원칙에 의해 가치가 있었던 것이다. 다시 말해 반복되는 가뭄과 흉년, 그리고 보릿고개와 같은 열악한 경제 조건하에서 여성의 통통함은 그만큼 희소했던 것이다. 여기서 중요한 것은 경제적 기반이었다. 어느 정도의 경제적 기반이 없다면 여성은 결코 통통하게 살찔 수 없었다는 점이 중요하다. 반면 자본주의가 들어온 후 통통함이라는 미인의 이미지는 더 이상 미인을 규정하는 특성으로 작용하지 않게 된다. 경제의 발전으로 풍부한 영양 공급이 가능하다면 거의 웬만한 여성들은 모두 통통하게 살이 붙을 수 있을 것이다. 이 경우 통통함은 이제 미인의 기준이 될 수가 없게 된 것이다. 자본주의 시대에는 가늘고 마른 형태가 미인의 새로운 기준으로 도입된다. 이것도 물론 희소성의 원칙이 작용한 것이다. 풍부한 영양으로 어느 여성이든 쉽게 통통해질 수 있다. 따라서 이 상황에서도 경제적 여건이 허락되지 않는다면, 통통해진 몸을 날씬하게 유지할 수 없는 법이다. 저지방 음식을 먹는다거나 혹은 다이어트를 한다거나 하는 모든 노력에는 경제적 힘이 필수적일 수밖에 없으니까 말이다.

결국 "저 여자는 아름답다"는 우리의 일상적인 판단은 특정한 시기의 특정한 공동체의 미적 규칙이 초자아로 내면화되면서 가능했던 것이라고 할 수 있다. 이처럼 일상적인 우리의 마음과 판단은 내면화된 공동체(=초자아)의 규칙에 의거해서 이루어지는 것이다. 이렇게 내면화된 공동체의 규칙에 따라 주체는 특정한 판단과 행위를 하는 규정된 주체로 자신을 만들 뿐만 아니라 아울러 조우하는 타자에 대해서도 이런 규칙을 강요하게 된다. 한 가지 중요한 점은 일상적인 사람들은 이렇게 특정한 공동체에 살면서 형성된 자신의 모습을 마치 진정한 자신의 모습인 양 맹신하고 있다는 데 있다. 그래서 만약 누군가가 공동체의 규칙에 위배되는 행동과 판단을 하게 되면, 일상적인 사람은 자신의 인격을 무시당한 것처럼 느끼게 되는 것이다. 결국 위시라는 판단양식은 이처럼 현재 자신의 판단이 자신의 판단이 아니라 특정한 공동체의 규칙에 입각한 판단이라는 것을 망각하고, 내면화된 규칙을 진정으로 자신이 입법한 것이라고 착각한 것이라고 할 수 있다.

2.

'나는 나다'라는 인칭적 자의식을 가진 주체, 즉 과거의식을 판단의 기준으로 맹신하면서 출현하는 고착된 자의식을 가진 주체는 '나는 이러저러한 사람이다'라는 규정성이 외부(＝특정한 공동체)에서 획득한 것이라는 점을 잊고 있다. 나아가 이런 주체는 이런 규정성은 바로 자신이 스스로 자유롭게 결정해서 이루어진 것이라고 생각한다. 이런 착각은 주체로 하여금 자신을 자신이라고 여기게끔 하거나 혹은 자신을 옳다고 여기게끔 만든다. 앞에서 살펴본 것처럼 인칭적 주체의 이런 자기 망각과 착각을 장자는 '자시(自是)'라는 용어로 설명한 바 있다. 어쨌든 우리는 위시라는 판단이 가능하기 위한, 혹은 같은 말이지만 위시라는 판단이 함축하고 있는, 주체 형식이라는 것이 고착된 주체 혹은 인칭적인 주체라는 사실을 잊어서는 안 된다. '저 여자는 아름답네'라고 판단할 때, 그런 판단 대상과 동시에 판단하는 인칭적 주체가 불가피한 법이기 말이다. 지금까지는 위시라는 판단 형식과 그것이 함축하는 주체 형식에 대해 알아보았다. 그렇다면 이제 장자가 우리에게 권고하고 있는 판단 형식인 인시에 대해 알아보도록 하자.

'인시'라는 말은 '따른다 혹은 근거한다'를 의미하는 인(因)이라는 글자와 '이것, 이쪽, 옳다, 이렇다'를 의미하는 시(是)라는 글자로 이루어져 있다. 따라서 인시라는 개념은 글자 그대로 '옳다는 것을 따른다'를 의미한다. 그러나 문제는 여기서 옳다는 판단은 누가 하느냐에 있다. 만약 옳다는 판단을 내리는 것이 주체라면, 따라서 인시가 '자신이 옳다고 여기는 것을 따른다'를 의미한다면, 이 경우 인시라는 개념은 앞에서 살펴본 것처럼 인칭적 주체 형식에서 작동하는 판단인 위시와 전혀 구별되지 않게 된다. 그렇다면 옳다는 판단은 누가 내리는가? 그것은 다름 아닌 타자다. 다시 말해 인시라는 개념은 '타자가 옳다고 하는 것을 따른다'는 것을 의미하는 것이다. 따라서 인시라는 판단 형식은 타자에 따라서 옳다는 판단을 내리는 타자 중심적인 판단이라고 규정할 수 있겠다. 이 점이 바로 인시가 인칭적 주체의 구성된 초자아를 중심으로 해서 작동하는 주체 중심적인 판단 형식인 위시와 구별되는 결정적인 지점이다.

위시라는 판단 형식이 고착된 자의식으로 작동하는 인칭적인 주체라는 형식을 함축하는 것과 마찬가지로, 인시라는 판단 형식도 이 형식에 맞는 주체 형식을 함축하고 있다. 인시라는 판단 형식으로 작동하는 주체는 옳음의 기준을 타자에 맞추려고 노력한다. 그 예로는 앞에서 살펴본 수영 잘하는 사람을 들 수 있겠다. 그는 다음과 같이 말했다. "물이 소용돌이쳐서 빨아들이면 저도 같이 들어가고, 물이 나를 물속에서 밀어내면 저도 같이 그 물길을 따라 나옵니다. 물의 길을 따라서 그것을 사사롭게 나의 것으로 여기지 않았습니다." 물이 자신을 빨아들이려고 할 때, 일상적인 사람들은 물에 빨려들지 않기 위해서 발버둥치기 마련이다. 물에 빨려들면 자신이 죽을 것이라고 생각하고 있기 때문이다. 반면이 수영 잘하는 사람은 그 흐름을 긍정하고 자신의 몸의 움직임을 그것에 맞추려고 한다. 이처럼 인시를 하는 주체는 마치 고감도의 레이더처럼 타자에게서 분출되는 미세한 전파를 미묘하게 잡아내어 스스로를 변형하는 주체라고 할 수 있다. 마치 카멜레온이 주변의 환경에 따라 자신의 피부색깔을 바꾸듯이 말이다. 결론적으로 인시라는 판단 형식에 걸맞은 주체는 유동적인 주체 형식을 가지고 있다고 할 수 있다.

3.

장자가 권고하고 있는 인시라는 판단 형식은 표면적으로는 사태에 철저하게 순응하는 비주체적인 행위인 것처럼 보인다. 또 역사적으로도 그렇게 오해된 것이 사실이다. 분명 인시라는 판단 형식이 주체의 자유를 제약적으로 이해하고 있다는 것은 사실이다. 그러나 어차피 우리 인간은 유한자이고, 따라서 자유도 제약적일 수밖에 없는 것이 아니겠는가? 절대적인 자유란 사실 무한자인 신에게서만 가능한 것이 아닌가? 만약 우리가 절대적인 무한자라면 우리에게는 외부가 존재할 수 없을 것이고, 따라서 어떤 타자도 존재할 수 없을 것이다. 그래서 절대적 자유가 인간에게 가능하다는 주장은 근본적으로 타자를 부정하는 사유를 전제로 하고 있다. 역으로 만일 우리가 자신이 외부를 가진 유한자라는 것, 다시 말해 타자와 조우할 수밖에 없는 유한자라는 것을 긍정하게 되면,

장자의 철학

우리는 결코 절대적인 자유를 주장할 수 없을 것이다. 결국 우리는 인간의 자유란 조건적이며 제약적인 자유일 수밖에 없다고 말해야만 한다.

예를 들어보자. 바람이 없다면 행글라이더는 날 수 없다. 그러나 바람이 분다고 해서 행글라이더가 무조건 날 수 있는 것도 아니다. 바로 이 사이에 인간의 자유가 존재하는 법이다. 강한 바람이 불면 나뭇잎도 떨어지고, 지붕도 날아갈 수 있다. 그러나 행글라이더는 어떤가? 바람 속에서 유연하게 날아가는 행글라이더는 분명 만유인력과 바람의 힘 사이에서 균형을 잡는 인간의 자유를 상징하지 않는가? 강한 바람 속에서 행글라이더는 떨어질 수도 있고 떨어지지 않을 수도 있다. 그것은 바로 행글라이더를 타고 있는 사람의 역량에 달려 있다. 다시 말해 미세한 바람의 움직임에 따라서 자신의 몸을 이리저리 움직이면서 자신이 가야 할 방향으로 미묘하게 길을 잡아나가는 것 속에서 바로 행글라이더를 타는 사람의 자유가 있다는 것이다. 우리는 여기서 비인칭적이고 유동적인 주체 형식을 확인할 수 있다. 여기서 "나는 나고, 바람은 바람이야"라는 판단은 존재하지 않는다. 바람은 하나가 아니다. 실제로는 무수히 많은 바람들이 존재하고 있다. 행글라이더를 타는 사람은 어떤 경우에는 강하게 아래에서 솟구치는 바람과 조우할 것이고, 또 어떤 경우에는 좌측에서 휘몰아치는 바람과 조우할 것이고, 또 어떤 경우에는 위에서 비스듬히 내리치는 바람과 조우할 것이다. 이런 각각의 단독적인 바람의 흐름들은 상호간에 환원 불가능한 특이성을 가지고 있다. 솟구치는 바람에 맞게 자신을 조절했던 이 사람은, 바로 좌측에 휘몰아치는 바람에 맞추기 위해 이전과는 다르게 자신을 조절할 수밖에 없는 법이다.

이처럼 인시라는 판단 형식이 작동하는 주체는 비인칭적이고 유동적인 주체 형식을 가지고 있다. 여기서 비인칭성이 주체가 나는 나라는 인칭적 자의식을 가지고 있지 않다는 것을 의미한다면, 유동성은 자의식의 고착된 성격을 녹여서 타자의 흐름과 단독성에 입각해 자신의 자의식을 임시적으로 다시 구성할 수 있는 능동적인 주체의 역량을 의미한다. 이 점에서 오히려 자신의 것이 아닌 공동체의 규칙을 내면화해서 생긴 초자아를 자신의 내면 깊숙이 존재하는 진정한 자신이라고 착각하는 주체, 위시라는 판단을 수행하는 인칭적인 주체가 오히려 자유롭지 못하다고 해야 한다. 만일 행글라이더를 타고 있는 사람이 새로운 바람과 조우하기 이전에 "아! 이 부분에는 이런 바람이 불었었지. 그렇다면 미리 이렇게 움직여야지"라고 판단하고 몸을 움직인다면, 아마도 그는 곧 추락하고 말 것이다.

이처럼 인간의 능동성은 무조건적일 수는 없는 법이다. 그것은 오직 수동적 조건에서의 능동성일 수 있을 뿐이다. 예기치 못한 타자의 흐름에 맞게 자신을 조절하는 능동성만이 진정으로 현실적인 능동성일 수 있다. 인간은 유한자, 정확히 말해서 유한성속에서 무한성을 확보하려는 유한한 무한자라고 정의할 수 있다. 이처럼 인간은 신과 같은 무한자도 아니고, 그렇다고 해서 단순한 사물처럼 유한자도 아니다. 인간 실존의 신비는 바로 그가 신과 사물 사이에 놓여 있는 중간자, 즉 유한하면서 동시에 무한한 존재라는 데 있다. 타자라는 개념이 중요한 이유도 바로 여기에 있다. 타자라는 개념이 없다면, 인간의 삶이 전제하는 유한성과 무한성은 설명할 길이 없기 때문이다. 다시 말해 타자가 우리의 삶에 도래할 때 우리는 자신이 유한하다는 사실을 경험하게 되고,

장자의 철학

또 그 타자와 소통하게 될 때 우리는 무한을 경험할 수 있다는 것
이다.

3

수양, 혹은 소통을 가능하게 하는 필요조건

1.

이제 제사의 후반부를 읽어보도록 하자. 이 부분은 유명한 조삼모사(朝三暮四) 이야기로 시작된다. 지금 조삼모사는 하나의 고사성어로 자리를 잡았는데, 그 의미를 교과서에서는 똑똑한 사람이 어리석은 사람을 속이는 것이라고 가르치고 있다. 이처럼 부정적인 뉘앙스로 독해되고 있는 조삼모사 이야기는 사실 《장자》를 오해한 결과라고 할 수 있다. 직접 조삼모사가 나오는 부분을 읽으면 우리는 쉽게 조삼모사 이야기가 매우 긍정적인 전언을 전해주고 있다는 것을 알게 된다. 직접적으로 말해서 조삼모사 이야기는 인시를 설명하기 위해서 장자가 도입한 우화다. 만약 통상적으로 이해된 조삼모사의 부정적 의미가 옳다면, 장자가 우리에게 권고하는 판단 형식인 인시는 똑똑한 사람이 어리석은 사람을 속이기 위한 책략에 불과한 것이 되고 말 것이다. 아마도 조삼모사 이야기가 이렇게 와전되었다는 것은 그만큼 《장자》가 지금까지 제대로 읽히지 않았다는 점을 증거하는 것이라고 할 수 있다.

조삼모사 이야기는 매우 간단하지만, 논의의 편의상 다음과 같이 부연 설명해보도록 하자. 옛날 중국에 원숭이 키우는 사람

3

이 있었는데, 아마도 경제 사정이 여의치 않자 어쩔 수 없이 원숭이의 식량을 줄일 수밖에 없었다. 그런데 그는 일방적으로 식량을 줄였던 것이 아니라 원숭이에게 사정 이야기를 해주었다. 그는 원숭이 우리로 가서 다음과 같이 말했다. "내일부터 '아침에 세 알, 저녁에 네 알(朝三暮四)'의 도토리를 줄 수밖에 없는데, 괜찮겠니?" 어차피 하루에 원숭이 한 마리당 일곱 알의 도토리만 주어야 한다면, 저녁에 네 알의 도토리를 주는 것이 낫다고 생각했던 것이다. 배가 고프면 잠이 잘 오지 않는 건 사람이나 원숭이나 다 마찬가지다. 그러나 원숭이들은 그의 기대와는 달리 모두 화를 냈다. 그러자 그는 원숭이들에게 다음과 같은 제안을 했다. "그렇다면 아침에 네 알, 저녁에 세 알(朝四暮三)을 줄까?" 그러자 원숭이들은 모두 기뻐했다. 이 이야기에서 결정적으로 중요한 것은 다음과 같은 사실이다. 만약 원숭이에게 한 첫 번째 제안, 즉 아침에 세 알, 저녁에 네 알을 준다는 제안에 만약 원숭이들이 기뻐했다면, 이어지는 두 번째 제안, 즉 아침에 네 알, 저녁에 세 알을 준다는 수정된 제안은 필요가 전혀 없었다는 점이다.

그렇다면 두 번째 수정된 제안을 강제한 것은 누구인가? 바로 원숭이라는 타자였다. 행글라이더를 타는 사람이 새로운 바람을 조우하면 자신을 재조정하듯이, 원숭이 키우는 사람도 원숭이의 감정과 입장에 따라 자신의 생각을 재조정하고 있었던 것이다. 이처럼 조삼모사 이야기는 앞에서 말한 것처럼 인시에 대한 예화로서 장자가 구성한 것이다. 따라서 이 이야기에 등장하는 원숭이를 키우는 사람은 바로 유동적인 주체를 상징하는 인물이라고 할 수 있다. 이런 인시의 사례는 지금도 쉽게 찾을 수 있다. 현실 속에서 누군가를 커피숍 안에서 만났다고 해보자. 우리는 처음 만난 그 사람에게 "커피 마실래요?"라고 제안하고 그 사람의 의중을 떠본다. 만약 그 사람이 좋아한다면 다른 제안을 할 필요가 없다. 그런데 만약 그 사람이 커피를 싫어한다면 우리는 다른 제안을 할 수밖에 없다. 만약 이런 상황에 위시라는 판단을 하는 인칭적인 주체가 처하게 된다면 그는 어떻게 할까? "커피를 좋아하지요. 아가씨, 여기 커피 두 잔!" 이처럼 인칭적 주체에게는 상대방의 뜻을 들으려는 의지와 노력이 결여되어 있다고, 즉 타자가 결여되어 있다고 할 수 있다.

2.

이에 비해 인시란 타자에 따르는 판단이나 사유를 의미한다. 그것은 어떤 제3자, 일반자의 매개를 거쳐서 판단하는 것이 아니라 처하고 있는 사태나 타자의 고유성 및 단독성(이 경우에는 원숭이들)에 근거하는 판단이라고 할 수 있다. 원숭이 키우는 사람과 원숭이들 사이의 소통은 기본적으로 원숭이 키우는 사람 쪽에서 이루어지는 소통 의지를 전제로 하고 있다. 우리는 여기서 왜 비인칭적 주체가 인칭적 주체와 소통하려고 하는지 되물어볼 수도 있다. 그러나 인칭적 주체도 어차피 비인칭적 주체가 조우할 수밖에 없는 타자라는 점을 이해하면 우리는 쉽게 이런 질문에 대한 대답을 얻을 수 있을 것이다. 식량이 떨어져 이제 불가피하게 식량을 줄일 수밖에 없었던 원숭이 키우는 사람은 원숭이를 키우지 않고서는 삶을 영위할 수 없었던 것이다. 왜 그라고 해서 자신이 키우는 원숭이에게 많은 도토리를 주고 싶지 않았겠는가? 단지 자신의 상황

장자의 철학

이 그럴 수밖에 없었던 것이다. 이런 전제하에서 조삼모사 이야기를 읽어야 한다. 그래야 이 이야기에서 장자가 의도했던 것을 우리는 알 수 있다.

조삼모사 이야기에서 원숭이들은 시비 판단이라는 지적인 작용과 희로(喜怒)라는 감정적인 작용을 하는 인칭적 주체를 상징하고 있다. 이 점에서 조삼모사 이야기는 비인칭적 주체가 인칭적 주체와 소통하는 방법에 대한 이야기로 독해할 수 있다. 장자에 따르면 비인칭적인 주체 형식을 회복했다고 할지라도, 우리는 불가피하게 인칭적 주체들과 관계하지 않을 수 없다. 비인칭적 주체 형식을 회복했다는 것은 우리가 무한자나 절대자가 되었다는 것을 의미하는 것이 아니라, 단지 이제 타자와 잘 소통할 수 있는 역량만을 회복했다는 것을 말해준다. 그런데 우리 주변의 일상적 사람들은 기본적으로 사회적, 역사적으로 규정되는 특수한 평가·판단·감정의 기준, 혹은 프로이트의 말을 빌리자면 초자아에 의해 지배되면서도, 이것을 자신의 진정한 내면이라고 착각하고 있는 인칭적 주체들이다. 비인칭적 주체에게 이런 인칭적 주체들이 수행하는 판단과 행위는 꿈에 비유될 만한 상상적인 착각에 불과한 것으로 보일 것이다. 그러나 비록 꿈속에 있다고 할지라도, 이들의 판단과 행위는 직접적으로 다른 존재들에게 강한 영향을 미치고, 심하면 다른 존재의 생명까지 앗아갈 수 있는 것이다. 이처럼 인칭적 주체들의 판단과 행위는 엄연한 물리적 현실성을 갖는다. 이 점에서 우리는 비인칭적인 주체에게 왜 인시가 불가피한지를 이해할 수 있다.

바로 이것이 인시라는 개념이 전제하고 있는 많은 철학적 함축들 중 가장 중요하다. 인시라는 개념은 우리가 비인칭적인 마음, 혹은 비인칭적인 주체 형식으로 변형되었다고 하더라도, 모든 문제가 해결되지 않는다는 것을 시사하고 있다. 더 정확히 말해서 비인칭적 주체 형식을 갖는다는 것은 문제의 완전한 해결이라기보다는 문제가 해결될 전망을 얻은 것에 지나지 않는다고 할 수 있다. 비인칭적 주체 형식은 타자의 단독성에 따라 자신의 주체 형식을 재조정할 수 있는 역량을 가리킬 뿐이다. 더 정확히 말해서 비인칭적 주체 형식은 수양론적 영역에서만 의미를 지닐 수 있다는 것이다. 반면 타자와 조우하는 삶의 영역에서 비인칭적 주체 형식은 임시적 주체 형식으로 변형되어야만 한다. 만약 원숭이와 조우하게 되면 원숭이에 맞게 우리는 자신의 주체 형식을 임시적으로 정해야만 하고, 또 만약 어린이와 조우하게 되면 우리는 자신의 주체 형식을 어린이에게 맞게 임시적으로 정해야만 한다. 만약 비인칭적 주체 형식이 구체적인 타자와 조우했음에도 불구하고 임시적인 주체 형식으로 현실화되지 못한다면, 이것은 새로운 종류의 고착된 주체 형식(＝형이상학적으로 고착된 주체 형식)이라고 할 수밖에 없을 것이다. 결론적으로 우리는 비인칭적인 주체 형식이 타자와의 소통을 가능하게 해주는 필요조건이지 충분조건이 아니라는 점을 알 수 있다. 소통의 완수 여부는 오로지 타자와 더불어 사는 삶 속에서 드러나는 것이지 주체가 미리 결정할 수 없는 것이니까.

3.

제사에 등장하는 양행(兩行)이라는 개념과 그 개념이 함축하는 논리는 간과할 수 없는 중요성을 가지고 있다. 장자에 따르면 "성인은 옳고 그름(是非)으로 사태를 조화롭게 하지만 자신은 천균(天鈞)에 머문다(聖人和之以是非而休乎天鈞)". 이어서 장자는 이런 상태를 바로 '양행'이라고 정의하고 있다. 물론 여기서 성인이 사용하는 옳고 그르다는 판단은 인칭적인 주체 형식에 입각해서 수행되는 판단, 즉 위시가 아니다. 이것은 인식을 통해 정립된 판단(爲是)이 아니라 비인칭적인 마음으로 타자와 조우하고 소통하기 위해서 쓰이는 판단, 즉 인시라고 할 수 있다. 여기에 나오는 '천균'이라는 표현은 글자 그대로 '자연스러운 균형', 앞에서 살펴본 '도추(道樞)의 상태'를 의미한다. 따라서 이 표현은 무대(無待)의 마음 혹은 비인칭적인 마음을 의미하고 있다고 할 수 있다. 따라서 양행은 두 가지 방향에서의 작용 혹은 두 가지 측면에 대한 동시적 실천을 의미하는 개념이다. 다시 말해서 한 방향에서는 인시라는 유동적인 판단을 수행하고, 다른 한 방향에서는 이것을 가능하게 하는 비인칭적인 마음을 유지하라는 것이다.

여기서 한 가지 의문점이 생긴다. 인시를 말했던 장자가 여기서 갑자기 양행을 도입하면서 다시 비인칭적인 마음을 유지해야 한다고 주장하는 이유는 무엇일까? 인시가 가능하기 위해서 우리는 이미 비인칭적인 주체 형식을 갖고 있어야만 하는데, 여기서 다시 비인칭적 주체 형식을 유지하여야 한다고 주장하는 것은 쓸데없는 동어반복에 지나지 않는 것이 아닐까? 그러나 여기에는 장자의 깊은 뜻이 숨어 있다. 칸트의 용어를 빌리자면 장자는 지금 인시만을 추구하게 되면 맹목이고, 비인칭성만을 추구하게 되면 공허하다는 점을 밝히고 있는 것이다. 좀 더 살펴보면 장자의 우려는 다음과 같이 표현할 수 있다. 구체적인 삶의 세계에서 타자에 입각해서 수행되는 판단인 인시는 분명 임시적 주체 형식을 함축하고 있다. 그렇지만 문제는 이렇게 구성된 임시적 주체 형식이 쉽게 고착된 주체 형식으로 변질될 위험에 노출되어 있다는 데 있다. "길은 누군가가 걸어갔기 때문에 형성된다. 그렇지만 우리는 이것을 망각하고 그 길만이 절대적이고 유일한 길이라고 착각할 수 있다." 따라서 우리는 매번 조우할 수밖에 없는 타자들에 맞게 자신의 임시적 주체 형식을 구성할 수 있기 위해서 비인칭적인 주체 형식을 유지해야만 한다. 그렇다면 장자는 양행을 통해서 삶과 수양의 통일을 이야기하고 있는 셈이 된다. 이제 삶의 영역은 바로 수양의 영역이고, 수양의 영역은 바로 삶의 영역이게 된 것이다.

장자를 제대로 이해하려면 우리는 그가 두 가지 주체 형식을 구분하고 있고, 이중 하나의 주체 형식을 옹호하고 있다는 점을 명확히 알아야만 한다. 첫째는 그가 부정적인 것으로 보아 제거하려고 했던 '나는 나'라고 집착하는 인칭적이고 고착된 주체 형식이다. 둘째는 인간이 사회에서 산다는 불가피성에서 유래하는 임시적인 주체 형식이다. 임시적인 주체는 구체적인 사태마다 주체의 자기조정의 역량에 의해 구성되는 주체 형식이라고 할 수 있다. 고착된 주체 형식이 모든 사태들에 대해 자기동일성을 유지하려 한다면, 장자가 권고하는 임시적 주체 형식은 새로운 타자가 도래할 때마다 그 타자와 소통하면서 새롭게 구성되는 것이다. 달리 말하면 고착된 주체 형식이 타자의 타자성을 배척하는 경향으로 작동한다면, 임시적 주체 형식은 타자의 타자성을 포용하려는 경향으로 작동한다고 할 수 있다. 물론 임시적 주체 형식의 이런 임시성이 가능한 이유는 우리가 유동적인 마음을 가지고 있다

장자의 철학

는 사실과 아울러 기본적으로 우리가 다양한 타자들과 조우할 수밖에 없다는 현실성으로부터 이해될 수 있는 것이다. 중요한 것은 임시적 주체 형식의 임시성이 앞에서도 살펴본 비인칭적인 주체 형식이 갖고 있는 유동성을 함축하고 있다는 점이다. 다시 말해서 비인칭적인 주체 형식이 구체적인 타자와 조우해서 현실화된 것이 바로 임시적 주체 형식이라는 것이다. 결론적으로 우리는 여기서 장자가 양행으로 무엇을 의도했는지 알 수 있게 된다. 그의 양행의 논리에 따르면 우리는 비인칭적 주체의 유동성과 임시적 주체의 임시성이라는 두 계기를 동시에 유지해야만 한다. 삶의 세계는 타자와의 조우와 소통을 통해서 이루어진다는 점에서, 장자의 양행은 수양과 삶의 통일을 역설하고 있다고 할 수 있다. 주체의 유동성이 수양을 통해서 확보되어 타자를 예비하는 것이라면, 주체의 임시성은 그런 수양된 주체가 삶의 영역에서 구체적인 타자를 만나서 실현되는 것이기 때문이다.

9장.   타자, 혹은 내면으로 환원할 수 없는 바깥

포정이라는 훌륭한 요리사가 문혜군을 위하여 소를 잡았다. 손을 갖다 대고, 어깨를 기울이고, 발을 디디고, 무릎을 굽히고. 그 소리는 설컹설컹. 칼 쓰는 대로 설뚝설뚝. 완벽한 음률. 무곡 〈뽕나무 숲(桑林)〉에 맞춰 춤추는 것 같고, 악장 〈다스리는 우두머리(經首)〉에 맞춰 율동하는 것 같았다. 문혜군이 말했다. "참, 훌륭하다. 기술이 어찌 이런 경지에 이를 수 있을까?" 포정은 칼을 내려놓고 대답했다. "제가 귀하게 여기는 것은 도입니다. 기술(技)을 넘어서는 것입니다. 제가 처음 소를 잡을 때는 눈에 보이는 것이 온통 소뿐이었습니다. 삼 년이 지나자 온전한 소가 보이지 않게 되었습니다. 지금은 신(神)으로 조우할 뿐, 눈으로 보지 않습니다. 감각기관은 쉬고, 신이 원하는 대로 움직입니다. 하늘이 낸 결을 따라 큰 틈바귀에 칼을 밀어 넣고, 큰 구멍에 칼을 댑니다. 이렇게 정말 본래의 모습에 따를 뿐, 아직 인대나 건을 베어본 일이 없습니다. 큰 뼈야 말할 나위도 없지 않겠습니까? 훌륭한 요리사는 해마다 칼을 바꿉니다. 살을 가르기 때문입니다. 보통 요리사는 달마다 칼을 바꿉니다. 뼈를 자르기 때문입니다. 저는 지금까지 19년 동안 이 칼로 소를 수천 마리나 잡았습니다. 그러나 이 칼날은 이제 막 숫돌에 갈려 나온 것 같습니다. 소의 뼈마디에는 틈이 있고 이 칼날에는 두께가 없습니다. 두께 없는 칼날이 틈이 있는 뼈마디로 들어가니 텅 빈 것처럼 넓어, 칼이 마음대로 놀 수 있는 여지가 생기는 것입니다. 그러기에 19년이 지났는데도 칼날이 이제 막 숫돌에 갈려 나온 것 같습니다. 그렇지만 매번 근육과 뼈가 닿은 곳에 이를 때마다 저는 다루기 어려움을 알고 두려워 조심합니다. 시선은 하는 일에만 멈추고, 움직임은 느려집니다. 칼을 극히 미묘하게 놀리면 뼈와 살이 툭하고 갈라지는데 그 소리가 마치 흙덩이가 땅에 떨어지는 소리와 같습니다. 칼을 들고 일어서서 사방을 둘러보고, 잠시 머뭇거리다가 흐뭇한 마음으로 칼을 닦아 갈무리를 합니다." 문혜군이 말했다. "훌륭하다! 나는 오늘 포정의 말을 듣고 삶을 기름(養生)이 무엇인지 터득했노라."

– 양생주

庖丁爲文惠君解牛, 手之所觸, 肩之所倚, 足之所履, 膝之所踦, 砉然嚮然, 奏刀騞然, 莫不中音. 合於桑林之舞, 乃中經首之會. 文惠君曰, "譆, 善哉! 技蓋至此乎?" 庖丁釋刀對曰, "臣之所好者道也, 進乎技矣, 始臣之解牛之時, 所見无非全牛者. 三年之後, 未嘗見全牛也. 方今之時, 臣以神遇而不以目視, 官知止而神欲行. 依乎天理, 批大郤, 導大窾, 因其固然, 技經肯綮之未嘗微礙, 而況大軱乎! 良庖歲更刀, 割也. 族庖月更刀, 折也. 今臣之刀十九年矣, 所解數千牛矣, 而刀刃若新發於硎 彼節者有閒, 而刀刃者無厚. 以無厚入有閒, 恢恢乎其於遊刃必有餘地矣. 是以十九年而刀刃若新發於硎. 雖然, 每至於族, 吾見其難爲, 怵然爲戒, 視爲止, 行爲遲. 動刀甚微, 謋然已解, 如土委地. 提刀而立, 爲之四顧, 爲之躊躇滿志, 善刀而藏之." 文惠君曰, "善哉! 吾聞包丁之言, 得養生焉."

– 養生主

풍경으로서의 대상과
조우할 수밖에 없는 타자

1.

"산에서 살다보면 자연처럼 위대한 교사가 없다. 이론적으로 배우는 것, 그것은 관념적이고 피상적이다. 자연에서 얻어 듣는 것, 그것이야말로 근본적인 것이고 그때그때 우리에게 많은 깨우침을 준다. 또 자연은, 태양과 물과 바람과 나무는, 아무 보상도 바라지 않고 무상으로 준다."

방금 읽었던 아름다운 글은, 월든 호숫가의 오두막에서 자연을 노래했던 헨리 데이비드 소로우(Henry David Thoreau)에게 강하게 영향을 받았던, 우리나라의 유명한 스님께서 쓴 글 중 일부다. 베스트셀러 작가로서 이 스님은 아낌없이 자신을 내어주는 자연과 그렇지 못한 인간적 욕심에 대한 글을 많이 썼다. 그런데 우리는 스님이 이 시에서 노래하고 있는 자연에는 무엇인가 빠져 있다는 것을 느껴야만 한다. 자연은 과연 이렇게도 신적으로 혹은 낭만적으로 그려질 수 있는 것인가? 오히려 길을 잃고 산을 헤맬 때 들리는 배고픈 승냥이의 울음소리, 그리고 독사들, 독벌레들과 같이 우리와 생존 경쟁을 벌이고 있는 다른 생명체들의 괴로움이 이 시에서는 철저하게 빠져 있지 않은가?

단지 이 스님은, 칸트의 표현을 빌리자면, 자신이 자연에게 의미부여한 것을 다시 확인하고 있을 뿐이다. 다시 말해 스님은 자신이 자연에서 찾고자 한 것만을 다시 찾고 있을 뿐이라는 것이다. 그렇다면 스님에게 자연은 관조되는 풍경, 혹은 외면에 불과한 것 아닌가? 마치 전통적인 동양의 산수화가 보여주는 풍경처럼 그것은 사변적인 풍경에 지나지 않는 것이다. 외면으로서의 자연은 관조하는 주체의 내면에 의해 매개된 자연, 원근법적으로 드러나는 풍경일 수밖에 없다. 결국 이렇게 자연이 자신의 단독성을 통해서 이해되는 것이 아니라, 오히려 관조하는 주체의 내면에 의해 이해될 때, 자연은 더 이상 자연일 수 없다. 그것은 단지 하나의 풍경일 뿐이다. 이 점에서 스님이 산속에 있는 자신의 조그만 암자에서 꽃을 피우고 가꾸면서 그 아름다움을 노래할 때, 스님이 키우며 노래하고 있는 것은 정확히 말해 그 자신의 내면이라고 할 수 있다. 그러나 그것은 자연과는 아무런 상관이 없는 것이다. 만일 스님이 자연을 사랑한다면 혹은 자연이 무엇인지를 알고자 한다면, 오히려 조용히 암자를 허물고 그곳을 떠날 필요가 있다. 일년도 되지 않아 꽃들은 폐허가 된 암자의 이곳저곳에서 자신들이 피고 싶은 대로 피어날 것이다. 그곳에는 우리가 보지 못한 진드기들도 생기게 될 것이고, 전혀 예측하지도 못했던 곤충들의 먹이사슬도 새롭게 조성될 것이다. 그 세계는 우리가 멀리서 바라본 내면 속의 풍경처럼 아름답지도, 조화롭지도 않을 것이다.

자연을 소재로 삼고 있는 동양화는 거의 모두 관념화에 지나지 않는 것이다. 매화, 난초, 국화, 대나무를 아무리 아름답게 그려도 그것은 살아 있는 매화, 난초, 국화, 대나무와는 아무런 상관이 없다. 조용히 홀로 앉아 차를 마신 후, 흰 종이를 꺼내 아무리 기개

있게 난초의 한 획을 긋는다고 해도 그것은 자신의 내면에 의해 매개된 외면일 뿐이다. 그것은 단지 자신의 정신세계를 표현한 것에 불과한 것이다. 구름에 반쯤 가린 산을 배경으로 계곡의 흐르는 물 근처에서 낚시를 하고 있는 선비, 그리고 멀리 농기구를 메고 가는 촌부가 지나가는 흔히 보는 동양화를 기억해보라. 이 그림 속에 있는 풍경은 사실적인 풍경인가? 혹은 이 풍경을 그린 사람은 진짜 이곳에 가본 사람일까? 결코 그렇지 않다. 이곳은 일종의 무릉도원, 관념상의 장소일 뿐이다. 산이 있어도 그 산은 진짜 산이 아니고, 거기에 있는 사람 또한 관념 속에 있는 것일 뿐이다. 스님이 노래했던 자연이나 전통적인 동양화가 표현했던 자연에도 자연이 없기는 마찬가지다. 거기에는 단지 풍경, 혹은 내면의 투사물만이 있을 뿐이다. 한마디로 그런 자연에는 대상으로서의 풍경만이 있지 타자성을 갖는 자연은 존재하지 않는다는 것이다.

2.

차이와 타자에 대한 존중은 아마도 현대 윤리학의 금언에 해당할 것이다. 남성과 여성의 차이, 이슬람 문화와 기독교 문화의 차이, 서양문화와 동양문화의 차이를 긍정하고 배려하자는 것이다. 그래서 어느 사이엔가 우리나라도 차이와 타자라는 개념을 중심으로 보는 담론이 주도적인 지적 흐름으로 번성해가고 있다. 지금 그 어느 누가 '타자와의 차이를 인정하고 배려하자'는 주장을 거부할 수 있겠는가? 아니나 다를까 언론과 출판 도처에서 우리 지식인들도 앞 다투어 차이와 타자를 진지하게 설교하는 대변자 역

장자의 철학

할을 수행하고 있다. 물론 차이와 타자의 인정은 표면적으로 분명 훌륭한 이야기인 것은 사실이다. 그러나 여기서 우리 지식인들은 결정적으로 중요한 다음과 같은 질문과 반성을 빼먹고 있다. 왜 차이와 타자의 담론, 즉 차이와 타자에 대한 존중이라는 윤리학적 담론이 서양에서 발생할 수 있었는가? 이렇게 질문할 수 있을 때에만 우리는 차이와 타자의 담론도, 해방 이후 서양에서 유행처럼 유입되어 들어온 모든 담론들이 그랬던 것처럼, 서양에서 탄생해서 유입된 것임을 잊지 않을 수 있다.

간과해서는 안 되는 것은 차이의 인정과 타자에 대한 배려라는 입장이, 지구적 패권을 차지하고 있는 서양에서 출현했다는 사실에서 알 수 있는 것처럼, 이것이 강자의 입장을 전제로 하고 있다는 점이다. 다시 말해 지배층이 피지배층에 대해서, 남성이 여성에 대해서, 서양이 제3세계에 대해서, 기독교가 이슬람에 대해서 차이의 인정과 타자의 배려라는 담론을 이야기할 수 있을 뿐, 그 역은 결코 아니라는 것이다. 이미 약자는, 즉 여성은, 이슬람은, 제3세계는, 피지배층은 어쩔 수 없이 차이를 인정하고 타자를 배려하도록 강제되어 있기 때문이다. 예를 들어 우리나라의 경우 이미 미국이라는 타자를 배려하고 미국과 한국의 차이를 인정하고 있지 않은가? 북한과의 대치 상황이라는 위기 상황과 미국과의 긴밀한 경제 교류가 불가피하다는 경제 상황 속에서 우리는 분명 미국과의 관계에서 약자의 위치에 있다. 그래서 강자인 미국을 배려하고 있지 않은가? 불공정한 무역 보복도 감수하고, 불평등한 SOFA 협정도 잘 감수해내고 있지 않은가? 우리는 다른 약소국가들과 마찬가지로 미국이라는 타자와의 차이를 받아들이고 미국이라는 타자를 배려하지 못하고는 살 수 없게 되어 있다.

중요한 것은 강자에 의해 내세워진 차이의 인정과 타자의 배려라는 명분은 항상 그 동일한 강자에 의해 철회될 수 있다는 점이다. 이를테면 이라크에 대한 무차별적인 미국의 공격이 이것을 웅변으로 말하고 있지 않은가? 그리고 이런 무차별적 공격과 동시에 미국은 다양한 인종과 문화의 공존을 긍정한다는 자신의 입장을 과감히 철회한 바 있다. 미국 내에 불었던 중동과 아시아 계열의 학생들에 대한 수많은 인권 침해는 이 점을 명확하게 증언하고 있다. 이런 상황에서 우리나라 지식인들이 차이의 인정과 타자의 배려라는 담론에 유행처럼 편승한다는 것은 무슨 의미가 있는가? 이런 유행처럼 번지는 담론은 단지 우리나라보다 약한 국가와 국민들에게만 적용될 수 있을 뿐이다. 다시 말해 일자리를 찾아서 우리나라에 들어온 동남아인들이나 연변의 한인들, 즉 우리나라에서 저임금과 폭력, 차별 등 온갖 부당한 위협을 당하고 있는 사람들에 대해서만, 미국처럼 우리도 차이의 인정과 타자의 배려 또는 '보편적 인권'을 주장할 수 있을 뿐이다.

3.

이처럼 유행하고 있는 차이의 인정과 타자의 배려라는 담론에는 강자의 논리가 숨어 있다. 다시 말해 차이와 타자는 진정한 의미에서의 차이와 타자가 아니라 동일성에 의해 매개된 것에 지나지 않는 차이와 타자라는 것이다. 타자에 대한 인정과 배려는 강자의 변덕에 노출되어 있기 때문에, 언제든지 철회될 수 있다. 암자에서 온갖 화초를 키우면서 자연에서 진정한 앎을 배운다는 스님도,

자연의 아름다움을 화폭에 담고 있다는 어느 동양화가도 어느 순간 그것들을 모두 파괴할 수 있는 힘을 가지고 있는 사람들이다. 타자와 차이가 인정과 배려의 대상이 되는 순간, 사실 그 타자와 차이는 진정한 의미에서 타자와 차이라고 볼 수 없는 것이 되고 만다. 우리는 타자와 차이라는 개념이 인정과 배려의 대상과 같은 온정적인 개념이 아님을 잊어서는 안 된다. 진정한 의미에서의 타자와 차이는 기본적으로 두려움과 공포의 대상, 삶에서 우연으로 조우할 수밖에 없는 것으로 등장하는 무엇이다. 길을 가다가 자신을 겁탈하려고 달려드는 압도적인 남성에 직면해 있는 여성에게, 그리고 이러저러한 이유로 압도적인 무력으로 침략해오는 강대국에 직면해 있는 약소국에게, 타자에 대한 배려와 차이의 인정은 무슨 의미를 지니겠는가? 몸을 쉽게 겁탈하라고 상대방 타자를 도와주어야 하겠는가? 그저 손쉽게 잘 침략하라고 국경을 열어주어야 하겠는가? 암자 앞에서 화초를 키우는 도중 배고픈 늑대가 나타났을 때 우리의 스님은 어떻게 해야 하겠는가? 자신을 잘 잡아먹고 포식하라고 옷이라도 벗어주어야 하지 않겠는가?

　타자와의 차이는 기본적으로 자신의 동일성을 무너뜨리는 어떤 힘이라고 이해해야 한다. 그것은 관조의 대상이나 풍경이 결코 아니다. 그것은 삶의 차원에서 사건으로 나에게 닥쳐오는 것이다. 내면과 외면이라는 구조 속에서 결코 포착되지 않는 그 무엇이 바로 타자다. 더 정확히 말하자면 내면과 외면이라는 동일성의 구조를 와해시키는 사전에 미리 예측할 수 없는 압도적인 힘이 타자라고 할 수 있다. 자신의 아이처럼 귀하게 키웠던 새끼 호랑이가 어느 날 자신의 손을 무는 것처럼 그렇게 타자의 타자성은 우리의 삶에 지울 수 없는 상처와 흔적을 만든다. 비유하자면 타자는 아름답고 고요한 호숫가에 앉아서 바라보는 자연이 아니라, 거친 대양 속에서 경험하게 되는 자신의 삶을 송두리째 바꾸어버릴 것 같은 폭풍우와 같은 자연이라고 할 수 있다. 중요한 것은 거친 폭풍우를 대양 속에서 경험하고 살아 돌아온 사람은 완전히 다른 사람으로 변할 수밖에 없다는 점이다. 그는 진정한 의미에서 타자와 차이를 겪었고 경험했고, 그에 따라 자신을 변화시키는 데 성공했기 때문이다.

처음으로 사랑에 빠진 한 남자의 예를 생각해보자. 사랑에 빠진다는 것, 타자와 어떤 관계로 맺어지게 된다는 것은 기본적으로 이 남자가 완전히 달라진다는 것을 의미한다. 다시 말해 사랑에 빠진 이 남자는 다른 주체 형식으로 변할 수밖에 없다는 것이다. 이 남자에게 이 여성은 하나의 미지수로서 다가온다. "도대체 무엇을 좋아할까?" "내가 이렇게 하면 어떤 반응을 보일까?" 모든 것이 불확실하다. 이 남자는 자신이 사랑하는 여성에게서 오는 미미한 신호마저도 놓치지 않으려고 노력한다. 미세한 곤충들이 촉수를 휘두르듯이 이 남자는 자신의 전 존재를 그녀에게 맞추기 위해 노력하게 된다. 이전에 싫어했던 음악을 좋아하게 되고 이전에 싫어했던 음식을 좋아하게 된다. 이런 식으로 사랑에 빠진 이 남자는 자신도 모르는 사이에 자신이 어떻게 변할지 미리 예측할 수 없이 조금씩 조금씩 자신의 주체 형식을 변형시키게 된다. 그러나 이 남자가 자신이 사랑하는 여성에 대해 인정과 배려를 베풀고 있는 것은 결코 아니다. 만약 인정과 배려로 그 여성을 만난다면, 이 남자는 사랑에 빠진 사람일 수 없다. 인정과 배려는 자신의 동일성을 유지한 채로 관조적이고 표면적으로만 상대방과 만남을 유지하는 양태라고 할 수 있다. 그러니 이 경우 그는 그녀를 동정과

장자의 철학

보호의 차원에서 돌봐주어야 할 약자로서만 대우할 뿐이다. 그러나 진정한 의미에서의 타자와 차이는 자신의 동일성을 파괴하는 그 무엇으로만 경험될 수 있는 것이다. 그래서 우리가 기억해야만 하는 것은 타자가 지닌 타자성이란 내가 다른 주체로 생성될 수 있게끔 하는 강제적이고 폭력적이기까지 한 힘이라는 점이다. 그리고 관조의 풍경이 아닌 타자성을 가진 진정한 의미에서의 타자는, 내가 어떤 주체로 생성될 것인지를 미리 예측할 수 없는 것과 마찬가지로, 어떤 공백이나 의미의 결여로서만 나에게 나타나는 그 무엇이다.

《장자》에 등장하는 수많은 장인들

1.

《장자》라는 책에는 수많은 장인(匠人)들에 대한 이야기가 실려 있다. 그중 아마도 가장 유명한 이야기는 〈내편〉 〈양생주〉편에 실려 있는 포정이라는 소를 도살하는 사람의 이야기일 것이다. 그러나 〈외·잡편〉을 보아도 이런 장인들에 대한 이야기는 상당히 많다. 그중 대표적인 게 아마도 〈달생〉편일 것이다. 이 편은 주로 장인들에 대한 우화로 구성되어 있다. 장인들에 대한 이야기는 〈달생〉편 외에도 〈외·잡편〉 도처에 산재해 있는데, 그 가운데 〈전자방 (田子方)〉편에 나오는 '화공 이야기', 〈지북유(知北遊)〉편에 나오는 '허리띠 버클을 잘 만드는 장인 이야기', 〈산목(山木)〉편에 나오는 '빈 배 이야기' 등을 들 수 있겠다. 이것은 장자의 후학들이 〈내편〉에 실려 있는 '포정 이야기'가 지닌 철학적 함의의 중요성을 간파하고 있었다는 방증이기도 하다. 그래서 포정 이야기를 직접 분석해보기 전에 우리는 장자의 후학들이 구성한 이야기를 하나 읽어보도록 하자. 다음 이야기는 〈달생〉편에 나오는 '종대를 귀신처럼 잘 만드는 재경(梓慶)'이라는 장인에 대한 이야기'다.

재경이 나무를 깎아 종대를 만들었다. 그 종대가 완성되자, 그 것을 본 자들은 마치 귀신을 본 것처럼 놀랐다. 노나라 제후가 그를 방문해서 물었다.

"어떤 비법으로 너는 그것을 만들었는가?"

그러자 재경은 다음과 같이 말했다.

"저는 단순한 장인인데, 제게 무슨 비법이 있겠습니까? 그렇 지만 한 가지 비법이 있기는 있습니다. 종대를 만들려고 할 때, 저는 종대로 인해 저의 기운을 낭비하지 않고, 마음을 안정시 키기 위해 확실히 재계합니다. 삼 일 동안 재계한 후 저는 축하 와 보상, 명예와 봉급에 마음을 두지 않게 됩니다. 또 사 일 동 안 재계한 후 저는 비난이나 칭찬, 나의 능숙함이나 서투름에 마음을 두지 않게 됩니다. 또 칠 일 동안 재계한 후 저는 저에 게 몸과 사지가 있다는 것을 잊습니다. 이때에 이르러 저는 (종 대를 만들라는) 조정의 명령마저도 잊게 됩니다. 정교함에 전일하 게 되어 외부의 산만함이 녹아버린 후에야, 저는 산림 속으로 들어가서 나무의 자연스러운 본성을 살핍니다. 나무의 몸체가 저의 마음에 이른 연후에야 저의 마음에는 종대의 모습이 떠오 릅니다. 오직 그때에야 그것에 저의 손을 댑니다. 그렇지 않다 면 저는 모든 일을 그만둡니다. 그래서 저는 저의 자연스러움 으로 나무의 자연스러움에 결합합니다. 이것이 그 악기가 귀 신처럼 보이는 이유가 아니겠습니까?"

산에 들어가 종대의 재료가 될 나무를 얻기 위해 재경이 하는 모든 수양은 결국 고착된 자의식의 해체에 집중되어 있다. 고착된 자의식이 해체되어야 우리는 타자의 소리를 들을 수 있다. 고착된 자의식이 해체된 상태가 바로 타자의 소리에 따라 민감하게 자기를 조절할 수 있는 유동적인 주체의 상태라고 할 수 있다. 그래서 위 이야기에서 중요한 것은 그가 이러저러한 종대의 모습을 미리 마음속에 두고 산에 올라가지 않는다는 점이다. 그는 오히려 고착된 자의식을 철저하게 비워버림으로써 나무가 자신만의 소리를 내기를 기다리고 있다. 그리고 마침내 나무는 자신의 모습을 드러낸다. "나무의 몸체가 저의 마음에 이른 연후에야 저의 마음에는 종대의 모습이 떠오릅니다." 이렇게 완성된 종대의 모습은 재경의 노력의 결과라기보다는, 나무가 비인칭적인 마음을 회복한 재경에게 주는 소리인 것처럼 그려져 있다. 그리고 재경은 나무가 전해주는 소리에 화답해서 종대의 모습을 떠올리게 된다. 결국 완성된 종대의 모습이 떠오르게 된 결정적인 원인은 재경이라는 목수에게 있었던 것이 아니라 나무 그 자체에 있었다고 해야 한다. 결국 이 이야기를 통해서 장자 후학들은 타자와의 소통이란, 주체와 사유 중심적인 것이 아니라, 타자와 존재 중심적인 사건임을 명확히 밝히고 있었던 셈이다. 이런 입장에 따르면 타자와의 소통의 조건은 고착된 자의식의 기능과 불가분의 관계에 있다고 할 수 있다. 다시 말해 자의식이 과거의식을 매개로 모든 사태들에 적용되면 소통은 불가능해지며, 역으로 주체와 타자 사이의 소통이 발생할 수 있으려면 이런 과거에 고착된 자의식은 반드시 해체되어야만 한다.

2.

구체적으로 포정이 문혜군에게 이야기한 소 잡는 방법을 살펴보도록 하자. 포정은 처음에는 보이는 것마다 다 소로 연상되었을 정도로 소에 집중을 한다. 다시 말해 포정은 지금 개를 보아도 소로 보이고 고양이를 보아도 소로 보이는 몰입 상태에 있었던 것이다. 이런 몰입 상태에 빠져 있던 삼 년이라는 시간이 지나자 이제 포정은 살아 있는 소를 보아도 일상인이 보는 것과 같은 온전한 소가 아니라 소의 모든 부위와 뼈까지 보게 되었다. 이런 경지에 이른 다음 그는 자신이 지금 소를 잡을 때 "그 소와 신으로 조우하지 눈으로 보지는 않는다(以神遇而不以目視)"고 말한다.

여기서 포정이 말한 눈으로 본다는 것과 신으로 조우한다는 것의 차이는 무엇일까? '본다(視)'는 말은 기본적으로 내가 어떤 대상을 능동적으로 바라본다는 것을 의미한다. 그래서 본다는 말은 주체가 어떤 관심과 목적을 가지고 주체 밖의 어떤 대상을 관찰하는 것을 의미한다. 따라서 주체와 대상이 거리를, 다시 말해 나는 나고 대상은 대상이라는 식의 거리를 함축한다는 말이다. 반면 '조우한다(遇)'는 말은 주체와 대상 사이의 거리감이 없다는 것을 의미한다. 전혀 예상치도 않았던 사람을 만날 때 우리는 '조우했다'고 표현하는 것처럼, 이 말은 어떤 관심을 가지고 누군가를 찾다가 그 사람을 보게 되는 경우와는 전혀 다른 것이다.

우리는 여기서 사용되는 '신(神)'이라는 표현이 주체와 대상의 거리감이 없는 소통의 역량, 유동적인 마음 상태, 타자와 직면해서 그 타자에게 어떤 인칭적 관심도 없이 귀를 기울이는 상태의 마음을 의미하고 있다는 것을 알 수 있다. 이렇게 유동적인 마음의 역량, 즉 신으로 타자와 조우했기 때문에, 수천 마리의 소를 잡은 포정의 칼은 아직도 마치 숫돌에 방금 간 칼처럼 새롭다. 포정의 칼은 뼈와 뼈 사이, 근육과 근육 사이를 흐르는 물처럼 유연하게 헤치고 지나갈 수 있다. 그렇기 때문에 포정의 칼은 수천 마리의 소를 잡았음에도 온전하게 칼날을 유지할 수 있었던 것이다. 이런 경지를 포정은 저 소에게는 틈이 있지만 칼날에는 두께가 없기 때문에, 두께가 없는 칼로 틈이 있는 것을 지나가는 것은 너무나 쉬운 일이라고 표현한다.

3.

서양 연구자들은 '포정 이야기'를 포함한 《장자》 도처에 나오는 '장인 이야기들'에 많은 관심을 피력하고 있다. 그들의 장자 연구는 know-how와 know-that의 구별, 즉 실천적 앎과 이론적 앎의 구별을 통해 이루어졌다. 이런 연구 경향이 옳다면 실천적 앎은 이론적 앎보다 더 근본적인 것이라고 할 수 있다. 실천적 앎에서 이론적 앎이 도출될 수 있지만, 그 반대로 이론적 앎에서 실천적 앎은 도출되지 않기 때문이다. 예를 들어 자전거가 두 바퀴로 되어 있고 페달을 밟아서 가는 운송수단임을 아는 것(=이론적 앎)이 필연적으로 자전거를 실제로 탈 수 있다는 것(=실천적 앎)을 함축하지는 않지만, 자전거를 실제로 탈 수 있다는 것은 그 자전거가 이러저러한 운송수단임을 안다는 것을 함축할 수 있다. 이런 입장에 따라 그들은 장인들 이야기를 강조하면서, 장자가 실천적 앎을 결코 부정하지 않았다는 점에서 근본적인 회의주의자는 아니었

장자의 철학

다고 주장했던 것이다. 이들의 주장에는 분명 나름대로 가치가 있지만, 그들은 근본적인 오류를 범하고 있다고 생각된다.

　포정 이야기를 자세히 읽어보면 장자는 결코 실천적 앎 자체를 맹목적으로 옹호하고 있지는 않다. 문혜군이 포정이 소 잡는 모습을 보고 감탄하면서 기술(技)이 훌륭하다고 말하자, 포정은 자신이 좋아하는 것은 기술이 아니라 그보다 훨씬 탁월한 도라고 말하고 있다. 그렇다면 도는 기술보다 탁월한 것이라는 포정의 이야기는 어떤 의미일까? 그런데 문제는 포정이 문혜군에게 이야기해준 소 잡는 방법은 표면적으로는 분명 숙련된 기술인 것처럼 보인다는 점에 있다. 다시 말해 그의 소 잡는 기술은 분명 '~할 수 있는 방법(know-how)'을 의미하는 실천적 앎의 한 가지 사례에 해당하는 것처럼 보인다는 말이다. 그럼에도 불구하고 지금 포정은 자신이 좋아하는 것은 기술이 아니라 도라고 이야기하고 있다. 그렇다면 제사에서는 기술보다 도가 우월해질(進) 수밖에 없는 지점에 대한 언급이 있어야만 한다. 그 부분은 어디일까?

　그것은 다음과 같은 포정의 술회에 있다. "비록 그렇게 제가 소통을 한다고 할지라도, 저는 매번 살과 뼈가 엉켜 있는 곳에 이르러 그 자르기 어려움에 처하게 됩니다(雖然, 每至於族, 吾見其難爲)." 소를 19년 동안 잡으면서 익혔던 기술이 도대체 적용되지 않는 지점을 포정은 매번 소를 자를 때마다 만날 수밖에 없다는 것이다. 만약 포정이 19년 동안 익혔던 기술을 믿고 매번 조우할 수밖에 없는 자르기 힘든 곳을 자르려고 한다면, 그의 칼은 이미 부서지고 말았을 것이다. 19년 동안 소를 잡으면서 익혔던 기술은 〈제물론〉편의 표현을 빌리자면 '작은 이룸(小成)'에 불과했던 것이다. 특정한 기술은 분명 타자와의 소통의 흔적이지만, 이것으로 모든 타자와 소통할 수는 없는 법이다. 예를 들어 소를 잘 잡는 사람이 수영을 잘할 수 없듯이, 수영을 잘하는 사람이 소를 잘 잡을 수도 없는 법이다. 그래서 포정은 타자와 소통할 수 있는 비인칭적인 마음을 유지하면서 타자에 맞게 자신의 기술을 재조정할 수밖에 없다고 이야기했던 것이다. 그렇다면 포정이 말한 도는, 기술이란 것이 단지 특정한 타자와의 소통의 결과로 출현한 특정한 흔적이기 때문에 다른 타자와 만났을 때에는 함부로 사용해서는 안 된다는 통찰에 근거하고 있다고 할 수 있다.

끝내 바깥에 머물 수밖에 없는 타자

1.

다양한 철학의 경향들을 나누는 데 많은 기준이 있다. 그 가운데 우리가 고려해보려는 것은 우발성을 어떻게 생각하느냐에 따라 철학의 경향이 나뉠 수 있다는 점이다. 철학은 우발성을 긍정하는 철학과 우발성을 부정하고 필연성을 강조하는 철학으로 나뉠 수 있다. 우발성은 contingency의 번역어다. 이 contingency라는 말은 어원적으로 접촉(contact)을 의미하는 contingere라는 말에서 나왔다. 따라서 우발성을 긍정하는 철학은 기본적으로 접촉 또는 조우(encounter)를 긍정하는 철학이라고 할 수 있다. 우산을 가지고 나오지 않았는데, 갑자기 소나기가 왔을 때, 우리는 '소나기와 접촉했다' 혹은 '소나기와 조우했다'고 말할 수 있다. 이처럼 조우와 접촉은 우리가 사전에 미리 예측하지 못한 타자나 사건과 만나는 것을 의미하는 말이다. 접촉이나 조우로부터 유래하는 사건의 특징을 철학에서는 우발성이라고 말한다.

　어느 남자와 어느 여자가 사전에 미리 예측하지 못한 채 길거리에서 조우한다. 그리고 두 사람은 곧 사랑에 빠지게 된다. 물론 이 남자는 친구를 만나러 가는 길이었고, 이 여자는 쇼핑을 하러

가는 길이었다. 그게 무슨 상관이란 말인가? 어쨌든 두 남녀는 길거리에서 조우한 것이다. 한 가지 재미있는 사실은 이 두 남녀가 사랑에 빠지게 되면, 이 두 남녀는 다음과 같이 회고하기 쉽다는 점이다. "우리 만남은 우연이 아니야!" 다시 말해 자신들의 만남은 신적인(?) 필연성에 의해 이루어졌다는 것이다. 그러나 이것은 우연한 만남이 지닌 우발성을 회피하고 자신들의 만남을 영원하게끔 만들려는 이들의 자기기만에 불과한 것이다. 다시 말해 이들은 만나게 되면 반드시 헤어지게 된다는 회자정리(會者定離)의 진리를 회피하려고 하는 것이다. 이처럼 조우의 우발성은 헤어짐의 우발성을 함축하는 사태라고 할 수 있다. 그럼에도 불구하고 우리는 이런 우발적인 사태를 오히려 영원이니 혹은 필연이니 하면서 미봉하려고 한다. 사랑하는 연인이 죽어갈 때 그래서 우리는 "천국에서 다시 만나요" 혹은 "다른 생에서 우리 다시 만나요"라고 흐느끼기 마련이다. 그러나 갑자기 내리는 소나기와 조우할 때도, 과속하는 차와 조우할 때도, 강도와 조우할 때도 우리는 과연 '우연이 아니야'라고 말할 수 있을까?

이제 우리는 포정 이야기에 나오는 조우한다(遇)라는 글자의 철학적 함축을 이해할 수 있게 되었다. 조우라는 사건은 주체의 바깥에 타자가 있다는 것을 함축하는 개념이다. 결코 주체가 타자를 분출해내는 것이 아니다. 자신만의 계열을 지닌 주체가 동등하게 그 자신만의 계열을 지닌 타자와 만나는 것이 바로 마주침, 혹은 조우라는 사건이다. 포정과 소의 조우, 포정의 칼과 소의 몸과의 조우. 따라서 우리는 "소의 자연스러운 결(天理)에 따라서 소를 베었다"는 포정의 말을 오해해서는 안 된다. 이 '자연스런 결'은 소의 객관적인 구조나 본성과는 아무런 상관이 없다. 그것은 포정의 칼이 소의 몸과 조우하면서 생기는 칼의 길 혹은 흔적에 지나지 않는다. 이 점에서 소의 자연스런 결이란 포정과 소의 만남에 종속되는 것이라고 할 수 있다. 포정이 아닌 다른 도살자가 잘랐으면 다른 자연스런 길이 생길 수도 있고, 다른 소를 잘랐다면 소의 자연스런 결은 다르게 드러났을 것이다. 〈제물론〉편에 나오는 "길은 걸어간 뒤에 생기는 것이다"라는 말의 의미도 바로 여기에 있다. 걸어간다는 비약이 없다면 길이고 뭐고 간에 생길 여지가 전혀 없는 법이다.

2.

의심할 여지없이 포정 이야기의 핵심은 포정이라는 주체에 있다. 포정은 처음부터 포정이 아니었다는 사실을 우리는 잊어서는 안 된다. 포정은 소를 능숙하게 잡기 때문에 포정일 수 있는 것이다. 포정은 애초에 백정의 본성이 있어서 이 본성이 실현되어 포정이 된 것이 아니다. 정확히 말해서 백정의 본성이라는 것 자체를 생각하기 위해서도 일단은 포정은 소를 잘 잡아야만 된다. 만약 포정이 소를 잘 잡지 못하고 매번 칼날을 망가뜨렸다면, 아마도 '포정은 백정의 본성을 타고났다'는 등의 이야기는 나오지도 않았을 것이다. 'X가 현실적으로 Y를 한다'는 말이 'X에게는 원래 Y를 할 수 있는 본성이 있었다'는 것을 함축하지는 않는다. 우리는 사후에 생긴 결과를 사태에 미리 귀속시키는 이런 생각의 오류를 목적론적 오류라고 부를 수 있을 것이다. 이것은 어떤 조우를 통해서 발생한 관계를 조우의 양 항 중 하나의 본질로 정립하는 오류를 말한다. 예를 들어 '젓가락은 음식을 집을 때 쓴다'면 '젓가락에는 음식을 집을 수 있는 본질이 있었다'고 말하거나, 혹은 '종이컵은 물을 담는 데 쓴다'면 '종이컵에는 물을 담는 본질이 있었다'고 말하는 것이 그 예라고 할 수 있다.

그러나 사정은 그 반대가 아닌가? 다시 말해 컵은 '물을 담기 때문에 컵이라고 불리는 것'이고, 젓가락은 '음식 등을 집기 때문에 젓가락이라고 불리는 것'이다. 가령 예를 들어 물이 없다면 컵은 존재할 수 있을까? 또 육류를 먹는 서양문화 속에서 젓가락은 존재할 수 있을까? 목적론적 오류의 가장 큰 문제점은 다음과 같이 설명할 수 있다. 어떤 X가 Y와 조우해서 특정한 관계를 맺을 때, 예를 들어 어떤 우묵한 모양의 용기가 물과 같은 액체를 만나서 그 액체를 담을 때, 그 X는 컵이라는 규정을 얻게 된다. 그런데 목적론적 오류, 즉 '컵에는 액체를 담을 수 있는 본성이 있었다'는 주장의 오류는 액체라는 타자를 아예 배제해버리고 만다는 데 있다. 액체가 없다면 애초에 컵은 존재할 수 없는데도 말이다. 예를 들어 어느 여성이 매춘 행위를 한다면, 목적론적 사고에 사로잡혀 있는 사람은 '이 여성에게는 매춘 행위를 할 수 있는 본성이 있었다'고 말하게 되는 셈이다. 결국 이런 주장은 어떤 여성이 자본주의에 살면서 자신의 몸을 팔 수밖에 없는 상황, 그 타자적 상황을 망각하고, 이 여성의 현재 상황을 그대로 그녀 자신의 본성의 실현으로 간주하게 된다.

반복하자면 장자가 '포정 이야기'를 통해 하고 싶었던 말은 주체의 변형에 관한 것이다. 처음에 전혀 소를 잡지 못하던 어떤 사람이 19년이라는 시간에 걸쳐서 드디어 소를 자유자재로 다루게 되면서, 칼도 전혀 망가뜨리지 않고 소에게 고통을 가하지도 않은 채 소를 잡을 줄 아는 포정이라는 장인이 된 것이다. 우리가 기억해야만 하는 것은 포정이라는 규정 혹은 포정이라는 이름이 원래부터 있었던 것이 아니라는 점, 따라서 이런 생성과 변화의 흔적으로서만 포정이라는 인물은 탄생할 수 있을 뿐이라는 점이다. 여기서 19년이라는 기간은 인간이 타자와 조우함으로써 새로운 주체로 거듭나는 것이 지극히도 힘든 일임을 웅변적으로 말해주고 있다고 할 수 있다. 뿐만 아니라 19년이 지난 뒤의 포정은 완전하고 더 이상 바랄 것이 없는 절대적인 포정이 될 수 있는가? 그렇지도 않다. 비록 이렇게 유동적인 마음의 소통 역량(神)을 회복해서 타자와 조우한다고 해도, 어쨌든 조우는 조우일 수밖에 없는 법이다. 다시 말해 우리는 매번 예기치 못한 타자성과 다시 조우할 수밖에 없다는 것이다. 장자는 그것을 포정의 말로 명확하게 표현한다. "비록 그렇게 제가 능숙하게 소를 잡게 되었다고 할지라도, 저는 매번 살과 뼈가 엉켜 있는 곳에 이르러 그 자르기 어려움에 처하게 됩니다." 이처럼 장자가 지닌 타자의 타자성에 대한 감수성은 극도로 예민하다. 그는 혹시라도 포정 이야기를 읽는 독자가 마음의 수양만으로 모든 것이 해결되리라는 낭만적인 생각을 갖지나 않을까 극히 경계하고 있었던 것이다. 우리는 마음의 수양만으로 모든 것을 해결할 수는 없다. "우리는 매번 타자성과 조우한다(每至於族)"고 말할 때의, 이 매번이라는 글자를 통해 장자는 자신의 타자성에 대한 깊은 이해를 우리에게 보여준다. 이 글자만큼 타자의 복수성과 다양성이 우리의 수양된 마음으로도 완전히 해결되지 않는다는 것을 상징하는 것도 없을 테니까.

3.

〈양생주〉편을 시작하는 동시에 이 편을 상징하는 포정 이야기는 삶을 기르는 방법을 상징하고 있다. 아니나 다를까 포정의 소 잡는 이야기를 듣고 문혜군은 감격하여 다음과 같이 말한다. "훌륭하다! 나는 오늘 포정의 말을 듣고 삶을 기르는 것(養生)이 무엇인지를 알았다." 문혜군이 어디서 양생의 지혜를 얻었을까? 그는 바로 수천 마리의 소들을 잘라도 아직도 방금 숫돌에 간 것처럼 날카롭게 자신을 보존하고 있는 칼에서 그 지혜를 얻었던 것이다. 왕으로서 문혜군은 바깥으로는 다른 호전적인 제후국들에 둘러싸여 있고, 안으로는 자신의 권위에 도전하려는 신하들에 둘러싸여 있었다. 어찌 이런 무수한 타자들이 수천 마리의 소들보다 가볍다고 할 수 있겠는가? 문혜군은 바로 포정에게서 이런 타자들과 소통해서 자신의 삶을 보존하는 방법을 얻었던 것이다. 그러나 여기서 우리에게는 더 생각해볼 문제가 있다.

문혜군은 포정에게서 삶을 기르는 방법을 제대로 이해했다고 할 수 있을까? 물론 원문에서 우리는 이런 의문을 해결할 단서를 얻을 수는 없다. 그러나 문혜군은 포정의 칼에 너무 주목하고 있는 것처럼 보인다. 다시 말해 문혜군은 포정과 관련된 주체 변형의 측면을 너무 소홀히 여기고 있는 것 같다는 것이다. 그렇다면 문혜군은 '포정 이야기'가 함축하는 의미 중 오직 절반만을 이해하고 있다고 할 수 있다. 자세히 살펴보면 포정 이야기는 다음과 같은 중층적인 구조를 띤다. 거시적인 층위에서 포정이라고 불릴 어떤 사람이 소와 조우함으로써 포정이 될 수 있다는 주체 변형의 이야기가 전개된다. 반면 미시적 차원에서는 포정의 칼이 소의 몸

과 조우함에도 불구하고 칼날이 전혀 망가지지 않았다는 이야기
가 전개되고 있다. 전자가 변화에 대한 이야기라면, 후자는 불변
에 대한 이야기다. 그러나 변화와 불변은 동중지정(動中之靜)·정
중지동(靜中之動)이라는 상투적인 표어처럼 포정 이야기 속에 말
려져 있다. 따라서 우리가 이 이야기로부터 주목해야 할 것은 수
천 마리의 소를 잡았음에도 불구하고 칼이 망가지지 않았다는 사
태란 어떤 사람이 포정이라는 훌륭한 도살꾼이 된 사태와 동시적
이라는 점이다.

  만약 포정에게서 제대로 가르침을 받았다면, 문혜군은 어떤
방식으로 자신의 삶을 보존하게 될 것인가? 그는 자신이 왕이라
는 고착된 인칭적 마음을 버리고, 유동적이고 비인칭적 마음을 회
복할 것이다. 오직 이럴 때에만 그는 타자의 목소리와 움직임에
민감하게 대응하면서 자신의 주체 형식을 변화시킬 수 있기 때문
이다. 따라서 어쩌면 그는 자신의 동일성을 규정하는 왕이라는 자
리도 버려야 할지도 모른다. 물론 이런 마음을 확보해서 타자에
민감하게 조우한다고 하더라도 문혜군이라고 한때 불렸던 사람
이 완전하게 자신의 삶을 보존할 수 있으리라는 보장은 전혀 없
다. 마치 포정이 매번 '뼈와 살이 엉킨 곳'을 다시 만날 수밖에 없
듯이, 그도 다시 전혀 예기치 못한 타자와 다시 조우할 수밖에 없
는 법이다. 또 하나 우리가 이 이야기에서 간과할 수 없는 것이 있
는데, 그것은 바로 포정의 칼이 상징하고 있는 것에 관한 내용이
다. 주체를 상징하는 포정과 타자를 상징하는 소 사이의 거시적인
관계는 결국 포정의 칼과 소의 몸 사이의 미시적인 관계에서 결정
된다고 할 수 있다. 이 점에서 포정 이야기는 중층적으로 구성되
어 있다고 할 수 있다. 거시적인 층위에서 포정이 소와 조우함으

로써 포정이 될 수 있다는 주체 변형의 이야기, 주체 변화의 이야기가 전개된다면, 미시적 차원에서 포정의 칼이 소의 몸과 조우함에도 불구하고 칼날이 전혀 망가지지 않았다는 의미, 즉 불변의 이야기가 전개되고 있다. 수천 마리의 소를 잘랐음에도 불구하고 칼날이 망가지지 않았던 이유는, 이제 포정이 비인칭적인 마음을 회복했기 때문에 감관으로 보는 것이 아니라 유동적인 마음으로 소의 뼈와 뼈 사이를 자유롭게 유영하게 되었기 때문이다.

10장. 날개 없이 나는 방법

안회가 말했다. "저로서는 이제 더 생각해낼 도리가 없습니다. 부디 방법을 가르쳐주십시오." 공자가 말했다. "재계(齋)하라. 너에게 말하면, (마음을 그냥) 가지고서 한다면 쉽게 될 수 있겠느냐? 쉽다고 하는 자는 저 맑은 하늘이 마땅하다 여기지 않을 것이다." 안회가 말했다. "저는 가난하여 여러 달 동안 술을 못 마시고 양념한 음식도 못 먹었습니다. 이 경우 재(齋)라 할 수 있지 않겠습니까?" 공자가 말했다. "그런 것은 제사지낼 때의 재이지, 마음의 재가 아니다." 안회가 말했다. "부디 마음의 재가 무엇인지 말씀해주십시오." 공자가 대답했다. "먼저 마음을 하나로 모아라. 귀로 듣지 말고, 마음으로 들어라. 다음엔 마음으로 듣지 말고, 기(氣)로 들어라. 귀는 고작 소리를 들을 뿐이고, 마음은 고작 (대대 관계에 부합하는) 외면만을 알 뿐이지만 기는 비어서 타자와 조우하는 것이다. 도는 오로지 빈 곳에만 깃든다. 이렇게 비움이 바로 마음의 재계니라." 안회가 말했다. "제가 심재를 실천하기 전에는 안회라는 자의식(내면)이 실재처럼 존재했지만, 심재를 실천하자 자의식이 더 이상 존재하지 않게 되었습니다. 이것을 비움(虛)이라 하는 것입니까?"
공자가 대답했다. "이제 되었다. 내가 너에게 말하고 싶은 것이 있구나! 네가 위나라에 들어가 그 새장(＝영향권)에 노닐 때, 이름 같은 데 영향을 받아서는 안 된다는 것이다. 받아주거든 유세하고, 받아주지 않거든 멈추어라. 문도 없애고 언덕도 없애서 너의 마음을 통일해서 부득이한 일에만 깃들면, 괜찮을 것이다. 흔적을 끊기는 쉽지만, 땅을 밟지 않기란 어려운 법이다. 인간적인 것에 의해 부려지는 사람은 속이기 쉽지만, 하늘에 의해 부려지는 사람은 속이기 어렵다. 너는 날개가 있는 것이 난다는 것을 들어보았겠지만, 날개가 없이 난다는 것은 듣지 못했을 것이다. 너는 앎으로 안다는 것을 들어보았겠지만, 알지 못함으로 안다는 것은 듣지 못했을 것이다."

- 인간세

顔回曰, "吾无以進矣, 敢問其方." 仲尼曰, "齋, 吾將語若! 有心而爲之, 其易邪? 易之者, 皞天不宜." 顔回曰, "回之家貧, 唯不飮酒不茹葷者數月矣. 如此, 則可以爲齋乎?" 曰, "是祭祀之齋, 非心齋也." 回曰, "敢問心齋." 仲尼曰, "若一志, 无聽之以耳而聽之以心, 无聽之以心而聽之以氣! 耳止於聽, 心止於符. 氣也者, 虛而待物者也. 唯道集虛. 虛者, 心齋也." 顔回曰, "回之未始得使, 實有回也. 得使之也, 未始有回也. 可謂虛乎?" 夫子曰, "盡矣. 吾語若! 若能入遊其樊而无感其名. 入則鳴, 不入則止. 无門无毒, 一宅而寓於不得已, 則幾矣. 絶迹易, 无行地難. 爲人使易以僞, 爲天使難以僞. 聞以有翼飛者矣. 未聞以无翼飛者也. 聞以有知知者矣, 未聞以无知知者也."

- 人間世

수양의 가능성과 한계

1.

많은 연구자들은 수양론을 서양철학과는 구별되는 동양철학의 고유성이라고 주장한다. 이것은 옳은 주장일까? 수양(self-cultivation)이란 자신을 이러저러하게 변형시킴으로써 자신의 삶과 태도를 만들어나가는 것이다. 그렇다면 수양론은, 현실적 개체에 의한 모종의 이상인격의 현실화로 정의된다는 점에서, 어떤 이론의 현실화라는 논점을 함축하고 있다고 할 수 있다. 사실 수양론은 중국철학을 세계에 대한 사변적 이해를 중시하는 서양철학에서 구별시켜주는 중요한 특징이다. 서양철학이 세계의 본질이나 현상적 법칙을 파악하고 이를 통해 세계를 장악하려는 시도라면, 오히려 수양론을 강조하는 중국철학은 세계가 아닌 자기를 장악하고자 한다. 따라서 수양론은 자신의 마음을 문제로 삼는다. 마음은 자신과 세계를 연결시키고 소통시켜주는 근거이기 때문이다. 수양을 통해 우리는 자신의 마음을 변형시키고, 결국 변형된 마음으로 타자들과의 조화와 소통을 확보할 수 있게 된다.

그러나 우리는 서양철학의 실천론과 중국철학의 수양론이 유사한 구조를 공유하고 있다는 점을 잊어서는 안 된다. 실천이라는

장자의 철학

것은 기본적으로 합목적적인 활동이라고 정의할 수 있다. 달리 말해 실천은 어떤 목적에 부합되게 현실을 개조하려는 노력이라고 할 수 있다는 것이다. 주체와 타자 사이에 문제가 생겼을 때, 이 문제를 해결하기 위해서 중국이든 서양이든 간에 어떤 목적이나 이념을 설정한다. 물론 이 목적이나 이념은 그것이 실현되기만 하면 주체와 타자 사이에 생겼던 문제를 해소시킬 수 있다고 가정되는 것이다. 서양철학은 주로 이렇게 설정된 이념이나 목적을 타자나 외부에 가해 바꾸려 시도한다. 이와는 달리 중국철학은 이렇게 설정된 이념이나 목적을 자신에게 가해서 자신을 변형시키려고 시도한다. 이 점에서 우리는 중국철학의 수양론이 '내향적 실천론'이라면, 서양철학의 경우는 '외향적 실천론'이라고 정의할 수 있다.

그렇다면 수양론이 중국철학, 나아가 동양철학 일반의 고유성을 규정한다고 주장했던 연구자들은 피상적인 인상에 의한 비평에만 머물고 있었다고 할 수 있다. 수양론도 외향적 실천론과 마찬가지로 안으로 향해진 합목적적인 활동이라고 할 수 있다. 오히려 중요한 것은 왜 동일한 합목적적 활동으로서의 실천이 중국에서는 내면으로 향하고 서양에서는 외면으로 향했는지를 묻는 것이다. 여기에서 핵심은 자신을 둘러싸고 있는 세계에 대한 태도의 문제다. 중국철학은 기본적으로 세계에 대한 두려움을 가지고 논의되었다면, 서양철학은 세계에 대한 자신감을 가지고 논의되었다고 할 수 있다. 다시 말해 내향적 실천론으로서의 수양론이 주체와 타자 사이의 갈등 상황에서 "내가 이렇게 하면 되지"라는 식으로 진행되었다면, 외향적인 서양의 실천론은 동일한 갈등 상황에서 "상대방을 이렇게 바꾸게 하면 되지"라는 식으로 진행되었다는 것이다.

2.

수양론은 기본적으로 내향적이면서 따라서 자기지시적일 수밖에 없는 실천론이다. 수양의 주체와 그 대상은 모두 동일한 하나의 마음이기 때문이다. 따라서 수양론은 이런 자기-지시(self-reference)의 역설을 완화하기 위해서 제3의 요소를 도입할 수밖에 없다. 그것이 바로 수양의 이념이자 목적으로 도입되는 본래적 마음 혹은 내재적 초월성이다. 그러나 그렇다고 해서 수양론이 이제 모든 난점과 역설에서 자유로워진 것은 아니다. 수양의 이념으로서 내재적 초월성을 도입한 수양론은 세 종류의 마음으로 분화될 수밖에 없으니까 말이다. 첫째는 수양을 하겠다고 결단하는 마음(=주체의 마음)이고, 둘째는 수양이 되어야 하는 대상으로서의 마음(=현상적 마음)이고, 마지막 세 번째는 수양으로 도달해야만 하는 혹은 회복해야만 하는 이상적인 마음(=본래적 마음), 즉 이념으로서의 마음이다. 이처럼 수양론은 세 가지로 분화된 마음을 전제할 수밖에 없다.

　'초월성 = 내재성'이라는 도식, 즉 초월적 내재나 내재적 초월이라는 규정만큼 중국철학의 내적 구조를 명확히 규정할 수 있는 것은 없다. '초월성 = 내재성'을 강조하는 이런 전통에서는 초월성과 내재성을 동시에 확보하기 위해서는 마음의 이분화가 불가피하다. 초월성은 내재성과 결합하기 위해서 마음의 내재적 본질로 드러날 수밖에 없을 것이다. 따라서 마음은 이제 실현되어야 할 본질로서의 마음과 현상적인 마음으로 이분화될 수밖에 없다. 현상적인 마음은 이제 자신의 마음 깊은 곳에서 본질로서의 마음이 내는 소리(=명령)를 의식해야만 한다. 이런 깊이의 느낌 속에서 중국철학의 복잡한 인성론(人性論)은 형이상학적인 색채를 띠게 된다. 형이상학이란 기본적으로 높이나 깊이라는 원근법에 따라 높은 것과 깊은 것을 그렇지 않는 것보다 더 본질적인 것으로 선택하는 데서 성립하는 학문이니까 말이다. 어쨌든 초월성 = 내재성의 도식에 따르면 마음은 본래성과 비본래성으로 분열되고, 주체는 이 사이에 머물며 진동하게 된다. 그러나 한 가지 주의해야 할 것이 있다. 내재적 본질로 이해된 초월성도 마음이라는 존재론적 장소에서만 의미를 지닌다는 점에서, 이런 초월성은 결국 유아론적인 초월일 가능성에 노출되어 있다.

'초월성 = 내재성'이라는 도식은 왜 중국철학 전통에서 수양론적 특징이 강하게 나타나는지를 설명해준다. 수양론은 주체가 자신이 비본래적인 상태에 있다는 것을 자각하고 본래적인 자기로 되돌아가려는 노력이기 때문이다. 이런 마음의 이분화, 즉 본래적 마음과 비본래적 마음이란 이분적 구조는 도가·유가·불교를 막론하고 중국철학의 모든 내적 구조를 형성한다. 단지 차이는 본래적 마음(= 내재적 초월성)을 도가에서는 덕(德)으로, 신유학에서는 본성(性)'으로, 불교에서는 불성(佛性)으로 변주해서 말하고 있다는 데 있을 뿐이다. 한 가지 재미있는 것은 중국철학에서는 수양론을 가능하게 하는 마음의 삼원적 구조(즉 뜻을 세우는 주체적 마음, 수양되어야 할 현상적 마음, 이상적인 본래적 마음)에서 뜻을 세우는 주체적 마음에 대한 논의가 별로 보이지 않는다는 점이다. 이것은 모든 중국 철학자들이 기본적으로 주체의 마음을 대상화하지 않고 있다는 것을 말해준다. 그래서 중국철학은 다음과 같은 질문을 던질 수 없었다. 왜 이러저러한 마음을 본래적 마음으로 긍정해야만 하는가? 왜 자신의 현상적 마음을 주체는 부정적으로 판단하는가?

현상적 마음과 주체의 마음의 분리는 왜 발생하는가? 바로 이 점에서 중국철학의 수양론 일반은 독단적인 논의에 불과하다고 비판받을 수 있다. 이러저러한 마음을 본래적 마음이라고 결단하고 나아가 이런 결단에 따라서 현상적 마음을 평가하고 조절하는 것은 다름 아닌 주체의 마음일 수밖에 없으니까 말이다. 그런데 이런 결단과 노력을 기울이는 주체적 마음의 존재론적 위상에 대해더 이상의 설명이 주어지지 않는다. 우리는 당연히 수양할 수 있는 가능 근거를 선천적으로 부여받았다고 설명될 뿐이며, 도달해야 하는 이상적인 본래적 마음도 자명한 것으로 전제되고 있다. 그러나 과연 그것은 자명한 인간의 목표이며 우리는 그런 마음 상태에 도달하기 위해 필연적으로 입지하게(뜻을 세우게) 되어 있는 존재일까?

3.

장자의 철학도 수양론, 즉 내향적 실천론이라는 중국철학 일반의 성격을 공유하고 있다. 따라서 장자의 수양론이 전제하는 마음도 이념으로서의 마음(= 본래적 마음), 현상적 마음(= 비본래적 마음), 주체의 마음으로 분열되어 있는 마음이라고 할 수 있다. 장자의 본래적 마음이 타자와 부드럽고 유연하게 소통할 수 있는 비인칭적인 마음(虛心)이라고 한다면, 비본래적 마음은 '나는 나다'라고 집착하는 인칭적인 마음이라고 할 수 있다. 구체적으로 장자의 수양론은 앞에서 살펴본 "나는 나 자신을 잃어버렸다(吾喪我)"라는 언급을 통해서 설명할 수 있다. 먼저 수양의 필요성을 자각하는 주체(體)는 자의식(我)이 소통에 부적절하다는 통찰이 있어야 한다. 그다음에 주체는 이런 자의식을 잊으려고 노력하게 된다. 그리고 마침내 이런 현상적으로 고착된 마음을 잊게 되었을 때 주체는 비인칭적인 마음을 회복하게 된다.

이렇게 비인칭적인 마음을 회복하는 것으로 모든 것이 완성된 것일까? 그러나 결코 그렇게 말할 수 없다. 주체는 비인칭적인 마음을 회복한 다음에 주체라는 권좌에서 내려야만 한다. 다시 말해 주체로서 누렸던 자신의 권력을 타자에게 양보할 수밖에 없다는 것이다. 장자 철학이 지닌 역설은 바로 여기에 있다. 오직 주체만이 주체의 자리를 타자에게 양도할 수 있다는 역설! 주인이 스스로 손님이 되려는 역설! 장자의 수양론의 취지는 기본적으로 주체가 차지하고 있는 주인의 자리를 타자를 위해 비우는(虛) 데 있다. 장자의 수양론에 따르면 우리는 어떤 타자가 들어와도 넉넉히 쉴 수 있는 넓은 마음의 공간을 확보할 수 있다. 그러나 이런 마음을 회복했다고 해서 소통이 저절로 이루어지는 것은 아니다. 방을 넓게 비워놓았지만 어떤 손님도 오지 않았을 때, 우리는 이 비워 있는 집의 주인이 타자와 소통했다고 아직 말할 수 없다.

수양론적 공간에서 정립되는 타자는 아직 도래하지 않은 타자 일반으로 이념으로서만 생각될 수 있는 것이다. 그렇다면 이런 수양론의 경우에 생각되는 타자는 추상적으로 나의 머릿속에서만 머물고 있는 것이 아닐까? 타자 일반으로 정립되는 수양론적 공간의 타자는 구체적인 삶의 세계 속에서 조우하는 타자와는 질적으로 다른 것이다. 왜냐하면 삶의 세계에서 만나는 타자는 모두 단독성을 가진 구체적인 다양한 타자들, 형식적이지 않고 실질적인 타자들일 수밖에 없다. 소통은 바로 이런 삶의 공간에서만 의미를 지니는 것이다. 그렇다면 장자가 수양론을 별도로 설정할 필요가 있었을까? 타자와의 소통이 진정한 목적이라면 구체적인 삶의 세계 속에서 타자와 조우하고 그 타자의 단독성에 귀 기울이면 되지 않았을까? 타자를 초대하기 위해서 깨끗하게 치워진 방은 그 자체로 나르시스적인 결벽증에 빠져 있는 마음을 상징하는 것이 아닐까? 다시 말해 우리는 인칭적 자의식을 비운다는 수양이 하나의 수단에 불과하다는 사실을 망각할 위험에 빠질 수도 있다는 것이다. 그러나 수양은 그 자체로 숭고한 목적이 아니라 타자와 적절하게 소통하기 위한 필요조건에 지나지 않는 것이다. 따라서 엄격하게 말해서 타자와의 소통을 위해 수양의 세계는 반드시 삶의 세계와 통합되어야만 할 것이다.

장자의 철학

목숨을 건 비약을 위하여

1.

'심재(心齋) 이야기'는 크게 두 부분으로 구성된다. 우선 첫 번째 부분을 먼저 분석해보도록 하자. 심재라는 말에서 '재(齋)'라는 글자는 '재계하다'라는 의미다. 재계한다는 것은 제사 같은 것을 지낼 때 심신을 깨끗이 하고 부정한 일을 가까이 하지 않는다는 것을 말한다. 이런 의미의 재계한다라는 것은 음식을 삼가는 것을 말한다. 그래서 공자가 심재(마음의 재계)를 말할 때, 그의 제자 안연은 자신은 집이 가난해서 저절로 음식을 삼가게 되었다고 말한다. 그러자 공자는 자신이 말한 것은 제사지낼 때의 재계가 아님을 분명하게 말한다. 이어서 공자는 자신이 심재라는 말로 의미했던 것을 자세하게 이야기한다. 우선 우리는 자신의 지향(志)을 전일하게 해야 한다. 이것이 무슨 의미인지는 앞에서 살펴본 포정의 이야기를 참고하는 것이 좋겠다. 포정은 처음에 모든 것이 소로 보일 정도로 소에 자신의 뜻을 집중했다. 그리고 이어서 공자는 "감관으로 타자의 소리를 듣지 말고, 이어서 마음으로 타자의 소리를 듣지 말고, 기(氣)로 타자의 소리를 들어라"고 말한다. 감관은 단지 자신의 역량에 맞는 것만을 듣기 마련이고, 고착된 마음은 자신에게 초자아로 내면화된 공동체의 규칙을 매개로 해서만 타자와 관계할 수 있을 뿐이니까 말이다.

마지막으로 장자는 우리에게 '기로 들으라(聽之以氣)'고 충고한다. 여기서 기는 바로 비인칭적인 마음이 지닌 소통 역량, 즉 신명(神明)이라고 할 수 있다. 장자는 공자의 입을 빌려 '기란 비어서 타자와 조우하는 것(氣也者, 虛而待物者也)'이라고 정의한다. 결국 여기서 말하는 기란 기본적으로 비어 있는 마음으로 타자와 소통하는 마음의 소통 역량으로서 심기(心氣)를 말한다. 오직 우리가 이런 비인칭적인 마음을 회복했을 때에만, 타자와의 소통은 가능해진다(唯道集虛). 이렇게 마음은 심재를 통해서 소통이 실현될 수 있는 실존적 필요조건(＝虛)을 확보하게 된다. 여기서 비운(虛) 마음은 〈제물론〉편에서 말한 도추의 상태에 있는 비인칭적 마음(＝虛心)과 다르지 않다. 이처럼 공자의 입을 빌려 장자가 권고하고 있는 심재란 인칭적인 마음을 제거하고 거울과 같이 맑은 비인칭적인 마음을 드러내는 수양의 방법이다.

구체적으로 심재라는 수양 방법이 어떻게 이루어졌는지 다시 살펴보아도 좀 막연한 것이 사실이다. 그렇지만 심재라는 수양 방법이 무엇을 목적으로 했는지는 이어지는 안연의 말에서 충분히 확인할 수 있다. "제가 심재를 실천하기 전에는 안회라는 자의식(내면)이 실재처럼 존재했지만, 심재를 실천하자 자의식이 더 이상 존재하지 않게 되었습니다. 이것을 비움(虛)이라 하는 것입니까?" 분명 안연은 심재라는 수양 방법을 통해서 자신이 안연이라는 자기의식의 동일성을 버렸음을 이야기하고 있다. 앞에서 살펴본 구절을 통해서 이야기한다면 안연은 이제 인칭적인 자의식의 소유자가 아니라 고착된 자의식을 잃어버린(喪我) 나(吾), 자신의 단독성을 회복한(見獨) 단독자가 된 것이다.

2.

여기서 이야기가 끝났다면, 장자의 전언의 취지는 우리가 비인칭적인 마음을 회복하게 되면 저절로 타자와 소통하게 된다는 데 있게 될 것이다. 그러나 장자의 이야기는 여기서 끝나지 않는다. 이어지는 두 번째 부분에서 장자는 자신이 진정으로 하려는 이야기, 즉 무매개적 소통을 기술하려고 한다. 분명 첫 번째 부분에 따르면 안연은 이제 소통의 가능성으로서 비인칭적인 마음을 회복한 셈이다. 그런데 공자의 입을 빌려 장자는 이제 비인칭적인 마음으로 안연이 어떻게 타자와 소통해야 하는지를 이야기하고 있다. "이제 되었다. 내가 너에게 말하고 싶은 것이 있구나(盡矣. 吾語若)!" 놀랍게도 장자가 진정으로 말하고 싶었던 것이 이제 시작되고 있는 것이다. 만약 비인칭적인 마음으로 모든 것이 해소되고 완결되었다면 장자의 이어지는 이야기는 무의미한 이야기이거나 쓸데없는 사족이라고 해야 할 것이다. 그러나 우리가 지금까지 분석한 것처럼 비인칭적인 마음이란 매개 없이 타자와 직면할 수 있는 일종의 준비 상태이지 모든 것을 초월한 절대적 마음이 결코 아니다. 단지 비인칭적인 마음은 우리의 마음에 초자아나 관념에 의해 매개된 대상, 즉 풍경으로서의 대상이 사라졌다는 것만을 의미할 뿐이다.

이제 비인칭적인 마음을 회복한 나, 고착된 자의식(我)을 제거한(喪) 단독적인 나(吾)는 타자와 다시 새롭게 직면하게 된다. 공자의 입을 빌린 장자에 따르면 안연은 이제 타자와 조우해서 그 타자가 자신의 말을 들어주면 말하고 듣지 않으면 말하지 말아야 한다고 알려준다. 여기서 포정이 매번 살과 뼈가 엉킨 곳(族)을 만났을 때 어떻게 했는지를 생각해본다면 우리는 이 말의 의미를 어렵지 않게 알 수 있다. 그런 경우 포정은 더욱더 자신의 소통 역량을 극대화해야 했다. 여기에서도 장자는 마찬가지로 말한다. "너의 마음을 더욱 전일하게 해서 '멈추려 해도 멈출 수 없음(不得已 = 타자의 타자성)'에 깃들어라(一宅而寓於不得已)." 오직 자신의 비인칭적인 마음이 지닌 소통 역량으로 타자에 과감히 뛰어들라는 것이다. 이제 모든 사태를 매개했던 초자아나 과거의식에 고착된 자의식이라는 안온한 완충 장치는 해체되었기 때문이다. 이것을 장자는 "문도 없고 언덕도 없다(无門无毒)"고 표현한다. 물론 여기서 문과 언덕은 모두 타자와 소통하기 위해 반드시 거쳐야만 한다고 미리 상정된 매개를 상징하는 것이다.

장자는 이런 나와 타자와의 직대면과 소통이 신비스럽게 보일 수도 있다는 것을 알고 있었다. 이어지는 구절에서 그는 공자의 입을 빌려 다음과 같이 말한다. "너는 날개가 있어 난다는 것을 들어보았지만, 날개 없음으로써 난다는 것을 듣지는 못했을 것이다. 너는 인식이 있음으로 인식한다는 것을 들어보았지만, 인식이 없음으로 인식한다는 것은 듣지 못했을 것이다(聞以有翼飛者矣. 未聞以无翼飛者也. 聞以有知知者矣, 未聞以无知知者也)." 여기서 '날개 없음(無翼)'과 '인식이 없음(無知)'은 매개가 없다는 것, 초자아가 제거되었다는 것, 따라서 비인칭적인 마음을 회복했다는 것을 비유하고 있다. 그럼에도 불구하고 날 수 있고 알 수 있는 것은 바로 우리 마음이 지닌 소통 역량, 다름 아닌 신(神)과 기(氣)의 역량 때문이다. 장자는 자신의 이런 발견이 일상인들에게 낯설게 보일 것이라는 것을 잘 알고 있었던 것이다. 생각해보라. 지식인들에게 지식을 버리라는 것이다. 언어를 능숙하게 사용하는 변론가들에게 언어를 버리라는 것이다. 이것은 마치 새에게 날개를 버리라는 것과 마찬가지다. 장자가 권하는 타자와의 소통은 이처럼 편안한 것과는 거리가 먼 것이었다. 오히려 그것은 목숨을 건 비약(salto mortale)에 가까운 것이다.

3.

정리하자면 '심재 이야기'는 크게 두 부분, 다시 말해 심재와 관련된 전반부 이야기와 날개 없이 나는 것에 대한 후반부 이야기로 나뉘어 있다. 전자가 인칭적인 자의식의 제거를 통해서 비인칭적인 마음을 회복하는 수양론을 다루는 부분이라면, 후자는 이렇게 수양을 통해 달성된 비인칭적인 마음으로 어떻게 타자와 소통할 것인지를 기술하고 있다. 우리는 이 두 부분을 혼동해서도 안 되지만, 결코 단절시켜서도 안 된다. 만약 비인칭적인 마음의 회복으로 타자와의 소통이 필연적으로 귀결된다면, 후반부 이야기는 사족에 불과한 이야기일 것이다. 그러나 이렇게 이해하면 우리는 장자가 심재 이야기를 통해 말하고자 한 것을 보지 못하게 된다. 심재 이야기의 이런 이원적 구조는 장자가 수양론적 공간과 삶의 공간을 구별하고 있다는 것을 함축한다. 이 두 공간은 어떻게 구별할 수 있을까? 구별의 관건은 이 두 공간에 함축되어 있는 타자의 성격에 달려 있다. 수양론적 공간에서는 아직 타자가 이념적인 수준에 머물고 있다면, 삶의 공간에서의 타자는 단독적이고 구체적일 수밖에 없다.

수양론적 공간에서의 타자와 삶의 공간에서의 타자는 전적으로 다른 존재론적 위상을 가지고 있다. 전자의 타자는 타자 일반이라는 이념으로 정립된다는 점에서 추상적인 영역에 머물고 있지만, 후자의 타자는 단독적인 타자로서 삶에서 조우된다는 점에서 구체적이고 실질적인 영역에 속해 있다고 할 수 있다. 달리 말하면 이런 상이한 타자의 위상 때문에 수양론적 공간과 삶의 공간, 간단히 말해 수양과 삶이 구별될 수 있다. 수양론은 어떤 구체적인 타자도 부재한 상태에서, 즉 주체가 소통에 대한 이념을 가지고 정립하는 자기 해체의 공간이다. 거울의 비유를 들면 수양론을 통해 정립된 비인칭적인 마음은 자신 앞에 어떤 대상도 두지 않았기에 맑은 거울 자체로 있는 거울로 비유할 수 있다. 반면 구체적인 삶의 세계는 이런 순수한 주체의 비인칭적인 상태를 허락하지 않는다. 마치 거울이 구체적인 세계에서 항상 무엇인가를 비추고 있듯이 말이다.

우리는 여러 차례 비인칭적인 마음은 실질적 소통을 위한 필요조건임을 강조한 바 있다. 분명히 실질적 소통을 이루는 사람은 비인칭적인 마음의 소지자, 즉 비인칭적인 주체라고 할 수 있다. 그렇지만 비인칭적인 마음을 회복했다고 해도 필연적으로 실질적 소통이 이루어지리라는 보장은 없다. 비인칭적인 마음이 수양론적 공간에서 존립하는 반면 실질적 소통은 삶의 공간에서 의미를 지닌다는 점에서, 이 양자 사이의 불연속성이 간과돼서는 안된다. 수양과 삶 사이의 불연속성이 명확해져야, 장자의 철학적 문제의식이 타자와 실질적으로 조우해서 소통하는 데, 즉 무매개적 소통에 있다는 것이 분명해질 수 있다. 만약 장자의 이런 문제의식을 무시하면, 우리는 많은 연구자들이 빠진 오류를 반복하게 될 것이다. 삶의 공간, 혹은 소통의 공간이 문제가 되지 않은 채 논의되는 중국철학에서의 수양론이란 유아론적이고 나르시스적인 독백과 자기미화에 불과할 수도 있기 때문이다.

무매개적 소통의 철학적 함축

1.

노자의 철학과 장자의 철학은 구분되어야만 한다. 두 철학은 표면적으로 무척 유사하다. 그래서 장자 후학들도《장자》를 편집할 때 노자의 철학을 자신들의 스승의 철학과 뒤죽박죽 섞고 있었던 것이다. 아쉬운 것은 이런 무사유와 무반성이 아직도 우리 학계에 팽배해 있다는 점이다.《차이와 반복》이라는 책에서 들뢰즈는 철학을 크게 두 종류의 이미지로 분류한 바 있다. 그것은 '나무(tree)'와 '뿌리줄기(근경: rhizome)' 이미지다. 나무가 땅에 굳건히 뿌리를 박고 서서 무성한 가지와 잎들을 지탱한다면, 뿌리줄기는 땅 속에서 부단히 증식하면서 다른 뿌리줄기와 연결되기도 하고 분리되어 다른 방향으로 뻗어가기도 한다. 들뢰즈에 따르면 전자의 이미지가 중심과 토대에 기초해서 작동하는 위계적인 전통 철학을 상징한다면, 후자의 이미지는 바로 타자와의 조우를 통해서 부단히 자신을 변형시키는 새로운 철학을 상징한다. 결론적으로 나무 이미지의 철학이 '중심이 있는 체계(centered system)'라면, 뿌리줄기 이미지의 철학은 '중심이 없는 체계(acentered system)'라고 할 수 있다. 이렇게 대조적인 들뢰즈의 두 이미지를 빌리자면 노자와 장자는 각각 전혀 다른 철학의 이미지에 기초해 있다. 즉 노자의 철학이 나무 이미지라면, 장자의 철학은 뿌리줄기 이미지에 기초해 있다고 할 수 있다.

《노자》에 대해 가장 체계적이고 훌륭한 주석을 붙인 왕필도 노자의 철학에서 나무 이미지를 보았다. 그것이 그의 유명한 본말(本末)에 입각한 노자 해석이다. 여기서 본말은 글자 그대로 뿌리와 가지를 의미한다. 뿌리는 보이지 않는다는 점에서 형이상(形而上)의 영역이라고 할 수 있다. 그리고 가지는 감각적으로 보인다는 점에서 형이하(形而下)의 영역을 상징한다고 하겠다. 또한 뿌리가 통일된 일자(一者)를 상징한다면, 가지는 다양하게 분기된 다자(多者)를 상징한다고도 할 수 있다. 이런 왕필의 해석에 따르면 인구에 회자되는 유명한《노자》의 "도를 도라고 하면 그것은 영원한 도가 아니다(道可道非常道)"는 구절을 어렵지 않게 이해할 수 있다. '영원한 도'가 뿌리를 의미한다면, '도라고 말한 도'는 가지에 해당하니 말이다. 물론 가지가 끝내는 뿌리에 근거하고 있다는 점에서, 가지도 분명 뿌리의 한 부분이라고 말할 수 있다. 그러나 뿌리는 감각적으로 확인되지 않는 일자이기 때문에 우리는 그 뿌리에 이름을 붙일 수는 없다. 이름이란 단지 서로 명확히 구별되는 다자의 세계, 즉 가지들에만 타당한 법이니까. 이런 나무 이미지에 근거한《노자》의 철학이 함축하는 것이 무엇일까? 다른 무엇보다 중요한 점은 가지와 가지 사이의 소통은 결코 직접적으로 이루어질 수 없다는 데 있다. 그것은 단지 뿌리를 매개로 해서만 이루어질 수 있을 뿐이다. 아니 어쩌면 가지와 가지는 소통할 필요도 없다고 해야 할 것이다. 이미 하나의 뿌리에 그 두 가지가 동시에 기초해 있기에 이미 소통된 것이나 다름없다고 할 수 있으니까 말이다.

이와는 달리 장자의 철학은 뿌리줄기 이미지에 기초해 있다. 〈제물론〉편에 나오는 "도는 걸어 다녔기 때문에 이루어진 것이다 (道行之而成)"라는 구절이 중요한 이유도 바로 여기에 있다. 다시 말해 애초에 길 같은 것은 없었던 것이다. 단지 주체가 타자와 조우해서 그와 소통함으로써 사후적으로 발생하는 것이 도라는 것이다. 앞에서 살펴본 것처럼 이런 장자의 사유는 들뢰즈가 말한 뿌리줄기 이미지와 완전히 부합된다. 그러나 따지고 보면 나무 자체도 처음부터 자신이 있던 곳에서 영원히 자라고 있었던 것이 아니다. 많은 씨앗들이 바람을 타고 날아가는데, 어느 씨앗은 허무하게 강에 떨어지기도 하고 또 어느 씨앗은 허무하게 아스팔트 위에 떨어질 수도 있다. 지금 아름드리나무로 자란 그 나무를 가능하게 했던 씨앗은 우발적으로 바로 그 땅, 촉촉하고 부드러워서 뿌리를 내릴 수 있기에 충분한 바로 그 땅에 도착한 씨앗이었을 뿐이다. 한마디로 말해서 이 씨앗은 날개 없이 날아서 그 땅에 도착했던 것이다. 우리가 간과해서는 안 될 중요한 것은 노자의 철학에서는 영원한 도(常道)가 존재하는 데 비해, 장자의 철학에서는 노자가 말한 도란 애초에 존재할 여지가 없다는 점이다. 바로 여기에 주체와 타자 사이의 소통은 날개 없이 나는 것이라는 장자의 주장이 의미를 지니게 된다.

2.

여기서 잠깐 장자가 날개 없이 나는 것이라고 비유했던 무매개적 소통이 전제하는 철학적 함축에 대해 정리해보도록 하자. 무매개적 소통이라는 표현은 글자 그대로 주체와 타자 사이의 소통이 일체의 다른 외적인 매개를 거치지 않고 직접 이루어짐을 말한다. 무매개적 소통에 대한 주장은 소통의 결과로 매개가 그 흔적으로 출현하는 것이지, 결코 매개가 있어서 소통이 일어난 것은 아니라는 주장이다. 따라서 무매개적 소통은 매개를 부정하는 것이 아니라 다만 제약을 가할 뿐이다. 무매개적 소통은 매개 일반의 가능성의 조건에 대한 깊은 반성을 토대로 제기되는 입장이다. 이 입장에 따르면 매개적 소통 일반은 존재론적으로 이 무매개적 소통 위에 자리 잡고 있다.

특정한 매개의 출현은 특정한 주체와 타자 사이의 소통 관계를 기반으로 한다. 그래서 무매개적 소통은 일체의 매개를 소통의 당사자인 주체와 타자 사이의 소통에서 발생한 흔적이라고 본다. 소통이 무매개적이든지 아니면 매개적이든지 간에 중요한 것은 바로 주체 혹은 마음(心)이다. 마음은 인간이 자신을 넘어서 타자와 관계할 수 있는 실존적 계기라고 할 수 있다. 그러나 매개의 유무에 따라 마음은 다르게 현상할 수밖에 없다. 다시 말해 마음은, 매개적 소통의 경우에는 인칭적이고 고착된 마음으로 은폐되는 반면, 무매개적 소통의 경우에는 비인칭적이고 유동적인 마음으로 자신의 본래성을 드러내게 된다.

주체와 타자 사이의 소통 과정에서 매개는 주체의 마음 안에서 표상(representation)의 역할을 담당한다. 여기에 모든 난점들이 집중되어 있다. 매개적 소통에서 주체는 자신의 마음에 담겨진 매개를 자신과 동일시하고, 나아가 이 매개를 통해 세계를 혹은 타자를 분절해보려고 할 테니까 말이다. 결국 매개적 소통에서는 주체와 타자는 소통하는 것이 아니라, 매개로 환원되고 매개로 규정된다. 주체와 타자가 매개로 규정되는 경우에 바로 주체화 (subjectivation)와 객체화(objectivation)가 관념적으로 완성된다고 할 수 있다. 이 경우 우리의 비인칭적인 소통의 마음은 인칭적으로 변하게 된다. 그러나 이렇게 구성된 주체는 타자와의 소통에 근거한 것이 아니다. 따라서 이 주체는 타자와의 소통을 통해서 임시적으로 구성되는 주체와는 구별되어야 한다. 반면 무매개적 소통을 옹호하는 입장은 마음에서 표상적 매개를 지우려는 노력(虛·忘)을 한다. 여기서 표상적 매개를 지운다는 것은 자의식의 고착성의 근거, 즉 인칭성을 지운다는 것을 의미한다. 따라서 이 말은 '나는 나다'라는 자의식의 고착성을 비우고, 마음이 타자와 소통할 수 있는 비인칭적이고 따라서 유동적인 마음을 회복하려 하는 것을 의미한다. 그랬을 때 주체와 타자는 매개로 환원되거나 규정되지 않는 실질적 소통을 이루게 된다.

3.

무매개적 소통은 인간 주체의 반성 능력, 즉 자신의 마음 안에 들어 있는 매개를 비판하고 반성할 수 있는 역량을 긍정한다. 이 점에서 무매개적 소통은 동물적인 자극이나 반응과는 구별된다. 무매개적 소통의 경우에는 주체가 타자와의 무한한 소통을 통해 무한히 다양한 매개의 흔적을 남길 수밖에 없기 때문이다. 이런 비판과 반성의 역량으로 인해 마음은 타자에 민감하게 되고, 주체는 항상 깨어 있는 상태를 유지하게 된다. 반면 매개적 소통은 주체가 미리 형성된 매개를 독단적으로 모든 타자에 적용할 수 있는 본질이나 일반성으로 긍정함으로써 현실화된다. 결국 매개적 소통 아래에서 작동하는 주체는 스스로 직접 타자와 관계하는 것이 아니라 매개를 통해 간접적으로만 타자와 관계하는 셈이다. 이런 상태에서 주체는 항상 매개의 절대성과 타자의 고유성 사이의 충돌을 경험하게 된다. 이처럼 매개적 소통의 입장이 '어떻게 주체가 미리 존재하는 매개를 파악할 것인가?', '어떻게 주체가 매개를 현실화시킬 수 있는가?'라고 질문하게 되어 있다면, 무매개적 소통의 입장은 '어떻게 매개가 주체와 타자의 관계를 왜곡하는가?', '어떻게 하면 주체는 미리 설정된 매개를 제거하고 타자와 소통할 수 있는가?'라고 질문해 들어간다. 결국 매개적 소통에서 중요한 것이 매개와 주체(心)와의 관계라면, 무매개적 소통에서 중요한 것은 주체와 타자와의 관계다.

표면적으로 매개적 소통의 입장과 무매개적 소통의 입장은 전혀 이질적인 것처럼 보인다. 그렇지만 매개가 지닌 일반성과 보편성에 대해 비판하고 회의할 때 드러나는 입장이 무매개적 소통이라는 점에서, 그리고 매개는 기본적으로 무매개적 소통에서 발생한다는 점에서, 이 두 입장은 내적인 논리로 묶여 있다고 할 수 있다. 이처럼 장자의 입장은 매개를 그 자체로 부정하려는 데 있지 않다. 오히려 그가 부정하고 있는 것은 절대화되고 실체화된 매개나 그로부터 발생하는 인칭적이고 고착된 마음이라고 할 수 있다. 장자가 권고하는 이상적인 마음은 비인칭적 유동성의 상태, 즉 주체화되기 이전의 비인칭성의 상태에 있다.

그러나 장자의 최종 목표는 단순히 주체화 이전의 유동적 상태에만 머무는 데 있지 않다. 오히려 장자가 주체화 이전의 상태를 회복하자고 역설했던 이유는 새롭게 도래하는 타자에 맞게 임시적이고 단독적인 주체를 구성하기 위해서다. 그러나 이렇게 구성된 단독적인 주체는 다시 절대적 실체, 과거에 사로잡힌 의식으로 고착되고 형해화할 위험에 항상 노출되어 있다. 장자의 양행(兩行) 논리는 바로 이런 고착화와 형해화를 막기 위해서 제안된 것이다. 즉 부단한 소통을 긍정적으로 수행하기 위해서, 우리는 비인칭적인 마음이 전제하는 잠재적 무한성과 무한한 타자들과 무매개적으로 소통할 수 있는 현실적 무한성을 동시에 확보해야 한다는 것이다.

11장. 의미로부터의 자유와 의미부여의 자유

혜시가 장자에게 말했다.

"위나라 임금이 준 큰 박씨를 심었더니 거기서 다섯 섬이나 담을 수 있는 박이 열렸다네. 그런데 거기다 물을 채웠더니 너무 무거워 들 수가 없었지. 쪼개서 바가지를 만들었더니, 깊이가 얕고 납작해서 아무것도 담을 수가 없었네. 그래서 나는 그것을 무용하다고 생각해서 깨뜨려버렸네."

장자가 대답했다.

"여보게 자네는 큰 것을 쓸 줄 모르는군. 송나라에 손이 트지 않게 하는 약을 만드는 사람이 있었는데, 그 약을 손에 바르고 무명을 빨아서 탈색하는 일을 대대로 하였다네. 어떤 이방인이 그 말을 듣고, 금 백 냥을 줄 터이니 약 만드는 비방을 팔라고 했지. 그러자 그 사람은 가족을 다 모아놓고 의논하기를 '우리가 대대로 무명을 빨아 탈색시키는 일을 했지만 기껏해야 금몇 냥밖에 만져보지 못했는데, 이제 이 약의 비방을 금 백 냥에 사겠다는 사람이 있으니 팝시다'라고 하였다네. 그 이방인은 오나라 임금에게 가서 그 비방으로 유세를 했다네. 마침 월나라 임금이 싸움을 걸어오자, 오나라 임금은 그 이방인을 수군의 대장으로 삼았다네. (왜냐하면 그 이방인에게는 물에서도 손이 트지 않게 하는 비방이 있었기 때문이지.) 결국 겨울에 수전을 벌여서 그 이방인은 월나라 군대를 대패시켰다네. 오나라 임금은 그 사람에게 땅을 떼어주고 영주로 삼았다네. 손 트는 것을 막는 약은 마찬가지였는데, 한쪽은 그것으로 영주가 되었고 다른 쪽은 그것으로 무명 빠는 일밖에 못했네. 사용하는 바가 다르기 때문이지. 자네는 어찌하여 다섯 섬을 담을 수 있는 박으로 큰 술통을 만들어 강이나 호수에 띄워놓고 즐길 생각을 못하고, 깊이가 너무 얕아서 아무것도 담을 수 없다고만 걱정하는가? 자네는 아직도 쑥 같은 마음을 가지고 있는 것 같네."

─ 소요유

惠子謂莊子曰: "魏王貽我大瓠之種. 我樹之成而實五石, 以盛水漿, 其堅不能自擧也. 剖之以爲瓢, 則瓠落無所容. 非不呺然大也, 吾爲其無用而掊之" 莊子曰: "夫子固拙於用大矣. 宋人有善爲不龜手之藥者, 世世以洴澼絖爲事. 客聞之請買其方以百金. 聚族而謀曰: '我世世爲洴澼絖, 不過數金. 今一朝而鬻技百金, 請與之.' 客得之, 以說吳王. 越有難, 吳王使之將, 冬與越人水戰, 大敗越人, 裂地而封之. 能不龜手, 一也. 或以封, 或不免於洴澼絖, 則所用之異也. 今子有五石之瓠, 何不慮以爲大樽, 而浮乎江湖, 而憂其瓠落無所容? 則夫子猶有蓬之心也夫!"

─ 逍遙遊

역사의 가능성, 혹은 의미의 변화

1.

강화도에 가보면 커다란 돌덩어리가 하나 있다. 그 돌덩어리는 상
당히 넓은 편편한 돌덩어리가 작은 돌덩어리들에 의해 받쳐져 있
는 형상을 하고 있다. 어른으로서 우리는 그 돌덩어리가 고인돌이
라는 것과 그것이 이전 선사시대 때 무덤이었다는 사실을 알고 있
다. 바로 그 순간 우리가 어린아이들이 칼싸움을 하느라고 그 고
인돌을 오르고 뛰어내리는 것을 보게 되었다고 하자. 어른으로서
우리는 권위 있는 목소리로 "애들아! 거기서 뛰어놀면 안 돼!"라
고 소리치기 마련이다. 도대체 왜 이런 갈등이 일어나게 되었는
가? 그것은 돌덩어리에 대한 의미부여가 어른과 아이들에게 각각
상이하기 때문이다. 어른에게 돌덩어리는 고인돌이라는 의미가
있는 반면, 아이들에게 돌덩어리는 놀이 공간이라는 의미를 지니
고 있었던 것이다. 결국 어른과 아이들의 갈등은 동일한 돌덩어리
에 대한 의미부여의 차이에서 기인하는 것이라고 할 수 있다.

　　강화도의 그 돌덩이는 천여 년간 무의미한 돌덩이로 남아 있
었다는 사실을 우리는 어떻게 설명해야 할까? 다시 말해 천여 년
동안 그 돌덩이는 아이들이 부여한 대로 놀이 공간에 지나지 않았

다고 할 수 있다. 어느 날 일군의 학자들이 그 놀이 공간에 줄을 치고 발굴을 하기 시작했다. 그리고 얼마 지나지 않아 푯말이 그 돌덩어리를 둘러싸고 있는 철망에 붙여진다. "고인돌: 선사시대의 무덤." 이제 우리는 모두 그 돌덩이를 놀이 공간으로 보지 않게 되었다. 그 돌덩이는 이제 고인돌이라는 확정된 의미를 부여받게 되었고, 우리는 강화도를 방문해서 놀이 공간으로서 돌덩이가 아닌 고인돌로서 돌덩이를 보고 오게 된다. 아니 더 정확하게 말해서 우리는 고인돌이라는 의미를 먼저 알고, 그 고인돌이라는 의미에 부합되는 돌덩이를 찾아간다고 해야 할 것이다. 그러나 우리는 왜 길가에 굴러다니는 돌멩이에 대해서는 의미를 부여하지 못하는 것일까? 그 돌멩이는 그저 무심결에 발에 차이고 비를 맞으며 아이들에게 망치로 쓰이고 있을 뿐이다. 그런데 그 돌멩이는 진정으로 어떤 의미도 없는 것일까? 그것은 선사시대 이전 인류가 문화를 갖추기 이전에 만들어진 것일 수도 있다. 또 그것은 선사시대 때 돌팔매질할 때 쓰였던 도구일 수도 있다. 또 삼국시대 때 산성을 이루던 돌덩이에서 쪼개진 것일 수도 있다. 다시 앞의 고인돌의 예로 돌아가보자. 만약 아이들이 어른에게 "죄송합니다. 저희는 그것이 고인돌인 줄 몰랐어요"라고 사과했다고 하자. 이것은 무엇을 의미하는가? 아이들은 자신들이 그 돌덩어리에 대해 부여했던 놀이 공간이라는 의미를 포기하고 어른이 부여한 고인돌이라는 의미를 수용했다는 것을 말한다. 이렇게 아이들이 어른들이 가지고 있는 의미를 공유할 때, 그들은 어른으로 자라고 있다고 할 수 있다. 그들에게는 이제 놀이 공간으로서 돌덩이는 사라지고 마는 것이다. 이처럼 아이들이 배운다는 것은 어른들의 의미를 공유한다는 것 그 이상도 이하도 아니다. 예를 하나 들어보자. 아이들이 금속으로 만든 길고 가느다란 막대를 가지고 코를 파고 있다. 이렇게 하기 위해서 아이들은 먼저 그 막대에 코를 파는 것이라는 의미를 부여해야만 한다. 그럴 때 우리는 아이들을 혼낸다. "이놈아, 그것은 젓가락이야." 다시 말해 그것은 반찬을 집을 때 쓰는 도구라는 의미를 가진다는 것이다.

2.

우리는 보통 대상과 의미를 혼동한다. 엄격하게 말해서 대상은 사물 자체에 의미가 덧붙여져 있는 것이다. 그러나 사물 자체는 우리가 관념 속에서 어떤 대상에 대해서 그것에 부여된 의미를 억지로 빼어냈을 때 확인된다는 점에서, 이것은 순수한 관념의 대상이라고 이야기할 수밖에 없다. 우리는 일체의 의미를 결여하고 있는 사물 자체를 생각할 수는 있지만 경험할 수는 없다. 이 말은 우리가 경험하는 일체의 대상은 모두 의미를 부여받은 것으로 경험된다는 것을 의미한다. 어쩌면 우리의 경험은 우리 자신이 이미 부여한 의미를 다시 확인하는 과정이라고까지 말할 수도 있다. 놀이 공간으로서의 돌덩이에서 놀이 공간이라는 의미를 빼는 순간, 우리에게 무엇이 경험되겠는가? '무의미'가 경험된다는 것은 사실 말장난에 지나지 않는다. 무의미란 어떤 측면에서 분명히 무경험과 동의어라고 할 수 있으니까 말이다. 따라서 우리는 무의미 속에서는 어떤 것도 경험하지 못한다고 말해야만 한다.

　어떤 의미도 부여받지 않는 돌덩이는 사물 자체의 좋은 예일 수 있다. 이것에 놀이 공간이라고 의미가 부여되면, 우리는 아이가 되고 돌덩이는 놀이 공간이 된다. 그러나 이것에 고인돌이라는 의미가 부여되면, 우리는 어른이 되고, 돌덩이는 선사시대의 유물이 되고 만다. 우리는 일상적으로 대상에 원래 의미가 내재해 있는 것처럼 경험한다. 그러나 정확하게 말해서 대상은 의미부여의 결과물이라고 말할 수 있다. 나아가 우리 자신도 의미의 결과물이라고 해야 한다. 놀이 공간이라는 의미가 놀이 주체를 아이로, 사물 자체를 놀이 공간으로 만들어주니까 말이다. 마찬가지로 고인돌이라는 의미가 주체를 어른으로, 사물 자체를 선사시대의 유물로 만들어버린다. 우리는 이로부터 다음과 같은 결론을 끌어낼 수 있다. 즉 의미가 먼저이고 주체와 대상은 이로부터 구성되는 결과물이라고 말이다. 예를 들어 사랑이라는 의미가 발생하면, 타인은 연인이 되고, 나는 사랑에 빠진 사람이 되는 것이다. 그 타인에게 사랑받을 만한 본성이 미리부터 있었던 것도 아니며 나에게 사랑할 수 있는 본성이 있었던 것도 아니다. 이것은 모두 사랑이라는 의미가 발생한 후, 주체나 타자에게 그 의미를 확인하기 때문에 생기는 환상일 뿐이다.

고인돌이라는 의미가 부여된 대상은 이미 어른이 된 나와 동시적으로 발생한 것이다. 다시 말해 고인돌이 선사시대에 있었다는 의미부여는 이미 사회적 어른이 된 내가 역사시대에 살고 있다는 의미부여와 동시적인 것일 수밖에 없다는 것이다. 주체와 사물 자체 사이에 의미가 발생하게 되면 주체는 특정한 주체(＝의미부여된 주체)로, 사물 자체는 특정한 대상(＝의미부여된 대상)으로 생산된다. 놀이 공간이라는 의미가 발생하게 되면, 주체는 노는 아이로, 사물 자체는 노는 장소로 현상하게 된다. 반면 고인돌 혹은 선사시대의 유물이라는 의미가 발생하게 되면, 주체는 유물을 관람하는 어른으로, 사물 자체는 선사시대의 무덤으로 현상하게 된다는 것이다. 이런 우리의 추론이 옳다면, 우리는 새로운 주체가 가능하기 위해서 무엇이 필요한지 어렵지 않게 알 수 있다. 새로운 주체가 출현하기 위해서는 새로운 의미부여가 불가피하게 요구된다. 그러나 새로운 의미부여가 단순히 '이렇게도 볼 수 있지 않을까'라는 정도로 구성되는 것이라면, 새로운 주체는 제대로 만들어질 수 없다. 이 정도의 의미부여는 단지 현존하는 주체의 공허한 상상에 불과할 수 있고, 따라서 이 경우 주체는 여전히 기존의 고정된 의미에 사로잡혀 있을 수도 있으니까 말이다.

3.

전통 유가 사회에서 여성은 삼종지도(三從之道)를 따라야만 한다고 의미부여된 존재였다. 다시 말해 여성은 결혼하기 전에는 아버지의 말을 따라야만 하고 결혼해서는 남편의 말을 따라야만 하고 남편이 죽은 후에는 아들의 말을 따라야만 한다는 것이다. 한마디로 여성은 남자의 말에 복종해야만 하는 존재였던 것이다. 결국 남자와 여자 사이를 매개하는 의미는 명령과 복종이었던 셈이다. 그러나 지금 이런 고전적인 의미는 와해되어가고 있다. 현대를 살고 있는 어떤 젊은 여성도 스스로에게 자신은 남자에게 복종하는 존재라는 의미를 부여하지 않는다. 오히려 사정은 그 반대여서, 현대 여성들은 스스로를 남자와 마찬가지로 자율적인 인격체라고 의미부여한다. 이런 현대의 여성이 시집을 가게 되면 무슨 일이 벌어지는가? 결혼을 하게 되면 현대의 여성은 시어머니라는

장자의 철학

여성과 관계를 맺지 않을 수 없게 된다. 그리고 그 결과 나타나는 것이 바로 고부간의 갈등이다. 물론 이 말은 이전 시대에도 고부간의 갈등이 없었다는 것을 의미하지는 않는다. 그러나 현대의 고부간 갈등은 이전의 그것과는 질적으로 다른 것이다. 그렇다면 지금 왜 시어머니나 갓 결혼한 새댁이 동일한 여성임에도 불구하고 이런 갈등이 일어나는가? 그것은 시어머니가 현대 여성과 마찬가지로 생물학적으로는 동일한 여성성을 가지고 있지만 사실 현대 여성과는 완전히 다른 여성이기 때문이다. 다시 말해 시어머니가 여성에 부여한 의미와 갓 결혼한 새댁이 여성에 부여한 의미가 상이하기 때문에, 고부간의 갈등은 자연적으로 발생한다는 것이다. 이 점에서 모든 갈등은 상이한 의미들 간의 충돌이라고 규정될 수도 있겠다.

역사는 의미의 변화가 아니라면 아무것도 아니다. 고정된 의미 속에서 역사는 증발해버리고 만다. 태어나는 모든 인간이 자신의 부모가 그랬던 것처럼 동일한 의미들을 공유한다면, 역사란 존재할 수 없을 것이다. 이 점에서 우리는 역사란 의미의 단절이 가능해야 존립할 수 있는 것이라고 말할 수 있다. 생물학적으로는 유사한 부모와 자식이 존재한다. 그렇지만 부모와 자식 사이를 매개하는 의미가 변하지 않는다면 역사란 존재할 수 없을 것이다. 예를 들어 내가 아침에 일어나 부모님에게 문안인사를 올리는 것이 부모님이 조부모님에게 했던 것을 반복하고 있다면, 여기에서 우리는 어떤 역사도 기대할 수 없다고 할 수 있다. 의미가 주체와 대상에 내용을 부여하듯이, 의미의 변화는 주체의 실존양식의 변화와 대상의 경험양식의 변화를 수반할 수밖에 없다. 따라서 만약 누군가가 역사를 변화시키려고 한다면, 혹은 현존하는 사회를 변화시키고자 한다면, 그 사람은 의미를 총체적으로 변화시킬 수 있어야만 할 것이다.

역사적이라는 수식어는 그래서 함부로 붙여서는 안 되는 말이다. 역사적 사건이란 표현은 새로운 의미를 도래하게 한 사건에 대해서만 사용해야 하고, 또 역사적 인물이란 표현은 새로운 의미를 도래하게 한 인물에 대해서만 사용해야 한다. 예를 들어 마르크스는 역사적 인물이고 그의 《자본론》은 역사적인 저작이라고 할 수 있다. 달리 말해 마르크스와 《자본론》 이전의 노동자와 그 이후의 노동자는 전혀 다른 노동자였다는 것이다. 이처럼 마르크스와 《자본론》을 통해서 노동자는 전혀 다른 의미를 가진 주체로 변화될 수 있다. 이전의 노동자가 어떤 착취에도 불구하고 노동을 해서 임금을 받을 수 있다는 이유 하나만으로 자본가의 착취와 탄압을 달게 견뎌냈다면, 《자본론》 이후의 노동자는 자신들의 정당한 노동의 대가를 요구했으며 자신도 자본가와 마찬가지로 동등한 인권을 가지고 있는 존재라고 스스로 주장하게 되었던 것이다. 이것이 가능했던 이유는 무엇일까? 그것은 마르크스와 《자본론》이 전적으로 새로운 노동자와 노동의 의미를 생산했기 때문이다. 철학은 결국 주체에 대한 것도 또는 대상에 대한 것도 아니다. 외려 철학은 주체와 대상을 분절시키는 의미의 층위에서만 자신의 존재 이유를 갖는 학문이라고 할 수 있다. 결국 철학이, 마르크스나 장자 또는 수많은 비판적 철학자들이 그랬던 것처럼, 기존의 의미를 반성해서 새로운 의미를 생산하지 못한다면 그것은 아무것도 아닌 것이다.

장자의 철학

새로운 의미부여의 힘, 자유

1.

온전한 의미에서 자유에 대한 논의는 칸트에서부터 시작해야 한다. 칸트에서부터 자유는 정당하고 깊이 있게 다루어지기 시작했으니까 말이다. 칸트는 자유를 '어떤 상태를 자신으로부터 시작하는 능력'이라고 정의한다. 그는 인간이 자신의 행위에 대해 책임을 진다는 것, 혹은 자신의 행위에 대해 책임감을 갖는다는 것에 주목하면서 자유에 대해 접근해간다. 한 가지 흥미로운 점은 칸트의 자유 개념이 법정 논리와 구조적으로 유사하다는 점이다. 법정은 기본적으로 어떤 행위의 책임을 묻고 따지는 장소라고 할 수 있다. 어떤 사람이 살인죄로 재판을 받는 장면을 떠올려보자. 재판정에는 판사·변호사·검사가 들어와 있다. 그렇다면 살인사건에 대한 재판에서 변호사와 검사가 하는 일은 무엇인가? 변호사는 살인이라는 그 행위가 피고의 자유로운 선택에 의해서 일어난 것이 아니라는 점을 강조한다. 만약 살인행위가 피고의 자유의지 외에 다른 원인에 의해 일어난 것이라면 그 정도만큼 피고의 책임도 줄어들게 된다. 반대로 검사는 그 살인행위가 피고의 자유로운 선택에 의해 일어난 것이라는 점을 강조한다. 만약 살인행위가 피고의 철저한 자유에서 수행된 것이라면, 피고에게는 법에서 정한 최고의 형량을 부가할 수 있을 테니까 말이다. 보통 우리는 변호사는 우호적이고 검사는 악의적이라는 느낌을 받는데, 사실 그 이면을 살펴보면 재미있는 사실을 알게 된다. 변호사가 우리에게 '너희는 자유롭지 못한 사람이야'라고 이야기한다면, 검사는 우리에게 '너희는 철저하게 자유로운 사람이야'라고 주장하는 셈이다. 한마디로 변호사는 우리를 어린아이로 보고 검사는 우리를 완전한 성인으로 간주한다는 것이다.

만일 우리가 다른 어떤 외적이고 자연적인 원인에 의해서가 아니라 자유롭게 어떤 행위를 선택해서 수행했다면, 우리는 그 행위의 결과에 대해 책임을 질 수밖에 없다. 역으로 만일 우리의 어떤 행위가 부자유스럽게 행해진 것이라면, 다시 말해 타율적으로 수행된 것이라면, 우리는 그 행위에 대해 책임을 질 이유가 없다고 할 수 있다. 예를 들어보자. 전철 안에서 좌석에 앉아 있는 어떤 청년이 있다고 하자. 몇 역을 지나지 않았는데 할아버지가 전철을 타서 자기 앞에 서 있게 되었다. 여기서 두 가지 경우가 가능해진다. 첫째, 이 청년은 자유롭게 실천이성의 명령, 즉 "너는 젊은 사람으로서 노약자에게 좌석을 양보하는 것이 마땅하다"라는 실천이성의 말을 듣고 자리를 양보할 수 있다. 둘째, 이 청년은 주변의 눈치 때문에 혹은 할아버지가 야단을 치자 자리를 양보할 수도 있다. 첫째 경우라면 이 청년은 도덕적이라고 칭찬받을 만하다. 이 경우 자리를 양보하는 행위는 다른 일체의 외적인 이유에서가 아니라, 자신의 실천이성에 따라 자유롭게 자율적으로 수행한 것이기 때문에, 그 선행에 대한 책임, 즉 칭찬은 전적으로 이 청년에게 주어져야 하기 때문이다. 반면 두 번째 경우라면 이 청년은 칭찬

장자의 철학

받아서는 안 된다. 이 청년의 행위는 타율적으로 이루어진 것이고, 따라서 칭찬받아야 할 것은 이 청년이 자리를 양보하게끔 강제했던 주위의 시선이나 할아버지의 야단이라고 볼 수 있기 때문이다.

주의 깊은 독자들은 칸트의 자유 혹은 자유의지라는 생각에 대해 다음과 같은 의문을 던질 것이다. 실천이성의 명령을 듣고 한 행위가 과연 자유로울 수 있는가? "너는 젊은 사람으로서 노약자에게 좌석을 양보하는 것은 마땅하다"라는 실천이성의 명령 자체가 어쩌면 오히려 타율적인 것이 아닌가? 단지 실천이성의 명령이 다른 사람이 아닌 나의 내면에서 저절로 떠올랐다고 해서, 그 명령이 바로 나 자신이 나에게 내리는 실천 명령이라고 말할 수 있을까? 칸트가 "우리가, 동일률이나 모순율과 같은 순수한 이론적 원칙을 자명한 것으로 의식하는 것과 마찬가지로, 순수한 실천법칙을 의식할 수 있다"고 말했을 때, 그는 너무 단순하고 쉽게 생각한 것이 아닐까? 칸트에 따르면 우리가 자명하다고 의식하는 실천법칙 혹은 도덕법칙은 다음과 같은 유명한 원칙이다. "너의 의지의 준칙이 항상 동시에 보편적 법칙 수립의 원리로서 타당할 수 있도록, 그렇게 행위하라." 이런 순수한 도덕법칙에 따라 지하철의 청년은 "노약자에게 자리를 양보하는 것은 보편적 법칙으로 수립되어도 좋은 것이다"라고 자신의 행위 준칙을 정한 다음 할아버지에게 자리를 양보했다는 것이다.

2.

칸트의 자유 개념에서 문제되는 것은 두 가지다. 첫째는 내면에 떠오르는 실천 명령, 또는 양심의 소리를 듣는다는 것이 자유와 양립 가능한 생각이냐는 것이고, 둘째는 순수한 도덕법칙에서 등장하는 보편적 법칙이 과연 진실로 보편적일 수 있느냐는 것이다. 우선 첫째 문제에 대해 생각해보자. 앞에서 이미 우리는 정신분석학이 우리에게 주는 의미를 생각해본 적이 있다. 그중 특히 중요한 것은 전통적으로 양심의 소리, 또는 내면 깊이 울려나오는 소리란 다름 아닌 공동체적 규칙이 내면화되어 이루어진 것, 즉 초자아에 불과하다는 것이다. 이런 생각에 따르면, 즉 내가 판단하고 행위하는 것의 기준이 초자아라면, 결국 나의 행위는 자유롭다기보다는 구속되어 있다고 할 수 있다. 나아가 이 초자아가 원하는 것이 타자 일반(=공동체 일반)이 원하는 것과 내용상 같은 것이라면, 여기서 나의 자유란 전혀 성립될 여지가 없을 수밖에 없다. 단지 나의 자유란 초자아, 실천이성의 명령에 따를 것인가 또는 따르지 않을 것인가의 여부에서만 의미가 있을 뿐이다. 만약 내가 초자아의 명령을 따르지 않게 되면 나는 의식적으로 악이라는 것을 선택하게 될 것이고, 따라서 초자아의 지배를 계속 받고 있다면 나는 이렇게 악을 선택한 것에 죄책감마저 느끼게 될 것이다. 반면 내가 초자아의 명령을 따른다면 나는 선을 선택한 것이고 따라서 내면에서의 초자아의 칭찬, "그래 잘했어. 일체의 대가를 바라지 않고 그렇게 자리를 양보하다니 너는 참 훌륭하구나"라는 소리를 듣고 보람을 느끼기까지 할 것이다.

이제 두 번째 문제에 대해 생각해보자. 순수한 도덕법칙의 핵심을 이루는 보편적 입법이라는 원리는 과연 타당한 것인가? 앞의 예를 다시 들어보자. "너는 젊은 사람으로서 노약자에게 좌석을 양보하는 것이 마땅하다"는 실천이성의 명령을 통해서 이 청년이 노인에게 자리를 양보하려고 했을 때, 만약 이 노인이 그 좌석을 양보받는 것을 싫어한다면 어떻게 될까? 이런 경우 우리는 순수한 도덕법칙 또는 실천이성의 명령이란 단지 이 청년 내면에서 작동했던 유아론적 원리에 지나지 않았다는 것을 알게 된다. 이처럼 노약자에게 자리를 양보하는 것이 마땅하다는 실천이성의 명령이 내가 만나고 있는 타자가 원하는 것이 아닐 수도 있다는 것은 무척 중요한 사실이다. 내가 자기만족이나 혹은 내면화된 초자아의 만족을 위해 타자와 관계한다면 이것은 과연 윤리적일 수 있는가? 오히려 초자아의 만족이 아니라 내가 삶에서 관계하는 구체적인 타자가 원하는 것을 부단히 파악하기 위해서 자신의 초자아의 작동을 약화시키는 것이 윤리적인 행위라고 할 수 있지 않을까? 앞의 사례에서처럼 우리가 좌석을 양보했는데도 불구하고 할아버지가 양보를 거부했을 때, 우리는 그 자리를 떠나게 된다. 이런 회피적 행위가 발생하는 이유는 무엇인가? 그것은 윤리란, 기본적으로 구체적인 타자와의 관계일 수밖에 없다는 자명한 사실을 회피하고, 실천이성이 내렸던 명령의 순수함을 보존하려는 초자아의 경향성 때문에 발생한다. 다시 말해 이것은 보편적 입법의 원리가 보편적이지 않을 때도 있다는 경험을 피하려는 무의식적인 행동이라고 할 수 있다.

보편적 입법의 보편성은 고정된 의미를 전제로 하는 것이다. 그리고 이런 고정된 의미를 기준으로 올바른 의미와 그렇지 않은 의미가 갈라져 나오는 것이다. 칸트의 자유 개념이 책임 개념과 밀접하게 관련을 맺고 있고, 나아가 법정의 구조와 유사했던 것도 바로 이런 보편적 입법의 원리라는 고정된 공동체의 의미를 전제로 했기 때문에 가능했던 것이다. 결국 자유란 이 보편적 입법이 전제하고 있는 특정한 공동체의 의미를 따르거나 따르지 않는 것 사이의 결단 능력이다. 그러나 엄밀히 말하면 칸트의 자유는 공동체의 규칙에 자발적으로 복종하려는 자유를 의미할 뿐이다. 사실 주체로 하여금 고정된 의미에 강제로 복종시킬 필요는 전혀 없다. 공동체의 고정된 규칙이나 의미가 이미 주체에게는 초자아의 형태로, 즉 양심의 소리라는 형태로 내면화되어 있으니까 말이다. 그래서 칸트가 권고하는 윤리적 행위에는 고정된 의미를 따랐을 때 외적인 칭찬이나 보상이 없었을 때조차도 내면의 칭찬, 혹은 초자아의 만족이라는 대가가 주어지게 된다. "그래, 할아버지가 비록 내가 양보한 좌석에 앉기를 거부했을지라도 나는 자유롭게 윤리적으로 행위했던 거야." 반대로 만약 내가 의식적으로 양심의 소리를 거부하고 그것에 반하는 행위를 했을 때, 다른 사람들이 그것을 의식하지 못한다고 하더라도 나는 스스로 양심의 가책을 느끼고 괴로워하게 될 것이다.

3.

칸트가 말한 것처럼 자유는 '한 상태를 자신으로부터 시작하는 능력'이라고 정의할 수 있다. 그러나 만약 인간이 초자아에 의해 지배되어 있다면, 다른 말로 고정된 의미에 사로잡혀 있다면, 인간은 다른 일체의 외적인 원인들에 의해서가 아니라 단지 철저하게 자신의 순수한 실천이성의 명령에 따라서 어떤 행위를 선택해서 실천한다고 하더라도, 결국 무엇인가 새롭게 시작되는 것이란 전혀 있을 수 없는 법이다. 이 점에서 칸트는 '자신으로부터 시작한다'의 의미를 제대로 이해하지 못하고 있었던 것처럼 보인다. 고정된 의미체계를 그대로 둔 채 어떤 행동을 자신으로부터 시작할 수는 없는 법이다. 자신으로부터 시작하기 위해서 우리는 기존의 의미체계와는 다른 의미체계를 생산할 수 있어야만 한다. 그래야만 우리는 기존 의미체계에 의해 규정된 주체 형식을 벗어나서 새로운 주체 형식으로 변화할 수 있다. 여성을 복종하는 존재, 삼종지도를 따라야만 하는 존재라고 의미부여하는 여성은 결코 자유로울 수는 없다. 물론 어떤 여성 자신은 칸트를 따라서 나는 자유롭게 보편적 입법의 원리에 따라서 삼종지도를 선택한 것이라고 강변할 수도 있다. 그러나 이것은 자유도, 선택도, 그 무엇도 아니며, 단지 고정된 의미를 반복하고 있는 것에 불과한 것이다.

자유란 그래서 새롭게 정의해야만 한다. '새로운 의미를 생산해서 한 상태를 자신으로부터 시작하는 능력'이라고 말이다. 그러나 새로운 의미를 생산한다는 것은 홀로 남겨져서 이리저리 몽상에 빠지는 것과는 구별되어야 한다. 의미란 특정한 주체와 특정한 타자를 생산하는 선험적인 관계의 원리이기 때문이다. 우리는 의미란 주체와 타자를 동시에 함축하는 개념이라는 점을 잊어서는 안 된다. 결국 주체 홀로 이러저러하게 새로운 의미를 구성할 수는 없다. 그것은 타자와의 관계에서만 가능하다. 예를 들어 만약 마르크스가 구체적인 노동자들 및 그들의 삶과 조우하지 않았다면 부잣집 아들 마르크스는 우리가 알고 있는 혁명가 마르크스라는 인물로 변화되지 않았을 것이고, 또 역으로 노동자들은 주체적인 인간으로서 변화되지도 못했을 것이다. 결국 노동자와 조우하면서 마르크스는 기존의 노동자에 부여된 의미로는 드러나지 않는 노동자의 타자성을 발견할 수 있었고, 그리고 이런 타자성에 의미를 부여하면서 마르크스 자신과 노동자들은 전혀 다르게 변화될 수 있었던 것이다. 주체에게는 타자의 타자성이 의미의 공백, 또는 의미의 블랙홀처럼 현상한다. 다시 말해 타자의 타자성은 기존의 어떤 의미부여도 빨아들이고 흡수해버리는 블랙홀인 것처럼 의미의 결여로서 현상한다는 것이다.

사랑의 경우로 다시 돌아가보자. 어떤 남자가 어떤 여자를 만났다고 하자. 처음에 그녀는 그에게 단지 회사 후배에 불과했다. 그러나 어느 날 회사 후배라는 의미로는 완전히 관계 맺을 수 없는 어떤 공백과 결여가 그녀에게서 나타났다. 이 남자는 이런 공백과 결여를 애써 잊으려고 할 수도 있고, 또 최근에 자신이 사귀던 애인과 이별했기 때문에 이 후배에게서 그런 이상한 감정이 나타났다고 생각할 수도 있다. 그러나 이런 모든 노력에도 불구하고 그녀에게 나타나는 의미의 공백은 더욱더 커져만 간다. 결국 사랑이라는 의미를 그 공백에 부여해야만 이런 공백을 지워버릴 수 있다. 그러나 이렇게 그 공백에 부여된 사랑이라는 의미는 결국 이 남자를 사랑하는 사람으로, 그리고 그 여자 후배는 사랑받는 사람으로 변화시킬 수밖에 없다. 처음에 나타난 공백은 어디에 있었을까? 그 여자 후배에게 있었던가? 아니다. 그것은 정확히 이 남자와 그 여자 후배 사이에, 그 관계에 있었던 것이다. 한 가지 재미있는 것은 타자의 공백 또는 의미의 부재에 새로운 의미를 부여한 순간 기존의 전체 의미체계는 변동할 수밖에 없다는 점이다. 이처럼 자신을 타자와 더불어 부단히 변화시키는 자유로운 행위는, 새로운 의미 창조로서만 온전한 의미를 가질 수 있다. 나아가 우리 인간의 자유는 새로운 의미를 창조하면서 자신을 새로운 주체로 만들 수 있다는 데서만 존립하는 것이다.

조건적 자유, 우리에게 허락된 유일한 자유

1.

북쪽 바다에 물고기 한 마리가 있었는데, 그 물고기의 이름은 곤(鯤)이다. 곤의 둘레는 몇 천 리인지를 알지 못할 정도로 컸다. 그것은 변해서 새가 되는데, 그 새의 이름은 붕(鵬)이다. 붕의 등은 몇 천 리인지를 알지 못할 정도로 컸다. 붕이 가슴에 바람을 가득 넣고 날 때, 그의 양 날개는 하늘에 걸린 구름 같았다. 그 새는 바다가 움직일 때 남쪽바다로 여행하려고 마음먹는다. …… 물의 부피가 충분히 크지 않으면, 그 물은 큰 배를 실어 나를 수 있는 힘이 부족하게 된다. 당신이 한 사발의 물을 바닥의 움푹한 곳에 부으면, 갈대는 그곳에서 배가 될 수 있다. 그렇지만 그곳에 큰 사발을 띄우려 한다면, 그것은 바닥에 붙어버릴 것이다. 왜냐하면 당신의 배는 그런 얕은 물에 비해 너무 크기 때문이다. 바람의 부피가 충분히 크지 않으면, 그것은 커다란 양 날개를 실어 나를 수 있는 힘이 부족할 수밖에 없다. 그래서 그 새가 구만 리를 날아올라 자신의 밑에 바람을 두었을 때에만, 그 새는 자신의 무게를 바람에 얹을 수 있다. 그리고 그 새는 남쪽으로 자신의 여정을 시작하려면, 자신의 등에 푸

른 하늘을 지고 앞에 명료한 시야를 얻어야만 한다. …… 메추
라기가 그것을 비웃으며 말했다.

"그는 어디로 가려고 생각하는가? 나는 뛰어 위로 날며, 수십
길에 이르기 전에 숲풀 사이에서 (자유롭게) 날개를 펴덕거린다.
그것이 우리가 날 수 있는 가장 높은 것인데, 그는 어디로 가려
고 생각하는가?"

방금 읽어본 긴 이야기는 《장자》를 넘기면 제일 처음 나오는
〈소요유〉편의 그 유명한 '대붕 이야기'다. 보통 사람들이나 전문적
인 연구자들도 모두 이 '대붕 이야기'는 장자가 생각했던 자유를
상징하는 것이라고 이야기한다. 지금도 흔히 "대붕의 큰 뜻을 잡새
들이 어찌 알겠는가!"라는 말이 관용어처럼 사용되고 있다. 다시
말해 대붕의 커다란 자유를 보잘것없는 작은 새들이 어떻게 짐작
이라도 할 수 있겠느냐는 것이다. 이처럼 '대붕 이야기'는 어떤 것
에도 구애받지 않는 자유로움을 상징하는 이야기로 읽혀왔다. 그
러나 이런 이해는 과연 옳은가? '대붕 이야기'를 직접 읽어보면 우
리는 이런 무조건적이고 절대적인 자유를 장자가 대붕을 통해 이
야기하고 있다는 것을 확인할 수 없다. 오히려 대붕은 대붕이 되기
까지 너무나 지루하고 힘든 과정을 거치고 있을 뿐만 아니라, 나아
가 대붕이 되어서도 남쪽으로 날기까지는 너무나 많은 외적 조건
들을 갖추어야만 한다. 더군다나 대붕은 원래 자기동일적으로 대
붕이 아니라 곤이라는 물고기에서 변형되어 나온 것이다.
　《장자》의 〈소요유〉편을 시작하는 그 유명한 대붕 이야기는 분
명 자유에 대한 이야기다. 그러나 그것은 우리가 상식적으로 이해
하는 것과 같은 관념적이고 상상적인 자유, 혹은 정신적인 자족의

경지로 이해되는 자유 관념과는 아무런 상관이 없다. 오히려 우리가 이미 앞에서 살펴본 것처럼 장자가 권고하고 있는 자유는 주체가 새로운 의미를 생산함으로써 주체 자신을 다르게 변형시킬 수 있다는 의미에서 자유다. 이런 이해에 따르면 곤이란 물고기가 이전의 주체 형식을 상징한다면, 대붕이라는 커다란 새는 새로운 주체 형식을 상징하는 것이다. 또한 곤이라는 물고기가 놀았던 바다가 이전의 대상 형식이었다면, 대붕이 자신의 날개를 휘젓는 높고 훤히 트인 하늘은 새로운 대상 형식을 상징하는 것이다. 동일한 여성이 후배 여사원에서 사랑하는 연인으로 변한다는 것은 선배 남자 사원이 사랑하는 주체가 된다는 것과 동시적인 사태이고, 어떤 돌덩이가 놀이 공간에서 고인돌로 변한다는 것은 어린아이가 어른으로 변한다는 것과 동시적인 사태인 셈이다.

2.

장자는 대붕 이야기를 통해서 의미의 생산, 주체의 변형, 따라서 자유라는 것이 얼마나 지난한 작업인지를 이야기하고 있다. 날기 위해서 대붕이 구만 리라는 공간을 필요로 했던 것처럼, 자신을 다른 주체로 변형시키기 위해서는 우리는 새로운 의미 창조의 고통을 감당해야만 한다. 작은 홈에 차 있는 물에는 한 장의 잎도 충분히 배라는 의미를 부여받을 수 있지만, 이런 작은 물에서 그릇은 배라는 의미를 부여받을 수 없는 법이다. 기존의 의미체계 속에서 주체는 의미체계에 맞게 구성되어 있을 뿐이다. 여기서 주체의 자유가 가능하다면 그것은 단지 자신의 조건을 묵묵하게 복종하는 것을 긍정하는 자유, 관념적인 자유, 즉 자기만족에 불과할 것이다. 대붕이 대붕일 수 있기 위해서 이 새는 자신의 주체 형식과 맞는 공간을 찾아야만 한다. 아니 더 정확히 말해서 자신을 대붕이라는 주체 형식으로 변형시키기 위해서 대붕은 이미 드넓고 훤하게 트인 하늘에 있어야만 한다. 따라서 우리가 주목하는 것은 곤이라는 물고기가 대붕이라는 커다란 새로 변형되고, 그와 동시에 곤이 관계하던 바다가 대붕이 관계하는 하늘로 변했다는 점이다. 이것만큼 바로 장자가 말하려던 자유가 새로운 의미 생산과 밀접하게 연결되어 있다는 점을 보여주는 것도 없을 것이다.

여러 학자들이 생각하고 있는 것과는 달리 대붕 이야기는 정신적 자유와 자족과는 아무런 상관이 없는 이야기다. 오히려 정신적 자유와 만족을 상징하는 것은 대붕이라기보다는 메추라기와 같은 보잘것없는 새들이 아닐까? 대붕의 부자유스러움, 너무나 커서 날기 위해서 구만 리를 비상해야만 하는 대붕의 부자유스러움에 대해서 메추라기는 조롱하고 있지 않는가? 놀랍게도 기존의 이해와는 달리 어떤 힘든 조건에도 마음의 안정을 유지하고 자족할 수 있는 존재는 대붕이 아니라 타고난 대로 혹은 주어진 조건에 따라서 이리저리 나뭇가지들 사이를 날아다니는 작은 메추라기와 같은 잡새들이라고 해야 한다. 이들은 고착된 자의식에 사로잡혀 있는, 따라서 자신이 메추라기라는 사실을 자발적으로 받아들이는 자유롭지 못한 주체를 상징하고 있다. 이들의 이런 부자유는 새로운 의미를 생산하지 못하는 무능력에 있다. 다시 말해 이들은 주어진 고정된 의미체계 속에서 구성된 자신의 주체 형식을 맹목적으로 맹신하고, 나아가 이것을 자신들의 숭고한 본질인 양 긍정하는 존재라는 것이다.

그런데도 이들은 자신들의 자유로움을 이야기한다. "이 나무 저 나무를 자유롭게 날아다니고, 앉고 싶으면 자유롭게 앉는다"고 자족하면서 이들은 대붕이 대붕으로서 자신의 주체를 변형시키는 노력을 조롱하고 있다. 삼종지도를 따르면서 또는 삼종지도에 의해 길러져서 구성된 복종하는 여성이라는 자신의 주체 형식을 긍정하면서, 어떤 여성이 새로 들어온 며느리에게 다음과 같이 말했다고 하자. "나는 어려서는 아버지의 말씀을 따랐고, 시집가서는 남편의 말을 따랐으며, 남편이 죽은 뒤 큰아이의 말을 따르며 살았는데, 지금 생각해보니 그것은 나의 자유로운 선택이었던 것 같다. 그리고 지금도 나는 그런 자유로운 선택을 무척 자랑스럽게 생각한단다." 이 여성은 자신이 기존의 의미체계가 선택한 대로 자신의 삶을 선택했다는 것을 망각하고 있는 것이다. 바로 이런 착각 속에서 정신적 자유와 만족은 의미를 지니게 된다. "복종의 자유, 복종에 대한 자발적인 선택!"

3.

이제 드디어 제사를 음미해볼 시간이 된 것 같다. 제사에 등장하는 이 이야기는 손이 트지 않게 하는 비방과 관련된 두 종류의 인간의 상이한 삶을 다루고 있다. 한 사람은 대대로 솜 빨래를 하면서 살았는데, 손이 트지 않게 하는 비방을 가지고 있어서 추운 겨울에도 솜 빨래를 할 수 있었기 때문에 돈을 벌 수 있었다. 다른 한 사람은 전자에게서 이 손이 트지 않게 하는 비방을 사서 그것을 겨울에 벌어진 수전(水戰)에 이용하여 전쟁에서 승리했다. 비록 여

장자의 철학

기서 장자는 상이한 두 사람의 이야기를 하고 있지만 핵심은, 동일한 손이 트지 않는 비방과 그와 관련된 상이한 의미부여에 놓여 있다. 한 사람은 이 비방을 가지고 계속 겨울에 찬물로 솜을 빠는 데 사용했다면, 다른 한 사람은 손이 트지 않는 비방을 수전에 이용함으로써 영주가 되었다. 어떻게 이런 차이가 생긴 것인가? 그것은 동일한 손이 트지 않는 비방과 관련된 상이한 의미부여 때문이었다. 동일한 손이 트지 않게 하는 비방에 대해서 새로운 의미부여를 했기 때문에, 이 비방을 솜 빠는 사람에게 값싸게 샀던 사람은 영주가 된 것이다. 결국 〈소요유〉편 마지막 부분에 나오는 이 이야기는 대붕 이야기에 나오는 의미의 창조, 주체의 변형, 따라서 자유의 문제를 반복해서 다루고 있다고 할 수 있다.

장자에 따르면 관계와 의존성을 떠나서 어떤 사물의 자기 원인적인 의미나 본질은 무의미한 것이다. 이런 본질적 의미는 특정 문맥, 즉 특정한 관계의 장에서 추상화된 것에 지나지 않으니까 말이다. 그래서 "손 트는 것을 막는 약은 동일한 것이었지만, 그 사용한 문맥이 다르다(能不龜手, 一也. …… 所用之異也)"는 장자의 지적은 이 이야기의 핵심적 전언을 담고 있다고 할 수 있다. 이 이야기를 잘못 읽으면 다음과 같은 반문도 가능해진다. "그래도 장자는 그 약 자체의 자기 원인적 본질, 즉 손 트지 않게 할 수 있는 역량을 가지고 있다는 것을 긍정하고 있지 않은가?" 그러나 손 트는 것을 막는 약이 그 자체로 어떤 자기 원인적 본질을 가질 수는 없다. 이 약 자체에 있다고 추정되는 손 트지 않게 할 수 있는 역량은 필연적으로 인간의 손과 관계되었을 때에만 의미가 있는 것이기 때문이다. 결국 장자에 따르면 어떤 사물의 본질도 관계와 소통에 의해서 사후에 규정된 것에 지나지 않는다. 물론 이것은 그 사물과 관계하는 주체의 본질에도 적용된다. 소를 잡기에 포정은 소 잡는 사람이라고 규정될 수 있고, 솜을 잘 빨기에 그 솜을 빠는 사람은 솜을 빠는 사람이라고 규정될 수 있는 법이다.

장자가 문제 삼고 있는 것은 바로 이렇게 소통의 결과로 사후에 규정된 본질에 우리 인간이 엄청난 집착을 보인다는 데 있다. 그것은, 가장 제거하기 어려운 잡초인 쑥처럼, 거의 무의식에 가깝게 집요한 것(蓬心)이다. 타자에 대한 고착화된 의미부여는 자신에 대한 고착화된 의미부여와 동시적인 사태다. 대상에 대한 규정은 항상 의식적이든 무의식적이든 주체에 대한 규정과 함께 이루지는 법이니까. 대대로 솜을 빨던 사람이나 큰 박을 무용하다고 평가하는 혜시처럼 대부분의 인간들은 새로운 타자와 조우했을 때 새로운 관계를 맺을 수 있다는 것을 알지 못한다. 이것이 바로 장자가 생각하던 부자유다. 장자에 따르면 인간의 부자유는 이처럼 추상화된 본질과 규정, 즉 매개 일반에 대한 노예 상태에 다름 아니다. '손 트지 않게 하는 약은 솜을 빨 때만 사용한다'거나 '박은 어떤 것을 담는 경우에만 사용한다'는 판단이 솜 빠는 사람과 혜시를 자유롭지 못하게 만든 것이다. 이처럼 장자가 생각하던 자유는 심미적이고 정신적인 자유나, 자기 원인적이고 자발적인 절대적인 자유일 수는 없었다. 오히려 장자가 생각하고 있던 자유는 대상이나 주체를 미리 규정하지 않는, 즉 무매개적이고 비인칭적인 마음에서 존립하는 타자와의 새로운 소통 관계의 구성, 그 관계에서의 새로운 의미부여에서만 가능한 것이다.

장자의 철학

12장. 　　　　장자를 떠나며

아주 오래된 미래, 장자의 사유

1.

장자의 철학은 어떤 통일된 공동체라는 토양에서 태어나지 않았다. 그의 철학은 전국시대라는 정치적 상황과 제자백가로 상징되는 사상적 상황의 산물이었다. 다시 말해 대화와 소통의 결여라는 상황 속에서 그의 철학은 탄생했다. 정치적인 측면에서의 일방적인 무력 사용과 사상적인 측면에서의 독단적 학설 묵수는 당시가 대화와 소통의 의지가 결여되었던 시대임을 증거하고 있다. 일방적인 무력의 사용은 상대 국가를 대화의 상대로 인정하지 않을 때에만 가능하고, 독단적인 학설의 묵수는 상대 학파를 대화의 상대로 인정하지 않을 때에만 가능한 법이다. 이 점에서 당시는 표면적으로 다양한 국가들과 다양한 사상들이 유행했던 시대인 듯이 보이지만, 실질적으로는 다양한 유아론자들만이 존속했던 시대였다고 할 수 있다. 장자는 이런 유아론자들을 꿈꾸는 사람들이라고 비유한다. 꿈속에서 이루어지는 대화는 겉으로는 대화인 듯 보이지만 결국 유아론적 독백에 지나지 않으니까 말이다.

이런 갈등과 대립의 시대에 장자는 진정한 대화와 소통을 꿈꾸었던 사람이다. 그에 따르면 우리는 진정으로 타자와 대화하고 소통하기 위해서 이런 유아론적 꿈에서 깨어나야만(覺) 한다. 문제는 꿈과 깨어남이 주체 스스로 결정할 수 있는 것이 아니라는 데 있다. 스스로 깨어 있다고 자임해도 주체의 행동은 항상 꿈에 사로잡힌 행동에 불과할 여지가 많다. 따라서 '꿈꾸고 있는 것이냐 아니면 깨어 있는 것이냐'의 문제는 주체로부터는 결정될 수 없는 것이다. 사실 꿈과 깨어남을 결정하는 기준은 주체라기보다는 타자라고 할 수 있다. 장자에게는 꿈이 '주체가 스스로에게 닫혀 있음'을 의미한다면, 깨어남은 '주체가 타자에게로 열려 있음'을 의미한다. 그래서 다른 무엇보다도 장자 철학의 고유성을 규정하는 것은 그가 자신의 철학체계 속에서 타자를 도입하고 있다는 점에서 찾을 수 있다.

우리는 어렵지 않게 깨어나는 것만으로 대화와 소통이 완수되지 않을 것임을 예견할 수 있다. 단지 이 상태는 주체가 자신의 유아론적 자기동일성에서 벗어나서 타자의 이야기를 들을 준비가 된 상태에 지나지 않는다. 장자에게 깨어남은 타자와 대화하기 또는 소통하기 위한 필요조건이지 결코 충분조건은 아니라고 할 수 있다. 다시 말해 깨어남은 주체가 할 수 있는 최선의 방법일 뿐, 결코 필연적으로 타자와의 소통을 만들어내지는 못한다는 말이다. 비록 깨어난 주체가 소통을 완수하려고 노력한다 할지라도, 결국 소통은 항상 좌절될 위험에 노출되어 있다고 할 수 있다. 소통의 성공 여부는 소통의 양 항이라고 할 수 있는 주체와 타자에 의해 동시적으로 결정되는 법이다. 결론적으로 장자의 철학이 아직도 우리에게 의미 있는 이유는 그가 통찰해낸 타자에 대한 이런 현실적 감각에 있었다고 할 수 있다. 장자의 철학은 철학의 본령이라고 할 수 있는 대화와 소통이란 주제에 대한 사색의 결정체라고 할 수 있다.

2.

장자 철학을 이해하는 데 핵심 개념이 되는 것 가운데 하나는 의
존하지 않음이라고 번역되는 무대(無待)라는 개념이다. 이 개념
이 기존의 연구자들처럼 절대(絶對)로 이해될 때, 결코 우리는 장
자 철학의 핵심에 이를 수 없게 된다. 반면 무대라는 개념이 꿈과
같은 일체의 매개에 의존하지 않음이라고 이해될 때, 우리는 그가
모색했던 삶과 소통의 진실에 이르게 된다. 절대라는 개념 속에서
는 주체와 타자는 원리적으로 소멸되어버릴 수밖에 없다. 반면 무
대가 '매개에 의존하지 않음'으로 이해될 때, 주체와 타자는 실존
적으로 긍정될 수 있다. 매개가 없는 상태에서, 우리는 타자와 소
통하기 위해서 목숨을 건 비약을 수행해야만 한다. 따라서 우리는
이런 비약에 실패해서 주체와 타자 사이에 입을 벌리고 있는 심연
에 빠져버릴 수도 있다. 그러나 타자와 소통하려면 우리는 이런
심연을 건너야만 한다. 이것이 바로 인간의 숙명 아닌가.
　　장자는 인간이 기본적으로 유한자라는 사실을 긍정하고
있다. 이 말은 인간이 그 자체로서 존립할 수 있는 신적인 실체
(substance)가 결코 아니라는 것을 의미한다. 우리는 타자와 소통하
면서 그리고 소통해야만 존립할 수 있는 존재다. 다행히도 우리에
게는 소통을 가능하게 하는 마음의 역량이 주어져 있다. 그렇다면
인간은 분명 유한자이지만, 제한적인 의미에서는 무한자의 역량
을 가지고 있다고 할 수 있다. 장자에게 인간은 유한한 무한자 또

는 무한한 유한자라고 규정될 수 있는 존재다. 따라서 무한한 역량을 가지고 있는 마음은 결코 우리의 실존과는 별개로 독립적인 존재성을 가지고 있다고 생각되어서는 안 된다. 이런 생각은 단지 인간의 구체적 실존의 양태인 무한한 유한자라는 통일성에서 무한성만을 부당하게 추상화했기 때문에 발생한 것에 지나지 않는다. 어쨌든 타자와의 소통은 무한한 유한자로서의 인간이 지닌 무한성의 측면인 마음에서 사유되고 모색될 수밖에 없다. 이 점에서 우리는 왜 장자가 마음이라는 존재론적 장소를 통해 소통의 가능성과 불가능성의 조건을 숙고할 수밖에 없었는지를 이해할 수 있게 된다.

장자는 진정한 마음, 혹은 본래적인 마음을 거울로 비유한다. 거울은 자신이 조우한 어떤 것이든지 투명하게 비춘다. 이것은 자신이 비추는 것이 추녀이든 아니면 미녀이든 상관없이, 거울은 타자를 있는 그대로 비춘다는 말이다. 그러나 우리는 거울의 잘 비추어내는 역량 자체를 감각적으로 확인할 수 없다. 거울이 잘 비추고 있는지를 확인하기 위해 우리는 그 거울을 들여다보아야만 하는데, 그 경우 우리는 거울 속에 비친 우리 자신의 모습만을 확인하게 된다. 우리는 결코 우리 자신의 본래 모습과 거울에 비친 자신의 모습을 비교할 수 있는 절대적 위치에 설 수 없다. 결국 거울의 밝음의 능력 그 자체는 오직 다양한 타자를 비춤을 통해서만 간접적으로 확인될 수밖에 없다. 우리의 마음도 이와 마찬가지다. 자신의 마음이 맑다는 것은 오직 타자와 잘 소통했는지 여부로서만 사후적으로 확인될 수 있다. 자신의 마음을 맑고 깨끗하게 유지하려는 시도는 오해되어서는 안 된다. 그것은 최종적 목적이 아니라 타자와의 소통을 위한 필수적인 수단, 혹은 잘해야 필요조건에 지나지 않기 때문이다.

3.

소통은 지적인 이해나 또는 정서적 교감과도 구별되어야 한다. 지적인 이해나 정서적 교감에 대한 논의는 기본적으로 독립된 주체와 타인을 전제하기 마련이다. 다시 말해 지적인 이해나 정서적 교감은 나는 나이고, 너는 너라는 인칭적 수준에서 일어난다는 말이다. 그러나 소통은 기본적으로, 독립된 주체와 독립된 타인 사이의 관계 맺음이라기보다, 우리가 소통을 통해 새로운 주체로 거듭날 수 있다는 점에 그 논점이 있는 개념이다. 이처럼 소통은 우리가 새로운 주체로 생성되는 비인칭적 수준에서의 관계 맺음으로 정의해야 한다. 그래서 소요유라는 자유를 이야기하는 '대붕 이야기'도 곤이라는 물고기에서 대붕이라는 새로운 변화를 이야기하고 있는 것이다. 다시 말해 장자에게 주체의 자유는 주체 자신이 스스로 자신의 주체 형식을 변화시킬 수 있다는 데 있다. 그러나 여기서 간과해서는 안 되는 것이 있는데, 그것은 이런 주체 형식의 변화는 조우한 타자와의 소통을 통해서만 가능하다는 점이다.

이 점에서 장자가 권고하는 자유는 우리가 타자와 소통함으로써 부단히 자신을 극복하고 새롭게 생성될 수 있다는 데 그 의미가 있다고 할 수 있다. 마치 행글라이더를 타고 자유롭게 비행하는 사람의 자유가 기본적으로 바람의 섬세한 흐름을 통한 끊임없는 자기조절을 통해 존립되는 것처럼 말이다. 우리는 타자와의

장자의 철학

소통으로서의 자유가 주체와 타자의 구분이 해소되는 절대적 자유가 아님에 주목해야 한다. 결코 나와 너는 변증법적으로 지양되어 우리로 소멸되지 않는다. 어차피 나와 타자는 모두 육체를 가지고 살아가는 유한자일 수밖에 없다. 만약 나와 타자가 변증법으로 지양되어 하나가 되어버린다면, 이것은 마치 거울이 하나의 영상만을 가진 사진이 된 것에 비유될 만한 사태다. 그러므로 나 아닌 것으로서 타자들은 기본적으로 무한히 다양하고 복수적이라는 것을 긍정하는 데서 장자가 권고하는 자유의 현실성이 존재한다고 말할 수 있다.

장자에게 소통은 자유(逍遙遊)라는 이념과 밀접한 관련이 있다. 이것은 후대 신유학에서 '타자가 도래하면 그에 따라 응한다(物來而順應)'고 표현된 자유 이념의 선구이기도 하다. 그런데 인간은 육체를 가지고 살아갈 수밖에 없는 유한자라는 점에서, 인간의 자유는 철저하게 인간 자체 내에서만 존립될 수 없다. 오직 비인칭적인 마음으로 타자와의 소통이 가능했을 때, 자유는 실현될 수 있다. 물론 자유가 실현되었다는 것은 동시에 주체가 새로운 타자와 소통해서 새로운 주체로 변형되었다는 것을 의미한다. 이 점에서 장자의 소요유는 절대적 주체의 정신적 자유나 심미적 자유와는 아무런 상관이 없다. 오히려 그가 우리에게 권고하는 자유는 절대적 자유가 아니라 제한적인 자유, 유한적인 자유라고 할 수 있다. 그렇다면 유한적 자유의 이념으로서 소요유의 주체는 엄밀하게 비인칭적인 마음을 가진 나를 가리킬 수 없다. 소요유의 주체는 이미 구체적인 타자와의 소통을 통해 구체적인 새로운 주체로 변화 또는 생성된 것이기 때문이다.

4.

소통을 가능하게 하는 조건으로 장자는 비어 있는 마음을 의미하는 허심을 강조하고 있다. '심재 이야기'에서도 잘 드러나 있는 것처럼 허심은 기본적으로 나는 나라는 인칭적인 자의식이 작동하지 않는 비인칭적인 마음의 상태다. 그런데 이런 마음의 상태에서는 사유나 판단이라는 지적인 작용이나 희로애락의 정서적 교감과 같은 인칭적 수준에서의 작용은 지워질 수밖에 없다. 지적인 작용이나 정서적인 작용은 모두 선이해나 선감정을 전제로 해서만, 따라서 과거의식에 의거해서만 일어날 수 있다. 그래서 장자가 권고하는 소통은, 기본적으로 과거의식에 사로잡힌 고착된 자의식을 비운 마음에서 무매개적으로 일어난다는 점에서, 지적인 이해나 정서적 교감보다 더 근본적인 실존적 사태라고 할 수 있다. 오히려 지적인 이해나 정서적 교감은 특정한 소통의 사태를 전제로 해서만 가능한 것이라고 말할 수 있다.

허심의 회복 또는 확보는 타자와 조우하기 이전의 수양론이라는 함축만을 가지고 있다. 만약 허심으로 소통이 저절로 발생한다고 본다면, 이런 이해는 기본적으로 수양론적 공간과 현실적인 삶의 공간을 구별하지 못하고 있다는 비판에 직면하게 될 것이다. 장자에게 허심은 그 자체로 추구된 것이라기보다는 오히려 타자와 소통한다는 목적에 종속되는 것이다. 이런 장자의 정신은 〈양생주〉편에 나오는 '포정 이야기'에서 가장 잘 드러난다. 포정이 칼을 가는 이유는 무엇일까? 그것은 그 자체로 추구된 것이 아니라 소를 잘 자르기 위해서다. 이와 마찬가지로 마음을 수양해서 인칭적 자의식을 제거하려는 노력도 타자와 잘 소통하기 위해서다. 그

장자의 철학

러나 아쉽게도 장자 이후 이 점은 항상 망각되고 잊혀버렸다. 도대체 왜 마음을 수양하는지 망각한 채 마음만을 수양하게 된 것이다. 이것은 마치 자신이 왜 칼을 가는지 망각한 사람이 그저 칼을 날카롭게 갈아 그렇게 날이 선 칼을 집 장식장에 넣어두는 것과 마찬가지다. 그러나 타자와 관계하지 않는 허심이나 소를 자르지 않는 날카로운 칼은 무슨 의미가 있겠는가? 그것은 단지 편집증에 지나지 않는 자기도착의 결과물에 불과한 것이다.

19년이란 시간 동안 소를 잘 자르게 된 포정의 칼은 이제 소와 너무나 잘 소통하게 되어서 날이 방금 숫돌에서 갈려 나온 것처럼 날카롭고 새롭다. 이것은 포정이 허심을 가지고 소와 잘 소통했다는 것을 비유한 것이다. 그럼에도 불구하고 포정은 다음과 같이 술회한다. "비록 그렇게 제가 소통을 한다고 할지라도, 저는 매번 살과 뼈가 엉켜 있는 곳에 이르러 그 자르기 어려움에 처하게 됩니다." 이 말은, 비록 허심을 가지고 있다고 할지라도, 우리는 매번 전혀 예기치 않은 '그만두려고 해도 그럴 수가 없는(不得已)' 사태와 조우할 수밖에 없다는 것을 의미한다. 이 경우 포정은, 이전에 소를 자르면서 체인하게 된 방법(技)을 버리고 그 자르기 힘든 부분(族)을 자르기 위해, 다시 마음을 집중해야만 한다. 이처럼 삶의 공간은 우리가 매번 예기치 않던 타자의 타자성과 마주치게 되는 공간이다. 이 점에서 삶의 공간은 수양의 공간과는 반드시 구별되어야만 한다. 그러나 한편 수양의 공간은 삶의 공간을 위해서 의미가 있다는 점에서, 이 두 공간은 모두 연속적인 것으로 사유할 필요가 있다. 장자가 우리에게 권고하는 양행도 바로 이 두 공간의 연속성과 불연속성에 기초해 있으며, 우리에게 수양과 삶을 동시에 성공적으로 이루어야 한다는 전언이라고 할 수 있다.

장자가 남긴 숙제

1.

무매개적 소통이라는 이념은 장자 철학의 고유성을 규정한다. 그
것은 주체와 타자가 일체의 매개 없이 직접적으로 조우해서 소통
해야 함을 의미한다. 장자에게 이런 무매개적인 소통은 존재론적
으로 우리 마음의 본래성에 기인하는 것이다. 다시 말해 우리의
마음은 맑은 거울처럼 모든 타자를 있는 그대로 비출 수 있는 소
통 역량(神明)이 있기 때문에 소통이 가능하다는 것이다. 물론 거
울의 비유는 확대 해석되어서는 안 된다. 이 비유는 인간에 대한
존재론적 규정이랄 수 있는 유한과 무한의 통일성, 혹은 육체와
마음의 통일체 중 후자의 측면, 즉 무한한 마음의 측면만을 상징
하기 때문이다. 그래서 장자는 우리가 무한한 마음, 혹은 비인칭
적인 마음을 회복했다는 것은 단지 타자와 소통할 수 있는 필요조
건만을 획득한 것이라고 말한다. 〈인간세〉편에 나오는 표현을 빌
리자면, 우리가 심재(心齋)를 통해 비인칭적인 마음을 회복했다고
할지라도, 우리에게는 여전히 소통해야 할 타자의 타자성(不得已)
이 남게 된다. 그가 권고한 것에 따르면, 우리는 고착된 자의식에
근거하는 매개를 통해 규정된 나와 타자 사이의 관계에서 일체의

매개 없이 삶의 차원에서 직접 소통을 도모하는 나와 타자 사이의 관계로 이행해야 한다. 다시 말해 우리는 꿈(夢)에서 깨어나서(覺) 타자와 소통하려는 목숨을 건 비약을 해야 한다는 것이다. 그것이 장자가 바로 '날개 없이 날 수 있어야 한다(以无翼飛)'고, 혹은 '알지 못함으로써 알아야 한다(以无知知)'고 말했을 때 의도했던 것이다.

우리는 여기에서 다음과 같은 두 가지 사항을 숙고해야만 한다. 첫째는 본래성과 은폐성의 도식에 대한 것이고, 둘째는 무매개적 소통이라는 이념에 대한 것이다. 먼저 첫째 사항에 대해서 생각해보자. 본체(體)와 현상(用)이라는 도식이 아니라 본래성과 은폐성이라는 도식을 사용함으로써 장자는 수양론과 존재론을 통일적으로 설명할 수 있게 되었다. 본래성은 수양론의 측면에서 보면 실현되어야 할 마음의 상태를 의미하고, 존재론의 측면에서는 우리의 마음을 규정하는 원리가 된다. 그런데 본래성과 비본래성이라는 장자의 수양론적 도식은 오히려 타자와의 무매개적 소통이라는 그 자신의 문제의식을 희석시키고 있는 것처럼 보인다. 이 도식은 마치 마음의 본래성을 회복하기만 하면 타자와의 모든 관계 맺음이 저절로 이루어질 수 있다는 듯한 그릇된 인상을 줄 수도 있다. 물론 장자는 수양을 통해서 확보된 마음의 본래성이 그 자체로 목적이 아니라 타자와 소통하기 위한 필요조건에 지나지 않는다는 점을 은연중에 시사하고 있기는 하다. 그러나 《장자》 〈내편〉을 전체적으로 볼 때 너무나 많이 등장하는 수양론적인 이야기에 비해, 이런 장자의 문제의식을 명확히 드러내주는 이야기는 부족하다고 할 수 있다. 어쩌면 이것은 장자 본인의 잘못이라기보다는 《장자》를 편찬했던 그의 후학들의 잘못이라고 할 수 있을 것이다. 어쨌든 이 때문에 '수양이 완성되면 타자와의 소통은 저절로 귀결된다'는 식으로 장자를 독해하는 해석들, 즉 유심론적 해석들이 나오게 되었다는 점을 우리는 잊어서는 안 되겠다.

이제 둘째 사항에 대해 생각해보자. 장자는 모든 이념을 부정한 인물은 아니었다. 흔히 장자를 모든 것에서 철저하게 자유로웠던 대자유인으로 간주하지만, 이것은 철학적으로 철저하지 못한 장자 독해에서 나온 섣부른 평가일 뿐이다. 이런 이해에 따를 경우 장자 철학의 무매개적 소통의 이념은 이해할 수 없을 것이다. 장자는 모든 종류의 주체 형태, 즉 윤리적 주체, 사변적 주체 등을 비판하고 해체했다. 그렇지만 그런 해체의 목적은 소통 주체를 회복하기 위해서였다. 또한 그는 모든 종류의 매개(나 이념)를 비판하고 해체했다. 그렇지만 그런 해체와 비판은 소통이라는 이념을 위해서였다. 사실 이념은 철학의 중핵에 해당하는 것이다. 다시 말해 '지금은 그렇지 않지만 앞으로 실현되어야 할 무엇'으로서의 이념은 철학이라는 학문 자체의 존립 근거라는 것이다. 장자에게 무매개적 소통은 결코 양보할 수 없는 확고한 이념이고, 단독자는 이런 이념을 실현할 수 있는 완성된 주체다. 실천이나 수양이 존재한다면, 그것은 기본적으로 주체와 이념을 전제하고 있어야 한다. 이념이 없는 수양이나 실천은 맹목적일 수밖에 없고, 주체가 없는 수양이나 실천은 공허한 법이다. 따라서 이념과 주체가 없는 철학은 철학이라고 할 수 없다. 그것은 단지 공허하고 맹목적인 치기나 횡설수설에 지나지 않을 것이다.

장자의 철학

2.

장자에게 매개에 의해 미리 규정된 주체와 타자 사이의 관계를 매개 없는 주체와 타자와의 관계로 회복하는 관건은, 전적으로 주체의 마음의 문제로 환원된다. 그래서 좌망(坐忘), 심재와 같은 수양론은 타자와의 소통을 가능하게 하는 필요조건이 된다. 그런데 이 경우 타자라는 요소는 결코 장자의 수양론만으론 해소되지 않는 무엇이다. 문제는 바로 이 지점에 있다. 장자에 따르면 완수된 소통에 대한 규정은 어떤 성격의 타자와 조우했는지 여부에 의해 결정된다. 다시 말해 장자가 권고한 대로 비인칭적인 주체로 변형되었다고 할지라도 우리는 타자와 다시 조우하지 않을 수 없다. 나아가 이 비인칭적인 주체는 타자에 맞게 임시적 주체로 현실화될 것이다. 따라서 여기서 내가 조우한 타자가 어떤 타자인가라는 문제가 중요하게 대두된다. 이 경우 내가 조우하는 타자를 이론적으로 두 가지 예로 나누어 생각해볼 수 있다. 첫째는 인칭적인 자의식을 가진 인칭적인 타자이고, 둘째는 비인칭적이고 유동적인 마음을 회복한 비인칭적인 타자다.

비인칭적인 주체로서 내(吾)가 인칭적 주체와 조우하는 경우를 생각해보자. 예를 들어 그가 극악무도한 이기주의자라면, 나와 그의 소통은 결국 그의 고착된 자의식과 판단을 수용하는 것일 수밖에 없고, 나의 임시적 주체 형식도 이기주의를 띠게 된다. 그렇다면 이 경우 나의 소통이란 무엇을 하기 위한 소통인가? 더러운 것이 앞에 있을 때 거울은 더러운 것을 비추듯이, 비인칭적인 마음을 회복한 나는 그의 극악무도한 이기주의를 수용할 수밖에 없게 된다. 결국 아무리 자신의 고착된 자의식을 비웠다고 할지라도 이 경우 나는 제3자가 보았을 때, 이기주의를 고착된 자의식의 내용으로 하는 사람으로 보일 수밖에 없다는 말이다. 물론 장자는 이 제3자와 조우한다면, 비인칭적 주체는 이 제3자의 고착된 자의식의 규정을 다시 받아들이면 된다는 식으로 변명할 수도 있다. 그러나 삶은 단순히 한두 사람의 타자와 더불어 살아가는 것이 아니라 복수적인 타자들과 살아가는 것이기 때문에, 장자의 이런 해법은 미봉책에 불과하다고 비판받을 수 있다.

반면 비인칭적 주체로서 내(吾)가 비인칭적 타자와 소통하는 경우를 생각해보자. 이 경우 고착된 인칭적 자의식을 주체나 타자는 모두 제거했기 때문에 이들의 소통은 거울과 거울이 마주 서 있는 장면을 연상시킨다. 양쪽의 거울은 상대방의 거울을 비추고, 그 안에 있는 자신을 비추고, 이런 식으로 서로 무한히 비추는 것으로 진행된다. 그런데 이런 경우 또한 일상적 의미에서의 소통이라고 할 수 있겠는가? 그저 자신의 모습(밝은 거울)만을 비추는 기이한 상태가 아닌가? 무매개적 소통이라는 이념은 타자의 타자성을 받아들이려는 데 있는데, 그 타자가 자신과 동일하다면 무매개적 소통은 이 경우 원천적으로 불가능해지는 것이 아니겠는가? 장자에게는 타자와의 소통이 완성되었다는 주체가 비인칭적인 주체로 머물러 있다는 것을 의미하지는 않는다. 오히려 타자와의 소통은 비인칭적인 주체가 자신이 조우한 타자에 맞게 임시적 주체로 끊임없이 현실화되는 것으로 완성될 수 있다. 그것이 바로 장자가 강조했던 양행이라는 전언의 철학적 함축이다. 그런데 만약 조우한 타자가 비인칭적 타자라면 비인칭적인 주체는 결코 임시적 주체로 현실화될 수 없게 될 것이다. 다시 말해 구체적인 소통이 이루어지지도 못한 것이다.

장자의 철학

3.

무매개적 소통은 공동체적 규칙이 내면화된 초자아의 허구적 자기동일성을 비본래적인 것으로 여겨 제거하는 데서 성립된다. 따라서 무매개적 소통에서 비인칭적인 주체 형식은 결정적인 중요성을 가진다. 이런 주체 형식을 갖지 못한다면, 주체는 결코 무매개적인 소통을 통해 새로운 주체로 거듭날 수 없을 것이다. 비인칭적 주체는 기존의 의미체계를 비우고(虛) 있다는 점에서 의미를 결여하고 있는 주체, 무의미의 주체다. 물론 여기서 말한 무의미는 공허하거나 모순되었다는 의미가 아니라, 새로운 의미를 생성할 수 있는 유동성으로 이해해야 한다. 이 점에서 그가 권고하는 비인칭적인 주체의 달성은 표면적으로는 어떤 역사적 단절을 가능하게 하는 논리인 것처럼 보인다. 분명 새로운 역사의 도래는 기존의 매개(=의미) 형식의 비판, 혹은 인식론적 단절에서 가능한 것이다. 이 점에서 분명히 장자의 비인칭적 주체는 자유와 역사를 가능하게 한다고 말할 수 있다. 그러나 장자 철학에는 치명적인 문제가 내재해 있다. 그것은 비인칭적 주체 형식과 더불어 장자가 양행의 논리를 통해 권고하고 있는 임시적 주체 형식과 관련된 문제다.

임시적 주체 형식은 비인칭적 주체 형식이 단독적인 타자와 조우하면서 그 타자와 어울리게 현실화된 것이다. 그렇다면 임시적 주체 형식이 새롭게 지니는 의미는 어디서 기원한 것인가? 그것은 타자로부터 기원한 것일 수밖에 없다. 만일 이렇게 임시적 주체의 임시성 혹은 임시적 의미가 타자로부터 기원한 것이라면, 이 경우 역사나 자유가 과연 유의미하게 이야기될 수 있을까? 역사나 자유를 가능하게 하는 것이 새롭게 창조된 의미라고 할 때, 우리는 의미의 진정한 자리에 대해 다시 질문을 던질 수 있어야 한다. 의미의 온당한 자리는 바로 주체와 타자 사이, 혹은 주체와 타자의 관계라고 할 수 있다. 그런데 장자의 임시적 주체가 지니는 새로운 의미는 너무 타자 쪽으로 쏠려 있는 것처럼 보인다. 바로 이 점 때문에 장자 철학이 수동적이고 소극적인 인상을 띠게 된 것이다. 한마디로 양행의 주장으로 요약될 수 있는 장자 철학에는 단절해야만 하는 과거, 그리고 타자와 조우하는 생생한 현재라는 두 가지 시간 계기만이 존재한다고 할 수 있다. 다시 말해 장자 철학은 미래의 전망에 대해서는 침묵하고 있다는 것이다. 물론 이런 주문은 "앎은 알지 못하는 데서 그쳐야만 한다"고 주장했던 장자에게 너무 가혹하거나 불공정한 것일 수도 있다. 그러나 우리는 다음과 같은 점을 지적하지 않을 수 없다. 즉 기존의 의미체계는 새로운 의미체계의 구축을 통해서만 작동을 멈출 수 있다. 단지 장자처럼 기존의 의미체계에 대한 해체로만 머문다면, 우리는 타자들을 통해서 기존의 의미체계를 다시 수용할 수밖에 없는 치명적인 반복에 빠질 수도 있다.

결국 장자 철학은 매개 제거를 위한 수양론, 그리고 조우한 타자와의 생생한 소통의 모습을 기술하는 데서 멈출 수밖에 없었던 것이다. 이 점에서 장자 철학은, 비록 삶이 직접적인 타자와의 소통 속에서 정립된다는 것을 보여주었다고 할지라도, 새로운 타자에 대한 경험과 새로운 주체 형식에 대한 전망에 대해서는 침묵할 수밖에 없었다고 할 수 있다. 이런 전망은 기본적으로 역사적인 전망 혹은 미래에 대한 전망에 속한다. 그렇다면 비록 장자 철학이 주체와 타자 간의 무매개적 소통이라는 현실을 영원한 현실 혹은 영원한 순간으로 매우 섬세하게 포착해서 기술하고 있다 할지라도, 무매개적 소통의 진실은 자신을 제외하고는 누구도 경험할 수 없는 그런 사적인 것에 머물게 된다. 소통의 즐거움은 오직 나만이, 혹은 잘해야 주체와 타자만이 공유할 수 있을 뿐이다. 이런 즐거움에는 애초에 직접적인 주체와 타자를 제외한 다른 제3자가 개입할 수 있는 여지가 없다. 그러나 주체와 타자 간의 갈등이 과연 주체와 타자만의 문제일 수 있을까? 오히려 이런 갈등은 사회적이고 역사적인 층위를 함축하고 있는 것이 아닐까? 비록 장자가 기존의 모든 이념들에 대해 냉철한 비판의식을 유지했다고 할지라도, 철학은 기존의 삶의 형식에 대한 비판과 수양론에만 머물러서는 안 된다. 철학은 기존의 삶의 형식과 질적으로 다른 주체 및 타자 형식, 즉 주체와 타자를 거듭나게 할 수 있는 새로운 의미 체계를 우리에게 던져주었을 때에만 의미가 있는 법이니까. 바로 그때서야 이념을 통해서 세계를 변화시키는 철학의 진정한 역할이 완수될 수 있을 것이다. 아마도 이것이 우리가 장자에게서 배우게 되는 마지막 교훈일 것이다. 새로운 체계, 새로운 의미, 나아가 새로운 주체를 우리의 힘으로 구성하라는 것!

이제 장자로부터 떠날 때가 된 것 같다. 언제 다시 우리가 장자에게 돌아올지 기약은 없지만, 한 가지 중요한 것은 우리는 전혀 다른 주체로 변형되어 돌아와야만 한다는 점이다. 그것이 지금까지 우리를 가르쳐주었던 장자에 대한 최소한의 의무가 아니겠는가.

더 읽을 것들

더 깊이 《장자》를 공부하고 싶은 사람은 곽경번과 왕선겸의 다음 책을 읽는 것이 좋다.

곽경번(郭慶藩), 《장자집석(莊子集釋)》, 중화서국(中華書局), 1993.

왕선겸(王先謙), 《장자집해(莊子集解)》, 중화서국(中華書局), 1987.

왕숙민(王叔岷), 《장자교전(莊子校詮)》, 상무인서관(商務印書館), 민국(民國)83.

앞의 두 책 중 곽경번의 책은 왕선겸의 책보다 부피가 훨씬 많이 나간다. 그렇지만 이 책은 곽상이라는 최초의 주석자의 주석을 충실하게 수록하고 있다는 점에서 철학적 가치가 있을 뿐만 아니라, 《장자》 내에 나오는 원문들을 독해하는 데 많은 도움을 주는 해석학적, 언어학적인 여러 자료들을 수록하고 있다. 아마도 이 책은 장자를 본격적으로 공부하고자 하는 사람들에게는 중심 교재의 역할을 담당할 수 있을 것이다. 반면 간단하게 《장자》의 철학적 함축들을 읽어보려는 사람에게는 곽경번의 책보다 훨씬 간결하고 요점적인 왕선겸의 책을 권하고 싶다. 최근까지 우리나라 지식인들이 주로 읽었던 것이 왕선겸이 지은 이 책이었던 이유도 바로 여기에 있지 않나 싶다. 마지막으로 소개되어 있는 왕숙민의 책은 고증 작업에 충실한 주석서인데, 전문 연구자가 되려면 반드시 참고할 많은 사항들을 잘 정리하고 있다고 할 수 있다.

한문에 익숙하지 못한 독자들에게는 다음 번역서들을 권하고 싶다.

안동림,《장자》, 현암사, 1993.
안병주 · 전호근,《譯註 莊子1》, 전통문화연구회, 2002.
오강남,《장자》, 현암사, 1999.

안동림의 책은 곽경번의 책을 포함한 중국에서 나온 여러 주석서를 참조해서 만든 엄청난 양의 번역서다. 그러나 이 책은 분명 《장자》에 대한 고급 정보를 풍부하게 소개하고는 있지만, 너무 난삽하다는 인상을 준다. 이런 인상을 받는 사람들은 안병주와 전호근이 번역한 책을 보면 된다. 비록 《장자》의 〈내편〉만 번역한 것이지만, 전통적인 장자 해석에 입각한 아주 훌륭한 번역서라고 할 수 있다. 이 번역서는 한문 원전을 읽지 못하는 사람에게는 원문 원전을 읽은 효과를 줄 수 있다. 이 점에서 마지막으로 소개한 오강남의 번역서는 매우 중요하다. 이 책은 〈내편〉을 위주로 번역하고 있지만, 최근 서양의 연구 경향을 비판적으로 취합해서 장자의 철학이 지닌 현대적 의미를 흥미롭고 재미있게 소개하고 있다. 독자들이 안병주와 전호근의 번역서와 오강남의 번역서를 대조해서 읽어보면 전통적 해석과 최신의 해석들을 아울러 맛볼 수 있을 것이다.

영어를 편하게 읽을 수 있는 독자들에게는 다음 영어 번역서를 권하고 싶다.

A.C. Graham, *Chuang-Tzu: The Inner Chapters*, Unwin Paperbacks, 1981.

우리나라에는 잘 알려져 있지 않지만, 그레이엄은 중국의 제자백가 연구에서 한 획을 그은 연구자다. 그래서 서양의 선진중국 철학 연구는 그레이엄 이전과 이후로 나눌 수 있을 정도다. 그가 탁월한 점은 원전에 대한 기존의 주석서들에 가급적 의존하지 않고, 원전의 원문을 그것이 쓰인 당시의 사상사적이고 언어학적 관점에서 입각해서 거의 직역에 가깝게 번역하고 있다는 점이다. 전통적 주석에 입각해서 장자를 이해하고 있는 사람에게 그레이엄의 영어 번역본은 자의적인 해석이 아닌가 하는 의구심이 들 수 있다. 그러나 이런 인상은 그가 얼마나 진지하고 오랜 세월 동안 제자백가에 대한 연구를 수행했던 사람이었는지를 모르기 때문에 생긴 것이다. 그는 엄청난 학문적 성취를 토대로 《장자》〈내편〉에 대한 탁월한 번역서를 썼던 인물이다. 장자가 다루는 철학적 쟁점들이나 혹은 그 당시의 사상사적 쟁점들에 대해 관심이 있는 사람은 반드시 이 번역서를 참고해야만 할 것이다.

다음으로는 독자들이 읽을 만한 대표적인 연구서들을 살펴보자.

장자의 철학

이강수,《노자와 장자》, 길, 1997.

김충렬,《노장철학 강의》, 예문서원, 1995.

김형효,《老莊 사상의 해체적 독법》, 청계, 1999.

강신주,《장자의 철학: 꿈(夢), 깨어남(覺) 그리고 삶(生)》, 태학
사, 2004.

이강수의 연구서는《노자》와 아울러《장자》에 대한 전통적 해
석에 입각해서 평이하게 장자의 사상을 설명한 간명하고 읽기 쉬
운 책이다. 이강수의 이 책은 기본적으로 노자와 장자를 동일한
철학체계를 공유하고 있다고 보는 전제하에서 쓰인 것이다. 김충
렬의 책은 대만의 연구 경향에 영향을 받아서 수행된 연구서인데,
장자의 사상을 주관주의적이고 심미주의적인 사상으로 독해하고
있다. 김충렬의 이 연구서는 노자를 존재론적인 사상가로 그리고
장자는 정신 경지를 주로 논의했던 사상가로 규정하고 있다. 김형
효의 책은 프랑스의 현대 철학자 데리다의 해체론에 입각해서 노
자와 장자를 현대적 감각에서 해석하고자 한 연구서다. 장자와 관
련된 비교철학적 입장이나 최근의 국내 연구 경향을 확인하고자
하는 독자들은 김형효의 연구서를 꼭 읽어둘 필요가 있다. 마지막
으로 소개된 연구서는 필자의 학위논문을 토대로 출판된 책이다.
지금까지 필자가 장자에 대해 논의했던 모든 것은 사실 학위논문
을 쓰는 과정에서 구성했던 것을 쉽고 평이하게 풀었던 것이다.
지금까지의 필자의 논의가 어떤 근거와 논증에서 논의되었는지
학문적으로 관심을 갖는 독자라면 이 책을 참조하기 바란다.

에필로그

겉과 속이 다른 인간은 일기라도 써서 세상에 드러내 보일 수
없는 자신의 속내를 풀어놓아야겠지만, 우리 고양이족은 먹고
자고 싸는 생활 자체가 그대로 일기이니 굳이 그렇게 성가신
일을 해가면서 자신의 진면목을 보존해야 할 것까지는 없다.
일기를 쓸 시간이 있으면 툇마루에서 잠이나 즐길 일이다.
　　　　　　　　　　　　　 —나쓰메 소세키,《나는 고양이로소이다》

　어느 여성 방송인이 서울을 떠나 전원에서 생활하고 있었다.
도시에서는 꿈도 꾸지 못할 시원한 정원은 물론 그녀에게 주어진
행복한 선물이었을 것이다. 그런데 이 정원에 귀한 손님이 하나
찾아와 깃들게 되었다고 한다. 작은 두더지였다. 얼마나 귀엽던지
그녀는 매일 그 작은 손님을 보는 걸 낙으로 삼을 정도였다. 그런
데 어느 날 아침 그 손님은 죽은 채로 부엌에 놓여 있었다. 아연실
색할 일이다. 나중에 보니 그건 떠돌이 고양이 짓이었다. 웬만한
동물은 모두 사랑했던 그녀는 이 떠돌이 고양이에게도 간혹 따뜻
한 우유를 내어주었던 모양이다. 그것이 고마웠던지, 고양이는 두

더지를 잡아 그녀에게 주었던 것이다. "자, 이제 대가를 치렀다. 이 두더지를 잡아왔으니." 뭐, 이런 식이었던 셈이다. 고양이는 항상 이런 식이다. 고양이는 인간을 복종해야 할 주인으로, 다시 말해 생사여탈권을 지고 있는 존재라고 생각하지 않으니까 말이다. 동 등하고 대등한 관계를 유지하는 것, 그래서 가급적 삶을 의존하지 않는 것, 어쩌면 이게 고양이의 자긍심이 아닐지.

개는 여러모로 고양이와 다르다. 한 번 주인으로 마음을 허락 하면 인간에게 절대적인 충성을 아끼지 않으니 말이다. 주인이 들 어오면 온갖 아양을 떨고 반가워한다. 고양이로서는 상상도 할 수 없는 아부라고 할 수 있다. 간혹 무관심한 주인이 밥을 주지 않는 다고 해도, 개는 주인을 미워하거나 물지 않는다. 아마 고양이라 면 히스테리를 부리며 주인의 손을 물어버렸을 것이다. 혹은 고양 이라면 쿨하게 주인을 떠날 수도 있는 일이다. 먹이도 주지 않는 주인과 있을 이유는 없다고 판단할 테니까 말이다. 아마 개로서는 고양이의 그런 속내가 여간 낯설지 않을 것이다. 어떻게 주인의 손을 물고 주인을 떠날 수 있다는 말인가. 심지어 어느 개가 자신 의 주인이 자기를 버린 것인지도 모르고 산 넘고 물 건너 주인을 찾아갔다는 이야기도 있다. 어떤 때는 주인의 무덤을 지키며 숨이 끊어지기를 기다리는 충견도 있다는 이야기도 들린다. 그렇지만 이 모든 건 고양이로서는 상상도 하지 못할 일이다.

세상 모든 존재와 대등한 관계를 맺으며 살려는 것, 그것은 바 로 고양이의 도다. 반면 세계를 일종의 위계 관계로 설정하고 주 인에게 절대적으로 복종하며 살려는 것, 바로 개의 도다. 고양이 처럼 사는 것 그것이 바로 내재의 길이고, 개처럼 사는 것이 초월 의 길이다. 고양이는 세계에 주어진 질서가 있다고 생각하지 않고, 그것은 항상 만들어가야 하는 것이라고 확신하고 있다. 그러니까 우유를 주는 사람에게 두더지든 병아리든 잡아주면 된다. 만일 자신을 해치려는 사람이라면 그냥 쿨하게 떠나면 된다. 사전에 미리 결정된 것은 아무것도 없다. 이것이 바로 고양이의 도다. 개는 주인이 원하는 방식을 찾아 그것을 내면화한다. 주인이 "빵야!" 하고 손가락으로 총을 쏘는 시늉을 하면, 벌렁 넘어지면 될 일이다. 이 패턴을 찾으면 개는 주인에게 귀여움을 받고 간혹 근사한 개껌도 얻어먹을 수 있을 것이다. 이것이 초월의 길이 아니면 무엇이겠는가? 개처럼 살 것인가? 고양이처럼 살 것인가?

초월의 길을 갈 것인가? 내재의 길을 갈 것인가? 무엇보다도 먼저 여기서 확고한 선택이 이루어져야 한다. 철학적으로 초월은 우리 개개인들의 존재를 덧없는 것으로 간주하고, 내재는 우리 개개인들의 존재를 있는 그대로 긍정한다. 이렇게 말하면 대부분 고개만 끄덕이는 것으로 만족할 것이다. "음! 그렇구나. 초월은 그런 거고, 내재는 또 그런 거구나." 그렇지만 초월과 내재라는 서로 양립하기 어려운 두 입장은 우리 삶의 모든 면을 거의 철저하게 지배하고 있다. 부모의 권위를 절대적인 것으로 생각하는 사람은 초월의 길을 걷고 있는 것이고, 부모도 나와 마찬가지로 오류에 빠질 수 있는 나이 먹은 사람이라고 보는 사람은 내재의 길을 걷고 있는 것이다. 사랑을 하게 되면 반드시 법의 구속하에서 결혼을 해야만 한다고 믿는 사람은 초월의 길을 가고 있는 거라면, 사랑이 지속될 때까지 사랑하면 된다고 믿는 사람은 내재의 길을 걷고 있는 것이다. 또 직장에 들어가지 않으면 생계를 유지할 수 없다고 믿는 사람은 초월의 길을 가고 있다면, 반드시 직장이 아니어도 살 수 있다고 믿는 사람은 내재의 길을 가고 있다고 할 수 있다.

동양과 서양, 혹은 과거와 현재를 불문하고, 어떤 사유도 어떤 삶도 초월과 내재라는 갈림길, 혹은 시금석에 비추어 판단되어야 한다. 어쩌면 반성이란 이런 것 아닐까? 자신이 지금 초월의 길을 가는지, 내재의 길을 가는지 되돌아보는 것이다. 아니면 개처럼 충직하게 살고 있는지, 고양이처럼 위태롭지만 자유롭게 살고 있는지 스스로 되물어보는 것이 반성이 아니면 무엇이겠는가. 무반성적인 사람이라면 초월의 길을 가면서 내재의 길을 간다고 생각하거나, 내재의 길을 가면서도 초월의 길을 간다고 믿을 터이다. 우리가 철학 고전을 읽는 것도 바로 이런 이유에서인지도 모른다. 철학은 초월의 길과 내재의 길을 결코 뒤죽박죽 섞지 않기 때문이다. 일관성이란 철학의 이념이다. 그래서 어떤 종류의 철학자이든 초월의 길에 발을 디뎠다면 초지일관 그 길을 닦는 것이고, 내재의 길을 선택했다면 철학자는 주구장창 그 길을 만들게 된다. 우리가 철학 고전에 직면해서 자신이 지금 어느 길로 가고 있는지 반성할 수 있는 것도 이런 이 때문일 것이다.

동양의 경우 초월의 길을 가장 확고히 만들어놓았던 사람이 노자라면, 장자는 바로 내재의 길을 당당히 외쳤던 철학자였다. 10년 전 노자와 장자를 다루면서 사실 나는 나도 모르는 사이에 개처럼 충직한 사람이나 따르는 초월의 길을 포기하고 고양이처럼 자유로운 사람만이 감당하는 내재의 길로 들어서게 된 것이다. 사실 2010년 출간했던 1,000쪽을 육박했던《철학 VS. 철학》도 동서양철학사를 주름잡던 다양한 철학자들을 초월의 전통과 내재의 전통으로 구분하려고 했던 시도 아니었던가. 시인 김수영도〈폭포〉라는 시에서 말했던 적이 있다. "곧은 소리는 곧은 소리를 부른다"고 말이다. 결국 개들은 개들끼리 모이고, 고양이들은 고양이들끼리 모이는 법이다. 모든 저자에게 해당할 테지만, 결국 나에게도 노자와 장자를 다룬 두 권의 초기 저작은 내 사유의 자궁이나 맹아였던 셈이다. 지금까지 고양이의 길, 즉 내재의 길을 꿋꿋하게 걸어왔던 내 자신이 얼마나 대견하지 모르겠다. 이제 초기 두 저작을 한 권으로 묶으면서 다짐해본다. 자유롭고 당당한 고양이의 울음소리를 지치지 않고 내질러야겠다고. 그래야 고양이들이 점점 더 늘어날 테니까 말이다.

찾아보기 ＼

ㄱ

가다머, 한스 게오르그(Hans-Georg Gadamer) 373, 374
가라타니 고진 27, 124, 126, 226, 303, 311
가오헝(高亨) 52
갑본(甲本) 30
강탈 125, 126
개념 쌍 249, 279, 336, 431
개별자 53~57, 78, 79, 86, 88, 91, 96, 250, 251, 253,
    254, 335, 391, 413, 427, 432, 458, 480, 492, 499
개체성 231
객관적으로 옳은 것(同是) 345~347
거울 352, 353, 376, 377, 405~407, 442, 449,
    500~508, 574, 578, 617, 619, 622, 625, 626
견독(見獨) 492, 495, 496, 499, 502
결실이 없음(不穀) 50, 57, 242, 246, 247, 261
경험론(empiricism) 219
계보학(genealogy) 109, 110, 191
고자(告子) 494
곤(鯤) 606~609, 618
공(空) 238, 436
공동체(community) 105, 106, 122, 125, 154~156, 193,
    197, 225, 310~312, 353~356, 358~365, 369, 370,
    409, 411, 419~421, 442, 443, 464, 474, 513, 521,
    522, 526, 574, 600, 602, 614, 627
공동체의 폭력 354

공자(孔子) 63, 65, 70, 147, 174, 278, 280, 323, 359,
    393~395, 401, 402, 433, 458, 460~468, 473, 474,
    479, 480, 487, 488, 515, 516, 564, 573~576
과인(寡人) 57
곽경번(郭慶藩) 630, 631
곽상(郭象) 320, 321, 323, 325, 326, 417, 418, 630
곽점본(郭店本) 30~32, 55, 207, 216, 301, 302
관념론(idealism) 249, 250, 412
교환 관계 41~43, 47, 57, 124, 126, 131, 133, 134,
    145, 149, 178, 191
교환 논리 55, 71, 125, 126, 139, 146, 153, 156, 157,
    173~177, 182, 184, 187, 190, 191, 194, 266~269,
    273~275, 285, 286, 288, 290, 291, 293, 295
교환 체계 285, 286
구성된 마음(成心) 369~380, 387, 405, 407, 474,
    496, 497, 502
국가 논리 27, 146, 177, 191, 198, 295
국가주의 130
국가사회주의 148, 150
권도(權道) 280
그레이엄(A. C. Graham) 68, 69, 232, 632
기생의 논리(parasitism) 133
기호 163, 164, 167, 439, 443
깨어남(覺) 139, 351, 386, 469, 470, 473, 474, 478,
    480, 492, 615
꿈 57, 58, 60, 69, 110, 348~351, 357, 360, 362, 437,

458, 459, 467~473, 478, 480, 491, 492, 502, 519,
531, 614~616, 623

ㄴ

나가르주나(Nāgārjuna, 龍樹) 67, 238, 239
나무 이미지 75, 76, 580, 581
날개 없음(無翼) 576
남곽자기(南郭子綦) 443~445
남음이 있다(有餘) 119, 120, 123, 129
내성(內省, introspectipn) 83~96, 101, 195
내재성 202, 203, 205, 206, 219, 223, 224, 295, 568,
569
내재적 원인 53~55, 79, 90, 91
내재적 초월 277, 280, 281, 568, 569
〈내편〉 57, 58, 69~72, 253, 320, 321, 323~326,
359~461, 469, 492, 548, 623, 631, 632
네그리, 안토니오(Antonio Negri) 311
노담(老聃) 65, 66, 70, 93, 460, 461
노자학파(老子學派) 33, 36
〈노장신한열전(老莊申韓列傳)〉 320
《논어》 67, 102, 393, 467
녀물 131, 134~140, 145, 173, 176, 181, 266, 269,
291, 294, 295
니시다 기타로(西田幾多郎) 159, 161, 243, 296, 297
니체, 프리드리히 109, 136, 138, 139, 181, 193, 195,
297

ㄷ

다양성 53, 89, 210, 211, 215, 217, 237, 310, 382,
449, 559
다원성 231

다자(多者) 59, 75, 87, 94, 581
다즉일(多卽一) 296
단독성(singularity) 197, 279, 280~283, 406, 407, 455,
472, 498~503, 526, 530, 532, 541, 571, 572, 574
단독자 484, 492, 493, 495~498, 500~505, 575, 624
《단자론》 240
〈달생(達生)〉 362, 486, 514, 548
대대(待對) 202, 232, 233, 238, 245, 247, 249,
259~264, 346, 408, 415, 431~433, 436~439, 443,
445, 446, 450~453, 484, 486, 490, 491, 496, 497
대동아공영(大東亞共榮) 161, 243
대붕(大鵬) 317, 607~611, 618
〈대종사(大宗師)〉 325, 492
대표(representation) 161~164, 166~169
대표되는 것(the represented) 161~164, 166~169
대표되지 않은 것(the not-represented) 168, 169
덕경(德經) 30
《덕도경(德道經)》 30
덕청(德清) 32
데리다, 자크(Jacques Derrida) 33, 436, 437, 633
데카르트, 르네(Rene Descartes) 495~497
도가(道家) 13, 51, 53, 62~68, 72, 93, 460, 461, 569
도가사상(道家思想) 61, 416, 460
도가철학 68, 211, 277
도가학파 93
도경(道經) 30
《도덕경(道德經)》 30, 391, 431
《도덕의 계보학》 136, 181
도조 히데키(東條英機) 161
도추(道樞) 446, 447, 449, 450, 533, 574
《독일 이데올로기》 98
동일성(identity) 79, 80, 195~197, 202, 234~236, 241,
244, 245~247, 259~264, 316, 317, 349, 350, 354,

381, 382, 403, 426~437, 448, 455, 472, 477, 478, 480, 490, 491, 495, 534, 544~547, 561, 574, 615, 627

들뢰즈, 질(Gilles Deleuze) 74~76, 279, 282, 336, 580, 582

등가교환 126~128, 173~178, 182, 185, 186, 188, 270, 293

ㄹ

라이히, 빌헬름(Wilhelm Reich) 149

라일, 길버트(Gilbert Ryle) 394

라캉, 자크(Jacques Lacan) 168, 354, 356

라이프니츠, 고트프리트(Gottfried Leibniz) 20, 203~205, 219, 225, 233, 234, 236, 240~245, 290, 295, 296, 303

레비나스, 에마뉘엘(Emmanuel Levinas) 165, 166, 197, 225, 226, 297

램프레히트, 스털링(Sterling Lamprecht) 220, 221

로마제국 156, 157, 285, 287, 303

《로마사 논고》 155, 179, 285, 303

루소, 장 자크(Jean-Jacques Rousseau) 131, 191~195, 286

리우샤오간(劉笑敢) 68, 69

리치, 마테오(Matteo Ricci) 361

ㅁ

마르크스, 카를(Karl Marx) 98, 99, 104~107, 125, 127, 152, 189, 193, 195, 270, 274, 286, 410, 596, 603, 604

《마음의 개념(Concept of Mind)》 394

마주침 78, 79, 106, 107, 109, 195~198, 225, 226, 253, 282, 297, 298, 473, 556

《마주침의 유물론》 77

마키아벨리, 니콜로(Niccolo Machiavelli) 156, 158, 179, 181, 285, 294, 303

만물(萬物) 31, 50~56, 60, 72~76, 172, 177, 207, 210, 213, 215, 230, 249, 253, 291, 301, 413

맑은 거울 376, 506, 508, 578, 622, 626

맑은 연못(淸淵) 334~336, 344, 351

망각 136~139

매체(agent) 139, 191, 194, 195, 198, 281, 295, 297, 299, 513

맹손재(孟孫才) 458, 479, 480

맹자(孟子) 280, 461, 494

《맹자》 192, 279

머우쫑싼(牟宗三) 216, 266, 505

모나드(monad) 205, 233, 240, 241, 504

모순율 234, 235, 429, 430, 599

목적론적 오류 557, 558

무대(無待) 443~446, 448, 449, 486, 533, 616

무명(无名) 174, 175, 210, 213, 215, 217, 232, 233, 237, 248, 249, 253, 259, 260, 262, 266, 269

무물(无物) 86, 87

무불위(無不爲) 62, 445

무욕(無慾) 28, 216

무위(無爲) 62, 63, 89, 90, 145, 146, 149, 230, 324, 445

무제(武帝) 63

무한성 90, 94, 274, 407, 449, 504, 505, 526, 586, 617

무한자 524, 526, 531, 616

묵가(墨家) 66, 72, 324, 326, 390, 400, 450

문혜군 538, 539, 551, 553, 560, 561

물자체 104, 163, 164, 167, 168, 222~224, 226

미묘한 밝음(微明) 123, 124, 131, 179, 289

민주주의 115, 116, 118, 120, 128~130, 148

민중 40, 41, 117, 118, 127, 179, 180, 262

ㅂ

바디우, 알랭(Alain Badiou) 195~198
반고(班固) 51, 320
《반자본주의 선언》189
밝음을 쓴다(以明) 424, 450~454
방법적 회의 495
《범주론》236, 237
법가(法家) 45, 62, 64, 72, 147, 148, 284, 285, 324
베버, 막스(Max Weber) 28
변증법 104~107, 486, 619
보편성(universality) 21, 22, 24, 33, 47, 90, 94, 157,
    265, 279~281, 343, 351, 585, 601
보편자 202, 233~235, 244, 246, 249~254, 259, 262,
    263, 428
복지주의 118, 119
본래성 569, 583, 622, 623
본말(本末) 75, 581
부득이(不得已) 379, 380
부등가교환 126~128, 174, 176~178, 182, 185, 186,
    188, 269, 293
부족한 사람(不足者) 117~120, 122, 158
부족함(寡) 50, 57
불성(佛性) 503, 569
불평등, 원초적 122, 129, 159, 173, 174
비관론 245, 246, 296
비본래성 569, 623
비움(虛) 139, 195, 338, 386, 449, 564
비인칭성(impersonality) 336~338, 344, 473, 478, 486,
    505, 526, 533, 585
비인칭적인 마음(虛心) 351, 379, 381, 489, 490, 492,

502, 504, 533, 550, 554, 562, 570, 571, 574~578,
    586, 612, 619, 620, 622, 625
비트겐슈타인, 루트비히(Ludwig Wittgenstein) 344,
    453, 454
뿌리줄기(근경: rhizome) 74~76, 580~582

ㅅ

사광(師曠) 450, 451
《사기(史記)》62~64, 93, 320
사르트르, 장 폴(Jean Paul Sartre) 226, 336~338
사마천(司馬遷) 51, 62, 63, 68, 69, 71, 74, 320, 461
사마표(司馬彪) 320
사회민주주의 118, 119, 129
〈산목(山木)〉332, 548
산업자본 126, 185~188
산업자본주의 152, 185, 187, 188
삼강오륜(三綱五倫) 432, 433
삼종지도(三從之道) 594, 603, 610
상대주의 470
상앙(商鞅) 45, 147
상업자본 185~187, 191
상업자본주의 185
상인자본 126
서(恕) 462~464, 467, 468, 473, 474
서시(西施) 347, 510, 520
《서양철학사》220
서의 원리 462~464, 468, 473, 474
선물 131~139, 144, 145, 165, 173, 176, 180, 181,
    193, 266, 291, 294, 295
선이해 317, 384, 385, 620
선표(單豹) 363
설결(齧缺) 345, 346

성리학(性理學) 280

성심(成心) 369~371, 374~380, 387, 405, 407, 474, 496, 497, 502

성인(聖人) 26, 82, 84, 97, 102, 112, 117, 127, 142~144, 157, 183, 230, 258, 266, 272, 273, 310, 329, 396~398, 401, 402, 417, 451, 484, 510, 533, 598

세계화 27, 189, 411

세금 40~42, 56, 115, 120, 121, 126, 128, 129, 132, 145, 180, 187, 188, 269, 330, 331

소문(昭文) 450

소쉬르, 페르디낭 드(Ferdinand de Saussure) 163

소식(蘇軾) 326

〈소요유(逍遙遊)〉 321, 329, 370, 607, 611, 618, 619

수양론(修養論) 26, 27, 32, 34, 52, 97, 101, 202, 203, 213, 218, 236, 246, 247, 259, 262~265, 273, 276~278, 281, 287, 532, 566~572, 577~579, 620, 623, 625, 628, 629

수탈 13, 14, 44, 56, 120~125, 128, 131~134, 138, 145~150, 153, 155~159, 173~182, 187~194, 266~269, 272, 274, 285~290, 294, 295

《순수이성 비판》 222

순자(荀子) 32, 64~66

《순자》 66

술장파(述莊派) 68~70

스피노자, 바뤼흐 드(Baruch de Spinoza) 34, 35, 104, 195

《시간과 타자》 165, 225

신불해(申不害) 62, 64, 68

신유학 278~280, 287, 427, 569, 619

실재론(realism) 202, 239, 248~253, 301

실천이성 598~603

심론(心論) 102

심재(心齋) 564, 573, 574, 577, 620, 622, 625

ㅇ

아리스토텔레스(Aristoteles) 77, 78, 108, 109, 220, 221, 234, 236, 237

아퀴나스, 토마스(Thomas Aquinas) 251, 252

안성자유(顏成子游) 443, 444

안연 479, 480, 573~576

알튀세르, 루이(Louis Althusser) 77~79, 106, 169, 195, 196

양생술(養生術) 32

〈양생주〉 70, 321, 460, 548, 560, 620

양행(兩行) 532~535, 586, 621, 626~628

〈양화(陽貨)〉 467

에피쿠로스(Epikuros) 77, 78, 106

〈열어구(列禦寇)〉 351

영원한 도(常道) 33, 35, 37, 38, 210, 212, 214, 248, 581, 582

예정조화설 204, 236, 244

오상아(吾喪我) 444, 445

오컴, 윌리엄(William Ockham) 251, 252, 254

왕선겸(王先謙) 630, 631

왕숙민(王叔岷) 630, 631

왕예(王倪) 345, 346

왕필(王弼) 29, 75, 300~302, 391, 581

〈외물(外物)〉 330

외재성(externality) 197, 202, 203, 219, 220, 223, 225, 226, 297

우발성(contingency) 76~79, 195, 555, 556

우언(寓言) 416, 461

원환 운동 267, 274, 275

위계성 55, 58, 120, 174~177, 207, 211, 262, 269,

292

위시(爲是) 453~455, 520~523, 526, 530, 533

유가(儒家) 32, 63~65, 72, 96, 102, 103, 147, 148, 284, 285, 324, 359, 362, 390, 400, 450, 461, 569, 594

유가사상 31, 63, 147

유가철학 96, 148, 277

유동성 383, 441, 448, 449, 473, 486, 488, 503, 505, 526, 535, 585, 627

유명(有名) 174, 210, 211, 213, 215, 232, 233, 237, 239, 248, 249, 253, 259, 260, 262, 269, 292, 301

유명론(nominalism) 202, 239, 248~255

유아론 277, 280, 416, 421, 471, 513, 518, 569, 579, 601, 614, 615

유안(劉安) 63

유한성 88~90, 94, 335, 336, 351, 378, 407, 504, 505, 526

유한자 87, 88, 204, 277, 364, 403, 405, 431, 524, 526, 616, 617, 619

육덕명(陸德明) 320, 321

윤편(輪扁) 396~398

을본(乙本) 30

〈응제왕(應帝王)〉 321, 325, 405, 502

이념(Idea) 62, 63, 96, 104, 115, 118, 119, 129, 148, 160, 161, 168, 169, 183, 254, 276~278, 281, 311, 316, 318, 324, 343, 359, 362, 392, 395, 411, 412, 441, 513, 567, 568, 570, 571, 577, 578, 619, 622, 623, 626, 629, 637

이름 없음(无名) 259

〈이인(里仁)〉 393

《인간불평등 기원론》 191

〈인간세〉 359, 622

인시(因是) 454, 455, 520, 523~526, 528~534

인식주관 237, 346, 348

인의예지(仁義禮智) 280

인저(蘭且) 333, 334

인칭성(personality) 336~338, 344, 349, 350, 444, 472, 473, 478, 486, 489, 505, 526, 584

일반성(generality) 279~281, 346, 498~502, 585

《일본정신의 기원》 124, 303

일원론 78, 79

일자(一者) 56, 59, 75, 78, 86, 87, 89, 94, 195, 202, 211, 241~243, 249, 253, 258~261, 581

임금노동자 129, 187, 188, 194

잉여가치 121, 126, 128, 129, 138, 152, 185~188, 270, 293

ㅈ

자기동일성 238, 349, 385, 472, 534, 615, 627

자발적 복종 146, 155, 179

자본 27, 29, 99, 100, 121, 126, 128~130, 153, 185, 191, 194, 270, 271, 274, 294, 298, 303

자본가 121, 128, 129, 132, 134, 138, 186~188, 194, 270~273, 294, 596

《자본론》 104~106, 193, 270, 274, 410, 596

자본의 논리 126, 128, 298

자본주의 28, 119, 128~130, 132, 138, 139, 149, 152, 153, 159, 185 ,187, 189, 191, 194, 271, 288, 312, 520, 558

자시(自是) 440~443, 448, 449, 453, 522,

《자아의 초월성》 336

자연상태 192, 194

자유의지 597, 599

자피(自彼) 440~443, 447~449

장보(章甫) 370

장시창(蔣錫昌) 52

장순후이(張舜徽) 26, 302

장의(張毅) 363

장자학파 68, 69, 328

장주(莊周) 65, 66, 328, 330~333

재분배 13, 14, 44, 56, 117~126, 128, 129, 131~134,
138, 139, 143~146, 148, 149, 153~159, 173~179,
181, 182, 184, 187~191, 193, 194, 266~270, 272,
273, 275, 285~288, 291, 294~296

재현(representation) 165, 167~169, 410

전국시대(戰國時代) 26, 30, 31, 99, 157, 185, 273,
284, 286, 301, 310, 614

〈전자방(田子方)〉548

전자본주의 122, 128, 153~155, 182~185, 188, 288

전체성 215

절대국가 187

절대정신 104, 106

《정치학》108

정호(程顥) 427

제국의 논리 155, 157, 158, 159, 161, 173, 178, 243,
285, 295, 296, 301

제국주의 152~154, 159, 189, 295

〈제물론(齊物論)〉57, 58, 69, 76, 110, 253, 321, 322,
324, 345, 347, 348, 375, 413, 443, 450, 490, 519,
553, 557, 574, 582

조릉(雕陵) 332, 334, 335, 338, 339, 344, 360

조삼모사(朝三暮四) 317, 528, 529, 531

조우(encounter) 77, 555

조철(朝徹) 484, 492

존재론 33, 55, 60, 97, 623

좌망(坐忘) 493, 625

주름(fold) 244

주체 72, 73, 76, 79, 104, 113, 124, 135, 139, 150,
165, 166, 194~198, 203, 219, 223~225, 243, 246,
249, 253, 276, 277, 281, 282, 287, 295~299, 338,
344, 353~355, 357, 365, 374, 376, 384, 385, 388,
418, 419, 444, 445, 448, 451, 452, 454, 466, 468,
472, 473, 480, 486, 490~496, 499~502, 504, 505,
512~514, 516~519, 521~524, 526, 529~535,
541, 547, 550, 551, 556~558, 561, 567~571, 578,
582~586, 593~596, 602~605, 608~612, 615,
616, 618, 622, 624~629

주체 변형 560, 562

주체 형식 12, 445, 493, 495, 499, 516, 518, 519,
522~526, 531~535, 546, 561, 603, 608~610, 625,
627, 628

주체 형태 495, 624

주펑만(朱泙漫) 351

주희(朱熹) 102, 103, 279, 280, 297, 300

중관철학 239

《중론(中論)》67, 238, 436

《중론강해》67, 68,

중심이 없는 체계(acentered system) 75, 580

중심이 있는 체계(centered system) 75, 580

중언(重言) 419, 461

《중용(中庸)》68

지눌(知訥) 412

지동설 221, 222

지리익(支離益) 351

〈지북유(知北遊)〉69, 321, 548

지평(horizon) 94, 282, 373, 374, 384, 385, 413, 436,
490, 492

지평 융합 373, 374

지행합일 395, 512~515

직하학사(稷下學舍) 64

진리(truth) 38, 47, 90, 92, 97, 98, 102, 103, 151,

164~166, 189, 197, 203, 204, 209, 287, 290, 346, 348, 353, 393~396, 415, 427, 492, 495, 496, 512, 516~519

ㅊ

차이(difference) 195, 402
《차이와 반복》74, 279, 580
찰식(察識) 102
채움 274
처세술 32
천구잉(陳鼓應) 52
〈천도(天道)〉93, 323, 396
《철학의 여백들》436
《철학탐구》453
천동설 221
초자아(superego) 352~355, 357, 369, 370, 375, 465, 466, 513, 521, 523, 526, 531, 574~576, 600~602, 607,
최선(崔譔) 321
충분이유율 202, 215, 217, 233, 241, 259, 262, 295
치언(巵言) 416, 417, 461,
칠원(漆園) 331,

ㅋ

칸트, 임마누엘(Immanuel Kant) 104, 163, 164, 168, 169, 204, 216, 219~224, 226, 237, 274, 282, 338, 409, 475, 533, 541, 597, 599~603
캘리니코스, 알렉스(Alex Callinicos) 189
코기토(Cogito) 495~497
코나투스(conatus) 34, 35, 195, 198
코페르니쿠스 220~221

클리나멘(Clinamen) 77

ㅌ

타자 5, 12, 72~74, 76, 79, 106, 135, 139, 165, 166, 194~198, 205, 209, 218, 219, 224~227, 253, 276~282, 297, 298, 311~317, 334~336, 339, 344, 350, 354~357, 361, 362, 370~372, 374~377, 379, 382~388, 401, 403~409, 417~420, 431, 441~443, 447~452, 454, 446~464, 466~469, 471~477, 481, 484, 488, 492, 496, 497, 500~505, 508, 510, 513~519, 521, 523, 524, 526, 527, 529~535, 542~547, 549~556, 558~561, 563, 566, 567, 570~578, 580, 582~586, 593, 600, 601, 603, 604, 612, 614623, 625~629
타자성 224, 226, 377, 382, 387, 388, 534, 542, 545, 547, 559, 576, 604, 621, 622, 626
타자와의 소통 12, 74, 278, 280, 282, 312, 315, 316, 336, 339, 344, 372, 383, 403~407, 443, 471, 504, 505, 508, 532, 550, 553, 554, 572, 574, 577, 584, 615, 617~619, 623, 625~628
《탐구》311
《태일생수(太一生水)》55
태평양 전쟁 159, 161
통일성 53, 58, 59, 65, 210, 215, 217, 253, 414, 505, 617, 622
통치술 26, 27, 32, 44~46, 62, 94, 131, 134, 302,
통치자 13, 14, 27, 40~44, 46, 52, 55~57, 69, 93, 94, 97, 100~103, 110, 117, 119, 121, 122, 124 126, 132~134, 138, 143~147, 149, 151, 156~158, 172~175, 177~179, 181~183, 193, 194, 202, 203, 235, 261~270, 273, 289~292, 294~296
투자 131, 133, 153, 270~273, 294

특수성(particularity) 21, 279~281, 374, 498~501

ㅍ

파시즘 148, 150, 152~155, 159, 167, 169, 243, 284, 295
《파이돈》251
《판단력 비판》216
팔굉일우(八紘一宇) 161
포정 317, 538, 539, 548, 551~554, 556~562, 573, 576, 612, 620, 621
폭력 120, 132~134, 138, 139, 147, 155, 156, 173~178, 182, 188, 189, 192, 193, 272, 285, 286, 354, 464, 466, 474, 513, 544
프로이트, 지그문트(Sigmund Freud) 465, 531
프톨레마이오스 221
플라톤(Plato) 77, 78, 88, 165, 166, 232, 250, 251, 296
필연성 57, 76~79, 162~164, 169, 209, 420, 555, 556

ㅎ

하상공(河上公) 32
하이데거, 마르틴(Martin Heidegger) 33, 150, 151, 164~169, 297, 427
하트, 마이클(Michael Hardt) 311
한비자(韓非子) 26, 32, 44~46, 62, 64, 146, 147, 184
《한비자》45, 64, 184
《한서(漢書)》64, 320
함양(涵養) 102, 280
합리론 219
합리성 343, 384
향수(向秀) 321

해체론 33, 633
허심(虛心) 338, 377
헤겔, 게오르크(Georg Hegel) 79, 103~107,
《헤겔법철학 비판》127
현학(玄學) 364
형이상(形而上) 75, 581
《형이상학》234
형이하(形而下) 75, 581
혜능(慧能) 505~508
혜시(惠施) 65, 329, 330, 413, 414, 450, 451, 588, 612
혼돈(混沌) 322, 323
《홍기(紅旗)》147
홍인(弘忍) 506, 507
화엄철학 296
환공(桓公) 396~398
황로사상(黃老思想) 63, 64, 324
황로파(黃老派) 323~326
황제(黃帝) 323, 324
《회남자(淮南子)》63
회의주의 346, 348, 351, 470, 471
흄, 데이비드(David Hume) 219
히틀러, 아돌프(Adolf Hitler) 148~151, 153, 243, 295

강신주의 노자 혹은 장자

초판 1쇄 펴낸날 2014년 7월 25일
초판 7쇄 펴낸날 2024년 2월 1일
지은이   강신주
펴낸이   박재영
편집   이정신·임세현·한의영
디자인   조하늘
제작   제이오
펴낸곳   도서출판 오월의봄
주소   경기도 파주시 회동길 363-15 201호
등록   제406-2010-000111호
전화   070-7704-2131
팩스   0505-300-0518
이메일   maybook05@naver.com
트위터   @oohbom
블로그   blog.naver.com/maybook05
페이스북   facebook.com/maybook05
인스타그램   instagram.com/maybooks_05

ISBN   978-89-97889-41-9 03100

이 책은 저작권법에 따라 보호받는 저작물이므로 무단전재와 복제를 금합니다.
이 책 내용의 전부 또는 일부를 이용하려면 반드시 저작권자와 도서출판 오월의봄에
서면 동의를 받아야 합니다.

책값은 뒤표지에 있습니다. 잘못된 책은 바꾸어 드립니다.

만든 사람들
디자인   나윤영